REISE KNOW-HOW im Internet

Aktuelle Reisetips und Neuigkeiten
Ergänzungen nach Redaktionsschluß
Büchershop und Sonderangebote
Weiterführende Links zu über 100 Ländern

http://www.reise-know-how.de

Der
REISE KNOW-HOW Verlag
Helmut Hermann
ist Mitglied der Verlagsgruppe
REISE KNOW-HOW

Daniela Schetar • Friedrich Köthe

NAMIBIA

Handbuch für individuelles Reisen und Entdecken

IMPRESSUM

Daniela Schetar
und Friedrich Köthe
Namibia

erschienen im Reise Know-How Verlag, D – 83104 Hohenthann

ISBN 3-89662-321-4

© Reise Know-How Verlag Helmut Hermann
Untere Mühle
71706 Markgröningen
e-mail: rkhHermann@AOL.com
http://www.reise-know-how

– Alle Rechte vorbehalten –

2., vollständig überarbeitete und erweiterte Auflage 1999

Gestaltung u. Herstellung:
Umschlagkonzept: M. Schömann, P. Rump
Buchgestaltung, Karten: H. Hermann
Lithographie: Bauer, Asperg
Druck u. Bindung: Fuldaer Verlagsanstalt
Fotos: s. Anhang

Bezug und Auslieferung für den Buchhandel:
Deutschland: PROLIT, Postfach 9, 35461 Fernwald (oder Barsortimente)
Schweiz: AVA-buch 2000, Postfach 89, 8910 Affoltern
Österreich: Mohr Morawa Buchvertrieb, Postfach 260, 1101 Wien
Niederlande: Nilsson & Lamm bv, 1380 AD Weesp

Alle in diesem Reisehandbuch enthaltenen Informationen und Daten wurden nach bestem Wissen und mit großer Sorgfalt erstellt. Da jedoch inhaltliche und sachliche Fehler nicht ausgeschlossen werden können, erklärt der Verlag, daß alle Angaben im Sinne der Produkthaftung ohne Garantie und Gewähr für die Richtigkeit erfolgen.

Köthe-Schetar • Namibia

N EDITORIAL

amibia – „Afrikas herbes Paradies", „Land der Gegensätze", „das Kleinod Afrikas" – so wird Namibia oft genannt. Sein Reiz liegt in der Abwechslung. Es ist eine faszinierende Mischung aus unberührter Natur, Menschen vieler Kulturen und Zeugnissen deutscher Kolonialgeschichte.

Die Reise-Infrastruktur ist ausgezeichnet. Ob individuell im Mietwagen oder in einer Gruppe, es läßt sich bestens reisen. Zu den goldgelben Dünen von Sossusvlei, zum tiefen Fish River Canyon, zu den tosenden Ruacana-Wasserfällen, den Nationalparks, an wilde Küsten oder durch die Wüsten, Savannen und Regenwälder.

Dieses Reisehandbuch möchte bei Ihrem Aufenthalt und Ihrer Reise durch Namibia eine praktische Hilfe sein. Es ist in 5 Teile gegliedert:

Teil I: Reisevorbereitungen
Teil II: Unterwegs in Namibia
Teil III: Land und Leute
Teil IV: Routenplanung
Teil V: Reise- und Routenteil

Der Teil I stimmt auf Namibia ein. Sie erfahren z.B., was und wieviel Sie auf Ihre Reise mitnehmen sollten, was zu beachten und zu bedenken ist. Hier stehen auch die Informationen, die Sie im täglichen Leben in Namibia, bei administrativen, privaten und öffentlichen Kontakten benötigen werden.

Im Teil II dreht sich alles um das Reisen im Land. Er behandelt Ankunft und Einreise, Geld- und Gesundheitsfragen, welche Freizeit-Aktivitäten möglich sind, was die Gastronomie zu bieten hat und was der Landesknigge rät. Abgerundet wird er durch Einkaufs- und Souvenir-Tips und die Stichworte des „Namibia ABC".

Im Teil III stehen Namibia und seine Menschen im Mittelpunkt. Wie entstanden Wüsten und Gebirge, wie wurde das Land besiedelt, wie kamen und kommen die ethnischen Gruppen des Landes miteinander aus, wie unterscheiden sie sich und welche Gemeinsamkeiten haben sie, mit welchen Tieren und Pflanzen teilen sie ihre Heimat, wie sieht die wirtschaftliche, soziale und politische Gegenwart und Zukunft des Landes aus.

Mit dem Teil IV planen Sie Ihre maßgeschneiderte Namibia-Reise. Sie können auf *16 Hauptrouten* und zusätzlichen *Nebenrouten* (s. vordere Klappenkarte) Namibia erkunden (mit Abstechern nach Südafrika, Zimbabwe und Botswana). Die alphabetische *Liste der Hauptsehenswürdigkeiten* mit dem Verweis auf die Route, die zur Anfahrt zu benutzen ist, macht es leicht, gezielt nachzuschlagen. In der *Liste der Unterkünfte* sind (fast) alle Beherbergungsbetriebe und Zeltplätze aufgelistet, gleichfalls mit Kurzbeschreibung und mit Verweis auf die Route.

Der Teil V ist der Reise- und Routenteil. Für den schnellen Überblick ist jeder einzelnen Route eine Tabelle mit Kilometrierung, Abzweigungen, Orten, sehenswerten Dingen und Übernachtungsstätten vorangestellt. Danach folgen die Orts- und Streckenbeschreibungen.

Im **Anhang** stehen Fotonachweis, Ausrüstungsliste, Öffnungszeiten der Museen, Glossar Südwester-Deutsch, Literaturliste und das Sachwort- und Ortsregister.

Gehen Sie also „auf Pad"! Sie werden sich später sicherlich wie wir immer wieder vom „herben Paradies" angezogen fühlen! Ein tolle Reise wünschen wir Ihnen,

Ihre Daniela Schetar und Friedrich Köthe

TEIL I: REISEVORBEREITUNGEN

Namibia pauschal oder individuell bereisen? ... 16
In Namibia reisen ... 17
Reise- und Jahreszeiten ... 20
Exkurs: Mit dem Ochsenkarren zu neuen Welten ... 22
Reisebudget ... 24
Wo übernachten? ... 25
Praktische Reisetips von A bis Z:
    Reisen mit Kindern ... 28
    Anreise ... 30
    Ausrüstung ... 32
    Diplomatische Vertretungen ... 36
    Dokumente und Geld ... 36
    Gesundheitsvorsorge ... 37
    Haustiere ... 39
    Informationsstellen ... 40
    Namibia im Internet ... 40
    Mietfahrzeuge ... 41
    Reiseveranstalter in Namibia ... 44
    Versicherungen ... 45
    Zoll ... 46
Exkurs: Ankunft ... 47

TEIL II – UNTERWEGS IN NAMIBIA

Ankunft und Einreise ... 49
Rund ums Geld ... 50
Von Ort zu Ort – Verkehrs- und Transportmittel ... 51
Informationen über Radreisen (v. Andreas von Heßberg) ... 53
Als Selbstfahrer unterwegs ... 56
Wie bleibe ich gesund? ... 61
Exkurs: Von Schlangen und anderen Gifttieren ... 62
Aktivitäten in Namibia
    Angeln und Fischen ... 65
    Ballonfahren ... 65
    Bootsausflüge ... 65
    Kayak-Touren ... 66
    Bergsteigen ... 66
    Quadbikes ... 66
    Uri-Geländewagen-Safaris ... 66
    Bungee-Jumping ... 66
    Fly-in-Safaris ... 66
    Classic Flights ... 66
    Exkurs: Mit dem Flugzeug auf Safari ... 68
    Fallschirmspringen ... 71
    Golfen ... 71

Höhlenforschung	71
Kanutouren	71
Mineralien sammeln	71
Rafting	71
Reiten	71
Segelfliegen, Motorflüge	72
Trekking	72
Wandern	72
Exkurs: Ausflug in der Lagune von Walvis Bay	73
Jagen	74
Exkurs: In der Eisenbahn durch die Wüste	75
Essen und Trinken	77
Exkurs: Weine und andere Getränke	79
Landesknigge	80
Einkaufen und Souvenirs	81
Exkurs: Souvenirs und Artenschutz	84
Namibia-ABC	
Brief- und Paketverkehr	85
Feiertage und Ferien	85
Fernsehen	85
Öffnungszeiten	86
Rundfunk	86
Sicherheitsvorkehrungen	86
Kriminalität	87
Sprache	87
Telefonieren	87
Funktelefon	88
Zeitungen	88
Zeitverschiebung	88

TEIL III: LAND UND LEUTE

Namibia: Wilde, unberührte Natur

Gebirge, Wüsten und Riviere	91
Klima	92
Wasserwirtschaft	93
Exkurs: Trockenflüsse als Wasseradern	94
Geologie	94
Exkurs: Die wichtigsten geographischen Begriffe in Namibia	97
Gesteine und Schätze im Erdinneren	97
Exkurs: Gesteine / Wichtige Gesteine in Namibia	98
Schätze im Erdinneren – Namibias natürliche Ressourcen	101
Tier- und Pflanzenwelt Namibias	102
Lebensraum Wüste	103
Exkurs: Nebel als Lebensspender	106
Lebensraum Küste	108
Lebensraum Savanne	109
Lebensraum Trockenwald	112

Geschichte und Geschichten

In Zahlen 114
Geschichtsquellen 117
Was die Felsbilder erzählen: Vor- und Frühgeschichte 118
Buschleute, Nama und Damara.. 120
Einwanderung der Ovambo, Herero und der Orlaam 120
Exkurs: die Christliche Mission 122
Die Träume eines Kaufmanns.. 123
Vom Handelsstützpunkt zur Kolonie 123
Kriegszüge: Schutztruppe kontra Orlaam und Herero 124
Diamanten und Internierung: Der Erste Weltkrieg 125
Südafrikas Schatten über Namibia... 125
Widerstand: Von der OPO zur SWAPO....................................... 126
Der bewaffnete Kampf 126
Wer hält zu wem 126
Der Weg in die Unabhängigkeit... 127

Namibische Politik heute

Der junge Staat 128
Reconciliation: Politik gegen die innere Apartheid..................... 130
Politik gegen die äußere Apartheid 131
Schulen 131
Gesundheitswesen... 132

Namibias wirtschaftliches Potential

Arbeit 133
Landwirtschaftliche Nutzungsmöglichkeiten 133
Fischerei... 134
Exkurs: Landreform – Pläne, Ziele, Möglichkeiten..................... 135
Bergbau und Industrie 135
Tourismus 136
Exkurs: Umweltschutz 137
Presse und Rundfunk... 137

Namibias Menschen und ihre Kultur

Die San (Buschmänner).. 139
Exkurs: Buschmann-Legende 142
Die Nama... 142
Exkurs: Nama-Legende.. 145
Die Damara 146
Exkurs: Die Herkunft der Damara 147
Die Herero 148
Exkurs: Die Himba... 151
Die Ovambo 152
Kavango- und Caprivi-Stämme 154
Exkurs: Das gestohlene Wasser 155
Die Rehobother Baster... 156

Exkurs: Die Farbigen 157
Die Buren 157
Die Deutschen 158
Exkurs: Die DDR-Namibier 159

Kunst und Traditionen

Traditionelles Kunsthandwerk 162
Architektur – von der Kolonialzeit zur Postmoderne 163
Malerei – Moderne in Schwarz-Weiß 165
Musik – zwischen Bach und Kwela-Beat 166

TEIL IV: ROUTENPLANUNG

Routenplanung und Hinweise zur Benutzung 168
Die Routen 169
Liste der Hauptsehenswürdigkeiten 171
Liste der Unterkünfte 176

TEIL V: REISE- UND ROUTENTEIL

In den Süden

Route 1: Roter Sand und rote Sonne – zu den Sossusvlei-Dünen ... 218

Windhoek	222	Maltahöhe	247
Rehoboth	242	*Exkurs: Farm Nonitsas*	248
Hardap-Dam	245	Sesriem u. Sossusvlei	249
Mariental	247	Naukluft Park	253
Exkurs: Als es gegen Hendrik Witbooi ging			256
Naukluft – Ababis über die Pässe nach Windhoek			257

Route 2: Traumschloß im Nirgendwo – Duwisib 258

Mariental – Keetmansh.	260	Bethanie	267
Köcherbaumwald	262	Helmeringhausen	268
Keetmanshoop	262	Duwisib	268
Exkurs: Karakulzucht	266		

Route 2a: Südafrika ist nahe – der Kalahari-Gemsbok Park 270

Mariental – Gochas – Tweerivier	271
Kalahari-Gemsbok Park	272
Mata Mata – Twee Rivieren – Aroab – Keetmanshoop	273

Route 3: Langer Marsch zum heißen Wasser – Fish River u. Ai-Ais .. 275

Keetmanshoop – Grünau – Ai-Ais	276
Ai-Ais	277
Fish River Canyon	279
Ai-Ais – Holoog – Seeheim	281

Route 3a: Kanus am Oranje 283

Karasburg	283
Warmbad	284
Exkurs: Flußfahrt auf dem Oranje	285

Route 3b: Verbindung nach Südafrika 288

Karasburg – Ariamsvlei – Nakop	288

Route 3c: Am Oranje entlang nach Rosh Pinah ... 289

Noordoewer – Seligsdrif – Rosh Pinah – Aus	289

Route 4: Erste deutsche Schritte 291

Goageb – Aus	291
Kolmanskop	293
Exkurs: Diamantenfieber	294
Lüderitz	296

Route 4a: Die Zentren der Farmer 307

Aus – Helmeringhausen	307

———————————— **In der Landesmitte** ————————————

Route 5: Durch die Namib an den Atlantik 309

Kuiseb Canyon	310
Homeb	313
Walvis Bay	314
Swakopmund	320

Route 6: Durch die Wüste ins Hochland 333

Swakopmund – Welwitschia Trail	335
Blutkuppe	337
Exkurs: Der Baiweg	338
Bosua-Pass – Daan Viljoen Wildpark	338
Daan Viljoen Wildpark	339

Inhalt 13

Route 7: Unter wilden Tieren – der Etosha National Park 340

Von-Bach-Damm	343	Outjo	352
Okahandja	344	Etosha National Park	353
Exk.: Neuanfang in den		Namutoni	360
Uniformen der Sieger	348	Tsumeb	362
Gross Barmen	349	Otavi	365
Otjiwarongo	350		

Route 7a: Zum Waterberg-Plateau 366
Waterberg Plateau Park 367
Exkurs: Herero-Aufstand u. die Schlacht am Waterberg 370

Route 8: Malereien und Gravuren – Bildsprache der Jäger 372

Okahandja – Karibib	374	*Exk.: Im Damaraland*	380
Karibib	375	Uis	380
Usakos	376	Brandberg	381
Ameib Ranch	377	Khorixas	383
Spitzkoppe	378	Vingerklip	384

Route 8a: Heiße Pfoten für Dinos – Spuren aus der Vergangenheit 386
Karibib – Omaruru 387
Exkurs: Der Siegeszug der Kompanie Franke 389
Omaruru – Otjiwarongo 389

Route 8b: Handel und Gefechte – der Pulverturm . 390
Karibib – Otjimbingve 390   Tsaobis Natur Park 391

Route 8c: Strahlendes Erz – Uran! 392
Swakopmund – Arandis – Rössing Mine – Usakos 392

Route 9: Auf einsamen Pfaden durchs Damaraland 394
Khorixas – Versteinerter Wald 395
Twyfelfontein 396
Kamanjab 398

——————— In den Norden ———————

Route 10: Wildnis – durchs Kaokoveld 399

Palmwag – Sesfontein	402	Opuwo – Kunene	407
Opuwo	406	Ruacana-Fälle	408

Route 10a: Bedrohte Natur – die Epupa Fälle 410
Otjiveze – Okongwati 410   Epupa-Fälle 411

Route 10b: Abenteuer Natur – über den Van Zyl's Pass zum Marienfluß 413
Okongwati – Van Zyl's Pass 415
Kunene – Red Drum – Hartmanntal 418
Orupembe – Purros – Sesfontein 419

Route 11: Wo die Apartheid ihr Ende fand – Herzland der Ovambo .. 420

Ruacana – Oshakati 421
Oshakati 422
Ondangwa – Namutoni 422

Route 12: Fische und Robben in gleißendem Dunst............. 424

Swakopmund – Henties Bay 425
Henties Bay – Cape Cross 427
Exkurs: Kreuz des Südens 429
Skeleton Coast National Park 429
Torra Bay 430
Terrace Bay 430

Route 12a: Pflanzen im Nebel 432

Ugab-Mündung – Uis 432

Route 12b: Durch den Messum Krater 433

Cape Cross – Messum Krater – Uis 433

In den Nordosten

Route 13: Tausch gegen Sansibar – die Idee eines Kanzlers 434

Otavi – Grootfontein	436	Trans Caprivi Highway	443
Exkurs: Die Durstland-		Popa Fälle	446
trekker	439	Mahango Wildreservat	448
Exkurs: Rinderhaltung	441	Mudumi National Park	448
Rundu	442	Mamili National Park	449
Exkurs: Caprivi-Strip	443	Katima Mulilo	449

Route 13a: Hinterland ist Farmland 451

Grootfontein – Tsintabis – Tsumeb 451
Exkurs: Baobab 452

Route 13b: Tiefer Sand und wilde Tiere – das Kaudom-Tierreservat 453

Grootfontein – Tsumkwe 455
Exkurs: San, eine Kultur stirbt 457
Tsumkwe – Kaudom 458
Kaudom Wildpark 458
Exkurs: Wie man in der Wüste (über)lebt 459

Route 14: Der Trans Kalahari Highway 461

Buitepos 463
Gobabis 463
Gobabis – Windhoek 465

Nach Botswana, Zambia und Zimbabwe

Route 15: Zu den größten Wasserfällen der Welt – die Victoria Falls 466

Ngoma – Kasane	467
Botswana	467
Zimbabwe	468
Victoria Falls	469
Livingstone	474
Livingstone – Kazungula	476

Route 16: Elefantenrüssel im Zelt u. Löwen satt – Chobe u. Moremi 477

Kazungula – Chobe	479	Maun		484
Moremi Game Res.	482	Maun – Ghanzi		485
Moremi – Maun	482	Ghanzi – Grenze Namib.		486

Route 16a: Westlich des Okavango-Deltas 487

Divundu – Shakawe – Toteng 488

ANHANG

Autoren / Ausrüstungsliste 492	Literaturverzeichnis Namibia .. 496
Öffnungszeiten Museen 494	Register Sachbegriffe 500
Glossar Südwester-Deutsch 495	Register Orte und Plätze 504

KARTENVERZEICHNIS

Bethanie 267	Maltahöhe 247
Caprivi (Osten) 445	Mariental 246
Caprivi (Westen) 444	Maun 484
Etosha Park Gesamt 354	Namibia-West 401
Etosha Park östl. Teil 356	Namib-Park 311
Daan Viljoen Park 302	Naukluft-Park 254
Farm Dornhügel 440	Okahandja 346
Fish River Canyon 280	Okakarara 367
Gobabis 464	Omaruru 388
Gross Barmen 349	Opuwo 406
Grootfontein 438	Otavi 365
Hardap-Damm 246	Otjiwarongo 351
Henties Bay 426	Outjo 352
Kalahari-Gemsbok Park 272	Rehoboth 243
Gemsbok Wilderness Trail 273	Rundu 442
Kamanjab 398	Sossusvlei 251
Karasburg 284	Swakopmund 323
Karibib 375	Tsumeb 362
Katima Mulilo 450	Usakos 377
Kaudom Park 458	Victoria Falls 470
Keetmanshoop 263	Walvis Bay / W.-Umgebung... 315
Khorixas 383	Waterberg 368
Livingstone 475	Welwitschia Trail 335
Lüderitz 302	Windhoek-Innenstadt 225
Lüderitz Umgebung 302	Zambezi (Kasane–Livingstone) 468

TEIL I:
REISEVORBEREITUNGEN

Namibia pauschal oder individuell bereisen?

Beides hat Vor- und Nachteile. Die Entscheidung hängt von den jeweiligen Wünschen ab, von der Zeit, die zur Verfügung steht, vom Budget und vom Organisationsaufwand, den zu investieren man bereit ist. Nachfolgend einige Überlegungen.

Pauschal- und Gruppenreisende haben mehr oder weniger einen strengen Reiseplan, von dem abzuweichen sehr schwierig sein dürfte. Abfahrts- und Ankunftszeiten sind festgelegt, Verweilzeiten nicht nach den eigenen Wünschen verlänger- oder verkürzbar. Änderungen sind mit allen Teilnehmern abzustimmen, und wenn man Pech hat, steht man mit seinen Vorstellungen regelmäßig alleine da. Erscheint eine Landschaft besonders pittoresk und lädt zum Fotografieren ein, haben Sie mit Ihrem Stopp-Wunsch nicht unbedingt Erfolg. Mit Ihnen fahren Menschen, die Sie nicht kennen und die ganz individuelle Vorstellungen haben, wie ein Urlaub auszusehen hat.
Im schlimmsten Fall befindet sich in der Gruppe ein ausgesprochenes Ekel, das alle terrorisiert. Vielleicht geht Ihnen auch Ihr Sitznachbar auf die Nerven, weil er dauernd Skat spielen will oder zu allem etwas zu sagen hat.
Andererseits können Sie natürlich durchaus von einer fertigen Reiseorganisation profitieren. Der Vorbereitungsaufwand wird auf ein Minimum reduziert, man hat kein Sprachproblem, in den meisten Fällen ist ein Reiseleiter dabei, der die notwendigen Hintergrundinformationen erzählen kann, und Sie müssen sich keine Sorgen um Ihre Sicherheit machen.
Im Großen und Ganzen wird eine Namibia-Pauschalreise mit einem bedeutenden Veranstalter finanziell günstiger sein als eine selbstorganisierte und selbstgebuchte Reise. Gerade bei beschränkter Urlaubszeit und unter der Maßgabe, in diesem Rahmen ein Maximum sehen zu wollen, ist ein fester Reiseplan mit einem Pauschalanbieter durchaus vorteilhaft. Dieses Buch bietet Ihnen dazu alle Landesinformationen, Einblicke in das Land und beantwortet alle wesentlichen Fragen der Geschichte, Flora, Fauna, Geologie oder Kultur.
Die meisten deutschen Veranstalter bieten Pauschalarrangements für Namibia an. Wenden Sie sich dazu an Ihr Reisebüro.

Individualreisende Als Individualtourist sind Sie Ihr eigener Herr. Sie haben sich im Vorfeld schon intensiv mit Namibia auseinandergesetzt, wissen relativ genau, wie Sie anreisen, welche Sehenswürdigkeiten angefahren werden sollen, wo Sie übernachten wollen und Sie bringen ein bestimmtes Maß an Flexibilität für unerwartete Situationen mit. Ein Routenplan wurde ausgearbeitet, der Zeitrahmen und das Geldbudget bestimmt, Flüge gebucht, Mietwagen bestellt, die Übernachtungen bei den Hotels, Gästefarmen, Lodges und Parks avisiert und das Reisegepäck vorbereitet. Sie oder ihr Reisepartner oder jemand der Gruppe spricht ein wenig Englisch (obwohl man eigentlich mit Deutsch ganz gut durchkommt). Nach der Ankunft auf dem Airport in Windhoek erwartet Sie niemand, jetzt sind Sie auf sich allein gestellt. Sie können Sightseeing machen, Jagen, Fischen, Wandern, Angeln, Fallschirmspringen und vieles andere mehr.

Im Teil IV finden Sie einen Tourenplaner mit Routenvorschlägen, allen Sehenswürdigkeiten, Etappenlänge, Übernachtungs- und Versorgungsmöglichkeiten. Damit kann man seine Reise optimal planen und seinen Bedürfnissen und Neigungen entsprechend zusammenstellen.

Der Mittelweg
Wer weder das eine – die große Gruppe mit unbekannten Mitreisenden –, noch das andere – die aufwendig selbstorganisierte Reise – will, kann einen Mittelweg wählen. Man entscheidet sich für einen der vielen Expeditionsanbieter Namibias für maßgeschneiderte Exkursionen. Hier bestimmen Sie selbst, wie groß die Gruppe sein, wohin es gehen und wie lange es dauern soll.

Diese Expeditionen in kleinen Gruppen über einen Veranstalter gibt es auch konfektioniert für Leute, die alleine oder nur zu zweit reisen und darauf angewiesen sind, daß der Veranstalter eine Gruppe zusammenstellt (wobei die Gruppe der Größe wegen sehr homogen ist). Diese Form des Reisens hat natürlich auch ihren Preis. Inzwischen gibt es weit über 80 Veranstalter in Namibia, eine Auswahl finden Sie in den Praktischen Reisetips von A bis Z unter „Reiseveranstalter".

Noch unentschlossen?
Dieser Führer hilft Ihnen bei der Entscheidung, Ihre Ferien in Namibia zu verbringen. Lesen Sie, ob Ihnen das Klima zusagt, wie man reist, wo man übernachtet, was Ihnen die Natur bietet, alles über die Reisevorbereitung, Anreise, Kosten und über das breite und reiche Freizeitangebot in Namibia.

In Namibia reisen

Wie fortbewegen?
Namibia ist das Land der großen Entfernungen, und zwischen Etappenbeginn und -ziel findet sich meist nichts als Natur pur. Es gilt also, große Strecken zurückzulegen. Öffentliche Verkehrsmittel, bis auf die (lediglich zwischen einigen Hauptorten verkehrende) Eisenbahn, gibt es nicht. Auch mit dem privat betriebenen Verkehrsnetz zu reisen ist schwierig, da die dafür eingesetzten Minibusse nur auf festen Routen zwischen den Arbeitstellen der schwarzen Bevölkerung im Farmland und dessen Städten und den ehemaligen Homelands verkehren.

Per **Anhalter** zu reisen ist faktisch auch nicht möglich, da die touristischen Ziele nur zur Versorgung angefahren werden und meist kein Platz auf oder in den Wagen vorhanden ist, außerdem dürfen die Fahrer keine Anhalter mitnehmen. In den Wagen der Touristen ist meist ebenfalls kein Platz. Darüberhinaus sind Übernachtungsmöglichkeiten nur begrenzt verfügbar und häufig im voraus gebucht, und viele Nationalparks dürfen zu Fuß (d.h. von Anhaltern) nicht betreten werden.

Die **Fluggesellschaft** Air Namibia verbindet nur die großen Städte untereinander. Wer es exklusiv und sehr teuer liebt, könnte noch mit dem **Charterflugzeug** die Sehenswürdigkeiten erreichen oder von Lodge zu Lodge springen.

Verbleibt also für den Individualtouristen als einzig vernünftiges Überland-Fortbewegungsmittel der **Mietwagen**, mit oder ohne Fahrer.

Anforderungen

Namibia ist sicherlich kein Land für Low-budget-Touristen, die auf billige Unterkünfte und preiswerten Transport angewiesen sind. Namibia-Reisende sind bereit, die Regeln, die eine sensible Natur erfordert, zu beachten. Sie sollten auch keinen Badeurlaub á la Kenia oder dauernde Animation erwarten, sondern vielmehr in der Lage sein, die herbe Schönheit der namibischen Natur, die Stille, Weite und Einsamkeit des Landes sowie den Charme der Städte sich selbst zu erschließen und zu genießen.

Landesgröße, Entfernungen

Namibia ist ein „kleines Land mit großen Entfernungen". Klein, weil es nur ca. 1,5 Millionen Einwohner hat und damit auch entsprechend wenig Städte; groß, weil die Entfernungen zwischen den Städten und den Sehenswürdigkeiten immens sind.

Die Ausdehnung von Nord nach Süd beträgt ca. 1500 km, von West nach Ost in der Landesmitte ca. 500 km und in Höhe des Caprivi-Strip ca. 1400 km. Das Land ist mit 824.292 qkm etwa zweieinhalb mal so groß wie Deutschland.

„Erfährt" man sich Namibia, so braucht das seine Zeit, da die Straßen, bis auf eine Nord-Süd-Achse und drei Ost-West-Achsen, nicht asphaltiert sind. Will man auch nur die wichtigsten Sehenswürdigkeiten sehen, bleibt nichts anderes übrig, als einmal kreuz und quer durchzufahren. Wer nicht über unbegrenzt Zeit verfügt, sollte sich bescheiden und einen weiteren Aufenthalt vorsehen.

Zeitbedarf und Routenwahl

Bringen Sie viel Zeit mit, wenigstens zwei Wochen. Der Flug alleine dauert 10 bis 12 Stunden; auch wenn die Zeitverschiebung wegfällt, anstrengend ist er dennoch, und ein derart weit entferntes Reiseziel eignet sich nicht für einen einwöchigen Aufenthalt. Namibia ist groß, die **Pads** (Pisten), auch wenn sie vorzüglich unterhalten werden, sind keine Autobahnen. Übers Jahr wird es morgens zwischen 5 und 7 Uhr hell und abends im gleichen Zeitraum dunkel (der Äquator ist nicht allzuweit). In der Dunkelheit sollte unter keinen Umständen gefahren werden – Wildschweine auf dem Weg sind schon bei 60 km/h ein unüberwindliches Hindernis, geschweige denn eine Antilope.

Je nachdem, welches Etappenziel man hat, was einen dort erwartet (Sehenswürdigkeiten, Tierbeobachtung) und wie man reist (ob noch Zeltaufbau, Kochen), sollte man rechtzeitig ankommen. 15 bis 16 Uhr ist keinesfalls zu früh. Mit der Mittagspause wird man im Schnitt nicht wesentlich mehr als 6 bis 7 Stunden reine Fahrzeit am Tag zur Verfügung haben. Mit Stopps zum Gucken und Fotografieren erreicht man auf *guten* Pisten (Pads) eine Durchschnittsgeschwindigkeit um die 50 km/h. Eine Tagesetappe mit 300 km Wegstrecke ist also durchaus angemessen und vernünftig.

Mit einem Rasttag sollte man demnach pro Woche eine maximale Entfernung von 1500 bis 2000 km planen. Wird ganz Namibia bereist, muß man dazu mindestens einen vierwöchigen Urlaub nehmen.

Bei Fahrten in unwegsamen Gebieten, wie dem Damara- und Kaokoland, schnellt der Zeitbedarf sofort in die Höhe, da dort Durchschnittsgeschwindigkeiten von 10 oder 20 km/h keine Seltenheit sind.

Also lieber zu viel Zeit als zuwenig oder lieber weniger vom Land sehen, aber richtig. Der Kardinalfehler vieler Besucher besteht darin, die Tagesetappen zu lange zu gestalten; sie erreichen abgehetzt und in der Dunkelheit ihr Ziel, können an der Tierbeobachtung nicht teilnehmen, sind erschöpft und nicht mehr aufnahmefähig. Wer nur 2 Wochen zur Verfügung hat, ist gut beraten, entweder nur den Norden oder nur den Süden zu bereisen.

Im Teil IV „Routenplanung" sehen Sie, was machbar ist.

■ *Staubfahnen über Namibias Pisten*

■ *Mächtige Felsen in weiten Landschaften*

Wilde Landschaften	Großartige Landschaften finden sich überall in Namibia, doch muß man unterscheiden zwischen „kultivierten" Regionen (meist privates Farmland, eingezäunt, der Tierbewirtschaftung vorbehalten und nur beschränkt bereisbar), den geschützten Gebieten (den Reservaten, Monumenten und Nationalparks mit besonderen Zugangsbeschränkungen und vorgeschriebenen Verhaltensmaßregeln) und den ehemaligen Homelands, in denen nur teilweise Vieh- und Landwirtschaft betrieben wird. Besonders unzugänglich stellt sich der Nordwesten mit dem Damara- und dem Kaokoland dar. Im Nordosten um den Kaudom-Park am Beginn des Caprivi-Strip ist das Buschmannland noch wahrlich ursprünglich. Aber auch alle öffentlich zugänglichen, geschützten Gebiete präsentieren gigantische Landschaften, die den Reisenden recht verletzlich wirken lassen. Im Süden der Fish River Canyon, dessen Wände in die Urzeit der Erdgeschichte verweisen, der vielfältige Namib-Naukluft Park mit Sand- und Steinwüsten, mächtigen Bergen und Sanddünen, Küste und Schluchten im Südwesten, die Skelettküste im Nordwesten mit ewigem Nebel, Wind und Dünen, die in ihrer Erhabenheit denen bei Sesriem nur wenig nachstehen.
Auf den Spuren der Kolonisierung	Die meisten Zeugnisse der deutschen „Schutztruppenzeit" Südwestafrikas (von 1884 bis 1915) finden sich in der Landesmitte, in etwa um die Linie Swakopmund – Windhoek – Waterberg. Gepflegte Gräber von „Reitern", administrative Gebäude im deutschen Kolonialstil, prachtvolle Villen vermögender Kaufmannsfamilien, inzwischen friedlich genutzte Verteidigungsanlagen, Trutzburgen, in denen und um die viel Blut vergossen wurde, und das unglaubliche *Schloß Duwisib* mitten im Niemandsland karger Landschaften, der Versuch, Ritterherrlichkeit in einer feindlichen Umgebung zu schaffen.
Wild beobachten	Die meisten und unterschiedlichsten Tiere leben im nördlichen Teil des Landes, im Etosha National Park, im Kaudom-Wildpark und in den Parks des Caprivi Strip (Mudumu, Mamili und Mahango). Und wer Zeit und Lust hat, kann auch die wildreichen Parks im Nachbarland Botswana besuchen (Chobe und Moremi). Wer glaubt, das Wild außerhalb der Nationalparks und Tierreservate im Busch auf eigene Faust finden zu können, täuscht sich. Erstens ist meist kein Durchkommen, zweitens flüchten die Tiere bevor man sie entdeckt und drittens ist es in den Parks und auf vielen Wildfarmen verboten, die Wege zu verlassen.

Reise- und Jahreszeiten

Die wärmste Reisezeit	Am wärmsten ist es natürlich im Sommer der Südhalbkugel, der europäischen Winterzeit. Ganz Unentwegte springen zu dieser Jahreszeit in den auch dann noch kalten Atlantik. Die Pools der Lodges, Hotels und Gästefarmen bieten dagegen willkommene Abkühlung nach der Hitze des Tages. Allerdings gibt es auch starke Regenfälle, da im Januar die Hauptregenzeit beginnt und sie erst im März langsam abklingt. Kalt wird es aber nie und es regnet sich auch nicht ein. Der Regen kann aber einige Pads, nicht nur für normale Pkws, sondern auch für Allradfahrzeuge *(Four-Wheel-Drives)* unpassierbar machen. Da heißt es dann, einige Stunden, vielleicht auch einmal einen Tag zu warten, und unter Umständen erreicht man sein Etappenziel nicht. Hin und wieder, in Abständen von mehreren Jahren, ist es zum Beispiel während und am Ende der Re-

genzeit fast unmöglich, das Kaokoland zu bereisen, da viele Pads gar nicht mehr existieren und Übergänge über die Trockenflüsse *(Riviere)* weggespült sind. Auch passionierte Wanderer können wegen der großen Hitze im Sommer einige der schönsten Touren, wie z.B. durch den Fish River Canyon, nicht durchführen. Der gesamte Bereich ist dann gesperrt, Genehmigungen *(Permits)* werden nicht erteilt.

Die touristischste Reisezeit

Die europäischen Weihnachtsferien fallen mit den Sommerferien der Bewohner des südlichen Afrika zusammen. Dort gibt es drei Hauptferientermine (sie differieren von Jahr zu Jahr um wenige Tage):

1. Ca. 4 Wochen von **Ende April bis Ende Mai**
2. Ca. 2 Wochen von **Ende August bis Anfang September**
3. Ca. 6 Wochen von **Anfang Dezember bis Mitte Januar**

Alles ist dann unterwegs, im Wohnmobil, in Autos mit Anhängern, mit dem Motorrad. Jeder hat sein Fahrzeug vollgepackt bis zum letzten Winkel und reist.

Da die Zahl der Unterkunftsmöglichkeiten im Namibia beschränkt ist (der Bau von neuen Unterkünften und Hotels kam der rasanten touristischen Entwicklung der letzten Jahre nicht nach, Natur und Ökologie lassen es aus Wassermangel nicht zu, das Angebot unbegrenzt zu erweitern), muß man Hotels und Unterkünfte in der Hochsaison vorausbuchen – und nur wenn die Buchung wirklich lange vor Abreise vorgenommen wurde (bis zu 18 Monate!) hat man die Chance, sich seine Tour wie gewünscht zusammenzustellen oder zusammenstellen zu lassen. In der Etosha-Pfanne reiht sich Fahrzeug an Fahrzeug, es kann passieren, daß trotz Zufahrtsbeschränkungen eine von den Wagen aufgewirbelte Staubwolke über den Pads hängt und das Beobachten der Tiere in der stickigen Atmosphäre nicht sehr vergnüglich ist.

Die tierreichste Reisezeit

Wer nach Namibia fährt, um Wild zu beobachten, ist am besten beraten, im Winter oder Spätwinter zu reisen (Juni bis November). Das Land ist trocken, die Tiere finden im Busch kein Wasser und sie kommen zu den Wasserstellen, die ihnen – teilweise künstlich unterhalten – auch in der Trockenzeit Wasser und dem Touristen ideale Beobachtungsmöglichkeiten bieten.

Die ideale Reisezeit

Die ideale Reisezeit ist der namibische Herbst **von März/April bis Juni/Juli**. Es ist tagsüber nicht zu heiß, nachts nicht zu kalt, das Baden in den Swimmingpools ist ein Vergnügen, es sind nicht zu viele Menschen unterwegs, die Luft ist klar, der Himmel strahlend blau, und wenn die Regenzeit nicht zu stark war, beginnen die Tiere, zu den Wasserstellen zu kommen.

Exkurs: Mit dem Ochsenkarren zu neuen Welten

Die Welt

„Die ersten Europäer, die in das Innere von Südwestafrika vorstießen, kamen aus der Kapkolonie und waren Jäger, Händler, Forscher und Missionare. Die Reisedauer umfaßte Monate und man war sehr abhängig von den wenigen Wasserstellen und von den Weideverhältnissen. Der Weg, soweit man die Gleise eines vorangefahrenen Ochsenwagens als Weg ansprechen kann, überschritt bei Ramans oder Sendelingsdrift den Oranje, führte nach dem damaligen Nisbeth-Bath (später Warmbad), einer Station der Weslyaner Mission. Weiter ging es über Swart Modder (Keetmanshoop) und nordwärts bis zu den guten Quellen von Grootfontein, das ungefähr 40 km südlich von Maltahöhe gelegen ist und dessen Lehmsteinruinen und Baumbestände noch von der alten Zeit künden.

Eine Hin- und Rückreise mit dem Ochsenwagen von den im Landesinneren gegründeten Missionsstationen, z.B. von Großbarmen bis zum Kap, dauerte bis 11 Monate oder länger. In jenen Zeiten, mit Beginn des 19. Jahrhunderts, gab es keinerlei Wege in Südwest. Die wenigen Verbindungspfade waren die ausgetretenen Pfade der Wildherden, die sich über Berge und durch Schluchten wanden und sich für den Ochsenwagen als Reisefahrzeug nicht eigneten. Jeder Ochsenwagen, der als erster durch ein Gebiet fuhr, bahnte sich einen Weg ins Unbekannte und auf seinen Spuren, die sich in dem trockenen Klima teilweise jahrelang hielten, folgten dann die nächsten Reisenden."

(aus: „Der Baiweg", H. W. Stengel, Windhoek, 1972)

Der Wagen

„Ein solcher Wagen ist ein Riesenungeheuer aus bestem Holz und mit massiven Eisenbeschlägen. Er ist solide konstruiert, denn es werden an seine Haltbarkeit große Anforderungen gestellt. Der Wagen ist mit einer Anzahl von Kisten besetzt, die gleichzeitig als Sitze dienen; auch unter dem Wagen sind allerlei Vorrichtungen zum Anhängen der Gerätschaften, besonders der dreifüßigen Kochkessel und der Blecheimer vorhanden. Der hintere Teil des Wagens ist vollständig mit einer großen Plane aus Segelleinwand überzogen.

Der Wagen kann – je nach seiner Größe, der Passierbarkeit des Weges und der Anzahl der Ochsen, von denen er geschleppt wird, – zweitausend bis sechstausend Pfund Ladung aufnehmen. Die Wagen werden in Kapstadt angefertigt und kosten zwei- bis dreitausend Mark. Zwölf bis achtzehn Ochsen werden paarweise vor den Wagen gespannt. Nur das zunächst dem Wagen gehende Paar, von den Holländern die „Achterochsen" genannt, gehen an einer Deichsel.

An der Spitze der Deichsel wird der sogenannte Ochsenstrick befestigt, das heißt, ein aus Leder zusammengeflochtener, sehr fester Riemen. An diesem sind mit den Jochen, die sie über den Köpfen tragen, die anderen Zugochsen paarweise befestigt. Das Ende dieses Ochsenstrickes, auch Leittau genannt, nimmt der vorausschreitende Führer des Wagens in die Hand. ...

Auf der vordersten Kiste nimmt der Kutscher Platz, der ein drei Meter langes Bambusrohr mit einer ellenlangen Peitsche hat, um von seinem Platz aus jeden einzelnen Ochsen, der zum Ziehen aufgefordert werden muß, mit großer Geschicklichkeit mit der Peitsche zu treffen. Jeder Ochse hat seinen besonderen Namen, der ihm auch zugerufen wird, wenn das Tier aufmerksam gemacht werden soll.

Die Ochsen sind ganz prächtige Tiere, meist glänzend schwarz und mit geringen weißen Abzeichen. Sie haben riesige, nadelspitze Hörner. Die Leistungsfähigkeit dieser Tiere ist eine fast unbegrenzte: Auf den fürchterlichsten Wegen gehen sie tagelang unermüdlich weiter, sie haben die Fähigkeit, tagelang zu hungern und zu dürsten. Ihre harten Hufe ermöglichen es ihnen, durch den Sand, über Felsengeröll, durch den Quarzschotter, der meilenweit das Land

bedeckt, kurzum, auf den schlechtesten Wegen unbeschädigt dahinzuwandern. Sie sind manchmal störrisch und schwer in Ordnung zu halten, aber im großen und ganzen haben diese Tiere doch außerordentliche Vorzüge."
(aus: „Mit Büchse, Spaten und Ochsenstrick", A. O. Klaussmann, Kattowitz und Leipzig, 1903)

Der Weg

„Spuren von Elefanten, Straußen, Löwen, Giraffen und allerlei anderm Wild fanden wir sehr häufig, und konnten auch manche Tiere erlegen. In den letzten Tagen hatten wir einige Giraffen geschossen …
Wir hatten jetzt beide Wagen voll Fleisch, und um unsere Vorräte zu sparen, wurde fast nur von Giraffenfleisch gelebt. … Mir … lag es im Magen wie ein Stein, und ich wurde recht krank davon. Ich zog mein Doktorbuch zu Rate; das sagte: ähnliches heilt ähnliches. Demnach, dachte ich, müssen Steine auch den Steindruck in meinem Magen vertreiben und nahm eine tüchtige Portion Steine. Die habe ich aber nicht verschluckt, sondern aus dem Weg gerollt und zur Abwechslung Bäume, die im Wege standen, umgehauen oder eigentlich umgebissen, denn das Holz ist so hart, daß es schien, das Beil sei von Holz und die Bäume von Stahl. …
Von den Bergen kommen öfters Seitenflüsse herunter, über deren steiniges Bett der Wagen gewaltig hinüberrappelt. Während wir so mit Ach und Krach dahinfuhren, wurde ein Berg über uns lebendig, die Steine rollten herunter, eine Truppe Zebra kam über die Berge herunter zum Wasser. Zwei der hübschen Tiere wurden erlegt. …
Am 7. Juli hatten wir allerlei Malheur: Der Topf mit der Wagenschmiere war verloren, und niemand hatte Lust, ihn zu suchen … . Die Leute waren müde, … dazu war der Löwe auf dem Weg, da mag man nicht gebieten, obgleich man es könnte. …
Während der Abwesenheit der zwei Männer (die den Schmiertopf suchten), hatten wir zwei gefährliche Stellen zu passieren. Ein Berg streckte seine Nase bis an den Rand des Flusses und fiel da steil ab. Im Wagen zu sitzen hatte an dieser Stelle niemand Lust. … Der unsere wäre beinahe umgefallen, das eine Hinterrad sprang zwei Fuß in die Höhe. … Kaum waren wir aber über diese Nase hinüber, so trat ein anderer Berg steil bis an das Flüßchen heran. Jetzt hieß es über den Graben. Das Wasser war 6 Fuß tief und nur etwa 4 Fuß breit. Wenn ein Wagen in diesen Graben fiel, so kam er nicht wieder heraus. … Peter Swartboy, der diesen Weg vor uns passiert war, hatte große Steine in den Graben rollen lassen und auf dieselben eine Schicht kleinerer, so lief das Wasser zwischen den großen Steinen durch und noch etwa 1 Fuß hoch über die kleinen Steine weg. Mit mancher Not kamen wir in zwei Stunden über diese Brücke hinüber auf die andere Seite des hohen Uferrandes."
(aus: „Aus alten Tagen in Südwest, der Ochsenwagen erzählt", W. Moritz, Spenge, 1989)

Reisebudget

Reisekosten, Preise

Beim derzeitigen Wechselkurs ist Namibia für Bürger europäischer Starkwährungsländer ein günstiges Reiseland. Dinge des täglichen Bedarfes liegen etwa 25 % unter dem deutschen Preisniveau.
Namibia ist auf der anderen Seite kein Billigreiseland. Die gesamte touristische Infrastruktur und das Leistungsangebot ist ausgerichtet auf Reisende, von denen angenommen wird, daß sie über relativ viel Geld verfügen. Deshalb kann ein Namibia-Urlaub auch recht teuer werden. Der Rucksacktourist findet keine seinen Bedürfnissen angemessene Low-Budget-Infrastruktur. Weder gibt es Jugendherbergen (außer einer einzigen in Swakopmund), noch Billighotels (außer jeweils einem in Windhoek und Tsumeb), noch öffentliche Verkehrsmittel, mit denen man preiswert die Sehenswürdigkeiten erreichen könnte. Wildzelten ist, bis auf wenige Gebiete (z.B. Kaokoland, Buschmannland), nicht möglich, da das Land wirtschaftlich genutzt wird und eingezäunt ist.
Die Flüge nach Namibia und zurück kosten zwischen DM 1500 und 2000, abhängig von Fluggesellschaft, Reiseroute und Saison.
Für ein Essen in einem guten Restaurant muß mit ca. DM 30 pro Person kalkuliert werden. Mit DM 5 wird man aber auch in einem der kleinen Fastfood-Läden satt, die sich an vielen Tankstellen finden. Eine Übernachtung ohne Frühstück kostet mindestens DM 25 pro Kopf, nach oben sind keine Grenzen gesetzt. Mit DM 5 kommt man in einem Taxi quer durch Windhoek, für DM 10 mit dem Zug von Windhoek nach Walvis Bay. Der Liter Diesel oder Benzin kostet z.Zt. weniger als eine Mark.
Bei sparsamem Reisen (4 Personen im Kleinwagen, Zelturlaub, Selbstversorgung, Beschränkung auf das Allernotwendigste) wird man nicht wesentlich unter DM 2500 bis 3000 pro Person für 2 Wochen alles inklusive kommen. Nach oben hin ist alles offen (Luxuscamps, Anreise mit dem Flugzeug, Abstecher nach Botswana und zu den Victoria-Fällen etc.).

Niedriges Reisebudget

Die günstigste Art zu reisen ist die Anmietung eines kleinen Pkws (z.B. Golfklasse) und die Übernachtung auf dem Grund eines staatlichen Restcamps im Zelt mit Selbstversorgung. Anzusetzen sind pro Übernachtung für 4 Erwachsene und den Stellplatz für das Fahrzeug ca. DM 20. Der Wagen selbst kommt mit allen Versicherungen bei einem Autovermieter auf ca. DM 100 pro Tag.

Mittleres Reisebudget

Die Übernachtung in einer Hütte oder einem Appartement der staatlichen Restcamps kostet für 4 Personen zwischen DM 50 und – sehr luxuriös – DM 150.
Auf Gästefarmen muß für die Übernachtung pro Person mit DM 60 bis DM 150 gerechnet werden (mit Abendessen und Frühstück, unter Umständen auch inklusive einer Farmbesichtigung und einer Pirschfahrt zur Tierbeobachtung). Hotels in den Städten bewegen sich auf etwa dem gleichen Preisniveau. Das Fahrzeug mittlerer Kategorie (Toyota Hilux) kommt auf ca. DM 200 pro Tag.

Hohes Budget

Lodges verlangen zwischen DM 120 und DM 200 pro Person. Enthalten sind im allgemeinen alle Mahlzeiten und abendliche und morgendliche Tierbeobachtung. Einige Luxuslodges mit auserlesenem Service können auch bis zu DM 300 pro Kopf verlangen. Ein voll ausgerüsteter, robuster Geländewagen, der für einige Touren auch unabdinglich ist, kann das Budget mit bis zu DM 350 am Tag belasten.

Wo übernachten?

Buchung

Übernachtungskapazitäten sind in Namibia nur begrenzt vorhanden und mit Rücksicht auf die Ökologie nicht beliebig ausbaubar. Auch in Zukunft wird es zu Spitzenzeiten des Urlaubsverkehrs Engpässe bei den Unterkünften geben. Konsequenz: die **rechtzeitige** Buchung, bis zu einem halben Jahr im voraus, falls sich Ihr Urlaub mit der südafrikanischen Ferienzeit überschneidet! Die Anfahrtswege auf den Stichstraßen, die zu den Gästefarmen oder Lodges führen, sind zu lange (teilweise bis zu 2 Stunden von der Hauptroute entfernt), als daß sich das Risiko lohnte, ins Blaue zu fahren und dann evtl. abgewiesen zu werden. Viele Beherbergungsbetriebe haben an ihren privaten Zufahrtsstraßen Schilder aufgestellt, auf denen hingewiesen wird, daß eine Anfahrt nur mit bestätigter Buchung erlaubt ist.

Buchungen sind unproblematisch per Telefon oder schriftlich zu erledigen (auch in deutsch); bitten Sie um eine schriftliche Bestätigung. Teilweise muß eine Anzahlung geleistet werden (bei Ihrer Bank per SWIFT). Bei staatlichen Betrieben geht Ihnen vorab eine Rechnung zu, die innerhalb einer bestimmten Frist vollständig beglichen werden muß (dafür wird aber auch die Unterkunft auf alle Fälle für Sie freigehalten). Buchungen für die Hotels und privaten Unterkünfte werden direkt vorgenommen, für alle staatlichen Einrichtungen zentral beim Buchungsbüro und bis zu 18 Monate im voraus. Adresse:
Ministry of Environment and Tourism, Central Reservations Office, P.O. Box 13267, Gebäude der Kaiserlichen Landvermessung, Independence Avenue, Windhoek. Tel. 061-236975, Fax 224900, (e-mail: bookings@namib.com). Öffnungszeiten: Mo–Fr 8–13 Uhr und 14–15.30 Uhr. Nach 15.30 bis 17 Uhr nur noch Informationen erhältlich.

Klassifikation und Lizenzierung

Prinzipiell unterscheidet man **private Beherbergungsbetriebe** (Hotels, Pensionen, Guesthouses, Gästefarmen, Jagdfarmen, Lodges, Caravan-Parks, Zeltplätze) und **staatliche bzw. städtische Einrichtungen** (Restcamps oder Rastlager mit Bungalows, Appartements, Zimmern und Zeltplätzen). Jeder Betrieb muß lizenziert sein und wird staatlicherseits nach einem Sternesystem kategorisiert. Gästefarmen können maximal 3 Sterne, Hotels und Lodges maximal 4 Sterne erhalten. Eine Liste, ständig auf den neuesten Stand gebracht – aber trotzdem leider nicht vollständig, verteilen die Tourismusbüros („Accommodation Guide").

Wenn eine Gästefarm oder eine Lodge keinen Stern besitzt, kann das jedoch auch bedeuten, daß dort an einer Klassifizierung kein Interesse besteht. Es gibt Lodges ohne Sterne, die jedes Luxushotel in den Schatten stellen.

Die **Lizenzierung für Alkohol** reicht von „T" (Ausschank nur an beherbergte Touristen) über „YY" (im Restaurant wird an jeden Alkohol ausgeschenkt) bis zu „YYY" (volle Barlizenz).

Hotels, Guesthouses, Pensionen

Sie unterscheiden sich nicht von den Hotels in Europa, auch die gleichen Serviceleistungen, entsprechend der Kategorie, werden angeboten. Sie sind klassifiziert von einem Stern bis zu 4 Sternen. Ein-Stern-Hotels sind einfachst gehalten, 4-Sterne-Hotels entsprechen internationalem Luxusstandard. Preise für ein Doppelzimmer mit Frühstück variieren zwischen DM 50 und DM 200.

Wo übernachten?

Gäste- Gästefarmen sind eine Spezialität Namibias. Sie müssen mindestens 4
farmen Zimmer haben und besitzen selten mehr als 10. Die Zimmer sind bis auf wenige Neubauten in den Wirtschaftsgebäuden untergebracht. Einige Farmen haben die Viehzucht eingestellt und betreiben den Hof jetzt als Wild- oder Jagdfarm, damit ist meist eine persönliche Atmosphäre garantiert. Gegessen wird gemeinsam mit der die Farm bewirtschaftenden Familie (Frühstück und Abendbrot).
Gästefarmen finden sich im ganzen Land verteilt, und auch wenn man Hotels vorzieht, sollte wenigstens ein 2- bis 3tägiger Aufenthalt auf einer Gästefarm eingeplant werden, die noch Vieh hält, um das Leben und die wirtschaftliche Struktur des Landes hautnah zu erleben. Auf der Farmrundfahrt erfährt man Wissenswertes über das Vieh, wieviel Land zur Ernährung eines Tieres notwendig ist, wie lange es auf einem Weideabschnitt verbleiben darf, wie die Abschnitte geteilt und untereinander verbunden sind, Probleme der Bewässerung, soziale Strukturen der Mitarbeiterfamilien und vieles mehr. Namibia ist „Cattle Country" (Viehland), und ohne die Nöte und Freuden des Lebens auf einer Farm kennengelernt zu haben, hat man nur die Hälfte gesehen. Die Klassifikation der Gästefarmen geht von einem bis zu drei Sternen.

Lodges, Auf Lodges wird keine Farmwirtschaft mehr betrieben. Auf dem Gelände
Tented wurde Wild fest angesiedelt, und zur Gästeunterhaltung werden Fahrten
Camps zur Tierbeobachtung unternommen. Die Gebäude sind speziell zur Gästeunterbringung geschaffen worden, teilweise in einem afrikanisch-traditionellem Baustil. Die Atmosphäre entspricht eher der eines kleinen Hotels, an den Mahlzeiten nehmen häufig auch die Wildhüter und das Management der Lodge teil und beantwortet gerne Ihre Fragen.
Neben den Lodges auf privatem Farmgebiet wurden privaten Betreibergesellschaften Konzessionen zur Nutzung von staatlichem Grund erteilt; das Wild in diesen Konzessionsgebieten ist nicht angesiedelt worden, sondern wandert frei umher (z.B. die Palmwag Lodge/Damaraland und Skeleton Coast Fly-in-Safaris/Kaokoland). Oder die Lodge bekam die Erlaubnis, sich in einem Nationalpark zu etablieren (wie die vorzügliche Lianshulu Lodge im Mudumu National Park mit einzigartigen Bootsfahrten auf dem Linyanti).

Jagdfarmen Sie entsprechen in etwa den Gästefarmen, haben eine spezielle Konzession und dürfen nur Jäger aufnehmen. Die Unterbringung reicht von einfachst bis hochluxuriös. Die hohen Preise erklären sich aus dem Komplettangebot mit Jagdführung und teilweise mit Abschußkosten. In den wenigsten Fällen wird der normale Tourist mit Jägern zusammentreffen, da auf eine strikte Trennung der beiden Klientengruppen geachtet wird.

Caravan Es gibt einige wenige private, reine Zeltplätze. Viele Gästefarmen und
Parks, Zelt- Lodges bieten aber in beschränkter Zahl Stellplätze für Zelte und Cara-
plätze vans an. Toiletten, Wasserversorgung und der unvermeidliche Grillplatz mit Holzvorrat (Braai-Platz) sind selbstverständlich. Auch Stellplätze sollten unbedingt vorausgebucht werden.

Restcamps, Restcamps stehen meist unter staatlicher Verwaltung (wenn auch in
Rastlager neuester Zeit überlegt wird, einige Camps zu privatisieren). In den letzten Jahren gerieten sie in schlechten Ruf, da sie mehr und mehr verfielen. Es wurde aber ein Investitionsprogramm aufgelegt, und nun strahlen einige Lager schon wieder in neuem Glanz. Die Camps finden sich in ein paar

Städten, an Thermalquellen und in den Nationalparks. Sie haben Standplätze für Zelte und Campmobile, Zimmer und Bungalows verschiedener Preiskategorien und einen kleinen Laden mit Nahrungsmitteln zur Bestreitung des Grillabends (außer Frischem wie Obst und Gemüse).
Generell sind die Camps sauber, und das Personal ist freundlich. Die Camps sind die preiswerte Alternative zu Hotels, Gästefarmen und Lodges und meist die einzige Möglichkeit, in den Parks zu nächtigen. Bis auf die Stellplätze im nördlichen Teil des Namib-Naukluft Parks, zwischen Swakopmund und Windhoek, besitzen sie alle Wasserversorgung.

VIP-Bungalows Viele der staatlichen Rastlager besitzen sogenannte *VIP-Bungalows* („Very important Person"). Diese sind vollständig (auch mit Geschirr) eingerichtet, haben eine exponierte Lage, sind größer als die normalen und und und. Es lohnt sich also, auch weil sie nur unverhältnismäßig teurer sind als die Luxusbungalows. Sie sind allerdings nur über Frau Slamet zu buchen, die zwar dem zentralen Reservierungsbüro angehört, aber an einer anderen Stelle sitzt. Ihre Rufnummer ist 061-2842242, ihre Faxnummer 239094. Die Buchungsbestätigung gilt nur provisorisch. Wenn zum Beispiel der Präsident sich kurzfristig für einen Aufenthalt entscheidet, werden die Buchungen hinfällig und man selbst umquartiert.

Namibia Community Based/ Nacobta Nacobta ist ein Entwicklungshilfeprojekt, das die lokalen Menschen vom Tourismus profitieren lassen will. Weit ab von jeglicher Möglichkeit, sich eine Arbeitsstelle zu besorgen, wird die Ressource „Tourist" zur einzigen Chance den Lebensunterhalt zu bestreiten. Es entstehen Zeltplätze und Rastlager, Verkaufsstellen für Kunsthandwerk, Museen und die Einheimischen werden für touristische Dienstleistungen, wie Bergführungen, ausgebildet.
Bislang gibt es folgende fertige Projekte:
Zeltplätze/Rastlager – Okombahe, Abu Huab, Khowarib, Okondjou, Ongongo, Purros, Okarohombo, Nakambale, Omatako, Makuri
Führer – Brandberg, Spitzkoppe, Opuwo (Kaokoland)
Kunsthandwerk – Daureb (Uis), Anmire Traitional Village (Khowarib), Okondjou Traditional Village, Nakambale Museum (Ovamboland), Caprivi Art Center (Katima Mulilo)
Buchungen für die Zeltplätze können über das Kopfbüro in Windhoek vorgenommen werden:
Nacobta, P.O. Box 86099, Windhoek, Tel. 061-250558, Fax 061-222647, e-mail: nacobta@iafrica.com.na, 18 Liliencron Street, Windhoek.

Bitte schreiben Sie uns Ihre Hotel-Erfahrungen und Tips.
Danke.

Praktische Reisetips von A bis Z

Hinweis: Die meisten Adressen in Namibia sind in diesem Buch sowohl mit Straße als auch Postfach (P.O. Box) angegeben. Die Straßenadresse dient lediglich dazu, persönliche Besuche vorzunehmen, nicht als Postadresse! Namibia kennt keine Zustellung bis zum Empfänger. Die Post wird in das Postfach eingelegt. Dort muß sie der Adressat abholen. Post mit Straßenadresse geht, wenn überhaupt, als unzustellbar zurück.

Reisen mit Kindern

Namibia ist ein ideales Reiseland für ältere Kinder. Babies und Kleinkinder bis etwa 4 Jahren werden keine ungetrübte Freude an Namibia haben – dazu sind die täglichen Fahrtstrecken zu lang und das Interesse an Tieren zu wenig ausgeprägt. Sobald die Kleinen aber anfangen, die Wunder der Natur für sich zu entdecken und sie zugleich alt genug sind, Vorsichtsmaßnahmen zu begreifen (und auch einzuhalten) sind sie in Namibia bestens aufgehoben.

Tiere sind sicherlich das wichtigste und eindrucksvollste Erlebnis in Südwestafrika: Doch während die Erwachsenen auf die Begegnung mit Großwild warten, können sich Kinder an wesentlich unspektakuläreren, dafür aber zärtlicheren Begegnungen erfreuen: Auf jeder Lodge, jeder Farm, die man zur Übernachtung anfährt, wartet zumindest ein (meist riesenhafter) Hund darauf, beachtet und gestreichelt zu werden. Zu den exotischeren Haustieren zählen die putzigen Erdmännchen, die so zahm werden wie Hauskatzen und dem Sprößling nach dem Kennenlernen nicht mehr von der Seite weichen. Manche Farmer halten auch gefährlicheres, halbwegs gezähmtes Wild, das im Gehege untergebracht wird, wenn Gäste kommen. Dann bietet sich die Gelegenheit, Geparde, Warzenschweine oder Strausse hinter dem Zaun aus größter Nähe zu beobachten.

Weg von den Haustieren in die freie Natur: Manche Strecken sind zugegebenermaßen recht langweilig und dauern ewig. Aber sobald das erste Wild den Weg kreuzt – was durchaus auch auf Hauptstraßen passieren kann, gibt es für passionierte Tierbestimmer kein Halten mehr: Antilopen, Zebras, Warane und Paviane werden gesichtet. Die Kinder kennen Namibias Fauna durch solche Beobachtungen oft besser als ihre Eltern. Höhepunkte sind natürlich Fahrten in den Nationalparks oder Game drives auf privatem Farmgelände. Auch der gelangweilteste Sprößling lebt auf, wenn er sich einer Elefantenherde oder einem Spitzmaulnashorn gegenübersieht, und die Frage, wer wohl als erster die Mähne eines Löwen erspähen würde, kann die Fahrgemeinschaft mit Kindern ungemein lustig und spannend machen.

Spannend wird es auch, wenn die Familie in der Namib oder Kalahari ihr Zelt aufschlägt. Weit und breit kein Mensch, nur die geheimnisvollen Geräusche unsichtbarer Tiere, über dem Braii-Feuer wölbt sich ein fantastischer Sternenhimmel und wer mal muß, braucht eine Schaufel, um sein Depot ökologisch bewußt zu vergraben. Man untersucht Spuren, versucht Tierstimmen zu erkennen oder spielt Indianer. Kein europäischer Campingplatz hält ähnliche Erlebnisse parat.

Natürlich gibt es auch Gefahren, die nicht unterschätzt werden sollten: Giftschlangen und Skorpione meiden zwar den Menschen, doch kleine Erdenbürger neigen bekanntlich dazu, in Sandhügeln zu graben oder Steine zu sammeln und umzuschichten. Solche und ähnliche Aktivitäten

sollten unbedingt unterbunden werden. Wenn die Kinder durch die Landschaft laufen, sind sie mit festen, langen Hosen und knöchelhohen Schuhen einigermaßen vor Gifttieren geschützt. Wenn sie unbedingt Steine aufheben müssen, dann nur, nachdem sie diese mit dem Schuh umgekickt und sich vergewissert haben, daß darunter nichts lauert. Am besten, sie lassen es ganz.
Angesichts der meist barfüßigen und kurzbehosten Kinder der weißen wie schwarzen Einheimischen mögen solche Vorsichtsmaßnahmen absurd erscheinen – aber die sind in Namibia aufgewachsen und wissen, Spuren und Zeichen zu deuten. Vielleicht ist dies den Kindern ein kleiner Trost. Die Angst vor Gifttieren ist, vor allem wenn die Kinder noch kleiner und „unvernünftig" sind, ein ständiger Begleiter der Eltern und der (einzige) Vermouthstropfen der Reise.
Kinder sind überall gern gesehene Gäste, sie werden von den Farmern gehätschelt, Wildführer geben sich besondere Mühe, die Kleinen durch Extra-Einlagen zu unterhalten, ihnen eßbare Wildfrüchte zu zeigen oder mit ihnen auf Fährtensuche zu gehen. Einige Lodges, die ihr Angebot durch Raubtiere attraktiver machen, erlauben Kindern unter 12 Jahren allerdings keinen Zutritt. Ähnliches gilt auch für viele Lodges in den Nachbarländern Botswana und Zimbabwe: Diese sind meist nicht eingezäunt, so daß Wild sich vor allem nachts darin frei und selbstverständlich bewegt. Dem Erwachsenen droht dabei angeblich kaum Gefahr – doch Kinder sind klein, nicht größer als die üblichen Beutetiere, und geraten als erste in die Schußrichtung, wenn ein Raubtier sich nicht an die Spielregeln hält.
Eines sollte man nicht erwarten: daß die Sprösslinge unterwegs Spielgefährten finden. Die meisten Farmer schicken ihre Kinder auf Internatsschulen. je nach Entfernung von der Heimat kommen die Schüler bestenfalls an den Wochenenden, oft sogar nur in den Ferien nach Hause. Wem Kinderkontakte wichtig sind, der sollte seine Reisepläne nach den namibischen Ferienterminen ausrichten. Doch das Abenteuer Namibia ist eigentlich so aufregend, daß die Sehnsucht nach Freunden durchaus für drei Wochen ruhen kann.
Wer eine Reise mit Kindern plant, sollte auf folgende Punkte achten:
– **Gesundheit:** Wasser und Essen sind fast überall (abgesehen von abgelegenen Regionen wie Kaokoveld, Ovamboland und ev. auch Caprivi) einwandfrei und können unbedenklich genossen werden. Wichtig ist eine vernünftige Malaria-Prophylaxe, wenn man in den kritischen Monaten (s.S. 38) den Norden Namibias (Etoscha, Buschmannland) besucht. Informatonen dazu erteilen die Gesundheitsämter und Tropeninstitute.
– **Sonnenschutz:** Für Kinder noch wichtiger als für Erwachsene. Schutzkreme mit hohem Faktor, ein Sonnenhut und ev. auch eine Sonnenbrille gehören ins Gepäck.
– **Kleidung:** Wegen der Schlangengefahr unbedingt feste, knöchelhohe Stiefel und lange Hosen aus Baumwolldrill mitnehmen. Die Kinder müssen ja nicht immer so martialisch herumlaufen – es gibt genügend Gelegenheiten, bei denen man auf die Schutzkleidung verzichten kann. Wer in den warmen Monaten reist, sollte Badesachen einpacken. Auch wenn die Pools auf den Lodges und Farmen meist empfindlich kalt sind, bieten sie Kindern eine willkommene Erfrischung nach der Autofahrt.
– **Langeweile:** Sie stellt sich bei den langen Autofahrten mit absoluter Sicherheit ein. Hörspielkassetten, Gameboy, Reisespiele etc. sollten in aus-

reichender Zahl eingepackt werden. Für den kleinen Pfadfinder haben sich eigenes Taschenmesser, Kompass, Sternenkarte und ein Tierbestimmungsbuch als Unterhaltungsprogramm bestens bewährt.
– **Babyausstattung:** Wer aus welchen Gründen auch immer mit Wickelkindern reist, braucht sich um Nachschub an Windeln und Kleinkindnahrung keine Sorgen zu machen. In allen größeren Orten gibt es gutsortierte Supermärkte mit allem, was des Babies Herz begehrt.
– **Kindgerechte Ziele:**
Hier Sehenswürdigkeiten, die Kindern besonders viel Spaß machen:
Sossusvlei. Die höchsten Sanddünen Namibias erklettern und auf dem Hosenboden herunterrutschen ist ein Riesenspaß für Alt und Jung.
Buschmannwanderungen: Von den Jägern wird man auf kürzeren oder längeren Spaziergängen in die Geheimnisse der Natur eingeführt. Wie jagen die San Strauße? Welche Spur stammt von welchem Tier? Wo findet man Wasser? Wanderungen mit San-Führern veranstalten verschiedene Unternehmen, darunter Muramba Bushman-Trails.
Cape Cross: Robben im Übermaß, die sich balgen, im Wasser spielen und kämpfen. Leider beeinträchtigt höllischer Gestank das Vergnügen, den putzigen Tieren lange zuzusehen.
Reiten: Reitmöglichkeiten gibt es auch für Kinder auf vielen Farmen.

Anreise

Mit dem Flugzeug

Air Namibia fliegt mit ihrer einzigen Langstreckenmaschine dreimal wöchentlich zwischen Windhoek und London über Frankfurt. Die Maschine wird von South African Airways gewartet.
Lufthansa verbindet dreimal die Woche Frankfurt mit Windhoek über Harare mit Weiterflug nach Kapstadt. Nach Johannesburg fliegt Lufthansa 7 mal die Woche direkt.
LTU fliegt ein bis zweimal von München und Düsseldorf direkt nach Windhoek und einmal die Woche nach Kapstadt. Die Flüge dauern zwischen 10 und 12 Stunden. Mit einem Flugschein der LTU erhält man günstige Flugmöglichkeiten mit Air Namibia im Land. Außerdem bietet LTU auf ihren Fernflügen eine Komfortklasse und bei langfristiger Vorausbuchung die billigsten Tarife ins südliche Afrika.

Lufthansa

Deutschland: Tel. 0180-3803803. Schweiz: Tel. 01-286 7000. Österreich: Tel. 01-5 99 11 99. Namibia: Tel. 061-226662, 3rd Floor, Sanlam-Building, 154 Independence Avenue, P.O. Box 3161, Windhoek. Öffnungszeiten Mo–Fr 8–13 Uhr und 14–17 Uhr. Südafrika: 0800-111105 (gebührenfrei), 22 Girton Road, P.O. Box 1083, Johannesburg. Öffnungszeiten Mo–Fr 8–17 Uhr

LTU

Deutschland: Service-Zentrale 0211-9418888. Österreich: 0662-430992, Franz-Sauer-Str. 46–50, Salzburg. Namibia: 061-237480, 5 McAdam-Street, Windhoek. Öffnungszeiten Mo–Fr 8–13 Uhr und 14–17 Uhr. Südafrika: Sisa Service International, 031-3096750, 101 HNR House, 28 Linze Road, Stamford Hill, Durban. Öffnungszeiten Mo–Fr 8–16.30 Uhr

Air Namibia

Deutschland: 06105-206030, Fax 206038, Hessenring 32, 64546 Mörfelden-Walldorf. Namibia: 061-229630, P.O. Box 731, Gustav-Voigts-Centre, 125 Independence Avenue. Öffnungszeiten Mo–Fr 9–13 Uhr und 14–17 Uhr. Südafrika: 011-4424461, P.O. Box 11405, Johannesburg, 021-216601, P.O. Box 739, Kapstadt

South African Airways	Deutschland: 069-2998030, Darmstädtder Landstr. 125, 60598 Frankfurt/M. Österreich: 01-5871585, Opernring 1/R, 1010 Wien. Schweiz: 01-2115130, Talacker 21, 8001 Zürich. Südafrika: 011-9781111 **Obwohl die Fluggesellschaften die Rückbestätigung – „Reconfirmation" – nicht mehr praktizieren, sollte man einige Tage vor dem Rückflug sich den Termin bestätigen lassen.**
Mit dem Schiff	Das Reisebüro Hamburg Süd vermittelt Schiffspassagen auf Frachtern in das südliche Afrika von Antwerpen aus. Angefahren werden Kapstadt und weiter Port Elisabeth und Durban. Abfahrten sind jede Woche. Antwerpen – Kapstadt schlägt mit 3500 DM zu Buche, die Reise dauert ca. 3 Wochen. Von deutschen Überseehäfen gibt es keine Passagen. Anfragen: Hamburg-Süd Reiseagentur GmbH, Ost-West-Str. 59–61, 20457 Hamburg; Tel. 040-3705155, Fax 37052420.
Nach Namibia mit dem Auto	Für die Einreise nach Namibia mit einem Auto ist zwingend eine internationale Zulassung und ein *Carnet de Passage* vorgeschrieben. Letzteres besteht aus einem Heft mit 25 identischen Blättern. Jedes Blatt enthält die Spezifikationen des Kraftfahrzeuges und ist dreigeteilt. Pro Land wird ein Blatt benötigt. Der unterste Teil des Blattes verbleibt beim Zoll des Einreiseortes. Die Einreisedaten werden im obersten Teil eingetragen. Der mittlere Teil wird bei der Ausreise aus dem Land ausgefüllt und entfernt, gleichzeitig werden die Ausreisedaten im oberen Teil eingetragen, der als einziger eines Blattes im Heft verbleibt. Er dient Ihnen als Nachweis über die ordnungsgemäße Ausfuhr des Fahrzeuges. Südafrika, Botswana und Namibia bilden eine Zollunion, bei Reisen innerhalb dieser Länder wird das Carnet nicht neu benutzt. Für die Ausstellung des Carnets bei Ihrem Automobilclub muß eine Bürgschaft einer Bank hinterlegt werden (bis zu DM 4000, abhängig vom Wagenwert). Nach Beendigung der Reise wird die Bürgschaft gegen das Carnet wieder eingetauscht (der deutsche Zoll muß zusätzlich die Wiedereinfuhr des Fahrzeuges auf einem Formblatt bestätigen).
Routen durch Afrika	Es gibt zur Zeit zwei mögliche Routen durch Afrika nach Namibia, die aber ständiger Änderung unterworfen sind. Bei der Ostafrikaroute über Ägypten, Sudan, Eritrea, Äthiopien, Kenia, Tansania und Zambia/Malawi muß derzeit die Grenze Ägypten-Sudan per Fährschiff umfahren werden. Die Westafrikaroute Marokko und Mauretanien führt durch das politisch zerrissene und infrastrukturell auf Null gebrachte Zaïre nach Osten und ist mit Schwierigkeiten geradezu gepflastert. Voraussetzung für den Landweg durch Afrika ist ein vorbildlich ausgerüstetes Fahrzeug und ausreichend Zeit. Hilfe bei der Ausrüstungs- und Routenplanung geben die Bücher „Durch Afrika", Band 1 und 2, Reise Know-How Verlag Därr GmbH, 83104 Hohenthann.
Auto aufs Schiff verladen	Der Wagen kann entweder im Roll-on/Roll-off-Verfahren verschifft (er ist dabei letzlich während der gesamten Fahrtzeit zugänglich, was der Ausrüstung unter Umständen nicht bekommt!) oder in einem Container verladen werden (der Container wird in Deutschland versiegelt und die Plombe erst in Ihrer Anwesenheit im Ankunftshafen aufgemacht). Containerverschiffung ist sicherer, aber auch teurer. Die Kosten bewegen sich alles in allem um die 4000 DM für einen Geländewagen, die Fahrdauer von Hamburg nach Walvis Bay liegt zwischen 3 und 5 Wochen. Alternativ ist die Verschiffung nach Kapstadt und Abholung dort preislich günstiger als

nach oder von Walvis Bay (ca. 3000 DM). Für die Schiffsreise das gleiche Schiff wie das Auto zu benutzen ist aus technischen und organisatorischen Gründen praktisch unmöglich.

Etliche Expeditionsausrüster bieten Verschiffungen an. Spezialisiert auf Fahrzeugverschiffungen ist die Fa. Deugro, Bei dem neuen Krahn 2, 20457 Hamburg; Tel. 040-376007-0, Fax 376007-25. In Walvis Bay wird Deugro vertreten von der Firma Transworld Cargo, Oceana Street, Walvis Bay; Tel. 064-205475, Fax 205484. Der Hauptfirmensitz von Transworld Cargo ist in Windhoek: P.O. Box 6746, 5 von Braun Street, Windhoek. Tel. 061-228200, Fax 227021. In Kapstadt wird Deugro vertreten durch: Project Freight CC, Units 7+8, Foregate Square, Table Bay Boulevard, Cape Town 8001, Tel. 021-217850, Fax 4194816. Die Fa. Woick GmbH bietet ebenfalls Fahrzeugverschiffungen an: Bernd Woick GmbH, Plieningerstr. 21, 70794 Filderstadt, Tel. 0711-7096710, Fax 7096780.

Auto per Luftfracht Theoretisch läßt sich das Auto auch per Luftfracht nach Namibia spedieren, doch wegen des hohen Preises (um die DM 15.000 für eine Strecke) wird man in den allermeisten Fällen davon Abstand nehmen. Luftfracht ist jedoch für ein Motorrad überlegenswert, Die Luftfrachtunternehmen geben Auskunft über die Kosten (ca. DM 1500 für die einfache Strecke) und wie das Motorrad für den Transport vorbereitet werden muß. Die bekannten Fluggesellschaften fungieren auch als Luftfrachtunternehmen. Man wende sich an diese.

Ausrüstung

Persönliche Ausrüstung Mitnehmen will man viel, da die meisten aber mit dem Flugzeug anreisen, heißt es, sich auf das Notwendigste bescheiden. 20 Kilo Freigepäck sind schnell beisammen. Reicht die Freigrenze nicht aus, und will man die hohen Übergepäckraten vermeiden, ein Tip: Vieles ist auch in Windhoek zu vernünftigen Preisen erhältlich, wie z.B. eine sperrige Campingausrüstung. Der Rücktransport geschieht dann per „unbegleitetem Fluggepäck" zu weitaus günstigeren Konditionen als Übergepäck (informieren Sie sich über die Möglichkeiten vorab bei Ihrer Fluggesellschaft).

Ein gutes Ausrüstungsfachgeschäft in Windhoek ist: *Cymot*, P.O. Box 726, 60 Mandume Ndemufayo Avenue, Windhoek. Tel. 061-234131, Fax 234921. Die Firma hat auch Zweigstellen in Swakopmund, Tsumeb, Rehoboth, Rundu, Walvis Bay und Oshakati. Ein weiteres Geschäft mit Campingausrüstung ist *Safari Den*, P.O. Box 12011, 20 Bessemer Street, Windhoek; Tel. 061-2909293, Fax 233060. Alternativ läßt sich die Campingausrüstung auch leihen bei *Camping Hire Namibia*, P.O. Box 80029, 12 Louis Raymond Street, Windhoek; Tel. 061-251592, Fax 252995 oder *Gav's Camping Hire*, P.O. Box 80157, 49 John Meinert Street, Windhoek; Tel. 061-238745, Fax 061-239015.

Bekleidung Tagsüber ist es in Namibia heiß, nachts kann es sehr kalt werden, also leichte Baumwollkleidung und einen warmen Pullover mit Windjacke mitnehmen, dazu warme Unterwäsche (spezielle Expeditionsunterwäsche, z.B. von der Firma Patagonia, hat sich bewährt) und eine Wollmütze (in Lüderitz am Meer bläst bisweilen ein ausgesprochen strammer Südwester).

Grau, Khaki und Beige sind geeignete Farben, vorausgesetzt, Sie wollen nicht ständig am Waschtisch stehen und Ihre schwarzen oder weißen

Hemden und Hosen walken, sondern stattdessen lieber in den Pool springen. Also Badesachen nicht vergessen.

Wenn auch die meisten Kinder in Namibia barfuß laufen (selbst die der deutschstämmigen Namibier), sie sind auf Vorsicht getrimmt. Ist man aber mit Schlangen und Skorpionen nicht aufgewachsen, sollte man festes, knöchelhohes Schuhwerk tragen. Highheels und der Abendanzug können zu Hause bleiben, man stieße lediglich auf Unverständnis bei den kurzbehosten Einheimischen.

Ein kleiner, faltbarer Rucksack bzw. ein als Koffer und Rucksack benutzbares Gepäckstück ist wichtig für Wanderungen und die Wege zu Orten, die mit dem Fahrzeug nicht erreichbar sind; die Mittagsrast wird erst mit einer Picknickausrüstung richtig schön. Der eigene Schlafsack und ein kleines Kopfkissen machen die Nacht im Expeditionszelt gemütlicher.

Eine Sonnenbrille, eine stabile Taschenlampe, ein gutes Fernglas und ein am Gürtel zu befestigendes kleines Klappmesser (kein Südwester, der ohne Gürtelmesser unterwegs ist) gehören ebenfalls eingepackt. Ein Brustbeutel verwahrt die wichtigen Papiere, Brillenträger dürfen ihre Ersatzbrille nicht vergessen. Und last not least ein Moskitonetz mit einer kleinen Sammlung von Schraubhaken und Schnur zur Befestigung. Ohne dieses verreist man einfach nicht mehr.

Weitere Stichworte sind Gesundheitsvorsorge und Fotografieren (siehe dort). Eine Kontrolliste zur Ausrüstung finden Sie im Anhang.

Fotoausrüstung Für gute Tieraufnahmen ist ein Teleobjektiv mit einer Brennweite zwischen 200 und 300 mm nötig. Da deren Lichtstärke oft nicht ausreicht, um aus der Hand verwacklungsfrei oder in der Dämmerung zu fotografieren, bringt die Kombination mit einem höherempfindlichen Film (z.B. 200 ASA) Vorteile. Für Landschaften ist ein Objektiv mit 35 oder 28 mm empfehlenswert. Heute gibt es sehr gute und erschwingliche Zoomobjektive, die einen großen Brennweitenbereich abdecken. Eine gute Kombination sind z.B. 2 Kameragehäuse (mit Filmen unterschiedlicher Empfindlichkeit) und 2 Zoomobjektive, eines im Bereich Weitwinkel/Normal und eines für den Bereich Tele/Supertele. Alle Objektive sollten mit einem UV-Filter versehen werden (nicht wegen der Strahlung, die Hersteller vergüten heutzutage die Objektive entsprechend, sondern aus Schutzgründen). Ein Polfilter verhilft zu satteren Farben, der Umgang damit will aber gelernt sein. Da der feine Staub der Pisten auch in gut verschlossene Fahrzeuge eindringt, ist ein staubdichtes Behältnis wichtig, die Kameras sind sonst binnen kürzester Zeit mit einer weißen Schicht überzogen. Eine Tragetasche oder ein Day-Pack für Wanderungen und ein Stativ bei Verwendung des Teleobjektivs sind zweckmäßig, desgleichen ein Tuch zum Abdecken der Kamera bzw. der Fototasche vor direkter Sonnenbestrahlung im Wagen.

Landkarten Die Touristen- und Straßenkarte, die kostenlos vom Namibischen Fremdenverkehrsbüro in Bad Homburg verteilt wird, ist sehr empfehlenswert. Sie enthält die meisten Sehenswürdigkeiten, das vollständige Straßennetz mit den zugehörigen Identifikationsnummern, einige Hinweise auf Übernachtungsmöglichkeiten, die Kilometerangaben sind relativ genau. *Shell* bietet sehr genaue Karten vom Kaokoland und dem Etosha National Park an (Shell-Tankstellen in Namibia, Buchhandel).

Übersichtskarten des südlichen Afrika gibt es von *Michelin* (Blatt 955), *RV* (Afrika Süd), beide im Maßstab 1:4 Millionen und die amtliche *Southern Africa* 1:2,5 Mio. Als Namibia-Straßenkarte ist die von ITM 1:2 Mio. empfehlenswert. Wer Karten zum Blättern vorzieht: *Road Atlas of Namibia,* von New Holland, 48 Seiten, mit Stadtplänen, Fotos etc. (doch in Details manchmal ungenau).

Relativ teuer, aber für Fahrten abseits der Hauptrouten durchaus sinnvoll in der Verwendung, sind die von der südafrikanischen Administration herausgegebenen *topographischen Karten* im Maßstab 1:500.000 (14 Blätter) und im Maßstab 1:250.000 (40 Blätter). Günstiger sind sie in Windhoek zu erwerben (Ministry of Land, Resettlement & Rehabilitation) Robert Mugabe Road 47 (zwischen Dr. A. B. May Street und Lazarett Street in dem Haus mit dem grünen Dach (Mo–Fr 8–13 und 14–15.30 Uhr). Die Preise liegen für den Maßstab 1:250 000 bei 22 N$.).

Die topographischen Karten und noch andere Namibia-Karten sind erhältlich bei **Schrieb, Karten+Reiseführer, Schwieberdingerstr. 10/2, 71706 Markgröningen;** Tel. u. Fax 07145-26078 (Karten- und Bücherliste).

Bei Schrieb und Bücher-Keller in Windhoek kann eine Karte gekauft werden, auf der alle Farmen mit Namen verzeichnet sind (Farmkarte, Maßstab 1:1 Million).

Autoausrüstung Abhängig von der Route, der Jahreszeit und der Dauer der Reise muß das Fahrzeug mehr oder weniger vollständig ausgerüstet sein. Bewegt man sich auf den Hauptrouten, genügt ein Wasserkanister und ein oder zwei Ersatzkanister mit Benzin/Diesel à 20 Liter. Zwei Ersatzreifen geben Sicherheit, im allgemeinen genügt aber auch einer.

Fahrten mit Expeditionscharakter während der Regenzeit in unwegsamen und einsamen Gelände erfordern mehr Vorbereitung. Mindestens zwei Ersatzreifen, Flickzeug, Wagenheber und Luftpumpe sind wichtig, ebenso wie Bergungsmaterial (entweder Winde oder Seilzug, ein Wagenheber mit großem Hub, Seil oder Bergungsgurt), ausreichend Kanister für Treibstoff und Wasser, Verpflegung und die übliche Campingausrüstung, je nachdem, wie komfortabel man seine Abende verbringen will. Wichtig ist gutes Kartenmaterial und ein Navigationssystem.

GPS Ein Kompass genügt in den wilden Regionen wie dem Kaokoland oder auch im Messum Krater nur, wenn man genauestes Kartenmaterial besitzt und mit einem Kompass umgehen kann. Einfacher in der Handhabung, aber auch teurer, sind die GPS Systeme (**G**lobal **P**ositioning **S**ystem). Über Satelliten werden Signale aus verschiedenen Richtungen empfangen und das Gerät berechnet aus der Laufzeit der Signale die Position bis auf wenige Meter genau. Man kann auf der Karte also immer seinen exakten Wegpunkt und, falls man die Koordinaten seines Zielpunktes kennt, den Weg dahin bestimmen. Neuere Geräte geben auch die Richtung an, die zum Ziel einzuschlagen ist, weiter die Geschwindigkeit und die verbleibende Zeit zum Ziel, bei gleichbleibender Geschwindigkeit. Das Gerät ist also äußerst hilfreich. Vor Beginn einer Tour lassen sich auch die einzelnen Wegpunkte/Koordinaten eingeben und man wird von dem Gerät durch die Landschaft gelotst. Manche plotten auch die gefahrene Wegstrecke, so daß es sehr einfach ist, den eingeschlagenen Weg zurückzuverfolgen.

GPS Geräte können auf unterschiedliche Koordinatensysteme und unterschiedliche Darstellungen eingestellt werden. In diesem Buch wurde als Koordinatensystem das gängige WGS 84 benutzt, die Darstellungsform ist Grad, Minuten, Sekunden. Im Setup der Geräte können Sie die Einstellungen vornehmen. Unterschiedliche Koordinatensysteme können einen

Abstand der Wegpunkte untereinander von mehreren Kilometern zur Folge haben. Vergewissern Sie sich also, daß Sie Ihr Gerät auf den in diesem Buch benutzten Standard eingestellt haben. Bei der Unmenge an Daten kann es durchaus passieren, daß einmal eine Koordinate falsch ist. Wir nehmen gerne eine Berichtigung entgegen. Eine Gewährleistung für die Richtigkeit der GPS-Daten können weder die Autoren noch der Verlag übernehmen.

GPS-Systeme von Garmin importiert die GPS GmbH, Lochhamer Schlag 5a, 82166 Gräfelfing. Die Firma hat eine sehr informative Webseite zum Thema: http://www.garmin.de.

Die Firmen Woick GmbH, Plieninger Straße 21, 70794 Filderstadt, Tel. 0711-7096700, Fax 7096770, e-mail: woick@compuserve.com und Därr Expeditionsservice GmbH, Theresienstr. 66, 80333 München, Tel. 089-282032, Fax 282525, http://www.daerr.de verkaufen die Geräte.

Beispiel GPS-Tabelle Die Tabelle zeigt in der 1. Spalte die Kilometrierung, in der 2. einen eventuellen Abzweig, in der 3. und 4. Orte und Sehenswürdigkeiten. In der 5. Spalte sind Übernachtungsmöglichkeiten gelistet. Die 6. Spalte sind den GPS-Daten (Grad, Min, Sek) im WGS-84-Format vorbehalten.

Km	Abzweig	Ort	Sehenswert	Übernachtung	GPS
Km 0 C33 Teer		Karibib, T+V	Marmorwerk	Erongoblick Ht. Stroblhof Ht.	21 56 08 15 51 43

Motorradausrüstung Die meisten Nationalparks in Namibia dürfen mit Motorrädern nicht befahren werden (zum einen hat die Administration schlechte Erfahrungen mit südafrikanischen Motocross-Fahrern gemacht, die Schrottmaschinen in der Wüste endgültig den Garaus bereiteten und liegen ließen, zum anderen bietet eine massive Karosserie angenehme Gefühle des Schutzes in Gegenden, die für ihre Überpopulation an Großkatzen bekannt sind, und drittens stellen Pisten hohe Anforderungen an das fahrerische Können).

Beste Lösung ist sicherlich eine organisierte Motorradtour mit Begleitfahrzeug, das auch zum Besuch der Parks verwendet werden kann. Damit können die Maschinen leicht gehalten werden, da lediglich das Tagesgepäck mitzuführen ist; wer bereits mit vollbeladener Maschine in schwerem Gelände fahren mußte, weiß diesen Vorteil sehr zu schätzen.

Die Motorradausrüstung unterscheidet sich nicht wesentlich von der eines Autos, nur daß die mitgenommenen Gegenstände kleiner und leichter sein sollten, man sich wirklich auf das Notwendigste beschränken muß. Die bekannten Expeditionsausrüster in Deutschland bieten auch speziell für Motorräder konstruierte Teile an.

Der Reiseveranstalter Explotours, Postfach 1150, 83102 Ostermünchen, Tel. 08065-9150, Fax 9152, e-mail: explo-tours@t-online.de, bietet organisierte Motorradreisen hauptsächlich ins Kaokoland an. Eigene Enduromaschinen sind Voraussetzung, die im Container nach Namibia verschifft werden. Ein Begleitfahrzeug sorgt für ungehemmten Fahrspaß auf unbeladenen Maschinen. Ebenfalls vorausgesetzt wird eine gute Kondition. Die Pisten in dem unwegsamen Gelände haben einen ganz eigenen Charakter, der an der Psyche und der Physis zerrt.

Diplomatische Vertretungen

In Deutschland Botschaft der Republik **Namibia:** Mainzerstraße 47, 53179 Bonn; Tel. 0228-346021, Fax 346025. Botschaft der Republik **Zimbabwe:** Villichgasse 7, 53177 Bonn; Tel. 0228-356071. Botschaft von **Botswana:** 169 Avenue de Tervueren, Brüssel, Belgien; Tel. 02-7356110.

In Österreich Botschaft der Republik **Namibia:** Strozzigasse 10–14, 1080 Wien; Tel. 01-4029374, Fax 4029370. Botschaft von **Zimbabwe:** s. „Deutschland".

In der Schweiz Botschaft der Republik **Namibia:** s. „Deutschland". Botschaft der Republik **Zimbabwe:** 5 Chemin du Pivage, 1292 Chambesy; Tel. 022-73204334. Botschaft von **Botswana:** s. „Deutschland.

In Namibia Botschaft der Bundesrepublik **Deutschland:** Sanlam Center, 154 Independence Avenue, P.O. Box 231, Windhoek; Tel. 061-229217, Fax 222981. Botschaft der Republik **Österreich:** 1109 Duncan Street, P.O. Box 95572 Waterkloof, Pretoria 0145, Südafrika; Tel. 0027-12-462483, Fax 461151. Konsulat der **Schweizerischen Eidgenossenschaft:** NBS Waldorf 9th floor, 80 St. Georg's Mall, Capetown 8000, Südafrika; Tel. 0027-21-261040, Fax 249344. High Commission of the Republic of **Zambia:** P.O. Box 22882, Windhoek; Tel. 061-237610, Fax 061-228162. High Commission of the Republic of **Botswana:** P.O. Box 20359, 101 Klein Windhoek Road, Windhoek; Tel. 061-221942, Fax 061-236034. Vertretung von **Südafrika:** RSA House, P.O. Box 23100, Jan Jonker Road/Klein Windhoek Road, Windhoek; Tel. 061-229765, Fax 224140. High Commission of the Republic of **Zimbabwe:** Independence Avenue/Grimm Street, P.O. Box 23056, Windhoek; Tel. 061-228134, Fax 061-226859. Botschaft von **Angola:** Angola House, 3 Ausspann Street, P.O. Box 6647, Windhoek; Tel. 061-227535, Fax 061-221498.

In Zimbabwe Botschaft von **Deutschland:** 14 Samora Machel Avenue, P.O. Box 2168, Harare; Tel. 04-731955, Fax 731955. Botschaft der Republik **Österreich:** New Shell House, Raum 216, 30 Samora Machel Avenue, P.O. Box 4120, Harare; Tel. 04-702921, Fax 04-705777. Botschaft der **Schweizerischen Eidgenossenschaft:** 9 Lanark Road, P.O. Box 3440, Harare; Tel. 04-703977, Fax 794925.

In Botswana Botschaft der Bundesrepublik **Deutschland:** Professional House, Boadhurst, Segoditshane Way, P.O. Box 315, Gaborone, Tel. 353143, Fax 353038. Botschaft der Republik **Österreich:** s. „Zimbabwe". Botschaft der **Schweizerischen Eidgenossenschaft:** s. „Zimbabwe".

Dokumente und Geld

Papiere Deutsche, österreichische und Schweizer Staatsbürger benötigen für einen touristischen Aufenthalt bis zu 90 Tagen nur einen über das Abreisedatum 6 Monate hinaus gültigen **Reisepaß** und den Nachweis ausreichender Geldmittel bzw. ein Rückflugticket. Aufenthalte von Geschäftsreisenden dürfen 30 Tage nicht übersteigen. Eine Verlängerung kann beantragt werden (Bearbeitungszeit ca. 1 Woche) beim Ministry of Home Affaires, P.O. Box 13200, Cohen Building, Casino Street/Independence Avenue, Windhoek; Tel. 061-2929111, Fax 2923817.
Neben dem Paß wird für Fahrten im Land mit dem eigenen oder gemieteten Fahrzeug der **Internationale Führerschein** benötigt, für das eigene

Fahrzeug ist die Internationale Zulassung und ein Carnet de Passage obligatorisch (letzteres beim ADAC erhältlich, s.o. bei „Anreise" – „Nach Namibia mit dem Auto"). Wer nicht aus Infektionsgebieten kommt, braucht keinen Impfpaß. Tip: Kopieren Sie noch zu Hause alle Dokumente, auch Kreditkarten, in verkleinerndem Maßstab und bewahren Sie die Kopien gesondert auf. Bei Verlust der Originale leisten die Kopien gute Dienste!

Geld **Kreditkarten** werden zumeist akzeptiert (bis auf einige Gästefarmen und viele Tankstellen). Am verbreitetsten sind Visa und Mastercard (damit also auch die Eurocard). Durch die spätere Abbuchung vom Konto und den Briefwechselkurs ist es im allgemeinen günstiger, mit Kreditkarte zu zahlen (lästige Vorauszahlungen in Hotels und Kautionshinterlegungen bei Mietwagenfirmen entfallen ebenfalls).

Halten Sie den Bargeldvorrat möglichst gering und führen Sie Reserven in DM-**Reiseschecks** mit. Schecks und die Liste, in die Sie bei jedem Wechseln die Höhe des Betrages, die Schecknummer, den Ort und das Datum eintragen, sind getrennt aufzubewahren. So können Sie bei Verlust der Schecks Nachweis über die bereits eingewechselte Summe führen und erhalten die verlorenen/gestohlenen Schecks ersetzt.

Geldüberweisung: Die namibischen Banken sind an das internationale Überweisungssystem SWIFT angeschlossen. Damit kann schnell und unproblematisch Geld in das Land transferiert werden (allerdings relativ hohe Gebühren). Weitere Überweisungsmöglichkeiten bietet die Western Union-Bank (über die Deutsche Verkehrs-Bank oder die Postbank zu kontaktieren).

Gesundheitsvorsorge

Prinzipiell ist es angeraten, vor einer Fernreise den Hausarzt zu konsultieren, u.U. ist auch eine Tropentauglichkeitsuntersuchung sinnvoll. Ihr Arzt wird Ihnen Ratschläge zur Zusammenstellung einer Reiseapotheke mit den für Sie persönlich wichtigen Medikamenten geben. Folgende Ratschläge sind nur allgemeiner Natur und können keine medizinische Beratung ersetzen. Tip: Wer mehrtägige Wanderungen in den Nationalparks unternehmen will, muß eine ärztliche Unbedenklichkeitsbescheinigung vorlegen können, sonst wird er zur Wanderung nicht zugelassen.

Impfungen Reisen Sie nicht aus einem Infektionsgebiet ein, sind für Namibia Impfungen nicht vorgeschrieben. Gegen **Wundstarrkrampf und Kinderlähmung** ist man im allgemeinen schon geimpft. Sicherheitshalber kann man dies noch einmal prüfen.

Hepatitis A: Eine Spritze Gamma-Globulin direkt vor der Abreise soll die Widerstandskraft gegen Hepatitis A stärken, ist aber inzwischen umstritten, da bei Abnahme der Wirkung eine Talsohle bei der Widerstandskraft entstehen soll, während der man anfälliger als normal sei. Sicherer ist die Impfung mit Havrix (Wirkung nach der zweiten Spritze, die ca. 1 Monat nach der 1. Spritze verabreicht wird, nach einem Jahr die 3. Spritze).

Typhus: Nachdem man die letzten Jahre davon abgekommen war, wird neuerdings auch wieder die orale Schutzimpfung gegen Typhus empfohlen, wenn die zu bereisenden Gegenden hygienisch nicht einwandfrei sind. Nur wer in den Norden in das Kaokoland und in Nachbarländer wie Botswana, Zambia und Zimbabwe will und seinen Reisestil den einfacheren Gegebenheiten anzupassen wünscht, sollte diese Impfung machen.

Malaria	Die Aussagen zur Malariagefahr in Namibia sind unterschiedlich. Auf alle Fälle hochgefährdet ist man in Höhe und nördlich der Etosha-Pfanne zur Regenzeit. Im Süden zur Trockenzeit ist das Risiko vernachlässigbar. Über die Gebiete dazwischen kann man nichts Verläßliches sagen. Vor wenigen Jahren galt die Malaria, zumindest für Reisende aus der westlichen Welt, schon als besiegt. Mit Macht ist sie 1996 zurückgekehrt und drangsaliert immer mehr Touristen und Einheimische. Es ist eine ausgesprochen gefährliche Krankheit mit, auch unter ärztlicher Betreuung, teilweise tödlichem Verlauf und eklatanten Spätfolgen wie Blindheit.
Medikamentöse Prophylaxe	Die klassischen Prophylaxemittel schützen fast nicht mehr, gegen neuentwickelte Medikamente haben sich schnell gebietsweise Resistenzen gebildet. Die Ärzteschaft widerspricht sich in ihren Empfehlungen zur medikamentösen Prophylaxe. Einige Ärzte raten, weder Lariam noch Kombinationspräparate zu nehmen, da sich einerseits weitere Resistenzen herausbilden würden und anderseits die Diagnose erschwert wird (da die Ausprägungen der Malaria im Blutbild teilweise unterdrückt werden können). Bei Fieberanfällen, egal wie stark, ist in Namibia der nächste Arzt aufzusuchen, nach Rückkehr aus dem Urlaub, im Heimatland, muß man den Arzt unbedingt auf den Aufenthalt in Namibia hinweisen oder am besten gleich in ein Tropeninstitut gehen. Ein Selbstdiagnoseset für Malaria ist erhältlich über Apotheken oder direkt bei Standby Diagnostics GmbH, Guttenbrunnerweg 15, 81829 München, Tel. 089-5380654, Fax 42720471, e-mail: 08942720471@t-online.de. In Namibia selbst wird derzeit eine Prophylaxe mit der Kombination Paludrin/Resochin empfohlen bzw. geraten, sich vor Ort in Windhoek über den neuesten Stand zu informieren (z.B. Luisenapotheke, Independence Avenue, Gathemann House; Tel. 061-225061).
Sonstige Prophylaxe	Beste und sicherste Prophylaxe ist die Vermeidung von Moskitostichen. **Einreibemittel** (Repellent), die es flüssig, als Stift und auch in der Pumpsprayflasche gibt, schützen recht zuverlässig. Viele namibischen Apotheken mixen ihr eigenes Repellent. Welches der Mittel verwendet wird, hängt vom Hauttyp ab und wie sensibel man ist; Kinder empfinden zum Beispiel Zedan angenehmer als Autan, das aber wiederum länger wirken soll. Auf alle Fälle sollte man sich ausgiebig und wiederholt einreiben. Rechtzeitig, das heißt vor Beginn der Dämmerung, lange Hosen und Hemden aus festem Stoff anziehen, so daß auch die Handgelenke und Knöchel bedeckt sind. Auch ein **Moskitonetz** ist wichtig. Die Mücken stechen in den Dämmerungsstunden und nachts. Ist die Schlafstätte mit keinem Moskitonetz ausgerüstet, hängen Sie Ihr eigenes Netz mittels mitgebrachter Haken und Schnüre auf.
Allgemeine Gesundheitsregeln	Namibia ist kein Land der Reisedurchfälle. Bei den minimalsten Sicherheitsvorkehrungen wird man davon verschont bleiben. Das Wasser in den großen Städten ist trinkbar, und vor Eiswürfeln muß nicht explizit gewarnt werden. Salate in Gaststätten können Sie unbesorgt essen, und auch in den vielen kleinen Take-aways unterwegs werden die Hygienevorschriften eingehalten. Weil man nicht weiß, ob Obst gespritzt wurde (es kommt aus Südafrika), ist man nicht falsch beraten, wenn man es schält. Wer empfindlich auf trockene Luft reagiert (z.B. mit Nasenbluten), sollte Nasenöl mitnehmen, das die Schleimhäute vor dem Austrocknen schützt.

Aids	Auf die Aidsgefahr sei auch noch hingewiesen. Namibia hat ein nicht zu unterschätzendes Aidsproblem. Sicherlich ist es kein Land, in das gereist wird, um Sexabenteuer zu erleben, aber in jedes Reisegepäck Alleinreisender, egal ob männlich oder weiblich und egal zu welcher Destination mann/frau unterwegs ist, gehört heutzutage eine Packung Kondome. **Aids in Namibia:** Ende 1998 rechnete man mit 60000 HIV-positiven Namibiern. Die Dunkelziffer wird auf das 5-6 fache geschätzt, also bis zu 300000. Das entspricht etwa 20% der Gesamtbevölkerung. In Windhoeck sind 15% der Schwangeren infiziert, im Norden 25%. Weiße und farbige Bevölkerungsgruppen sind minimal betroffen. Die größte Verbreitung hat Aids unter den Ovambo. Der Staat versucht mit verschiedenen Kampagnen die Bevölkerung aufzuklären, bislang ist die Erfolgsquote, soweit man sie messen kann, gering.
Durchfallerkrankungen	Sinnvoll ist ein Mittel zur Desinfektion von Wasser (z.B. Micropur). Gut ist auch bei schweren Durchfallerkrankungen in Portionen abgepacktes Pulver (Elektrolyte), das in Wasser gelöst den Flüssigkeits- und Mineralienverlust wieder ausgleicht und auf sehr verträgliche Art der Erkrankung entgegenwirkt.
Bilharziose	Diese Krankheit ist in Namibia so selten (4 registrierte Fälle in 1995), daß die Gefahr vernachlässigbar ist, allerdings ist mit einer Zunahme im Norden des Landes während der Regenzeit zu rechnen. Dort bilden die stehenden Gewässer eine ideale Voraussetzung für die Verbreitung.
Schlangenbißset	Obwohl Sie wahrscheinlich keine Schlangen zu Gesicht bekommen, sondern sie nur wegrascheln hören werden, kann evtl. ein kleines Vakuumpumpenset (=Schlangenbißset) beruhigend wirken. Es ist erhältlich bei der Luisenapotheke, Independence Avenue, Gathemann House; Tel. 061-225061.
Reiseapotheke	Für Notfallbehandlungen operativer Natur an Orten, wo man sich der Hygiene nicht so sicher sein kann, ist eine kleine Sammlung selbst mitgebrachter Spritzen und Kanülen, jeweils in verschiedenen Größen, ein Einmalskalpell und Nahtmaterial nützlich (eine Kontrolliste finden Sie im Anhang).

Haustiere

Namibia ist sicherlich kein Land, in das man mit seinem Haustier reisen sollte. Obwohl auf jeder Farm Hunde und Katzen leben, käme niemand auf die Idee, die Tiere in die Nationalparks und Reservate mitzunehmen, auch weil in den meisten der Zutritt für Haustiere verboten ist – aus naheliegenden Gründen. Viele Gästefarmen und Hotels sehen es ebenfalls nicht gerne, wenn Tiere mit auf das Zimmer genommen werden. Wer also seinen Namibiaaufenthalt nicht nur in Swakopmund bei der Sommerfrische verbringen will, soll sein Haustier zu Hause lassen.

Wer dennoch nicht darauf verzichten kann, muß folgendes beachten: Bei der Botschaft der Republik Namibia sind zwei Formulare anzufordern. Das Erste Formulare ist mindestens 6 Wochen vor Abreise nach Namibia an den Director of Veterinary Services zu senden. Das zweite Formular muß vom Tierarzt ausgefüllt werden, allerdings nicht länger als 3 Wochen vor Abreise. Das aus Namibia zurückgeschickte Formular und das Attest des Tierarztes begleiten das Tier.

Für den Flug muß sich das Tier in einem Transportbehältnis befinden. Das Behältnis wird mit dem Tier gewogen, pro Kilogramm werden ca. 20 DM von der Fluggesellschaft erhoben, zuzüglich ca. 60 DM für die Bearbeitung des Vorganges. Während des Fluges ist das Tier für 10–12 Stunden im Frachtraum des Flugzeuges alleine.

Informationsstellen

Reichhaltiges Informationsmaterial versendet im deutschsprachigen Raum Namibia Tourism, das staatliche Verkehrsbüro. Ihre Wünsche können Sie an Werktagen vormittags telefonisch durchgeben. Hier erhalten Sie auch den offiziellen Beherbergungsführer („Accommodation Guide") und eine sehr genaue Touristenstraßenkarte mit einem Verzeichnis der Sehenswürdigkeiten. Ersterer wird jährlich neu aufgelegt. Anschrift: Namibia Tourism, Schillerstr. 42-44, 60313 Frankfurt/M.; Tel. 069-1337360, Fax 13373615, e-mail: namibiatourism@t-online.de.

Die **Informationsstelle Südliches Afrika** verfügt über 400 000 Dokumente, die gegen Unkostenbeteiligung und Angabe der gewünschten Stichwörter in Kopie versendet werden. Außerdem werden zwei Buchreihen verlegt und die zweimonatlich erscheinende Zeitschrift „afrika süd" herausgegeben. Anschrift: ISSA, Königswintererstraße 116, 53227 Bonn; Tel. 0228-464369, Fax 468177.

Die **Deutsch-Namibische Gesellschaft** gibt eine eigene Vierteljahreszeitschrift heraus, das „Namibia Magazin", in der Sie Wissenswertes auch über die aktuelle politische Entwicklung finden. Anschrift: Deutsch-Namibische Gesellschaft e.V., Zollstraße 2, 41460 Neuss; Tel. 02131-277534, Fax 278908.

Von der **Deutschen Afrika-Stiftung** wird die monatlich erscheinende Afrika-Post verlegt, die ebenfalls Hintergrundinformationen beistellt. Anschrift: Deutsche Afrika-Stiftung, Bonner Talweg 225, 53129 Bonn; Tel. 0228-219011, Fax 222711.

Interessant ist auch ein Abonnement der deutschsprachigen „**Allgemeinen Zeitung**", Windhoek. Zu bestellen über die Buchhandlung Bücher-Keller GmbH, Carl List House, Peter Müller Street, P.O. Box 1074, Windhoek, Tel. 061-231615, die den Versand übernimmt.

Bücherlisten zum Thema Namibia versendet die Firma **Namibiana Buchdepot,** H. & A. Ziegler, Kronshausen 18, 26340 Zetel; Tel. 04453-1264, Fax 6969 (s.a. Anhang).

Wer sich im Anschluß an seinen **Südafrikaurlaub** für einen Aufenthalt in Namibia interessiert kann sich in Südafrika wenden an Namibia Tourism, Red Route 209, Carlton Center, P.O. Box 11405, Johannesburg 2000; Tel. 011-3317055, Fax 3312037, oder
Namibia Tourism, Waterkantstraat 4, Shell House, P.O. Box 739, Kapstadt 8000; Tel. 021-4193190, Fax 215840.

Namibia im Internet — Das südliche Afrika ist mit Elan auf den Internet-Zug aufgesprungen. Dies ist sehr erfreulich, da mehr und mehr Hotels und Lodges eine e-mail-Adresse besitzen und die Buchung oder Nachfrage dadurch wesentlich kostengünstiger wird. Auch erhält man über das Web-Netz gute und aktuellere Informationen als über die Print-Medien. In einigen Städten gibt es Internet-Cafés mit e-mail Service. Im praktischen Teil wird darauf hingewiesen. Im folgenden einige Web-Seiten.

http://www.republicofnamibia.com
: Seite der Administration mit Infos zu aktuellen Ereignissen

http://www.natron.net/tour
: Vom Provider Sun Service Windhoek mit dem offiziellen Beherbergungsführer des Ministeriums für Umwelt und Tourismus, der hier bereits vor dem Druck aktualisiert wird. Viele Gästefarmen, Lodges und weitere im Tourismus beschäftigte Firmen.

http://www.iwwn.com.na/namtour
: Seite von Namibia Tourism

http://www.iwwn.com.na/resorts
: Seite der staatlichen Rastlager

http://www.witbooi.natarch.mec.gov.na
: Nationalarchiv von Namibia

http://www.german-embassy.org.na
: Info über Auswanderung nach und Arbeit in Namibia

http://www.namibian.com.na
: Seite der englischsprachigen Zeitung Namibian

http://www.uni-wuerzburg.de/geo-graduiertenkolleg
: Sammlung von Links über Namibia

http://www.dse.de/za/lk/laender
: Vorbereitungsseiten für die in den jeweiligen Ländern einzusetzenden Entwicklungshelfer des Deutschen Entwicklungsdienstes, Links zu weiteren Seiten:
http://www.sil.org/ethnologue/countries/
Sprachenkatalog, listet die weltweit gesprochenen Sprachen mit Ursprungserklärung:
http://www.louisville.edu/library/ekstrom/govpubs/goodsources/factbook
CIA Web-Seite mit aktuellsten Zahlen zu Bevölkerung und Wirtschaft
http://www.africanews.org
Africa News Online, aktuelle Artikel aus Zeitungen des südlichen Afrika:

Mietfahrzeuge

Mietmotorräder Die Firma Motorradreisen Namibia, P.O.Box 5322, Winhoek, Tel. 061-246165, Fax 216421, e-mail: enduro@natron.net vermietet Motorräder für Selbstfahrer und organisiert Motorradtouren (Motorrad pro Tag ca. DM 130,-).

Mietwagen In Namibia lassen sich alle Kategorien von Wagen mieten, doch zu leider sehr hohen Preisen. Ursache für die sehr hohen Mietraten sind die häufigen und selbstverschuldeten Unfälle von Touristen und die Pisten, die den Fahrzeugen einiges abverlangen. Die Lebensdauer der Mietwagen ist überdurchschnittlich niedrig, wie etlicher touristischer Fahrer im übrigen auch (siehe Stichwort „Fahrverhalten", S. 58). Einige Touristen haben in den letzten Jahren die Mietwagen – zu günstigeren Konditionen – in Südafrika angemietet und sind dann nach Namibia gefahren. Damit sind aber die Unfallquoten der südafrikanischen Vermieter gestiegen und die Preise

für Mietfahrzeuge, die für Namibia freigeschrieben werden, haben sich inzwischen in etwa dem Niveau der namibischen Firmen angepaßt.
Vor der Entscheidung für einen Wagen einer bestimmten Kategorie muß die Route, die Sie nehmen wollen, klar sein. Davon ist abhängig, ob Sie ein geländegängiges Fahrzeug benötigen oder mit einem normalen Pkw auskommen, wie das Fahrzeug ausgerüstet sein muß oder ob ein Campmobil die Wahl sein wird.
Die zweite Entscheidung ist dann die für einen bestimmten Vermieter. Wie immer ist das Gute nicht das Billigste. Ein gern kolportiertes Gerücht erzählt, daß ein Tourist vor Ort bei einer kleinen Firma einen Wagen geliehen hatte, der aus zwei Fahrzeugen mit Totalschaden zusammengeschweißt worden war – der eine Wagen war an der Front, der andere am Heck verunfallt. Auf der Pad brach das Fahrzeug dann in der Mitte auseinander, keiner der Insassen überlebte. Mag dies nun stimmen oder nicht – Vorteil einer größeren oder bekannteren Firma ist deren Service, bei einem liegengebliebenen Fahrzeug für schnellen Ersatz zu sorgen, und daß deren Wagen nicht allzu betagt sind.

Wagen-kategorien
Bei den Pkws gibt es die üblichen Kategorien vom Kleinwagen bis zur Luxusklasse. Diese Wagen enthalten keine Zusatzausrüstung und sind nicht für schwere Pisten geeignet, einige Firmen verbieten die Benutzung im Off-road-Bereich. Auf guten Pads, außerhalb der Regenzeit und wenn man auf den Hauptrouten bleibt, mögen sie durchaus ihren Dienst erfüllen, bei der Querung von sandigen Trockenflußbetten kann man aber schon mal ins Schwitzen geraten.
Geländegängige Fahrzeuge („four by four", 4x4) haben zwei angetriebene Achsen. Angeboten werden leichte Ausführungen, wie Toyota Hilux, oder schwerere, wie Land Rover, die wirkliche Expeditionsfahrzeuge sind. Jede nur erdenkliche Ausrüstung kann man hinzumieten. Hochpopulär ist das Dachzelt, in dem bequem zwei Personen nächtigen können, bei vier Reisenden werden auf dem Dach zwei Zelte montiert.
Reine Campmobile sind wegen ihres Gewichtes und ihres Überhanges vorne und hinten eher unpraktisch und deshalb selten. Wenn man ein solches Gefährt wünscht, sollte man eines auf der Basis eines kleineren Fahrzeuges wählen (z.B. VW-Bus). Die internationalen Unternehmen vermieten Campingmobile zur Zeit nur ex Südafrika und nicht direkt in Windhoek. Wer sein Campmobil in Windhoek in Empfang nehmen und dort auch wieder abgeben möchte, darf noch ca. DM 700 zusätzlich löhnen.
Einige Vermieter bieten in Windhoek Camper an. Camping Car Hire, P.O. Box 5526, 369 Joule Street, Tel. 061-237756, Fax 237757. Pegasus Car + Camper Hire, P.O. Box 21104, Tel. 061-251451, Fax 254165.
Britz Afrika, P.O. Box 23800, 4 Eros Road, Tel. 061-250654, Fax 061-250653, Flotte: Wohnmobile, 4x4
Im südlichen Afrika sind die Fahrzeuge zumeist mit Benzinmotoren ausgerüstet, Diesel gibt es nur im Lkw-Bereich.

Verleih-firmen
Es gibt eine Unzahl an Mietwagenfirmen. Die folgende Liste bietet eine Auswahl an und enthält nur Firmen, die der CARAN beigetreten sind (der Vereinigung der Autoverleihfirmen Namibias):
■ **Etosha:** Avis, Mokuti Lodge; Tel. 067-220520, Fax 220821. Flotte: Pkw, Kleinbusse.
■ **Swakopmund:** Avis, 10 Moltke Street; Tel. 064-402527, Fax 405881. Flotte: Pkw, Kleinbusse.

Bonanza Car 4x4 Hire, Dolphin Motors, P.O. Box 1216, 38 Kaiser Wilhelm Street, Swakopmund; Tel. 064-404503, Fax 405273. Flotte: Pkw, Kleinbusse, 4x4.
Budget Rent-a-car, P.O. Box 180, Swakopmund Hotel, Tel. 064-404118, Fax 404117.
■ **Tsumeb:** Avis, Jordaan Street/Safari Center, Tsumeb; Tel. 067-220520, Fax 220821. Flotte: Pkw, Kleinbusse.
■ **Walvis Bay:** Avis, Rooikop Flughafen; Tel. 064-207527, Fax 209150. Flotte: Pkw, Kleinbusse.
Imperial Car Hire, P.O. Box 2762, Parade Service Station, Tel. 064-207391, Fax 207407.
■ **Windhoek:** Asco Car Hire, 10 Diehl Street, P.O. Box 40214, Windhoek; Tel. 061-233064, Fax 061-232245. Flotte: Pkw, Kleinbusse, 4x4.
Avis, Jeans Street, P.O. Box 2057, Windhoek; Tel. 061-233166, Fax 061-223072. Flotte: Pkw, Kleinbusse.
Avis, International Airport, Windhoek; Tel. 0626-40271, Fax 0626-40254. Flotte: Pkw, Kleinbusse.
Bonanza Car 4x4 Hire, 60 Sam Nujoma Drive; Tel. 061-240317, Fax 061-240318. Flotte: Pkw, Kleinbusse, 4x4.
Camping Car Hire, P.O. Box 5526, Edison and Mandume Ndemufayo Avenue, Windhoek; Tel. 061-237756, Fax 061-237757. Flotte: Pkw, 4x4.
East End Land Rover Hire, 335 Sam Nujoma Drive, Windhoek; Tel. 061-233869, Fax 061-228855. Flotte: Pkw, Kleinbusse, 4x4.
Odyssey Car & Aircraft Hire, P.O. Box 20938, 36 Joule Street, Windhoek; Tel. 061-223269, Fax 061-228911. Flotte: Pkw.
Pegasus Car+Camper Hire, P.O. Box 21104, Windhoek; Tel. 061-251451, Fax 061-223423. Flotte: Pkw, 4x4.
RK 4x4 Hire, P.O. Box 31076, Windhoek; Tel. 061-223994, Fax 061-223994. Flotte: 4x4.
Britz Afrika, P.O. Box 23800, 4 Eros Road, Tel. 061-250654, Fax 061-250653, Flotte: Wohnmobile, 4x4

Vertragsbedingungen
Die Preise beinhalten die Kosten für Wartung, Öl und Grundversicherung. Reifen- und Glasschäden gehen zu Lasten des Mieters, ebenfalls Schäden, die auf Strecken entstanden sind, für die der Wagen nicht freigegeben wurde (dies betrifft auch Fahrten ins benachbarte Ausland, wenn der Wagen für das jeweilige Land nicht freigeschrieben wurde). Wollen Sie nach Botswana, Zambia, Zimbabwe oder Südafrika fahren, stimmen Sie dies mit dem Vermieter ab. Teilweise benötigt das Fahrzeug eine Genehmigung für den Grenzübertritt. Die Selbstbeteiligung bei Schäden oder Diebstahl, wenn man keine Zusatzversicherung abgeschlossen hat, beträgt – je nach Wagenklasse – zwischen 30.000 und 70.000 N$. Siehe hierzu bei „Zusatzversicherungen" weiter unten.

Preisbeispiele für Mietwagen (in N$ inklusive Steuer)
Freie Kilometer, ohne Zusatzversicherung, pro Tag. Bei Grenzübertritten kann eine zusätzliche Pauschale von 200 N$ verlangt werden.

Autotyp	1–6 Tage	7–13 Tage	14–20 Tage
Golf oder Corolla	250–300 N$	230–280 N$	210–250 N$
Toyota- oder VW-Bus	500–650 N$	450–600 N$	400–450 N$
Hilux 4x4 Doppelkabiner	500–550 N$	450–500 N$	400–450 N$
Land Rover o. Landcruiser	800–950 N$	700–850 N$	650–800 N$

Zusatzversi- Haftungsausschlüsse gibt es in verschiedenen Stufen:
cherungen **CDW** (Collision Damage Waiver): Die Selbstkostenbeteiligung wird auf 10 % reduziert bei Schäden auf geteerten Straßen, auf 50 % bei Schäden auf Sandstraßen und Pisten.
TLW (Theft Loss Waiver): Die Selbstkostenbeteiligung wird auf 10 % gemindert. (Voraussetzung ist allerdings, daß der Wagenschlüssel vorgewiesen werden kann, um auszuschließen, daß das Fahrzeug unter der Hand verkauft wurde.)
AEDW (Additional Excess Damage Waiver): Die Selbstkostenbeteiligung für Unfälle auf Sandstraßen und Pisten wird zusätzlich von 50 % auf 10 % vermindert.
Selbstbeteiligung
Mit allen drei Zusatzversicherungen ist der Selbstbehalt in allen nur erdenklichen Fällen auf 10 % reduziert, das heißt z.B. für einen Land Rover bei Diebstahl oder Totalschaden ca. 7000 N$. Da Unfälle ausgesprochen häufig geschehen, ist man gut beraten, alle nur möglichen Versicherungen abzuschließen. Je nach Wagentyp kommt dies auf ca. 100 N$/Tag.

Abnahme Prüfen Sie den Zustand der montierten Reifen und des Ersatzreifens, ha-
des Wagens ben Sie keine Hemmungen vernünftige Reifen zu verlangen, wenn der Zustand schlecht ist. Kontrollieren Sie das Bordwerkzeug, insbesondere den Wagenheber. Fragen Sie nach einem Verbandskasten. Lassen Sie sich eine Einweisung für das Fahrzeug geben (bei 4x4 lassen Sie sich erklären, wie die Freilaufnaben gelöst werden, falls welche vorhanden sind). Bitten Sie um eine kleine theoretische Schulung zur Fahrtechnik auf Pisten (die Vermieter, die etwas auf ihre Wagen und ihre Kunden geben, machen das gerne).

Reiseveranstalter in Namibia

Es gibt in der Zwischenzeit 100 Reiseveranstalter in Namibia. Nicht alle sind der TASA (Tour and Safari Association Namibia) beigetreten, die die Qualität des Angebotes prüft und auch Sorge trägt, daß der Veranstalter zum Beispiel entsprechende Versicherungen abgeschlossen hat. Im Folgenden eine Auswahl aus der Mitgliederliste der TASA:
Bwana Tucke-Tucke, P.O. Box 25392, Windhoek, Tel. 061-239602, Fax 061-232374, e-mail: caprivi@iafrica.com.na (individuelle Tourenausarbeitung, pauschale Reisen, Rangerausbildung)
Charly's Desert Tours, P.O. Box 1400, Swakopmund; Tel. 064-404341, Fax 064-404821 (maßgeschneiderte Touren in dem Namib)
Cheetah Tours and Safaris, P.O. Box 23075, Windhoek; Tel. 061-230287, Fax 061-230286 (maßgeschneiderte Safaris und Zusammenstellung von Konvois mit Begleitfahrzeugen für Selbstfahrer)
Desert Adventure Safaris – DAS, P.O. Box 339, Swakopmund, Tel. 064-404459, Fax 404664, e-mail: dassaf@iafrica.com.na (feste und maßgeschneiderte Touren, Eigner der Palmwag Lodge und des Serra Cafema Camps am Kunene – Fly-in Safaris)
JOINUS in Namibia & NAmibia TRavel Online (NATRON), Iris Schiffer, P.O. Box 90669, Windhoek, Tel. 061-221550, Fax 061-242934, e-mail: joinus@natron.net (individuelle Tourenausarbeitung unter der Prämisse, den Touristen nicht nur das Land, sondern auch die Bevölkerung näherzubringen; gute Internet-Kontakte, als sun-service Windhoek Provider für Namibia – NAmibiaTRavelONline/NATRON).

Motorradreisen Namibia, P.O. Box 5322, Windhoek, Tel. 061-246165, Fax 216421, e-mail: enduro@natron.net (Motorradtouren im ganzen Land)
Oryx Tours, P.O. Box 2058, Windhoek; Tel. 061-217454, Fax 061-263417 (spezialisiert auf Busreisen)
Pleasure Flights, P.O. Box 537, Swakopmund; Tel. 064-404500, Fax 064-405325 (Flugtouren im Bereich der Namib)
Skeleton Coast Safaris, P.O. Box 2195, Windhoek; Tel. 061-224248, Fax 225713 (Fly-in-Safaris im ganzen Land, speziell auch in den Norden zum Kunene)
Southern Cross Safaris, P.O. Box 941; Tel. 061-251553, Fax 251554 (auf Anschlußsafaris nach Botswana spezialisiert)
SWA-Safaris, P.O. Box 20373, Windhoek; Tel. 061-221193, Fax 061-225387 (feste und maßgeschneiderte Touren)
Trans Namibia Tours, P.O. Box 20028, Windhoek; Tel. 061-221549, Fax 061-230960 (maßgeschneiderte Touren, Übernachtungsgutschein-System für Selbstfahrer)

Versicherungen

In Reisebüros erhalten Sie Antragsformulare spezieller Versicherer, die Reiseversicherungen anbieten. Im Prinzip ist versicherbar das Gepäck, Erkrankungen und eine u.U. notwendige Rückholung in das Heimatland. Alle drei Versicherungen können auch als Paket abgeschlossen werden. Vorher sollte man aber prüfen, welche Versicherungen man schon automatisch besitzt, zum Beispiel im Vertrag seiner Kreditkarte. Was im einzelnen günstiger ist, muß ausgerechnet werden.

Auslands-krankenver-sicherung — Die Auslandskrankenversicherung übernimmt die Kosten bis zu einem bestimmten Betrag für die Behandlung von Krankheiten, an denen man noch nicht bei Abfahrt gelitten hat, die also auf der Reise entstanden sind. Es gibt bestimmte Ausschlußklauseln, die genau studiert werden wollen (Zahnersatz, der über eine Notfallbehandlung hinausgeht, ist z.B. nicht abgedeckt). Die Kosten müssen vorgeschossen werden, bei Rückkehr gegen Vorlage der Rechnungen zahlt die Versicherung.

Rückholver-sicherung — Bei schweren Krankheiten, die im Reiseland nicht oder nicht ausreichend behandelt werden können, findet ein sehr kostspieliger Rücktransport statt (liegend in einer Linienmaschine quer über 3 Sitze oder mit einem eigens geschickten Flugzeug). Naturgemäß versuchen die Versicherungen, sich im Schadensfall davor zu drücken, und zwischen den Ärzten vor Ort, der Versicherung und Ihrem Hausarzt entsteht erst einmal ein großes Palaver. Zum Teil läßt sich dies vermeiden, wenn man eine Versicherung wählt, die in die Vertragsbedingungen die Formulierung aufgenommen hat, daß die Rückholung „medizinisch sinnvoll und vertretbar" sein muß. Hat man Ihnen eine Versicherung verkauft, die die Rückholung durchführt, wenn sie „medizinisch notwendig" ist, haben Sie schlechte Karten.

Reisege-päckver-sicherung — Sie können Ihr Gepäck in jeder gewünschten Höhe versichern. Die Prämie richtet sich danach. Da mit dieser Versicherung sehr viel Mißbrauch getrieben wurde, sahen sich die Versicherungsgesellschaften gezwungen, immer mehr Ausschlüsse in die Verträge aufzunehmen. Die Ausschlüsse betreffen bestimmte Gegenstände, die nur teilweise oder überhaupt nicht versichert sind, Tageszeiten, Schadensverläufe und Orte,

	wo die Versicherung ganz wegfällt. Deshalb ist es wichtig, die Unterlagen genau durchzuarbeiten und sich entsprechend zu verhalten.
Reiserück-trittskosten-versicherung	Versichert werden die fälligen Konventionalstrafen bzw. die gesamten Reisekosten, wenn die Reise aus zwingenden Gründen nicht angetreten werden kann. Zwingende Gründe sind Todesfälle und schwere Krankheiten nächster Verwandter oder von Personen aus der Reisegruppe. Bei Pauschalreisen ist die Prämie häufig im Preis inbegriffen, bei individuell zusammengestellten Reisen obliegt es immer dem Reisenden, sich um die Versicherung zu kümmern.
Fotover-sicherung	Umfangreiche Kamera-Ausrüstungen können bei speziellen Versicherungen gegen fast alle Gefahren versichert werden. Die Prämie ist zwar relativ hoch (ca. 7 % vom Neuwert), die Abwicklung aber reell. Bei Interesse wende man sich z.B. an eine Filiale des Gerling-Konzernes.
Kfz-Ver-sicherung	Wer mit dem eigenen Fahrzeug unterwegs ist, benötigt in Namibia keine Haftpflichtversicherung („third party insurance"), da der Staat einen Topf gebildet hat, der von Steueranteilen aus dem Treibstoffverkauf gespeist wird und aus dem Forderungen an die auch ausländischen Verkehrsteilnehmer beglichen werden (wobei die ausgezahlten Summen nicht im Verhältnis zum tatsächlichen Schaden stehen, insbesondere bei Verletzungen). Einige Versicherungsgesellschaften in Namibia bieten zusätzlichen Schutz an, der aber für mindestens ein Jahr abgeschlossen werden muß (und im Preis wesentlich höher liegt als in den Nachbarländern mit Versicherungspflicht).
Mietwagen-versicherung	Für die Mietwagen existieren eine Fülle von Zusatzversicherungen mit Verminderungen der Selbstbeteiligungen in verschiedenen Stufen bei Unfällen, Diebstählen etc. Siehe bei „Mietwagen"
Personen-bergung	Im Notfall überführt die Fa. MRI (Medical Rescue) Kranke oder Verletzte zur nächstgelegenen Stelle innerhalb Namibias, bei der eine medizinische Versorgung möglich ist. Der Transport findet per Flugzeug, Hubschrauber oder Kfz statt. Die Versicherungskosten betragen 40 N$ für 28 Tage (jeder weitere Tag 2 N$). Spätestens eine Woche vor Einreise muß diese Versicherung per Fax beantragt werden. Die Mitgliedskarte wird in Windhoek gegen Zahlung der Prämie ausgehändigt (MRI bringt die Karte ins Hotel). Adresse: **MRI Medrescue**, P.O. Box 31220, Windhoek, Eros-Airport; Tel. 061-235188, Fax 248114. Der Antrag auf Versicherung muß folgende Daten enthalten: Vorname, Name, Paß-Nummer, Nationalität, Telefonnummer von einem nahen Verwandten, von wann bis wann die Deckung gelten soll und eine kurze Krankengeschichte (z.B. Allergien). Die **Notrufnummer** ist 061-230505.

Zoll

Gegenstände des persönlichen Bedarfes können unproblematisch eingeführt werden. **Kraftfahrzeuge** unterliegen exorbitant hohen Einfuhrsteuern und Zöllen, die sich im Bereich von ca. 150 % des Wagenwertes bewegen (will man seinen überführten Wagen vor Ort verkaufen, ist zu bedenken, daß der erzielbare Preis sich nicht unbedingt am Wert, sondern an der Machbarkeit orientiert). Dies trifft auf den gesamten Raum der südafrikanischen Zollunion zu (Südafrika, Botswana und Namibia). .

Exkurs: Ankunft

„Grau in Grau lag die Welt; grau war der Himmel, grünlichgrau das Meer, dunkelgrau der schleppende Rauchschweif der Schornsteine. Die haushohen Wellen trugen weiße Schaumkronen und spritzten wütend zu den Seiten des Schiffes hinan. Oft wuschen sie über Deck und nahmen mit sich, was nicht ganz niet- und nagelfest war. Zwar ließ der Sturm nach drei Tagen nach, dafür setzte aber Nebel ein, so dicht und undurchdringlich, daß nicht die Hand vor Augen zu sehen war. Fortwährend ertönte die Sirene und der Kapitän hatte Besorgnis, wir könnten an Swakopmund vorbeifahren. Da, auf einmal hob sich der Nebel, und im Sonnenschein lag Swakopmund vor uns, und wir an Bord waren wie von Sinnen. Man umarmte einander, tanzte, schrie und lachte. Natürlich wollten wir alle sofort an Land. Aber von Swakopmund kam das Signal, die Landung sei unmöglich, der Brandung wegen. Bis zu uns klang ihr Donnern und Tosen.

... Swakopmund im Sonnenschein sah freundlich und verheißungsvoll aus. Zur Bewillkommnung unseres Dampfers wehten Flaggen auf vielen Häusern. Hell hoben sie sich von den dunklen Dünen ab.

... Da, gegen Mittag, erbarmte sich der Himmel unser ... und glättete die Wogen. Heißes zitterndes Sonnenlicht lag über Swakopmund. Da begann die Landung.

... Mit herzlichen Dankesworten verabschiedeten wir uns vom Kapitän und den Offizieren und wurden auf sehr primitive Art in das tief unten auf dem Wasser schaukelnde Brandungsboot verladen. Nacheinander setzte man sich in einen Korbstuhl, der an einer Kette hing. Vermittels eines Kranes wurde der Korb dann in das Boot hinabgelassen, einer der bereits anwesenden Kruboys riß einen heraus, und der Korb ward wieder in die Höhe gewunden.

... Nach längerer Fahrt auf mäßig bewegtem Wasser kamen wir den gewaltigen Brechern näher und näher. Ich bewunderte die Geschicklichkeit der Kruboys, die mit größter Sicherheit und Kaltblütigkeit ihre Ruder in die Wellen tauchten und schnell vorwärts kamen. Als ich aber die kolossalen Brecher aus allernächster Nähe sah, die sich entweder haushoch aufzutürmen schienen oder einen tiefen Abgrund schufen, konnte ich mich einer Gänsehaut nicht erwehren. Pfeilschnell schossen wir mit den Brechern dahin, und mit gewaltigem Ruck fuhr das Vorderteil des Bootes auf den Sand."

(aus: Margarethe Eckenbrecher, „Was Afrika mir gab und nahm", Berlin, 1949)

Swakopmund um 1910

„Latest News" über Namibia vor Ihrer Abreise: Im Internet auf der Hompage von Reise Know-How: www.reise-know-how.de

TEIL II: UNTERWEGS IN NAMIBIA

Ankunft und Einreise

Mit dem Flugzeug

Der einzige internationale Flughafen mit Interkontinentalverbindungen liegt ca. 40 km östlich von Windhoek. Er heißt *Windhoek International*, ist klein und wirkt leicht verschlafen. Bis auf den Reisepaß ist kein Einreisedokument erforderlich (unter Umständen muß ein Rückflugticket gezeigt und der Besitz ausreichender Geldmittel nachgewiesen werden). Die Einreise geschieht unproblematisch – ein kleiner Laufzettel ist auszufüllen und der Paß wird abgestempelt. Eine Buslinie in das Zentrum Windhoeks ist eingerichtet, ihr Fahrplan richtet sich nach den Ankunfts- und Abflugzeiten der internationalen Verbindungen (Stadtterminal in der Independence Avenue, gegenüber dem Hotel *Kalahari Sands*).

Mit dem Schiff

Das von Südafrika an Namibia 1994 übergebene Walvis Bay ist die einzige Hafenstadt Namibias mit entsprechenden Anlagen für zumindest kleinere Hochseeschiffe und Zoll- und Immigrationsbüros. Trotzdem legen aus Europa keine Frachtschiffe mit Passagierkabinen an. Lüderitz hat einen zu flachen Hafen, als daß heutzutage nennenswerter Frachtverkehr hierüber laufen könnte.

Landweg von Angola

Anfang 1995 waren die Grenzübergänge von und nach Angola gesperrt, die grüne Grenze war vollständig und mit Waffengewalt abgeriegelt. Derzeit sind die Grenzen zwar wieder offen, wegen der hohen Minengefahr ist eine Reise über Angola aber nicht ratsam. Erst wenn wenigstens die Hauptstrecken in Angola verläßlich geräumt sind, kann man eine Transitfahrt erwägen.

Landweg von Zambia

Auf Namibia-Seite ist Katima Mulilo der Grenzort, auf Zambia-Seite Sheseheke. Der Zambezi wird mit einer Fähre überquert. Öffnungszeit der Grenze ist von 6 –18 Uhr. Dieser Grenzübergang ist wegen der im weiteren Verlauf schlechten Straße nach Kazungula nicht zu empfehlen. Siehe auch Route 15.

Landweg von Botswana

Über die Ngoma-Brücke fährt man zum namibischen Grenzort Ngoma. So klein die Grenzorte auch sind (eigentlich eher Kontrollposten), hier läuft der touristische Hauptverkehr von Zimbabwe und Zambia nach Namibia. Die Öffnungszeit ist von 7.30 – 17 Uhr (Route 15).
Weiterer Grenzübergang im Westen ist bei Shakawe/Botswana, in Höhe des Mahango-Nationalparks, Öffnungszeit wie Ngoma-Brücke.
Größter und bestausgebauter Grenzpunkt ist Buitepos, östlich von Windhoek. Öffnung von 6 – 22 Uhr (Route 16).

Zimbabwe ü. Botswana

Siehe Routenbeschreibung Route 15

Von Zambia ü. Botswana

Siehe Routenbeschreibung Route 15

Landweg Südafrika

Hauptübergangsorte sind, auch auf Grund der guten Straßenverhältnisse, Ariamsvlei und Noordoewer im Süden Namibias (beide 24 Stunden am Tag geöffnet). Der ebenfalls 24 h am Tag geöffnete Grenzübergang bei Rietfontein ist momentan (Mitte 1996) der einzige, der die Zufahrt zum Kalahari-Gemsbok Park ermöglicht. Die nördlicher liegenden Übergänge sind gesperrt; 2000 soll der Grenzübergang Mata Mata wieder eröffnet werden (Route 2a, erkundigen Sie sich in Windhoek).

Zollformali-	Der Zoll läßt die weltweit üblichen Freimengen (200 Zigaretten, 1 Liter
täten	hochprozentigen Alkohol oder 2 Liter Wein, 50 Gramm Parfüm etc.) zu, die Kontrolle ist sehr touristenfreundlich. Waffen müssen deklariert werden, die Einfuhr von Jagdwaffen wirft keine Probleme auf – zum genauen Prozedere kontaktiere man allerdings vorab den Jagdverein (siehe auf Seite 64). Gegenstände des persönlichen Bedarfes und Kameras (Foto und Video), Filme usw. können vorübergehend eingeführt werden.
Kraftfahr-	Jedes Kraftfahrzeug benötigt ein Carnet de Passage (s.o., „Nach Namibia
zeugeinfuhr	mit dem Auto", Kapitel „Praktische Reisetips von A bis Z") und eine internationale Zulassung. Es darf maximal 1 Jahr im Raum der südafrikanischen Zollunion verbleiben (Südafrika, Namibia, Botswana). Es besteht die Möglichkeit, einmal ein Anschlußcarnet für ein weiteres Jahr zu erhalten, danach muß der Wagen endgültig ausgeführt werden. Fragen Sie dazu Ihren Automobilclub.

Rund ums Geld

Währung	Währung ist der Namibia Dollar (N$) zu 100 Cents. Er ist bis auf weiteres an den südafrikanischen Rand im Verhältnis 1:1 gebunden. Der **Wechselkurs** bewegt sich zwischen DM 0,30 und DM 0,35 für 1 N$. Banknoten gibt es zu 10, 50 und 100 N$, Münzen zu 5, 10 und 50 Cents und zu 1 und 5 Dollar. Die Münzen und Scheine des südafrikanische Rand werden im ganzen Land als Zahlungsmittel akzeptiert. Umgekehrt werden die Noten des N$ nur in den grenznahen Gebieten Südafrikas in den Läden angenommen (z.B. auf der Route 2a durch den Kalahari-Gemsbok Park). Das Mitbringen fremder Währungen unterliegt keinerlei Restriktion. Da ein Rücktausch von N$ in Devisen unter Umständen Schwierigkeiten bereiten kann, sollte man seine Heimatwährung direkt in Namibia wechseln und sich die Quittungen aufheben. Damit kann man Nachweis über die gewechselten Summen führen, und ein Rücktausch ist unproblematischer. Außerdem ist der Wechselkurs von Devisen in N$ im Land selbst günstiger als in Europa. Die **Inflationsrate** beträgt z.Zt. ca. 10 %, die zukünftige wird allgemein zwischen 5 und 15 % geschätzt. Jährlich orientieren sich die Preise um ca. 10 bis 20 % nach oben, unabhängig von der tatsächlichen Inflation. Auf der anderen Seite paßte sich bisher der Wechselkurs dieser Situation weitgehend an.
Geldwech-	Geldwechsel ist bei Banken und in Hotels, Restcamps und Lodges mög-
sel, Banken	lich. Bei letzteren, gerade wenn sie weit ab vom Schuß liegen, kann der Kurs für den Touristen äußerst ungünstig werden. Geldwechseln in Banken ist unkompliziert, eine Viertel- bis halbe Stunde sollte aber einkalkuliert werden, da viele Leute anstehen. Das Geld ist gleich nach Erhalt sicher zu verstauen.
Kreditkarten	Folgende Kreditkartenfirmen sind mit Agenturen in Windhoek vertreten: Visa, Tel. 061-229616 (First National Bank) Mastercard, Tel. 061-2942143 (Standard Bank) Diners, Tel. 061-2942143 (Standard Bank) American Express, Tel. 061-237946
Steuern	Es wird GST (General Sales Tax – Verkaufssteuer) erhoben, 8 % auf Waren und 11 % auf Dienstleistungen. Bei bestimmten teuren Luxusgegen-

ständen (Juwelen, Goldarbeiten, Pelze etc.) können Touristen die Steuer zurückerhalten. In den Geschäften sollte man beim Kauf darauf hinweisen, damit die nötigen Formulare ausgestellt werden.

Trinkgeld Mit 5 bis 10 % des Rechnungsbetrages liegen Sie nicht falsch. Viele Gästefarmen haben eine Trinkgeldbox (Tipbox), die unter dem Personal aufgeteilt wird, so daß auch Mitarbeiter, die keinen direkten Kontakt zum Kunden haben, etwas für ihre Leistung erhalten. Manche Gästefarmbesitzer schütten das Trinkgeld auch nur teilweise aus und benutzen den Rest, um für die Mitarbeitergemeinschaft und deren Familien, die auf der Farm wohnen, nützliche Dinge anzuschaffen, die diese gemeinsam nutzen können.

Von Ort zu Ort – Verkehrs- und Transportmittel

Busse Der Intercape Mainliner verbindet Südafrika mit Namibia. Der Bus kommt aus Kapstadt und fährt über Keetmanshoop nach Windhoek und weiter nach Walvis Bay über Swakopmund. Eine weitere Linie komt von Pretoria über Johannesburg und Gobabis nach Windhoek. Windhoek wird auch mit Upington verbunden. Zwei neue Linien führen von Windhoek an die angolanische Grenze bei Oshikango und von Windhoek nach Victoria Falls in Zimbabwe (Intercape Mainliner: Windhoek 061-227847, Oshikango 081-1241534, Oshakati 06751-0697, Victoria Falls 00263-13-4471, Kapstadt 0027-21-3864400)

Eisenbahn Die Eisenbahngesellschaft TransNamib Limited befährt unter dem Namen Starline mit Bussen folgende Strecken:
Keetmanshoop – Lüderitz
Keetmanshoop – Helmeringhausen
Keetmanshoop – Koës
Karasburg – Warmbad
Karasburg – Nordoewer
Karasburg – Upington
Windhoek – Grootfontein
Grootfontein – Tsumkwe
Grootfontein – Katima Mulilo
Otjiwarongo – Okakarara
Otjiwarongo – Walvis Bay
Otjiwarongo – Opuwo
Tsumeb – Oshakati
Mariental – Maltahöhe
Mariental – Gobabis

Die zentrale Reservierung ist unter Tel. 061-2982032, Fax 2982383 erreichbar.
Eine Tochtergesellschaft der TransNamib – der **„Desert Express"** betreibt den gleichnamigen Luxusreisezug zwischen Windhoek und Swakopmund. Luxus pur mit mehreren Stops auf der Strecke, wo dann Ausflüge unternommen werden (Spitzkoppe, Löwenfütterung, Mondtal). Jedes Abteil hat eigenes Bad, Restaurant- und Aussichtswagen hängen ebenfalls an der Lokomotive. Das Essen ist vorzüglich. Zwei Fahrten pro Woche in jede Richtung, Buchung über Desert Express, P.O. Box 13204, Windhoek, Tel. 061-2982600, Fax 2982601, e-mail: dx@transnamib.com.na, in Deutschland über SATC, Gistlstraße 76, 82049 Pullach,

Tel. 089-7932615, Fax 7934225, in Österreich Braun Touristik, Hilton Center, Landstraßer Hauptstraße 2, 1030 Wien, Tel. 01-7134051, Fax 7134036, in der Schweiz, Eurep AG, Industrie Nord 9, 5642 Meerenschwand, Tel. 056-6757555, Fax 6757556.

Ein weniger luxuriöser Zug – der Shongololo Express – unternimmt mehrtägige Ausflugsfahrten in Namibia und nach Botswana und Südafrika (jeweils 9 Fahrten pro Jahr). Einen genauen Zeitplan erhält man bei Shongololo Express, P.O. Box 731, Independence Avenue, Carl List House, Windhoek, Tel. 061-246428, Fax 250378.

Der berühmte südafrikanische Rovos Rail fährt einmal im Jahr von Johannesburg nach Swakopmund; Buchungen über Rovos Rail Capetown, P.O. Box 50241, Waterfront, Capetown, Tel. 0027-21-4020, Fax 4022.

Taxifahren Die einzige Stadt Namibias mit funktionierendem Taxiservice ist Windhoek. Sie besitzen ein Taxameter, so daß die Fahrpreisverhandlungen wegfallen. Der einzige Standplatz liegt gegenüber dem Kalahari Sands Hotel. Ansonsten muß über Funk ein Wagen angefordert werden, der auch sehr schnell kommt (z.B. White Rhino Taxi, Tel. 061-221029 oder L+C Radio Taxi, Tel. 061-272129 oder 081-1247040). Swakopmund hatte einen Taxidienst, der sich aber nicht rentierte und aufgelöst wurde.

Flugzeug Air Namibia verbindet folgende Städte miteinander:
    Windhoek – Swakopmund (6 Flüge/Woche)
    Windhoek – Lüderitz (4 Flüge/Woche)
    Windhoek – Tsumeb (5 Flüge/Woche)
    Windhoek – Rundu (1 Flug/Woche)
    Windhoek – Katima Mulilo (2 Flüge/Woche)
    Windhoek – Ondangwa (2 Flüge/Woche)
    Windhoek – Mokuti (4 Flüge/Woche)
    Windhoek – Mount Etjo (2 Flüge/Woche)
    Windhoek – Victoria Falls (3 Flüge/Woche)
    Windhoek – Keetmanshoop (2 Flüge/Woche)
    Windhoek – Walvis Bay (4 Flüge/Woche)
    Swakopmund – Lüderitz (4 Flüge/Woche)
    Swakopmund – Mount Etjo (2 Flüge/Woche)
    Swakopmund – Mokuti (2 Flüge/Woche)
    Swakopmund – Keetmanshoop (2 Flüge/Woche)
    Tsumeb – Katima Mulilo (3 Flüge/Woche)
    Tsumeb – Ondangwa (2 Flüge/Woche)
    Tsumeb – Victoria Falls (2 Flüge/Woche)

Charterflugzeuge Eine teure, aber angenehme Art des Inlandreisens ist das Flugzeug. Namibia besitzt mehr als 200 über das Land verteilte zugelassene Airstrips. Der Landeanflug gestaltet sich ausgesprochen einfach: Das Flugzeug kreist zweimal über der Landebahn und geht dann nieder. Daraufhin fährt ein Wagen von der Gästefarm, der Lodge oder dem Restcamp los und holt die Gäste ab. Zuvor ist der Unterkunft lediglich der Tag der Ankunft über Telefon zu avisieren, um sicherzustellen, daß Platz verfügbar ist.

In Windhoek starten Charterflüge nicht vom internationalen Flughafen, sondern vom näher gelegenen Eros-Flughafen. Wer sein eigenes Flugzeug mitbringen oder eine Maschine ohne Piloten mieten will, wende sich an den Aero Club of Namibia, P.O. Box 753, Eros Airport,

Windhoek; Tel. 061-234462, Fax 236033. Maschinen mit Pilot vermietet:
Atlantic Aviation, P.O. Box 465, Roon Street, Swakopmund; Tel. 064-404749, Fax 064-405832
Namibia Commercial Aviation, P.O. Box 30320, Eros Airport, Windhoek; Tel. 061-223562, Fax 061-34583
Pleasure Flights, P.O. Box 537, Kaiser Wilhelm Street, Swakopmund; Tel. 064-404500, Fax 064-405325
Westair Wings, P.O. Box 407, Eros Airport, Windhoek; Tel. 061-221091, Fax 061-232778

Informationen über Radreisen
von Andreas von Heßberg

Anforderungen
Namibia ist kein Reiseland für Neulinge in der Tourenradler-Szene, das muß zu Anfang erwähnt werden. Nicht nur die klimatischen Schwierigkeiten, sondern auch die fahrtechnischen Herausforderungen bedingen eine gute körperliche Kondition und ein hohes Maß an Erfahrung von anderen Fahrradtouren. Außerdem muß man sowohl im Falle eines technischen als auch eines gesundheitlichen Defekts in der Lage sein, sich selbst helfen zu können. Je weiter man sich abseits der Teerstraßen bewegt, desto stärker ergibt sich diese Notwendigkeit. Ein vollständiges Bündel an Werkzeug und Ersatzteilen ist somit genauso wichtig für den Erfolg einer Radreise in Namibia, wie auch eine richtig zusammengestellte Reiseapotheke. Ein Autofahrer kann bei gesundheitlichen Problemen noch eher zur nächsten Farm fahren. Ein Radfahrer ist bei einer Krankheit oder einem Knochenbruch nicht mehr in der Lage, sein Fahrzeug zu bewegen. Selbsthilfe- und Improvisationstalent ist also unbedingt mitzubringen!

Reisezeit
Die ideale Reisezeit gibt es für Radfahrer nicht, denn jede Jahreszeit hat Vor- und Nachteile für den Pedalritter. Ist es im Winter gemäßigt warm bis kühl (in den Bergen) und gibt es genug Wasser, so mag der Wind stärker blasen und so manch eine Piste schlammig sein. Außerdem ist dann im Norden die Mückenstichwahrscheinlichkeit fünfmal höher als in der Trockenzeit. Dafür ist mehr Grün in der Landschaft und es sind häufiger Tiere zu sehen. Im Sommer sind alle Pisten trocken und fest, die Winde sind schwächer, dafür ist es häufig über 40 °C und der Wasserverbrauch schränkt den Aktionsradius stark ein.

Routenplanung
Das Radfahren abseits der Pisten ist aus verschieden Gründen nicht zu empfehlen. Zum einen sind überall Dornengewächse, die auch einem mit Aramid verstärkten Kevlarreifen zu schaffen machen. Daneben sollte man auch in Namibia die Vegetationsdecke nicht durch unnötiges Befahren zerstören, das führt letztendlich nur zu Gesetzen, die dann die Bewegungsfreiheit von Tourenradlern einschränken. Zum anderen sind die Pisten rauh genug, um als eine Herausforderung für Mensch und Material zu gelten. Von der Piste aus erschließt sich auch das Land viel besser als von den Lkw-belasteten Alphaltstraßen. Eine gute Übersichtskarte zu bekommen, ist in Namibia schwierig. Man muß sich auch als Radfahrer mit einer 1:2.000.000er Karte vergnügen. Zu empfehlen sind die topographischen Blätter (1:250.000 und 1:500.000) für Gebiete,

in denen man auf abgelegenen Pisten radeln oder gar wandern will. Aufgrund der Dimensionen in diesem Land muß man sich entweder einschränken und nur einen bestimmten Landesteil erradeln oder man bringt viel Zeit mit. Für eine ausführliche Radreise in ganz Namibia mit einem Abstecher nach Maun und einigen eingestreuten Ruhetagen benötigt man als durchtrainierter Radfahrer 8–10 Wochen. Die durchschnittliche Reisegeschwindigkeit auf den Pisten beträgt zwischen 10 und 15 km/h, manchmal auch weit darunter – dann nämlich, wenn es sandig wird. Überhaupt ist Sand der Feind Nr.1 für den Radfahrer. Sinkt man mehr als 5 cm ein, so steht man in Sekundenbruchteilen. Es erfordert bei kleineren Sandpassagen schon einiges Geschick und Kraft, nach dem schnellen Runterschalten sich selbst wieder herauszuarbeiten. Oder man steigt ab und schiebt durch.

Ausrüstung

Die Radausrüstung sollte in Sachen Robustheit nichts zu wünschen übrig lassen. Das Fahrrad sollte ein robustes Mountainbike sein, ist aber nicht zwingend. Nur wird man mit 26"-Rädern auf den Pisten besser zurecht kommen. Besonders die Felgen und Speichen werden auf den Pisten stark beansprucht. Welchen Reifen man aufzieht ist eine Frage der Routenplanung. Will man häufig auch Teerstraßen benutzen, um möglichst schnell zur nächsten interessanten Region zu kommen, so ist ein grober Stollenreifen nicht zu empfehlen. Hier nimmt man am besten einen Semislick-Reifen oder einen Straßenreifen mit gutem Profil. Daneben sollte man auf Durchstichfestigkeit (Dornen!) und stabile Karkassen achten (der Reifen wird auf den Pisten stark gewalkt). Ich empfehle aufgrund der langjährigen Erfahrungen den Schwalbe Marathon XR. Ein Faltmantel als Ersatz ist ebenso wichtig wie ein oder zwei Ersatzschläuche. Der Sattel sollte ungefedert sein, damit man keine unnötige Energie in die Federn statt auf die Pedale bringt. Dagegen ist eine gefederte Sattelstütze zur Dämpfung der Schläge, die sonst die Wirbelsäule und die Schultern abfangen müßten, dringend zu empfehlen. Eine Federung an der Gabel oder gar am Hinterbau ist auf den Pisten sinnlos, weil die Trägheit des Systems mit allen Packtaschen zu groß ist, um die Rüttelei beispielsweise auf den Wellblechpisten abzufangen. Ergonomisch geformte Griffe sind bei mehrwöchigen Radtouren sehr gut gegen das Abquetschen der Nerven in den Händen. Wer in Namibia noch Fahrradteile oder Hilfe braucht, wendet sich an die VELOWERKSTATT Egbert Hoff, Snyman Circle (Nähe des Ausspann-Platzes/Windhoek), Tel. 061-231162.

Hitze und Trockenheit

Gegen die Hitze kann man sich gut schützen – auch im Sommer Namibias. Ein Hut ist dabei besser als ein Kopftuch – auch wenn man dieses immer wieder mal naß machen kann. Man muß auch bedenken, daß die Sonnenbrille zu einem der wichtigeren Ausrüstungsteilen von Radfahrern gehört, so daß man eine Ersatzbrille mitnehmen sollte. Ein Baumwoll T-Shirt bleibt länger naß, als ein synthetisches Oberteil und kühlt somit besser. Außerdem kann man es auch schnell mal mit der Trinkflasche befeuchten. Gegen die starke Sonneneinstrahlung muß man sich als Radfahrer sehr gut schützen. Hat man erst offene Blasen und Verwundungen, so schmerzen diese durch das ausgeschwitzte Salz unerträglich. Überhaupt ist das Auffüllen des körpereigenen Mineralhaushaltes ein lebensnotwendiger Faktor. Ein Sonnenschutzfaktor von 20 oder mehr und ein mehrmals tägliches Eincremen ist am Anfang des Aufenthaltes notwendig. Nach drei bis vier Wochen ist man an Armen und Beinen so braun, daß man keine Creme mehr braucht, denkt man. Doch auch dann sollte man sich wenigstens in der Mittagszeit noch eincremen, denn die UV-Strahlung schädigt auch gebräunte Haut noch stark. Im Sommer ist es auch empfehlenswert, in der Mittagshitze drei Stunden unter einem Baum zu rasten, sofern man einen findet! Aber Vorsicht: Zecken, Schlangen und Dornen! Die Trockenheit ist die große logistische Herausforderung für den Radfahrer. Im Extremfall, im Hochsommer, verbraucht man pro Tag ca. 10 Liter Wasser. Dieses muß man nicht nur im Gepäck unterbekommen, sondern auch transportieren. Will man wegen Mangel an Wasser auf einer mehrtägigen Etappe ausreichend Wasser mitnehmen (stets auch an eine Reserve denken!), so werden daraus auch schnell mal 30 Liter – oder auch 30 kg! Wo bekommt man das dann noch unter? In den vier Packtaschen und auf dem Gepäckträger ist nicht so viel Platz und das Hinterrad nochmal mit so viel Gewicht zu strapazieren, ist nicht zu empfehlen. Da geht auch die Fähigkeit, auf den Pisten eine stabile Balance zu halten, schnell verloren. Die Lösung heißt für eine mehrwöchige Radtour Anhänger. Dort bekommt man nicht nur viel Wasser und Proviant unter, sondern auch die sperrigen Teile wie das Zelt, den Schlafsack und die Iso-Matte. Damit erniedrigt man den Schwerpunkt des ganzen Systems und fährt auch auf den rauhesten Pisten sehr stabil.

Übernachtung Ein Radfahrer ist in Namibia in seinem Vorwärtskommen stark von der Windrichtung und der Pistenqualität abhängig. Somit weiß man nie genau, wo man am Abend sein wird. Die Lodges und Campingplätze haben nur selten einen Tagesabstand voneinander, so daß man diese nur selten frequentiert. Daher sollte man sich damit anfreunden, wild zu zelten. Das funktioniert überall sehr gut, sogar dort, wo alles eingezäunt ist. So ist man unabhängiger, erlebt mehr Natur und fährt auch noch sehr viel billiger. Im Farmland sollte man aber stets darauf achten, daß das Tor im Zaun hinter einem auch wieder geschlossen ist. Sonst gibt es Ärger! Besser ist es auch, außer Sichtweite der Piste zu zelten. Wegen der `wilden´ Tiere braucht man sich beim wilden Zelten keine Sorgen zu machen. Anders ist es gegenüber Schlangen, Skorpionen und Anopheles-Mücken. Es lohnt sich, eine stabile Folie vor dem Zelt auszubreiten, damit das Kochen oder Sitzen nicht direkt auf dem Boden geschehen muß. Wegen dem abendlichen Kochen und dem Gewicht des Wassers ist es natürlich auch interessant, auf den Farmen nicht nur nach Wasser zu fragen, sondern gleich neben dem Wasserhahn zu zelten. Die Farmer (speziell die weißen) sind gegenüber Radfahrern stets sehr freundlich, oft an der Tour interessiert und manchmal so offen, daß einem auch noch die Farm und die dort lebenden Tiere und Pflanzen per 4x4-Fahrzeug gezeigt wird.

Anreise Nur ganz Verwegene werden mit dem Fahrrad über Land von Deutschland anreisen (doch es gibt sie wirklich!), oder aus anderen Ländern des südlichen Afrikas. Da wäre eine Radreise von Kapstadt nach Windhoek wegen der interessanten Veränderungen des Landschaftsbildes und der Vegetation zu empfehlen. Wer aber mit dem Flugzeug anreist, muß für das Fahrrad eine kleine Gebühr am Schalter in Deutschland zahlen. LTU verlangt DM 30 pauschal für Hin- und Rückflug pro Rad – egal wie schwer es ist. Die Luft muß zur Hälfte aus den Reifen gelassen werden, der Lenker quer gestellt werden und die oft scharfkantigen Mountainbikepedale sollte man besser abschrauben. Wie weit man sein Bike gegen Kratzer etc. beim Transport schützt ist der Fluggesellschaft egal. In Namibia bekommt es ja sowieso genug noch ab! Ein Rolle Klebeband im Gepäck ermöglicht auch ein Fixieren von Trinkflaschen, Luftpumpe, Zeltstangen oder Ersatzmantel am Fahrrad während des Fluges!

Weitere Informationen bekommt man gegen einen kleinen Unkostenbeitrag bei Andreas von Heßberg, Nobelstr. 21, 95444 Bayreuth, der nicht nur selber 5000 km in Namibia und Botswana geradelt ist, sondern auch Informationen zu anderen Radfahrern bei sich bündelt, die zu anderen Jahreszeiten oder in anderen Regionen gewesen sind. Siehe auch:
http://www.geocities.com/Yosemite/6988/namib.html.
Namibia ist auf alle Fälle ein lohnenswertes Reiseziel für alle Tourenradler, die viel wilde Natur, wenig Zivilisation und trotzdem noch ein Mindestmaß an Sicherheit suchen.

Als Selbstfahrer unterwegs

Straßenkategorien

Jede Straße oder Piste hat in Namibia ihre Nummer, die auf Wegweisern verwendet wird. Nur in Städten wird die Richtung mit Städtenamen angegeben, auf dem Land finden sich lediglich die Nummern. Zusätzlich werden die Straßentypen bzw. wird die Straßenbeschaffenheit durch vorangestellte Buchstaben klassifiziert (z.B. B8). Asphaltstraßen gehören meist der **Kategorie B** an. Die **Kategorie C** sind Asphalt- und Sandstraßen, **Kategorie D** Sandstraßen bzw. Pisten. Pisten der **Kategorie P** sind Privatwege. Vereinzelt findet man auch noch die Kennzeichnung **MR** für Gemeindepisten/-straßen (Municipal Road), oder auch gar keine Buchstabenkennzeichnung (in diesem Buch werden sie dann einfach zum Beispiel als „Straße 36" bezeichnet).
Autobahnen gibt es, bis auf ca. 20 km nördlich von Windhoek und die Westspangen bei Windhoek und Okahandja, keine.

Straßenzustand

Die **Asphaltstraßen** sind immer zweispurig, bei wenigen gibt es durch gebirgige Gegenden kurze dritte Überholspuren. Sie sind relativ schmal, aber in ausgezeichnetem Zustand. Man wird auf ihnen praktisch kein einziges Schlagloch finden. Die weißen Mittellinien sind durchbrochen oder durchgezogen, wenn man nicht überholen darf. Nach der Regenzeit können die Bankette etwas bröckeln.
Die **Hauptpisten** sind durchweg gute bis sehr gute Pisten mit Sand- oder Geröllbelag. Sie werden in kurzen Abständen gewartet. Wahre Ungetüme von Maschinen *(Scraper)* hobeln die Oberfläche wieder glatt, Warntafeln weisen rechtzeitig auf Straßenbauarbeiten hin.
Nebenpisten und weniger befahrenen Strecken haben zeitlich größere Wartungsintervalle, sie werden nicht so häufig gehobelt. Aus diesem Grund bilden sich auf ihnen mehr oder weniger starkes Wellblech und Spurrillen heraus. Befinden sich Pisten in katastrophalem Zustand, liegt das auch an der Unberechenbarkeit der Natur. Bei starken Regenfällen wird alles weggespült und der Straßendienst kommt nicht mehr nach (dies ist aber meist nur im Damaraland und im Kaokoveld der Fall). Die Wartung der **Farmwege** obliegt dem Besitzer.

Wellblech

Auf weichem, lockeren Untergrund drehen Reifen ein wenig durch bevor sie greifen. Beim Greifen federn sie hoch und schlagen dann zurück. Dadurch bildet sich eine kleine Vertiefung. Nach und nach entsteht eine Wellenform des Bodens. Abhängig von der Größe der Reifen (Lkw oder Pkw), kann der Wellenabstand und die Tiefe unterschiedlich sein. Gerät man auf so eine Wellblechpiste, hat man zwei Möglichkeiten: Man fährt mit 5 bis 10 km/h sicher und langsam, oder man versucht ca. 50 bis 80 km/h zu erreichen (abhängig von Fahrzeuggröße und Beladung), bei der die Reifen – „im Flug" – nur die Wellenkämme erwischen. Der Wagen läuft dann relativ ruhig, hat aber nur noch minimalen Bodenkontakt. Bis die Geschwindigkeit von 50 bis 80 km/h erreicht ist, meint man, der Wagen fliegt auseinander.

Riviere

Trockenflußtäler können nach starken Regenfällen zu reißenden Strömen werden, die alles mit sich spülen. Die Hauptverkehrstraßen besitzen Brücken, aber viele kleinere Nebenstrecken führen direkt durch die Riviere. Zwar sind es meist nur kurze Strecken, die dann im Sand und Geröll zurückgelegt werden müssen, wer aber mit einem normalen Pkw unterwegs ist, sollte sich den Abschnitt zuerst zu Fuß anschauen. Viele Riviere sind auch nur sehr schmal (1 bis 2 m) und nicht sonderlich tief, gemeinerweise aber auch nur sehr schwer zu erkennen. Umsichtiges Fahren und Voraussicht bewahren vor unliebsamen Überraschungen.

Verkehrsregeln

Im allen Ländern des südlichen Afrika herrscht **Linksverkehr**, die Mietfahrzeuge haben Rechtssteuerung. Gerade wer das erste Mal mit Linksverkehr konfrontiert ist, sollte die ersten Tage äußerste Vorsicht walten lassen. Im Gegensatz zur landläufigen Meinung bestehen Probleme nicht im Großstadtverkehr, sondern eher auf der Fahrt auf einsamen Landstraßen. Im Großstadtverkehr hat man mit den Verkehrsströmen meist immer vor Augen, welche Wege zu halten und einzuschlagen sind. Auf den Pisten im weiten Land verliert man leicht die Orientierung, und in kritischen Situationen, zum Beispiel bei entgegenkommenden Fahrzeugen an engen Stellen, passiert es schnell, daß man auf der falschen Seite vorbeizukommen versucht. Auch wenn man glaubt, es endlich nicht mehr zu vergessen, das Rechtsfahren ist unsereins so ins Blut übergegangen, daß es nicht falsch ist, sich an jedem Morgen bei Weiterfahrt den Linksverkehr ins Bewußtsein zu rücken. Aufpassen muß man auch beim Abbiegen und an Straßeneinmündungen. Zu oft wendet man den Kopf zur Beachtung der Vorfahrt in die falsche Richtung.

In den Städten besteht eine **Geschwindigkeitsbeschränkung** von 60 km/h, auf geteerten Überlandstraßen von 120 km/h. Auf ungeteerten Überlandstraßen darf nicht schneller als 100 km/h gefahren werden. Das ist allerdings das absolute Maximum. Wenn das Fahrzeug auf einer kurvigen Pad das erste Mal „seitlich Beinchen bekommt" und sich bedrohlich dem Pistenrand genähert hat, wird der Fahrer nur noch in den seltensten Fällen die erlaubte Geschwindigkeit voll ausschöpfen.

An Kreuzungen mit Stop-Schildern an jeder Einmündung (**4-way-Stop**), darf jenes Fahrzeug zuerst fahren, das zuerst die Kreuzung erreicht hat.

Es herrscht **Anschnallpflicht**, die Kontrolle wird allerdings eher lax gehandhabt. Bei einem Unfall ist der Angeschnallte aber sicher besser gegen Verletzungen geschützt, als der, dem es zu lästig war.

Bei **Wildunfällen** in Nationalparks ist die zuständige Behörde (in der Person des Wildhüters/Rangers) zu informieren.

Auf Sandpisten wirbelt das Fahrzeug sehr viel Staub auf, der bei Windstille über der Pad hängen bleibt. Es ist daher nicht falsch, auf Überlandstrecken tagsüber das **Abblendlicht** einzuschalten, damit Entgegenkommende das eigene Fahrzeuges schneller erkennen.

Fahrverhalten Bezogen auf die Gesamtzahl der deutschen Touristen, die jährlich Namibia besuchen, ist die Anzahl der Verkehrstoten unter diesen unglaublich hoch. Es gab Jahre, in denen bei ca. 1000 Reisenden 1 tödlicher Unfall verzeichnet wurde! Der Großteil der Unfälle fand ohne Drittverschulden statt, wahrscheinlich waren dabei nur ca. 10 % Tiere mitverwickelt. Hauptursache ist, wie kann es anders sein, das, was euphemistisch als „nicht angepaßte Geschwindigkeit" bezeichnet wird.

Einige Unfallursachen Auf der Teerstraße in den **Dämmerungsstunden** läuft eine Wildschweinfamilie über die Straße – wenn man Glück hat. Bei Pechvögeln ist es eine Antilope, die wegen ihrer hohen Sprünge meist direkt in der Windschutzscheibe und damit im Fahrgastraum landet.
Auf Pisten bilden sich einige Tage nach dem Abhobeln oder Schleifen wieder **Spurrillen** heraus. Meist sind dies drei Stück, die mittlere wird von den beiden Richtungen gemeinsam genutzt. Zwischen den Spurrillen befindet sich weicherer Sand. Bei Gegenverkehr ist zumindest ein Fahrzeug gezwungen nach links (!) auszuweichen. Gerät man dann mit hoher Geschwindigkeit in den weichen Sand, bringt jede **abrupte Lenkbewegung** den Wagen zum Schleudern. Auf **Wellblech** muß der Wagen auf eine Mindestgeschwindigkeit gebracht werden, um die Vibrationen auf ein erträgliches Maß zu reduzieren. Dann befindet man sich aber eher in einem Fluggerät als in einem Fahrzeug mit **Bodenhaftung**. Jedes Bremsen, jedes Lenken dauert weit länger als üblich. Gerät der Wagen auf den leicht erhöhten Seitenrand der Piste, sitzen Sie tatsächlich am Steuerhorn eines Flugzeuges, nur hat es kein Leitwerk. In unwegsameren Regionen werden die Pads immer wieder von **Trockenflußtälern** gekreuzt. Sie können sehr schmal sein, und wenn die Sonne nicht ideal steht, sind sie erst im letzten Moment zu sehen. Die Einheimischen kennen ihre Strecken und wissen, wo die Riviere liegen. Daraus erklärt sich deren hohe Geschwindigkeit. Wer es ihnen gleich tut und die Strecke nicht kennt, kann sich gleich den Betonpfeiler einer Autobahnbrücke aussuchen.
Häufig spielt auch der **Reifendruck** eine „tragende" Rolle. Bei zuwenig Druck (und guter Dämpfungseigenschaft) kann der Reifen in Kurven von der Felge rutschen, bei zuviel Druck ist der Reifen zu hart, er dämpft nicht richtig, bringt den Wagen zum Springen, oder platzt gar, weil er zu sehr überhitzt. Auf Sandpisten entsteht hinter Fahrzeugen eine lange **Staubwolke**, die optisch fast undurchdringlich ist. Wer hier überholt, weil schon Stunden kein Fahrzeug entgegengekommen ist, verläßt sich auf die Statistik, nur – der Zufall hat kein Gedächtnis!
Zu guter Letzt: So perfekt eine notärztliche Versorgung auch sein mag, um sie in Anspruch zu nehmen, muß man den Notarzt alarmieren können. Fast immer wird aber das nächste Farmtelefon oder die Landepiste für das Rettungsflugzeug zu weit weg sein.
Es soll nicht gesagt sein, daß Autofahren in Namibia gefährlich ist. Wahrscheinlich ist es weniger gefährlicher als sonstwo, bei der Größe des Landes, der geringen Bevölkerungsdichte und damit dem geringen Straßenverkehr. Man halte sich aber immer vor Augen, daß die Geschwindigkeit niedrig gehalten werden muß, daß man langsamer fahren sollte als erlaubt und daß man nicht in den Dämmerungsstunden oder nachts unterwegs sein sollte. Prüfen Sie nach Pistenfahrten die Reifen, kontrollieren

sie auch ab und zu die Stoßdämpfer. Achten Sie auf hohes Gras und den Busch am Straßenrand, jederzeit kann ein Tier daraus hervorbrechen. Bei Regen werden Pisten schlüpfrig wie Eisbahnen, und nach langer Trockenzeit sind auch Asphaltstraßen bei einem richtigen Wolkenbruch rutschig und die Sicht wird gleich Null.

Treibstoff- Die Treibstoffversorgung ist im allgemeinen sehr gut, besonders in der
versorgung Landesmitte und im Süden. Fast alle internationalen Firmen sind mit Tankstellen vertreten. Lediglich im Caprivi Strip kommt es zwischen Rundu und Katima Mulilo häufiger zu Schwierigkeiten bei der Dieselversorgung. Da die meisten Mietfahrzeuge aber Benzinmotoren haben, spielt dies keine große Rolle. Ersatzkanister sind notwendig bei Fahrten ins Damaraland, ins Kaokoveld und im Kaudom-Tierreservat. Nur wenige Tankstellen akzeptieren Kreditkarten. Eine Gebühr wird fällig.

Orientierung Die Ausschilderung der Straßen und Pisten ist sehr gut. In den wenigsten Fällen wird man auf eine Kreuzung stoßen, an der man nicht weiter weiß, weil kein Straßenschild angebracht ist. Wichtig zu wissen, wenn man die Richtung am Stand der Sonne bestimmen will: Die Sonne steht mittags im Norden!

Navigation Im allgemeinen ist die Straßenkarte des Fremdenverkehrsamtes zur Orientierung ausreichend. Nur wer wirklich die Wildnis aufsuchen will oder Wanderungen in unwegsamem Gelände unternimmt, sollte sich mit entsprechendem Kartenmaterial, Kompaß oder einem Navigationssystem (GPS, Global Positioning System) ausrüsten (siehe auch unter: GPS bei „Reisetips von A–Z").

Notfall- **Flugrettung:** MRI Notrufnummer: 061-230505
Telefon- **Polizei:** Landeseinheitlich 10111
nummern **Apotheke:** Luisenapotheke 061-252222 (Radiopage, Rückruf der Apotheke verlangen)
Gobabis (Vorwahl 062): Ambulanz 562275, Hospital 562275
Grootfontein (Vorwahl 067): Ambulanz 242141, Hospital 242041
Henties Bay (Vorwahl 064): Ambulanz 500020, Hospital 500020
Karibib (Vorwahl 064): Ambulanz 550073, Hospital 550073
Katima Mulilo (Vorwahl 0677): Ambulanz 3012, Hospital 3012
Keetmanshoop (Vorwahl 063): Ambulanz 223388, Hospital 223388
Lüderitz (Vorwahl 063): Ambulanz 202446, Hospital 202446
Maltahöhe (Vorwahl 063): Ambulanz 293025, Hospital 293027
Mariental (Vorwahl 063): Ambulanz 242331, Hospital 242092
Okahandja (Vorwahl 062): Ambulanz 503030, Hospital 503039
Omaruru (Vorwahl 064): Ambulanz 570037, Hospital 570037
Ondangwa (Vorwahl 065): Ambulanz 240111, Hospital 240305
Oshakati (Vorwahl 065): Ambulanz 220211, Hospital 220211
Otjiwarongo (Vorwahl 067: Ambulanz 303734, Hospital 302491
Rehoboth (Vorwahl 062): Ambulanz 522066, Hospital 522066
Rundu (Vorwahl 067): Ambulanz 255025, Hospital 255025
Swakopmund (Vorwahl 064): Ambulanz 405731, Hospital 405731
Tsumeb (Vorwahl 067), Ambulanz 221911, Hospital 221082
Walvis Bay (Vorwahl 064): Ambulanz 205443, Hospital 203441
Windhoek (Vorwahl 061): Ambulanz 211111, Hospital 2039111/222687
Weitere s.a. unter „Diplomatische Vertretungen" in „Praktische Reisetips von A bis Z" und unter „Abschleppdienste" in diesem Kapitel.

Automobil-club	Die *Automobile Association of Namibia* (AA Namibia) ist dem ADAC affiliert. Alle Leistungen, bis auf die finanzielle Beteiligung beim Abschleppen, können auch von ADAC-Mitgliedern in Anspruch genommen werden. Adresse: AA Namibia, Carl List House, P.O. Box 61, Independence Avenue, Windhoek; Tel. 061-224201, Fax 222446. Öffnungszeiten Wochentags von 8.30 bis 17 Uhr, Samstags von 8.30 bis 12 Uhr. Sie erhalten dort auch eine kleine Informationsbroschüre über Namibia und eine gute Straßenkarte mit vielen Stadtplänen.
Abschleppdienste	In einigen Städten gibt es Kfz-Betriebe (Garages), die einen 24-Stunden-Abschleppdienst offerieren. Dieser ist kostenpflichtig. Bei Mietwagen sollte man sich vorab informieren, ob die Verleihfirma einen eigenen Abschleppdienst anbietet oder zum Beispiel sofort einen Ersatzwagen zur Verfügung stellt (bzw. im Notfall nachschickt). Eine Liste der Abschleppfirmen finden Sie im Anschluß. Wer im Kaudom-Tierreservat feststeckt, kann die Gabus-Garage in Rundu informieren. Sie besitzt einen Unimog, der als einziges Fahrzeug in der Lage ist, im schweren Sand des Reservates ein Fahrzeug zu bergen. **Aus:** Namib Garage, 063-258029, nach Geschäftsschluß 258017. **Gobabis:** Visser Panelbeaters, 062-562781, nach Geschäftsschluß - 563050. **Grootfontein:** Blits Paneelkloppers, 067-242556 **Henties Bay:** Grobler Motors, 064-500211 **Karibib:** Central Garage, 064-550137 **Katima Mulilo:** Caprivi Toyota, 0677-3020, nach Geschäftsschluß -3629 **Keetmanshoop:** Wimpies Garage, 063-224186, nach Ge.-Schluß - 223613 **Lüderitz:** M&Z Garage, 063-203965, nach Geschäftsschluß -202475 **Mariental:** Hofstraat Motors, 063-240391, nach Geschäftsschluß - 240431 **Omaruru:** Central Garage, 064-570045 **Otjiwarongo:** Hohenfels Garage, 067-303535, nach Ge.-Schluß -302166 **Rundu:** Gabus Garage, 067-255641 **Swakopmund:** Knoblochs Garage, 064-402286, n. Ge.-Schluß -402860 **Walvis Bay:** Car Care, 064-205499, nach Geschäftsschluß -202088 **Windhoek:** Northern Breakdown Service, 061-230823
Motorradfahren	All das, was bezüglich der Fahrsicherheit auf das Autofahren zutrifft, gilt in verstärktem Maße auch für die Motorradfahrer. Hinzu kommt die leichte Verletzlichkeit durch wilde Tiere in den Nationalparks und Reservaten. Aus diesem Grund ist praktisch in allen die Zufahrt für Motorräder verboten. Im einzelnen betrifft dies: Hardap-Erholungsgebiet, Naukluft Park, Namib-Wüste (außer im Transfer), Sandwich Harbour, Sossusvlei, Daan Viljoen Wildpark, Groß-Barmen, Von-Bach-Erholungsgebiet, Skeleton Coast, Waterberg Plateau, Etosha National Park, Popa-Fälle und Kaudom-Tierreservat. Der Reiseveranstalter Explotours, Postfach 1150, 83102 Ostermünchen, Tel. 08065-9150, Fax 9152, e-mail: explo-tours@t-online.de, bietet organisierte Motorradreisen an. Die Enduromaschinen der Teilnehmer werden im Container nach Namibia verschifft. Ein Begleitfahrzeug erlaubt den Besuch der für die Maschinen verbotenen Nationalparks.
Fahrzeug einlagern	Wer mit dem eigenen Kfz unterwegs ist und seinen Wagen für den nächsten Urlaub in Namibia lassen will, kann es bei der Firma Transworld Car-

go (P.O. Box 6746, 5 von Braun Street, Windhoek. Tel. 061-228200, Fax 227021) im bewachten Lagerhof abstellen (ca. 80 DM im Monat).

Begleitfahrzeuge Wer mit nur einem Fahrzeug unterwegs ist und Touren in unwegsame, wilde Gegenden machen will, wo mindestens zwei Fahrzeuge benötigt werden, kann ein Begleitfahrzeug mit Ausrüstung und Reiseleitung chartern. Größere Gruppen, die nicht die notwendige Ausrüstung und Landeskunde mitbringen können und wollen, aber nicht auf die Bequemlichkeit eines angenehmen Lagers und auf das Selbstfahren zu verzichten bereit sind, haben die Möglichkeit, zwei Begleitfahrzeuge mitzunehmen. Bei großen Gruppen fährt der „Spurensucher" im vorderen, der „Lumpensammler" im hinteren Begleitfahrzeug. Die Fahrzeuge haben Funkverbindung untereinander und nach Windhoek. Kontakt: Cheetah Tours und Safaris, P.O. Box 23075, Windhoek; Tel. 061-230287, Fax 230286.

Wie bleibe ich gesund?

Nach Interkontinentalflügen, auch ohne Zeitverschiebung, wird der Körper einer klimatisch und jahreszeitlich völlig anderen Umwelt ausgesetzt. Bei der Landung in Windhoek sind Sie in der genau entgegengesetzten Jahreszeit und auf 1800 m Höhe. Übernehmen Sie sich die ersten ein, zwei Tage nicht, es ist besser, sich auszuruhen und zu akklimatisieren.
Im Teil I, den Reisevorbereitungen, wurde bei „Gesundheitsvorsorge" schon einiges über die Malaria gesagt.

Malaria Das **Malariagebiet Namibias** beginnt an der Ost-West-Linie in Höhe des Waterberg-Plateaus Richtung Norden, in der Regenzeit ist die Gefahr höher, in der Trockenzeit geringer. Wer dort reist, darf nicht vergessen, seine medikamentöse Prophylaxe durchzuhalten, am immer gleichen Wochentag die gleiche Dosis. Zusätzlich sollte man, vor allem abends, feste Kleidung tragen, die die Arme und Beine, insbesondere die Handgelenke und Knöchel bedeckt. Alle freien Körperstellen bei Beginn der Dämmerung mit einem insektenabwehrenden Mittel (Repellent) einreiben und bei Bedarf den Schutzauftrag wiederholen (wenn Sie schwitzen, geht der Schutz schon nach 2–3 Stunden verloren).
Wer nicht in mückensicheren Räumen (Gaze an den Fenstern und Türen, oder Räume mit Klimaanlagen) übernachten kann, muß unbedingt das Moskitonetz aufspannen (noch vor Sonnenuntergang, dicht mit dem Boden abschließend). Das Netz sollte so fallen, daß man nachts nicht dranstößt.

Wasser Trinken Sie kein Wasser aus suspekten Quellen, auch nicht, wenn es klar ist. Klares Wasser kann mit einem Aufbereitungsmittel (zum Beispiel Micropur) innerhalb einer Stunde trinkbar gemacht werden.
In der heißen – und bei körperlicher Anstrengung auch in der kalten Jahreszeit (insbesondere bei Wanderungen) – muß dem Körper ausreichend **Flüssigkeit** zugeführt werden. Durch die trockene Luft verdunstet Schweiß sehr schnell und man merkt nicht so recht, wie viel Flüssigkeit man ausgeschwitzt hat. Im Normalfall benötigt ein Erwachsener 2–5 Liter am Tag. Sollte es einmal zu einer Durchfallerkrankung kommen, kann man dem Flüssigkeits- und Mineralienverlust notfalls mit Cola und Salzstangen entgegenwirken.

Sonne Unterschätzen Sie nicht die **Sonneneinstrahlung**! Benutzen Sie einen

	hochwirksamen Filterschutz (am besten einen Sun-Blocker). Bei Wanderungen einen Hut oder eine Kappe tragen und die Augen mit einer Sonnenbrille schützen.
Richtig anziehen!	Im Busch ist festes **Schuhwerk**, das auch den Knöchel schützt und stützt, angeraten. Strapazierfähige und lange Kleidung bewahrt die Haut vor Dornrissen und Strümpfe vor Graspelzen.
Sammeln	Auf den Zeltplätzen wird praktisch immer Feuerholz angeboten, Holzsammeln ist nachgerade verboten. Sollte sich doch einmal die Notwendigkeit ergeben, Holz zu sammeln, ist Vorsicht geboten vor Schlangen und Skorpionen. Auch beim Sammeln von Mineralien und Aufheben von Steinen muß aufgepaßt werden. Es gibt Regionen, in denen man fast unter jedem Stein einen Skorpion findet!
Wilde Tiere	In Gegenden mit **Raubtieren** ist es besser, im Fahrzeug zu bleiben (teilweise Auflage in den namibischen Nationalparks, und wer sich nicht daran hält, wird des Parks verwiesen) und auch Mondscheinspaziergänge zu unterlassen.
Medikamente	Sollten Ihnen **persönliche Medikamente** ausgegangen oder abhanden gekommen sein, wenden Sie sich an die Luisen-Apotheke in Windhoek (Independence Avenue, Gathemann House, Tel. 061-225061). Die Betreiber haben eine deutsche Apothekerzulassung und Zugriff auf Datenbanken in Deutschland. Sie bestellen Ihnen aus dem Heimatland die Medikamente bzw. können vergleichbare Arzneimittel in Namibia besorgen. Die Luisen-Apotheke leistet auch Erste Hilfe nach Geschäftsschluß Tel. 061-220483 oder 081-1294422.

Exkurs: Von Schlangen und anderen Gifttieren

Für Besucher abgelegener Gebiete, gilt es einige Regeln zu beachten, da der unmittelbare Kontakt zur Natur Begegnungen mit Schlangen oder einem Skorpion möglich macht. Keines der Tiere ist grundsätzlich gefährlich, wenn man sich entsprechend verhält. Wer auf Hiking-Tour geht, sollte auf alle Fälle eine Vakuumpumpe mit sich führen, die auf Bißstellen gesetzt und betätigt, zumindest einen Teil des Giftes aus der Wunde ziehen kann. Wer sich nicht absolut sicher ist, von einer mindergiftigen Art angegangen worden zu sein, ist gut beraten, auf alle Fälle so schnell wie möglich einen Arzt aufzusuchen.

Auch bei Symptomen wie allgemeines Unwohlsein, Kopfschmerzen, Atembeschwerden und dergleichen ist medizinische Hilfe unbedingt notwendig. Ansonsten gilt: Schauen wohin man tritt.

Spinnen	Dem Menschen gefährliche Spinnen sind in Namibia selten. Kleine Bisse können zwar vorkommen, sind aber meist auf ungefährliche Spinnenarten zurückzuführen. Die wenigen Spinnen, die dem Menschen gefährlich werden können, sind vorwiegend nachtaktiv.

Die **Six-eyed Crabspider** gilt als eine der giftigsten Spinnen weltweit. Ihr cytotoxisches (Gewebe-)Gift führt zu Zersetzungen des Gewebes nicht nur an der Bißstelle, der ganze Körper kann betroffen werden und innere Blutungen entstehen, wenn keine Gegenmaßnahmen erfolgen. Wer im Schlafsack auf dem Boden schläft wird den Stich der kleinen Spinne kaum fühlen, nicht aufwachen und das Gift nicht absaugen können. In jedem Fall muß ein Arzt aufgesucht werden.

Nicht so giftig sind die Arten der bis zu 35 mm großen, haarigen **Baboon Spider**. In Abwehrstellung gegangen, haben sie schon manchen Menschen in die Flucht geschlagen. Von Licht und Wärme angezogen kommen sie des nachts gerne zum Lagerfeuer. Wer barfuß die Romantik genießt, läuft Gefahr gestochen zu

werden. Der Stich ist schmerzhaft und kann zu lokalen, nur langsam heilenden Wunden führen. Auch hier leistet die Vakuumpumpe Hilfe.
Zur Vermeidung von Sekundärinfektionen (Blutvergiftung), sollte ebenfalls ein Arzt aufgesucht werden.

Skorpione Die Klassifikation der Giftigkeit von Skorpionen nach ihrer Farbe ist falsch, ein schwarzer Skorpion ist nicht immer hochgiftig, ein gelber nicht immer harmlos. Da ein schwächeres Gift nicht sofort lähmt, ist das Tier auf größere Zangen angewiesen, um sein Opfer besser festhalten zu können, sein Schwanz ist relativ dünn und besitzt nur eine kleine Giftdrüse. Der hochgiftige, auch dem Menschen gefährliche Skorpion, hat einen dickeren Schwanz und eher kleine Zangen (auf die er ja auch nicht in dem Maße angewiesen ist).
Festes Schuhwerk ist der beste Schutz, gerade nachts, wenn die Tiere aktiv sind.
Vorsicht beim Heben von Steinen, darunter verbergen sich häufig Skorpione.
Auch Fotografen sollten bei Nahaufnahmen aufpassen. Manche Arten sind in der Lage ihr Gift zu spritzen, im Auge erzeugt es höllische Schmerzen.
Nachts trägt man eine Taschenlampe bei sich und leuchtet den Weg (und die Türschwellen bei Eintritt in ein Haus) ab, tagsüber ist eine Sonnenbrille gegen Aerosolgifte nützlich.
Wer gestochen wird, sollte sofort das Gift abpumpen, im Zweifelsfall ist umgehend ein Arzt aufzusuchen.

Schlangen Namibia ist Schlangenland. Die meisten Schlangen bevorzugen eine dem Menschen ebenfalls angenehme Umgebungstemperatur, an heißen Tagen suchen sie sich ein Versteck. Ich habe die meisten Schlangen in den frühen Vormittags-, in den späten Nachmittagsstunden und nachts gesehen. Bei Bewölkung und im namibischen Winter sind sie aktiver, als im heißen Sommer.
Schlangen sind in der Lage, die Vibrationen des Bodens zu spüren und die Größe des „Beutetieres" abzuschätzen. Der Mensch wird durch die Stärke der Vibration als Bedrohung empfunden, das Tier versucht zu fliehen. Einige Arten haben auch ein ausgezeichnetes Nahsehvermögen (z.B. Schwarze Mamba/*Dendroaspis polylepis*, eines der weltweit giftigsten Tiere), wenn sie keine Vibrationen erspüren können, weil sie auf einem federnden Ast liegen, werden sie dennoch die Flucht ergreifen.
Prinzipiell gibt es nur zwei Situationen, die zu einem Schlangenbiß führen:
1) Eine Schlangenart, die eigentlich flüchten würde, fühlt sich in die Enge getrieben und greift an;
2) Man stößt auf eine der wenigen Arten (in Namibia die Puffotter/*Bitis arietans*), die zu träge zur Flucht sind.

Auch die **Puffotter** wird versuchen, durch lautes Fauchen zu warnen, manchmal sind die Umgebungsgeräusche aber zu laut. Wer zu Fuß in den Busch geht, sollte lange, weite Hosen und hohe Stiefel tragen, nicht über Baumstämme steigen, wenn er nicht sieht, was dahinter ist und nicht in Felsspalten, hohle Bäume, Termitenhügel und dergleichen greifen. Ein fester Schritt ist ebenfalls angeraten, notfalls klopft man vor sich mit einem langen Stecken den Boden ab. Gerät eine Schlange in Sicht, bleibt man stehen und zieht sich langsam – ohne hektische Bewegungen – zurück. Es gibt auch Schlangen, die sich bei Überraschung totstellen. Man darf sie in keinem Fall berühren – sie wartet nur darauf, zuzubeißen!
Die Wirkungsweise der Schlangengifte ist unterschiedlich. Die gefährlichsten, sind die neurotoxischen (Nerven-)Gifte der Giftnattern. Größte Vertreterin dieser Gattung, nicht nur in Namibia, sondern in ganz Afrika, ist die **Schwarze Mamba.** Ihr Biß zeigt sehr schnell Wirkung, im schlimmsten Fall stirbt man nach 30 Minuten den Erstickungstod durch stark angeschwollene Atmungsorgane.

Kobras Zu den Giftnattern gehören auch die **Kobras.** Ihr Gift ist nicht ganz so stark, kann aber auch bei bestimmten Arten zum Tod binnen weniger Stunden führen. Vasco da Gama gab ihnen bereits den Namen „Cobra di Capello" – Hutschlange, weil sie ihre Halsregion spreizen. Dieses Mimikriverhalten dient der Einschüchterung der Feinde, denen die Schlange größer erscheint, als sie tatsächlich ist. Auch die Schwarze Mamba besitzt diese Eigenschaft. Hochaufgerichtet stand mir vor Jahren eine Mamba gegenüber, die ich überrascht hatte. Sie blähte nicht nur ihren Hals, sondern riß ihr Maul weit auf, um mich mit dumpfem Fauchen zu warnen. Während ich mich langsam zurückzog, nutzte auch sie die Gelegenheit zur Flucht.

Die afrikanische Puffotter besitzt ein gewebezersetzendes Gift. Findet keine Behandlung statt, kann auch ihr Biß tödlich sein. Durch die langen Giftzähne ist der Biß ausgesprochen schmerzhaft und die Stelle schwillt sehr schnell an.

Die verschiedenen **Speikobras** sprühen mittels einer speziellen Zahnkonstruktion hunderte kleiner Gifttropfen dem Gegner entgegen (2,5 Meter und weiter). Die vorwiegend cytotoxischen Gifte der Speikobras verursachen im Auge große Schmerzen und die Schlange hat Zeit zu fliehen. Die Augen müssen sofort ausgespült werden (Wasser/Milch, notfalls Urin).

Blutzerstörende Wirkung haben die Gifte der **Boomslang** *(Dispholidus typus)* und der **Vogelnatter**, beides Trugnattern. Sie sind scheu und gut getarnt, wegen der weit hinten sitzenden Zähne kommt es selten zu Bißunfällen.

Biß-Behandlung In allen Fällen eines Bisses durch eine der erwähnter Schlangen ist eine ärztliche Behandlung mit Serum notwendig (bis auf Bisse der Speikobras, die symptomatisch behandelt werden). Wegen der unterschiedlichen Giftarten ist es notwendig, die Schlange beschreiben zu können (wie verhielt sich das Tier beim Biß, wich es sofort zurück, hing es noch am Körper, hat es vor dem Biß gewarnt, Kopfform, Größe, Farbe, Zeichnung). Nur dafür Ausgebildete und Scharfschützen werden wohl den Versuch machen, die Schlange einzufangen oder zu töten, um sie dem Arzt vorweisen zu können.

Die Mitführung eines Breitbandserums (in einem Kühlschrank) ist nur sinnvoll, wenn ein Arzt dabei ist. Serumbehandlung führt in mehr als 50 % der Fälle zu einem anaphylaktischen Schock, der tödliche Folgen hat. Nur wer in der Lage ist, diesem mit Medikamenten entgegenzuwirken (Cortison), wird den Behandelten am Leben erhalten. Auch bei Abbinden und Aufschneiden der Bißstelle kann mehr Schaden als Nutzen angerichtet werden.

Die beste Notfallbehandlung ist das sofortige Absaugen des Giftes mit einer Vakuumpumpe (s.u. „Gesundheitsvorsorge" im Teil I).

Zur Beruhigung: Ist man im Land unterwegs, wird man in den seltensten Fällen eine Schlange zu Gesicht bekommen. Und schlängelt doch eine über den Weg, ist sie nicht unbedingt giftig. Die **Eierschlange** *(Dasypeltinae),* ohne jegliche Giftdrüsen, wäre jedem Feind ausgeliefert, wenn sie nicht gelernt hätte, sich wie eine hochgiftige, aggressive Viper zu gebärden. Ihr Verhalten vor dem Feind gleicht einer Zirkusnummer. Durch schnelle Bewegungen der aneinandergelegten Körperwindungen erzeugt sie mit ihren Schuppen ein furchteinflößendes Geräusch, dazu beißt sie ständig in die Richtung des vor ihr stehenden Gegners, wobei sie sich tunlichst hütet, einen Treffer zu landen, denn sofort wüßte der Gegner, daß sie keine Giftzähne besitzt – es wäre um sie geschehen. Mit einem einzigen kleinen Eizahn im Oberkiefer ist sie lediglich in der Lage, die Schale der Eier anzuritzen, von denen sie lebt.

Die Chance an einem Autounfall zu sterben ist größer, als von einer Schlange gebissen zu werden. Schlangen werden immer fliehen, wenn sie sich nicht in die Ecke gedrängt fühlen. Der Mensch ist ihnen kein Beutetier. Wer sich in einer Konfrontation richtig verhält, wird nicht attackiert werden. Schlangen, Spinnen und Skorpione sind Teil der Landschaft und des Lebens in Namibia, sie erfüllen ihren Zweck im Gleichgewicht der Natur und haben einen Anspruch darauf in Ruhe und Frieden zu leben; wer nicht in einer Notlage steckt und sie aus allgemeiner Angst tötet, befindet sich im Unrecht.

Günther zur Strassen/Windhoek †

Aktivitäten in Namibia

Das Freizeitangebot ist reichhaltig. Vom Reiten, Wandern, Trekking, Fallschirmspringen über Angeln, Kanutouren und Ballonfahren bis zur Höhlenforschung gibt es viele Möglichkeiten. Wer zu den Victoria-Fällen kommt, kann den tiefsten Bungee-Sprung der Welt von einer Brücke machen. Das einzige, was man nicht erwarten sollte, ist Animation, daß sich irgendwelche Leute den lieben langen Tag damit befassen, den Urlauber zu beschäftigen. Wer dies vorzieht, ist mit einem Clubhotel-Urlaub irgendwo anders besser beraten. In Namibia wird dem Reisenden Eigenverantwortung für jeden einzelnen Tag abverlangt, dafür bekommt er auch kein touristisches Einheitsmenü serviert, sondern genießt den Vorteil, à la carte speisen zu können.

Angeln und Fischen

Die ganze Skeleton Coast, im Bereich des staatlichen Erholungsgebietes und auch im Park selbst, ist ein Eldorado für Angler. Ganz Swakopmund scheint am Wochenende auf den Beinen, um den Abendtisch mit Fisch anzureichern. In Terrace Bay existiert sogar eine Gefrieranlage, um den Fang auch für die langen Strecken nach Hause transportabel zu machen. Wer dort angeln will, muß beizeiten buchen, da nur in den Park darf, wer eine Reservierung vorweisen kann. In den Nationalparks ist eine Angelgenehmigung notwendig, die aber am Eingang erteilt wird. Der Langustenfang ist auf eine bestimmte Anzahl von Tieren pro Kopf und Tag beschränkt. In Swakopmund und Walvis Bay gibt es auch Agenturen, die sich auf Tiefsee-Fischen spezialisiert haben (siehe dort).

Ballonfahren

Nahe Sesriem wurde eine Lodge gegründet, die zwei Heißluftballons in ihrem Besitz hat. Zu allerdings exorbitant hohen Preisen werden Flüge über die Wüste unternommen (sowohl von der Lodge, als auch direkt von Sesriem aus). Frühzeitige Reservierung ist empfehlenswert. Buchung über: Namib Sky Adventure Safaris, P.O. Box 5197, Windhoek, Tel. 063-293233, Fax 063-293241, e-mail: namibsky@iwwn.com.na.

Günstigere und längere Fahrten über das nicht weniger reizvolle Erongogebirge und die Spitzkoppe bietet die Ballonwerbung Hamburg GmbH, Eißendorferstraße 118, 21073 Hamburg, Tel. 040-7905554, Fax 040-7925655, Kontakttelefon in Namibia 081-1240876.

Bootsausflüge

Bootsausflüge werden mit und ohne Angeln von Lüderitz, Walvis Bay und Swakopmund aus organisiert:
Lüderitzbucht Safaris und Tours, P.O. Box 76, Lüderitz,Tel. 063-202719, Fax 063-202863; Mola Mola Safaris, P.O. Box 980, Walvis Bay, Tel. 064-205511, Fax 064-207593, e-mail: molamola@iwwn.com.na; Westcoast Angling and Tours, P.O. Box 30, Winter Street, Swakopmund, Tel. 064-402377, Fax 064-402377; Ocean Adventure, Vineta, P.O. Box 4094, Swakopmund, Tel. 064-403155; Afri Fishing + Safari, P.O. Box 2156, Walvis Bay, Tel. 064-209449, Fax 064-209440.

Ottmar Leippert, vor Jahrzehnten aus Deutschland eingewandert, hat sich in Langstrand zwischen Walvis Bay und Swakopmund niedergelassen und betreibt mit seiner Frau das Levo Guesthouse; er unternimmt wunderschöne Schiffstouren auf dem Meer vor Walvis Bay (s. Kasten); Levo Tours, P.O. Box 1860, Langstrand, Walvis Bay, Tel. 064-207555 oder 081-1240876, Fax 064-207555.

Auf dem Schoner „Sedina" geht es mit Atlantic Adventure Tours, P.O. Box 305, Lüderitz, Tel. 063-204030, Fax 063-202719, zu einer alten Walfangstation und zur Guano Bay; auf dem Weg sieht man Delphine und Pinguine (2 Stunden etwa 100 N$). Die gleiche Firma unternimmt auch Fahrten mit einer „Diamantenbarke" – ein schwimmendes Museum, das den Gästen den Diamantenabbau unter Wasser nahe bringt.

Kayak-Touren Jeanne Meintjes organisiert Kayak-Touren in der Lagune von Walvis Bay mit unterschiedlicher Dauer (halb- und ganztägig). Man kann Vögel beobachten, fährt zum Pelican Point und zu Austernfarmen. Jeanne stellt auch Touren nach Vorstellungen der Gäste zusammen. Eco Marine Kayak Tours, P.O. Box 225, Walvis Bay, Tel. 064-203144, Fax 064-203144, e-mail: jeannem@iafrica.com.na.

Bergsteigen Ein kleiner Kletterführer ist beim Südafrikanischen Bergsteigerklub, Sektion Namibia, erhältlich: P.O. Box 2448, Windhoek. Ansprechpartner sind Herr Eckhard Haber, Tel. 061-232506 und Herr Roland Graf, Tel. 061-234941.

Quadbikes Quadbikes sind Motorräder mit vier Reifen, ideal für Frischluft in der Wüste, wenn man es liebt sich den Wind um die Nase pfeiffen zu lassen. Die Quadbike-Touren sind geführt und dauern von einer halben Stunde bis zu einem ganzen Tag. Dare Devil Adventures bauen ihr Zelt gegenüber dem Waterfront Express zwischen Walvis Bay und Swakopmund auf, Desert Exploreres sind über P.O. Box 456, Swakopmund, Tel. 064-406096, Fax 064-405649 erreichbar, Dune Masters über Tel. 081-1280507. Die Kosten betragen für eine Stunde etwa 200 N$, für einen halben Tag mit Lunch etwa 450 N$.

Uri-Geländewagen-Safaris Uris sind speziell angefertigte, zweiradgetriebene Fahrzeuge, die wegen ihrer großen Reifen und dem geringen Gewicht allerdings den meisten 4x4 überlegen sind. Sie erinnern ein wenig an VW-Buggies. Ab Koës werden mehrtägige Safaris in diesen Fahrzeugen unternommen – Fahrspaß pur. Pro Fahrzeug zwei Fahrer, Seilwinde, Zelte und Vorräte werden eingepackt und dann geht es los über Stock und Stein. Reservierung über Uri Desert Run, P.O. Box 83, Koës, Tel. 0632532-2021, Fax 0632532-88. Diese Fahrt wurde organisiert von Levo Tours, Herrn und Frau Leipert, P.O. Box 1860, Langstrand, Walvis Bay, Tel. 064-207555 oder 081-1247825, Fax 064-207555.

Bungee-Jumping Vielleicht etwas exotisch, aber wer Lust hat zu springen, soll den höchsten (oder tiefsten) Sprung von einer Brücke machen, der weltweit möglich ist. Wo? An den Victoria-Fällen.

Fly-in-Safaris Mit einem kleinen Flugzeug gehen Sie auf eine mehrtägige Safari. Entweder sind diese konfektioniert, oder nach den Bedürfnissen der Gäste zusammengestellt. Im Preis (ca. DM 2500 für 4 Tage) ist alles, aber auch wirklich alles enthalten (Mahlzeiten, Softdrinks, Alkoholika, Eintrittsgebühren). Traditionsreichster Veranstalter ist Skeleton Coast Safaris, P.O. Box 2195, Windhoek; Tel. 061-224248, Fax 225713.

Classic Flights Die Fa. Namibia Commercial Aviation führt mit einer DC 6 aus dem Jahr 1958 klassische Rundflüge über Windhoek durch (Sundowner-Flights, ca. DM 120). Sie verchartert die Maschine auch an Air Namibia, die sie in ihren Liniendienst von Windhoek nach Livingstone/Zambia (Victoria-Fälle) und weiter nach Harare/Zimbabwe eingebunden hat (Hinflug Dienstags, Rückflug am nächsten Morgen, ca. DM 500 inkl. Übernachtung). Die Maschine gehörte der jugoslawischen Luftwaffe und wurde von Marschall Tito als Privatflugzeug genutzt, bevor sie mit einem Umweg über Zambia schließlich in Namibia landete.

■ *Fly-in-Safari*

■ *Im Küsten nebel: Die 1910 gestrandete „Eduard Bohlen"*

Hinweis zur nachfolgenden Beschreibung einer Flugzeug-Safari, die mit „Skeleton Coast Safaris" durchgeführt wurde: Skeleton Coast Safaris wurde 1977 von Louw Schoeman gegründet. Davor war er als Rechtsanwalt einer Schürffirma tätig, die in diesem Gebiet nach Erz suchte. Er hat die Gründung des Naturreservates Skeleton Coast Park auf der Basis alter Ideen des Odendaal-Planes mitinitiiert. Er starb zu Beginn der 90er Jahre, das Unternehmen wird seitdem von seinen vier Kindern geführt. Buchungen über: Skeleton Coast Safaris, P.O. Box 2195, Windhoek, Tel. 061-224248, Fax 225713.

Exkurs: Mit dem Flugzeug auf Safari

4 Tage mit dem Flugzeug durch Namibia – eine Fly-in-Safari. Eine Checkliste wird vom Veranstalter ausgehändigt: Was soll ich alles mitnehmen, oder besser, was darf ich mitnehmen, nicht mehr als 10 kg und eine kleine Fotoausrüstung. Also Wäsche und Waschzeug in einer flexiblen Tasche, mehr nicht, das Flugzeug ist klein. Eine warme Jacke für die Küste, für alles andere soll vor Ort gesorgt sein (steht in den Anweisungen, na hoffentlich!).

Früh um sieben Treffpunkt am Flughafen Eros in Windhoek. Der Reiseleiter, Leon und die Pilotin, Helga stellen sich vor, die mitreisenden Touristen begrüßen einander und sofort geht es aufs Rollfeld. Klein ist sie schon die Maschine, Packen wird zur Kunst, auch das Einsteigen der Passagiere gestaltet sich nach einem strengen Plan, die Sitze müssen hin und her geschoben werden.

Der Motor wird angelassen, die Systeme überprüft, der Tower gibt sein o.k. und los geht es Richtung erstes Ziel, nach Sesriem. Die Maschine steigt, eine Ehrenrunde über Windhoek und dann nach Westen über das Khomas Hochland, nicht allzu hoch, man soll ja etwas sehen von der Landschaft.

Erst aus der Vogelperspektive wird einem bewußt, wie die Landschaft sich strukturiert. Einzelne, weit verstreute Gehöfte, die Riviere, die das Gebirge durchpflügen, Dämme mit mehr oder weniger Wasser, zum ersten Mal „ersieht" man die Anlage der Farmen hautnah und die Schwierigkeiten der Farmer, dieser rauhen Natur etwas abzugewinnen. Der sich an den Trockenflußtälern entlang ziehende Galeriewald, die kargen Berge, die erbarmungslose Sonne, die auch das Flugzeug langsam aufheizt, der knallblaue Himmel – vor hundert Jahren reiste man mit dem Ochsenkarren und benötigte 3 Wochen. Nach einer Stunde Flug wird bei Sesriem gelandet, die Cessna stiebt über die Geröllfläche, Landebahn ist ein großes Wort, wer die Landepisten im Busch nicht kennt, tut sich schwer sie von der restlichen Gegend zu unterscheiden. Einsam steht ein leeres Fahrzeug in der Wüste bereit und wartet, um uns zu den Dünen zu bringen. Erstaunen der Passagiere, wo das Fahrzeug wohl herkomme. Es wurde pünktlich für uns geparkt, 5 km weiter ist in einem Hotel am Eingang des Nationalparks ein Wagenverleih. Nach einer knappen Stunde Fahrt über Geröll und tiefen Sand ist das Sossusvlei erreicht. Um die Salzpfannen ragen die Sterndünen in den Himmel. Aufsteigen ist Pflicht. Nach einer Erfrischung, die Bar ist immer offen, beginnt der Anstieg. In Serpentinen ist es leichter, aber immer noch anstrengend genug („zwei Schritte vor, einen zurück"). Der Blick von oben lohnt. Im roten (eisenoxydhaltigen) Dünenmeer liegen rundherum die gleißenden, weißen Salzpfannen, darüber spannt sich der blaue Himmel.

Wieder beim Wagen werden die Kühltruhen geöffnet, Lunchzeit. Auch im Schatten der Kameldornbäume ist die Mittagshitze so stark, daß sich jeder auf die Getränke konzentriert, den köstlichen Sandwiches und Hühnchenteilen wird nur begrenzt zugesprochen. Wir wandern lieber umher und lassen uns die Flora der Namib erklären. Schließlich geht es zum Flugzeug zurück. Nun wird es verständlich, warum die Pilotin jede Glasfläche der Kabine mit reflektierender Folie abgedeckt hat. Es ist heiß, es wird immer heißer, es war noch nie so heiß.

Der Reiseleiter tröstet, an der Küste wird es kühler. Nächster Haltepunkt ist Swakopmund, aber nur zum Auftanken (in Windhoek wurde die Maschine nicht volltankt, da sie in der dünnen Luft in 1800 m Höhe vollbeladen nicht so einfach starten kann wie auf Meereshöhe). Wir wenden uns nach Nordwesten und überfliegen in 200 m Höhe die Sandmeere der Namib. Sterndünen, Längsdünen und Sicheldünen (Barchane). Nach einer halben Stunde kündigt sich die Küste mit einer Nebelwand an. Bei Conception Bay und der 1910 gestrandeten „Eduard Bohlen", die heute düster einige 10 m im Landesinneren liegt, fast vollständig im Sand versunken, ist das Meer erreicht. Es wird endlich kühler. Knapp an der Nebelwand entlang fliegen wir nach Norden. Sandwich Harbour, die Lagune mit ihrem berühmten Vogelparadies, ist verschwunden, das Meer hat sich die Lagune wiedergeholt, die Vögel sind geflüchtet, nur Pelikane und Möwen harren aus. Kurz darauf wird Walvis Bay überflogen und wir setzen zur Landung an. Swakopmund hat nur eine Geröllpiste, aber wenigstens kann sie der Laie erkennen. Trinkpause, während getankt und alles überprüft wird. Luft wird aus den Reifen abgelassen, die unschuldige Frage nach dem Warum wird ebenso unschuldig beantwortet: Jetzt käme man zu den richtigen Buschpisten, mit weichen Reifen ist die Landung weniger rauh. Aha!

Einsteigen, Start, der nächste Landungspunkt

ist Cape Cross mit seinen Robben. 30 Minuten später befinden wir uns wieder auf der Erde, die Nebelwand reißt ein wenig auf, die Sonne blinkt hindurch, ein Land Rover mit Fahrer (aus Henties Bay angereist) wartet schon, drückt jedem von uns sein Permit für den Besuch der Robbenkolonie in die Hand, wir ziehen die Jacken an (es ist kalt), steigen ein und fahren los. Von weitem kündigen sich die herzigen Tiere mit einem recht strengen Geruch an. Im bleiernen Licht des Spätnachmittags der nebligen Küste grunzen und bellen, kämpfen und drohen, liebkosen und kuscheln die Robben.

Zurück beim Flugzeug freuen wir uns auf die Wärme der Namib. Eine Stunde Flug bis zum Lager, dann wird es auch schon dunkel. Aber davor ist die Sicht auf die Ugab-Formationen atemberaubend. In der Abendsonne blüht das Gestein in den verschiedensten Farbschattierungen auf. Verwunden, verdreht, zerrissen, geknetet, verbogen läßt das Gebirge den Blick auf die Urgewalt bei der Entstehung der Erde frei werden.

Mit dem letzten Licht holpert die Cessna über das Landefeld am Huab auf das bereits wartende Fahrzeug zu. 10 Minuten Fahrt und das Camp Kuidas ist erreicht. An einem Hang gelegen findet sich ein Speisezelt mit Blick über das Tal. Nach Kaffee und Tee erklärt der Reiseleiter auf einem kleinen Rundgang das Lager und weist die Zelte zu. Sie sind komfortabel, haben Stehhöhe und richtige Betten. Dienstbare Geister bereiten die Buschduschen (ein zum Befüllen herablaßbares Gefäß mit Duschkopf) mit wohltemperiertem Wasser – Körperpflege nach dem heißen Tag und vor dem Dinner. Aperitif, dreigängiges Menü, Wein, Bier, Fruchtsäfte, Kaffee/Tee und Pralinés. So läßt sich's leben. Der Abend klingt in angenehmen Gesprächen aus, bis jeder sein Zelt aufsucht und mit der Fülle der Bilder des Tages in den Schlaf des Gerechten sinkt.

Am nächsten Morgen steht vor dem Zelt schon der Kaffee bereit, wenig später ist auch das Wasser für die Dusche heiß. In Ruhe wird gefrühstückt und dann geht es los zu einer Fahrt auf dem Konzessionsgebiet. Wer will, darf auf dem Dach des Rover sitzen – auf einer bequemen Polsterbank. Durch sandige Riviere, über glatte Granitplatten und steinige Pisten führt der Weg durch eine Mondlandschaft mit schwarzen, braunen, roten und rosa Bergen, vorbei an Oryx-Antilopen und Springböcken und an – Nashörnern, die in der Ferne ihres Weges ziehen. Auf einer Kuppe wird Halt gemacht und die Pflanzenwelt erklärt, bestaunt, befühlt: Buschmannskerze, Talerbusch, Wüstenkohlrabi, die Euphorbien und viele andere. Ein weiterer Haltepunkt sind Felsgravierungen und dort gefundene Werkzeuge aus Stein. Nach 3 Stunden Tour ist im Camp für das Lunch gedeckt. Nach dem Mittagessen startet das Flugzeug, Ziel Terrace Bay.

Nebel steht über der Küste, die Landebahn ist nicht zu sehen. Mehrere Schleifen fliegt die Pilotin Helga, bis zwischen den weißen Nebelfetzen die Piste zu erkennen ist. Wir versuchen zu landen. Die Sicht reicht nicht aus, die Landebahn verschwindet in der Suppe, wir starten durch. Da reißt die Nebelwand auf, die Sonne blinkt, nichts wie runter, bevor der Nebel wieder kommt. Der Applaus der kleinen Gruppe beim Aufsetzen klingt zwar dünn, kommt aber von Herzen. Am Hangar wartet auch hier schon ein Geländewagen. Jacken anziehen und es geht zu den „brummenden Dünen" (roaring dunes), was immer das sein mag. Nach einer Viertelstunde Fahrt sind wir mitten im Dünenmeer. Wir werden aufgefordert uns der Schuhe und Strümpfe zu entledigen und barfuß durch den Sand zu laufen. Ob wir nicht etwas hören oder spürten, wenn unsere Füße im Sand versinken? Nein! Einen leisen Ton? Nein! Nichts brummt! Also bleibt nur die Lösung für die Schwerhörigen, auf dem Hosenboden die ganze, hohe Düne hinunterzurutschen, mit der Anweisung beim Rutschen mit Armen und Beinen möglichst viel Sand mitzuschaufeln. Einer macht den Anfang und es ist unglaublich: Ein tiefer Ton steht plötzlich in der Landschaft, die ganze, riesige Düne fängt an zu schwingen und die Luft trägt das Brummen zu denen nach oben, die ihre Fahrt talabwärts noch nicht begonnen haben. Nun wollen alle, und jeder versucht noch mehr Sand mitzunehmen als sein Vordermann, sein Brummen noch lauter werden zu lassen. Profane Wissenschaft: Die Dünen bestehen aus Quarzsand einer bestimmten Korngröße; durch die Bewegung werden die Körner in Schwingung versetzt, die sich immer weiter überträgt.

Die Sonne steht nun schräg und verzaubert mit ihrem Licht das Sandmeer und den Atlantischen Ozean. Wir genießen die weite Welt mit Sand in Hose, Hemd und Haar.

Start nach Purros, dem Dorf im Hoarusib. Landung, Umladen des Gepäcks in einen

Land Rover, wir gehen zu Fuß zum Camp. Inzwischen professionelle Safari-Teilnehmer, wissen wir was uns erwartet – als erstes eine heiße Dusche, Entsanden.

Am nächsten Morgen, nach dem Frühstück, klettern wir auf das Dach der Autos und fahren ein Stück im Rivier entlang. Ungeahnt ist das Grün inmitten der Wüstenei. Nur die Elefanten seien vor 3 Wochen fortgezogen, wann sie zurückkehren, weiß keiner so genau. Schade, das wäre noch etwas gewesen. Wenn Engel reisen: Einfachstes Mittel, Leon auf Elefanten aufmerksam zu machen, ist mit den Füßen auf das Blechdach zu trommeln. Jeder der im Wagen sitzt, steht dann kurz vor einer Herzattacke. Langsam, immer wieder Laub von den Bäumen zupfend, ziehen 3 der Dickhäuter an uns vorbei. Na also!

Zurück im Camp wird schnell gepackt und ins Flugzeug eingestiegen. In 50 m Höhe geht es über dem Meer an der Küste entlang. Der Wettergott ist uns wohlgesonnen, der Ostwind treibt den Nebel weg und der Blick ist frei auf Cape Frio und seine Robbenkolonie. Bis ins kleinste Detail ist alles zu sehen. Ein Stück abseits der Kolonie liegt eine einzelne Robbe am Strand, umkreist von einem Schakal, das seine Chance wahrnimmt. Nach einer Stunde Flug sind wir im Hartmann's Valley, das zum Kunene führt – Landung, 40 °C, der Wagen wartet. 2 Stunden Fahrt in der Hitze werden belohnt mit einzigartigen Ausblicken auf den tief unten fließenden Kunene, Wüstenlandschaft und unglaublichen Felsformationen. Eine Elefantenherde, die dem Sandmeer entsteigt, Pavianpascha auf dem Gipfel des Berges, umgeben von seiner Familie, Löwenköpfe, der Phantasie sind keine Grenzen gesetzt, jeder versucht im Gestein neue Skulpturen zu entdecken. Am größten Felsbogen Namibias, im Schatten, von Wind gekühlt, der durch den Bogen streift, wird schließlich das kalte Büffet aufgebaut: Salate, Sandwiches, Käse- und Wurstplatten, selbstgebackenes, frisches Brot, Kaffee, Tee und viele, viele Kaltgetränke. Satt und zufrieden halten wir Siesta, während Leon und Helga alles zusammenpacken.

Wagen besteigen, losfahren in Richtung Camp. Plötzlich sehen wir vor uns den Kunene und davor das Nichts. Eine steile Düne muß in der Direttissima hinabgefahren werden. Festhalten, der Wagen kippt nach vorne ab, der Kunene befindet sich über unseren Köpfen, langsam rutscht das Fahrzeug nach unten, für uns auf dem Dach ist es schlimmer als es aussieht, für die im Auto umgekehrt. Dann sind wir da, tief unten im feuchtheißen Tal, auf der anderen Seite des Flusses Angola, am Ufer eine Terrasse mit Markise, ein kleiner Pool, die Schlafzelte. Ein Windmotor erzeugt Strom für das Funkgerät. Weit weg von der Zivilisation schafft die Möglichkeit der Verbindungsaufnahme mit der Außenwelt eine gewisse Beruhigung. Duschen, Dinner, Diskussionen, wir räkeln uns im lauen Wind, der durch das Tal des Kunene streicht und ein wenig die Tageshitze vertreibt.

Nach dem Frühstück steht der Besuch eines Kraals auf dem Programm. Die Ovahimba leben wie eh und jeh, Besucher verirren sich selten hierher. Es ist ein Ereignis für die Touristen und für die Bewohner. Wir dürfen fotografieren, im Gegenzug erwerben wir kleine Puppen aus Stoff und ungegerbtem Leder, geölt, rotbraun gefärbt und mit jenem Geruch Afrikas behaftet, der unter freiem Himmel nicht auffällt.

Nach dem Besuch der Ovahimba gehen wir durch ein in das Uferdickicht geschlagenen Tunnel und besteigen das Schlauchboot mit seinen zwei Außenbordmotoren. Mit hoher Geschwindigkeit geht es flußaufwärts. Der Urwald am Ufer mit seinen Bäumen und bunt blühenden Büschen verschwindet, die Felsen treten an den Fluß. Aber welche Felsen! Nach jeder Biegung führt die Reise durch die geologische Erdgeschichte an einer anderen Gesteinsart und Erosionsform vorbei, Basaltplatten, verglaste Lava, schwarz, grauer Granit, weißer Quarz, roter Sandstein, akkurate Kanten, rundgestreichelte Katzenköpfe, Säulen. Das Boot schießt durch Stromschnellen, die Paviane an den Felsen huschen nach oben, suchen sich einen guten Platz und schauen dem Treiben der Artgenossen auf dem Wasser interessiert zu. Die Bar wird schließlich auf angolanischem Boden eröffnet, nur kurz, weil wir kein Visum haben (aber hier wohnt sowieso kein Mensch) und weil es ohne den kühlenden Fahrtwind zu heiß wird (Baden fällt flach wegen der Krokodile).

Mittagessen im Camp, packen, zum Flugzeug fahren, 3 Stunden Flug nach Windhoek stehen uns bevor. Wir verkürzen uns die Flugzeit, indem wir anhand der Karten unsere Flugroute verfolgen. Über unseren Standort gibt es die unterschiedlichsten Aussagen. Auch die Pilotin hat eine eigene Meinung. Wir schließen Wetten ab. Leider hat dann doch Helga recht und wir landen pünktlich am richtigen Flugplatz. *Heinrich Emmerling, Gauting*

Fallschirm-springen	Sprungkurse und Tandemsprünge, zu denen keine Ausbildung notwendig ist, da man einem speziell ausgebildeten Springer vor die Brust gebunden wird, werden organisiert von: Sky Dive Swakopmund, P.O. Box 821, Swakopmund, Tel. 064-402841 oder 081-1271888, Fax 064-462125. Matthias Röttcher und Robert von Dewitz sprechen deutsch. Ein Tandemsprung kostet mit Videoaufnahmen vom Sprung um die 650 N$.
Golfen	Viele Städte besitzen einen Golfplatz und Gastfreundschaft wird dort sehr hoch gehalten (Windhoek, Swakopmund, Walvis Bay, Tsumeb, Katima Mulilo). Meist wird auch Ausrüstung verliehen. Kontakt über: Namibian Amateur Golf Union, P.O. Box 2989, Windhoek. Ein deutscher Veranstalter, der sich auf Golfreisen spezialisiert hat ist: Bushman Tours, Hasenweg 2, 55442 Stromberg; Tel. 06724-93090, Fax 8605.
Höhlenforschung	Namibia hat einige Höhlen zu bieten, von denen aber die meisten nicht der Öffentlichkeit zugänglich sind, wegen schwieriger Zugangssituation, Privatbesitz etc. Das längste Höhlensystem des Landes – die Arnheim-Höhlen – liegt im Khomas-Bergland und wurde für Touristen aufbereitet. Wer an geführten Touren teilnehmen will, wende sich an: Arnhem-Höhlen, J. Bekker, P.O. Box 11354, Windhoek, Tel. 062-573585, Fax 062-573585.
Kanutouren	Im Süden des Landes, am Oranje, werden mehrtägige Kanutouren angeboten. Veranstalter: Felix Unite River Adventures, 1 Greigmar House, Main Road, Kenilworth 7700, South Africa, P.O. Box 96. Tel. 0027-21-4190337, Fax 14594. Und: The River Rafters, P.O. Box 14, Diep River 7856 South Africa; Tel. 072-5094, Fax 5241. Über Reisebüros in Windhoek sind die Touren auch zu buchen. Am Kunene können Kanus und Boote bei den Lodges gemietet werden.
Mineralien sammeln	Namibia bietet eine unglaubliche Vielfalt an Mineralien und wer Wert darauf legt, sie selbst aus dem Stein zu brechen, hat sein Urlaubsland gefunden. U.a. bietet Bachran's Mineralien- & Fotosafaris Exkursionen zu eigenen Claims am Brandberg an (P.O. Box 5531, Windhoek; Tel. 061-243588, Fax 243588).
Rafting	Am Kunene und bei den Victoria-Fällen sind auch Raftingtouren möglich, der Veranstalter am Kunene ist Felix Unite River Adventures (siehe unter „Kanu") und WET, P.O. Box 30024, Windhoek; Tel. 081-1220014, Fax 061-227363. Am Zambezi wird Rafting durchgeführt von Zambezi Canoe & Safari, Shop 14, Sopers Center, Parkway Drive, Victoria Falls, Zimbabwe, Tel. u. Fax 013-2058, Frontiers Rafting, Shop 1, Sopers Center, Parkway Drive, Victoria Falls, Zimbabwe, Tel. 013-4772 und Shearwater Sopers Center, Tel. 013-4471, Fax 013-4341, e-mail: shearadr@zol.co.zw
Reiten	Einige Gästefarmen haben Pferde, die verliehen werden. Bedenken Sie, daß das Reiten im Busch an den Reiter höhere Anforderungen stellt, als man dies von heimischen Reitausflügen gewöhnt ist. Zu diesen Gästefarmen gehören zum Beispiel Mokuti Lodge, Immenhof, Düsternbrook, Wabi Lodge, Hetaku, Mount Lieven Safari Ranch und Namatubis, Okambara, Wolwedans Dünenlager, Otjisazu und Eagle Rock Leisure Lodge. Die Familie A. und W. Fritzsche hat sich auf mehrtägige Reitsafaris spezialisiert. Es gibt unterschiedliche Touren, auch im Schwierigkeitsgrad. Von der Schnuppertour für die Anfänger über die große Tour in 9 Tagen

durch die Namib-Wüste bis zum Damara-Elephant-Skeleton Coast-Trail, für „die erfahrenen Reiter, die notfalls um ihr Leben reiten können". Anfragen an: Fritzsche Tourism, A. und W. Fritzsche, P.O. Box 20706, Windhoek; Tel. 0628-1111 (Friedenthal 1111 verlangen), Fax 061-238890. Spezialisiert auf kleinere Reitausflüge hat sich in Swakopmund: Okakambe Trails, P.O. Box 1591, Swakopmund; Tel. 064-402799, Fax 402799 (mit Übernachtungsmöglichkeit, s.a. Route 5, Swakopmund), auch Reitschule.

Segelfliegen, Motorflüge

Auf der Farm Bitterwasser ist **Segelflug** möglich. Die Besitzer der Farm haben eine große Auswahl an Segelflugzeugen. Die fliegerischen Bedingungen sollen ausgezeichnet sein, sogar Weltrekorde werden hier geflogen. In der gleichnamigen Lodge kann man sich hier einmieten. Bitterwasser Lodge & Fly Center, P.O. Box 13003, Windhoek, Tel. 06672-3830 (Hoachanas 3830 verlangen). Herr Gunter Grasreiner führt auf Bitterwasser Segelflugkurse durch (Terminabsprache unter Tel. 061-251320).

Trekking

In einigen Nationalparks werden größere Trekkingtouren angeboten (bis zu einer Woche Dauer). Man geht ohne Führer und muß sich selbst versorgen. Da die Gruppengröße und die maximale Anzahl der Gruppen auf einer Strecke genau vorgeschrieben und eine Genehmigung notwendig ist, muß die Tour rechtzeitig angemeldet werden (im zentralen Buchungsbüro, siehe unter „Buchung"). Die Haupttrekkingtouren liegen im Naukluft-Teil des Namib-Naukluft Parks, im Fish River Canyon, dem Waterberg Plateau und dem Skeleton Coast Park.

Wandern

Wandern ist, bis auf bestimmte Nationalparks, wo die Tiere wild und zahlreich sind, überall möglich. Die Gästefarmen haben eigene Wanderwege (teilweise beschildert), in vielen staatlichen Parks gibt es Wanderwege, Rundtouren oder Stichstrecken zu Sehenswürdigkeiten (in den Routenbeschreibungen sind diese jeweils aufgeführt). Geführte Wanderungen an der Westseite des Fish River Canyon: Canyon Nature Park, P.O. Box 21783, Windhoek. Tel. 061-226979, Fax 226999, e-mail: logufa@namib.com. Trans Namibia Tours, P.O. Box 20028, Windhoek; Tel. 061-221549, Fax 230960, macht geführte Wanderungen an der Ostseite des Fish River Canyon und am Brandbergmassiv.

Nubib/Sossus-on-foot unternimmt ein- und mehrtägige geführte Wanderungen in der Region Sesriem/Sossusvlei – der „ultimate desert hike". Wegen der extremen Temperaturen im Somer, finden die Touren nur zwischen April und Oktober statt. Buchungen über Nubib-Tours, P.O. Box 186, Maltahöhe, Tel. 063-295713, Fax 061-240818.

■ *Traumhaft – Ballonfahren über Namibia*

Exkurs: Ausflug in der Lagune von Walvis Bay

Abends die Anreise nach Langstrand. Die Zimmer des Levo Guesthouse sind kühl eingerichtet. Im Gegensatz dazu steht die herzliche Begrüßung durch Herrn und Frau Leippert. Ob man etwas benötige, ob Wäsche zu waschen sei, wie es mit dem Essen stünde, das Lion's Den Restaurant sei sehr zu empfehlen. Wenn wir gut speisen wollen, würden sie einen Tisch bestellen. Gerne, antworten wir. Nachdem wir uns installiert haben, gehen wir an der Uferpromenade zum Langholm. Tatsächlich nimmt das Restaurant an der Küste eine Spitzenstellung ein. Fisch satt, frisch und köstlich zubereitet. Zufrieden gehen wir zu Bett, in Erwartung des morgigen Tages: es heißt früh aufstehen für die Bootsfahrt in der Lagune von Walvis Bay.

Wecken um 6 Uhr. Das Boot ist schon auf dem Anhänger, der Motor des Land Rover schnurrt, wir fahren die kurze Strecke zum Hafen und Herr Leippert erzählt über sein Schiff. Es wurde nach seinen Vorstellungen entworfen und gebaut, ein Katamaran als Bootskörper, darauf der Aufbau, den Notwendigkeiten für kleine Gruppen angepasst, mit zwei starken Motoren wegen der Sicherheit und einem Funkgerät. Im Yacht-hafen lassen wir das Boot zu Wasser, der Geländewagen steht bis zu den Radnaben im Meer, wühlt sich aus dem Sand, Herr Leippert steigt ein, schippert zur Anlegestelle und wir betreten das Boot, losgeht's.

Hinaus fahren wir mit hoher Geschwindigkeit und in dichtem Nebel zu den Robben auf einer Sandbank. Grunzen und Brüllen empfängt uns. Ein wildes Gewurrle der Tiere im und über dem Wasser, auf dem Sand, Kämpfe zwischen den männlichen Tieren, verspieltes Fischen der jungen. Wir legen an, verweilen und genießen die unberührte Wasserwildnis.

Es wird 9 Uhr und die Sonne verdrängt langsam den Nebel. Zeit für die Fahrt hinaus zu den russischen Fischtrawlern, die weit ab liegen. Riesige Pötte, rostig, auf Reede, weil die Kosten für eine Hafenliegestelle zu teuer wären. Herr Leippert hält an, stellt die Motoren ab, wir dümpeln auf den sanften Wellen, kein Land in Sicht, ab und an das Kreischen einer Winde auf den russischen Schiffen, ganz nah springen Delphine aus dem Wasser, schießen hoch, spritzen Wasser auf uns, wollen spielen. Wir werfen mitgebrachten Fisch ins Wasser. Plötzlich ein Plätschern direkt neben uns, eine Robbe. Herr Leippert erzählt, daß er ihr hier vor zwei Jahren begegnete. Netzreste hatten sich tief in ihren Hals eingewachsen, eine einzige eiternde Wunde, zum Tode verurteilt. Er hat sie davon befreit, seitdem kommt sie an sein Boot und über die Jahre hat er es geschafft, sie auch **auf** sein Boot einzuladen. Mit einem kraftvollen Flossenschlag sitzt sie auf Deck, läßt sich streicheln und mit Fisch füttern. Ein Koloss von mehreren hundert Kilo, zahm wie ein Hündchen.

Schließlich haben wir keinen Fisch mehr, um das unersättliche Tier zu verköstigen. Mit einem Grunzen springt es wieder ins Wasser, wir fahren zurück in den Hafen von Walvis Bay. Herr Leippert packt Champagner aus, Schnittchen und Austern, die er ganz früh am Morgen von den Austernfarmen besorgt hat. Langsam und leise schnurren wir durch den Hafen in der gleißenden Sonne, die nur über einem Ozean existiert, an Schiffen mit Heimathäfen Lüderitzbucht und Walvis Bay und Namen wie Edelweiß und Kolmanskoop vorbei, stoßen an, schlürfen Austern und lassen es uns gut gehen.

Mittags ist die Tour vorbei – leider. Wir legen an, steigen aus, der Bootstrailer wird ins Wasser gebracht, die Winde zieht das Schiff heraus und der Land Rover bringt uns zurück nach Langstrand zu unserem eigenen Wagen. *(Levo-Tours, s.S. 65).*

Jagen

Für und wider das Jagen

Jagen ist sicherlich nicht gleich jagen. Die europäischen Waidmänner, die sich vor der Hasenstrecke produzieren, wurden zum Sinnbild einer – euphemistisch ausgedrückt – eigenartigen Spezies. Auf der anderen Seite wird keiner abstreiten, daß auch in Europa eine Jagd sinnvoll ist, die ein Überborden bestimmter Tiere verhindert (z.B. des Rotwildes). Um so mehr ist dies notwendig in einem Land, daß nun einmal ein sehr sensibles Gleichgewicht der Natur besitzt. Von unserer Warte aus ist Jagen im Sinne einer Hege durchaus gerechtfertigt. Ebenfalls gerechtfertigt scheint uns das Jagen zur Nahrungsbeschaffung. Und gerade dies macht in Namibia den Hauptanteil der Jagd aus. Der Farmer schießt wie eh und je sein Kudu und das Fleisch findet sich abends auf dem Eßtisch. Wild ist für ihn kostenlos.

Der namibische Berufsjagdverband hat eine Jagdethik aufgestellt, deren 4 Hauptprinzipien in seinem Büchlein „Jagen In Namibia" festgehalten sind: 1. Das Prinzip der nachhaltigen Nutzung des Wildes. 2. Die Jagd ... muß nach fairen Grundsätzen durchgeführt werden. 3. Der Jäger hat ein Recht auf Freude an der Jagd. 4. Die Jagd ... soll stets zum Nutzen der ... Bevölkerung und ... Umwelt sein.

Jagdsaison

Es gibt zwei Perioden. Ausländische Trophäenjäger können bis auf die Monate Dezember und Januar jederzeit jagen. Die Saison der einheimischen Jäger beginnt im Juni und endet im September.

Jagdwaffen

Bei der Einreise müssen die Jagdwaffen deklariert werden, und eine befristete Einfuhrgenehmigung wird erteilt. In den Nationalparks müssen die Waffen versiegelt sein. Weitere Informationen sind erhältlich von der Namibia Professional Hunting Association (NAPHA), P.O Box 11291, Windhoek; Tel. 061-234455, Fax 222567.

Unterbringung

Es gibt über 200 Jagdfarmen im Land, von der einfachsten Behausung bis zur hochluxuriösen Lodge, teilweise sind dies reine Jagdfarmen, die keine anderen Gäste aufnehmen, zum Teil sind es normale Gästefarmen, die auch Jagdlizenzen besitzen. Das Jagen ist streng reglementiert, soweit es nicht auf den privaten Farmen geschieht, die mit einem wildsicheren Zaun umfriedet sind, was heißt, daß kein Tier hinein oder heraus kann. Eine kurze Liste von Jagdfarmen finden Sie im Anschluß. Sie ist nicht vollständig. Die Jagdfarmen, die auch andere Gäste aufnehmen können, wie zum Beispiel die hochluxuriöse Wabi Lodge oder die M'Butu Lodge, finden Sie auch unter Unterkünften im Routenplaner.

Khomas Jagdfarm, P.O. Box 954, Walvis Bay; Tel. 064-204129, Fax 064-206850

M'Butu Lodge, P.O. Box 1389, Otjiwarongo, Tel. 067-304095.

Wabi Lodge, P.O. Box 973, Otjiwarongo; Tel. 0658-15313, Fax 0658-15313

Wronin Jagdfarm, Buchung über Thorsten Horenburg, Wendelinstr. 93, 50933 Köln, Tel. 0221-4995777

Albrechtshöhe, P.O. Box 124, Karibib, Tel. 0621-503363, Fax 0621-503363, e-mail: meyer@natron.net

Auas Game Lodge, P.O. Box 80887, Windhoek, Tel 061-240043, Fax 061-248633

Boskloof Gästefarm, P.O. Box 53, Omaruru, Tel. 06532-3231 (Epupa 3231 verlangen), Buchung Deutschland: Tel. 02371-40633, Fax 42311.

Corona Gästefarm, P.O. Box 11958, Windhoek, Tel. 061-243179, Fax 061-243179
Düsternbrook Gästefarm, P.O. Box 870, Windhoek, Tel. 061-232572, Fax 061-234758
Immenhof Gästefarm, P.O. Box 250, Omaruru, Tel. 067-290177, Fax 067-290077
Kansimba Gästefarm, P.O. Box 23556, Windhoek, Tel. 0621-503966, Fax 0621-503967, e-mail: kansimba@new.co.za
La Rochelle Gästefarm, P.O. Box 194, Tsumeb, Tel. 067-221326, Fax 067-220760
Leopard Lodge, P.O. Box 90049, Okanjanga, Tel. 062-540409, Fax 062-540409
Okatjuru Guest Farm, P.O. Box 207, Okahandja, Tel. 0621-502297, Fax 0621-503236
Ombundja Wildlife Lodge, P.O. Box 318, Outjo, Tel. 061-228257, Fax 061-220103
Ondombo-West Jagdfarm, P.O. Box 19, Kalkfeld, Tel. 067-290179, Fax 067-290179
Otjandaue Jagdfarm, P.O. Box 44, Omaruru, Tel. 081-1281203, Fax 064-570481
Otjandaue Gästefarm, P.O. Box 44, Omaruru, Tel. 081-1281203, Fax 064-570481
Otjisazu Gästefarm, P.O. Box 149, Okahandja, Tel. 0621-501259, Fax 0621-501323
Ozombanda Gästefarm, P.O. Box 449, Okahandja, Tel. 0621-503870, Fax 0621-503996, e-mail: ozombanda@natron.net
R&L Gästefarm, P.O. Box 170, Omaruru, Tel. 081-1273040, Fax 081-1273040
Silversand Gästefarm, P.O. Box 13161, Windhoek, Tel. 062-560200, Fax 061-235501
Waterberg Game Farm, P.O. Box 2208, Otjiwarongo, Tel. 0651-302223, Fax 0651-302223, e-mail: waterberg@iwwn.com.na
Wilhelmstal-Nord Gästefarm, P.O. Box 641, Okahandja, Tel. 06228-6212, Fax 061-230865

Trophäenjagd Trophäenjagd ist üblich, die aufbereiteten Trophäen können, soweit sie im Heimatland keiner Importbeschränkung unterliegen, versendet werden. Spezielle Firmen in Windhoek übernehmen die Abwicklung. Jedes Jahr wird eine bestimmte Anzahl an Großtieren zur Trophäenjagd freigegeben (Löwen, Leoparden, Elefanten). Abschußgenehmigungen erteilt das Ministry of Environment and Tourism, Government Building, P.O. Box 13346, Windhoek; Tel. 061-2849111, Fax 229936.

Exkurs: In der Eisenbahn durch die Wüste

Der Desert Express steht schon bereit am Bahnhof in Windhoek. Glitzernd in der Sonne wartet er auf die Reisenden nach Swakopmund. Im Bahnhof gibt es einen eigenen Wartesaal, das livrierte Personal überreicht uns die Reiseunterlagen und befreit uns vom Gepäck. Aufmerksam wird jedes Paar persönlich von einer Stewardess oder einem Steward zum Zug geführt. Wir steigen ein und unsere Betreuerin reicht uns eine kleine Stärkung in Form von Biltong, Chips, Oliven und Champagner. →

Exkurs: In der Eisenbahn durch die Wüste (Fortsetzung)

Danach werden wir zu einer Tour durch den Zug gebeten: die Perle namibischer Waggonbaukunst. Liebevoll sind die einzelnen Waggons benannt: Spitzkoppe Lounge, Welwitschia Restaurant, Stardune Bistro. Wir sind geblendet vom Luxus und der geschmackvollen Einrichtung. Karakul-Teppiche in den Schlafabteilen – jedes mit eigener Nasszelle und Toilette, Verkleidungen aus edlem Holz; wo die Sicht nicht beinträchtigt werden soll, die Großzügigkeit der Einrichtung betont, befinden sich Glasflächen, aber nicht einfach nur Glas, es wurde geätzt – nun befinden sich kunstvolle Tierfiguren schwebend im Raum, lassen das Licht hindurch und erlauben den Blick in die Ferne. Keiner glaubt, daß der Zug vollständig in Windhoek entstanden ist, aber doch er ist es. Bei unserer Rückkehr nach Windhoek werden die Ungläubigen durch die Werkstatt geführt, in der weitere Waggons im Entstehen sind. Aber so weit ist es noch nicht, vorerst heisst es noch glauben und sich auf die zwei vor uns liegenden Tage freuen.

Um 14.30 Uhr fährt der Zug an, wir schweben durch die Vororte Windhoeks und haben bald den Busch erreicht. Wir sitzen in der Spitzkoppe Lounge nähren uns von Champager und Biltong und lassen die Landschaft vorbeiziehen. Nach einer Stunde halten wir, steigen in Geländewagen um und fahren zehn Minuten zu einer Farm, auf der in einem Freigehege Löwen leben – Fütterung. Hinter einer Steinmauer mit Sehschlitzen nehmen wir Deckung. Das Fleisch wurde schon angeliefert, die Tiere tun sich gütlich. Blitzlichter mögen sie aber nicht und immer wieder unternehmen sie Scheinattacken gegen uns. Bis auf einen halben Meter kommen sie heran und brüllen uns an, wir zucken zurück – und blitzen weiter. So nah kommt man Löwen nie wieder. Nervlich zerüttelt kehren wir in einer Lapa ein, direkt davor versöhnen uns zwei spielende Löwenbabies in der Abendsonne mit der ganzen Raubtiergattung – streicheln und knuffeln ist erlaubt.

Aufbruch, zurück zum Zug, das Abendessen steht bereit. Wir ziehen uns um, und begeben uns in das Welwitschia Restaurant. Das vorzüglich geschulte Personal reicht uns Speise- und Getränkekarte. Die Küche und der „Weinkeller" brauchen den Vergleich mit einem Spitzenrestaurant nicht zu scheuen. Nach der Tafel gehen wir satt in den Starview Waggon. Bequeme Ruhesessel lassen sich weit nach hinten neigen, per Knopfdruck öffnet sich eine Jalousie unter dem Glasdach, der Sternenhimmel über der Wüste erscheint, das Kreuz des Südens blinkt. Müde legen wir uns zu Ruhe, am nächsten Morgen heißt es um 5 aufstehen, eine Fahrt ins Mondtal steht auf dem Programm, unweit von Swakopmund.

In Autos geht es nach einer heißen Dusche und einem starken Kaffee mit Kuchen in die unwirkliche Landschaft der ältesten Wüste der Welt. Sonnenaufgang über der bizarren und schroffen Steinwelt mit Weitsicht. Der Wind pfeifft durch die Kleider und wir denken an die ersten Pioniere, die sich dieser Natur ausgesetzt sahen, ohne daß ein Luxuszug auf sie wartete. Fröstelnd, besonders innerlich, sind wir froh, als wir wieder an unserem Frühstücktisch sitzen, Rühreier mit Boerwors, Getreideflocken, Brötchen und Kuchen auswählen können. Langsam setzt sich der Zug in Bewegung und wir fahren wenig später in Swakopmund ein. Zwei Tage haben wir Zeit in dem Städtchen am Atlantik, der Sommerfrische des Landes, bis wir wieder in den Zug einsteigen und zurück nach Windhoek fahren. Diesmal machen wir einen Ausflug an die Spitzkoppe, Sonnenuntergang an den glattgeschliffenen Felsformationen mit Picknick. Wir wandern durch riesige Felsbögen, über monumentale Steinbuckel und durch den feinen Sand, der sich in Jahrtausenden hier angesammelt hat. Abendessen im Zug, das Personal zuvorkommend wie immer, der Luxus fast schon selbstverständlich, die Abendunterhaltung in der Lounge gewürzt mit Whiskey und Erzählungen der mitreisenden Namibier über die Entstehung der Eisenbahn, die Siedler in den Anfängen von Südwest, deren Großeltern und Urgroßeltern. Man lernt sich kennen und Reisen bildet.

Zwei Fahrten pro Woche in jede Richtung, Buchung über Desert Express, P.O. Box 13204, Bahnhof, Windhoek, Tel. 061-2982600, Fax 2982601, e-mail: dx@transnamib.com.na; in Deutschland über SATC, Gistlstraße 76, 82049 Pullach, Tel. 089-7932615, Fax 7934225; in Österreich Braun Touristik, Hilton Center, Landstraßer Hauptstraße 2, 1030 Wien, Tel. 01-7134051, Fax 7134036; in der Schweiz, Eurep AG, Industrie Nord 9, 5642 Meerenschwand, Tel. 056-6757555, Fax 6757556.

Der Desert Express

Essen und Trinken

Fleisch & Fisch

Namibia ist Fleischland, Namibia ist Fischland. Es ist ein Land für Selbstversorger. Der Farmer schießt sich sein Abendessen, vom Busch in die Pfanne, Kudu, Oryx, auch Strauß. Selten wird das Rind verspeist, es ist Kapital der Farm, soll Erlöse bringen.

Wild richtig zubereitet schmeckt köstlich, insbesondere, wenn es über dem offenen Feuer der wildaromatischen Hölzer Namibias gegrillt wurde. Selbst Vegetarier könnten in einem Land wie Namibia zum Fleischesser werden, dessen Tiere von der unbeschädigten Natur und den würzigen und exotischen Pflanzen leben. Es ist mit Fleisch aus deutschen Landen nur entfernt verwandt, und jeder der es probiert hat, wird es bestätigen. So saftiges, würziges und leckeres Fleisch findet er zu Hause gewiß nicht.

Am Ozean wird geangelt, Kabeljau, Brassen, Makrelen, auch Hai- und Tintenfische. Speziell in Lüderitz werden Hummer und Langusten gefangen und Austern gezüchtet.

Der Farmgarten steuert das Gemüse und die Kräuter bei. Der Tisch ist also reich gedeckt. Damit ist der Speisezettel aber noch lange nicht vollständig. Exotischere Gerichte sind durchaus auch erhältlich: Mopanewürmer fritiert, Pilze vom Termitenhügel, Heuschrecken, sogar – dies ist aber schon sehr selten – Puffotter geschmort.

Biltong

Vielleicht das typischste Gericht des südlichen Afrika ist **Biltong** – getrocknetes Fleisch vom Strauß, Kudu, Antilope, Oryx oder auch Rind. Streifen rohen Fleisches werden einige Tage eingelegt und dann getrocknet, teilweise nur an der Luft, teilweise über Feuer – es gibt die unterschiedlichsten Rezepte, die in den Familien weitergegeben werden. Fern der Heimat, im Busch, unter klarem Sternenhimmel schmeckt es köstlich und stellt jeden Energie-Riegel bezüglich Geschmack und Nahrhaftigkeit in den Schatten. Man kann es aber auch geraspelt im Supermarkt kaufen und bei den kleinen Erholungspause vom Autofahren genüßlich kauen oder in Wasser einweichen und wie frisches Fleisch weiterverarbeiten.

Grillen

Ist Biltong das typische Gericht, so ist das **Braai** der Nationalsport. Kein Zeltplatz, kein Farmhaus, kein Wochenendausflug ohne *Braaiplats,* den Grillplatz. Wer sein Haus oder seine Wohnung verläßt, um einige Tage auszuspannen, hat mindestens zwei Dinge dabei – die Kühltasche mit Fleisch und Getränken und einen Rost. Gegrillt wird wieder alles, was die Natur an Fleisch hergibt, zum Wild kommt Hammel und Schwein und die köstliche *Boerewors,* zur Spirale geformte Bratwurst unterschiedlicher Länge und Ingredienzien.

Gewohntes und Exotisches Wer Experimente scheut, kann sich allerdings in den Gaststätten und Restaurants auch von Schlachtplatte ernähren: Kassler, Blut- und Leberwurst und Sauerkraut unter Palmen, damit wenigstens etwas exotisch ist. Der Mutigere teilt der Gastfamilie auf der Gästefarm mit, daß er bereit und willens ist, fremdartigere Genüsse zu sich zu nehmen. Es kann ihm sonst passieren, daß nach der Nudelsuppe ein paniertes Schweineschnitzel mit Kartoffelpüree seinen Weg auf den Abendbrottisch findet. Verständlich, da man am Essen der Familie teilnimmt, und welche Hausfrau kocht schon jeden Abend ein Festtags-Diner. Verweilt man aber länger auf einer Farm, wird der Wunsch auf landestypischere Verköstigung sicherlich Gehör finden und man bekommt vielleicht ein Krokodilcocktail als Vorspeise, Roastbeef vom Zebra mit Bratkartoffeln und Remouladensauce und einen Salat aus exotischen Früchten zum Dessert.
Soviel zum Fleisch. Der Busch ist auch reich an Pflanzen, die eßbar sind, gesund machen und das Überleben sichern – wenn man weiß, wie sie zubereitet werden müssen und wenn man sie denn überhaupt erst einmal findet.

Getränke Das namibische Bier ist schmackhaft, bekömmlich und in Windhoek gebraut mit dem Siegel des deutschen Reinheitsgebotes. „Windhoek Lager" und „Tafel Lager" finden sich im ganzen Land.
An alkoholfreien Getränken wird von Kindern und Erwachsenen der „Appletizer", ein Erfrischungsgetränk auf Apfelsaft-Basis, heiß geliebt. Er kommt aus Südafrika, wie auch die hervorragenden Weine, die in den Läden mit Alkoholverkaufslizenz erhältlich sind, den Bottle Stores.
Nederburg, Stellenbosch, KWV (die auch einen Brandy gleichen Namens herstellen) und Boschendal sind einige der Weingüter, die seit Jahrhunderten auf europäischen Rebsorten aufbauend ganz vorzügliche Weine keltern. Die Preise sind bei dieser Qualität für Europäer geradezu wohltuend, und auch im Restaurant hat man nicht das Gefühl, für einen guten Wein zweimal in den Geldbeutel schauen zu müssen.
Genießer von Meeresfrüchten kommen in Lüderitz und Swakopmund voll auf ihre Kosten. Frisch gefangen findet der Fisch vom sauberen Ozean seinen Weg auf den Teller. Dazu mundet ein guter Weißwein.
Nebenbei: Ein sehr empfehlenswertes Buch für den Hobbykoch ist das „Südwester Kochbuch", Band I und II (Swakopmund 1985). Hier finden sich die Originalrezepte vieler deutschstämmiger Familien, die als Pioniere sehr bodenständig die Früchte der Natur zu schmackhaften Gerichten verarbeitet haben. Das erste Rezept beginnt: „Voraussetzung für dieses Gericht ist ein Kamplager im Busch, ein Lagerfeuer mit viel Glut, ein Jäger, der mindestens ein Perlhuhn geschossen hat und ein gut schließender Topf …"

Der „Potjie" Der gut schließende Topf ist übrigens der *Potjie,* gußeisern und mit drei Füßchen. Er wird ins Feuer gestellt und alles hineingeworfen, von dem man meint, daß es zueinander paßt. Meist ein Familienerbstück, ist es Ehrensache, ihn so zu pflegen, daß er weitere Generationen zu verköstigen imstande ist.

Exkurs: Weine und andere Getränke

Als in Frankreich die Hugenotten verfolgt wurden, verließen viele das Land. Ein Teil wanderte über Berlin nach St. Petersburg aus, ein Teil ging nach Amsterdam und bestieg Schiffe nach Cape Town. Sie brachten die Weinrebe mit sich und initialisierten den Weinanbau. Herzland des Anbaus war damals und ist heute Franschhoek, Paarl und Stellenbosch in Südafrika, wenngleich nun viele Anbaugebiete hinzugekommen sind.

Die Weine sind zum größten Teil von hoher Qualität. Sie werden sicherlich auch in anderen Erdteilen auf ihrem Siegeszug den Markt erobern.

Die Hauptsorten, die heute angebaut werden, sind bei den Rotweinen Shiraz, Merlot, Cabernet Sauvignon, Pinot Noir und eine Spezialität des südlichen Afrika, die Pinotage-Traube, eine Kreuzung aus Pinot Noir und Sinsault; bei den weißen Trauben findet vornehmlich Sauvignon Blanc Verwendung.

Rotweine
Shiraz-Merlot wird durch eine geschmacklich optimierte Mischung aus Weinen der Shiraz- und der Merlot-Traube hergestellt.
Fairview liefert einen mittelschweren, trockenen, sehr guten Shiraz-Merlot, der aber nur schwer erhältlich ist.
Roodendal stellt einen sehr trockenen, eher schweren Cabernet Sauvignon, das Gut Kanonenkop einen etwas teureren her, der aber mit zu den besten gezählt wird. Der nicht so schwere vollmundig-fruchtige Pinotage von Nederburg gilt ebenfalls als vorzüglich. Hamilton-Russel keltert einen sehr guten Pinot Noir, trocken, aber nicht so extrem wie der Cabernet Sauvignon.

Rosé
Bei Rosé sei der trockene Blanc de Noir von Boschendal erwähnt. Wer es halbtrocken bevorzugt, ist mit Nederburg gut beraten.

Weißweine
Hauptsächlich wird der trockene Sauvignon Blanc getrunken. Mittlere Preislagen bieten Zonnebloem (Premier grand cru) und Hoopenberg an. Der Sauvignon Blanc von l'Ormarin reicht in der Qualität an die besten französischen Chablis-Weine heran.

Sekt
Trockenen Sekt stellt Nederburg mit seinem Cuvée brut und dem besseren Kap (untere Preisklasse) her. Als bester Sekt gilt der Pongrácz der höheren Preisklasse. Die Herstellungsweise nach der Champagnermethode darf auf Intervention der Franzosen hin nicht mehr auf dem Etikett erwähnt werden (es heißt nun „Classique").

Spezialitäten
Als Spezialität gilt der Vin fumé, in Eichenfässern gereifter Weißwein mit einem rauchigen Geschmack.

Spirituosen
Der Amarula-Likör, aus der Marulafrucht gewonnen, wird als Crèmelikör verkauft. Die Frucht gewann Berühmtheit als Rauschmittel der Tiere in dem Film „Die verrückte Welt der Tiere in Namibia".
Wer es weniger süß liebt, kann auf die Brandies der Firma KWV ausweichen. Sie sind in verschiedenen Alters- und Preisklassen erhältlich und stehen den besten französischen Cognacs in nichts nach.
Leider ist die Versorgung mit Weinen in Namibia nicht gleichbleibend gut. Südafrikanischer Wein wird seit dem Ende der Apartheid verstärkt vom Weltmarkt nachgefragt, und die dort erzielbaren Preise sind auch höher sind als im südlichen Afrika.
So ist es immer ein wenig dem Zufall und der Geschicklichkeit beim Einkauf unterworfen, ob alle Weine auch tatsächlich erhältlich sind.

Dieter Hanns / Pension Steiner / Windhoek

Landesknigge

Ökologisches Verhalten

Tabu ist das Off-road-Fahren. In den Wüstenregionen bleiben Fahrspuren 30 Jahre und länger sichtbar. Was aber weit schlimmer ist: der hochsensible Algen- und Pilzbewuchs der Steine wird vollständig zerstört und regeneriert sich nicht mehr. Prinzipiell und generell ist auf den Wegen zu bleiben, besonders in den Nationalparks und Reservaten, aber nicht nur dort. Auch sonst ist es durchaus angebracht, nicht querfeldein zu brettern. Immer sollte die Regel gelten, die Natur so zu verlassen, wie man sie vorgefunden hat, so daß auch der Nachkommende in den Genuß unberührter Landschaften kommt. Da durch die geringe Luftfeuchtigkeit in den Wüsten der Verottungsvorgang merklich verlangsamt abläuft, gehört Toilettenpapier, so man sich nicht an den dafür vorgesehenen Orten befindet, verbrannt und die Exkremente vergraben, also eine kleine Grube ausheben, die mitgebrachten Streichhölzer verwenden und danach zuschütten. Selbstverständlich sollte es sein, Abfall wieder mitzunehmen und an den Stellen zu entsorgen, die dafür vorgesehen sind.

Wasser ist kostbar. Namibia leidet in immer stärkerem Maße an Wassermangel. In Windhoek hängt im Zentrum eine große Anschlagtafel, die stetig aktualisiert wird. Sie zeigt an, wieviel Tage das Wasser noch reicht, wenn es nicht regnet (und das tut es in den letzten Jahren selten). Im Hotel sollte man eine kurze Dusche deshalb einem Vollbad vorziehen, die Handtücher müssen nicht nach jedem Abtrocknen in die Schmutzwäsche und beim Zähneputzen kann man den Wasserhahn schließen.

Die großen Wasserbehälter an den Pumpstationen auf kommunalem Land dienen als Trinkwasserreservoires für die Menschen. Verschiedentlich ist es vorgekommen, daß Touristen ein Bad darin genommen haben. Entsprechend zügellos war die Antwort derjenigen, die dieses Wasser trinken müssen.

Sozialökologisches Verhalten

Namibia ist ein armes Land, der Großteil der Bevölkerung lebt unter einfachsten Bedingungen. Die Jahre der Apartheid haben das Land geteilt, nur langsam wird es gelingen, breiteren Schichten einen relativen Wohlstand zu ermöglichen. Bis es soweit ist, sollte der Besucher seine Besitztümer nicht zur Schau stellen. Wer seinen Reichtum zeigt, weckt Begehrlichkeiten, und Begehrlichkeiten werden befriedigt. Einmal abgesehen davon, daß es Unsinn ist, seinen Goldschmuck auf Safari mitzunehmen.

Auch der Smoking wird äußerst selten zur Geltung kommen. Die Gesellschaft Namibias ist an informelle Kleidung gewöhnt und findet es durchaus angenehm, sich nicht mehrmals am Tage umziehen zu müssen, um Formalien Genüge zu tun.

Begegnen Sie allen Mitgliedern der Gesellschaft, unabhängig von ihrer sozialen Herkunft und unabhängig ob schwarz, weiß oder farbig, mit Höflichkeit. Man wird es Ihnen danken, und vielleicht gewinnen Sie so auch Freunde bei jenen Teilen der Bevölkerung, die es von manchen Weißen nicht gewöhnt sind, nach den Regeln menschlichen Miteinanders behandelt zu werden.

Noch ein extrem heikles Thema: Das deutschstämmige Namibia war in diesem Jahrhundert von seinem Herkunftsland mehr oder weniger durchgängig abgeschnitten. Politische Veränderungen, Revolutionen und Putsche wurden nur vermittelt über die Medien des ehemaligen Heimatlandes erfahren. Es nimmt deshalb nicht Wunder, daß viele Dinge,

die in Deutschland dauernder und strenger Diskussion unterlagen und noch unterliegen, in Namibia kein Thema des Disputes waren. Die Schrecklichkeiten des letzten großen Krieges in Europa, seine Wirkungen, seine Horrorszenarien wurden so bei einigen in „Deutsch-Südwest" nie begriffen. So kann man in den Bibliotheken einiger Farmen auf Bücher stoßen wie „Hitler als Maler und Zeichner". An anderer Stelle entdeckt man das Buch „Deutsche U-Boote nach vorn", Rücken an Rücken mit dem 1934 in der Schweiz verlegten Buch „Die Moorsoldaten".
So widersprüchlich wie solche Funde sind sicherlich auch die Menschen, die diese Bücher gelesen haben. Ruhiges Argumentieren und Darstellung des eigenen Standpunktes, ohne den Versuch zu rechten ist wohl der beste Weg, auf eine Einschätzung deutscher Geschichte zu reagieren, die zum großen Teil auf Unkenntnis basiert.

Einkaufen und Souvenirs

Bunte, lebhafte, afrikanische Märkte sucht man im größten Teil Namibias vergebens. Es gibt sie nur in den Dörfern im Ovamboland und im Caprivi sowie gelegentlich in den ehemaligen Townships. Wer einkaufen will, besucht für Dinge des täglichen Bedarf einen der zahlreichen gut sortierten Supermärkte oder Take-aways, für Souvenirs die Curio Shops. Daß weder hier noch dort gehandelt wird, versteht sich von selbst. Dafür können Sie fast überall mit Kreditkarte bezahlen.

Dinge des täglichen Bedarfs

In den Supermärkten der größeren Städte bekommt man so gut wie alles zu kaufen, was es auch bei uns gibt. Von den Grundnahrungsmitteln über frisches Gemüse und Obst (teuer!) bis hin zu allen erdenklichen Leckereien (wie z.B. Gummibärchen) sind die Regale mit allem gefüllt, was des Reisenden Herz begehrt. Auch Toiletten- und Hygieneartikel der bekannten Markenhersteller sind im Angebot. Softdrinks führt jedes Geschäft, Alkoholika dürfen nur in speziell dafür lizenzierten Läden (*bottle stores*) oder Abteilungen verkauft werden.
Die für ein afrikanisches Land überwältigende Auswahl sollte allerdings nicht darüber hinwegtäuschen, daß die Versorgungssituation auf dem Lande gänzlich anders aussieht. Zwar gibt es in fast jeder Siedlung eine Art Kramladen, dessen Sortiment ist allerdings hauptsächlich auf den Bedarf der Farmer ausgerichtet: landwirtschaftliches Gerät, Saatgut, Konserven, Süßigkeiten, Softdrinks usw. Frisches Brot, Obst und Gemüse wird man aber vergebens suchen, denn das produzieren die Bauern selbst.
Eine ähnlich magere Auswahl von Frischem gibt es in den Läden, die den staatlichen Camps angeschlossen sind: Getränke, tiefgefrorenes Fleisch und Feuerholz in Hülle und Fülle, selten Kartoffeln und Zwiebeln, und nur mit großem Glück ist Obst oder Salat zu ergattern. Möglichst noch am Vormittag einzukaufen empfiehlt sich unbedingt. Wer nachmittags ankommt, wird die Regale häufig leer vorfinden.
Angesichts der sehr unterschiedlichen und oft auch schlecht abschätzbaren Versorgungslage abseits der Hauptstrecken, sollten Selbstversorger vor jeder Tour die Essensvorräte aufstocken und sich mit Brot, Obst und Gemüse eindecken.

Souvenirs

Souvenirs werden in Curio Shops und Antiquitäten- und Schmuckläden verkauft. In jüngster Zeit wurde auch wieder die Tradition der Straßenmärkte wiederbelebt: Ein lebhafter Bazar spielt sich beispielsweise täglich in der Windhoeker Post Street Mall ab; hier läßt sich zwischen Herero-Püppchen und Ethno-Kitsch auch manch interessantes und originelles Stück entdecken.

Vorsicht ist beim Kauf von Souvenirs geboten, die aus Tierprodukten hergestellt sind. Elfenbein darf beispielsweise in Namibia in verarbeiteter Form frei verkauft werden, nach Europa importieren können Sie es aber nicht, da das Washingtoner Artenschutzabkommen jeden Handel mit Elfenbein verbietet (s.u.).

Kunsthandwerk

Die meisten Völker Zentral- und Südnamibias haben ein Nomadenleben geführt, das der Produktion besonderer Handwerkserzeugnisse nicht förderlich war. So gibt es z.B. keine originär-namibische Tradition der Holzschnitzkunst. Dafür wird viel aus Leder verarbeitet (Herero und Himba, Damara, Buschleute), geschnitzt wird aus Elfenbein, aus Schnecken- und Straußeneierschalen (Ovambo, Himba, Buschleute) oder aus Holz und Rohr geflochten (Buschleute, Caprivianer).

Berühmt und unter Sammlern geschätzt sind die mit einer großen Muschelschale geschmückten Halsketten verheirateter Himba-Frauen und die filigranen Perlenarbeiten der Buschleute. Eine sehr gute Auswahl traditionell-namibischen Kunsthandwerks bieten die Antiquitäten- und Souvenirläden in Windhoek und Swakopmund an, u nbedingt empfehlenswert ist ein Besuch im hervorragend sortierten **Bushman Art** in der Windhoeker Independence Avenue (im Gathemann House). Eine weitere gute Adresse ist das **Namibian Craft Center** in der Tal Street (im ehemaligen Gebäude der Brauerei)

Beliebte Souvenirs der Gegenwart sind die farbenfrohen *Herero-Püppchen* mit der typischen viktorianischen Tracht der Herero-Frauen und die Holzschnitzereien, die in besonders großer Auswahl am Ortsrand von Okahandja hergestellt und verkauft werden. Die meisten Schnitzer sind Ovambo oder Flüchtlinge aus Angola, wo Holzbearbeitung eine lange Tradition hat. Besonders hübsch sind die zum Teil stark stilisierten Tierfiguren.

Alte Handwerkstraditionen im modernen, dem europäischen Geschmack angepaßten Stil präsentieren einige Selbsthilfe-Initiativen, die besonders den vielen arbeitslosen Frauen und Mädchen in den ehemaligen Townships etwas Zubrot einbringen sollen. So finden sich die für die Nama typischen Stickereien auf geschmackvoll gestalteten Servietten und Tischdecken, ja sogar auf Quilts wieder, und der Perlen- und Straußeneierschmuck der Buschleute wird zu europäisierten, dem Tourantengeschmack angepaßten Kettchen und Ohrringen umgearbeitet. Diese Souvenirs sind zwar nicht „typisch afrikanisch", dafür aber wesentlich tragbarer als die traditionellen Vorbilder, auf denen sie beruhen. Zudem wird dadurch auch der Ausverkauf des traditionellen Kulturgutes eingeschränkt, der beispielsweise bei den Himba erschreckende Ausmaße angenommen hat.

Mineralien

Mineraliensammler können sich in Namibia so gut wie überall und fast immer mit Erfolg betätigen: Ganze Hänge sind mit Rosenquarz gespickt, Strände mit Achaten gesprenkelt, Schluchten mit den verschiedensten Halbedelsteinen und Quarzen übersät. Wer es bequemer liebt: in den meisten Curio Shops gibt es Mineralien und Halbedelsteine abgepackt zu kaufen; oft kann man sich die Glitzersteine auch aus großen Wühltischen heraussuchen oder sie gleich nach Gewicht kiloweise erwerben. Häufig werden aus Halbedelsteinen auch kunsthandwerkliche Erzeugnisse gefertigt, wie Edelsteinbäumchen, Schlüsselanhänger oder Aschenbecher. Sammel- und Verkaufsbeschränkungen gelten nur für die in Namibia seltenen Sandrosen.

Wer die Mineralien in größerem Stil exportieren, oder besonders schöne und teure Stücke über die Grenze bringen will, bedarf einer Genehmigung. Die Ausfuhr nach Ländern der südafrikanischen Zollunion erlaubt das Minenministerium (Ministry of Mines and Energy, P.O. Box 13297,1 Aviation Road, Geological Survey Building, Windhoek; Tel. 061-226571, Fax 238643). Wer nach Übersee exportieren will benötigt **zusätzlich** eine Genehmigung des Handelsministeriums (Ministry of Trade and Industry, P.O. Box 13340, Goethe Street, Windhoek, Tel. 061-283711, Fax 220227). Die Genehmigungen werden im allgemeinen unproblematisch erteilt. Es ist jeweils ein Formular auszufüllen, das abgestempelt wird, die Sachbearbeiter helfen bei der Beantwortung der manchmal verwirrenden Fragen.

Schmuck, Pelze

Von afrikanischen Vorbildern inspiriert, haben sich mehrere Goldschmiede auf Schmuckarbeiten spezialisiert, die traditionelle Formen mit kostbaren Materialien und Steinen zu sehr eigenwilligen und ebenso teuren Kreationen vereinigen. Diesen meist sehr wuchtigen und ungemein dekorativen Schmuck können Sie in den Juwelierläden in Windhoek und Swakopmund bewundern; wer ihn kaufen will, muß sehr tief in die Brieftasche greifen. Diamanten sind in ihrem Herkunftsland Namibia übrigens genauso teuer wie in Europa.

Ein ebenso kostspieliges Vergnügen ist Kleidung aus Namibias Nationalpelz Swakara (**S**outh-**W**est-**A**frika-**Kara**kulschafe, 1907 von Mittelasien nach Südwestafrika eingeführt). Mit dem bei uns berüchtigten Persianer hat das Fell des Karakul-Lammes wenig gemein. Seine Locke ist nicht dicht, sondern im Gegenteil ganz zart gewellt, die Farben changieren in verschiedenen goldenen Brauntönen sowie in Grau und Schwarz. Oft wird es, nach Innen gekehrt, als elegante, modische Lederkleidung verarbeitet. Wer ein solches Stück tragen will, sollte aber vorher wissen, daß es aus Fellchen neugeborener Lämmer genäht wird, denn schon drei Tage nach der Geburt weicht diese ganz besondere Struktur dem üblichen verfilzten Schafspelz.

Karakul-Teppiche

Um den Monat Oktober herum werden die Karakul-Muttertiere geschoren. Die Wolle wird nach Farben sortiert, ausgespült, *kardiert* (gekämmt), gereinigt und gefärbt. Danach wird sie zu den Webereien gebracht. Dort werden kleine Knäuel geformt, die gleichzeitig als Schiffchen für das Weben benutzt werden.

4 Leute spinnen bei einer 40-Stunden-Woche etwa einen Monat, um 500 kg Wolle zu verarbeiten. Mit all den anderen Arbeitsgängen zusammen und schließlich das Wichtigste, das Weben, vergeht in mühevoller Handarbeit viel Zeit, bis die Wolle zu kunstvollen, gestalterisch und farblich beeindruckenden Boden- und Wandteppichen verarbeitet ist. Für die Durchlaufzeit von einem Quadratmeter Teppichfläche wird die Stundenzahl von 3 Arbeitswochen benötigt! Damit erklären sich auch die relativ hohen Preise, die Herstellung ist ungeheuer arbeitsintensiv. Es gibt keine Kinderarbeit! Die

Teppiche sind sehr dicht und fest gewebt, und jeder ist ein Einzelstück. Die Festigkeit und verbliebenes Wollfett gewährleisten leichte Pflege und Strapazierfähigkeit. Das Produkt wird mit Eulan gegen Motten behandelt und noch einmal ausgespült.
In den letzten Jahrzehnten sind in Namibia etliche Webereien entstanden, die vom Ein-Mann-Betrieb bis zu mehreren Dutzend Mitarbeitern reichen. Die größte Teppichweberei mit etwa 50 Mitarbeitern ist in **Swakopmund**. Man kann seine eigenen Entwürfe verwirklichen lassen, oder aber auf Bilder von Christine Marais oder Conny Zander (beides bekannte Künstler) zurückgreifen und danach den Teppich weben lassen (nach ca. 4 Wochen ist er zum Versand fertig). Wer keine Zeit hat, kann sich auch aus dem großen Lager ein Dessin aussuchen (Karakulia, P.O. Box 1258, Swakopmund, Knobloch Street; Tel. 064-461415, Fax 461041).
Auf dem Land, 110 km südöstlich von Windhoek, befindet sich die **Farm Peperkorell,** eine weitere bekannte Adresse für Karakul-Weberei (s. Route 14, Peperkorell, Dorka Teppiche, P.O. Box 9976, Windhoek, Tel. 061-573581.
Im **Weberdorf Ibenstein** bei **Dordabis** werden, geleitet von Berenike und Frank Gebhardt (Frau Gebhardt ist übrigens eine Enkelin von August Stauch, der in Namibia die Diamantenindustrie begründete) die *Ibenstein-Teppiche* gewebt. Ibenstein wurde 1952 von Marianne Krafft auf ihrer Farm gegründet. Auf Ibenstein ist man darauf bedacht, den natürlichen Talenten der Weber beim Entwurf in Farbe und Design „freie Hand" zu lassen. Anschrift: Ibenstein Weavers, P.O. Box 23, Dordabis, Tel. 062-560047.
Anschriften von weiteren Webereien sind erhältlich bei: Joachim Kessler, Tannenwaldstr. 8, 73072 Donzdorf; Tel. und Fax 07162-25557. Auf Anfrage sendet er auch Kataloge und Preislisten für Ibenstein-Teppiche zu.

Kolonial-Souvenirs Das knapp zwanzigjährige deutsche Intermezzo an der Südwestküste Afrikas hat den Antiquitätenläden des Landes eine Fülle historischer Erinnerungsstücke beschert, die immer wieder durch Repliken und Neuproduktionen ergänzt werden. Kenner finden beispielsweise bei Peter's Antiques in Swakopmund eine hervorragende Auswahl von Literatur. Daneben gibt es Orden, historische Postkarten, Waffen und allerlei Krimskrams aus der Kolonialzeit.

Exkurs: Souvenirs und Artenschutz

Um den Bestand stark gefährdeter Tierarten wie beispielsweise Elefanten und Nashörner zu schützen, wurde 1973 das Washingtoner Artenschutzabkommen beschlossen, das u.a. den Handel mit Erzeugnissen dieser Tiere verbietet. Auch die Länder des südlichen Afrika haben dieses Abkommen paraphiert, drängen nun aber auf eine Änderung bzw. Lockerung der Bestimmungen bezüglich des Elfenbeins. Ihrer Ansicht nach hätte sich die Elefantenpopulation hier ebenso wie in Ostafrika so gut erholt, daß die grauen Riesen inzwischen eine Bedrohung für das Gleichgewicht der Natur darstellten. Folgerichtig wird in Namibia jedes Jahr eine bestimmte Anzahl von Elefanten zum Abschuß freigegeben. **Culling** nennt man diese staatlich reglementierte und unter Aufsicht erfahrener Wildwarte durchgeführte Hege, gegen die Tierschützer heftig protestieren – ein Protest, der bei den meisten Namibiern auf Unverständnis stößt. Eine Folge des Culling ist, daß Elfenbein ganz legal auf den namibischen Markt kommt, hier verarbeitet und in den Souvenirshops zum Verkauf angeboten wird. Wer aber bei der Einreise im Heimatland mit Elfenbein erwischt wird, macht sich strafbar. Da Flüge aus dem südlichen Afrika meist sehr genau kontrolliert werden, ist die Gefahr der Entdeckung nicht zu unterschätzen.

Namibia-ABC

Brief- und Paketverkehr

Im Land existiert keine Postzustellung. Jede Adresse hat aus diesem Grund ein Postfach (Post Office Box, P.O. Box, auch Private Bag oder Postbus genannt). Der Empfänger muß selbst nachschauen, ob Post für ihn angekommen ist. Post mit Straße und Hausnummer-Adresse wird als unzustellbar an den Absender zurückgesandt. Post innerhalb Windhoeks dauert ca. 2 Tage, innerhalb des Landes bis zu einer Woche. Nach Übersee (Deutschland) kann Luftpost zwischen 3 Tagen und 2 Wochen brauchen. Postlagernde Sendungen werden 4 Wochen aufbewahrt und sind zu richten an: Hans Mustermann, Main Post Office, General Delivery/Poste Restante, Windhoek/Namibia

Feiertage und Ferien

Insgesamt gibt es in Namibia 12 nationale Feiertage. Der **Unabhängigkeitstag** erinnert an den 21. März 1990, die Gründung Namibias als souveräner Staat. Am 4. Mai 1978 bombardierten südafrikanische Streitkräfte auf angolanischem Boden bei Cassinga ein Lager der SWAPO. Fast tausend Zivilisten, auch Frauen und Kinder, kamen zu Tode, einige Hundert wurden nach Südwestafrika entführt. Die namibische Regierung beschloß, an diesen Überfall mit einem **Cassinga-Nationalfeiertag** zu erinnern. Der **Afrika-Tag** feiert die Gründung der Organisation der afrikanischen Einheit (OAU) in Addis Abeba. Am 26. August 1966 formierte sich die SWAPO zum erstenmal zum bewaffneten Kampf gegen die Mandatsmacht Südafrika, und der 10. Dezember verweist auf das Jahr 1959, als ein altes, von Schwarzen bewohntes Wohngebiet Windhoeks aufgelöst wurde und die Bewohner nach Katutura zwangsumgesiedelt wurden. Während der Demonstrationen erschoß man ein Dutzend Menschen, viele weitere wurden verletzt.

01. Januar	Neujahr
21. März	Unabhängigkeitstag
	Karfreitag / Ostermontag
01. Mai	Tag der Arbeit
04. Mai	Cassinga-Tag
	Christi Himmelfahrt
25. Mai	Afrika-Tag
26. August	Heldentag
10. Dezember	Tag der Menschenrechte
25. Dezember	1. Weihnachtstag
26. Dezember	2. Weihnachtstag

Schulferien: Im südlichen Afrika gibt es 3 Schulferientermine: 1. Ca. 4 Wochen von Ende April bis Ende Mai. 2. Ca. 2 Wochen von Ende August bis Anfang September. 3. Ca. 6 Wochen von Anfang Dezember bis Mitte Januar.

Fernsehen

In Namibia strahlt die NBC ein eigenes Fernsehprogramm aus, es wird in englisch und teilweise in den Sprachen der einzelnen Ethnien gesendet. Mit Satellitenempfangsanlagen können deutschsprachige Sender wie VOX oder RTL u.a. empfangen werden. Das Programm wird in den Zeitungen abgedruckt.
Das Fernsehen funktioniert nach der deutschen PAL-Norm, damit sind auch gekaufte Video-Kassetten kompatibel bzw. man könnte deutsche Kassetten mitnehmen.
Seit März 1996 gibt es von der Deutschen Welle ein 24stündiges Fern-

sehprogramm, das über den Satelliten Intelsat 707 für ganz Afrika ausgestrahlt wird. Zum Empfang ist aber eine besondere Ausrüstung notwendig (Sat-Schüssel mit 3,5 m Durchmesser, Ausrichtung 1°West, Empfangsfrequenz 3,9115 GHz, Polarisation zirkular, Bandbreite 12 MHz, Fernsehnorm MPEG 2, Receiver IRD).

Öffnungszeiten
Geschäfte öffnen werktags zwischen 8 und 9 Uhr und schließen zwischen 17 und 18 Uhr. Ladenschluß am Samstag ist um 12 Uhr. Einige große Supermärkte haben auch am Sonntag Vormittag geöffnet.
Banken sind werktags geöffnet zwischen 9 und 15.30 Uhr, Samstags zwischen 9 und 11 Uhr. Auf dem Land machen einige Banken um 13 Uhr eine Stunde Mittagspause.
Postämter öffnen um 8.30 Uhr und schließen um 16.30 Uhr. Vereinzelt wird auf dem Land zwischen 13 und 14 Mittagsstunde gehalten. Behörden haben zwischen 8 und 13 und zwischen 14 und 16.30 Uhr geöffnet.
In vielen **Nationalparks** kann man zu jeder Tages- und Nachtzeit anreisen, wenn man im Besitz einer Buchung ist. Unter Umständen werden die Schlüssel der Unterkunft am Eingang hinterlegt. Für Tagesbesucher bestehen unterschiedliche Zugangszeiten. Genaue Angaben sind im Routenplaner festgehalten. Im Etosha National Park müssen die Rastlager vor Sonnenuntergang erreicht werden (wegen der Anfahrt innerhalb des Parks schließen die Eingänge deshalb ca. 1 Stunde vorher!). Man darf die Camps nicht vor Sonnenaufgang verlassen.
Die im Land verstreuten **Museen** haben sehr unterschiedliche Öffnungszeiten. Teilweise liegt es daran, daß sie ehrenamtlich geführt werden. Im Anhang finden Sie eine Liste der Museen mit den Öffnungszeiten (die sich allerdings geändert haben könnten). Wo Besuche außerhalb der offiziellen Zeiten möglich sind, ist eine Telefonnummer angegeben. Dort kann der Zugang dann erbeten werden.

Rundfunk
Seit 1976 gibt es in Namibia deutschsprachige Nachrichtensendungen. Zu Beginn der 80er Jahre wurde die Sendezeit auf 80–100 Stunden in der Woche erhöht. Inzwischen kümmern sich 10 feste und 20 freie Mitarbeiter um das deutsche Hörfunkprogramm, das regelmäßig und täglich zu empfangen ist. Wochentags werden um 8, 11, 13.15 und 19 Uhr Nachrichten auf deutsch gesendet (am Wochenende um 8, 13 und 19 Uhr). Ansonsten ist das Programm bunt gemischt mit viel Musik und Informationssendungen. Der einzig englischsprachige Teil im deutschen Programm sind die 18-Uhr-Nachrichten.
Zu empfangen ist das Programm auf Ultrakurzwelle zwischen 93,9 und 96,9 Mhz. Teilweise werden die Sendungen auch auf Kurzwelle ausgestrahlt, auf dem 90-Meter-Band (3290 Khz) zwischen 18 Uhr und 8 Uhr und auf dem 60-Meter-Band (4965 Khz) zwischen 8 Uhr und 18 Uhr. Das genaue Programm erhält man bei: German Service/Deutscher Hörfunk, NBC, Namibian Broadcasting Corporation, P.O. Box 321, Pettenkofer Street, Windhoek; Tel. 061-2912330, Fax 2912345.
Die Deutsche Welle sendet ihr Radioprogramm zwischen 18 und 22 Uhr UTC auf den Wellenlängen 6075, 7185, 9545, 11795, 13780, 15275 und 17860 Khz.

Sicherheitsvorkehrungen
Vorsichtig Reisende bewahren nie ihr gesamtes Geld nur an einem einzigen Platz auf. Besser sind verschiedene Stellen und die Verteilung auf mehrere Personen. Zusätzliche Sicherheit bieten Reisechecks. Viele Lodges und Hotels bieten für Wertsachen Safe-Aufbewahrung an (Depo-

sitbox). Handtaschen können leicht entrissen werden, deshalb Geld und Dokumente vorzugsweise am Körper tragen. Bei Verwendung von Reiseschecks ist die dazugehörige Liste getrennt aufzubewahren. Befindet sich die Geldbörse in der hinteren Hosentasche, gehört lediglich der Tagesbedarf hinein, sicherer verstaut ist die Geldbörse in den vorderen Taschen.

Kriminalität Namibia ist ein Land, das im internationalen Vergleich zu den sicheren Ländern der Welt gehört. Die deprimierten Bemerkungen der Einheimischen über die hohe Gewaltkriminalität resultiert einfach daher, daß während der Apartheid praktisch keine Kriminalität in den den Weißen vorbehaltenen Gegenden verzeichnet wurde – der Vorteil, wenn auch der einzige, eines Polizeistaates. Die zunehmende Gelegenheitskriminalität ist von der sozialen Situation der Namibier abhängig. Die Zukunft wird zeigen, wie dieses Problem in den Griff zu bringen ist. Bis dahin müssen Vorsichtsmaßregeln befolgt werden.

Wagen mit Gepäck sollten nicht unbeaufsichtigt, die Fahrzeuge prinzipiell abgeschlossen sein, Geld am Körper getragen werden (nicht in Handtaschen), und nachts sollte man nicht durch unbeleuchtete Straßen in einsamen Gegenden gehen, die man noch dazu nicht kennt.

Diebstähle von Handtaschen, Fotoapparaten etc. finden in Windhoek verstärkt in der Gegend um die Christuskirche, im Bereich des Bahnhofes und beim Hauptpostamt statt. Autoscheiben werden in ganz Windhoek eingeschlagen, sobald sich etwas im Wagen befindet, das entfernt so aussieht, als ob man es „versilbern" könnte. Achten Sie bei Stadtspaziergängen auf Gruppen Jugendlicher, die zur Tarnung Zeitungen verkaufen. Man kann sie recht gut von den regulären Straßenverkäufern unterscheiden, da die ersteren meist nur eine einzelne Zeitung in Händen halten. In Swakopmund besteht während der namibischen Sommerferien (um Weihnachten herum) verstärkte Diebstahlsgefahr.

Magnetische Wirkung auf kriminelle Elemente haben die Kasinos (verständlich, wenn man bedenkt, wieviel Geld dort umgesetzt wird). Auch die besten Sicherheitskräfte der Kasinos haben Schwierigkeiten, dieses Problem in den Griff zu bekommen und die angeschlossenen Hotels leiden darunter.

Von der Kriminalität ist die farbige und schwarze Bevölkerung am meisten betroffen. Sie hat kein Geld für die Sicherheitsvorkehrungen, die sich der weiße Mittelstand leisten kann. So läuft der Löwenanteil der Delikte in den ehemaligen Townships ab, wo auch noch das allerletzte des wenigen Besitztumes der Menschen geklaut wird und es häufig zu Vergewaltigungen und Morden kommt. Die Polizei und die Rechtssprechung haben deshalb eine große Kampagne gestartet, um der Zunahme der Kriminalität entgegenzuwirken. Inzwischen können auch schon Erfolge verbucht werden.

Sprache In Namibia ist Englisch die Amtssprache. Afrikaans und Deutsch gelten als Verkehrssprachen. Die Mehrheit der schwarzen Bevölkerung verständigt sich untereinander neben Englisch in Afrikaans und Oshivambo. Im Norden des Landes wird – wegen der gemeinsamen Grenze mit Angola – teilweise auch ein wenig portugiesisch gesprochen.

Telefonieren Im Binnenverkehr wird das Telefonnetz zur Zeit auf automatische Vermittlung umgestellt. Vereinzelt trifft man in abgelegeneren Gebieten noch auf die sogenannten *Farmleitungen*. Diese sind von mehreren Teilnehmern gemeinsam genutzte Amtsleitungen, die durch eine Vermittlungsstelle bedient werden. Jedem Teilnehmer ist ein besonderes Klingelzeichen zugeordnet, auf das er hört. Wenn jedoch von einem Telefon telefoniert wird, sind die restlichen Anschlüsse blockiert. So kann es manchmal ausgesprochen mühselig sein, einen Teilnehmer zu erreichen. Solche Anschlüsse sind gekennzeichnet als „Farmline" oder „Extension". Der Vermittlungsstelle muß der gewünschte Teilnehmer bzw. dessen Nummer mitgeteilt werden, sie stellt dann durch.

Die öffentlichen Telefonzellen sind zumeist Kartentelefone und für Ferngespräche untauglich, da man die Telefonkarten gar nicht so schnell wechseln kann, wie sie entwertet sind. Sinnvoller ist es, wenn man nicht vom Hotel aus telefonieren will, in ein Postamt zu gehen oder in einen der Telefonläden, die in den größeren Städten existieren. Unter der Nummer 0020 können Sie ein R-Gespräch („Collect Call") anmelden.

Um einen internationalen Anschluß zu erhalten, muß die Doppelnull gewählt werden. Die Vorwahl nach Deutschland ist 0049, nach Österreich 0043 und in die Schweiz 0041. Die internationale Vorwahl von Europa nach Namibia ist die 00264.

Bei internationalen Gesprächen nach Deutschland kostet eine Minute 7 N$. In Hotels werden teilweise pro Sekunde 1 N$ verlangt.

Funktelefon Das Funktelefonnetz in Namibia funktioniert wie in Deutschland nach dem GSM-Standard, d.h. daß sowohl D1 wie auch D2 sich einklinken kann – vorausgesetzt der Provider hat eine Roaming-Vereinbarung mit der namibischen Gesellschaft MTC getroffen. Wegen der weiten Strecken sind allerdings nur die Städte und deren Umgebung und einige Rastlager mit einem Funknetz versehen (von Norden nach Süden):
Oshakati, Ondangwa, Ohangwena, Rundu, Okaukuejo, Halali, Namutoni, Tsumeb, Outjo, Otavi, Grootfontein, Otjiwarongo, Omaruru, Hentjes Bay, Usakos, Karibib, Okahandja, Walvis Bay, Swakopmund, Arandis, Windhoek, Witvlei, Gobabis, Rehoboth, Mariental, Lüderitz, Keetmanshoop, Oranjemund, Grünau, Karasburg, Noordoewer, Nakop.
Als Überlandverbindung steht bisher lediglich die Strecke Okahandja bis Rehoboth im Netz.
Wer innerhalb Namibias telefoniert zahlt die namibischen Gebühren, zwischen 1 und 1,50 N$ plus die Gebühren des deutschen Providers. Wer von Namibia aus in ein anderes Land des südlichen Afrika telefoniert wird gnadenlos mit Gebühren überhäuft: Die Verbindung geht dann über Deutschland und zurück. In diesen Fällen ist es günstiger sich bei MTC, Tel. 0800-120120, ein Leihgerät mit aktiver namibischer Nummer zu nehmen (maximale Zeitdauer drei Monate, dafür 900 N$ und 3 N$ pro Gesprächsminute, 1000 N$ Deposit).

Zeitungen In den Schreibwarengeschäften und Buchhandlungen sind in den meisten größeren Städten internationale Zeitungen und Zeitschriften erhältlich. Die aktuellen Ausgaben (durch Luftpost) können bis zur Hälfte mehr kosten, als die, die per Schiff verschickt wurden und nicht mehr aktuell sind. Die wichtigsten nationalen Zeitungen sind der englischsprachige „Namibian", der englischsprachige „Advertiser" und die deutschsprachige „Allgemeine Zeitung". Alle drei und das offizielle Regierungsblatt „New Era" werden in Windhoek über den Straßenverkauf vertrieben.

Zeitverschiebung Namibia stellt am ersten Sonntag im September bis zum ersten Sonntag im April (Südhalbkugel!) auf Sommerzeit um. Deutschland stellt am letzten Sonntag im März bis zum letzten Sonntag im Oktober (Nordhalbkugel!) auf Sommerzeit um. Durch die zeitversetzte Umstellung entstehen 4

Zeitperioden mit unterschiedlichen Uhrzeiten. GMT bedeutet Greenwich Mean Time (= mittlere Zeit des Nullmeridians, der durch Greenwich/England verläuft). Im Osten des Caprivi-Strips, bei Katima Mulilo, wird teilweise auf die Umstellung auf Sommerzeit verzichtet, da die angrenzenden Staaten auch keine Sommerzeitumstellung vornehmen. Meist wird aber extra darauf hingewiesen.

Vom letzten Sonntag im März bis zum ersten Sonntag im April:
GMT 10 Uhr/Deutschland 12 Uhr (GMT+2)/Namibia 12 Uhr (GMT+2)

Vom ersten Sonntag im April bis zum ersten Sonntag im September:
GMT 10 Uhr/Deutschland 12 Uhr (GMT+2)/Namibia 11 Uhr (GMT+1):

Vom ersten Sonntag im September bis zum letzten Sonntag im Oktober:
GMT 10 Uhr/Deutschland 12 Uhr (GMT+2)/Namibia 12 Uhr (GMT+2):

Vom letzten Sonntag im Oktober bis zum letzten Sonntag im März:
GMT 10 Uhr/Deutschland 11 Uhr (GMT+1)/Namibia 12 Uhr (GMT+2)

Bitte schreiben Sie uns , wenn sich in Namibia etwas verändert hat oder Sie Neues wissen. Danke.

TEIL III: LAND UND LEUTE

Namibia: Wilde, unberührte Natur

Namibia grenzt im Süden und Südosten an die Republik Südafrika, im Osten an Botswana, im Norden an Angola und im Nordosten an die Republik Zambia. Mit 824.292 qkm ist es etwa doppelt so groß wie Deutschland, und mit 1,8 Einwohnern pro qkm eines der am dünnsten besiedelten Länder der Erde. Etwa 1500 km sind es von Namibias südlichem Grenzfluß, dem Oranje, bis zu seinem nördlichsten Punkt am Kunene. Knapp 600 km liegen zwischen dem Atlantik und dem Grenzzaun zur Nachbarrepublik Botswana, weitere 350 km ragt der Caprivi-Strip nach Osten in das zentrale Afrika hinein.

Man kann es in trockenen Zahlen ausdrücken oder mit überschwenglichem Enthusiasmus: Die unendliche Weite und Einsamkeit seiner Landschaften, die bizarre Schönheit seiner unberührten Natur ist Namibias größter Reiz. Es ist sein wichtigstes touristisches Potential, dessen Schutz und Erhaltung sowohl in den Jahrzehnten der südafrikanischen Oberhoheit als auch seit der Unabhängigkeit höchste Priorität eingeräumt wurde und wird.

Gebirge, Wüsten und Riviere

Namibias Herzstück ist die **Hochlandebene** mit einer durchschnittlichen Höhe von 1700 Metern, die von mehreren Gebirgen begrenzt bzw. akzentuiert wird. Im Südosten steht das Massiv des *Karasbergs* (2202 m) zwischen Keetmanshoop und Karasburg, bei Windhoek erheben sich im Süden die *Auas-Berge* (2483 m), und im nördlichen Landesteil Namibias erreicht der *Waterberg* 1857 Meter Höhe und das *Otavi-Hochland* 2148 Meter.

Namibias höchste Gipfel liegen an der Großen Randstufe (Escarpment), die im Westen vom Hochland hinunter in die Ebene der Namib-Wüste überleitet. An den *Rooirand-* und *Schwarzrandbergen* in Südnamibia und im *Kaokoveld* im Norden bildet sie einen schroffen Felsabfall, der von steilen Tälern und Pässen durchschnitten wird. Im mittleren Teil bricht die Randstufe ab und das Hochplateau senkt sich allmählich zur Namib hinunter. Entlang der Randstufe erheben sich der *Gamsberg* (2351 m), das *Erongo-Massiv* (2350 m) und der *Brandberg,* dessen höchster Gipfel, der Königstein (2579 m) zugleich auch Namibias höchster Berg ist.

An die Randstufe schließt sich **nach Westen** die Wüste an: **Namib,** *die Barriere,* nannten die Nama diese unwirtliche Region, in der es nur wenige Wasserstellen und temporär wasserführende Riviere gibt. Der zwischen 80 und 120 km breite Wüstenstreifen senkt sich langsam von etwa 600 m Höhe am Fuße der Randstufe auf Meeresniveau und endet am Atlantik. Wie ein Schutzschild bewahrte die Namib jahrhundertelang die Völker Zentralnamibias vor dem Eindringen seefahrender Nationen. Die Portugiesen, die vor dieser Küste ankerten, sahen keinen Weg durch die Sanddünen ins Landesinnere.

Nach **Osten** und **Nordosten** zu flacht das Hochland allmählich ab und geht in das Becken der *Kalahari* über – eine Sandwüste auch dies, allerdings durch häufigere Regenfälle und wasserführende Pfannen nicht so lebensfeindlich wie die westliche Namib.

Im Norden schließt an das Hochland eine *Salz-Ton-Pfanne* an, die den Mittelpunkt des *Etosha National Parks* bildet. Nördlich davon verzweigt sich der Kuvelai-Fluß, von Angola kommend, zu einem weitgefächerten

Delta, er versickert in den Sandmassen der Kalahari. Diese Region, *Ovambo,* ist eine der wenigen in Namibia, wo intensiver Ackerbau möglich ist.
Ganzjährig **wasserführende Flüsse** besitzt Namibia nur mit dem *Oranje* im Süden (Grenzverlauf Südafrika) und dem *Kunene, Kavango* und *Zambezi* im Norden (Grenzverlauf Angola/Zambia). Alle anderen Flußläufe, in Namibia **Riviere** genannt, die das Hochland nach Osten bzw. Westen entwässern, sind den meisten Teil des Jahres trocken und führen nur nach Regenfällen für kurze Zeit Wasser. Die wichtigsten Riviere sind im Westen (von Norden nach Süden): der *Hoarusib* (aus dem Kaokoveld), *Hoanib, Huab* und *Ugab* (aus dem Damaraland) sowie *Omaruru, Swakop* und *Kuiseb* aus dem zentralen Hochland. Sie alle münden in den Atlantik, doch nicht immer haben sie genug Wasser, um damit auch das Meer zu erreichen. Im Osten führen *Schwarzer* und *Weißer Nossob, Elefantenfluß* und *Auob* das Wasser vom Hochland hinunter in das Kalahari-Becken. Der *Große Fish River* entwässert das Hochland nach Süden in den Oranje.
Steppen und Halbwüsten prägen den größten Teil Namibias. Die feinen Unterschiede in der Vegetation erscheinen dem nicht botanisch vorgebildeten Besucher meist marginal: Im Süden herrscht *Dornbuschsavanne* vor, in Zentralnamibia weichen die Büsche dem Baumbewuchs mit vornehmlich *Akazienarten.* Erst nördlich von Okahandja sorgt dichtere *Baumsavanne* mit *Mopanebäumen* für ein verändertes Landschaftsbild, das nach Osten hin in die zum Teil urwaldähnlichen Sumpflandschaften des Ost-Caprivi übergeht.
Der **westliche Gürtel** entlang des Atlantik ist reine Wüste. Die Sanddünen erreichen imposante Höhen bis zu 350 Meter und grenzen an mehreren Stellen ans Meer. Dazwischen liegen Kiesebenen, felsige Canyons und Inselberge. Bewuchs gibt es nur im Einzugsbereich des Küstennebels (s.S. 106) und entlang der Riviere.

Klima

Namibia auf der südlichen Hälfte der Erdkugel besitzt einen Europa gegenläufigen Jahreszeitenrhythmus: Während unserer Wintermonate herrscht dort der (Süd-)Sommer, und der europäische Sommer entspricht dem namibischen (Süd-)Winter. *Regen* fällt nur im Südsommer *zwischen November und März.* Intensität und Häufigkeit der Regenfälle nehmen von Nordosten (Caprivi) nach Südwesten (Südnamib) ab. Eine Ausnahme von dieser Regel bildet in guten Jahren der äußerste Süden Namibias, der manchmal vom subtropischen Winterregen des Kaplands profitiert. Somit gehört der größte Teil Namibia zur *semi-ariden Klimazone* des südlichen Afrika.
Innerhalb Namibias lassen sich **drei Klimabereiche** unterscheiden: Im *Nordosten* herrscht wechselfeuchtes Tropenklima vor, das den Ackerbauern in den Regenmonaten (Oktober bis April) im Jahresmaximum 700 mm Niederschlag beschert. Südlich und westlich anschließend empfängt das zentrale *Hochland* bis etwa Windhoek zwischen 300 und 500 mm Regen, der südliche Teil des Hochlandes nur noch 100 bis 200 mm. Diese Region ist nur für die Viehzucht nutzbar. Der *gesamte Westen* (Namib) und der *Süden* zwischen Karasburg und Oranje werden schließlich vom tropischen Halbwüstenklima bestimmt. Niederschläge fallen, wenn überhaupt, bis 100 mm. Eine besondere klimatische Zone bildet der *westliche Rand*

der Namib, dessen Flora und Fauna durch Nebelfeuchtigkeit gespeist wird (s.S. 106).

Wie es für Wüstenlandschaften typisch ist, gibt es große Temperaturschwankungen, vor allem zwischen Tag und Nacht. In Windhoek werden beispielsweise in den Süd-Wintermonaten von Juni bis August Maxima von 20 °C und Minima von 7 °C gemessen; im Süd-Sommer sind es 30 und 12 Grad. Swakopmund am Atlantik besitzt mit Wintertemperaturen von 18 und 9 Grad und Sommerwerten von 20 und 12 Grad keine ausgeprägten Temperaturschwankungen, während Keetmanshoop im ariden Süden mit 22 und 6 Grad im Winter und 35 und 18 Grad im Sommer wieder größere Temperaturunterschiede zwischen Tag und Nacht verzeichnet.

Wasserwirtschaft

Die mageren Regenfälle und zumeist trockenen Flüsse erschweren die landwirtschaftliche Nutzung Namibias. Extensiver Ackerbau ist nur im Nordosten und im Otavi-Bergland („Mais-Dreieck") möglich, einer wasserreichen Karstlandschaft, in der Weizen und Mais angebaut werden.

Doch auch für die im größten Teil Namibias praktizierte Viehzucht (Rinder in Zentralnamibia, im Süden hauptsächlich Schafe) benötigt man Wasserstellen. Die Farmer lösen dieses Problem durch das Bohren von Brunnen und den Bau von Dämmen (Dam bedeutet in Namibia Stausee) in den Rivier-Betten.

Mehrere große Wasserreservoirs wurden angelegt, um damit die Städte und agraren Gebiete versorgen zu können: Der größte ist der *Hardap Dam* bei Mariental mit über 300 Millionen m^3 Fassungsvermögen, in dem sich der Fish River staut. Windhoek wird durch den *Goreangab Dam* (ca 4,7 Mio. m^3) versorgt.

Etwa 300 Millionen Kubikmeter Wasser werden jährlich in Namibia verbraucht, allein zwei Drittel in der Landwirtschaft (Bewässerungsprojekte 130 Mio. m^3, Viehzucht 67 Millionen m^3), 52 Millionen m^3 von den städtischen Gemeinden und 34 Mio. m^3 in ländlichen Gebieten, 15 Mio. m^3 benötigt die Industrie.

Bedenkt man dabei, daß etwa 83 % des *Regenwassers* durch Verdunstung verlorengehen, bleibt von den ohnehin spärlichen Regenfällen nur ein Siebtel der Landwirtschaft erhalten, und davon wird wiederum ein Großteil von der Vegetation aufgenommen. Nur 1 % des Regenwassers gelangt in die grundwasserführenden Erdschichten, etwa 2 % tragen zur Auffüllung der Reservoirs bei (Quelle: Allgemeine Zeitung, 13. Oktober 1995).

Da die Wasserprobleme mit den bestehenden Stauseen langfristig nicht in den Griff zu bekommen sind, wird seit längerem über den Bau einer Wasserleitung vom Kavango nach Zentralnamibia nachgedacht. Um das Wasser über eine so große Entfernung zu pumpen, benötigt man allerdings auch Energie, an der es in Namibia fast ebenso sehr mangelt wie an Wasser. Dieses Defizit wollte man bereits unter südafrikanischem Mandat ausgleichen, und zwar durch den Bau eines Staudamms mit Kraftwerk am *Kunene,* das Namibias Energiebedarf decken sollte. Bis heute befindet sich dieses Projekt in der Planungsphase. Rentabilitätsstudien und Untersuchungen über die ökologische Verträglichkeit sollen nun die Zukunft dieses sehr umstrittenen Projektes (s.S. 411f) klären.

Exkurs: Trockenflüsse als Wasseradern

Man mag es kaum glauben, wenn man die staubtrockenen Flußbette sieht, die als Riviere, oshana oder omiramba bezeichnet werden – dies sollen die wichtigsten Wasseradern des Landes sein ...? Auch wer in der Regenzeit erlebt, mit welcher Wucht ein Rivier *abkommen* kann, wird sein Augenmerk wohl mehr auf die Zerstörungen richten, die dadurch angerichtet werden, als auf den positiven Nutzen.

Die meisten Riviere führen nur wenige Wochen im Jahr Wasser, manche sogar nur alle paar Jahre einmal und fast alle nur auf bestimmten Teilabschnitten, selten auf der gesamten Länge. So kann der Swakop durchaus die Farmen in seinem Oberlauf mit Wasser beglücken, die Fluten des Atlantik erreicht der nasse Segen nur selten. Je nachdem, wie stark das Wasser fließt, sprechen die Farmer von einem *gut* oder *schlecht abgekommenen* Rivier.

So schnell das Wasser gekommen ist, so schnell versickert es auch wieder in den zumeist sandigen Flußbetten. Wie ein Schwamm saugen sich die Flußsande mit der Feuchtigkeit voll und leiten sie an darunterliegende Hohlräume weiter. Dort, wo Felsstufen ein weiteres Absinken des Wassers verhindern, staut sich die Feuchtigkeit im Sand und bildet einen natürlichen Sand-Damm, dessen Speicherfähigkeit sich das Wild zunutze macht, das nur tief genug graben muß, um an stehendes Wasser zu gelangen.

Um die Wasserversorgung der Farm zu sichern, werden Bohrlöcher eingebracht, mit denen man an die tiefen, wasserführenden Schichten gelangt und das Wasser dann meist mittels Windkraft nach oben pumpt (die weißen Windräder zeugen davon). Eine längerfristige Wasserspeicherung macht sich aber aktiv das Abkommen der Riviere zunutze, indem die anströmenden Wasserfluten mit einer Staumauer aufgefangen und gestaut werden. Solche Dämme verlieren allerdings sehr viel Wasser durch die hohe Verdunstung. Manchmal greifen die Farmer deshalb auch auf die natürliche Wasserspeicherfähigkeit des Sandes zurück. Dort, wo die geologischen Gegebenheiten es zulassen, wird Wasser in einem „Sand-Damm" aufgefangen. Dieser wird an Stellen angelegt, wo sich im Flußbett Sandablagerungen aufgehäuft haben. Deren Speicherfähigkeit wird durch den Bau einer Staumauer und Aufschütten von zusätzlichem Sand erhöht. Wenn das Rivier fließt, versickert das Wasser im Sand-Damm, bis es die tieferen, wasserundurchlässigen Gesteinsschichten erreicht. Aus dem Reservoir kann das Wasser dann mit Hilfe von Pumpen an die Oberfläche geholt werden.

Geologie

Ein Blick in die Entstehungszeit der Erde

Namibias Landschaften sind ein Leckerbissen für jeden, der sich für Geologie interessiert. Während die ältesten Gesteinsschichten aus der Frühzeit der Erde in Europa durch Sedimente (Sand, Kies) überdeckt sind, hat die geologische Entwicklung Namibias eben diese Gesteine an vielen Stellen wieder freigelegt. Die untersten Schichten des Fish River Canyon sind bis zu einer Milliarde Jahren alt! Offenliegende Gesteine findet man aus jeder Epoche der Erdgeschichte, vielerorts sind sie so deutlich erkennbar, daß sich ihre Bedeutung auch geologischen Laien erschließt.

Drei große Landschaftsräume kann man in Namibia unterscheiden: **die beiden Wüstenebenen im Westen (Namib) und Osten (Kalahari)** und dazwischen das **zentrale Hochland** mit der Großen Randstufe, die in die Namib überleitet.

Die Namib

Der Wüstenstreifen zwischen Atlantik und Hochland zieht sich entlang der gesamten Westküste Namibias. Er wird häufig als die geologisch „älteste" Wüste der Welt bezeichnet, das heißt, er ist früher entstanden als andere Wüstengebiete, wie die nordafrikanische Sahara oder die Wüste Gobi in China. Die Namib wurde in Trockenperioden ausgeformt, die vor ungefähr drei bis vier Millionen Jahren, abwechselnd mit feuchteren Epochen, das Klima des südlichen Afrikas bestimmten. Zugleich wurden durch die Erosion Gesteine zu Sand geschliffen und durch den Wind als Dünenriegel an der Küste aufgeweht, oder durch Flüsse ins Meer gespült und durch Meeresströmung und Winde an der Küste verteilt. In der namibisch-geologischen Geschichte gehören die Sedimentablagerungen der Namib, ebenso wie die der Kalahari, zu den jüngsten geologischen Erscheinungen.

Während in der Sahara Felsbilder von feuchteren Perioden und vom Hirtenleben der Menschen noch vor etwa 10.000 Jahren berichten, ist die Namib also schon weitaus länger ein unfruchtbares, nicht oder nur temporär bewohnbares Gebiet. Doch archäologische Funde belegen, daß auch in der Namib Menschen gelebt haben. Man hat runde Steinsetzungen und Abfallhaufen vornehmlich entlang der Küste ausgegraben.

Die spektakulärsten Wüstenformationen sind die *Dünen,* die sich entlang der Küste und am südwestlichen Rand der Großen Randstufe zu einem wahren Sandgebirge (um Sossusvlei) türmen. Die dort vorherrschende Form der Sterndünen entsteht durch Winde, die Sand aus verschiedenen Richtungen anwehen. Sie besitzen mehrere Kämme, die von der Dünenspitze aus sternförmig auslaufen. Westlich von dieser Sterndünen-Region schließt sich ein Streifen Nord-Süd gelagerter Längsdünen an, die bis zu 50 km Länge und bis zu 100 Meter Höhe erreichen können. Entlang der Küste gehen sie in *Barchanen,* sichelförmige Dünen, über, die vom Südwind geformt werden und stetig nach Norden wandern.

Im zentralen Teil der Namib, den man auf dem Weg von Windhoek nach Swakopmund und Walvis Bay durchquert, präsentiert sich die Wüste als monotone Kiesebene, in die die Riviere Swakop und Kuiseb Canyons geschnitten haben. Entlang dieser Flußläufe sind an manchen Stellen wahre Oasen der Vegetation entstanden: Büsche, Bäume und Wild nähren sich vom oberflächlichen Wasser der Trockenflüsse (s. Exkurs S. 94). Dazwischen erheben sich Inselberge und vom Sand abgeschliffene Granitkuppen.

Nördlich des zentralen Teils wechseln sich Dünen- und Kieswüste mit den breiten Flußbetten der Riviere ab. Die **„Skelettküste"** steht als Nationalpark unter Naturschutz und ist in ihrem nördlichsten Teil als Konzessionsgebiet eines Reiseunternehmens nur in organisierten Touren befahrbar. In diesem Gebiet gibt es spektakuläre Lehmformationen, die prähistorischen Burgen ähneln, und das Phänomen der „brüllenden Dünen": wenn Wind die feinen Sandkörner auf den Dünen in Bewegung setzt, entsteht ein eigenartig schnarrendes Geräusch!

Die Kalahari Sie umschließt das namibische Hochland wie ein Halbmond von Osten und Norden. Der Ursprung dieser Wüstenlandschaft liegt 500 Millionen Jahre zurück, als sich auf Grund von Hebungen der umliegenden Länder eine große Senke bildete, die im Verlauf von Jahrmillionen mit Sedimenten aufgefüllt wurde. Die für die Kalahari typischen, von Norden nach Süden verlaufenden Längsdünen wurden schließlich vor etwa drei Millionen Jahren durch die vorherrschenden Winde aufgeworfen; sie verlaufen parallel zueinander und können eine Länge bis zu 50 km erreichen. Ihr Sand besitzt durch den hohen Eisenoxidgehalt des Bodens eine rötliche Färbung. Die Senken (Pfannen) der Kalahari sind ebenfalls eine Folge der Winderosion. Ihr Boden ist nicht so wasserdurchlässig wie der lockere Kalaharisand, so daß hier Wasser über längere Zeit stehen kann.

Im Gegensatz zur Namib liegt die Kalahari in einer Klimazone, die für gelegentlichen Regen und damit auch für Pflanzenwachstum sorgt. So ist das typische Kalahari-Erscheinungsbild nicht ein vegetationsloses Dünenmeer, sondern eine von Büschen und Bäumen bewachsene Landschaft, die beispielsweise im *Kaudom-Wildpark* oder in den *Tierreservaten Botswanas* erstaunlich dichte, urwaldähnliche Form annehmen kann. Sie wird von Trockenbetten durchzogen, die hier *omiramba* heißen. Sie alle verlaufen parallel zur Dünenrichtung und scheinen auf das Delta des Okavango/Kavango in Botswana zuzustreben. Tatsächlich funktionieren die Omiramba wie Wasseradern, die in der Regenzeit das kostbare Naß zum Okavango hinleiten und in der Trockenzeit aus dessen Delta unterirdisch Wasser ansaugen. Je nach Vegetation werden verschiedene Kalahari-Formen unterschieden, so beispielsweise die *Salz-Ton-Pfannen,* deren größte Etosha ist, und das *Sandveld,* eine mit Dornbüschen bewachsene Wüste, in die die Herero nach ihrer Niederlage am Waterberg flohen und dort verdursteten (Omaheke-Wüste).

Gleich hier ein praktischer Hinweis: Jeder, der mit dem eigenen Fahrzeug in der Kalahari reist, sollte dies mit dem nötigen Respekt tun: der Sand ist fein und unendlich tief. Im Kaudom ist deshalb unbedingt Fahren im Konvoi angeraten!

Das zentrale Hochland

Wie eine von Riesen erbaute Festung überragt es die Wüsten, die es einschließen. Das Hochland ist die Region Namibias, in der seit Menschengedenken Völker als Viehzüchter und Jäger eine Überlebensgrundlage fanden, und auch heute noch ist es der wirtschaftliche, politische und administrative Mittelpunkt des Landes, obgleich mehr als die Hälfte der Bevölkerung nicht hier, sondern in dem fruchtbaren Gürtel nördlich von Etosha, in Ovambo, Kavango und Caprivi, lebt.

Das zentrale Hochland oder *hardveld* endet gen Westen abrupt an der *Großen Randstufe* (Escarpment) und dacht sich nach Osten hin allmählich zum Kalahari-Becken hin ab. Es ist durch tektonische Hebungen entstanden, die vor etwa 500 Millionen Jahren den gesamten südafrikanischen Raum aufgeworfen haben. Später wurden durch vulkanische Tätigkeit und Ablagerung von Sedimenten neue Gesteinsschichten aufgebaut und schließlich von der Erosion wieder abgetragen. So wurden die Gebirgslandschaften und Inselberge des nördlichen Hochlands ausgeformt.

Das *südliche Plateau* bildet dagegen eine weitgehend ebene Landschaft, die von tiefen Schluchten durchschnitten wird. Diese Canyons sind ebenfalls durch Erdbewegungen entstanden und wurden dann von der Kraft des Wassers immer tiefer ausgewaschen.

> **Exkurs: Die wichtigsten geographischen Begriffe in Namibia**
>
> **Dam** Staumauer und Stausee
>
> **Koppje** Hügel
>
> **Oshana** temporär wasserführende Rinne im Ovamboland, die nicht so tief eingeschnitten ist wie ein Rivier und sich auch nicht deutlich von der Umgebung absetzt.
>
> **Pad** Weg, als Teerpad wird die asphaltierte Straße bezeichnet.
>
> **Rivier** Fluß. Fast alle Riviere führen nur temporär Wasser (sie „kommen ab"), die meiste Zeit des Jahres sind es Trockenflußbetten, in denen wegen des häufig oberflächennahen Wassers Brunnen gebohrt und Wasserstellen angelegt werden. Im Nordosten Namibias (Buschmannland) werden die Riviere *omiramba* genannt (Sing. *omuramba*).
>
> **Veld** Weites, offenes Land; spezifiziert als *sandveld* = Sandwüste; *hardveld* = Felsland (Hochland).
>
> **Vlei** Senke, in der sich nach Regenfällen oder bei gut abkommendem Fluß (wie im Sossusvlei) Wasser sammelt. Durch die schnelle Verdunstung steht auch in den Vleis die meiste Zeit des Jahres kein Wasser. Oft lösen die Regenfälle im Boden gebundene Salze, so daß nach der Verdunstung eine Salzschicht auf dem Boden des Vlei übrigbleibt, die vom Wild als Salzlecke geschätzt wird. Ein großes Vlei wird *Pfanne* genannt (Etosha-Pfanne).

Gesteine und Schätze im Erdinneren

Gesteine sind aufgebaut aus Mineralien, Bruchstücken von Gesteinen, Mineralien oder Organismenresten. Nach ihrer Entstehung unterscheidet man *magmatische, sedimentäre* und *metamorphe* Gesteine. Die meisten Erstarrungsgesteine *(Magmatite)* stammen in Namibia aus der Frühzeit der Erdgeschichte, als tektonische Bewegungen den halbflüssigen Gesteinsmassen aus dem Erdinneren immer neue Wege an oder bis unter die Erdoberfläche eröffneten. Sedimentgesteine *(Sedimentite)* gehören zu den späteren Phasen, in denen Meeresablagerungen die älteren Schichten überdeckten. Durch den Druck von Auffaltungen, durch chemische Prozesse im Erdinneren oder durch das Gewicht auflagernder Sedimente wurden diese ältesten Schichten zu metamorphen Gesteinen (den Zustand wandelnd) gepreßt: aus Tonschiefer entstand Schiefer, aus Sandstein Quarzit und aus Graniten Gneise. Diese Gesteinsschichten sind besonders hart und erosionsresistent und enthalten wertvolle Mineralien. Fünf große gesteinsbildende Perioden kann man in Namibia unterscheiden:

– Die in der **Erdfrühzeit**, dem älteren Präkambrium (bis etwa 900 Millionen Jahren vor unserer Zeit) gebildete Gesteine wurden durch den Druck darauffolgender Schichten in metamorphes Gestein gewandelt. Es enthält Quarzite, Gneis, Lava- und Graniteinschlüsse. Im jüngeren

– **Präkambrium** (bis etwa 570 Millionen Jahren) wurden die sogenannten *Damara*-Schichten gebildet. In ihnen lagern die meisten Erze, wie Kupfer, Eisen, Zinn, Uran etc. Die Damara-Schichten bestehen aus Meeresablagerungen (Schlamm, Sand) und vulkanischem Gestein, das wiederum einer Metamorphose unterzogen wurde. Neben Dolomiten entstand so auch Marmor und Gneis. Erdhebungen brachten diese Schicht vor etwa 450 Millionen Jahren an die Oberfläche. Alle wichtigen Erzlagerstätten Namibias liegen in den Damara-Schichten.

– Im **Kambrium** (vor 470 Millionen Jahren), das in Namibia als *Nama*-Periode bezeichnet wird, waren große Teile des Landes wieder von Meer bedeckt. Erneut lagerten sich Sandstein und Schiefer ab. Sie werden Post-Damara-Schichten genannt. Eine Lücke von fast 300 Millionen Jahren liegt zwischen ihnen und der darauffolgenden
– **Karoo-Formation,** die vor etwa 180 Millionen Jahren (Mitte des Paläozoikums) durch erneute vulkanische Tätigkeit viele Teile des südlichen Afrika mit Lava bedeckte. Sie überlagerte als Basaltschild die älteren Gesteine und schützte sie dadurch vor weiterer Erosion. So wurden beispielsweise auch die Sandstein-„Hügel" der Nama-Zeit konserviert, der spätere „Unterbau" der Sanddünen. Über das geologische Geschehen zwischen Post-Damara und Karoo-Schichten ist nichts bekannt, die Gesteine sind wahrscheinlich von der Erosion wieder zerstört worden. In dieser Zeit haben auch die Dinosaurier ihre Fußspuren im Schlamm, der später zu Sandstein verbuk, hinterlassen.
– In der **Kreidezeit** begann ein Prozeß, der für die wirtschaftliche Entwicklung Namibias größte Bedeutung bekommen sollte: Der Oranje schwemmte, aus Südafrika kommend, Diamanten an die namibische Küste an, die sich in seinem Bett und im Sand entlang der Küstenlinie ablagerten.
– **Erdneuzeit** (Tertiär und Quartär) wird der jüngste geologische Zeitraum genannt. Es ist die Phase, in der die aufgebauten Gesteinsformationen von den Kräften der Erosion wieder abgetragen wurden: ausgewaschen durch Flüsse und Regen, abgeschliffen durch Sand und Wind, gespalten oder mit „Wüstenlack" überzogen durch Hitze (und Kälte). So entstanden auf der Grundlage der Urdünen aus der Karoo-Zeit (s.o.) die Wüsten Namib und Kalahari: Auf die Erhebungen wurde erodiertes Gestein, also Sand und Kiesel, geweht. Es lagerte sich ab und bildete im Laufe der Zeit die aus der Namib bekannten Dünenformationen.

Exkurs: Gesteine

Magmatite sind das Endprodukt erstarrenden Magmas – ganz gleich, ob sich dieser Prozeß im Erdinneren (Plutonite: Granit) oder an der Erdoberfläche (Vulkanite: Basalt) vollzogen hat.

Sedimentite entstehen durch mechanische oder chemische Verwitterung von Gesteinen aller Art und unter Mitwirkung von Organismen. Die Verwitterungsprodukte können im Wasser (z.B. Kalkgestein) abgelagert werden oder beispielsweise durch Windkraft umgelagert werden (Sanddünen). Typisch ist die vielfach schichtartige Struktur.

Metamorphite entstehen, wenn Gestein durch tektonische Veränderungen ins Erdinnere gelangt und durch Einflüsse wie hohe Temperatur oder hohen Druck umgewandelt wird. Auch hier sind Schichtungen (Schieferung) häufig.

Wichtige Gesteine in Namibia

Sandstein aus Ablagerungen von Sand und Bindemitteln (Ton, Kalk, Eisen) entstandenes Gestein, häufig mit pflanzlichen Spuren. Typisch: die horizontale Schichtung. Beispiel: Sandstein-Escarpment am Waterberg (s. Route 7a, S. 367).

Schiefer Metamorphit. Die darin enthaltenen Mineralien richten sich durch hohen Druck einseitig aus und lassen das Gestein in dünnen, übereinanderliegenden Platten brechen.

Granit	körniges Tiefengestein, das sich aus Quarz, Feldspat und Glimmer zusammensetzt. In der Damara-Periode ist der Granit durch Druck, chemische Prozesse oder Hitze (eindringendes Magma) metamorph überprägt worden. Je nach Einfluß der Erosion (Temperatur, Sandstrahlgebläse) verwittert Granit zu unterschiedlichen Formen. In Namibia häufig und schön zu beobachten: die runden *Wollsack-Granite*, z.B. an der Spitzkoppe (s. Route 8, S. 378f) und Granitkuppen mit zwiebelschalenförmig abblätternder Oberfläche, wie beispielsweise an der Blutkuppe (s. Route 6, S. 337).
Basalt	Lava, die an der Luft zu einem sehr harten und widerstandsfähigen, fast schwarzem Gestein erstarrt ist (Karoo-Periode).
Dolomit	gegenüber Kalkstein sehr widerstandsfähiges Gestein von gelblich-brauner Farbe, das in Namibia im Kambrium gebildet wurde; Hauptbestandteil ist Calcium-Magnesium-Carbonat.
Dolerit	grobkörnige Basaltform; häufig als Gänge in anderem Gestein.
Kimberlit	diamantenführender Schlot, auch „pipe" genannt. Häufig in Südnamibia, allerdings nicht diamantenhaltig; vor der Küste gibt es auch submarine Kimberlite.
Marmor	metamorph überprägter Kalkstein mit verschiedenen anderen mineralischen Beimengungen und entsprechend unterschiedlicher Färbung und Struktur. Fundort in Namibia: Karibib.

Gesteinsformationen

Damara-Formation	mit die ältesten geologische Schichten aus metamorphem Gestein, besonders mineralienhaltig. Sie wurden durch Meeresablagerungen gebildet und durch Faltung und Erosion vielerorts in Namibia freigelegt; Beispiel: Kaokoveld.
Nama-Formation	In der Post-Damara-Epoche (auch Kambrium) angelagerte Sandstein- und Schieferschichten, Basis der Karoo-Formation. Durch die klare Schichtung sind sie deutlich zu erkennen. Beispiele: Fish River Canyon und Schichtstufenlandschaft entlang des südlichen Escarpments.
Karoo-Formation	Durch die vulkanischen Aktivitäten in dieser Periode mit erstarrter Lava überdeckte Gesteine u. Lava-Formationen; Gesteinsarten sind Basalte u. Dolorite.

Weitere geologische Begriffe

Urdünen	Hügelähnliche Gesteinsformationen der Nama-Epoche, die durch vulkanische Tätigkeit in der Karoo-Zeit von Basalt überdeckt und dadurch nicht weiter erodiert wurden. Wird darüber Sand angeweht, entstehen die für die Namib und Kalahari typischen Sanddünen.
Karst	Landschaftsform aufgebaut aus Kalkgestein, das durch chemische und mechanische Erosion unterhöhlt wurde. In den unterirdischen „Speichern" sammelt sich Regen und durch Riviere herangeführtes Wasser. Stürzt die Decke einer solchen Karsthöhle ein, bilden sich muldenförmige Vertiefungen (Dolinen) oder Seen. Beispiel: Otjikoto Lake bei Grootfontein (s. Route 7, S. 361f).
Intrusion	Vulkanisches Tiefengestein dringt in Spalten und Klüfte von darüberliegenden Gesteinsschichten ein und erstarrt. Erosion trägt die weicheren Schichten ab und legt schließlich das harte magmatische Gestein frei. Beispiel für ringförmige Intrusion: Brukkaros (s. Route 2, S. 261).
Alluviale Sedimente	durch Wasser angeschwemmte Ablagerung. Beispiel: diamantenführende Sande an der Oranjemündung; **Aeolische Sedimente:** Ablagerung durch Winderosion, die Dünen. **Submarine Sedimente:** Ablagerung aus Zeiten, in denen das Land von Meer bedeckt war.

- ▲ **Versteinerte Bäume bei Khorixas** (s.S. #395)
- ▼ **Blick in die Erdgeschichte**

Schätze im Erdinneren – Namibias natürliche Ressourcen

Die geologische Entwicklung hat Namibia einen großen Mineralienreichtum beschert, die Entstehungsorte oder ursprünglichen Ablagerungsstätten sind aber im Lauf der Erdgeschichte durch die immer neuen Erdbewegungen teils schwer zu erreichen, teils so verstreut, daß die Förderung von Bodenschätzen sehr aufwendig ist. Die bedeutendsten Fundstätten liegen entlang der Randstufe und hier besonders in der Lücke zwischen nördlichem und südlichem Escarpment-Verlauf sowie im Karstgebiet um Otavi/Tsumeb/Grootfontein und in der Südnamib. Gefördert werden *Diamanten* (Sperrgebiet in der Südnamib), *Uran* (Rössing-Mine bei Swakopmund) und *Kupfer, Zink, Blei* (bedeutendste Minen bei Tsumeb und Grootfontein). *Gold* wurde bei Karibib gefunden, wo auch *Marmor* abgebaut wird. Der Goldgehalt des Gesteins ist zwar nicht hoch, bringt aber doch beständig steigende Erträge. *Salz* wird in Namibia dem Meer entzogen. Bei Walvis Bay gibt es eine große Salzgewinnungsanlage, in der man das Mineral mittels Verdunstung aus dem Meerwasser gewinnt.

Diamanten wurden wahrscheinlich durch den Oranje in die Südnamib geschwemmt. Zwar besitzt auch Namibia Kimberlite, das heißt Schlote vulkanischen Ursprungs, in denen diamantenführendes Gestein aus dem Erdinneren nach oben gedrückt wird, doch konnten darin bislang keine Diamanten gefunden werden. So beschränkt sich die Förderung auf die Südnamib, wo im Tagebau nach den bis zu 20 Meter unter den Sandmassen lagernden Edelsteinen gegraben wird. Neuerdings werden neue, submarine Lagerstätten vor der Bergbaustadt Oranjemund prospektiert. Die Sortierung der Steine erfolgt im CDM-(Consolidated Diamonds Mines)Center in Windhoek.

Mit **Uran** angereicherter Granit wurde am Rössing-Berg, 65 km nordöstlich von Swakopmund, mitten in der Namib-Wüste, entdeckt. Auch hier wird im Tagebau gearbeitet. Der riesige Krater, den die überdimensionalen Bagger in die Bergflanke gegraben haben, soll noch Uran für weitere 25 Jahre liefern. Wenn die Mine erschöpft ist, wird er eine Tiefe von 450 Metern, eine Länge von drei Kilometern und eine Breite von zwei Kilometern erreichen! Das gesamte Gelände von Rössing umfaßt ein Gebiet von 100 qkm. Neben der Mine ist eine Aufbereitungsanlage und eine Bergbaustadt für die Arbeiter (Arandis) entstanden. Die beim Abbau und der Verarbeitung freigesetzte Radioaktivität und die Abfallprodukte bilden trotz der ergriffenen Vorsorgemaßnahmen eine große Belastung für die Umwelt und für die Gesundheit der Minenarbeiter (nähere Informationen siehe S. 392, Route 8c).

Im Gegensatz zur Rössing-Mine und CDM, die weitab der Zivilisation mitten in der Wüste liegen, befinden sich die Erzlagerstätten des Kupferdreiecks mitten in Farmgebiet zwischen Tsumeb und Grootfontein, das wegen seines besonderen Wasserhaushalts gleichfalls für den Ackerbau geeignet ist und deshalb auch „Maisdreieck" genannt wird. Die Erzlagerstätten am „Kupferberg" waren den namibischen Völkern seit Jahrhunderten bekannt und wurden von den San ausgebeutet, die ihre Erze gegen Waren der Ovambo-Händler tauschten. Die **Tsumeb-Mine** gilt wegen ihres Mineralienreichtums als vielseitigste der Welt. Etwa 54 km entfernt liegt die ähnliche bedeutende **Kombat-Mine**, ebenfalls mit Kupfer, Zinn,

Silber und zahlreichen Nebenprodukten. In der Nähe von Grootfontein, an der dritten Spitze des Dreiecks, wurden neue Erzlagerstätten entdeckt, die den Gehalt der bislang ausgebeuteten Minen angeblich noch in den Schatten stellen!

Zur Prospektion möglicher Erdgas- und Ölvorkommen hat die staatliche Gesellschaft National Petroleum Corp. of Namibia (Namcor) Konzessionsgebiete an mehrere internationale Ölmultis vergeben. Besonders erfolgversprechend ist das **Kudu-Erdgasfeld** vor der südnamibischen Küste.

Wirtschaftlich unbedeutend, für den Sammler aber geradezu fantastisch, ist der Reichtum an **Mineralien,** über den man in Namibia sozusagen auf Schritt und Tritt stolpert. Bekannte Fundstätten sind beispielsweise der „Achatstrand" bei Lüderitz und der „Rosenquarzberg" in der Nähe von Ai-Ais. Daneben können auch Amethyste, Pyrite, Turmaline, Malachite, Jaspis und Tigeraugen gefunden werden. Sandrosen sind allerdings nicht so zahlreich wie in der Sahara, sie stehen unter Naturschutz und dürfen nicht entfernt werden.

Tier- und Pflanzenwelt Namibias

Klima und Landschaftsformen erfordern von Pflanzen und Tieren einen hohen Grad an Anpassung an extreme Temperaturunterschiede und Aridität. So herrschen in der südlichen Hälfte Namibias und im westlichen Teil vor allem wüstenangepaßte Pflanzen vor, deren herausragende Fähigkeit darin besteht, das seltene Wasser zu speichern oder dank tiefer Wurzeln wasserführende Schichten anzuzapfen. Fast alle Büsche und Bäume schützen sich gegen Wildfraß durch Dornen oder Gift. Ihre Samen können lange Trockenperioden überdauern und treiben bei ausreichender Feuchtigkeit aus.

Ähnlich spezialisiert ist auch die **Fauna:** die Tiere sind in der Lage, längere Trockenperioden zu überstehen und ihren Wasserbedarf durch bestimmte Futterpflanzen und -tiere zu ergänzen. Außerdem besitzen sie einen sicheren Instinkt beim Auffinden von oberflächennahem Wasser, beispielsweise in Rivieren.

Ein deutlicher Vegetationswechsel wird sichtbar, je weiter man von Windhoek nach Norden kommt. Die Buschsavanne weicht immer dichterem Baumbestand, und schon bald begrenzen Baumsavannen und Galeriewälder entlang der Riviere die Straße. Hier kann auch Wild überleben, für das reichlich Grünfutter die Basis der Ernährung bildet und das auf regelmäßige Wasserversorgung angewiesen ist. Früher war diese Region der Lebensraum der „Big Five": Löwen, Elefanten, Nashörner, Büffel und Leoparden. Heute sind sie vornehmlich auf Naturschutzgebiete und private Wildparks beschränkt.

Dichte Trockenwälder bedecken den schmalen Landstreifen des Caprivi Strip im Nordosten. Entlang der wasserführenden Flüsse Kavango und Linyanti bilden sich Sümpfe mit ihrer typischen Artenvielfalt der Flora und Fauna.

Natürlich kann diese Einteilung der Fauna und dem Pflanzenbewuchs Namibias nur oberflächlich gerecht werden. Der namibische Botaniker W. Gieß unterscheidet in seiner 1971 erschienenen „Vegetationskarte Südwestafrikas" drei Vegetationszonen: Wüsten, Savannen, Trockenwälder, mit insgesamt 14 Untertypen. Einen sehr anschaulichen und guten Überblick über die verschiedenen Gewächse, ihre Eigenschaften und Verbreitungsgebiete enthalten die Naturführer von Patricia Craven und Christine Marais, die jedem Interessierten unbedingt zu empfehlen sind. Wichtige Informationen über die Pflanzen- und Tierwelt der Nationalparks enthält auch das 1994 erschienene Handbuch „Nationalparks in Namibia". (Angaben zu den Büchern siehe „Literaturhinweise" S. 496).

Lebensraum Wüste

Pflanzenwelt

In den Wüstengebieten beschränkt sich die Vegetation, abgesehen von den Rivierbetten, auf bodennahe Büsche und Gräser, die nach den seltenen Regen aus dem Boden sprießen. Ein typischer Wüstenvertreter ist beispielsweise der **Talerbusch** (Zygophyllum stapffii), ein niedriger, bis zu einem Meter hoher Busch, der seinen Wasserhaushalt aus bodennahen Schichten und aus der Nebelfeuchte (s. Exkurs S. 106) bestreitet. Charakteristisch sind seine talerförmigen, fleischigen Blätter, in denen er das Wasser speichern kann. Ist sein Wasserhaushalt reduziert, fallen die Blätter ab. Vor der Verdunstung schützt sich der Talerbusch, indem er in den heißen Stunden des Tages seine Blattflächen von der Sonne abwendet, so daß nur die Blattkanten erwärmt werden. Er wächst auch in sandigen Gebieten entlang der Küste, bevorzugt aber in der Zentralnamib.
Hier ist, auf felsigem Untergrund, häufig auch der **Balsamstrauch** (Commiphora saxicola) zu finden, der in begünstigteren Regionen zu einem stattlichen Baum auswachsen kann. In der Namib erreicht dieser Verwandte der arabischen Myrrhe allerdings nur geringe Höhen und gleicht mit seinem gedrungenen Stamm und den wurzelähnlich ausgebreiteten Ästen, die mit gelblicher Rinde überzogen sind, eher einem mythischen Gnom. Blätter trägt er selten, dafür locken aber seine leuchtend-orangen Früchte die Vögel an.
Leicht zu identifizieren ist auch die **Buschmannkerze** (Sarcocaulon marlothii), die zu den sukkulenten – den wasserspeichernden – Gewächsen gehört. Sie ist oft genauso hoch wie breit (bis zu 1,20 m), ihre Äste tragen Dornen, manchmal nierenförmige Blätter und lila Blüten, deren Früchte vom Wind weitergetragen werden. Das herausragende Merkmal der Buschmannkerze ist aber ihre wachshaltige Rinde, die das im Gewebe abgelagerte Wasser vor Verdunstung schützt und tatsächlich wie eine Kerze brennen kann.
Dort, wo die Bodenfeuchtigkeit es zuläßt, also meist entlang der Riviere, recken verschiedene Akazienarten ihre dornigen Zweige in den Wüstenhimmel. Ihr bekanntester Vertreter ist der im „Südwester-Lied" verewigte **Kameldorn** (Acacia erioloba), erkennbar an den bis zu 10 cm langen, an Erbsenschoten erinnernden Samenhüllen, die eine leicht samtige, graue Oberfläche haben. In ariden Regionen – der Kameldorn wächst auch in feuchteren Gebieten Zentralnamibias – bleibt der Baum niedrig und geduckt und verzweigt sich oft in mehrere, umeinander verschlungene Stämme mit einer weiten, schattenspendenden Krone, unter der sich gerne auch Wild aufhält. Gefürchtet sind seine paarweise angeordneten Dornen, die besonders junge Akazien vor dem Verbiß schützen. Sein Holz ist sehr hart und widerstandsfähig, weswegen der Kameldorn auch von den frühen Siedlern als Baumaterial geschätzt wurde. Heute steht er unter **Naturschutz**.

Sein großer Bruder ist der **Anabaum** (Acacia albida), wegen seines weißlichen Holzes auch „Weißholz" genannt. Der Anabaum ist mit bis zu 30 Metern Höhe die größte Akazienart des südlichen Afrika. Seine Zweige fallen von der weiten Krone bis dicht an den Boden hinunter und bilden so wahre Schattenoasen. Er besitzt eine grünlich-graue Rinde, filigranes, hellgrünes Blattwerk, das er in der Regenzeit abwirft, und bis zu 4 cm lange Dornenpaare.

Sandige, salzhaltige Böden, wie sie viele Rivierbetten besitzen, liebt die besonders zart erscheinende, aber durchaus widerstandsfähige **Tamariske** (Tamarix usneoides), die mit ihren fedrigen Blättern und den nach unten gebogenen Zweigen ein bißchen aussieht wie eine Zypresse.

Ebenfalls in Rivierbetten sieht man häufig den **Ebenholzbaum** (Euclea pseudebenus) mit weit herunterhängenden Ästen, dessen schwarzes Holz an echtes Ebenholz erinnert.

Ein besonders schönes, aber für jeden Wanderer zugleich unangenehmes Geschöpf ist der **Morgenstern** (Tribulus terrestris) mit seinen leuchtend gelben Blüten. Die niedrigwachsende Pflanze überzieht mit Vorliebe Land, das durch Erosion oder Verbiß bereits seiner erhaltenden Pflanzendecke beraubt ist. Ihr afrikaanser Name **Piekers** sagt aus, was die hübschen Blüten und die tiefgrünen, fedrigen Blätter verbergen: heimtückische Dornen, die an Kleidung und vor allem an Schuhen hängenbleiben und sich mit der Zeit immer tiefer bohren.

Zwei berühmte, endemische Pflanzenarten wachsen in der Namib: Die **Nara** (Acanthosicyos horridus) ist besonders in den Dünengebieten um Walvis Bay beheimatet und bevorzugt die Rivierbetten, von deren Grundwasser sie sich ernährt. Als dichtes, dornenbewehrtes Strauchwerk überzieht sie den sandigen Boden, und da sie keine Blätter besitzt, haben ihre Zweige die Aufgabe der Photosynthese übernommen. Nahrhaft sind ihre großen, runden Früchte mit gelblicher Schale, deren orangefarbenes Fruchtfleisch sehr wasserhaltig ist und deren Kerne wegen ihres Fettgehaltes geschätzt sind (daher auch der afrikaanse Name butternut). Sie war eines der Hauptnahrungsmittel der Topnaar-Nama, die das Fruchtfleisch zu Streifen schnitten und trockneten und mit dem aus den Kernen gewonnenen Fett Gesicht und Körper einrieben. Noch heute gibt es einige Topnaar-Familien, die Nara-Felder bewirtschaften.

Die **Welwitschia** (Welwitschia mirabilis, s. histor. Abb. u.) ist wohl eine der seltsamsten Pflanzen Namibias. 1860 wurde sie gleichzeitig von dem österreichischen Botaniker Friedrich Welwitsch in Südangola und dem Briten Thomas Baines im Swakoprivier entdeckt. Sie gehört zu den ältesten Pflanzengattungen der Erde.

■ Welwitschias (hist. Abb.)

Die auf dem Welwitschia-Trail (s. Route 6, S. 336) mit Eisengittern geschützte Riesen-Welwitschia ist stolze 1500 Jahre alt. Diese niedrige Pflanze wächst kaum in die Höhe; sie besitzt zwei breite Blätter, die sich unter dem Einfluß des Windes spalten und reißen, so daß durch das stetige Nachwachsen ein wahres Blattknäuel entsteht, das weit im Umkreis des eigentlichen Stammes den Boden bedeckt. Dieses Wirrwar dient einem wichtigen Zweck: der Wassergewinnung. Die Welwitschia wächst nämlich nur dort, wo die Küstennebel (s. Exkurs S. 106) die Namib befeuchten. Sie setzen sich an den Blättern ab und tropfen von hier auf den Boden. Auf diesem Weg erhalten die Wurzeln der Pflanze das wertvolle Naß.

Ein dritter endemischer Vertreter der Flora arider Gebiete ist der ungemein dekorative **Köcherbaum** (Aloe dichotoma). Er liebt felsige, hügelige Regionen, wie er sie in Südnamibia und im südlichen Damaraland vorfindet. Sein gerader Stamm öffnet sich zu einer erstaunlich symmetrischen, kreisrunden Krone von Ästen, an deren Enden spitze, harte Blätter stehen. Stamm und Äste enthalten ein schwammartiges Gewebe, in dem die Aloe Wasser speichert. Die San (Buschleute) höhlten sie aus und benutzten sie angeblich als Pfeilköcher. Bei Sonnenuntergang erstrahlt die gelbliche, rissige Rinde des Köcherbaums wie flüssiges Gold, und seine filigrane Krone zeichnet bizarre Schattenmuster auf den Felsboden. Eigentlich ist der Köcherbaum ein Einzelgänger, doch in der Nähe von Keetmanshoop haben sich kleine Wälder gebildet, die unter Denkmalschutz gestellt wurden (s. Route 2, S. 262).

Ein besonderes Kennzeichen der küstennahen Namib-Region sind die vielen **Flechten**, denen in der Stabilisierung des nackten Bodens eine besonders wichtige ökologische Rolle zukommt, denn durch den Bewuchs wird er vor weiterer Erosion geschützt. Flechten sind eine Mischpflanze aus Pilz und Alge, deren Symbiose das gemeinsame Überleben sichert. Sie können, je nach beteiligter Algen- und Pilzart, die unterschiedlichsten Formen annehmen. Da sie kühle, feuchte und eher dunkle Standorte lieben, finden sie entlang der Atlantikküste ideale Lebensbedingungen vor. Die Feuchtigkeit ziehen sie aus dem Nebel (s. Exkurs S. 106), der sie zugleich für einige Stunden des Tages vor übermäßigem Licht schützt. Sie können längere Trockenzeiten überstehen, um bei erneuter Wasserzufuhr in schönsten Farben aufzublühen. Flechten findet man vielerorts in Namibia, den schönsten Bewuchs aber in der Namib entlang der Küste. Wer mit dem Fahrzeug von den trassierten Pads abweicht, zerstört damit den Flechtenbewuchs und gibt den Wüstenboden der Erosion preis.

Exkurs: Nebel als Lebensspender

Morgens in Swakopmund: Ein grauer Nebel hüllt Fachwerk und Jugendstil ein, überzieht mit tausenden glitzernden Wassertröpfchen die Straßen, deren Oberfläche aus einem Salz-Gips-Gemisch besteht, und verwandelt sie in Rutschbahnen. Und er legt sich auch schwer auf die Brandung des Atlantik. Wenn sich die Nebeldecke bis 11 oder 12 Uhr mittags nicht lichtet, bleibt sie den ganzen Tag. Europäische Novemberstimmung im sonnigen Namibia. Wer vor der nassen Kälte in die Namib flüchtet, hat die Sonne spätestens 30 km landeinwärts wieder – im Rückspiegel steht die Nebelbank wie eine graue Wand über dem gelben Wüstensand.

Der Küstennebel ist ein meteorologisches Phänomen, das in erster Linie dem Benguela-Strom zu verdanken ist, der auf den gesamten 1500 km namibischer Küstenlänge fast parallel zu ihr verläuft. Von der Antarktis kommend führt er nicht nur eiskaltes Wasser mit, sondern ist auch reich an Plankton, weshalb in seinem Gefolge riesige Fischschwärme den Südatlantik durchziehen. Das Küstenklima ist durch diesen antarktischen Strom erheblich kühler als das des Landesinneren. Seine Wasser kühlen die Luftschichten über dem Meer ab und schaffen eine stabile, kalte Luftzone über der See. Gleichzeitig wird die Festlandsluft tagsüber erwärmt. Sie steigt nach oben und zieht die kalte Meeresluft an Land. Hier wird auch diese erwärmt, verliert dabei die enthaltene Feuchtigkeit und steigt ebenfalls auf. Dieser Kreislauf sorgt für einen regelmäßigen Austausch der Luftmassen zwischen Meer und Festland, verhindert zugleich aber auch, daß die Meeresluft zu Wolkenbildung (und Regen) führt, da ihr die Feuchtigkeit bei der Erwärmung entzogen wird.

Nachts ist der Temperaturunterschied zwischen dem Festland und dem Meer allerdings geringer. Der ungeschützte Boden kühlt stark aus (jeder Wüstenreisende weiß, wie empfindlich kalt es in der Wüste werden kann), er kann die Meeresluft nicht mehr erwärmen, ihr die Feuchtigkeit nicht mehr entziehen. Wie eine schwere, nasse Decke kondensiert die feuchte kalte Luft zu Nebel, die Wassertropfen setzen sich auf dem Wüstenboden ab und bescheren Pflanzen- wie Tierwelt das wertvolle und überlebensnotwendige Naß.

Mehrere Stunden dauert es, bis die Sonnenstrahlen die dicke Nebelschicht durchdringen und den Boden wieder erwärmen können. Der Luftaustausch kommt wieder in Gang, der Nebel lichtet sich.

Tierwelt Die Wüste ist der Lebensraum unzähliger Käfer, Spinnen sowie von Schlangen und Skorpionen, die die unterschiedlichsten Formen der Anpassung an ihren ariden Lebensraum vollzogen haben. Vielen Käfer- und Spinnenarten genügt es, in den Stunden der größten Hitze an schattige oder kühlere Orte – unter einen Stein oder in unterirdische Höhlen und Gänge – zu flüchten. Andere halten einen „Sommerschlaf", der sie über die heiße Jahreszeit bringt, wiederum andere leben nur in den kurzen Perioden größerer Feuchtigkeit und legen Eier ab, die einen längeren Trockenzeitraum überstehen können, bevor die Jungen unter günstigen klimatischen Bedingungen ausschlüpfen.

Der spektakulärste Vertreter der Käferpopulation ist eine Unterart des **Tenebrio-Käfers** (afrikaans: Tok-Tokkies), der Onymacris unguicularis: Sobald der Nebel in den frühen Morgenstunden landeinwärts zieht, klettert er auf den Dünenkamm und stellt sich mit hochgerecktem „Hinterteil" und gesenktem Kopf dem Nebel entgegen. Der Nebel kondensiert an seinem Körper, und die so gebildeten Wassertropfen rutschen seinen Rücken entlang direkt in den Mund.

Ein anderer Käfer, Lepidochora kahani, buddelt Gräben quer zur vorherrschenden Windrichtung. Am Rande dieser Nebelkanäle kondensiert die Feuchtigkeit und sättigt den aufgeworfenen Sand. Der Käfer braucht sie dann nur noch herauszusaugen.

Fast alle Käferarten ernähren sich von den winzig kleinen Abfallteilchen, tierischem Kot, Aas und Pflanzenpartikeln, die die Wüstenwinde an Hindernisse anwehen – am Fuße einer Düne, an einem Stein oder Grasbüschel. Sie selbst werden wiederum Opfer von größeren Insekten, (Spinnen beispielsweise), von Schlangen, Vögeln oder kleinen Säugetieren wie des Goldmaulwurfs (s.u.), die so indirekt von der aufgenommenen Nebelfeuchtigkeit profitieren.

Von den über 160 **Spinnenarten** der Namib seien hier nur zwei besonders spektakuläre Exemplare erwähnt: Die Carparachne aureoflava oder **Wheelspider** lebt in einem Gangsystem in den Dünenkämmen, das sie mittels einer „Falltür" vor Eindringlingen sichert. Bei Gefahr legt das Tier seine Beine um den Körper, bildet so eine Kugel und rollt in wilder Flucht die Dünenhänge hinunter. Als „**Weiße Dame**" bezeichnet man in Namibia die Leucorchestris arenicola, eine weiße Raubspinne, die sich „tanzend" über den heißen Sand bewegt.

Erdhörnchen gehören zu den putzigsten Vertretern der ariden Landschaften. Zum Schutz vor der Sonne tragen sie ihren buschigen Schwanz steil nach oben gerichtet wie einen Sonnenschirm, in dessen Schatten sie ihrer Jagd nachgehen.

Der schon erwähnte **Goldmaulwurf** bewegt sich dank seiner flossenähnlichen Tatzen wie ein Schwimmer direkt unter der Sandoberfläche durch den lockeren und kühleren Untergrund.

Zu den größeren Räubern der Namib gehört der **Löffelhund** mit seinen kreisrunden Ohren, der **Schabrackenschakal** mit grauschwarzem Rücken und Rute, und die **Hyänen**, die im Rudel auch auf Spießböcke (s.u.) Jagd machen.

Die schönste und eindrucksvollste Antilopenart des ariden Namibia ist die **Oryx-Antilope** oder der **Spießbock** (afrikaans Gemsbok, Oryx gazella), deren Wüstenanpassung in vielem den körperlichen Schutzmechanismen ähnelt, die Kamele und Dromedare zum Überleben entwickelt haben. Die bis zu 140 cm hohe und bis zu 225 kg schwere Antilope trägt graubraunes Fell, das entlang des Rückenrists und am Unterbauch von schwarzen Streifen unterbrochen wird. Ihre schwarzweiße Gesichtszeichnung ähnelt einer Theatermaske. Ihr charakteristischstes Merkmal sind die pfeilgeraden, bis zu 120 cm langen Spieße, die vom Kopf schräg nach hinten anstehen und eine tödliche Waffe im Kampf mit angreifenden Raubtieren sind. Oryx-Antilopen besitzen die Fähigkeit, ihre Körpertemperatur über einen längeren Zeitraum den Außentemperaturen anzugleichen und somit Wasserverlust durch Transpiration zu verhindern. Eine Körpertemperatur von 42 Grad, für andere Spezies tödlich, überstehen die Tiere dank eines besonders dicht verzweigten Netzes von Blutadern, das ihr Gehirn kühlt, mehrere Stunden lang. Sie grasen nachts, wenn die Wüstenpflanzen Feuchtigkeit aufgenommen haben, und sind tagsüber oft im Schatten der Kameldornbäume oder hoch oben auf dem Dünenkamm zu finden, wo sie den geringsten Windhauch zur Kühlung nutzen. In den Rivierbetten graben die Tiere bis zu einem Meter tief nach Wasser. Erfahrene Wildhüter können anhand dieser Grabmulden Wasserstellen orten. Wenn sich Oryxe bedroht fühlen, können sie auch Menschen angreifen – also Vorsicht bei Begegnungen, wie sie beispielsweise am Sossusvlei gelegentlich vorkommen!

Ein Wüstenbewohner der felsigen und gebirgigen Regionen ist das **Hartmannsche Bergzebra**, ein geschickter Kletterer, den man an der Zeichnung über dem Schwanzansatz (wo schmale Querstreifen verlaufen) und den etwa gleichbreiten Streifen von seinem Steppen-Artgenossen unterscheiden kann. Nachdem es fast ausgerottet war, haben sich die Bergzebra-Bestände in Namibias Nationalparks wieder gut erholt. Auch das Bergzebra ist in der Lage, längere Trockenperioden zu überstehen, und wie die Oryx-Antilope gräbt es auf der Suche nach Wasser tiefe Löcher in die Riviere.

Ein ähnlich imposanter Vertreter der Wüstenfauna ist der **Vogel Strauß**, der vor jedem näherkommenden Fahrzeug in wilder, doch überaus eleganter Flucht Reißaus nimmt. Dieser weltweit größte Vogel benützt sein schwarzweiß geflecktes (bei Weibchen graues) Federkleid zur Temperaturregulierung. Bei Hitze hält er seine Flügel wie eine Krinoline weitab vom Körper und fächert dem Körper Luft zu. Bei Kälte dient das dichte Federkleid als wärmender Schutz. Strauße werden inzwischen auch von vielen Farmern als Fleisch- und Federlieferanten gehalten. Gefürchtet sind ihre spornbewehrten Klauen, die auch größere Angreifer töten können.

Wüstenlöwen und Wüstenelefanten, die man gelegentlich im nördlichen Teil der Namib beobachten kann (s. Route 10, S. 404), sowie die berühmten Namibpferde (s. Route 4, S. 292) sind keine besonderen endemischen Arten, vielmehr haben sie ihr Verhalten nur der ariden Umgebung angepaßt und sind dadurch in der Lage, einige Zeit in der Wüste zu überleben.

Besondere Vorsicht ist vor den giftigen Schlangen und Skorpionen geboten, die sich bevorzugt unter Steinen oder unter Dünensand vergraben vor der Tageshitze schützen. Die charakteristischen, wellenförmigen Spuren der **Seitenwindviper** kann man häufig auf den Dünenhängen erkennen, ebenso die Schleifspuren anderer Schlangen wie der harmlosen **Hornviper** und der winzigen **Sandviper**, deren Biß tödlich sein kann. Ungiftig ist dagegen das endemische **Namaqua-Chamäleon**, das mit seiner langen, klebrigen Zunge vor allem Insekten jagt (s.a. Exkurs „Schlangen" S. 62).

Lebensraum Küste

Dort, wo die Namib-Dünen den Atlantik erreichen, leben **Robben** in mehreren Kolonien. Die mit bis zu 100.000 Mitgliedern größte Robbengemeinschaft bei Cape Cross (124 km nördlich von Swakopmund) kann man besichtigen – Nasenklammern wären empfehlenswert, es stinkt bestialisch, und der Geruch bleibt noch stundenlang in den Haaren und der Kleidung hängen! Freitags ist das Gelände wegen „Robbenernte" für Besucher gesperrt. „Ernte" heißt in diesem Fall das Erschlagen der Tiere (damit das wertvolle Fell keine unnötigen Löcher bekommt). Dieses Culling ist eine der umstrittensten Maßnahmen der namibischen Naturschutzpolitik. Es soll dazu beitragen, den Bestand der Tiere auf einem ökologisch verträglichen Niveau zu halten, denn nicht nur den internationalen Fangflotten, sondern auch den Robben ist zu „danken", daß Namibias Gewässer leergefischt sind. Wie diese Wachstumskontrolle zu geschehen hat, steht allerdings auf einem anderen Papier. Dem wildnisentfremdeten Europäer kommt beim Erschlagen das kalte Grausen, die meisten Namibier empfinden die „Robbenernte" als normal.

Entlang der Küste nisten auch zahlreiche **Vogelarten,** die wie die Robben in den fischreichen Gewässern des Benguela-Stroms ihre Nahrung finden. Zu ihnen gehören Kormorane, Pelikane, Flamingos und, auf mehreren vorgelagerten Inseln, auch Pinguine.

Der Vogelreichtum der Küste wurde von findigen Kaufleuten bereits vor der deutschen Kolonialzeit genutzt. Der vielerorts in dicken Schichten abgelagerte Vogelkot, der **Guano,** der beste natürliche Dünger der Welt (er enthält wegen der Fischnahrung der Vögel und dem damit aufgenommenen Seewasser die zur Düngung wichtigen Phosphorverbindungen), wurde abgebaut und nach Europa verschifft. Inzwischen hat man die Guano-Gewinnung durch große Plattformen vereinfacht, die man entlang der Küste aufgestellt hat und auf die die Wasservögel zum Brüten kommen (und dabei ihren Mist hinterlassen).

Lebensraum Savanne

Savannenland ist ebenso wie Wüste keine uniforme Einheit, sondern je nach Lage und Vegetation sehr unterschiedlich: Der Kameldorn-Savanne im Osten steht Mopanebaum-Savanne im Nordwesten und Hochland-Savanne in Zentralnamibia gegenüber. Die Region erhält in der Regenzeit normalerweise Regenfälle zwischen 200 und 450 mm. Neben den oben beschriebenen Dornbüschen und -bäumen, die dank der besseren Wasserverhältnisse hier größer und imposanter heranwachsen können, kommt den Gräsern eine wichtige Bedeutung für die Viehzucht und als Nahrungsgrundlage für das Wild zu. Entsprechend vielfältig ist auch die Fauna der Savanne.

Pflanzenwelt

Im Übergangsgebiet zwischen Wüste und Savanne, im Süden und Westen Zentralnamibias, kann man noch einige besonders dekorative Pflanzen entdecken: die elegante **Kandelaber-Euphorbie** (Euphorbia virosa) beispielsweise, die felsigen Untergrund liebt und ihre vielen Arme leicht wie zu einem überdimensionalen Becher gewölbt zur Sonne streckt. Sie gilt als giftigstes aller Wolfsmilchgewächse; ihr weißlicher Saft wird von Himba und San als Pfeilgift verwendet.

Ein Verwandter unserer Weinreben wächst ebenfalls auf felsigem Boden, zum Beispiel an der Spitzkoppe: Cyphostemma currorii oder **Botterboom,** wie er in Namibia genannt wird. Ein gedrungener Stamm mit rissiger, gelblich-grauer Rinde läuft in mehrere dicke Äste aus, die in guten Regenjahren große Blattbüschel tragen. Sein Mark wird als Heilmittel gegen Schädlingsbefall und Hautkrankheiten verwendet.

Auch der **Moringabaum** (Moringa ovalifolia) verankert seine Wurzeln am liebsten im felsigen Boden und an Abhängen. Auf den ersten Blick ähnelt er mit seinen kahlen, verkrüppelten Ästen und der weißgrauen Rinde dem Baobab (s.u.). Nach Regen treibt er filigrane Blätter und goldgelbe Blüten aus. In der Nähe von Okaukuejo wachsen Moringabäume so dicht beieinander, daß diese gespenstisch wirkende Formation als „Märchenwald" bezeichnet wird. Noch wenig genutzt ist das eigentliche Potential der Moringabäume: sie besitzen nämlich die Fähigkeit, verschmutztes Wasser zu reinigen.

Dem mächtigen Stamm des **Ahnenbaums** (Combretum imberbe) sollen die Urahnen der Herero entstiegen sein. Sie nennen ihn Omumborongbonga und verehren ihn als heiligen Baum. Er kann ganz unterschiedliche Wuchsformen annehmen – je nach Untergrund und Regenmenge. Als Busch gehört er zu jedem Herero-Kraal, wo er den Ahnenbaum symbolisiert. Die Blätter hängen an langen Rispen von den knorrigen Ästen herab. Sein Holz ist so hart, daß es als Rohmaterial für Holzkohle verwendet wird. Nützlich sind auch seine Blätter (gegen Erkältung) und die Wurzeln (gegen Magenschmerzen).

Nach Nordwesten zu drängt sich ein anderer eigenwilliger Baum in den Vordergrund: der **Mopanebaum** oder Colophospermum mopane, leicht erkennbar an seinen schmetterlingsähnlichen Blättern. Er kann bis zu 20 m hoch werden und richtige „Wälder" bilden. In der Mittagshitze falten sich seine Blätter zusammen, um der Sonne wenig Verdunstungsfläche zu bieten. Auch seine Produkte finden vielfach Verwendung, und das heilige Feuer der Ovambo wird mit seinem Holz geschürt.

Rote Kontrastpunkte setzt der **Blutfruchtbaum** (Terminalia prunioides) mit seinen roten Früchten. In ariden Gebieten wächst er als Busch, in besseren Lagen als bis zu 15 m hoher Baum, dessen Holz zum Bau ebenso geschätzt wird wie Wurzeln und Rinde als Heilmittel gegen Husten.

Nur im Nordwesten und im Ovamboland sind in Namibia auch Palmen zu finden. Die dort verbreitete **Makalani-Palme** (Hyphaene petersiana) trägt apfelähnliche Früchte, die auf vielfache Weise Verwendung finden. Am Stamm kann man Palmwein anzapfen, die Keimlinge bilden ein wohlschmeckendes Gemüse. Ihren größten Nutzen hat die Palme aber als Grundmaterial für Flechtkörbe und Windschirme, die aus den trockenen Palmwedeln gearbeitet werden.

Rinde und Blattwerk der hier beschriebenen und vielen anderen Savanenbäume werden auch vom Wild gefressen. Bedeutender für die Viehwirtschaft ist allerdings das Savannengras, von dem es unzählige Arten gibt. Nach den Regenfällen überzieht es das Land mit silbrig glänzenden Büscheln; die weiten Ebenen gleichen dann einer unwirklichen, glitzernden Feenlandschaft.

Tierwelt

Fast das gesamte Savannengebiet ist heute Farmland. Dadurch (und durch unkontrollierte Jagd) wurden die einstmals hier lebenden Tiere abgedrängt, teils fast ausgerottet. Traditionell ist die Savanne der Lebensraum von Elefanten, Nashörnern und Giraffen, von verschiedenen Raubtieren und mehreren Antilopenarten.

Das **Kudu**, eine der größten Antilopen, benützt seine schraubenförmig gedrehten Hörner zum Herabziehen der Zweige und kommt so in den Genuß des zarten Blattgrüns. Dank seiner dunkelgrauen Fellfarbe und der tief herunterhängenden Wamme ist es leicht von anderen Antilopen zu unterscheiden.

Zahlreich sind auch die nervösen **Springböckchen** mit hellbraunem Rücken, weißer Bauchzeichnung und leierförmig gebogenen Hörnern. Sie leben in größeren Herden in der Savanne und in der Salzwüste der Etosha-Pfanne. Wittern sie etwas Ungewöhnliches, setzen sie zu den charakteristischen Sprüngen an, die sich in der Herde fortpflanzen, bis die Böckchen wie Jojos hüpfend davonstieben. In der Brunftzeit ist ihr röchelndes Röhren zu hören.

Gnus (Wildebeests) gehören zu den seltsamsten Paarhufern der Region. Die bulligen, dunkelbraunen Tiere mit der Zottelmähne am Kopf und den gebogenen Hörnern sehen aus wie ein prähistorisches Fabelwesen. Sie sind kurzsichtig und fast ebenso schwerhörig und halten sich deshalb am liebsten in der Nähe der Steppenzebras auf, deren geschärften Sinne sie sich zunutze machen. Fliehen die Zebras beim Anzeichen einer Gefahr, galoppieren ihnen die Gnus blind hinterher.

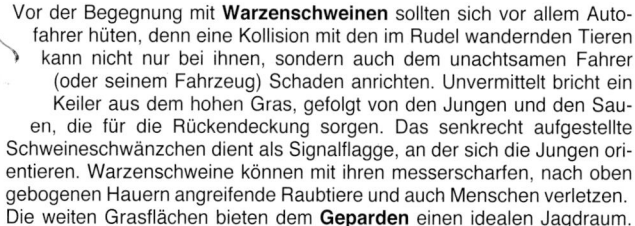

Vor der Begegnung mit **Warzenschweinen** sollten sich vor allem Autofahrer hüten, denn eine Kollision mit den im Rudel wandernden Tieren kann nicht nur bei ihnen, sondern auch dem unachtsamen Fahrer (oder seinem Fahrzeug) Schaden anrichten. Unvermittelt bricht ein Keiler aus dem hohen Gras, gefolgt von den Jungen und den Sauen, die für die Rückendeckung sorgen. Das senkrecht aufgestellte Schweineschwänzchen dient als Signalflagge, an der sich die Jungen orientieren. Warzenschweine können mit ihren messerscharfen, nach oben gebogenen Hauern angreifende Raubtiere und auch Menschen verletzen.

Die weiten Grasflächen bieten dem **Geparden** einen idealen Jagdraum. Als eine der wenigen Großkatzen kann dieser flinke Jäger seine Krallen nicht einziehen. Er besitzt ein goldgelbes, mit dunklen Tupfen gezeichnetes Fell und einen im Verhältnis zum Körper relativ kleinen Kopf. Geparden können Spitzengeschwindigkeiten bis zu 100 km/h entwickeln, halten dieses Tempo aber nur auf kurzen Strecken durch. Anderen Großkatzen gehen sie lieber aus dem Weg.

Ihre größeren Artverwandten, die **Leoparden**, sind zwar keine so guten Läufer, können dafür aber um so besser klettern und bevorzugen deshalb gebirgiges oder baumbestandenes Gelände. Die nachtaktiven Tiere ziehen sich tagsüber in Höhlen oder auf Bäume zurück. Man wird einen Leoparden deshalb in freier Wildbahn kaum zu Gesicht bekommen. Da sie zu den gefährlichsten Raubtieren der Savanne gehören, werden sie auch von erfahrenen Jägern gefürchtet.

Zu den Grundregeln der Vorsicht gehört für wildniserprobte Menschen deshalb nicht nur, in den Spuren am Boden zu lesen, sondern den Blick auch nach oben, in die Krone des Baumes zu richten, unter dem man hindurchgeht – dies nicht nur wegen den Leoparden, sondern auch wegen der **Schwarzen Mamba**, die sich aus dem Geäst auf ihre Opfer fallen läßt. Andere unangenehme Artverwandte, wie **Puffottern** und **Kobras,** gibt es ebenfalls.

Löwen sind sehr träge, faule Räuber, die den Tag am liebsten dösend verbringen. Nur die Weibchen jagen und ernähren damit ihre Jungen und die männlichen Tiere des Rudels. Löwenrudel lassen sich am besten in den frühen Morgenstunden beobachten, wenn sie sich auf die Jagd vorbereiten. Oft lagern Löwen in der Nähe von Wasserstellen, träge das Wild beobachtend oder angespannt und sprungbereit. Das nächtliche Gebrüll der Löwen kann man in den offenen Landschaften oft kilometerweit hören.

Löwen sind ein Höhepunkt der Tierbeobachtung in Namibia, der andere sind zweifelsohne **Elefanten**. Auch sie sieht man alleine oder in Gruppen in der Etosha-Pfanne, mit etwas Glück aber auch in den Rivieren des Skelettküstenparks und in größeren Herden auch im Caprivi. Elefanten auf Schritt und Tritt begegnen dem Besucher in den Nationalparks Chobe und Moremi (Botswana). Etwa 2000 Elefanten leben im Etosha National Park, von dem aus sie nach Osten ins Kaokoveld und manchmal bis an die Skelettküste wandern. Sie gelten als die größten Elefanten Afrikas. Sie haben einen täglichen Futterbedarf von über 200 kg Pflanzennahrung, eine enorme Menge, die erklärt, warum von den Herden heimgesuchte Landstriche einer zerbombten Landschaft mit ausgerissenen und kahlgefressenen Bäumen ähneln. Weibchen und Junge ziehen in kleinen Verbänden umher, die von einer Leitkuh angeführt werden. Männliche Tiere werden im Alter von etwa 12 Jahren aus dem Rudel ausgeschlossen und leben dann als Einzelgänger oder in Bullenherden. Begegnungen mit Elefanten sind sicher eines der eindrucksvollsten Erlebnisse, doch sollte man sich besonnen verhalten und bei Drohgehabe – ausgeklappten Ohren – lieber den Rückzug antreten. Vorsicht ist vor allem beim Zusammentreffen mit älteren Einzelgängern oder mit Herden, die Junge dabeihaben, geraten.

Nashörner sind, im Gegensatz zu ihrem martialischen Aussehen, eher friedliebende Tiere, zumindest das „Weiße" oder **Breitmaul-Nashorn,** das wegen seiner Sanftheit in Namibia fast ausgerottet wurde. Sein schwarzer Artgenosse, das **Spitzmaulnashorn,** gilt dagegen als aggressiv, greift gelegentlich auch Fahrzeuge an und konnte sich dank dieser Eigenschaft etwas besser gegen Wilderer verteidigen, so daß heute etwa 700 Exemplare dieser Art in Etosha leben, während Breitmaulnashörner vor allem auf Wildfarmen wieder gezüchtet und gehegt werden. 1994 wurden auch die ersten Breitmaulnashörner wieder in Etosha ausgesetzt. Das Verhängnis dieser Tiere ist ihr Horn, das in Asien als potenzförderndes Mittel, in den Ländern der Arabischen Halbinsel als Dolchgriff begehrt ist. Namibias Wildhüter haben viele Nashörner zu ihrem Schutz „enthornt", eine Maßnahme, die allerdings nur kurzfristig Erfolg zeigte, denn das Horn wächst nach, und schon ein kleiner Stumpf verspricht den Wilderern so hohen Gewinn, daß sie das Tier töten.

In den Vormittagsstunden kann man mit etwas Glück auch eine große Echse beim „Sonnenbad" auf einem Stein beobachten: den **Waran.** Normalerweise flüchten die oft über einen Meter langen Tiere beim ersten Anzeichen einer Gefahr, manchmal stellen sie sich aber auch einfach tot. Wer zu nahe an sie herangeht, riskiert einen schmerzhaften Biß!

Auch unzählige Vögel bevölkern die Savanne: Unübersehbar die **Webervögel,** die mit ihren Nestern die Bäume überziehen und sie häufig richtiggehend ersticken. **Trappen** fliegen in Schwärmen auf oder flüchten schutzsuchend ins hohe Gras, **Frankoline** sonnen sich auf Felsen oder Hügelkuppen, und in den Baumkronen sorgen die vielfarbigen **Tokos** für bunte Tupfer im Gezweig.

Lebensraum Trockenwald

Wo ausreichend (um 500 mm) Regen fällt, sind die sandigen Böden des Kalahari-Beckens mit dichtem Wald bestanden. Die meisten hier beschriebenen Baumarten wird man auch dort, im Buschmannland und nordöstlich angrenzend im Caprivi finden, allerdings häufig größer und imposanter gewachsen. Viele Bäume dieser Region wechseln im Herbst ihr Laub, dessen bunte Färbung der Landschaft einen ganz eigenen, fast mitteleuropäischen Charakter verleiht. Galeriewälder säumen die wasserführenden Flüsse. Es sind vornehmlich Akazienarten, die den lehmhaltigeren Boden entlang der Rivieren dem lockeren Sand der Kalahari-Dünen vorziehen. Im Überschwemmungsgebiet des Linyanti verwandeln sich die Sandböden nach Regen in schweren Morast. Flüsse und Sümpfe bilden Biotope, in denen sich Sumpfantilopen, Flußpferde und vor allem eine reiche Vogelwelt wohlfühlen.

Lebensraum Trockenwald

Pflanzenwelt

Je näher man dem Buschmannland kommt, desto häufiger werden die **Affenbrotbäume** oder **Baobabs** (Adansonia digitata), deren meist unbelaubte, krakenartige Äste wie die Arme urzeitlicher Riesen das Buschveld überragen. Etwa 30 km von Tsumkwe entfernt steht ein besonders mächtiges Exemplar dieser Spezies (s. Route 13b, S. 456); sein kleinerer Bruder kann nördlich von Grootfontein besichtigt werden.

Nicht weit von Tsumkwe entfernt liegt der **Kaudom-Wildpark,** ein fast völlig unberührter Nationalpark mit der für die Savannen typischen Fauna und einem sehr hohen Baumwuchs. Ahnenbäume, Dolfholz- und Blutfruchtbäume wurzeln tief im sandigen Boden und können imposante Höhen, bis zu 20 m, erreichen. Entlang der beiden Trockenflüsse des Kaudom stehen Akazien, darunter auch die **Schirmakazie** (Akazia tortilis) mit ihrer schönen flachen Krone, die eine malerische Silhouette vor dem Sonnenuntergangshimmel abgibt, und der **„Wart-ein-bißchen"-Baum,** (**Wag'n bietjie**, Ziziphus mucronata), der seinen freundlichen Namen seinen gar nicht so freundlichen, hakenförmigen Dornen verdankt. Man bleibt leicht an ihnen hängen und kann sich nur mit Mühe wieder befreien.

Nach Nordosten zu gedeihen im Sumpfsystem des Linyanti **Riedgras** und **Papyrus**. Im südöstlichen Abschnitt der Trockenbaumsavanne wächst ein beliebtes Allheilmittel gegen Erkrankungen verschiedener innerer Organe und gegen Schmerzen: die **Teufelskralle** (Harpagophytum procumbens). Die flachwachsende Pflanze besitzt tiefe Wurzeln, an denen kartoffelförmige Früchte heranreifen. Diese werden getrocknet, gemahlen und zu einem Tee aufgebrüht.

Tierwelt

Die Tierwelt ähnelt der Savannenfauna, doch je feuchter das Habitat wird, desto häufiger findet sich auch anderes Wild ein. **Flußpferde** bevölkern die Wasseradern und -tümpel; tagsüber ruhen sie für den Besucher fast unsichtbar unter der Wasserlinie, nur nachts verlassen sie ihre feuchte Heimstatt, um zu grasen. Dann sind die scheinbar so trägen Tiere gefährlich, denn sie greifen alles an, was sich zwischen sie und ihr Wasserloch stellt, und mit ihren messerscharfen Hauern können die Pflanzenfresser mühelos auch Menschen töten.

Ein anderer gefährlicher Bewohner der Flußwelt ist das **Krokodil**; die meisten Echsen leben im Kavango, doch auch in den anderen Gewässern sind sie zu Hause. Vom Baden in den Flüssen ist deshalb dringend abzuraten.

Scheue und selten gesehene Tiere sind die **Sitatungas**, mittelgroße Antilopen mit graubraunem, zottigem Fell, das weiße Streifen aufweist. Sie sind hervorragend an ihren Lebensraum angepaßt, können beispielsweise die Hufe spreizen, um ein Einsinken zu verhindern, und sehr gut schwimmen.

Im Caprivi leben auch die letzten afrikanischen **Büffel** Namibias.

Die baumbestandene, feuchte Landschaft lockt auch zahlreiche Vogelarten an: die schönsten Stelzvögel wie der **Klunkerkranich** und der **Rotbauchreiher** sind hier beheimatet, dazwischen stolzieren **Sekretäre** mit ernster Miene auf der Suche nach Futter durchs Gras. Aus den Baumkronen dringen die heiseren Rufe der **Lärmgrauvögel** und Tokos, und Adler, Falken und Geier zeichnen elegante Kreise und Schleifen in den blauen Himmel.

Geschichte und Geschichten

Etwa 13 Millionen Jahre alt sind die Kieferfragmente eines Hominiden, die in der Nähe der stillgelegten Aukas-Mine in den Otavi-Bergen gefunden wurden.

25.000 v. Chr. haben die namibischen Urbewohner Steinplättchen mit Darstellungen von Giraffen bemalt. Diese ältesten auf afrikanischem Boden entdeckten Kunstwerke wurden in einer Höhle in den Huns-Bergen gefunden. Im Gegensatz zu den Felsgravuren, die sich nur schwer datieren lassen, konnte man das Alter der Malereien mit der C14-Methode ziemlich genau bestimmen.

2000 v. Chr. sollen Herodot zufolge phönizische Seefahrer den afrikanischen Kontinent umrundet haben. Dabei könnten sie auch an der namibischen Küste gelandet sein. Diese Vermutung ist die Grundlage all jener Theorien, nach denen die grandiosen Zeugnisse der südwestafrikanischen Felsbildkunst – die „Weiße Dame" vom Brandberg beispielsweise – auf phönizischen Einfluß zurückzuführen seien.

Bis ins 15. Jahrhundert fehlen jegliche historische Quellen; es gibt keine Funde, und die oralen Traditionen der namibischen Völker erfassen diese Periode bestenfalls in Form von mythologischen Erzählungen. **1486** ist das erste historisch verbriefte Ereignis namibischer Geschichte zu verzeichnen. In diesem Jahr gelang dem Portugiesen Diogo Cão die Landung am Kreuzkap, wo er eine Steinsäule mit aufgesetztem Kreuz (padrão, s. Abb) errichtete und damit die unwirtliche Küste für Portugal markierte. Zwei Jahre später stellte sein Landsmann Bartolomeu Diaz einen weiteren Padrão in Angra Pequena, dem heutigen Lüderitz, auf.

Über die Einwanderung von Nama-Viehzüchtern aus dem Kapland ab 1700 weiß man aus Berichten burischer Siedler am Kap, die die Nama immer weiter nach Norden abdrängten, bis sie den Oranje überschritten. Auf heutigem namibischem Territorium trafen die Nama auf Herero, die ebenfalls als Viehzüchter von Norden kommend den Kunene überquerten und allmählich gen Süden zogen.

Im 18. Jh. beginnt die Erforschung Namibias durch Jäger, Reisende und fahrende Kaufleute aus der britischen Kap-Kolonie. Gerüchte über große Viehherden und Wild in Überfluß lockte die Abenteuerlustigen über den Oranje nach Norden. Erste Handelskontakte mit Herero und Nama wurden aufgebaut. Zugleich nützen Walfänger die geschützte Bucht von Walvis Bay als sicheren Hafen. Ein Handelsweg durch die Namib verband die Niederlassungen an der Küste mit den Binnenland, wo die Weißen mit den Nama und Herero einen Tauschhandel etablierten.

Um 1800 zogen die ersten Gruppen der Orlaam-Nama aus der Kap-Kolonie über den Oranje nach Norden. Durch den Kontakt mit Weißen besser ausgerüstet und bewaffnet waren sie ihren Nama-Stammesbrüdern in Namibia überlegen. Schon bald kontrollierten die verschiedenen Clans der Orlaam-Nama – die Witboois, Swartboois und Afrikaaner – das südliche und das zentrale Namibia. Immer wieder kam es zu Fehden zwischen ihnen und den Herero, bis die waffentechnisch unterlegenen Herero weit nach Norden abgedrängt wurden.

1806 gründeten Missionare der London Missionary Society die erste christliche Niederlassung in Warmbad. Acht Jahre später brach der deutsche Missionar Heinrich Schmelen nach Bethanien auf, wo er eine Missionsstation aufbaute. Vierzig Jahre später gelang es schließlich auch der Rheinischen Mission, sich im Namaland zu etablieren; 1842 erreichte Carl Hugo Hahn die Afrikaaner-Nama in der Nähe des heutigen Windhoek, 1844 legte er den Grundstein für die Mission Gross Barmen.

Um 1840 ließen sich Orlaam-Nama unter ihrem Häuptling Jonker Afrikaaner nahe der heutigen Hauptstadt Windhoek nieder. In einem beispiellosen Einsatz von Arbeitskräften bauten die Nama unter Jonker Afrikaaner eine Straße von seinem Stützpunkt an die Küste nach Walvis Bay. Der „Alte Baaiweg" wurde zur bedeutenden Handelsstraße.

1854 erhielt ein britisches Unternehmen die Schürfrechte für die Kupfermine Matchless südwestlich von Windhoek. Das Erz wurde auf dem Baaiweg nach Walvis Bay transportiert. Stammesfehden zwischen Herero und Nama sowie die sich häufenden Überfälle auf die Warentransporte von und zur Küste schufen zunehmende Unsicherheit für die Kaufleute und Siedler. Der Ruf nach einer Schutzmacht wurde lauter.

1876 erklärte die Kap-Kolonie das Gebiet der Nama und Herero zum Protektorat, zwei Jahre später annektierte Großbritannien Walvis Bay. Damit begann der deutsch-britische Wettlauf um Südwestafrika.

1883 Heinrich Vogelsang schloß im Namen des deutschen Kaufmanns Adolf Lüderitz die ersten Verträge über Landverkäufe mit den Orlaam-Nama. Sofort erbat Lüderitz bei Reichskanzler Bismarck den Schutz seines Eigentums. Die Kap-Administration erkannte eventuelle Schutzrechte des Deutschen Reiches nicht an.

1884 wurde Lüderitz' Land daraufhin zum deutschen Protektorat erklärt. Weitere Landkäufe und Verträge mit Nama und Herero vergrößerten das Gebiet. 1886 legte ein Vertrag mit Portugal die Nordgrenze des Landes fest.

1889 traf schließlich der künftige Gouverneur Curt von François mit seiner 21 Mann zählenden Schutztruppe in Walvis Bay ein und gründete Fort Wilhelmsfeste in Tsaobis. 1891 wählte er Jonker Afrikaaners aufgegebene Niederlassung Windhoek als Stützpunkt.

1890 Im Helgoland-Sansibar-Vertrag erhielt das Deutsche Reich im Austausch gegen Sansibar Helgoland und den „Caprivi-Zipfel" (benannt nach Reichskanzler Leo von Caprivi, 1890–94) und damit den Zugang zum Zambezi und den Märkten Ostafrikas. 1891 übersiedelte die Verwaltung des Protektorats nach Windhoek. Nama und Herero schlossen sich zur Abwehr der Deutschen zusammen. Erste Aufstände wurden niedergekämpft.

Zwischen 1904–1907 schlug die deutsche Schutztruppe Aufstände der Nama und Herero in blutigen Kriegszügen nieder. Am 11. August 1904 fanden in der Schlacht am Waterberg und bei der darauffolgenden Flucht in die Omaheke-Wüste Dreiviertel der namibischen Herero den Tod.

1914 Der Ausbruch des I. Weltkriegs warf seinen Schatten auch auf die deutschen Kolonien in Afrika. Südafrikanische Truppen marschierten gegen das Territorium von Deutsch-Südwestafrika. Ein Jahr später kapitulierte die Schutztruppe. Im Versailler Vertrag wurde das Gebiet dem Völkerbunds-Mandat unterstellt und Südafrika zur Verwaltung überlassen.

1939	Auch der Beginn des Zweiten Weltkriegs hatte im ehemaligen Südwest Konsequenzen: Um dem in Nazideutschland wieder erstarkten Kolonialgedanken entgegenzutreten, wurden Teile der deutschstämmigen Bevölkerung Namibias in südafrikanischen Lagern interniert oder auf ihren Farmen unter Arrest gestellt.
1945	übernahm die UNO als Nachfolgeorganisation des Völkerbundes das Mandat für Namibia, was Südafrika nicht anerkannte und das Territorium trotz internationaler Proteste auch weiterhin als Provinz verwaltete. Dazu gehörte die Zuweisung von Reservaten für die schwarzen Bevölkerungsgruppen, die Einführung der Apartheidsgesetze und schließlich die Einrichtung von Homelands, die ab 1964 nach Vorschlägen der Odendaal-Kommission ausgewiesen wurden.
1966	entdeckten südafrikanische Truppen ein Ausbildungslager der PLAN (People's Liberation Army of Namibia) im Ovamboland und bombardierten es. Dies war der Auftakt des bewaffneten Widerstandes unter Ägide der SWAPO (South West African People's Organisation). Die Operationsbasen der PLAN lagen im benachbarten Angola, Zambia und im Caprivi.
1973	erkannten die Vereinten Nationen die SWAPO als einzigen rechtmäßigen Vertreter des namibischen Volkes an. Fünf Jahre später wurden aufgrund des internationalen Druckes in Namibia Wahlen abgehalten, die von der SWAPO allerdings boykottiert wurden. Ein Zusammenschluß verschiedener politischen Gruppierungen, nach seinem Tagungsort in Windhoek „Turnhallen-Allianz" (DTA) genannt, ging als Gewinner hervor und durfte das Land mit eingeschränkter Autonomie „regieren". Unter DTA-Herrschaft wurden 1978 die Apartheidsgesetze abgeschafft. 1983 trat die DTA-Regierung wegen der immer schärferen Kontrolle durch den südafrikanischen Generaladministrator zurück.
1989	Der entschärfte Ost-West-Konflikt setzte nun endlich auch in Namibia einen Friedensprozeß in Gang. Unter UN-Aufsicht wurden die ersten demokratischen Wahlen abgehalten: Die SWAPO erhielt 41 Sitze, DTA 21, UDF (United Democratic Front) 4 und ACN (Action Christian National) 3.
Am 21. März 1990	wurde Namibia in die **Unabhängigkeit** entlassen. Staatspräsident wurde der SWAPO-Führer Sam Nujoma. Vier Jahre später erreichte Nujoma mit seiner SWAPO bei den zweiten demokratischen Parlamentswahlen die Zweidrittel-Mehrheit, die der Regierung nun theoretisch absolute Handlungsfreiheit ohne Rücksicht auf Interessen oppositioneller Gruppen eröffnete. Die von vielen Farmen befürchtete Verfassungsänderung, die Enteignungen möglich gemacht hätte, wurde von Nujoma allerdings nicht vorgenommen.
1994	nimmt Namibia die südafrikanische Enklave Walvis Bay in sein Staatsgebiet auf.
1997	ist die langjährige und die Lebensverhältnisse im Lande zunehmend bedrohende Trockenheit vorüber. Starke Regenfälle führen zu Überschwemmungen und sogar zur Überflutung von Sossusvlei – fast ein Jahrhundertereignis. Die Staudämme sind nun alle wieder wohl gefüllt. Beim Besuch von Präsident Herzog in Windhoek tragen die Herero ihren Wunsch auf Wiedergutmachung für den Völkermord an ihrem Stamm vor (Waterbergschlacht). Die deutsche Delegation weist dieses Ansinnen mit

dem Hinweis auf die großzügige Hilfe an Namibia ab, die der gesamten Bevölkerung zugute gekommen ist.

1998 engagiert sich Namibia mit u.a. Zimbabwe und Zambia militärisch im Kongo. Die für das kleine Land immensen Kosten für den Unterhalt und die Ausrüstung seiner Soldaten führen zu Protesten seitens der Bevölkerung. Der Streit um einige kleine Inseln im Grenzgebiet im Caprivi-Strip am Chobe-Fluß zwischen Namibia und Botswana eskaliert wieder einmal. Leidtragende sind die Bauern aus Namibia, die die Inseln für Anpflanzungen verwenden, sie werden von Botswanischer Polizei verjagt. Die schlechten Beziehungen zu Botswana nutzen im November 320 Namibier, die sich als Sezessionisten (Ziel ist die Unabhängigkeit des Caprivi-Strip von Namibia) nach Botswana absetzen und dort politisches Asyl erhalten. Darunter befinden sich bekannte Persönlichkeiten, wie Mishake Muyongo, ehemaliger Vorsitzender der Demokratischen Turnhallenallianz DTA.

1999 Unter dem ehemaligen SWAPO-Mitstreiter Ulenga bildet sich eine neue Partei, die sich als Protestbewegung gegen das Engagement im Kongo und die dritte Amtszeit Nujomas versteht.

Geschichtsquellen

Mythen und Tradition Die südwestafrikanischen Völker, die nach und nach in ihr heutiges Territorium einwanderten, haben ihre Geschichte in Mythen überliefert. Es sind Erzählungen, die zwar tatsächliche Begebenheiten reflektieren, sie zugleich aber so verfremden, daß sie in das religiösen Weltbild passen und als Begründung für das heutige Dasein dienen können – z.B. für die Sozialstruktur, die Wirtschaftsform oder für den Herrschaftsanspruch einer bestimmten Familie. Deshalb kann die Geschichtsforschung aus der Mythologie nur in groben Grundzügen rekonstruieren, welche Wanderungen, Kriege, Auseinandersetzungen stattgefunden haben, bevor die ersten Weißen namibischen Boden betraten. Als Hilfsmittel dienen dabei andere Forschungszweige wie beispielsweise die Linguistik, denn aus der Sprachverwandschaft kann man ebenfalls Rückschlüsse auf die Geschichte eines Volkes ziehen.
Auch die Untersuchung von Sozialstruktur und Wirtschaftsform gibt Aufschlüsse, zum Beispiel über die Wanderungen einer Volksgruppe. Man kann so nachweisen, daß bestimmte Phänomene, wie Erbfolge oder ein besondere Ritus, der aus dem homogenen Muster der Gemeinschaft heraussticht, von anderen Völkern auf deren Wanderschaft übernommen wurden.
Eine weitere „Eselsbrücke" für die Kenntnis der Geschichte können besondere Traditionen sein, so der Brauch der Herero, die Jahre nach bestimmten, herausragenden Ereignissen zu benennen – etwa nach einem besonders starken Regen oder nach dem Tod eines Häuptlings. Insgesamt basiert das Wissen über die vorkoloniale Geschichte Namibias aber auf vagen Schlußfolgerungen und Vermutungen.
Klarheit in dieses Dunkel könnten die Felsbilder bringen, die so zahlreich an vielen Orten in Namibia entdeckt wurden. Doch auch sie haben sich bislang einer wissenschaftlichen Deutung verschlossen.

Was die Felsbilder erzählen: Vor- und Frühgeschichte

Das Felsrund von Twyfelfontein und der Brandberg sind Namibias bedeutendste Fundstellen von Felsbildern, Twyfelfontein gilt sogar als größte Fundstelle Afrikas. Felsbilder wurden aber auch fast überall entlang der Randstufe und in den anderen Gebirgen, dem Erongo, dem Khomas-Hochland und in der Naukluft entdeckt. Geschützt unter Überhängen oder in Höhlen haben sie Tausende von Jahren überdauert und Alltag und magische Symbolik eines prähistorischen Lebens für die Nachwelt übermittelt.

■ Felsgravierungen bei Twyfelfontein

Die **Deutung** der Felsbilder stellt Wissenschaftler seit Generationen vor ein schier unlösbares Rätsel: Die Motive sind fast immer eindeutig zu identifizieren: Wild, das es auch heute in Namibia gibt, wie Nashörner, Giraffen, Strauße, Gazellen und Löwen; Menschen mit Pfeil und Bogen bewaffnet auf der Jagd, beim Tanz, an der Kochstelle. Unklar ist aber, in welchem Kontext diese Darstellungen stehen: Haben die Künstler an den Wänden ihrer Höhlen und entlang ihrer Schweifpfade „nur" ihren Alltag abgebildet oder kommt den Tieren und Menschengestalten magische Bedeutung zu und sind so auch Rückschlüsse auf die religiösen Vorstellungen der prähistorischen Völker möglich?

Der zweite Interpretationsansatz wird vor allem durch jene Felsmalereien gestützt, die schwer zu deuten sind, wie beispielsweise die „Weiße Dame vom Brandberg" (s. Exkurs S. 382) oder die Gravierung des Löwen mit dem eigenartig abgeknickten Schwanz (Twyfelfontein, s.S. 396f). Ganz im Gegensatz zu der sonst sehr naturalistischen Darstellung von Tieren und Menschen scheinen diese „verfremdeten" Bilder einen magischen Gehalt zu besitzen. Aufschluß über die Religion und die ethnische Identität der Felsbildner haben aber beide Interpretionsansätze bislang nicht liefern können. Sicher ist wohl nur, daß die Felsbilder von einem (oder mehreren) nomadisierenden Jägervolk stammen.

Gravuren und Malereien

Daß nicht nur eine Stammesgruppe als „Ureinwohner" durch die namibischen Steppen und Wüsten wanderte, legt eine Beobachtung nahe, die der südafrikanische Felsbildspezialist David Lewis-Williams machte. Er hat in den namibischen Felsbildern eine Besonderheit entdeckt: Während im benachbarten Südafrika Felsmalereien und Felsgravierungen nie gleichzeitig auftreten und räumlich sehr isoliert voneinander vorkommen, gibt es in Namibia Fundstellen, an denen man beide Stilrichtungen nahe nebeneinander findet. Lewis-Williams deutet dies als Hinweis auf enge Verflechtungen zwischen „Graveuren" und „Malern". Aber wie so vieles im Umfeld der Felsbilder steht auch diese Theorie auf wackligen Füßen, denn Gravierungen und Malereien müssen nicht unbedingt aus der gleichen Epoche stammen. Ihr Alter zu bestimmen ist aber nahezu unmöglich, denn um Materialproben von Gestein oder Farbe zu gewinnen müßten die Bilder beschädigt werden. Werkzeuge, Überreste von Feuerstellen oder andere Relikte der „Felsbild"-Kultur, die die Datierung erleichtern würden, wurden bislang aber nur bei den wenigsten Felsbildern entdeckt. Auch ist es schwierig, die einzelnen Grabungsschichten den jeweiligen Felsbildern zuzuordnen.

Apollo-11-Höhle

Namibias sensationellstes Felsbild-Kunstwerk sind kleine Steinplättchen, die Ende der sechziger Jahre in einer Höhle in den südnamibischen Huns-Bergen gefunden wurden. Sie wurden etwa 26.000 Jahre vor unserer Zeit mit Tieren und Menschen bemalt und gelten als ältester bislang entdeckter Ausdruck des Kunstschaffens in Afrika (ihren Name verdankt die Höhle im übrigen der zur selben Zeit auf dem Mond erfolgreichen Apollo-11-Mission). Daß weite Teile der Namib noch bis 2000 Jahre vor unserer Zeit bewohnbar waren, beweisen Skelett- und Kochstellenfunde im Umkreis von Quellen und Rivieren.

Lange hielt sich die Vorstellung, die Felsbilder seien alle von Buschleuten hergestellt worden, denn die weißen Forscher und Abenteurer, die ab dem 18. Jh. von Süden kommend nach Namibia eindrangen, berichteten übereinstimmend, daß die Buschleute ihre temporären Wohnstätten auch mit Felsbildern schmückten. Damit galten die kleinwüchsigen Jäger und Sammler als Urbevölkerung Namibias. Daß wahrscheinlich viele der jüngeren Felsbilder von Buschleuten angefertigt wurden, legen Ähnlichkeiten in der Symbolik und in der Art der Menschendarstellungen nahe. Lewis-Williams interpretiert die vielen anthropomorphen Bilder – Löwen mit Menschenfüßen, Tänzer mit dem Kopf eines Gemsbock etc. – als Darstellungen der Trance-Tänze, mit denen Buschmann-Heiler Krankheiten kurieren. Daß aber auch die älteren, wahrscheinlich bis zu 5000 Jahre zurückreichenden Bilder von Buschleuten stammen, gilt heute als unwahrscheinlich.

■ Immer wieder müssen die Pisten gepflegt – gescrapt – werden

Buschleute, Nama und Damara

Zwischen den prähistorischen Völkern Namibias und dem Auftreten der ältesten, Europäern bekannten Bewohnern dieses Landstrichs klafft eine Zeitlücke von etwa 3000 Jahren, die sich vorläufig nicht schließen läßt. Um das 10. Jh. lebten Buschleute (oder San, s.S.139ff) im südlichen Afrika. Möglicherweise zogen damals auch bereits Nama-Gruppen viehzüchtend durch die namibische Steppe. Man weiß, daß sie um das Jahr 1000 begannen, Rinder zu halten. Mit Sicherheit lebten auch Damara in der Region.

1486 landete der portugiesische Seefahrer Diogo Cão an der südwestafrikanischen Küste und errichtete ein Steinkreuz. Er sollte eigentlich (im Auftrag Königs Philipp II.) die Südspitze Afrikas umrunden, scheiterte aber an den ungünstigen Windverhältnissen und besonders am Mangel an Frischwasser, das er an der unwirtlichen Küste Südwestafrikas nicht fand. 1488 versuchte es sein Landsmann Bartolomeu Diaz; er landete in der Bucht vor dem späteren Lüderitz, die er Angra Pequena („Kleine Buicht") nannte und ebenfalls durch eine Steinkreuz für Portugal markierte. „Eingeborene" bekamen beide Portugiesen jedoch nicht zu Gesicht.

■ Historische Abbildung von Angra Pequena

Einwanderung der Ovambo, Herero und der Orlaam

Erste Trekker

Etwa zu dieser Zeit befanden sich Buschleute, Nama und Damara auf dem Rückzug vor mehreren bantusprachigen Völkern, die aus ihren Siedlungsgebieten im zentralen und östlichen Afrika allmählich nach Süden drängten. Zu ihnen gehörten die Ovambo, die sich schließlich im relativ fruchtbaren Norden niederließen, um hier Ackerbau und Viehzucht zu betreiben, und die Herero, die, von Nordosten kommend, mit ihren Rinderherden tief nach Zentralnamibia vorstießen. Die alten Stämme Südwestafrikas wurden von den Eindringlingen in die ariden Regionen des Südens und Westens abgedrängt.

Ende des 18. Jhs. überschritten immer häufiger Abenteurer und Händler den Oranje auf der Suche nach Wild und den sagenhaften Rinderherden der Herero. Was sie vorfanden, war unattraktives, unfruchtbares Land, in dem „**Hottentotten**" (Nama) und „**Buschleute**" (San) ein ärmliches Leben führten. Mehrere Versuche wurden unternommen, einen Tauschhandel mit den Eingeborenen aufzubauen, doch waren die Handelswege zu weit und zu beschwerlich für den mageren Ertrag, den der Tausch erbrachte. Von Anbeginn an galt das Interesse auch eventuellen Bodenschätzen, und immer wieder sorgten Gerüchte über Goldfunde jenseits des Oranje für neue Aufregung unter den abenteuerlustigen Unternehmern am Kap. Lukrativ wurden die Handelsbeziehungen aber erst, als es gelang, Kontakt zu den reichen Herero aufzunehmen. Von Zentralnamibia führte Anfang des 19. Jhs. ein erster Handelsweg an die Küste zur Walfischbucht.

Der Zug der Orlaam

Ungefähr zur selben Zeit setzte eine neue Wanderbewegung von Viehzüchtern ein, diesmal von Süden, vom Kap. Dort lebten ebenfalls Nama, die durch den Kontakt mit weißen Siedlern ihre traditionelle Lebensweise weitgehend aufgegeben hatten, teils zum Christentum übergetreten waren und vor allem über europäische Feuerwaffen verfügten. Sie selbst nannten sich die **Orlaam,** ein Name, der möglicherweise malaiischen Ursprungs ist und „weiser Mensch" bedeutet. Wahrscheinlich wurden sie durch die weiße Landnahme am Kap abgedrängt – anderen Überlieferungen zufolge flohen sie vor der drohenden Rache für einen begangenen Mord – jedenfalls überquerten sie den Oranje, den nördlichen Grenzfluß der Kapprovinz, und drangen in das unbekannte und unfruchtbare Land ein, in dem Nama und San vor den Herero Schutz gesucht hatten. Diese waren den technisch besser ausgerüsteten und in paramilitärischen Verbänden operierenden Orlaam hoffnungslos unterlegen. Der Orlaam-Führer Jager Afrikaaner beherrschte binnen kurzem den südlichen Teil Namibias, sein Sohn und Nachfolger **Jan Jonker Afrikaaner** drang tief ins Herero-Gebiet vor. Konkurrenz erwuchs dem Clan der „Afrikaaner" durch den Nachzug weiterer Orlaam-Gruppen wie den „Swartboois" und den „Witboois".

1830 kam es in der Nähe des heutigen Mariental zum ersten größeren Kampf zwischen Herero und den Orlaam-Nama, und, abgesehen von einer kurzen, durch Missionare (s. Exkurs S. 122) vermittelten Friedensperiode, prägte die Rivalität zwischen diesen beiden mächtigen Volksgruppen das historische Geschehen in Südwestafrika bis zur Vernichtung der Herero in der Schlacht am Waterberg (s.S. 124) im Jahre 1904.

Orlaam contra Herero

Daß die Herero nach anfänglichen Niederlagen den Orlaam Gegenwehr bieten konnten, lag nicht nur an ihrer zahlenmäßigen Überlegenheit, sondern auch an ihren mittlerweile intensiven Handelskontakten. Sie tauschten Straußenfedern, Elfenbein und Vieh gegen Waffen. Der schwedische Naturforscher und Händler Andersson wähnte sich eine kurze Zeitlang gar als Alleinherrscher des südwestafrikanischen Territoriums und bildete die Herero selbst an den Waffen aus. So wurden durch den Handel, an dem auch die Missionare regen Anteil hatten, Nama und Herero hochgerüstet und zugleich ihren kulturellen Wurzeln entfremdet, denn als Handelswaren kamen vor allem Waffen und Alkohol ins Land. Die Auseinandersetzungen zwischen den Stämmen, die früher im traditionellen Viehraub gipfelten, gerieten durch das europäische Waffenarsenal zunehmend blutiger.

Während sich die Unterschiede zwischen den alteingesessenen Nama-Verbänden und ihren neu zugewanderten Orlaam-Brüdern verwischten, zogen sich San und Damara immer weiter in unwirtlichere Gebiete zurück: die San in die Kalahari, die Damara in die Gebirgsstöcke, weshalb sie von den ersten Weißen, die mit ihnen Kontakt hatten, als „Berg-Damara" oder „Klipp-Kaffer" beschrieben wurden.

Exkurs: Die Christliche Mission

Die christliche Bekehrungsarbeit in Namibia begann Anfang des 19. Jhs. unter den Nama im südlichen Teil des Landes; die ersten Missionare der Wesleyanischen Kirche zogen mit den Viehzüchtern nomadisierend durch das Land.

1814 errichtete der deutsche Missionar Heinrich Schmelen schließlich in Bethanien die erste, fest installierte Missionsstation Namibias. Diesem Beispiel folgten Carl Hugo Hahn und Franz-Heinrich Kleinschmidt 1844 im Auftrag der Rheinischen Mission mit einer Niederlassung im zentralnamibischen Herrschaftsbereich von Jonker Afrikaaner, dem heutigen Groß Barmen. Von hier aus konnten die Missionare ihren christlichen Einfluß erstmals auch auf die Herero ausdehnen, die sich, im Gegensatz zu den Nama, allerdings lange Zeit dagegen sperrten.

1870 begann die Bekehrungsarbeit unter den nordnamibischen Völkern mit Gründung der Finnischen Mission in Ovamboland; erst 1896 gelang es auch katholischen Missionaren, im protestantischen Namibia Fuß zu fassen.

Die meisten Missionare begnügten sich nicht mit der Verbreitung der christlichen Lehre. Um den Glauben erklären und die Bibel verständlich machen zu können, mußten sie zunächst die jeweiligen Sprachen erlernen und sie transkribieren. Viele Gleichnisse aus dem Alten und Neuen Testament ließen sich nicht übersetzen, weil sie von Dingen handelten, die den neuen Gläubigen unbekannt waren, und manche Elemente der traditionellen Religionen wie Geisterglaube und Totenfurcht vertrugen sich schlecht mit den Lehren der christlichen Kirche. Als Nebenprodukte der Missionstätigkeit entstanden Wörterbücher der wichtigen Sprachen, Aufzeichnungen über die Lebensgewohnheiten und das Brauchtum der Völker sowie Tagebücher mit peniblen Eintragungen über die historischen Ereignisse. Die Kenntnis der traditionellen Kulturen Namibias ist in Vielem diesen Arbeiten zu danken.

Wirtschaftlich waren die Missionare Selbstversorger. Ihre Stationen waren schon bald nicht nur spiritueller, sondern auch ökonomischer Mittelpunkt der jeweiligen Region. Zu den meisten Niederlassungen gehörte ein Laden, in dem im Namen der Mission mit allem gehandelt wurde, was die Eingeborenen von der weißen Zivilisation zu brauchen glaubten, und dies waren vorrangig Waffen. Man rechtfertigte dies mit dem Hinweis, daß die Stämme sich ja gegen feindliche Übergriffe schützen müßten. Mit strengem Verkaufsverbot war nur der Alkohol belegt.

Durch den Zuzug weißer Siedler zunächst aus Deutschland und später aus Südafrika kamen weitere Kirchengemeinden ins Land, so daß Namibia heute eine unübersichtliche Vielfalt verschiedenster protestantischer Gemeinden besitzt. Hinzu kommen die synkretistischen Bewegungen (Vermischung verschiedener Religionen) unter den Herero und Nama, die zu eigenen Kirchengründungen geführt haben, in denen nun auch wieder die traditionellen Glaubenselemente wie das heilige Feuer und die Ahnenverehrung eine wichtige Rolle spielen. Mit 82 % der Bevölkerung besitzt Namibia den höchsten christlichen Anteil in Afrika. 62 % gehören den verschiedenen protestantischen Kirchen an, etwa 20 % sind Katholiken.

Hist. Abb. der Rheinischen Herero-Missionsstation Otjikango (Gross-Barmen) 1870

Die Träume eines Kaufmanns

Der Bremer Kaufmann **Adolf Lüderitz** war nicht der erste, der davon träumte, in Südwestafrika Fuß zu fassen und es seinem Heimatland als Kolonie anzudienen. Im Gegensatz zu seinen Vorgängern war er allerdings erfolgreich, wenngleich erst nach zähem Ringen.

Als „erster" Kolonisierungsversuch mag die Privatinitiative des Schweden Andersson gelten, der sich als Händler zunächst unter den Orlaam und später unter den Herero etabliert hatte und schließlich die Kupferminengesellschaft übernahm, die ab 1855 mit mäßigem Erfolg bei Matchless im Khomas-Hochland Kupfer förderte. Er trug eine Zeitlang gar den Titel eines Oberbefehlshabers der Herero. Andersson fehlte allerdings das nötige händlerische Geschick, und als es mit seinem Vermögen bergab ging, ließ ihn der Herero-Chief Kamaherero fallen wie eine heiße Kartoffel.

Einen zweiten Versuch, Namibia zu kolonisieren, unternahm die 1868 gegründete Missionshandelsgesellschaft, auf deren Initiative sich erste Handwerker und Landwirte aus Europa in Südwest niederließen. Die Missionsstationen wurden zum wirtschaftlichen Mittelpunkt, denn hier konnten die „Eingeborenen" alle Waren bekommen, die sie brauchten.

Aber so lukrativ sich der Handel im Lande selbst angelassen hatte, so defizitär waren die Geschäfte mit dem Vieh, das man im Tausch für die Waren bekommen hatte und nach Südafrika treiben ließ, um es dort zu verkaufen. Schon fünf Jahren später war die Missionshandelsgesellschaft pleite.

Einen dritten Versuch, Südwestafrika zu kolonisieren, startete Großbritannien, als es 1878 Walvis Bay unter seinen Schutz stellte und damit dem Deutschen Reich gegenüber symbolisch Anspruch auf das Territorium Südwestafrikas erhob. Doch weder Briten noch Deutsche waren bereit, für die als weitgehend wertlos geltende Kolonie einen größeren Einsatz von Mitteln und Menschen zu wagen. Die Schutzgesuche der etwa 150 Weißen, die sich durch den eskalierenden Konflikt zwischen Herero und Orlaam bedroht fühlten, verhallten in ihren beiden Mutterländern ungehört.

Die Wende brachte der zielstrebige und ebenso rücksichtslose wie risikofreudige Bremer Kaufmann Adolf Lüderitz, in dessen Namen der Kaufmannsgehilfe Heinrich Vogelsang am 1. Mai 1883 die Bucht von Angra Pequena von dem Häuptling **Joseph Fredericks** erwarb, dessen Nama-Fraktion das Land im Südwesten Namibias als Weideland nutzte. Dieser und der folgende Kaufvertrag vom 25. 8. 83, der Lüderitz den gesamten Küstenabschnitt zwischen Oranje und dem 26. Breitengrad in knapp 150 km Breite sicherte, provozierten die Briten. Mit Hinweis auf die Bedrohung seines „Eigentums" durch englische Kolonialgelüste erreichte Lüderitz 24. 4. 1884 eine Schutzerklärung durch Reichskanzler Bismarck für sein Land.

Vom Handelsstützpunkt zur Kolonie

Lüderitz hatte einen Handelsposten eingerichtet und erhob Zoll auf Waren, die diese Station passierten. Den Nama, die den Sinn eines Kaufvertrages nicht anerkannten, weil ihnen Privatbesitz an Land unbekannt war, verwehrte er sein Land als Weide. Doch so energisch Lüderitz zunächst agiert hatte, so erfolglos blieb sein weiteres Engagement in Namibia. Die

Bodenschätze, auf die er spekuliert hatte, wurden nicht gefunden. Auf der Suche nach potenten Kapitalgebern gründete er die Deutsche Kolonialgesellschaft, die sein Land und seine Handelsstützpunkte übernahm. Der Kaufmann mit den hochfliegenden Plänen kam 1886 auf See in der Nähe der Oranjemündung, also dort, wo heute Diamanten geschürft werden, ums Leben.

1889 ging der ersehnte „Schutz" des Deutschen Reiches in Gestalt von Leutnant **Curt von François** und einer 21 Mann starken Truppe in Walvis Bay an Land. Daß mit diesem Aufgebot weder eine Befriedung der sich ständig bekämpfenden Stämme (Herero und Nama) geschweige denn der Schutz für Händler, Siedler und erster Minengesellschaften möglich sein konnte, erkannte der Leutnant sehr schnell. Die ersten Jahre seiner Anwesenheit in Deutsch-Südwest verbrachte er mit Taktieren und Abwarten. Seinen Truppensitz schlug er im Tal von Klein-Windhoek auf, wo vor ihm der Orlaam-Führer Jonker Afrikaner eine Zeitlang gesiedelt hatte.

Bis 1894 wurden Schutzverträge mit den verschiedenen Stammesfraktionen der neuen Kolonie geschlossen, nach denen immer größere Teile des Landes als Konzessionen an Entwicklungsgesellschaften verpachtet wurden. François entwickelte auch die ersten Reservats-Pläne, die den Stämmen Siedlungsbereiche zuwiesen. Das übrige Land galt als „herrenlos" und sollte zur Ansiedlung von Farmern genutzt werden. In Deutschland wurden ein Morgen namibisches Land für eine Mark verkauft. Nur der Orlaam-Häuptling Hendrik Witbooi widersetzte sich dem „Schutzangebot" des Deutschen Reiches. Er verwickelte die Schutztruppe in mehrere Scharmützel, bis ihn **Major Leutwein** 1894 in der Naukluft besiegte.

Kriegszüge: Schutztruppe kontra Orlaam und Herero

Unter dem Eindruck der immer massiveren deutschen Präsenz in ihrem Land und in der Gefahr, gänzlich an den Rand gedrängt zu werden, hatten Herero und Orlaam 1892 Frieden geschlossen. Der gemeinsame Widerstand gegen die Kolonialmacht gipfelte in mehreren regional begrenzten Aufständen, konnte aber dem Vordringen der deutschen Siedler und Industrie-Interessen kaum Widerstand entgegensetzen. Nach der Niederwerfung Witboois sorgte sein zeitweiliger Verbündeter Jakob Morenga mit einer Nama-Fraktion weiter für Unruhe im Süden Namibias. Chief **Samuel Maharero** führte seine Herero 1904 in einen Aufstand gegen die Schutztruppe, der am 11.8. in die „Schlacht am Waterberg" mündete.

Die zunächst zahlenmäßig wie militärisch überlegenen Herero mußten sich schließlich zurückziehen; ihr einziger Fluchtweg führte in die Omaheke, einen wasserlosen Teil der Kalahari, in der sehr viele vor Durst und Hunger starben. Wer zurückkehrte, wurde in Internierungslager gesteckt, wo ebenfalls zahlreiche Herero verhungerten. Letztendlich kam bei diesem Aufstand Dreiviertel der Herero ums Leben.

1904 wagte der Nama-Kapitän **Hendrik Witbooi** mit Jakob Morenga einen neuen Versuch, die deutsche Landnahme zu beenden. Auch dieser Aufstand scheiterte schließlich mit dem Tod Morengas 1908, doch wirkliche Ruhe sollte in der deutschen Kolonie auch danach nicht einkehren.

Diamanten und Internierung: Der Erste Weltkrieg

Im Sommer 1908 brachte Zacharias Lewala, Gehilfe des Bahnbeamten **Adolf Stauch**, seinem Chef einen glitzernden Stein. Der Schwarze hatte die Aufgabe, Gleisabschnitte der Bahn nach Lüderitzbucht von Wanderdünen freizuhalten. Dabei hatte er den ersten Diamanten entdeckt.

Der Fund markierte den Beginn einer atemlosen und kurzen Prosperität der deutschen Kolonie, und zwar genau dort, wo ihr Begründer, Adolf Lüderitz, an Land gegangen war. Sofort waren unzählige Claims ausgewiesen, Abenteurer aus aller Herren Länder suchten ihr Glück in der namibischen Wüste. 1910 befanden sich die ausgedehnten Diamantenfelder zwischen Lüderitzbucht und Oranjemündung im Besitz mehrerer Gesellschaften. Die jährliche Produktion allein auf den Feldern bei Lüderitzbucht betrug mehr als 800.000 Karat (ca. 160 kg!). Die Technik der Gewinnung war im ersten Stadium höchst einfach: Die Diamanten wurden einfach aus dem Sand aufgelesen oder mit Schüttelsieben gefördert. Später kamen auch Waschmaschinen zum Einsatz.

Nach der Kapitulation der Schutztruppe im Ersten Weltkrieg gingen die Schürfrechte dann an die CDM (Consolidated Diamonds Mines of South West Africa) über, die bis heute die ausschließlichen Rechte in den Sperrgebieten besitzt.

1914 brach in Europa der Erste Weltkrieg aus, und die Kriegsgegner trugen ihre Kämpfe auch ins südliche Afrika. Südafrikanische Truppen marschierten nach Norden auf das deutsche Kolonialgebiet, ein knappes Jahr später kapitulierte die Schutztruppe unter ihrem Kommandanten Franke am 9. 7. 1915 vor der großen Übermacht. Offiziere und Polizeibeamte wurden bis zum Ende des Krieges in einem Lager bei Aus interniert, die befürchtete Vertreibung oder Enteignung der deutschen Siedler blieb den Verlierern aber vorläufig erspart. Nur hochrangige Militär- und Polizeirepräsentanten wurden ausgewiesen, viele von ihnen kehrten bereits wenige Jahre später wieder nach Südwest zurück.

Südafrikas Schatten über Namibia

Seit 1919 war das ehemalige Deutsch-Südwest dem Völkerbund unterstellt und Südafrika zur Verwaltung überlassen. Als der Zweite Weltkrieg ausbrach, standen sich Deutsche einerseits und Buren und Engländer andererseits plötzlich als „Kriegsgegner" im gleichen Land gegenüber. Um faschistischer Agitation im ehemaligen Südwest vorzubeugen, wurden einige Deutschstämmige von der Südafrikanischen Union ausgewiesen; viele Männer verbrachten die Kriegsjahre in einem südafrikanischen Internierungslager.

Die südafrikanische **Politik der Segregation** schloß an die Reservatspolitik des Deutschen Reiches an. Für die schwarze Bevölkerung galten die gleichen Einschränkungen wie für die Einheimischen Südafrikas: strenge Paßgesetze verhinderten, daß Arbeiter sich ohne Genehmigung ihres Chefs im Lande bewegten; der Schulbesuch gemeinsam mit weißen Kindern blieb verboten.

Ab 1945 übernahm die UNO die Rolle des Völkerbundes; sie forderte von der Südafrikanischen Union die Wahrung der Menschenrechte im eigenen Land und im Mandatsgebiet. Ab 1946 wurde Südafrika mehrmals aufgefordert, Namibia wieder der UNO-Verwaltung zu übergeben.

Stattdessen führte Südafrika ab 1948 auch in seiner „fünften" Provinz die **Apartheidsgesetze** ein und begann Anfang der sechziger Jahre nach den Vorschlägen der „Odendaal-Kommission", pseudo-autonome „Heimatländer" (homelands) für die verschiedenen Bevölkerungsgruppen auszuweisen, die wesentlich kleiner waren, als die noch von der deutschen Kolonialverwaltung angelegten Reservate.

Widerstand: Von der OPO zur SWAPO

1957 gründeten einige politisch engagierten Ovambo, die als Arbeiter im benachbarten Südafrika lebten, unter **Toivo ja Toivo** den Ovamboland People's Congress. Ziel der Bewegung war die Befreiung der Schwarzen Südafrikas und Namibias vom Joch der Apartheid. Zwei Jahre später spaltete sich die OPO von seinen südafrikanischen Bruderorganisation und schrieb den Unabhängigkeitskampf Namibias auf seine Fahnen. Gründer dieser neuen Organisation, der SWAPO (South West Africa People's Organisation) war der Ovambo Sam Nujoma.

Ganz im Gegensatz zu den immer lauter erhobenen Ermahnungen und Forderungen der UNO, wurde in Namibia die Apartheid systematisch in allen Lebensbereichen durchgesetzt. 1959 hatte die südafrikanische Administration Windhoeks traditionelles Schwarzenviertel, die „Old Location", räumen und abreißen lassen. Ihre Bewohner wurden in die Retortenstadt Katutura umgesiedelt. In den Auseinandersetzungen um die Old Location waren 13 Menschen getötet worden. Mitte bis Ende der sechziger Jahre wurden die Vorschläge der **Odendaal-Kommission** umgesetzt: Das erste Homeland, Ovamboland, wurde noch mit tatsächlicher Teilautonomie in lokalen Belangen ausgestattet. In den siebziger Jahren folgten Homelands für die Herero, Damara, Nama und San.

Der bewaffnete Kampf

1966 entzog die UNO Südafrika das Mandat über Namibia, doch gelang es ihr nicht, diese Entscheidung auch durchzusetzen. Währenddessen hatte der bewaffnete „Arm" der SWAPO, die PLAN (People's Liberation Army of Namibia), mit militärischen Vorstößen von südangolanischen Basen den Südafrikaner empfindliche Nadelstiche versetzt. Am 26. August 1966 bombardierten südafrikanische Piloten ein Lager der SWAPO bei Omgulambashe in Ovamboland, damit war der bewaffnete Kampf um die Unabhängigkeit eröffnet. Namibias Norden – Kaokoveld, Ovamboland und Caprivi – wurde zur Polizeizone erklärt und diente fortan als Aufmarschgebiet gegen die Kämpfer der PLAN. Die dort lebenden Menschen wurden vom südafrikanischen Militär zwangsverpflichtet oder fanden, wie viele Himba und San, als Scouts der Truppen ein gutes Auskommen. 1973 wurde die SWAPO als alleiniger rechtmäßiger Vertreter Namibias von der UNO anerkannt.

Wer hält zu wem

Der (bewaffnete) Kampf um die Unabhängigkeit und gegen die Apartheid spaltete die namibische Bevölkerung in Befürworter und Gegner. Naturgemäß waren unter den Gegnern vor allem die weißen Namibier zu finden, wenngleich die Resolutionen der UNO und die offensichtlichen Ungerechtigkeiten der Apartheidsgesetze auch unter ihnen kontrovers diskutiert wurden. Zu groß war die Angst vor Vergeltung und der von der SWAPO angekündigten Enteignung der Weißen, zu drastisch auch die Schreckensmeldungen, die nach dem Rückzug Portugals aus Angola seit 1974 über Mord und Totschlag im Nachbarland kursierten. Vom Krieg der SWAPO gegen die Truppen der RSA war im übrigen Namibia nur wenig zu spüren. Doch am 30. 12. 1978 erschütterte ein Bombenanschlag auf das beliebte Swakopmunder (Weißen)-Café „Treff" die Gemüter und machte den nahen Kriegsschauplatz deutlich.

SWAPO und DTA

Unter den weißen Befürwortern von Veränderungen und der Abschaffung der Apartheidsgesetze waren auch einige Mitglieder der **SWAPO.** Der Großteil der Reformkräfte, in der alle Hautfarben vertreten waren, vereinte sich unter dem Kürzel **DTA** (Democratic Turnhalle Alliance), benannt nach der 1975 abgehaltenen „Turnhallenkonferenz", bei der unter südafrikanischer Ägide ein Verfassungsentwurf für ein unabhängiges Namibia ausgearbeitet wurde, der ab 1978 eine teilweise „Unabhängigkeit" vorsah. Die bei dieser Konferenz anwesenden politischen Gruppen – die SWAPO hatte die Veranstaltung boykottiert – gewannen als DTA die im Dezember 1978 abgehaltenen ersten namibischen Wahlen, deren Ergebnis von der UNO allerdings nicht anerkannt wurde, da die SWAPO nicht teilgenommen hatte. Der weiße Farmer und DTA-Vorsitzende Dirk Mudge wurde zum Präsidenten ernannt, seine Entscheidungen aber weiterhin von einem südafrikanischen Generaladministrator kontrolliert. Der DTA-Regierung gelang als herausragendste Leistung die Abschaffung der Apartheid. 1983 gab Mudge wegen seiner eingeschränkten Befugnisse resigniert auf, Namibia wurde wieder vom Generaladministrator geführt.
Eine zweite, vielleicht noch tiefere Kluft spaltete die schwarze und farbige Bevölkerungsmehrheit Namibias: Zum einen wurde die SWAPO als ehemalige Ovambo-Organisation nicht von allen Angehörigen der anderen Volksgruppen als rechtmäßige Vertretung ihrer Interessen anerkannt (die Herero schlossen sich in ihrer eigenen Parteiorganisation zusammen und die Rehobother Baster unterstützten sogar offen Südafrika), zum anderen kämpften viele Himba, San, oder Caprivianer mehr oder minder freiwillig auf Seiten der RSA-Armee und hatten im Falle eines SWAPO-Sieges Vergeltung zu befürchten. So erwarteten die Weißen wie auch viele Farbige und Schwarze einen Sieg der SWAPO mit gemischten Gefühlen.

Der Weg in die Unabhängigkeit

Erst als die Ost-West-Entspannungsbemühungen auf internationaler Ebene erste Erfolge zeigten, kam auch wieder Bewegung in den namibischen Unabhängigkeitsprozeß. Südafrika verknüpfte eine Entlassung Namibias in die Unabhängigkeit mit dem Abzug kubanischer Truppen aus Angola, und am 3. August 1988 wurde in Genf die erste Vereinbarung zwischen Südafrika, Kuba und Angola unterzeichnet, die den Friedensprozeß einleiten sollte. Daß zur selben Zeit Namibias berühmtes Wahrzeichen „Mukorob", eine Felsnadel im Südosten des Landes (s. Route 2, S. 261), in einem Sturm umstürzte, wurde von vielen Nama und Herero als übles Vorzeichen für die Zukunft unter der SWAPO- (Ovambo)-Regierung gewertet. 1989 wurden unter UN-Aufsicht schließlich die ersten freien Wahlen in Namibia abgehalten, die die SWAPO gewann. Am 21. März 1990 wurde Namibia unter seinem neuen Präsidenten Dr. Sam Nujoma unabhängig.

Namibische Politik heute

Was viele Namibier befürchteten, blieb aus: Das Motto der SWAPO-Regierung hieß nicht Vergeltung, sondern Reconciliation, ihre Wirtschafts- und Sozialpolitik bestand nicht aus Enteignung und Umverteilung, sondern setzte in den ersten Jahren auf Alphabetisierung und den Ausbau medizinischer Infrastruktur. Mitglieder anderer Volksgruppen wurden in die Ministerien berufen, und auch auf die Hilfe der weißen, erfahrenen Beamten griff Nujoma zurück. 1994 wurde in Namibia zum zweiten Mal gewählt, und diesmal erhielt die SWAPO die Zwei-Drittel-Mehrheit, mit der die Regierung nun auch die Verfassung ändern kann. Erneut wurde über Enteignungen spekuliert und auf die „Übermacht" der Ovambo mit Gerüchten über Günstlingswirtschaft und Korruption reagiert. Die besonnene Politik Sam Nujomas steht aber bis heute für den Versöhnungsprozeß, der die namibischen Völker nach einem Jahrhundert einseitiger Unterdrückung und Ausbeutung einander näherbringen soll. Als Garant dafür sieht sich auch Sam Nujoma selbst. Um seine Politik selbst weiter verfolgen zu können, hat er kurzerhand erklärt, daß die in der Verfassung maximalen zwei Amtsperioden für jeden Präsidenten noch nicht ausgeschöpft seien – schließlich war die erste Amtsperiode nicht das Ergebnis einer regulären Wahl, sondern auf den Basis der Unabhängigwerdung zustande gekommen. Ergo würde die zweite Wahlperiode erst mit den Wahlen 1999 beginnen. Mit diesem halblegalen Trick steht also Nujoma für weitere 5 Jahre zur Verfügung. Und es ist keine Frage, daß er 1999 noch einmal mit überwältigender Mehrheit gewählt wird.

■ Wandmalereien in Windhoek zur Unabhängigkeit 1990

Der junge Staat

Namibias Fahne zeigt diagonal gestreift die Farben der SWAPO Blau, Rot, Grün mit einer zwölfstrahligen Sonne, die für die Ethnien des Landes steht. Im Wappen sind die verschiedenen Facetten des Landes symbolisch vertreten: Die Flagge in Form eines Schildes wird von zwei Spießböcken gestützt; ein Fischadler hat sich auf ihm niedergelassen, und unter dem Schild breitet die Welwitschia im gelben Wüstensand ihre Blattranken aus. Den unteren Abschluß bilden die Worte Unity, Liberty, Justice.

Die Verfassung Durch die 1990 verabschiedete Verfassung ist Namibia ein säkularer, demokratischer Staat mit Mehrparteiensystem. Den Namibiern verspricht die Verfassung alle bürgerlichen Freiheiten und die Einhaltung der Menschenrechte. Der Präsident der Republik Namibia wird in direkter Wahl bestimmt, seine Amtszeit ist auf zweimal fünf Jahre beschränkt. Seit den ersten Wahlen 1989 ist dies Samuel (Sam) Daniel Nujoma, ein Ovambo und ehemaliger Eisenbahnarbeiter, der seine Partei im Exil durch die Jahre der Apartheid und des von ihm geleiteten Widerstands gegen Südafrika geführt hat. Bis 1995 hatte er auch den Innenministerposten und damit die Kontrolle über die Polizeikräfte inne. Premier ist der Damara Hage Geingob. Ihm beigeordnet ist ein Kabinett von derzeit zwanzig Ministern, darunter zwei Weiße. Eine Nationalversammlung mit 66 gewählten und sechs vom Präsidenten bestimmten Abgeordneten ist Beschlußorgan der Legislative. Parallel dazu vertritt ein Nationalrat aus 26 gewählten Mitgliedern die Interessen der 13 geographischen Regionen und prüft die Beschlüsse der Nationalversammlung. Bei den Wahlen 1994 erhielt die SWAPO 72, 7 %, die DTA 20,4 % und die UDF 2,9 % der Stimmen (DCN 0,82 %, MAG 0,81 %, s.u.).

Gerichtbarkeit und Exekutive sind unabhängig und werden von einem Ombudsmann, den der Präsident ernennt, regelmäßig über Verletzungen der Grundrechte durch staatliche oder andere Stellen informiert.

Verwaltung Die Verwaltung auf regionaler Ebene besteht aus dort gewählten Regionalräten. Durch die Einsetzung eines „Rates traditioneller Führer" versucht Nujoma, die traditionellen Oberhäupter der einzelnen Volksgruppen in die politischen Entscheidungsprozesse einzubinden. Ihre Mitsprache wird vor allem bei der Umverteilung von Kommunalland, den ehemaligen homelands, für wichtig erachtet.

Nach der Unabhängigkeit wurde in Namibia eine Verwaltungsreform vorgenommen, die das Land in 13 Regionen aufteilt: Das ehemalige Ovamboland, die bevölkerungsstärkste Verwaltungseinheit, wurde in vier Regionen unterteilt: Omusati, Oshana, Ohangwena und Otjikoto. Östlich schließen sich Okavango und Caprivi an, im Westen Kunene. Südlich davon liegen Erongo, Otjozondjupa, Khomas und Omaheke. Der Süden besteht aus den zwei großen Verwaltungsbezirken Hardap und Karas.

Parteien Das Spektrum politischer Interessen ist in Namibia – wie in den meisten anderen afrikanischen Ländern – auch nicht von dem der einzelnen Volksgruppen zu trennen. Die SWAPO ist zwar eine überethnische Partei, wird in der Mehrzahl aber von Ovambo gewählt, die in der Partei entsprechend auch dominieren. Das Programm der SWAPO wandelte sich im Lauf der Jahre von seinem revolutionären Ansatz zu einem sozialistischen, auf den Ausgleich der Besitzverhältnisse gerichteten Konzept, dessen Ziel letztendlich die Umverteilung des (weißen) Besitzes ist.

Ihre einzige, bis 1994 noch ernstzunehmende Konkurrenz ist die DTA (Democratic Turnhalle Alliance), die als Zusammenschluß liberal-konservativer Kräfte aus den ersten Unabhängigkeitsgesprächen in der historischen Windhoeker „Turnhalle" 1977 hervorgegangen ist und sich kurz darauf als Parteienallianz unter Vorsitz des weißen Farmers Dirk Mudge konstituierte. Der DTA in ihrer heutigen Form gehören konservative Politiker der verschiedenen Volksgruppen an. In ihr sind, im Gegensatz zur SWAPO, auch zahlreiche Herero vertreten. Seit den zweiten Wahlen 1994 besitzt die DTA mit ihren 15 Sitzen (gegenüber 53 der SWAPO) nur noch eine schwache Stimme im Parlament.

Neben SWAPO und DTA haben Mitglieder der von Damara getragenen UDF (United Democratic Front) zwei Sitze gewonnen. Mit jeweils einem Sitz zogen DCN (Democratic Coalition of Namibia) und MAG (Monitor Action Group) in die Volksvertretung ein. 1999 hat sich unter dem ehemaligen SWAPO-Mitstreiter Ulenga eine neue Partei gegründet, der – wenn auch noch nicht für die nächsten Wahlen – gute Chancen nachgesagt werden, die Regierung zu übernehmen.

Reconciliation: Politik gegen die innere Apartheid

Sprache

Eine stark umstrittene, im Rückblick aber weise Entscheidung der jungen Republik Namibia war es, Englisch zur offiziellen Landessprache zu bestimmen, es ist ja auch Welthandelssprache und Verkehrssprache des südlichen Afrikas. Englisch war jedoch in Namibia relativ wenig verbreitet. Doch diese Wahl steht für den Weg der inneren Versöhnung, wenn man bedenkt, mit welcher ideologischen Fracht die anderen namibischen Sprachen belastet sind: Deutsch als Sprache der Kolonisatoren und einer seitdem wirtschaftlich sehr erfolgreichen Minderheit; Afrikaans als Sprache der Apartheid und Oshivambo als Sprache der Partei- und Regierungsmehrheit, die doch nur eine Volksgruppe repräsentiert.

■ In der Post Street Mall in Windhoek

Buch „Namibische Passion"

Noch wichtiger aber war der Verzicht auf „Rache" der SWAPO. Für die während des Krieges begangenen Verbrechen wurde eine allgemeine Amnestie erlassen. Vergangenes sollte vergessen und der Blick auf eine gemeinsame Zukunft gerichtet werden. Daß dies nicht so einfach ist, beweist beispielsweise die heftige Kontroverse um das 1996 erschienene Buch „Namibische Passion". Darin geht es um Folter und Mord an vermeintlichen Spionen und Kollaborateuren in den Guerillalagern der

SWAPO. Der Autor, Pater Siegfried Groth, hatte als SWAPO-Anhänger in den Lagern christlichen Beistand geleistet und die Opfer betreut. Verbittert darüber, daß in den namibischen Medien zwar über Greueltaten der Südafrikanischen Armee, nicht aber über die der SWAPO berichtet wird, hat er in der „Namibischen Passion" seine Erlebnisse aus dem Unabhängigkeitskampf niedergeschrieben und damit nicht nur einige bekannte SWAPO-Politiker als „Folterer" bloßgestellt, sondern auch die alten, kaum verheilten Wunden des Krieges wieder aufgerissen.

Bevorzugung und Korruption

Auch zahlreiche Klagen über die Bevorzugung von Ovambo bei der Vergabe von Posten oder bei Ausschreibungen, über die Zurücksetzung (weißen) Fachpersonals gegenüber schlechter ausgebildeten (schwarzen) Bewerbern und über Korruption innerhalb der Regierung werden in der Presse immer wieder als Beispiel für die latente Ungleichbehandlung anderer Bevölkerungsgruppen moniert. Trotz aller Kritik ist es der SWAPO-Regierung bislang erstaunlich gut gelungen, die Politik der nationalen Versöhnung in die Tat umzusetzen.

Politik gegen die äußere Apartheid

Bereits 1978 waren von der durch die UNO nicht anerkannte DTA-Regierung die Apartheidsgesetze außer Kraft gesetzt worden. Ausdrücklich war nun der gemeinsame Schulbesuch farbiger und weißer Kinder, die gemeinsame medizinische Behandlung, die Möglichkeit gemeinsamer Freizeitaktivitäten und nicht zuletzt auch gemischtrassiger Ehen erlaubt. Daß sich die innere Struktur der aparten Entwicklung der Rassen allerdings nicht per Dekret ändern konnte, lag auf der Hand.

Überwindung der Mandatsstruktur

Ein weiteres Problem war die Verwaltungsstruktur der Mandatszeit, die die soziale Kluft zwischen Weißen und Nicht-Weißen zementierte. So im Erziehungs- und Gesundheitswesen: Südafrika hatte Sorge und Kosten sozialer Institutionen und des Erziehungswesens den jeweiligen Lokalverwaltungen überlassen. Diese mußten die Finanzierung von beispielsweise Schulen und Lehrern aus den Steuereinnahmen ihrer Region bestreiten. Zwar wurden die Einnahmen der unterschiedlich begüterten Gemeinden von der Zentralverwaltung durch Zuschüsse aufgestockt, dies aber wiederum proportional zu deren Steueraufkommen, was die Gräben zwischen arm und reich noch vertiefte. Außerdem konnten reiche Gemeinden die zur Verfügung stehenden Mittel zum Großteil in den Ausbau ihrer Infrastruktur stecken, während das Geld ärmerer Kommunen zumeist in den Töpfen der noch dringender benötigten Sozialhilfe versickerte. Die Bevölkerung der Homelands hatte durch diese Regelung kaum Möglichkeiten, eine auch nur einigermaßen ausreichende soziale Infrastruktur aufzubauen. Zur Unabhängigkeit waren 65 % der Menschen Analphabeten, und ein Großteil der medizinischen Einrichtungen befand sich im weißen Farmland.

Schulen

Die vorrangige Aufgabe der Wirtschafts- und Sozialpolitik der SWAPO-Regierung war und ist es, die Bedingungen dafür zu schaffen, daß diese Strukturen überwunden werden können. Dazu gehört der Bau von mehr Schulen, die Aus- und Fortbildung von Lehrern und die Einführung und Durchsetzung der Schulpflicht für schwarze Schüler, auch dies eine

Neuerung des unabhängigen Namibia. Besonders in den dünn besiedelten Farmgebieten Zentral- und Südnamibias ist dies eine Aufgabe, die nur mit der Unterstützung durch die zumeist weißen Farmer realisiert werden kann. Wegen der großen Entfernungen zu den nächsten städtischen Zentren müssen die Kinder in Internatsschulen untergebracht werden. Einige Weiße haben in Eigeninitiative auch Farmschulen aufgebaut, in denen die Kinder der eigenen und der Nachbarfarmen gemeinsam unterrichtet werden und in denen häufig auch Unterricht für ältere Analphabeten angeboten wird.

Auch nach der Abschaffung der getrennten Schulbildung blieben einige Institutionen der schwarzen Bevölkerungsmehrheit verwehrt: So nahm die Deutsche Höhere Privatschule in Windhoek, eine der renommiertesten Ausbildungsanstalten Namibias, noch bis 1992 keine „fremdsprachigen" Schüler auf, also auch keine Engländer und Buren. Erst zwei Jahre nach der Unabhängigkeit wurde ein eigener Zweig für Kinder eingerichtet, deren Muttersprache nicht Deutsch ist. Inzwischen haben auch zahlreiche schwarze und farbige namibische Kinder hier das Abitur abgelegt. Die Deutsch-Namibische Gesellschaft vermittelt immer wieder Stipendien für die zumeist bedürftigen „Fremdsprachigen" an der DHPS.

Bis Mitte 1993 konnte die Zahl der Lese- und Schreibunkundigen immerhin um ein Drittel auf geschätzte 30–40 % reduziert werden. Namibias einzige Universität befindet sich in Windhoek.

Gesundheitswesen

Die strukturellen Probleme des Erziehungswesens treffen ähnlich auch für die medizinische Versorgung zu. In einem Land mit riesigen Entfernungen, in dem nur Privilegierte ein eigenes Fahrzeug besitzen und öffentliche Verkehrsmittel fast gänzlich fehlen, können Kranke nur schwer den nächsten Arzt, ein Krankenhaus oder die nächsten Ambulanz erreichen. An der Situation, wie sie in den vielen Farmerbiografien immer wieder beschrieben wird, hat sich bis heute wenig geändert: der Baas (Herr) ist nicht nur Arbeitgeber sondern so gut es geht auch Notfall-Doktor. Häufig suchen die Menschen auch Hilfe beim traditionellen Heiler.

Ein Jahr nach Erlangung der Unabhängigkeit zählte man in Namibia 70 Krankenhäuser und 300 zugelassene Ärzte; auf einen Arzt kamen 4500 Einwohner – eine durchaus positive Zahl, vergleicht man sie mit anderen afrikanischen Ländern. In der Realität sah das Verhältnis allerdings anders aus, denn die meisten medizinischen Einrichtungen befinden sich im weißen Farmland. Durch vermehrten Einsatz fahrbarer Ambulatorien soll die medizinische Versorgung unterversorgter Gebiete verbessert werden. Daß es damit nicht zum Besten steht, beweist die hohe Säuglings- (5,9 % für 1993) und Kleinkindersterblichkeit (7,9 %) und die relativ geringe durchschnittliche Lebenserwartung von 59 Jahren (Vergleichzahlen aus dem benachbarten Botswana: Analphabetenrate 26 %, Kindersterblichkeit 5,6 %, Lebenserwartung 65 Jahre).

Die Zahlen belegen nicht nur den Mangel medizinischer Versorgung, sondern auch ihre einseitige Ausrichtung auf Behandlung bereits bestehender Erkrankungen. Vorbeugende Maßnahmen zur Verhinderung von Erkrankungen – Impfung, Aufklärung über Hygiene etc. – wurden unter südafrikanischem Mandat kaum ergriffen.

Namibias wirtschaftliches Potential

Namibias Wirtschaft ist tief von den Strukturen der Mandatszeit belastet. Da es als „fünfte Provinz" in den Wirtschaftskreislauf Südafrikas integriert war, fehlt es an Betrieben der verarbeitenden Industrie. Die Rohstoffe – Diamanten, Erze, Uran, Vieh – wurden nach Südafrika zur Verarbeitung gebracht. Namibia ist dadurch auch heute noch wirtschaftlich fast ganz auf Südafrika angewiesen. Landwirtschaft, Fischerei und Bodenschätze sind die Hauptstützen der Ökonomie. 65 % der Exporteinnahmen werden durch die Ausfuhr von Bodenschätzen, 13 % durch Fisch und 10 % durch landwirtschaftliche Produkte, vorrangig Rinder, erzielt. Für die Zukunft verspricht sich der namibische Staat vom Ausbau der touristischen Infrastruktur eine Steigerung der Deviseneinnahmen.

Arbeit

Wanderarbeit

Das Gros der arbeitsfähigen Bevölkerung lebt im nördlichsten Landesteil, Industrie und Landwirtschaft, die die Hauptarbeitgeber stellen, sind aber in Zentral- und Südnamibia angesiedelt. So bedeutet „arbeiten" für die schwarzen Beschäftigten zugleich „die Familie verlassen": Jeden Freitag transportieren Karawanen von Sammeltaxen und Pick-ups die Ovambo-Arbeiter nach Hause in den Norden und am Sonntag wieder zurück zu ihrem Arbeitsplatz.

Anfang der neunziger Jahre lag die Arbeitslosenrate zwischen 30 und 40 Prozent, und die Tendenz zeigt eher zum schlechteren. Namibia ist wirtschaftlich fast gänzlich von den Rohstoffpreisen der internationalen Märkte und von den Launen der Natur abhängig. Ganz gleich, ob in London, Amsterdam oder Brüssel die Diamantenpreise fallen oder in der Republik Südafrika der Regen wegbleibt – es gefährdet namibische Arbeitsplätze. Das System der „Kontraktarbeit" beherrscht, bedingt durch die große Entfernung von Siedlungsraum und Arbeitsplatz, auch heute noch das Leben der schwarzen Beschäftigten. Sie leben in Retortenstädten bei den Uranminen in der Namib und den Bergbaustädten Tsumeb, Otavi und Grootfontein, oder sie suchen in den städtischen Zentren nach einem Job. Die Familie im heimatlichen Dorf im Ovamboland oder Caprivi sehen sie oft monatelang nicht.

Neue Märkte, alte Probleme

Seit der Unabhängigkeit wird verstärkt der Aufbau der verarbeitenden Industrie vorangetrieben und nach neuen Märkten gesucht. Hoffnungen macht man sich auch auf den Tourismus, wo Hotelpersonal, Fahrer, Reiseleiter etc. benötigt werden. Die Heerscharen der Arbeitslosen und Landflüchtigen können diese ersten Schritte allerdings nicht auffangen. Verstärkt wird das Arbeitslosenproblem durch die ehemaligen Armee-Angehörigen, die nach der Unabhängigkeit nicht in die neuen militärischen Verbände übernommen wurden, und durch die vielen Flüchtlinge, die aus Angola nach Namibia kommen.

Landwirtschaftliche Nutzungsmöglichkeiten

Der Landwirtschaftssektor konnte 1995 mit etwa 10 % zum Bruttoinlandsprodukt beitragen, ein Drittel aller Beschäftigten haben hier ihren Arbeitsplatz. Der Schwerpunkt liegt auf der Viehzucht – in Zentralnamibia Rinder, im Süden Schafe (Karakul- und Fleischschafe). 95 % der landwirtschaftlich nutzbaren Fläche dienen als Weideland. Getreideanbau spielt nur im Nordosten und im sogenannten „Kupfer-Dreieck" Tsumeb-Otavi-Grootfontein eine Rolle.

Ökologie und Landwirtschaft

Daß die Viehzucht das wichtigste Standbein der Farmer ist, liegt sowohl am Klima als auch an der schwierigen Wasserversorgung. Namibia besteht zum Großteil aus Wüsten und Halbwüsten, und die einzigen, ganzjährig wasserführenden Flüsse sind die Grenzflüsse Oranje im Süden und im Norden Kunene, Kavango und Kuando/Linyanti. Die ohnehin meist spärlichen Regenfälle nehmen von Nordosten nach Südwesten ab. Sie kommen unregelmäßig, und ihr Ausbleiben verursacht Dürren, die für die stationäre Viehwirtschaft zur Katastrophe auswachsen können. So kommt es, daß auch heute noch (oder wieder) viele Farmer „trekken" und ihr Vieh auf Pachtgrund treiben, das in der Regenzeit besser abgeschnitten hat. Anfang der neunziger Jahre war der Süden von der Dürre betroffen, Mitte der Neunziger klagten dann die Farmer in der Kalahari.

Daß der Halb- oder Ganznomadismus der Herero und Nama die richtige Antwort auf die schwierigen Weidebedingungen war, liegt auf der Hand. Heute begegnen die Farmer ihrer kargen Umwelt mit einer sehr niedrigen Bestockungsrate (30 Hektar pro Rind im Süden, 15 ha in Zentralnamibia) und dem häufigem Umstellen des Viehs. Die Farmen haben Ausmaße, von denen deutsche Bauern nur träumen können: die durchschnittliche namibische Farm im Süden ist acht- bis zehntausend Hektar groß!

Krisen

Natürlich sind auch die Preise für den „Rohstoff Vieh" Schwankungen unterworfen. Als eine Dürre in den achtziger Jahren die südafrikanischen Farmer zu Notschlachtungen zwang, blieben die Namibier auf ihrem Rindfleisch sitzen. Als die Protestaktionen der Tierschützer gegen das Tragen von Pelzmänteln den Absatz von Karakulfellchen (Persianer) reduzierten, trieb der Preisverfall viele Karakul-Farmer auf Jobsuche in die Städte. Es wäre falsch, die Farmer für betuchte „Großgrundbesitzer" zu halten. Viele „krebsen", so gut es geht, am Existenzminimum dahin; manche Farmersfamilie kann nur durch die Einnahmen überleben, die ihr der Gästefarm-Tourismus einbringt. Zahlreiche Farmer setzen auch wieder auf die Bestockung mit Wild, das beispielsweise das Land von den Dornengewächsen freihält, die Rinder nicht fressen, und das sich als Fleischlieferant großer Beliebtheit erfreut.

Den kommerziellen Viehfarmen im Süden und in Zentralnamibia, die fast alle von Weißen, besonders von Deutschstämmigen geführt werden, stehen die auf die Subsistenz ausgerichteten kleinen Bauernhöfe der schwarzen Bevölkerung in den kommunalen Gebieten (ehemalige Homelands) gegenüber.

Fischerei

Zum Agrarsektor wird auch die Fischerei gerechnet, die dank erheblicher Fischvorkommen vor der Küste einen wichtigen Anteil zur Wirtschaft leistet, deren tatsächliche Kapazitäten wegen der Überfischung des Meeres vor Namibia durch internationale Fangflotten aber weit hinter dem möglichen Ertrag hinterherhinkt. Der Benguela-Strom vor Namibias Küste sorgt nicht nur für das typisch nebelige Atlantikklima (s.S. 106), er führt auch von Fischen geschätzte Nährstoffe mit. Die Gewässer sind daher auch besonders fischreich.

Exkurs: Landreform – Pläne, Ziele, Möglichkeiten

Dreiviertel der landwirtschaftlichen Nutzfläche werden von Großfarmern genutzt, das restliche Viertel fällt auf Kommunalland (ehemalige Homelands) und kleinbäuerliche Betriebe. Die Großfarmen liegen fast alle in Süd- und Zentralnamibia und gehören zum großen Teil Weißen. Die SWAPO hatte ihren Unabhängigkeitskampf unter anderem auch mit dem Versprechen geführt, diese ungerechten Besitzverhältnisse zu ändern.

1991 wurden schließlich bei einer nationalen Landkonferenz, zu der von traditionellen Oberhäuptern über Agrar- und Wirtschaftsexperten und Politikern bis hin zu Vertretern der weißen Farmerschaft über 500 Teilnehmer kamen, folgende Beschlüsse gefaßt:
Farmland, auf dem oder in dessen Nähe der Besitzer nicht lebt, sollte gegen Entschädigung enteignet werden. Auch wer mehrere Farmen besitzt, müßte davon abgeben. Die Entscheidung über die „erlaubte" Größe sollte in die Hände einer Land-Kommission gelegt werde. Bei Eigentümerwechsel sollte der Staat ein automatisches Vorkaufsrecht zu Marktpreisen erhalten. Ausländer dürften keinen Grundbesitz erwerben, sondern nur noch pachten (eine Forderung, die nicht ins Gesetz übernommen wurde, weil man sie als investitionshemmend betrachtet).
Die staatliche Förderung der Farmbetriebe sollte eingeschränkt, die finanzielle Hilfe für Bauern in den Kommunalländern aufgestockt werden. 1994 wurden diese Beschlüsse im „Landreformgesetz" dann verbindlich formuliert.

Dennoch stecken Namibias Politiker mit den Plänen zur Landreform in einem Dilemma. Die Mehrheit der Wähler erwartet von ihrer Regierung, daß der versprochene Besitzausgleich nun auch baldmöglichst realisiert wird. Dies scheitert aber alleine schon an den ökologischen Gegebenheiten: Bei der niedrigen Bestockung muß eine Farm eine bestimmte Mindestgröße haben, um überhaupt wirtschaftlich arbeiten zu können (s.S. 133f). Der Farmer braucht eine fundierte Kenntnis der Böden, um auf lange Sicht erfolgreich Vieh zu züchten. Durch den Ausschluß der schwarzen Bevölkerung vom Arbeits- und Ausbildungsprozeß unter südafrikanischem Mandat fehlt es vielen am dafür nötigen Know-how. Und die Tradition der Viehzüchter wie der Herero und Nama (für die die Größe der Herde ein wichtiges Statussymbol war), ist ein weiterer Hemmschuh bei der ökologisch angepaßten Nutzung der Böden: Denn wer seinem Farmgrund zu viele Tiere zumutet, zerstört ihn langfristig.
So ist die versprochene Landreform einer Politik kleiner Schritte gewichen. Farmland, das an die Kommunalländer grenzt, wird vom Staat aufgekauft und an die Kommunen günstig abgegeben; die Kleinbauern werden in den Grundzügen der ökologisch angepaßten Landnutzung unterrichtet.
Die Verteilung des staatlichen Landbesitzes an schwarze Farmer soll durch eine unabhängige Kommission überwacht werden. Deren Überparteilichkeit wird aber von der Opposition häufig angezweifelt.

Bis zur Unabhängigkeit waren nicht nur Fangschiffe Südafrikas, sondern auch die der anderen Mitglieder der ICSEAF (ein Zusammenschlusses von im Südatlantik fischenden Nationen) vor Namibias Küste aktiv.

Überfischung Die Folgen der systematischen Überfischung sind noch heute zu spüren, doch hat sich die Situation schon merklich gebessert und im neuen Jahrtausend sollen die Netze wieder voll sein.
Zentrum der Fischereiwirtschaft ist Walvis Bay. Im Städtchen Lüderitz versucht man mit dem Aufbau von fischverarbeitender Industrie dem kränkelnden Ort eine Zukunftsperspektive zu verpassen.

Bergbau und Industrie

Als 1908 bei Lüderitzbucht die ersten Diamanten gefunden wurden, hatte sich erfüllt, worauf das Mutterland, die Kolonisten und Händler gehofft hatten: Südwestafrika besaß tatsächlich wertvolle Bodenschätze, die den Kampf um das aride Land lohnten.
Auch heute noch sind es die Mineralien und Erze, die Namibias Export-

wirtschaft am Laufen halten, wenngleich mit großen Krisen und Schwankungen: über die Hälfte der Ausfuhren sind Erze und Steine; etwa 16 % des Brutto-Inlandsproduktes werden in den Minen erwirtschaftet, und nicht zuletzt zwischen 20– und 30.000 Menschen fanden hier Arbeit.

Minengesellschaften Die drei wichtigsten Minen sind Rössing in der Namib (Uran), CDM in den Diamantensperrgebieten und die Kupfer-/Zinkminen im Kupferdreieck (TCL). Sie gehören multinationalen Unternehmen: Die größten Anteile an CDM hielt bis 1994 der südafrikanische Diamantenkonzern De Beers. Dann wurde der namibische Staat mit 50 % daran beteiligt und CDM in Namdeb Diamond Corporation umbenannt. Bei Rössing Uranium Ltd. sind Großbritannien, Südafrika, Kanada und Frankreich beteiligt, die Minen des Kupferdreiecks wiederum liegen in südafrikanischen Händen. Der namibische Staat profitiert durch Abgaben, Steuergelder und Arbeitsplätze von seinem Reichtum.

Wie alle Rohstoffe sind auch die in Namibia geförderten Erze stark von den Schwankungen auf dem Weltmarkt abhängig: Der Preisverfall für Diamanten in der zweiten Hälfte der achtziger Jahre wirkte sich direkt auf die Wirtschaft und vor allem die Arbeitsplätze aus; ebenso der sinkende Uranpreis, der Rössing ab Mitte der achtziger Jahre immer wieder zwang, die Förderung zu drosseln und Arbeiter zu entlassen. Die Produktionskapazität der Mine war jahrelang nur zu knapp 50 % ausgelastet. Eine Besserung kam 1995 mit neuen Abnahmeverträgen durch Frankreich in Sicht. Auch im Kupferdreieck Tsumeb/Otavi/Grootfontein werden regelmäßig Gerüchte über Stillegungen von einzelner erschöpften Minen laut. Die einst so reichhaltige Mine von Tsumeb wird nun schrittweise geschlossen und auch der dazugehörigen Hütte, in der die Erze aufbereitet wurden, droht wegen der hohen Umweltbelastung das „aus". Mitte der neunziger Jahre sorgten aber neue entdeckte Kupferlagerstätten bei Grootfontein für einen zarten Hoffungsstreifen am Horizont.

Energiequellen Trotz des mineralogischen Reichtums hat man in Namibia noch keine nennenswerten Erdöl- oder Ergasfunde gemacht, so daß die Energiewirtschaft des Landes neben der Kraft des Wassers und des Windes immer noch auf Energie-Importe angewiesen ist. Große Hoffnungen hat ein Erdgasfeld (Kudu-Feld) geweckt, das vor der Südküste entdeckt wurde. Hochfliegende Pläne für einen riesigen Staudamm am Kunene werden von Experten wegen der ökologischen Unverträglichkeit eher skeptisch beurteilt (s.S. 411f).

Tourismus

Seit es um Namibia ruhiger geworden ist und weder militärische Aktionen noch Boykottmaßnahmen seine touristische Entwicklung beeinträchtigen, hat sich das Land zum Senkrechtstarter unter den afrikanischen Reisezielen entwickelt. Nach der Unabhängigkeit begann die Zahl der Touristen kontinuierlich um 10 % pro Jahr zu steigen. Die Deutschen sind aus Europa die, die die höchsten Steigerungsraten zu verzeichnen haben (ca. 15 % pro Jahr). Für 1998 rechnete man mit etwa 50 000 deutschen Touristen, bis 2000 sollen es 60 000 sein. Die Deviseneinnahmen aus dem Tourismus belaufen sich inzwischen auf etwa 500 Mio. N$, fast 10 % des Bruttoinlandsproduktes, die Tourismusindustrie ist damit der am stärksten wachsende Zweig der namibischen Wirtschaft geworden und ist für die Beschäftigungssituation im Land eminent wichtig.

Exkurs: Umweltschutz

Wüsten und Halbwüsten gehören zu den sensibelsten Ökosystemen der Erde. Umwelt- und Naturschutz gehen in Namibia deshalb Hand in Hand. Dort, wo unkontrollierter Raubbau an der Natur betrieben wird – wo Land überweidet, Wild ausgerottet, Wasser unkontrolliert vergeudet wird –, verliert das empfindliche Gleichgewicht der Natur seine Balance. Ist die schützende Pflanzendecke durch Viehfraß zerstört, haben die Kräfte der Erosion freies Spiel. Verbannt man Wild von den wertvollen Weiden, beschwört man die Gefahr der Verbuschung herauf, die das Wachstum von Futterpflanzen einschränkt. Werden die Wasserreserven zu intensiv ausgebeutet, fehlt das Grundwasser in mageren Jahren, und Vieh wie Wild verenden. Verläßt ein Geländewagen die trassierten Pisten, zerstört er Flechten, die den Boden vor der Abtragung bewahren und zugleich als Nahrung für viele Tiere dienen.

Die vielen Regeln und Vorsichtsmaßnahmen, die das Reisen in Namibias Nationalparks oft zu einem Hindernisrennen um Genehmigungen und Papiere gestalten, machen durchaus ihren Sinn. Nur wenn der Staat der Umwelt- und Naturzerstörung vorab einen Riegel vorschiebt, kann er seine faszinierende und ökonomisch wie ökologisch wichtige Natur für die Zukunft erhalten. Der Schutz von Natur und Umwelt ist deshalb auch – einmalig für Afrika – in Namibias Verfassung verankert.

Doch wie marginal erscheinen die von extensiver Viehhaltung und zuviel Tourismus verursachten Schäden im Vergleich zu den tiefen Wunden, die der Bergbau in die Urlandschaft reißt. Rössing zum Beispiel: Abgesehen von dem immensen Loch, das der Uran-Abbau in die Namib-Wüste gegraben hat (s.S. 393), weiß wohl noch niemand so recht wohin mit den Abfallprodukten der Aufbereitungsanlage. Im Augenblick strahlen Schlacken und Gestein in einem künstlichen See vor sich hin. Dem mit radioaktiven Partikeln durchsetzte Staub, der beim Abbruch des Gesteins freigesetzt wird, geht man mit Wasserkanonen zu Leibe. Der Grundwasserverbrauch von Rössing ist so hoch, daß sich der Pegel der gesamten Region merklich gesenkt hat – mit entsprechenden Folgen für Pflanzen und Wild.

Daß Wasser allein das Verwehen von radioaktivem Staub nicht verhindern kann, liegt auf der Hand. In der Weite der Namib sind der Verteilung radioaktiver Partikel ohnehin keine Grenzen gesetzt. Und nicht zuletzt leidet nicht nur die Umwelt, sondern ganz besonders die in der Mine beschäftigten Arbeiter unter den gesundheitlichen Folgen des Uranabbaus.

Daß Namibias menschenleere Landschaften auch einen idealen Standort für Gift- oder Atommülldeponien hergeben könnten, wird immer wieder in der Bevölkerung diskutiert. Die namibische Gesetzgebung hat solchen Plänen per Gesetz einen Riegel vorgeschoben, doch werden regelmäßig Gerüchte über „schmutzige" Atommüll-Geschäfte der Regierung laut.

Presse und Rundfunk

Namibia ist eines der wenigen afrikanischen Länder mit weitgehender Freiheit der Presse. Es gibt eine relativ breit gefächerte Zeitungslandschaft, doch kämpfen alle regierungsunabhängigen Zeitungen um ihre Existenz, denn bei der geringen Bevölkerung Namibias sind große Auflagen nicht zu verkaufen. New Era ist eine englischsprachige Tageszeitung, die der Regierung nahesteht (mit Berichten auch in Afrikaans und Oshivambo). Regierungsfreundlich, aber durchaus kritisch, ist Namibian, der ebenfalls mehrsprachig erscheint und bereits seit 1985 für Unruhe und Verärgerung bei der südafrikanischen Administration sorgte. Einzige deutschsprachige Tageszeitung ist die früher deutschnationale und heute wohl als hausbacken-konservativ zu bezeichnende Allgemeine Zeitung, die zu Dirk Mudges Presse-Imperium gehört. Einmal im Monat erscheint sie mit einer umfangreichen Tourismus-Beilage, die so manche interessante Neuigkeit enthält. Dirk Mudge gibt außerdem die afrikaanse Zeitung Die Republikein und das wöchentlich erscheinende, ebenfalls mehrsprachige Magazin Tempo heraus. Mit einer Gesamtauflage von 30.000 Exemplaren kontrolliert Mudge weitgehend die regierungsunabhängige Presselandschaft.

Rundfunk Der Rundfunk sendet in allen wichtigen Landessprachen. Es gibt einen staatlichen Sender, NBC, sowie drei private Sender, einer davon mit vorrangig religiösem Programm (Channel Seven), sowie das Katutura Community Radio mit Musik und Beiträgen aus dem Schwarzenviertel. NBC sendet auch in deutscher Sprache (s.S. 86). Das Fernsehen, vorrangig in englischer Sprache, gibt es in Namibia erst seit 1991; viele Lodges und Farmen besitzen Satellitenschüsseln und können damit internationale Satellitensender empfangen.

Namibias Menschen und ihre Kulturen

„Schwarz-Weiß-Malerei" ist in Namibia sicher fehl am Platze, auch wenn die Bevölkerung, mit den flüchtigen Augen des Besuchers betrachtet, nur aus zwei Polen zu bestehen scheint: den Weißen, mit denen er vermutlich häufiger in Kontakt kommen wird, und den Schwarzen und Farbigen, die die Apartheidspolitik an die Peripherie der Städte gedrängt hat. Entsprechend ist man leicht geneigt, Kultur und Wesensmerkmale des Landes auf „europäische" und „afrikanische" Einflüsse zu reduzieren. Dabei sind die Namibier ein sehr heterogenes Konglomerat verschiedenster Ethnien mit sehr unterschiedlichen Traditionen, Sprachen und Lebensformen. Die wichtigsten Völker sollen hier näher vorgestellt werden. Die Reihenfolge entspricht nicht deren Größe oder der Bedeutung, sondern ergibt sich aus der linguistischen Verwandtschaft und der Einwanderungsgeschichte von Khoisan-Sprachigen einerseits und den Bantu-Sprachigen andererseits.

Kultur- Traditionelle Siedlungsformen, Sozial- und Wirtschaftsstruktur lassen sich
wandel zwar beschreiben, doch in unverfälschten Form sind die Wesensmerkmale der jeweiligen Völker heute meist nicht mehr präsent. Missionierung, Kolonialzeit, Apartheidspolitik und der Einfluß der Moderne haben die traditionellen Strukturen der namibischen Völker weitgehend verwischt. Spuren ihres herkömmlichen Lebens sind aber noch vorhanden und prägen Leben und Verhaltensmuster bis heute.

Matrilinear / Patrilinear

Im folgenden wird immer wieder von mutter- und vaterrechtlicher Abstammung, von Matri- und Patrilinearität die Rede sein.
Hier nun eine kurze, etwas vereinfachte Definition:
Patrilinear: Das Erbe (Besitz, Titel, Ämter) wird in der väterlichen Verwandtschaftsgruppe weitergegeben, meist vom Vater an den ältesten Sohn. Ist auch die Wohnregelung patrilokal, lebt das Paar nach der Heirat in der Familie des Mannes.

Matrilinear: Erbe und Ämter werden in der Verwandtschaftslinie der Mutter weitergegeben, und zwar an den Mutterbruder oder Schwestersohn. Ist die Wohnsitzregelung matrilokal, leben Mann und Frau nach der Heirat im mütterlichen Verband. Die matrilineare Erbregelung beinhaltet nicht automatisch, daß den Frauen eine größere Macht zukommt (Matriarchat) als in patrilinearen Gruppen; traditionell besitzt die Mutter aber eine starke gesellschaftliche Stellung.

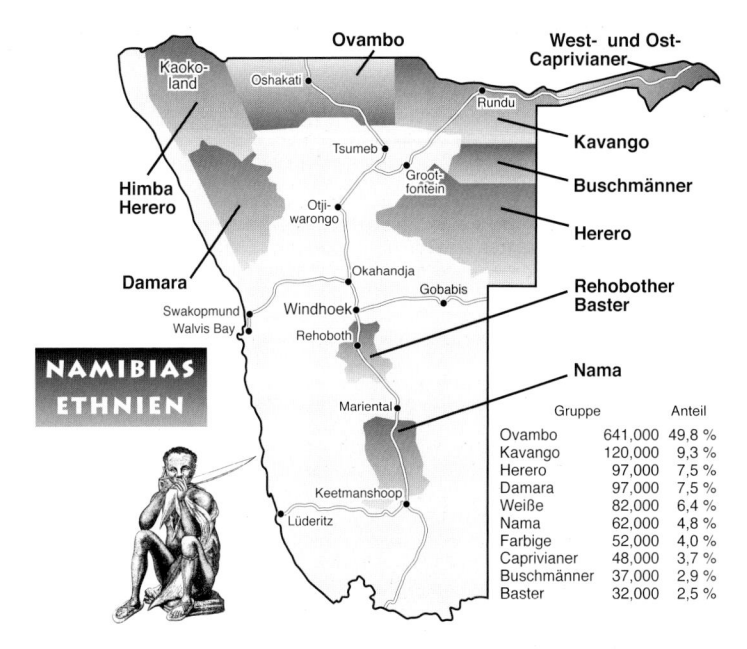

Gruppe		Anteil
Ovambo	641,000	49,8 %
Kavango	120,000	9,3 %
Herero	97,000	7,5 %
Damara	97,000	7,5 %
Weiße	82,000	6,4 %
Nama	62,000	4,8 %
Farbige	52,000	4,0 %
Caprivianer	48,000	3,7 %
Buschmänner	37,000	2,9 %
Baster	32,000	2,5 %

Die San (Buschmänner)

Einer der ersten Weißen, der mit ihnen in Kontakt kam, der Forschungsreisende Peter Kolb, nannte sie buschjes mannes, ein Name, der schon bald als Synonym für „Strauchdiebe" Verwendung fand, denn die Buschmänner machten nicht nur Jagd auf das Wild, sie holten sich auch fremdes Vieh von den Weiden. Ihre Nama-Nachbarn, mit denen die Buschmänner auch sprachlich verwandt sind, bezeichnen sie als San. Sie selbst benützen keinen gemeinsamen Namen, der über den Stammesverband hinausginge. So sind wir darauf angewiesen, sie mit einer Fremdbezeichnung zu benennen, die hier aber keinesfalls in einem wertenden Sinne gebraucht werden sollte.

Eine Statistik aus dem Jahr 1988 zählt für Namibia 36.000 Buschleute, von denen nur noch geschätzte 10 % als Jäger und Sammler lebten. Die Zahl wird sich seitdem nochmals verringert haben, denn ihr Lebensraum, das „Buschmannland" im Kalahari-Sandveld, wird durch die Einrichtung neuer Naturschutzgebiete und die agrare Expansion immer weiter eingeschränkt.

Herkunft Als die ersten Europäer in der zweiten Hälfte des 18. Jhs. vom Oranje kommend nach Namibia vordrangen, lebten die Buschmänner sowohl im Hochland als auch in den Randgebieten der Kalahari. Sie gelten zwar nicht als „Urbevölkerung" Südwestafrikas, also als Schöpfer der älteren Felsbilder, die auf bis zu 25.000 Jahre vor unserer Zeitrechnung datiert werden, doch woher und wann sie hierher kamen, liegt im Dunkeln.

Die San (Buschmänner)

Ethnologen unterteilen die Buschmänner nach ihrem traditionellen Schweifgebiet in drei große Gruppen, die Kung in Nordnamibia (Ovamboland, Kavango bis hinein ins westliche Botswana und Südangola), die Nama-San, die südlich davon zwischen Etosha und Kalahari lebten, und die Kap-San in Südwest-Namibia und im Norden der Republik Südafrika. Jede Gruppe besteht wiederum aus mehreren Stämmen, von denen beispielsweise die Haikom zu den bekannteren zählen. Ihr Stammesgebiet wurde zum Etosha National Park erklärt.

Sprache

Sprachlich sind die Buschmänner mit den Nama verwandt. Beide benützen Dialekte des Khoisan, einer Sprachgruppe, die wahrscheinlich zu den ältesten Afrikas zählt und durch verschiedene Klick- und Schnalzlaute charakterisiert ist.

Ob man aus den gemeinsamen Sprachwurzeln von Buschleuten und Nama auf einen gemeinsamen Ursprung schließen kann, ist immer noch umstritten. Die meisten Wissenschaftler sind sich aber inzwischen darin einig, daß Nama und San früher ein Volk waren und daß sich die Nama später durch Annahme einer anderen Wirtschaftsform (s.u.) zu einer eigenständigen Ethnie entwickelt hätten.

Dank ihrem charakteristischen Äußeren fällt es leicht, die San zu erkennen. Die meisten besitzen einen sehr feingliedrigen Körperbau, sie sind kleiner als die anderen namibischen Völker und von sehr heller, leicht gelblicher Hautfarbe. Bei älteren San überzieht sich das Gesicht mit tausenden freundlichen Runzeln, und die hohen Wangenknochen geben ihnen ein asiatisches Aussehen. Ihre Haare werden oft als „Pfefferkorn" bezeichnet, weil sie nicht gleichmäßig, sondern in kleinen Büscheln wachsen.

Wirtschafts- und Sozialstruktur

Traditionell führten die Buschmänner ein Leben als nomadische Wildbeuter. In kleinen Familienverbänden ziehen sie durch das Veld, ernähren sich von gesammelten Früchten und Wurzeln oder von erlegtem Wild. Die Gruppen unterstehen der Autorität eines erfahrenen Jägers, und eine übergreifendere Führung durch Häuptling oder König gibt es nur dort, wo die San unter dem Einfluß anderer Völker eine zentralisiertere Struktur aufgebaut haben. Die Familien sind zumeist monogam und üben eine starke Geburtenkontrolle aus, denn ungehemmtes Bevölkerungswachstum würde die fragile wirtschaftliche Basis der Gemeinschaft bedrohen. Ein empfängnisverhütender Kräutertrank und verschiedene abortive Methoden sind bekannt. Dramatische Lebens- oder Nahrungsumstände zwangen die San früher gelegentlich auch zur Tötung eines Neugeborenen.

Entsprechend ihrer nomadischen Lebensweise besitzen sie nur wenig Hausrat. Den Schlafplatz schützt ein geflochtener Windschutz. Der Schmuck besteht aus Leder- und Perlenketten, die man traditionell aus der Schale eines Straußeneis fertigt: Sie wird zu sehr kleinen, runden Scheibchen geschnitten, die dann mit einem Loch versehen auf Lederschnüre aufgezogen werden. Perlstickereien – heutzutage meist aus Plastikperlen

– dienen auch als dekorative Zierde von Lederbeuteln und anderen Behältern. Die Kleidung bestand früher aus einem Lendenschurz, bei Männern ergänzt durch ein Penisfutteral.

Sowohl im Alltag als auch im rituellen Bereich dreht sich ein Großteil des Lebens um die Jagd. Angefangen bei verschiedenen magischen Handlungen, die das Jagdglück heraufbeschwören sollen, über Narben, die an Schultern und zwischen den Augen angebracht werden, um die jägerischen Fähigkeiten der jungen Männer zu erhöhen, bis hin zu bestimmten Tänzen, mit denen Tiere gebannt wurden, ist die Jagd der Männer in einen umfassenden magischen Komplex eingebunden.

Nicht minder differenziert ist auch die praktische Seite der Jagd entwickelt: Die San kennen die verschiedensten Methoden, Wild in Fallen zu fangen oder es an Stellen zu locken, wo sie es erlegen können. Dabei werden vornehmlich Bogen und Pfeile benützt, die mit Schlangen- oder Pflanzengift präpariert wurden.

Aufgabe der Frauen ist das Sammeln eßbarer Pflanzen, Wurzeln und Insekten. Dazu benützen sie einen einfachen Grabstock. Je stärker die Jagdmöglichkeiten eingeschränkt werden – sei es durch klimatische Veränderungen, sei es durch die Einrichtung von Tierreservaten – desto wichtiger wird diese Veldkost, wie sie in Namibia genannt wird.

Magie und Religion

Rätsel gibt auch heute noch die Religion der kleinen Wildbeuter auf. Die meisten Gruppen scheinen ein höchstes Wesen zu verehren, allerdings kaum zu ihm zu beten. Bei den südlichen San-Verbänden genießt Mantis, die Gottesanbeterin, einen gottähnlichen Status. Andere Gruppen wiederum sollen den Mond oder die Sonne als höchste Gottheit verehren. Gefürchtet sind die Geister der Toten, die den Lebenden übel mitspielen können, weshalb man einen Verstorbenen möglichst schnell bestattet und an diesen Platz nie wieder zurückkehrt. Zahlreiche Naturphänomene werden dem Wirken von Geistern zugeschrieben, die gut oder böse sein können und den Menschen auch gerne Streiche spielen.

Eine besondere Rolle kommt den Medizinmännern zu, die als Heiler eine wichtige therapeutische Funktion in der Gruppe wahrnehmen: In tranceartigen Tänzen treten sie in Kontakt mit den Geistern, die vom Kranken Besitz ergriffen haben, und versuchen sie zu vertreiben.

Nutzten die Heiler früher die halluzinogene Kraft bestimmter Pflanzen, ist heute oft Alkohol das Mittel der Wahl. Häufig schlüpfen die Tänzer in die Gestalt wilder Tiere, und so wurden diese magischen Zeremonien in vielen Felsbildern verewigt: Die Tänzer sind halb Mensch, halb Tier. Auch schwarze Magie ist bekannt. Man fürchtet beispielsweise Hexen, die in Tiergestalt, oft als Hyänen, Menschen Übles tun.

Die San heute

Durch die agrare Expansion der Weißen, vor allem aber durch den Einfluß der südafrikanischen Militärpräsenz in ihrem angestammten Territorium, wurden die San mit den „Segnungen" der Zivilisation konfrontiert: Um Namibias Norden als Operationsbasis gegen die SWAPO auszubauen, wurden Straßen angelegt; Soldaten und Händler kamen in das vormals unwegsame Gebiet und verkauften den Wildbeutern Konsumgüter, allen voran Alkohol.

Durch den Verlust ihres Schweifraums und ihrer Lebensgrundlage, der Jagd, beraubt, verloren die San auch ihre Kultur. Viele führen ein orientierungsloses Leben. Alkoholismus stellt ein großes Problem in den Siedlungen des Buschmannlandes dar. Heute leben die meisten San als Arbeiter auf Farmen. Wegen ihrer hervorragenden Angepaßtheit an die Natur und ihren phänomenal geschärften Sinne werden sie gerne zum Aufspüren von Wild eingesetzt. Die südafrikanische Armee bediente sich der San auch als Späher und Spurensucher im Krieg gegen die SWAPO-Guerilla.

Exkurs: Buschmann-Legende

Kwi beschloß eines Tages, jagen zu gehen. Er ging fort, tief in den Busch hinein, nahm seinen Bogen und die neuen Pfeile mit und ließ seine Frau und das Baby zurück. N/a, seine Frau, dachte, wie schön es wäre, Trüffel zum Fleisch zu haben. Sie nahm ihr Baby auf und ging zu der Stelle mit den drei Baobabs und den sieben Termitenhügeln.
„Ah", dachte sie, „keiner war vor mir hier an diesem Platz, wo die besten Trüffel wachsen. Heute Abend werden wir ein Fest feiern." Sie legte das Baby unter einen Baum und begann, mit einem spitzen Stock zu graben. Dabei sang sie:
Trüffel, Trüffel, tief in der Erde,
ich muß den ganzen Tag graben, ich muß den ganzen Tag arbeiten!
Die Erde war hart und trocken, doch N/a grub, bis ihr Beutel voller Trüffel war. Endlich konnte sie sich ausruhen und ihr Baby stillen. Aber als sie zum Baum kam, war das Kind verschwunden! Hyänenspuren führten von der Stelle in dichtes Gebüsch. Sie schrie vor Schreck auf und mit erhobenem Grabstock rannte sie in die Büsche, bereit zum Angriff. Doch anstelle einer Hyäne fand sie einen Löwen. Das Baby lag ruhig schlafend zwischen seinen Vordertatzen. Nicht weit entfernt sah sie die Überreste zweier Hyänen.
„Du warst unvorsichtig und hast dein Baby unbewacht zurückgelassen", grollte der Löwe. „Hier gibt es viele hungrige Hyänen und Schakale. Das nächste Mal wirst du nicht mehr so viel Glück haben."
N/a fiel auf die Knie: „Oh Löwe, du hast mein Kind gerettet. Wie kann ich dir danken?"
„Gib mir ein paar Trüffel", sprach der Löwe und leckte sich die Lippen. N/a lief los, holte die Trüffel und gab dem Löwen davon ab. Der Löwe war erfreut: „Ah, sie schmecken so süß", sagte er und zerkaute genußvoll die Pilze. „Ich könnte auf die Jagd verzichten und nur von Trüffeln leben, aber wie du siehst, kann ich nicht graben."
Etwas Saft tropfte aus seinem Mund auf das Baby und weckte es. N/a nahm das Kind an sich und band es sich auf den Rücken. „So werde ich in Zukunft mein Baby tragen", sagte sie, „ich danke dir, Löwe."
Von diesem Tag an hat N/a nie wieder ihr Baby alleingelassen. Sie trug es immer auf ihrem Rücken oder an der Seite, auch bei der Arbeit. Und jedesmal, wenn sie nach Trüffeln grub, ließ sie heimlich auch einige für den Löwen zurück.
(aus: „The stolen water and other stories", retold by Jennifer Davvis, New Namibia Books, Windhoek 1993, aus dem Englischen übersetzt von Daniela Schetar)
Hinweis: Die Linguisten und Ethnologen verwenden zur Umschreibung der Klick- und Schnalzlaute der Khoisan-Sprachen Sonderzeichen wie !, / oder //. Wir haben auf diese wissenschaftlich korrekte Schreibweise verzichtet, weil sie im täglichen Gebrauch unbequem und verwirrend ist.

Die Nama

Über den Unterschied zwischen „Buschje Mannes" und den Hottentotten waren sich die ersten Forscher und Abenteurer einig: Die einen waren Strauchdiebe, die anderen besaßen große Viehherden und eine Sprache, die an Stottern (Holländisch: „hüttentüt") erinnerte. Bis Mitte des 20. Jhs. wurden die Nama noch als „Hottentotten" bezeichnet, und auch heute rutscht so manchem Farmer noch dieser inzwischen verpönte Name heraus. Die Nama selbst nennen sich Khoikhoin, „die wahren Menschen" (in Abgrenzung vor allem zu den San).

Nama-Kraal (hist. Abb. 19. Jh.)

Ihre traditionell mächtigen Clans besitzen auch heute noch großen Einfluß. Ein Enkel des legendären Hendrik Witbooi von den Orlaam-Nama sitzt heute als Minister in Nujomas Kabinett. .

Herkunft und Sprache Wiie die mit ihnen verwandten San lebten die Nama bei Ankunft der Europäer im gesamten südlichen und südwestlichen Afrika. Die Nama-Sprache Khoi-khoi besitzt die gleichen Wurzeln wie die Sprachen der San, deshalb werden alle Dialekte dieser beiden Völker zu einer großen Sprachgruppe, dem Khoisan, zusammengefaßt. Neben den südlichen Bantu-Sprachen, zu denen beispielsweise Herrero und das Kwanyama der Ovambo gehört, ist Khoisan die zweite bedeutende Sprachgruppe des südlichen Afrika. Woraus und wie sich das Khoisan entwickelt hat, liegt aber ebenso im Dunkeln wie die Herkunft der San und Nama.

Zwei Hypothesen versuchen diesem Rätsel auf die Spur zu kommen: die Hypothese von einem gemeinsamen Ursprung der beiden Völker und die von einer Einwanderung und Vermischung fremder Gruppen mit den San. Wenn man davon ausgeht, daß Nama und San ursprünglich eine ähnliche Wirtschaftsform besaßen, daß also auch die Nama ein Leben als Wildbeuter führten, muß es irgendwann in der historischen Entwicklung einen Bruch gegeben haben, denn ab Ende des 16. Jhs. werden die Nama von Seeleuten und Reisenden als viehzüchtende Nomaden beschrieben, die riesige Herden von Langhornrindern und Fettschwanzschafen besaßen. Wodurch diese Veränderung in der Wirtschaftsform zustandekam und wie die Nama an die von ihnen gezüchteten Rinder und Schafe kamen, wird durch diese These allerdings nicht erhellt.

Einige Ethnologen interpretieren die mögliche Entwicklung deshalb umgekehrt: Danach seien Viehzüchter hamitischen Ursprungs aus Ostafrika nach Süden gewandert, hätten sich hier mit San vermischt und so eine neue Volksgruppe, die Khoikhoi, begründet. Die kombinierte Wirtschaftsform der Nama – Viehzucht und Jagd – und der Besitz von Rindern und Schafen scheinen dieser Theorie recht zu geben. Nicht nur sprachlich, auch äußerlich gibt es starke Ähnlichkeiten zu den San. Die Nama sind zwar im Durchschnitt etwas größer, besitzen aber ebenfalls eine sehr helle Haut, hohe Wangenknochen und Pfefferkornhaar.

Wirtschafts- und Sozialstruktur

Die Nama gliedern sich in zwei große Volksgruppen: die Klein-Nama, die südlich des Oranje in der Kapprovinz beheimatet waren und heute weitestgehend in anderen Völkerschaften aufgegangen sind, und die Groß-Nama, deren fünf Stämme fast alle jenseits des Oranje, im heutigen Namibia, nomadisierten. Zu ihnen gehören beispielsweise die Bondelswarts (in der Region Warmbad) und die Topnaar (bei Walvis Bay). Namibias dominanter Nama-Stamm, die Orlaam, die erst in der zweiten Hälfte des 19. Jhs. als letzte den Oranje überquerten und nach Namibia eindrangen, sind eine Restgruppe der Klein-Nama. Bei ihnen haben die Nama-Traditionen durch die intensiven Kontakte mit holländischen Siedlern und durch die frühe Missionierung kaum noch Bestand.

Die fünf Stämme, die gemeinsam die Groß-Nama bilden, stammen von fünf mythischen Brüdern ab. Der älteste Bruder war der Urahn der „Roten Nation", eines Nama-Stammes, der bis heute als „ältester" und vornehmster angesehen wird. Fast alle Nama-Stämme tragen heute holländische Namen; es sind zumeist wortgetreue Übersetzungen der ursprünglichen Khoi-Khoi-Bezeichnung: So hießen die Swartboois (Region Rehoboth) ursprünglich Gami Nun, was soviel wie „schwarzes Bündel" bedeutet.

Jeder Nama-Stamm besteht aus mehreren patrilinearen Clans, die sich alle auf den gemeinsamen (mythischen) Gründervater des Stammes berufen. Die Clans selbst wurden nach ihrem Oberhaupt benannt: Die bekanntesten Nama-Clans sind die Afrikaaner und Witboois, deren Anführer Jager und Jonker Afrikaaner sowie Hendrik Witbooi in den Auseinandersetzungen mit der deutschen Kolonialmacht zu kriegerischem und politischem Ruhm kamen.

Die Nama besitzen, im Gegensatz zu ihren bantusprachigen Nachbarn (s.u.), eine eindeutig patrilineare Gesellschaftsorganisation: Rang und Besitz vererben sich vom Vater auf den ältesten Sohn, und die Frau folgt ihrem Ehemann in seinen Verwandtschaftsverband. Theoretisch war bei den Nama Polygamie möglich, praktisch führten die meisten eine monogame Ehe; möglicherweise kam hier der starke Einfluß der christlichen Missionierung zum Tragen.

Die gemeinsame Herkunft von einem Urahn hinderte die Nama nicht daran, sich heftig gegenseitig zu bekriegen. Direkte Loyalität schuldete man dem eigenen Clan (Afrikaaner), bestenfalls noch dem Stamm (Orlaam), keinesfalls aber dem Verband (Klein-Nama). Meist eskalierten die Konflikte wegen Viehdiebstahls.

Die Nama hatten zwar durchaus kommunale territoriale Ansprüche – bestimmte Regionen standen bestimmten Clans als traditionelles Weidegebiet zu – sie verwehrten anderen Viehzüchtern aber nicht den Zutritt zu ihrem Land, höchstens wurden Abgaben für die Benützung der Wasserstellen verlangt. Eine Art von „Grundbesitz" gibt es nur bei den Topnaar-Nama, deren Familien in den Dünenfeldern um Walvis Bay Nara-Felder (eine Kürbisart, s.S. 104) ihr eigen nennen. Dies erklärt auch, warum die Nama „ihr" Land so bereitwillig an Händler und Farmer abtraten – für sie bedeuteten die Land-„Verkäufe", daß sie den Europäern bedingte Nutzungsrechte in ihrem Territorium überließen, die sie beliebig wieder rückgängig machen konnten. Von den Weißen wurden sie deshalb als wankelmütig und vertragsbrüchig beschimpft.

In einem traditionellen Nama-Kraal wurden die bienenkorbförmigen Hütten im Kreis um ein besonders abgegrenztes Gehege der Kälber aufgestellt. Das übrige Vieh konnte sich frei im Kraal bewegen. Ein Zaun aus

▲ Geheimnisvolle Kreise im Hartmanntal / Kaokoveld
▼ Giraffen-Quartett auf Nahrungssuche

▲ Karneval in Windhoek
▼ We are Namibia. Alle in einem Boot …

▲ Beliebter Zeitvertreib: Rasenbowling
▼ Himbamädchen im Schmuck

▲ Mit dem Geländewagen unterwegs – 4x4 ist notwendig
▼ Spuren im Namib-Sand …

▲ Auch ein Geländewagen – 4x2 tut's auch
▼ Straße in die Einsamkeit

▲ Namibische Haus- und Wohn-Varianten: Himba-Pontok
▼ Jugendstilhaus in Swakopmund

▲ Buntes in Katutura
▼ Hochhäuser in Windhoek

▲ Steinmurmeln bei Bushman's Paradies
▼ Genug Sand zum Spielen

„Wir standen zur Nacht in der Steppe. Rot ging die Sonne auf. Mittags trommelte ein Spießbock vorüber. Am Abend ein traumhafter Sonnenuntergang…"

▲ Touristenunterkünfte in Namibia: Die traumhafte Oropoko Lodge
▼ Die luxuriöse Karos Lodge bei Sossusvlei

▲ Campingplatz bei den Epupa-Fällen
▼ Rastlager unter Palmen, Sesfontein Lodge

▲ Gratwanderung. Auf den Dünen von Sossusvlei
▼ Abendstimmung in der Savanne

▲ Köcherbaum-Sunset, Keetmanshoop
▼ Naturwunder Fish River Canyon

▲ Salzgewinnung bei Walvis Bay
▼ „Hier stehe ich, ich kann nicht anders ..." - Das Lokomobil „Martin Luther"

▲ Sandverwehte Diamanten-Vergangenheit: Kolmannskuppe
▼ Die Christuskirche in Windhoek

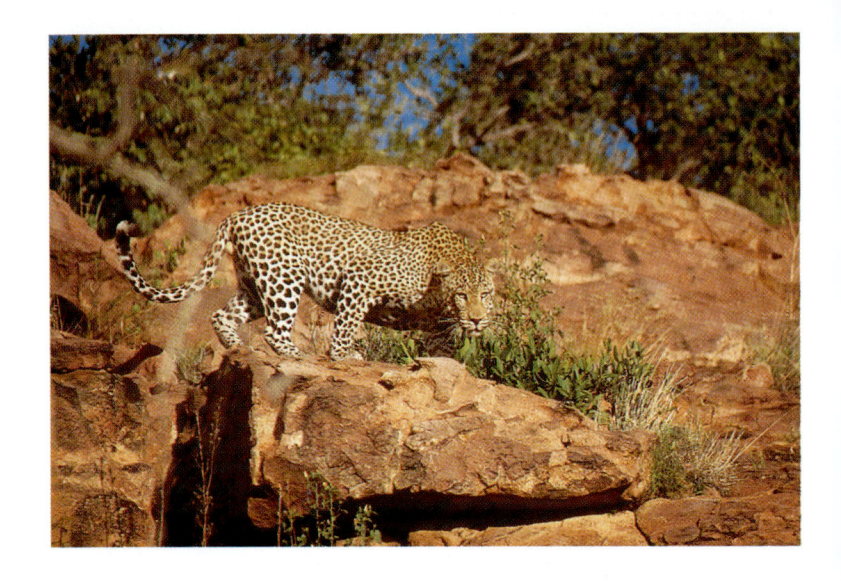

▲ Gefährlicher Räuber: der Leopard
▼ Nächtlicher Besuch: Elefant an Wasserstelle, Etosha

Dornbüschen schützte die Siedlung vor Raubtieren. Hütten und Hausrat waren leicht auf- und abzubauen und wurden bei den Nama-Wanderungen auf Tragochsen transportiert. Gezüchtet wurden Fettschwanzschafe und Rinder, die für die Nama eher Prestigeobjekte waren und nur selten geschlachtet wurden. Basis der Ernährung war Wild, gesammelte Veldkost, die Milch der Kühe und bei einigen Gruppen an der Atlantikküste der Fischfang. Seit den ersten Kontakten mit Europäern besitzen die Nama auch Pferde.

Religion Die Nama wurden bereits früh missioniert und haben den christlichen Glauben auch bereitwillig aufgenommen. Die ersten Missionare ließen sich bei Warmbad und Bethanien, im Nama-Gebiet, nieder. Daher ist über ihre traditionelle Religion nur wenig bekannt. Im Gegensatz zu den San scheinen sie eine ausgeprägte Vorstellung von einem „höchsten Wesen" besessen zu haben, oft wird diese Gottheit auch mit dem Mond gleichgesetzt, den die Nama verehrten.

Ausgeprägt ist die Angst vor den Geistern der Toten. Wie die San verließen die Nama nach einem Todesfall die Siedlung und zogen an einen anderen Ort. Die Hütte des Toten blieb stehen.

Ein gefürchteter, in vielen Gestalten auftretender Gott war Gaunab, der heute in die Rolle des christlichen Teufels geschlüpft ist. Heldenlegenden ranken sich um die Gottheit Heitsi Eibib, die der mythische Urahn des Nama-Volkes gewesen sein soll. Bei diversen Abenteuern wurde er verwundet und getötet und kehrte doch immer wieder lebend auf die Erde zurück. Seine „Gräber", große Steinhaufen, werden im Gegensatz zur sonstigen Toten-Furcht von den Nama verehrt. Wer an einem Heitsi-Eibib-Grab vorbeikommt, legt als Zeichen der Ehrfurcht Zweige oder einen Stein darauf.

Lebensraum Auch heute ist Südnamibia das traditionelle Siedlungsgebiet der Nama. Man schätzt ihre Zahl auf etwa 60.000, ca. 5 % der namibischen Bevölkerung. Die meisten Nama leben und arbeiten auf den Farmen als Viehhirten.

Exkurs: Die verlorene Unsterblichkeit (Nama-Legende)

In den alten Zeiten, als die Menschen über das Sterben ihrer Freunde trauerten, sandte Tsukoab, der gute Mann, einen Hasen zu ihnen. Der sollte ihnen verkünden, daß sie mit dem Trauern aufhören müßten. Denn wenn die Menschen zunächst auch stürben, so würden sie doch nach einiger Zeit wieder aufleben, so wie der Neumond.

Der Hase versprach, diese Botschaft zu überbringen. Doch stattdessen lief er zur Buschlaus und bat sie, an seiner Stelle die Botschaft auszurichten. Er sagte sie ihr auch ganz verkehrt. Doch die Buschlaus wollte nicht, sie weigerte sich zu gehen.

„Nein", sagte sie, „es ist noch viel zu früh, und ich bin nicht fertig angezogen, ich habe mein Vorkaross noch nicht an. Und du, Hase, kannst viel schneller laufen. Lauf nur selbst!"

Da mußte der Hase selbst gehen und die Botschaft überbringen. Als er zu den Menschen kam, log er, daß er ihnen bestellen sollte: „Wer tot ist, soll tot bleiben und soll nicht wieder aufleben wie der neue Mond."

Wegen dieser Lüge hassen die Nama den Hasen. Sie haben die größte Abneigung, Hasenfleisch zu essen. Selbst dem, der bei starkem Hunger davon ißt, hält man das sein Leben lang vor. Er zählt nicht mehr als Mann und darf bei keinen öffentlichen Anlässen mehr mitsprechen. Und wenn sie Gelegenheit haben, einen Hasen zu fällen, sie ihm keinesfalls das Leben schenken.

(Aus: Sigrid Schmidt, Märchen aus Namibia, Köln, 1980)

Die Damara

Die Damara oder Berg-Damara, wie sie auch häufig genannt werden, sind eine der rätselhaftesten Volksgruppen Namibias. Vom Erscheinungsbild her eindeutig eher den dunkelhäutigen Bantu zuzurechnen, besitzt ihre Sprache und Kultur so viele Wesensmerkmale der Khoisan-Völker, daß man sie dieser Gruppe zuordnet.

Auch „Dama" ist ein Fremdname, den die Damara den Nama verdanken. Sie selbst bezeichnen sich als Nu-khoin, schwarze Menschen, und das mit Stolz, wie der namibische Ethnologe K.F.R. Budack feststellt. In Abgrenzung zu den hellhäutigen Nama und San gilt bei den Damara die dunkle Hautfarbe als Schönheitsideal.

Ihre politische Vertretung haben die Damara in der UDF (United Democratic Front), die zwei Stimmen im Parlament besitzt.

■ Berg-Damara (historische Abb. 19. Jh.)

Herkunft und Sprache

Die Damara gehören, wie die San, mit Sicherheit zu den ältesten Völkern Namibias. Ob sie allerdings Relikte einer „Urbevölkerung" sind, die von den später eingewanderten Nama verdrängt und möglicherweise versklavt wurden (und daher auch deren Sprache sprechen), oder ob sie als Abhängige der Nama mit ihnen aus Ostafrika kommend nach Namibia eingewandert sind, läßt sich heute nicht mehr beantworten. Die Damara sprechen einen Dialekt der zentralen Khoisan-Sprachen und haben linguistisch viel von den Nama übernommen.

Als die ersten Europäer nach Südwestafrika kamen, lebten die Damara im gesamten Territorium, viele auch als Abhängige der Nama. Sie wurden als „Sklaven" beizeichnet, waren aber wohl eher in die Familie der „Herrschaft" aufgenommen und hatten für diese bestimmte Dienste zu verrichten.

Wirtschafts- und Sozialstruktur

In der Kultur der Damara begegnen sich die Wirtschaftsform und Religion der Khoisan- und der Bantu-Völker. Ob die Damara-Kultur tatsächlich aus einer Mischung entstanden ist, oder ob ihre Wesensmerkmale eigenständige Entwicklungen darstellen, läßt sich heute nicht mehr beantworten.

Im Gegensatz zu San und Nama sind die Damara ein seßhaftes Volk, das überall, wo es die Wasserverhältnisse möglich machen, auch Gartenbau betreibt. Sie haben wohl schon immer Kleinvieh (Ziegen) gezüchtet, später kamen auch Rinder und Schafe dazu. Ähnlich wie San ernährten sie sich von der Jagd und von der Veldkost, die die Frauen sammeln. Begehrt waren die Produkte der Damara-Schmiede, wie Waffen oder Töpfe. Zwar kannten auch die San die Kunst der Metallverarbeitung, mit der Meisterschaft der Damara konnten sie aber nicht konkurrieren.

Die größte soziale wie politisch prägende Einheit war die Großfamilie. Es gibt eine familienübergreifende Stammesstruktur mit mehreren Untergruppen, die im Alltag aber ohne praktische Bedeutung blieb. Die Damara siedeln in zum Kreis aufgestellten Familienkraals, die von einem Dornverhau eingezäunt sind. Den Mittelpunkt des Dorfes bilden das heilige Feuer und der heilige Baum – beides ist auch aus der Herero-Kultur bekannt (s.u.).

Bei den Damara gibt es eine Sozialordnung, in der die männliche wie die weibliche Linie gleichberechtigt nebeneinanderstehen. Frauen vererben an ihre Töchter, Männer an ihre Söhne. Wer es sich leisten konnte, besaß mehrere Frauen. Oberhaupt des Familienverbandes war der Älteste, seine Erstfrau übernahm die sakral wichtige Funktion des Feuerhütens.

Religion Totenfurcht, bis hin zur Aufgabe einer Siedlung, wenn es mehrere Todesfälle gegeben hat, kennzeichnet die Religion der Damara. Daneben spielt die zentrale Gottheit Gamab eine ähnliche Rolle wie der christliche Schöpfergott. Bei Initiationsfeiern werden die jungen Männer in einem Buschlager auf ihr Leben als Jäger vorbereitet. Erst dann dürfen sie an der Jagd teilnehmen und mit den Alten des Dorfes am heiligen Feuer sitzen. Das Feuer wird von der Erstfrau des Kraal-Ältesten bewacht; abends wird es gelöscht, und die Hüterin nimmt einen glimmenden Scheit zu sich in die Hütte, um es für den nächsten Tag zu bewahren.

Ähnlich wie bei den San kommt dem Heiler große Bedeutung zu. Er wird von Ganeb besessen und kann im tranceähnlichen Zustand Krankheiten kurieren. Eine besondere Rolle hat der „Speisemeister", der von jeder Nahrung kosten muß, bevor sie für die Allgemeinheit freigegeben wird.

Lebensraum Mit 94.000 Menschen, knapp 7,5 % der Namibier, bilden sie eine etwa gleichgroße Bevölkerungsgruppe wie die Herero (s.u.). 1973 wurde das knapp 5000 Hektar große Reservat Damaraland im Gebirgsland zwischen Erongo im Süden und Kaokoveld im Norden mit dem Hauptort Khorixas eingerichtet. Hier lebt ein Teil der Damara unter zumeist ärmlichen Verhältnissen von Gartenbau und Viehzucht. Viele Damara haben eine Stelle als Minenarbeiter bei Rössing (s.S. 393f) oder im Kupferdreieck gefunden.

Exkurs: Die Herkunft der Damara

Die Dama des Erongogebirges berichten, daß ihre eigentliche Heimat in Okanjande im Bezirk Otjiwarongo ist. Dort, so erzählen sie, hat sich in der Zeit, als noch kein anderes Volk in Südwestafrika war, ein Fels geöffnet, und aus der Felsspalte kamen die ersten Dama hervor. Sie sprachen alle nur einerlei Sprache, und sie lebten in Frieden und Eintracht beieinander. Dann aber kam ein Gerücht zu ihnen, daß der Tod im Lande umgehe. Da flohen die Familien auseinander in die Berge. Die einen flüchteten zum Erongo, die anderen zu den Waterbergen, und wieder andere in die Auasberge. Und seitdem lebten die Dama in diesen verschiedenen Bergregionen.

(aus: Sigrid Schmidt, Märchen aus Namibia, Köln 1980)

Die Herero

Mit 94.000 Menschen stellen die Herero mit den Damara heute die beiden drittgrößten Bevölkerungsgruppen Namibias (7,5 %). Noch 1951 zählt der deutsche Ethnologe Hermann Baumann nur knapp 25.000 Herero in Südwestafrika. Es war der klägliche Rest eines Volkes, das zu drei Vierteln bei den Kämpfen mit der deutschen Schutztruppe und der anschließendern Flucht in die Omaheke-Wüste ums Leben gekommen war.

■ Gefangene Herero und deutsche Schutztruppler 1904

Im 19. Jh. prägte die Konkurrenz zwischen Herero und Nama die Ereignisse in Südwestafrika. Die Herero, traditionell im nördlichen Landesteil angesiedelt, drängten immer wieder tief in den von Nama bewohnten Süden. Viehdiebstahl und Kämpfe um Weidegrund und Quellen waren die Folge, und erst die waffentechnische Überlegenheit der Orlaam unter ihrem Häuptling Jonker Afrikaaner setzte diesen Auseinandersetzungen ein vorläufiges Ende. Bis zum bitteren Ende in der Schlacht am Waterberg 1904 schafften es Herero und Nama immer wieder nur kurzzeitig, ihre Differenzen beizulegen und zu einer gemeinsamen Verteidigungslinie gegenüber der Schutztruppe zu finden. Heute ist das damals fast gänzlich aufgeriebene Volk wieder erstarkt und zeigt stolz die Symbole seiner Tradition und seiner kriegerischen Vergangenheit bei den Ahnengedenktagen an den Gräbern seiner Häuptlinge (s.S. 345f). Ihre politische Vertretung ist ein traditioneller Häuptlingsrat, der sich als Partei der DTA angeschlossen hat.

Herkunft und Sprache Der ursprüngliche Lebensraum der Herero lag, glaubt man den Mythen, im Osten Afrikas, der Region, in der auch heute noch zahlreiche Stämme von Viehzucht und dem Ackerbau leben. Zwischen dem 15. und dem 18. Jahrhundert wanderten die Herero durch das zentrale Afrika nach Südwesten; wahrscheinlich lebten sie längere Zeit im südlichen Angola, also nördlich des Kunene, bevor sie schließlich den Fluß überschritten und in Namibia Weideland für ihre Rinder fanden. Ein Teil der Herero wandte sich von Angola aus nach Südosten und blieb schließlich im heutigen westlichen Botswana und dem daran angrenzenden Namibia. Diese Ost-Herero werden auch Mbanderu genannt.

Die Herero

Die Herero gehören zu den bantusprachigen Völkern, haben aber durch den Kontakt mit den Khoisan in Namibia auch einige Schnalz- und Klicklaute in ihre Sprache übernommen. Auch Einflüsse südangolischer Dialekte sind im Otjiherero nachgewiesen worden.

Wirtschafts- und Sozialstruktur

Die Herero sind Viehzüchter und haben mit ihren Herden früher im nördlichen und zentralen Teil Namibias ein Nomadenleben geführt, ähnlich wie es die mit ihnen verwandten Himba noch heute tun. Die Tiere haben nicht nur wirtschaftliche, sondern auch sakrale Bedeutung, und der Besitz möglichst vieler Rinder verschafft zugleich ein hohes gesellschaftliches Ansehen. Einige Rinder gelten als heilig („Ahnenbulle") und dürfen nicht geschlachtet oder verkauft werden.

Die Herero-Gesellschaft besitzt ein doppeltes Abstammungssystem: Titel, Ämter und alles Sakrale wird in männlicher Linie vererbt, der Besitz, also auch die Herden, in der mütterlichen. Meist leben die Mitglieder der väterlichen Sippe und deren eingeheiratete Frauen in einem Dorf, das aus den für die Herero typischen pontoks besteht. Es sind bienenkorbförmige Hütten aus Rohrgeflecht, die mit Lehm und Dung verputzt werden. Sie stehen im Kreis um den Kälberkraal. Religiöser Mittelpunkt der Siedlung ist ein Busch, der den heiligen Omumborongbonga (Ahnenbaum) symbolisiert, dem die Urahnen der Herero entstiegen sein sollen, und das heilige Feuer, das von einer unverheirateten Häuptlingstochter bewacht wird.

Früher gab es zwischen den Herero-Sippen nur einen lockeren politischen Zusammenhalt. Dies änderte sich in der deutschen Kolonialzeit. Da man einen Verhandlungsführer bei den Gesprächen über Landkäufe, Handelsverträge etc. benötigte, wurden einflußreiche Sippenälteste zum „Häuptling" aufgebaut. Erster Herero-Chief war bis 1890 Maharero; sein Sohn Samuel führte die Herero 1904 in den Aufstand, der in der Schlacht am Waterberg mündete. Er selbst konnte dem Genozid nach Botswana entkommen und starb 1923 im Exil. Mit dieser Katastrophe verlosch auch das heilige Feuer. Es wurde erst wieder entfacht, als der Leichnam Mahareros nach Okahandja überführt und dort bestattet wurde.

Die traditionelle Lebensweise und Kleidung der Herero ist heute noch an den Himba (s. Exkurs S. 151, ihren „armen" Verwandten im unwirtlichen Kaokoveld, schön zu beobachten.

Außerhalb des Kaokoveld konnten die Herero nur wenige Traditionen bewahren. Auffallend an den Herero-Frauen heute ist ihre von den Missionarsfrauen inspirierte, viktorianische Tracht, bestehend aus mehreren Lagen übereinandergezogener Röcke und einem Kopftuch, das zu einer **dreieckigen Haube** gebunden wird. Dies ist übrigens eines der wenigen an den Rinderkult erinnernden Merkmale moderner Herero-Kultur, denn die beiden abstehenden Spitzen des Tuchs symbolisieren Hörner.

Ein anderes Charakteristikum ist der nach wie vor für das Prestige wichtige Besitz möglichst vieler Rinder. Immer wieder hört man in Namibia Klagen über die Herero-Farmer, die ihren Grund und Boden mit zu viel Vieh bestocken und ihn damit unweigerlich der Erosion preisgeben würden.

Religion Im Gegensatz zur Totenfurcht der Khoisan-Völker besitzen die Herero einen ausgeprägten Ahnenkult. Heilige Rinder symbolisieren die Urahnen der Sippe; im heiligen Feuer lebt die Kraft und Einheit der Gemeinschaft weiter, deshalb darf es keinesfalls verlöschen. Obwohl sie durch die Arbeit der Missionare der Rheinischen Mission schon früh zum Christentum bekehrt wurden, haben die Herero ihre Verbundenheit mit den Ahnen, allen kulturellen Brüchen zum Trotz, in ihr modernes Leben hinübergerettet. In den fünfziger Jahren gründeten sie eine eigene Herero-Kirche, in der der Ahnenkult einen festen Platz in der christlichen Liturgie gefunden hat. Bei ihren Ahnengedenktagen in Okahandja und Omaruru kommt diese gelungene Verbindung traditioneller und christlicher Religionselemente ebenfalls zum Ausdruck (s.S. 346ff).

Lebensraum Auch den Herero wurde in den siebziger Jahren ein Reservat zugewiesen, das Hereroland mit dem Hauptort Okakarara. Eingezwängt zwischen dem Homeland der Damara und dem der San bot es keineswegs ausreichend Platz für die saisonalen Wanderungen der Viehzüchter. Abgesehen von den Himba im Kaokoveld unterscheidet man drei große Herero-Gruppen: die West- oder Zeraoua-Herero mit Verwaltungszentrum Omaruru, die Maharero-Leute aus Okahandja und die Ost-Herero oder Mbanderu um Gobabis.
Heute leben und arbeiten die meisten Herero in den städtischen Zentren oder bewirtschaften Farmen, unter denen auch einige kommerzielle Großfarmen sind.

■ Die Himba sind die letzten Nomaden Namibias

Exkurs: Die Himba

Die letzten Nomaden Namibias haben in den vergangenen Jahrzehnten so viele Katastrophen und Einflußnahmen von außen erlebt, daß es fast einem Wunder gleicht, wie verbunden sie trotz allem ihrer Tradition geblieben sind. Bei einer Dürrekatastrophe zu Beginn der 80er Jahre haben sie beinahe ihren gesamten Viehbesitz verloren, und der Krieg der SWAPO gegen Südafrika verwandelte ihr karges Weideland in ein militärisches Aufmarschgebiet.

Viele Himba-Familien sind damals aus dem **Kaokoveld** geflohen, weil sie Angst hatten, zum Kampf für eine der beiden Kriegsparteien gezwungen zu werden. Der heutige Verwaltungsort Opuwo wurde zur Militärbasis der südafrikanischen Verbände ausgebaut, und die großzügig im Veld verteilten Waffen der Südafrikaner haben die althergebrachten Jagdmethoden verändert.

Schließlich wurde das nach den Kämpfen noch verbliebene Wild – die seltenen Wüstenlöwen und Wüstenelefanten, Nashörner und Leoparden – unter strengen Schutz gestellt, was wiederum die langsam erstarkenden Viehherden der Himba bedrohte.

Die Einflüsse der modernen Zivilisation haben auch vor dem Kaokoveld nicht haltgemacht, doch viele Traditionen prägen das Leben der Nomaden heute noch ähnlich stark wie im letzten Jahrhundert. Dazu gehören die bei den Herero bereits beschriebenen rituellen Aspekte, wie die doppelte Abstammungslinie, das heilige Feuer und die heiligen Rinder.

Das auffälligste Merkmal der Himba sind ihre Kleidung und der reiche Schmuck, die nicht nur ästhetischen Zwecken genügen, sondern auch den gesellschaftlichen Status des Trägers bezeichnen. Das Schönheitsideal imitiert die heiligen Tiere der Himba, die Rinder. Die beiden vom Hinterkopf nach vorne über die Stirn geflochtenen Zöpfe junger Mädchen symbolisieren Rinderhörner, ebenso wie später die zwei abstehenden Zipfel der Fellhaube einer verheirateten Frau. Der Körper soll glatt und glänzend sein wie das Fell eines Kalbes. Deshalb wird er mit einer Paste aus Rotholzpulver und Butter eingerieben.

Die Kleidung besteht aus Leder und Fell. Männer und Frauen tragen einen Lendenschutz aus Kalbfell, die Lederumhänge von früher werden heute häufig durch Wolldecken oder ausgediente Armeemäntel ersetzt. Die Haare frisiert man je nach Status: zu einem einzelnen dicken Zopf geflochten (junge Männer), in langen, mit Perlenschnüren verzierten Fransen, die ins Gesicht hängen (Mädchen vor der Pubertät), zu zwei Zöpfen geflochten und unter einem Lederkopftuch verborgen (verheiratete Männer), in überschulterlangen, gedrehten und mit Ocker eingeriebenen Flechten aus dem Gesicht gekämmt und mit Fellhaube geschmückt (verheiratete Frauen), offen und ungekämmt (Trauernde).

Der Körper wird mit dekorativen Messingringen geschmückt. Dreieckige Lederanhänger, mit einem Muster aus Drahtperlen oder mit Knöpfen und Eisenperlen verzierte Lederstreifen hängen über Rücken und Brust.

Ein auffallendes Schmuckstück ist die ohumba, das Gehäuse der Ngoma-Schnecke (Tritonshorn), die als Anhänger die Lederhalskette vieler Frauen ziert. Als Schönheitsideal werden Jungen und Mädchen im Alter von etwa neun Jahren die unteren Schneidezähne ausgeschlagen.

Schmuck und Kleidung der Himba sind begehrte Souvenirs. Viele traditionellen Stücke, die seit Generationen innerhalb der Familie weitergegeben wurden, haben die Himba aus wirtschaftlicher Not an durchreisende Touristen verkauft. Heute bemühen sich kunstgewerbliche Initiativen, die Vermarktung des traditionellen Besitzes zu stoppen. Man hält die Himba dazu an, Schmuck nicht nur für den Eigenbedarf, sondern auch für den Verkauf herzustellen.

Die Ovambo

Mit knapp 700.000 Mitgliedern stellen die Ovambo fast die Hälfte der namibischen Bevölkerung. Daß sie heute außerhalb ihres traditionellen Siedlungsgebietes zwischen Etosha-Pfanne und Kunene fast überall in Namibia anzutreffen sind, liegt unter anderem daran, daß sie das größte Kontingent der Kontraktarbeiter in den Minen und der Industrie Namibias bilden. Die unbefriedigende Arbeits- und Lebenssituation als Pendler zwischen Ovamboland und Arbeitsstelle mündete schon in den fünfziger Jahren in der Gründung einer politischen Interessensvertretung, dem Ovamboland People's Congress, der später in der SWAPO aufging.

Herkunft und Sprache Wie die Herero sprechen auch die Ovambo eine Bantusprache, die in mehrere Dialekte unterteilt wird. „Ovambo" ist ein Begriff aus dem Otjiherero, der unterschiedlich interpretiert wird: er soll entweder „die Seßhaften" bedeuten oder „die Reichen". Sie selbst nennen sich nach ihren sieben Untergruppen, deren bedeutendsten die OvaKwanyama (Kwanyama) und die AaNdonga (Ndonga) sind. Auch die Ovambo sind im 16./17. Jahrhundert vom östlichen durch das zentrale Afrika in ihr heutiges Siedlungsgebiet gewandert.

Wirtschafts- und Sozialstruktur Die Ovambo sind eine der wenigen traditionell seßhaften Bevölkerungsgruppen Namibias. Sie siedeln in einem relativ kleinen Gebiet (s.o., Bevölkerungsdichte dort 13 Menschen pro qkm, in Südnamibia 1 Mensch pro qkm), das der aus Angola kommende Kuvelai-Fluß saisonal überschwemmt und damit zur Fruchtbarkeit der Böden beiträgt. Ackerbau und Viehzucht sind die wichtigen Wirtschaftszweige der Ovambo, Hirse und Sorghum die bedeutendsten Anbaugüter. Wenn nach der Überschwemmung in den sonst trockenen Flußbetten, die hier oshana genannt werden, Wasser steht, bereichern die darin gefangenen Fische die Speisekarte.

Die Siedlungen aus Rundhütten liegen auf Anhöhen und damit geschützt vor den Fluten des Kuvelai. Sie sind von den Feldern der Familie umgeben, die von den Frauen bewirtschaftet werden, während sich die Männer um das Vieh kümmern. Ähnlich wie bei den Herero und Nama sind auch bei den Ovambo Rinder ein Prestigeobjekt, sie werden selten geschlachtet.

Die Ovambo leben in einer traditionell mutterrechtlichen Gesellschaft, die durch den Einfluß der Missionen aber immer mehr zur patrilinearen Ordnung tendiert. Im Gegensatz zu ihren südlichen Nachbarn besaßen die Ovambo eine hierachische Stammesorganisation mit institutionalisiertem Königtum. Der König hatte auch eine wichtige sakrale Funktion als Regenmacher, seine Mutter war nach ihm der wichtigste Würdenträger am Hofe. Da es auch bei den Ovambo keinen Grundbesitz gab und das Land nominell dem König gehörte, wurde es den Bauern auf Lebenszeit zur Pacht überlassen.

Die meisten namibischen Völker besitzen keine handwerkliche Tradition in der Holzschnitzkunst. Bei den Ovambo wird Holz zwar zu figürlichen Darstellungen verarbeitet, diese haben aber kaum etwas mit den Schnitzereien gemein, die auf den Touristenmärkten Zentralnamibias verkauft werden. Eine ganz besondere, heute in Vergessenheit geratene Kunst ist die Herstellung von Elfenbeinknöpfen. Eine große Auswahl dieser wertvollen Schmuckscheiben ist im Swakopmunder Museum zu sehen.

In der Kolonialzeit lag Ovamboland zwar innerhalb der deutschen Grenzen, aber jenseits der sogenannten Polizeizone, dem befriedeten Gebiet mit Militärpräsenz. Sie blieben weitgehend unbehelligt von den Entwicklungen im Kernland, und nur dank der intensiven Missionstätigkeit der Finnischen Mission hatten sie Anschluß an einige Segnungen der Zivilisation. Die meisten Ovambo sind heute Christen, darunter auch zahlreiche Katholiken, die von Missionaren von Südangola aus bekehrt wurden.

Unter südafrikanischer Verwaltung bekam die Region als Homeland 1968 eine relativ große Autonomie mit einer in inneren Angelegenheiten weitgehend unabhängigen Regierung durch teils gewählte, teils von Südafrika bestimmte Ratsmitglieder und Minister.

Religion Der Einfluß der Missionen ist im Ovamboland allgegenwärtig, und dennoch sind Relikte traditioneller Religion erhalten und werden zum Teil neu belebt. Zentrales Thema ist auch hier der Ahnenkult, fest verknüpft mit dem Kult um sakrale Rinder. Eine herausragende Bedeutung hatte der Stammeskönig, der zugleich auch spirituelles Oberhaupt der Gemeinschaft war und in dessen Gehöft ein heiliges Feuer das Wohlergehen des Stammes symbolisierte. Als Regenmacher war er für die Fruchtbarkeit der Felder verantwortlich. Er wurde als gottähnlich verehrt, als Mittler zwischen der Welt der Lebenden und dem Schöpfergott Kalunga, mit dessen Namen der König oft auch angesprochen wurde. Starb der Herrscher (oft wurde er in einem rituellen Akt erdrosselt, wenn er zu alt und zu schwach war), wurde er im Rinderkraal in einer pyramidenähnlichen Holzkonstruktion aus Mopanepfählen bestattet. Der Platz galt als heilig und diente Verfolgten als Asyl. Eine komplexe Welt der Geister und Lebend-Toten umgab die Lebenden. Sie bedrohten die Menschen mit Krankheit oder gar Tod. Sie konnten von den Menschen Besitz nehmen und durch sie sprechen. Der Gott Kalunga wurde als höchstes Wesen, ähnlich dem christlichen Schöpfergott, verehrt.

Lebensraum Ovamboland mit seinen traditionellen Dörfern und lebhaften Märkten ist eine der wenigen Regionen Namibias, wo das Land dem Klischee vom bunten, schwarzen Afrika entspricht. Daß es eine krisengeplagte Region ist, sieht man erst auf den zweiten Blick an den Wellblechsiedlungen und Elendslagern im Umkreis der beiden wichtigsten Städte Oshakati und Ondangwa. Durch starkes Bevölkerungswachstum und den Zuzug von Flüchtlingen aus dem benachbarten Angola, die ebenfalls zum größten Ovambo-Stamm, den Kwanyama, gehören, reichen die Erträge des Landes schon lange nicht mehr aus, um alle Menschen zu ernähren. Kontraktarbeit, Armut und Landflucht sind die Folgen.

Kavango- und Caprivi-Stämme

Wie ihre Ovambo-Nachbarn gehören auch die Menschen, die entlang des Kavango und im Caprivi-Strip leben, zur großen Bantu-Familie. In ihrem Lebensraum abseits der Hauptrouten und städtischen Zentren Namibias haben sie sich ihre bäuerliche Lebensweise und ihre prächristlichen Traditionen bewahrt. Kleine, im Busch versteckte Rundhüttendörfer und Ochsenschlitten prägen die Landschaft. Trockene Flußbette, hier omiramba genannt, durchziehen die Region, die der vorherrschende weiche Sand für normale Fahrzeuge unpassierbar macht.

Herkunft und Sprache Auch Kavango und Capivianer gehören zu den bantusprachigen Bewohnern Namibias. Sprachlich haben die Kavango engere Bindungen zu den Ovambo, während die Stämme des Caprivi eher nach Osten zu den Volksgruppen des benachbarten Zambia tendieren und sich des Lozi als Umgangssprache bedienen. Ethnisch sind die Capivianer nicht so homogen wie die Kavango-Stämme, und immer wieder führen Differenzen zwischen Mafwe und Basubya, den beiden Hauptgruppen, zu teils gewaltsamen Konflikten um Stammesgrenzen.

Hier im östlichen Zipfel Namibias dient, im Gegensatz zu den restlichen Landesteilen, seit dem Ersten Weltkrieg auch das Englische als Verkehrssprache.

Wirtschafts- und Sozialstruktur Kavango wie Capivianer sind Ackerbauern und betreiben daneben Viehzucht (Rinder, Ziegen). Fische aus den zahlreichen Wasserarmen ergänzen die Nahrung. Das Sozialsystem weist viele Ähnlichkeiten mit der bei den anderen Bantu-Gruppen beschriebenen Struktur auf. Vorherrschend ist die mutterrechtliche Linie, und die Häuptlinge sind zugleich auch sakrale Oberhäupter ihrer Gemeinde und vergeben das Stammesland zur Pacht. Ihnen zur Seite steht meist ein Rat der Ältesten, ohne dessen Zustimmung der König kaum Handlungsvollmacht hat.

Könige, Ratsvertreter und gewählte Abgeordnete bilden auch die Regionalregierung in Kavango und Ost-Caprivi, die in den siebziger Jahren für die Selbstverwaltung der beiden Homelands eingerichtet wurde.

Lebensraum Beide Volksgruppen leben im ehemaligen „Aufmarschgebiet" der südafrikanischen Armee gegen die SWAPO. Der Krieg hat viele Familien ernährt, „nagte" aber auch an ihrer traditionellen Lebensweise. Nach Abzug der Südafrikaner herrscht nun ein Vakuum, das die Regierung durch verstärkte Entwicklungsmaßnahmen zu beheben versucht. Viele Kavango sind als Wanderarbeiter in die städtischen und industriellen Zentren des Landes gezogen. Einige versuchen als Holzschnitzer mit Touristenandenken ihr Glück.

Exkurs: Das gestohlene Wasser

Simketa ist nun ein alter Mann, der in Frieden am Ufer des Okavango lebt. Aber als er jung war, hatte er einen Traum, der ihn unruhig machte.

„Ich habe genug vom Fischen", sagte er eines Tages, „ich will Jäger sein! Wir müssen in den Wald ziehen! Im Traum wurde mir befohlen, das zu tun."

Muremi, die ehrwürdige Alte der Familie, erschrak: „Unsere Heimat ist hier, am Ufer des Flusses. Die Ahnen werden uns bestrafen, wenn wir von hier fortgehen", warnte sie.

Aber Simketa hatte sich entschieden. Die Familie lud ihre Habseligkeiten auf einen Schlitten und zog in den Wald. Den ganzen Weg lang kaute Muremi Kräuter, die ihr die nganga gegeben hatten, um böse Geister fernzuhalten.

Nach einigen Tagen erreichten sie den Platz der Großen Baobabs.

„Hier werden wir unser neues Heim errichten." Simketa entlud den Schlitten.

„Aber es gibt nur ein schmales Rinnsal mit wenig Wasser", widersprach seine Frau.

Simketa beachtete sie nicht und begann mit dem Bau der Hütte.

Einige Zeit später trocknete aber der Fluß aus.

„Wir werden sterben", weinte seine Frau.

„Das einzige Wasserloch in unserer Nähe gehört Makisi, dem Gefürchteten, und er wird uns nichts abgeben. Er sagt, daß wir nicht hierhergehören."

Muremi beruhigte sie. „Ich habe einen guten Plan. Binde ein paar Wassergefäße um meine Hüfte unter dem Rock. Ich werde Wasser holen."

Als die Gefäße versteckt waren, ging sie zu Makisis frischer, kühler Quelle. Das Wasser sah so köstlich aus, daß sie sich bückte, um davon zu trinken. Plötzlich hörte sie einen Donnerschlag. Muremi sah auf, und sah Makisi, den Gefürchteten, vor sich stehen.

„Du wagst, von meinem Wasser zu trinken", donnerte seine Stimme durch den Wald.

„Oh, bitte, tue mir nichts, Makisi", bat sie. „Meine Knochen sind schwach. Die Menschen erzählen, daß deine Trommeln Zauberkräfte besitzen und jeden stark machen können. Bitte, schlage die Trommel für mich! Ich will dazu tanzen."

Makisi war so geschmeichelt, daß er seine Trommel holte. Während er trommelte, schloß er die Augen und sang dazu wie im Traum. Muremi tanzte immer tiefer in das Wasser hinein, bis die Gefäße aufgefüllt waren.

Als sie wieder heraustanzte, rief sie Makisi zu: „Oh Makisi, du hast mich mit deiner magischen Trommel geheilt. Ich danke dir, du Erhabener. Ich kehre nun zu meinem Volk zurück." Und schnell eilte sie zu ihrer Familie.

Die Leute in Makisis Dorf waren erzürnt, als sie hörten, wie er die alte Frau geheilt hatte. „Wie konntest du ihr nur glauben? Sie hat dich betrogen", warnten sie ihn. „Sie stiehlt unser Wasser, und sie wird gewiß wiederkommen."

Am nächsten Tag erwartete Makisi Muremi an der Quelle. Selbstsicher kam Muremi wieder, um Wasser zu holen. Diesmal hatte man große Wassergefäße unter dem Rock der alten Frau gebunden. Als sie Makisi sah, bat sie ihn, wieder für sie die Trommel zu schlagen. Makisi begann zu trommeln, und Muremi tanzte ins Wasser.

Da sprang Makisi plötzlich auf und enthüllte die Wassergefäße, die um ihre Hüfte gebunden waren.

„Du hast mich betrogen. Du hast mein Wasser gestohlen!" donnerte er. „Nun wirst du und deine Familie sterben!"

„Oh bitte, Makisi, trinke das Wasser aus diesem Gefäß. Es hat magische Kräfte, wie deine Trommel."

Sie band ein Wassergefäß ab, warf einige Zauberkräuter hinein und gab Makisi zu trinken. Dieser war so neugierig, daß er davon trank. Sofort fiel er in einen tiefen Schlaf, und die Quelle versiegte.

Muremi eilte heim. „Wir müssen sofort weg von hier", befahl sie. „Es wird bald kein Wasser mehr geben."

Schnell packte die Familie ihre Habseligkeiten zusammen und kehrte zum alten Dorf am Ufer des Flusses zurück. Simketa sprach nie wieder davon wegzuziehen. Er lebt nun in Frieden dort, wo er hingehört.

Jeden Abend raucht Muremi am Ufer des Flusses ihre Pfeife und träumt von Makisis Trommel. Sie hört ihre Schläge, die über das Wasser hallen. Sie lächelt und tanzt.

(aus: „The stolen water and other stories", retold by Jennifer Davvis, New Namibia Books, Windhoek 1993.
Aus dem Englischen übersetzt von Daniela Schetar)

Die Rehobother Baster

Allein die Tatsache, daß sich diese Bevölkerungsgruppe selbst als „Basters", das heißt „Bastard" bezeichnet, spricht für den großen Stolz, den sie auf ihre gemischtrassige Abstammung hat. Die Baster führen ihre Herkunft auf Verbindungen zwischen Weißen und Nama-Frauen zurück und tragen die Familiennamen ihrer Väter. Diejenigen, die einer legalen Ehe entstammen, gelten als die angesehensten Baster-Familien. Man spricht von 37 Stammvätern, teils burischer, teils deutscher Nationalität; es gibt sogar mehrere Basterfamilien malaiischer Herkunft. Gemeinsame Sprache der Baster ist das Afrikaans.

Untereinander nennen sich die Baster Burger, also Bürger. Bastergemeinden gibt es in verschiedenen Gegenden Namibias, ihre prominenteste und größte Gruppe lebt aber in und um das Städtchen Rehoboth, knapp 100 km südlich Windhoeks. Mit 31.000 Menschen stellen sie 2,5 % der Namibier.

Herkunft In der zweiten Hälfte des 19. Jhs. wanderten die Baster aus der Kapprovinz nach Namibia ein. Wahrscheinlich wurden auch sie, ähnlich wie die Orlaam, durch die zunehmende Expansion der weißen Farmer immer weiter abgedrängt und sahen sich schließlich gezwungen, ihr Heimatland zu verlassen. Dieser großen Auswanderung eines ganzen „Volkes" waren Sondierungen nach Land vorausgegangen, das die Baster-Abgesandten dann schließlich von den Swartbooi-Nama pachten konnten. 1870 wurde an der Stelle einer verlassenen Missionsstation der Rheinischen Gesellschaft der Ort Rehoboth gegründet.

Wirtschafts- und Sozialstruktur Die meisten Baster leben als Farmer von der Viehzucht (Schafe und Rinder). Ihre Region um Rehoboth gilt als besonders gutes Weideland, doch behindert kompliziertes Erbrecht und die daraus folgende Zersplitterung der Farmen eine extensive Nutzung des Bodens.

Bemerkenswert ist die streng patriarchale Sozialordnung der Baster, die wohl dem frühen christlichen Einfluß zu danken ist. Traditionell stellte die angesehenste Familie van Wyk den Häuptling (Kapitän) der Gemeinde. Seit 1976 wird der Kapitän gewählt. Unterstützt und beraten wird er von einem Ministerrat und ein Parlament aus Volksvertretern.

Religion Die Baster sind sozusagen seit ihrer Genese protestantische Christen. Missionare begleiteten sie auch auf ihrer Auswanderung aus Südafrika.

Lebensraum Wichtigstes Gut der Baster war ihre politische Autonomie. Diese erhielten sie sich bereits 1885 durch einen Schutzvertrag mit dem Deutschen Reich, unter dessen Fahne sie auch die Aufstände der Nama und Herero mitbekämpften. 1915, kurz vor dem Aus für die deutsche Kolonie, zettelten die Baster schließlich selbst eine Erhebung an, die niedergeschlagen wurde. Unter südafrikanischem Mandat wurde ihr traditioneller Rat durch ein weißes Verwaltungsgremium ersetzt und erst Mitte der siebziger Jahre mit Einrichtung des Homeland wieder eingesetzt.

Die Unabhängigkeit Namibias bereitete den Baster einiges Unbehagen, weil sie nun erneut fürchten mußten, ihre Autonomie zu verlieren. Bislang beherrscht der zähe Kampf der Baster um ihre Autonomie die politischen Kontakte zwischen der Gemeinde und der SWAPO-Regierung.

Exkurs: Die Farbigen

Der namibische Ethnologe K.F.R. Budack faßt die farbigen Namibier unterschiedlicher Herkunft zu einer eigenen Volksgruppe zusammen (s. Budack, 1989). Sie selbst nennen sich bruin mense, braune Menschen, und besitzen heute eine eigene politische Interessensvertretung.

Das Zusammengehörigkeitsgefühl der Farbigen wird in erster Linie dadurch bestimmt, daß sie weder zur weißen Volksgruppe ihrer Väter, noch zu den schwarzen Gemeinschaften ihrer Mütter (zumeist Nama, Herero und Damara) so richtig dazugehören. Kulturelle oder historische Bindungen gibt es naturgemäß nicht, und auch ihr Siedlungsraum ist nicht homogen. Die meisten Farbigen leben heute in den Städten beziehungsweise in den Farbigen-Vororten (Khomasdal in Windhoek, Tamariska in Swakopmund, Krönlein in Keetmanshoop) und arbeiten in der Administration. Als Farmer haben sich nur wenige Farbige niedergelassen.

Die Buren

Anfang des 17. Jhs. kamen die ersten Holländer an die Südspitze Afrikas, wo eine Versorgungsstation für den Schiffsverkehr nach Indien eingerichtet wurde. Schon bald entdeckte man das Kap auch als ideales Siedlungsgebiet, und Ende des 18. Jhs. bestand hier eine ansehnliche holländische Kolonie.

Doch auch Großbritannien wollte sein Einflußgebiet in Afrika ausdehnen und annektierte 1814 schließlich die Kapkolonie. Vor dem wachsenden englischen Einfluß zogen sich viele Buren („Bauern"), wie die in Afrika lebenden Holländer sich nannten, immer weiter ins Landesinnere zurück. So gelangten die ersten Siedlerfamilien auch in das Territorium nördlich des Oranje, das heutige Namibia. Die meisten zogen nomadisierend (trekkend) mit ihren Viehherden durch den Süden Namibias, einige Familien (s.S. 439, „Die Durstlandtrekker") trekkten sogar bis nach Angola.

Als Ende des 19. Jhs. Deutschland seinen Einfluß in Südwestafrika geltend machte, mußten sich die Buren erneut mit einer neuen Kolonialmacht arrangieren. Curt von François, der erste Gouverneur, bezeichnete die Buren als „gutes Siedlermaterial". Im Gegensatz zu manchem deutschen Aussiedler seien sie zäh und galten als geschickte Farmer und gottesfürchtige Menschen. Ihre unnachgiebige Haltung gegenüber den Eingeborenen erschien ihm allerdings als unproduktiv für die weitere Entwicklung der Kolonie.

Sprache Die Sprache der Buren, das **Afrikaans,** entwickelte sich aus dem Niederländischen zu einer eigenständigen Sprache mit zahlreichen Lehnwörtern aus allen anderen, die am Kap verbreitet waren: angefangen bei Englisch, über die Sprachen der schwarzen Bevölkerung bis hin zu Portugiesisch und Malaiisch. Es gibt verschiedene regionale Afrikaans-Ausprägungen, wobei das Afrikaans der Namibier auch von den Herero und Nama beeinflußt wurde. Bis zur Unabhängigkeit 1990 war Afrikaans nicht nur die Umgangs- sondern auch die Amtssprache Namibias. Wegen ihrer Verbindung mit der Apartheid wurde sie in dieser Funktion von der SWAPO-Regierung, auch im Einvernehmen mit der DTA, durch das Englische ersetzt.

Wirtschafts- und Sozialstruktur, Religion
Die meisten Buren der älteren Generation kamen um 1915, nach der deutschen Kapitulation, als Viehzüchter ins Land. Viele nomadisierten, einige ließen sich auf Farmen nieder. Die meisten Burenfamilien waren arm und besaßen keinerlei schulische Bildung – ein Schulbesuch war bei ihrem Nomadenleben ja nicht möglich. Lange Zeit standen sie auf der untersten Stufe der weißen Hierarchie und wurden von den wohlhabenden, zumeist deutschen Farmern, entsprechend verachtet.

Eine zweite Einwanderungswelle in den fünfziger und sechziger Jahren brachte im britischen Schulsystem geschulte Beamte, Lehrer und Regierungspersonal ins Land. Damit hat sich auch das Bild vom „armen, dummen Buren" gewandelt, wenngleich Burenwitze, ähnlich unseren Ostfriesenwitzen, in Namibia immer noch gerne erzählt werden.

Die Buren leben traditionell in patriarchal strukturierten Großfamilien. Entsprechend ihrer kalvinistischen Auslegung des protestantischen Glaubens sind das Schicksal und die Position eines Jeden in der Gesellschaft gottgewollt und nicht beeinflußbar. So legitimieren sie auch ihre Haltung gegenüber den andersfarbigen Volksgruppen. Von ihnen getrennt, **apart,** zu leben, galt als religiöse Pflicht.

Lebensraum
Die Afrikaans-Sprachigen stellen über die Hälfte der etwa 90.000 Weißen Namibias. Wenn heute noch zwischen Buren, Deutschen oder anderen europäischen Bevölkerungsgruppen in Namibia unterschieden wird, dann hat dies nichts herabsetzendes mehr. Ihre politische Heimat haben die meisten Buren bei der DTA gefunden.

Die Deutschen

Die ersten Deutschen in Südwestafrika waren Missionare: 1805 ließ sich der Missionar Schmelen in Warmbad nieder, ihm folgten ab der Mitte des 19. Jahrhunderts Hahn und Kleinschmidt mit Missionsgründungen in Zentralnamibia (Gross Barmen etc.). Die Einwanderung deutscher Siedler begann aber erst, als Südwestafrika zum deutschen Schutzgebiet erklärt worden war, also ab etwa 1885.

Herkunft
Die meisten der heute etwa 20.000 Deutschen leben seit mehreren Generationen in Namibia. Sie sind die Nachkommen der ersten Siedlerfamilien, die in Südwestafrika auf extreme Lebensbedingungen stießen und hier nur durch ihre außerordentliche Zähigkeit überleben konnten. Die Bindung an ihre neue, unwirtliche Heimat kommt im beliebten „Südwester"-Lied zum Ausdruck: „Hart wie Kameldorn ist unser Land", heißt es da schwermütig. An diesem harten Land, das man sich mit viel Blut und Mühe erkämpft hatte, hielten die meisten dann trotz Ausweisungen und Internierung unbeirrbar fest. Seit der Unabhängigkeit haben allerdings viele Deutsche Namibia verlassen.

Trotz ihrer relativen Isolierung war die deutsche Gemeinde stets bemüht, ihre kulturellen Wurzeln zu pflegen und zu bewahren. Dies führte einerseits zu so bizarren Blüten wie dem Bau wilhelminischer Villen und romantischer Ritterburgen, andererseits zu einem erstaunlich guten Erhalt der deutschen Hochsprache. Zwar hat das Südwester-Deutsch viele Lehnwörter aus dem Afrikaans und dem Englischen, und auch die grammatikalische Struktur der Umgangssprache wurde vereinfacht, aber die meisten deutschstämmigen Namibier beherrschen immer noch eine fehlerfreie Schriftsprache.

Als einzige weiße Volksgruppe haben die Deutsch-Namibier in mehreren Orten deutsche Schulen eingerichtet, und in Windhoek führt die DHPS mit einem gesonderten Zweig für Nicht-Muttersprachler bis zum Abitur. Sie gilt als beste Lehranstalt Namibias und wird von Deutschland finanziell und ideell unterstützt.

Wirtschaft und Lebensraum
Viele Deutschstämmige betreiben Viehzucht, daneben haben sie sich auch in allen anderen Wirtschaftsbereichen etabliert. So erfolgreich und dominant die Deutsch-Namibier auf diesem Sektor sind und so intensiv sie sich um den Erhalt der deutschen Kultur bemühen – im Politischen sind sie eher unterrepräsentiert.

Eine eigenständige politische Initiative ist die Interessensgemeinschaft der Deutsch-Namibier (IG).

Exkurs: Die DDR-Namibier – Wanderer zwischen den Welten

Während des Befreiungskampfes wurden mehrere hundert namibische Kinder, zumeist aus Ovamboland, an Schulen in die DDR geschickt. Die DDR hatte die Unabhängigkeitsbestrebungen der SWAPO ideell wie materiell unterstützt und wollte mit der Ausbildung der Kinder einen Beitrag zu deren aufrechter Gesinnung leisten.

Ob es sich bei den Exilanten um Kinder hochrangiger SWAPO-Funktionäre oder um Kriegswaisen handelte, ist bis heute nicht ganz geklärt. Sie wurden auf mehrere Internate aufgeteilt, wo sie, begleitet von einem namibischen Kontaktmann, deutsche Erziehung und Unterricht genossen.

Im Zuge der deutschen Einheit wurden die Schüler in ihre Heimat zurückgeschickt. Die Bundesregierung stellte finanzielle Hilfe zur Wiedereingliederung der Kinder zur Verfügung.

Da standen sie nun, nach teils über zehn Jahren DDR wieder in ihren heimatlichen Dörfern und sollten, verwöhnt durch die Zivilisation, das einfache Leben ihrer Verwandten teilen, die sie gar nicht mehr kannten und deren Sprache viele auch nicht mehr verstanden. Aus den Flüchtlingskindern waren deutsche Jugendliche geworden, deren schwarze Haut das einzige Merkmal ihrer Herkunft war. So manches Kind landete bei einer völlig fremden Familie, die es nur wegen der finanziellen Zuwendungen aufnahm und entsprechend schlecht behandelte.

Umgekehrt waren viele „DDR-Namibier" schockiert von den primitiven Lebensumständen, in denen ihre Familien lebten, und konnten ein gewisses Überlegenheitsgefühl nicht verhehlen. Die Kluft zwischen den Ex-DDRlern und den Daheimgebliebenen sorgte für immer neue, brisante Konflikte.

Die Kirche und einige engagierte Deutsch-Namibier nahmen sich schließlich der ungeliebten Rückkehrer an und besorgten Gastfamilien, organisierten die Unterbringung in Schülerheimen und kümmerten sich darum, daß sie ihren Schulabschluß machen konnten.

In Windhoek haben die Jugendlichen in den Räumen der NaDS (Namibisch-Deutsche Stiftung für kulturelle Zusammenarbeit, Bismarckstr. 36) den Club „Die Ossis" gegründet. Hier treffen sie sich regelmäßig zur Hausaufgabenbetreuung, zum Kaffeetrinken, zum Theaterspielen oder um – in schönstem Berlinerisch – Erfahrungen und Probleme auszutauschen.

Deutsche Traditionen

Die aus Deutschland Eingewanderten führten in Namibia zumeist ein Leben als Farmer weitab von Nachbarn, geschweige denn vom kulturellen Geschehen einer Stadt. In der Isolation wurde Brauchtum und Traditionen bewahrt und an nachfolgende Generationen weitergegeben. Die Kolonialliteratur in den Bücherschränken, der röhrende Hirsch an der Wand und manchmal sogar ein Bild Kaiser Wilhelms II. – sie gehören noch heute zur Standardausstattung vieler Farmen und verleihen ihnen einen nostalgischen Flair, der dem modernen Besucher manchmal ganz schön miefig erscheinen mag.

Anschaulich ist diese Atmosphäre und die oft damit verbundene konservative Gesinnung in Christine von Garniers Lebensbericht beschrieben: „Ich habe einen der letzten Kolonialherren Afrikas geheiratet". Die Schweizerin hatte in den 60er Jahren einen deutschstämmigen Farmer geheiratet und mit ihm und seiner kaisertreuen Familie die Wirren und politischen Auseinandersetzungen auf den Weg in die Unabhängigkeit erlebt.

Die wertkonservative Grundhaltung hat aber auch dazu geführt, daß deutsche Sprache und Kultur erstaunlich rein bewahrt wurde. Während sich die Sprache der Kapholländer mit allen anderen Dialekten der Region zum übergreifenden Afrikaans entwickelte, blieb das Deutsche als unverfälschte Schriftsprache erhalten.

Der Sprachpflege galt auch ein Großteil des politisch-kulturellen Bemühens der Deutschen unter südafrikanischem Mandat. Man setzte durch, daß Deutsch als Verkehrssprache anerkannt und in Schulen unterrichtet wurde. Kulturelle Veranstaltungen wie Theateraufführungen oder Lesungen deutscher Autoren wurden organisiert, und noch heute ist die deutsche Gemeinde die kulturell aktivste Namibias. Es gibt deutsche Schulen, eine deutschsprachige Tageszeitung (Allgemeine Zeitung), deutsche Sendungen in Rundfunk und Fernsehen, deutschsprachige Verlage und regelmäßig auch Theater- und Filmvorführungen.

Literatur und Kunst der deutschsprachigen Namibier sind geprägt vom Leben in der ariden Umwelt, von den kargen Landschaften, der Tierwelt und dem Kampf mit den Naturgewalten.

Zahlreiche Autobiographien haben das Überleben unter südafrikanischem Mandat in den beiden Weltkriegen zum Thema: Über den Kampf der Frauen, deren Männer den Krieg in Internierungslagern verbringen mußten und die auf sich alleine gestellt die Farm durchbrachten, oder die Flucht vor der drohenden Internierung in die Wildnis (H. Martin: „Wenn es Krieg gibt gehen wir in die Wüste"). Romane kreisen um das Abenteuer Wildnis und das Gleichgewicht zwischen Mensch und Natur (Giselher Hoffmann: „Im Bunde der Dritte"), persönliche Aufzeichnungen erhellen die Vorstellungswelt der „Eingeborenen", allen voran der San, deren faszinierende Kultur Wissenschaftler wie Hobby-Ethnologen aufgezeichnet haben (Ilse Schatz: „Unter Buschleuten").

In Vereinen widmet man sich der Brauchtumspflege und organisiert Feste wie den Karneval, traditionsgemäß mit Prinzenpaar und Garde, und das Oktoberfest. So unterscheidet sich das kulturelle Geschehen in den städtischen Zentren Namibias nur wenig von dem in der ehemaligen Heimat, wirkt auf Außenstehende vielleicht nur etwas biederer.

Die Deutschen 161

▲ Die Deutsche Höhere Privatschule in Windhoek (DHPS)
▼ Traditioneller deutscher Baustil und moderne Hochbauten in Windhoek

Kunst und Traditionen

Welten liegen zwischen den Jugendstilvillen in Swakopmund und einer Himba-Siedlung im Kaokoveld, zwischen den Swakara-Kreationen junger Pelzdesigner und dem Perlenschmuck der San. Namibia vereint sehr unterschiedliche kulturelle Traditionen, die der deutschen Kolonialisten, der christlichen Missionare, der burischen Trekker, der viehzüchtenden Nomaden und der Hirsebauern. Daß diese Kulturen nicht isoliert nebeneinanderstehen, sondern sich kreativ durchdringen, sieht man sowohl im Kunstschaffen als auch im modernen Kunsthandwerk, wie beispielsweise den Karakulteppichen und dem Goldschmuck – beides inspiriert von schwarzafrikanischer Ornamentik – und umgekehrt natürlich auch an den Schnitz- und Lederarbeiten der schwarzen Künstler, die europäische Kunststile integrieren.

Traditionelles Kunsthandwerk

Die Bandbreite des traditionellen Kunsthandwerks der namibischen Völker war eingeschränkt durch ihren nomadischen Lebensstil, denn nur das Notwendigste konnte man auf den langen Wanderungen mitführen. So sind nur persönlicher Schmuck und Kleidung, Transportgefäße, gewebte Matten und anderer Hausrat die bedeutendsten handwerklichen Erzeugnisse dieser Völker. Wichtigste Werkstoffe waren Leder und Fell von erlegtem Wild oder geschlachtetem Vieh. Die Himba besitzen reichen Arm- und Beinschmuck aus Eisen und Kupfer. Zur Dekoration verwendete man Elfenbein, Horn, Leder, Muscheln, Schnecken und die Schale des Straußeneis. Aus dem Ei werden auch Wassergefäße gefertigt und mit zarten Gravuren geschmückt.

Bei den seßhaften Bewohnern von Ovambo und Caprivi gewinnen Schnitzarbeiten, aus den vielen Hölzern der Region, mehr an Bedeutung. Es werden Vorratsgefäße und Schemel hergestellt, aus Lehm formt man Götter-, Tier- und Menschenstatuen, und auch die Töpferei besitzt eine lange Tradition. Ein charakteristischer und heute sehr teuer verkaufter Schmuck der Ovambo sind sorgfältig polierte Elfenbeinknöpfe. Figürliche Holzarbeiten sind in der Region unter dem Einfluß benachbarter Völker aus Angola oder Zimbabwe entstanden. Sie haben sich aber dem Touristengeschmack unterworfen und ihren besonderen Charme verloren. Heute werden fast ausschließlich einfache Kopien gängiger Massenware, die als „typisch afrikanisch" gilt, geschnitzt.

Das Fehlen eines repräsentativen, „beständigen" Kunstschaffens in dieser Region spiegelt sich auch in den Katalogen der heute so geschätzten afrikanischen Kunst wider. Namibia ist ein „weißer Fleck" auf der Afrikakarte von Museen und Sammlern.

Kunsthandwerk heute

Wie bereits oben beschrieben, sind die Erzeugnisse des modernen Kunsthandwerks – soweit es die Holzschnitzerei betrifft – eher enttäuschend. Nichtsdestotrotz stellen sie den Löwenanteil im Angebot der Souvenirshops und Straßenmärkte – vom Schachspiel bis zur afrikanisierten Marienstatue wird alles geschnitzt, Hauptsache, es gefällt dem Käufer. Natürlich gibt es auch schöne oder originelle Stücke darunter, die zu finden erfordert aber ein scharfes Auge und viel Geduld.

Traditionellen Vorbildern abgeguckt ist der vielerorts angebotene **Perlenschmuck,** teils im eleganten schwarz-weiß-Dekor aus Straußeneierschalen, teils fröhlich bunt aus Glas- oder Plastikperlen. Beliebte Motive der Nama schmücken farbenfrohe Quilts, Kissenbezüge, Servietten und Tischdecken. Viele dieser kunstgewerblichen Arbeiten entstehen unter Federführung engagierter Initiativen, die sich um die arbeitslosen Frauen in den städtischen Zentren kümmern und ihnen mit Näh-, Flecht- oder Stickarbeiten zu einem wirtschaftlichem Auskommen verhelfen wollen.
Namibias **Goldschmiedearbeiten** sind aufs deutlichste von afrikanischen Ornamenten und Formen geprägt. Neben Gold und Edelsteinen werden auch Materialien wie Vogelfedern, Elefantenhaar oder Elfenbein verarbeitet, das in Namibia legal verkauft werden darf. Die phantasievollen und außerordentlich dekorativen Stücke sind teuer, denn obwohl Gold und Diamanten hier zu Hause sind, weicht ihr Preis kaum von den in Mitteleuropa üblichen Preislagen ab.

Mode Eine sehr umstrittene Branche ist die **Kürschnerei,** denn ihr Rohmaterial, die Felle von Karakullämmern, ist nur dann von wirklich hoher Qualität, wenn das Lamm unmittelbar nach der Geburt getötet wurde. Karakul, bei uns auch als „Persianer" bekannt, hat aber mit diesem kaum etwas gemein. Die Fellstruktur ist nicht so dichtgelockt, sondern fällt flach in großen Wirbeln. Es besitzt einen wunderschönen Glanz und wird von den Windhoeker Pelzdesignern zu hochmodischen Jacken und Mänteln verarbeitet, die auf internationalen Messen immer wieder Preise gewinnen. Pelz zu tragen ist Geschmacks- und Gesinnungssache, nicht zuletzt aber eine Frage des prall gefüllten Geldbeutels, auch im Land des Karakuls.
Fantasievolle, bunte **Mode,** die afrikanische und amerikanische Trends verbindet, wird von jungen schwarzen Modemachern kreiert und in Läden in Katutura, aber auch in der Post Street Mall und im Namibian Craft Center (s. Windhoek) verkauft. Die Entwicklung geht hin zu Modellen, die sich eher an zentral- und westafrikanischen Vorbildern orientieren: knallenge Kostüme werden aus den überall in Afrika (außer bislang in Namibia) beliebten buntbedruckten Stoffen geschneidert und mit überdimensionalen Schößchen versehen, bunte, folkloristische Borten säumen strenggeschnittene Mao-Anzüge, und auch die Rastafarian-Einflüsse sind unübersehbar (zum Kunsthandwerk siehe auch S. 81ff, „Einkaufen und Souvenirs").

Architektur – von der Kolonialzeit zur Postmoderne

Zu den faszinierendsten Relikten der Kolonialzeit gehört ihre Architektur. Man wollte etwas vom Glanz der Heimat hinüber in die unwirtliche Kolonie retten. Dieses Bedürfnis manifestierte sich vor allem in den Repräsentativbauten im Stil des wilhelminischen Deutschland, deren Zinnen, Erker und Fachwerkgiebel die Stürme der Zeit überstanden haben und den namibischen Städten ein sehr eigenwilliges Gesicht geben.

Bauen und Klima Neben allen dekorativen Erwägungen waren bei den Bauten aber auch landesspezifische und klimatische Gegebenheiten zu berücksichtigen. Die Holzhäuser der ersten Siedlergeneration – Fertighäuser gab es im Versand aus dem heimatlichen Kolonialwaren-Katalog – erwiesen sich als untauglich, denn sie isolierten schlecht und hielten den Angriffen der gefräßigen Termiten nicht lange stand. Besondere Fundamente aus

Bruchsteinen sorgten dann dafür, daß die Bauten nicht Opfer der Insekten wurden. Später wurde sogar ein besonders resistenter Kunstsandstein entwickelt, mit dessen Hilfe man es sich sogar erlauben konnte, mehrstöckig zu bauen, und der das Innere angenehm kühl hielt.

Als wirksamster Schutz vor der Sonneneinstrahlung wurde ein verandaähnlicher Vorbau entwickelt, dessen Schatten die Mauern und der daran vorbeistreichende Wind auch die Räume kühlte. An älteren Farmhäusern, wie beispielsweise der Gästefarm Ababis (s.S. 257) kann man diese Veranda auch heute noch sehen und ihren Schatten genießen.

Zinnen und Wehrtürme waren das charakteristische Merkmal der Festungsanlagen, die zur Unterbringung der Soldaten und im Angriffsfall zum Schutz von Zivilpersonen dienen sollten. Typische Beispiele sind die Alte Feste in Windhoek und Fort Namutoni am Ostrand der Etosha-Pfanne. Viele Siedlungen erhielten auch Wach- und Wehrtürme (Omaruru, Otjimbingve), in denen Munition gelagert wurde und die Zuflucht bei Angriffen feindlich gesinnter Stämme bieten sollten.

Namibias prägender Architekt war der in Südwest geborene Gottlieb Redecker, der den „südwestafrikanischen Verandenstil" zur Vollkommenheit entwickelte. Sein prachtvollster Bau ist der Windhoeker Tintenpalast von 1913, an dem man diese besondere afrikanische Variante des deutschen Baustils anschaulich studieren kann. Es ist mit einer umlaufenden Veranda umgeben, die die dahinterliegenden Räume der Beamten vor der Tageshitze schützt.

Romantik und Jugendstil

Mit der wirtschaftlichen Blüte der Kolonie hielt eine gewisse Zügellosigkeit Einzug. Jeder baute, wozu er Lust hatte. Der vielbeschäftigte Windhoeker Architekt Wilhelm Sander errichtete mittelalterliche Ritterburgen (Windhoek, Swakopmund) und Fachwerkhäuschen (Gathemann-Ensemble), sein Kollege Otto Busch konzipierte in Windhoeks Stubel Street eine Villenkolonie „in Cottage-Architektur im Sinne kleiner englischer Landhäuser" mit Fachwerkgiebeln. In Swakopmund entstand 1905 ein originalgetreues Abbild eines Berliner Mietshauses im neobarocken Stil, das von Atlas mit der Weltkugel gekrönt wird. Wie ein Fremdkörper aus einer anderen Welt überragt dieses stuckverzierte, zweistöckige „Hohenzollernhaus" auf zeitgenössischen Fotografien die angrenzenden Flachbauten in der trostlosen Wüstenlandschaft der Namib.

Auch die Sakralarchitektur orientierte sich am deutschen Vorbild. Herausragendes Beispiel ist die von Gottlieb Redecker entworfene Christuskirche, das Wahrzeichen Windhoeks. Neogotische und -romanische Bauelemente prägen den Bau aus rötlichem Sandstein, weiß setzen sich seine gotischen Fensterbögen dagegen ab (Fertigstellung 1910). Ein ähnlicher Kirchenbau entstand in Karibib, während sich die Swakopmunder Gemeinde für die Evangelisch-Lutherische Kirche zum neobarocken Entwurf des Architekten Otto Ertl entschloß (1910).

Townships

Die Jahre zwischen dem Ende der deutschen Oberhoheit 1914 und dem Beginn einer zukunftsweisenden städtebaulichen Planung in den sechziger und siebziger Jahren verliefen in Namibia ungeordnet und ohne erkennbares städtebauliches Konzept. Gezielte Eingriffe in die städtebaulichen Strukturen fanden ab Mitte der 60er Jahre statt, als mit der Errichtung von Satellitenstädten begonnen wurde, die Schwarzen und Farbigen vorbehalten sein sollten. Dafür wurden die Wohnviertel der einheimischen Bevölkerung (in Windhoek beispielsweise „Alte Werft", heute

"Hochlandpark") planiert, die Einwohner an den Stadtrand umgesiedelt. Katutura (Schwarze) und Khomasdal (Farbige) entstanden an der Peripherie Windhoeks, und eine ähnliche Entwicklung vollzog sich in den meisten anderen Städten Namibias. Der in den Zentren freigewordene Raum wurde vor allem für Bürobauten und Villenviertel genutzt. In dieser Zeit wurden auch viele Kolonialbauten abgerissen.

Wer durch die gepflegten und gepflasterten Straßen Windhoeks flaniert, sollte sich bewußt machen, daß die Straßen in Katutura bis heute nicht asphaltiert sind. Obwohl die Pflicht, in den Satellitenstädten zu wohnen, aufgehoben ist, können es sich die wenigsten leisten, in die teuren weißen Wohngebiete umzuziehen. Und noch eine gravierende Folge hat dieses Produkt der Apartheid: Die Stadtzentren wirken außerhalb der Büro- und Öffnungszeiten der Geschäfte wie ausgestorben. Das eigentliche Leben spielt sich in den Vororten ab.

Architektur heute
Schon bald nach der Unabhängigkeit setzte sich die neue namibische Regierung ein städtebauliches Denkmal in Windhoek, ein postmodernes Einkaufszentrum mit Fußgängerzone, das mit fröhlichen Pastellfarben gegen die Tristesse der umliegenden Büro-Hochbauten aus den 70ern anstrahlt. Die Post Street Mall kann wohl als gelungenes architektonisches Ensemble bezeichnet werden, das sich nicht nur erstaunlich harmonisch eingliedert, sondern sich mit Flohmarkt, Kneipen und Cafés zu einem lebhaften Mittelpunkt des jungen Windhoek gemausert hat.

Malerei – Moderne in Schwarz-Weiß

Das aktuelle Kunstschaffen der Malerei folgt zwei Trends – dem ästhetisierend reflektierten Naturerlebnis und der sozialkritischen Auseinandersetzung mit Geschichte und Kultur. In die erste Sparte fallen mehrere talentierte Landschaftsmaler, die Namibias Wildnis, die vielen Farben des Himmels und der Wüste, die Begegnung mit Wild und das Erlebnis der völligen Einsamkeit in zarten Aquarelltönen wiedergeben. In der Swakopmunder „Muschel" sieht man eine beispielhafte Auswahl vor allem dieser Kunst, die hauptsächlich von weißen Malern stammt; man kann dort auch Drucke erwerben.

Die andere Seite repräsentiert beispielhaft der auch international bekannt gewordene Ovambo-Künstler **John Ndevasia Muafangejo,** dessen expressionistische Linolschnitte sich mit dem Einfluß von Mission und der weißen Oberhoheit auf die traditionelle Kultur seines Volkes auseinandersetzen. Seine künstlerische Ausbildung erhielt er bei der Lutherischen Mission in Durban (Rorke's Drift Arts and Craft Centre) von schwedischen Lehrern. Später arbeitete er als Kunstlehrer in Oshikango. Der Künstler starb 1987 überraschend früh im Alter von 44 Jahren.

Er hat inzwischen zahlreiche Nachahmer gefunden, die mit ähnlichen

■ „Lonely man" von John N. Muafangejo (Sammlung A. Benseler)

Techniken arbeiten, darunter **John Madisia**. Auch bei den Straßenverkäufern in der Windhoeker Post Street Mall kann man mit etwas Glück interessante Arbeiten aufstrebender schwarzer und weißer Künstler entdecken. Außerdem stellen auch die Windhoeker Galerien und die Nationalgalerie Arbeiten zeitgenössischer Künstler aus dem südlichen Afrika aus (s. Windhoek, S. 226).

Eine Sonderrolle kommt einer deutschstämmigen Bildhauerin zu, die mit eigenwilligen Tier- und Menschenplastiken einen ganz besonderen künstlerischen Stil entwickelt hat, der europäische wie afrikanische Einflüsse erkennen läßt: **Dörte Berner**. Ihr wohl bekanntestes Werk ist der Bronzebrunnen in der Hepworth Arcade, der von den in Namibia so beliebten Perlhühnern (Guinea fowls) gekrönt wird. Ihr Atelier auf der Farm Peperkorell (s.S. 465) teilt sich Dörte Berner mit ihrem Mann Volker, der die Wolle der Karakulschafe zu vielfarbigen, von afrikanischer Ornamentik inspirierten Wandteppichen verwebt.

Musik – zwischen Bach und Kwela-Beat

"Der weiche Ton der Rohrflöten in einer mondhellen Nacht wird jedem Zuhörer unvergeßlich bleiben" berichtet der namibische Ethnologe K.F.R. Budack über die Musikalität der Nama (Budack, 1989), die für ihn das vielseitigst begabteste Volk Namibias sind. Ihre musikalischen und lyrischen Talente werden von Forschern wie auch von Siedlern besonders hervorgehoben. Über die Grenzen Namibias bekannte Namen gibt es in der namibischen Musikszene nicht, dafür aber viele im Land beliebte Künstler, die sich bemühen, in ihrem musikalischen Schaffen traditionelles Liedgut der einheimischen Völker und die klassischen Musiktraditionen Europas und Amerikas zu verschmelzen. Mitglieder mehrerer Volksgruppen musizieren gemeinsam in dem Chor Cantare Audire, der neben klassischem Repertoire auch Gospelsongs zum Vortrag bringt.

Namibias „Bob Dylan" heißt **Jackson Kaujeua**. Angefangen hatte er mit Protestsongs gegen die Apartheid, bis 1989 lebte er im Exil. In seinen Songs verbindet er die im südafrikanischen Raum beliebten Pop-Rhythmen des Kwela-Beat mit traditionellem Liedern der Herero und Nama.

Kwela (lit. „jump up") ist sozusagen die moderne Variante traditioneller Flötenmusik, ein Musikstil aus afrikanischen Rhythmen und amerikanischem Swing, nur wird er nicht mit der Rohrflöte, sondern mit (meist aus Deutschland – von der Fa. Hohner – stammenden) den metallenen penny whistles gespielt. Als Pennywhistle-Jive (gelegentlich auch von einer Mundharmonika begleitet), avancierte diese Musik in den 60er Jahren zur beliebtesten Musikrichtung im ganzen südlichen Afrika. Beim Kwela-Jazz ersetzt das Saxophon die penny whistle.

Neben diesen beiden bekanntesten Vertretern der modernen namibischen Musikszene gibt es auch die vielfältigsten Aktivitäten auf dem Gebiet klassischer Musik. Windhoek besitzt ein Musikkonservatorium und ein Philharmonisches Orchester.

TEIL IV:
ROUTENPLANUNG

Routenplanung und Hinweise zur Benutzung

Je genauer Ihre Route ausgearbeitet ist, desto sicherer können Sie sein, daß Sie nicht in ungute Situationen kommen. Das Hauptproblem ist sicherlich die geringe Verfügbarkeit von Unterkünften während der Hauptreisezeiten und generell die Verfügbarkeit der preislich und geographisch günstigen staatlichen Rastlager.

Um eine Routenplanung mit Vorausbuchungen kommt man also nicht herum, zumindest was die wichtigsten Ziele, die man anzulaufen gedenkt, angeht. Das Material des namibischen Verkehrsbüros in Frankfurt ist sehr exakt, aber leider nicht vollständig. Zum Teil liegt dies an der explosiven Zunahme der Lodges und Gästefarmen. Auch machen einige Beherbergungsstätten keine Werbung oder lassen sich nicht in den offiziellen „Accommodation Guide" aufnehmen.

Das **Kartenmaterial** bietet recht ungenaue Zufahrtsangaben zu den privaten Betrieben, und 20 oder gar 30 Kilometer nach Einbruch der Dunkelheit auf schlechter Piste können überaus unangenehm werden.

Im folgenden finden Sie eine alphabetisch geordnete **Liste der Hauptsehenswürdigkeiten (A)** mit einer Kurzbeschreibung. Daran schließt eine **Liste der Beherbergungsbetriebe (B)** an. Im **Routenteil** ist jeder Streckenbeschreibung eine Tabelle vorangestellt. In dieser **Tabelle (C)** finden Sie noch einmal die Hauptsehenswürdigkeiten und die Übernachtungsmöglichkeiten in der Reihenfolge, wie Sie an diesen auf Ihrer Fahrt vorbeikommen. In der vorderen Umschlagklappe ist die **Landkarte Namibias** mit farbig eingetragenen **Streckenführungen (D)** eingedruckt. Sie haben nun 3 Möglichkeiten, sich einen maßgeschneiderten Urlaub zusammenzustellen.

Reise zusammenstellen

1. Sie suchen sich die Sehenswürdigkeit (Liste A) aus, die Sie besuchen wollen. Über die Tabelle C finden Sie die nahebei gelegenen Übernachtungsmöglichkeiten und in der Liste B die Preise und die Adresse, bei der Sie die Übernachtung buchen können. Auf der Karte D sehen Sie, wie die einzelnen Routen am besten zu kombinieren sind.

2. Sie suchen sich den Beherbergungsbetrieb (Liste B) aus, in dem Sie übernachten wollen. Über die Tabelle C finden Sie die nahebei gelegenen Sehenswürdigkeiten (deren Kurzbeschreibung Sie in Liste A lesen können). Auf der Karte D finden Sie die optimalen Kombinationsmöglichkeiten.

3. Sie kombinieren die von Ihnen gewünschten Routen anhand der Landkarte mit Streckenführung (D) und finden mittels der Tabellen C die Sehenswürdigkeiten (Liste A) und Übernachtungsmöglichkeiten (Liste B) auf den von Ihnen ausgewählten Routen.

Routenvorschläge

Die Routenvorschläge wurden in **zwei Kategorien** eingeteilt: **Hauptrouten** und **Neben-(Verbindungs-)routen.** Auf den Hauptrouten erreichen Sie praktisch alle wesentlichen Sehenswürdigkeiten. Die Neben-(Verbindungs-)routen dienen der Kombination, der Abkürzung oder der Erweiterung der Hauptrouten und sind diesen geographisch zugeordnet.

Hauptrouten haben eine numerische Ordnungszahl (01-16), Nebenrouten haben eine numerische in Verbindung mit einer alphanumerischen Ordnungszahl: 10a und 10b sind damit Nebenrouten, die von der Hauptroute 10 abgehen bzw. mit ihr in Verbindung stehen.

Auf den Routen **01–04** bereist man den **Süden**, die **Routen 05–08** liegen in der **nördlichen Landesmitte**, die **Routen 09–12** führen in den **Nordwesten** und auf den **Routen 13 und 14** entdecken Sie den **Nordosten**. Auf den **Routen 15 und 16** verlassen Sie Namibia und fahren **nach Botswana** und zu den **Victoria-Fällen in Zimbabwe und Zambia**.
Die Routen wurden so konzipiert, daß Sie – bis auf wenige Ausnahmen – nie die gleiche Strecke zurückfahren müssen, sondern das Land in Rundtouren erleben. Jede der Routen ist in der Karte in der vorderen Umschlagklappe farbig eingezeichnet.

Zeitbedarf: **Kalkulieren Sie mit einer täglichen Fahrleistung von ca. 250 km. Im Kaudom (Route 13b) und im Kaokoland (1. Teil der Route 10) kalkulieren Sie 150 km am Tag, auf den Routen 10a und 10 b sollten Sie mit nicht mehr als 100 km am Tag rechnen. Die zu fahrenden Kilometer finden Sie in den Tabellen am Anfang jeder Routenbeschreibung. Etwaige Abzweigstrecken sind hinzuzuzählen, ebenfalls die Verweildauer bei den Sehenswürdigkeiten.**

Tabellen-Hinweis, Abkürzungen In den Tabellen vor jeder Route bedeuten in der Spalte „Übernachtung" die **Abkürzungen** folgendes: **Ht.** = Hotel, **Gf.** = Gästefarm, **Rl.** = Rastlager, **Ldg.** = Lodge, **G.R.** = Game Ranch, **B&B** = Bed & Breakfast.
Bei den Ortsangaben: **T** = Tankstelle, **V** = Nahrunsmittel/Verpflegung

Die Routen

In den Süden

Route 1: Windhoek – Rehoboth – Mariental – Maltahöhe – Sesriem – Kuiseb – Windhoek

Route 2: Mariental – Keetmanshoop – Seeheim – Goageb – Bethanie – Helmeringhausen – Duwisib – Sesriem

Route 2a: Mariental – Gochas – Koës – Mata Mata – Twee Rivieren – Aroab – Keetmanshoop

Route 3: Keetmanshoop – Grünau – Ai-Ais – Hobas – Holoog – Seeheim

Route 3a: Holoog – Grünau – Karasburg – Noordoewer – Grünau

Route 3b: Karasburg – Ariamsvlei – Nakop

Route 3c: Am Oranje entlang nach Rosh Pinah

Route 4: Goageb – Aus – Lüderitz

Route 4a: Aus – Helmeringhausen

In der Landesmitte

Route 5: Kuiseb – Walvis Bay – Swakopmund

Route 6: Swakopmund – Bosua-Pass – Windhoek

Route 7:	Windhoek – Okahandja – Otjiwarongo – Outjo – Okaukuejo – Namutoni – Tsumeb – Otavi – Otjiwarongo
Route 7a:	Otjiwarongo – Waterberg-Plateau – Grootfontein
Route 8:	Okahandja – Karibib – Usakos – Uis – Khorixas – Outjo
Route 8a:	Karibib – Omaruru – Otjiwarongo
Route 8b:	Karibib – Bosua Pass
Route 8c:	Swakopmund – Usakos
Route 9:	Khorixas – Palmwag – Kamanjab – Outjo

In den Norden

Rute 10:	Palmwag – Sesfontein – Opuwo – Otjiveze – Swartbooisdrift – Ruacana – Kamanjab
Route 10a:	Otjiveze – Okongwati – Omuramba – Epupa
Route 10b:	Okongwati – Van Zyl's Pass – Marienfluß – Red Drum – Hartmann's Valley – Orupembe – Purros – Sesfontein
Route 11:	Ruacana – Oshakati – Ondangwa – Namutoni
Route 12:	Swakopmund – Henties Bay – Torra Bay – Terrace Bay – Torra Bay – Palmwag
Route 12a:	Ugab-Mündung – Uis
Route 12b:	Durch den Messum Krater

In den Nordosten

Route 13:	Otavi – Grootfontein – Rundu – Katere – Bagani – Kongola – Katima Mulilo – Ngoma
Route 13a:	Grootfontein – Tsintabis – Tsumeb
Route 13b:	Grootfontein – Tsumkwe – Kaudom – Katere
Route 14:	Buitepos – Gobabis – Windhoek

Nach Botswana, Zambia und Zimbabwe

Route 15:	Ngoma – Kasane – Kazungula – Victoria Falls – Livingstone – Kazungula
Route 16:	Kazungula – Chobe – Moremi – Maun – Ghanzi – Buitepos
Route 16a:	Westlich des Okavango-Deltas

Liste der Hauptsehenswürdigkeiten

Ai-Ais Route 3	Thermalquelle im Fish River Canyon, fantastische Gebirgslandschaft, die man in einem großzügigen Pool genießen kann.
Baobab I Route 13a	Riesiger Affenbrotbaum auf privatem Farmgelände mit Zugangsmöglichkeit bei Grootfontein.
Baobab II Route 13b	Ein noch viel mächtigerer Gigant dieser Spezies, mitten im Buschmannland, östlich von Tsumkwe.
Brandberg Route 8	Größte Ansammlung von Gravierungen und Felsmalereien (angeblich 60.000). Die wenigsten wird man finden, wenn man sich nicht sehr viel Zeit nimmt und genügend Kraft zum Bergsteigen mitbringt. Einfach zu finden ist nur die „Weiße Frau".
Bull's Party Route 8	Eine riesige Felsarena mit verblüffenden Formationen auf einem Farmgelände.
Burnt Mountain Route 8	Hügel aus schwarzem Gestein ohne jeglichen Bewuchs.
Buschmannland Route 13b	Nicht mehr viele Buschmänner leben so wie früher. Die Urbevölkerung wird von der Zivilisation eingeholt. Schwer zugängliches Gebiet mit dichter Buschsavanne.
Caprivi-Wildpark Route 13	Kein Reservat im eigentlichen Sinne, da die Baumsavanne der Region zu dicht mit Menschen besiedelt ist, so daß sich hier fast keine Tiere bewegen.
Chobe National Park Route 16	In Botswana gelegen, macht in Bezug auf Wildreichtum dem Moremi-Wildreservat Konkurrenz. Früh am Morgen machen sich die Löwen für die Jagd fertig, nachts kommen die Elefanten ins Camp.
Curt-v.-François-Feste Route 6	Eine halb verfallene Polizeistation auf dem alten Weg von Windhoek zur Küste.
Daan-Viljoen-Wildpark Route 6	Tierreservat an einem kleinen Stausee in der Nähe von Windhoek mit Wandermöglichkeiten und Autorundstrecken.
Damaraland Route 9	Unwirtliches, unwirkliches Gebiet, sehr ursprünglich und dünn besiedelt, mit fantastischer Gebirgslandschaft!
Diamanten-Sperrgebiet Route 4	Verbotenes Gebiet, da die Diamanten zu wertvoll sind. Seit neuestem gibt es geführte Touren von Lüderitz aus.
Diaz-Kreuz Route 4	Nachbildung des am 25. Juli 1488 vom portugiesischen Seefahrer Diaz, dem ersten europäischen Besucher dieses Landstriches, errichteten Steinkreuzes bei Lüderitz.
Dinosaurier-Fußspuren Route 8a	Vor Millionen Jahren in Schlamm erstarrte Fußspuren von Dinosauriern (Jurassic Park läßt grüßen).

Duwisib Route 2	Schlößchen im Nirgendwo, von Adligem als deutsche Ritterburg eingerichtet, ein seltsamer Bau an einem seltsamen Ort.
Epupa-Fälle Route 10	Kleine Wasserfälle im Kaokoveld an der angolanischen Grenze. Reizvoll, da die Anfahrt schwierig ist und die Menschen ausgesprochen ursprünglich leben.
Etosha National Park Route 7	Bekanntester und tierreichster Park Namibias an einer Salzpfanne, bestens aufbereitet mit Pisten, so daß man mehrere Tage dort verbringen kann.
Fish River Canyon Route 3	Trekkingmöglichkeit durch den Canyon (nur im namibischen Winter, da es sonst zu heiß ist). Einzigartiger Ausblick in den Canyon.
Franke-Turm Route 8a	Ein nie benutzter Verteidigungsturm neben einem Schlachtfeld in Omaruru.
Groß-Barmen Route 7	Thermalbad, gut geeignet, um einige Tage auszuspannen.
Hardap-Erholungsgeb. Route 1	Großer Stausee mit bekanntem Hotel, Restcamp und zahlreichen Wasservögeln und Antilopen.
Hoba-Meteorit, Route 13	Größter gefundener Meteorit der Welt.
Kaokoland Route 10	Die Himba leben im Norden zur angolanischen Grenze wie vor Hunderten von Jahren als Nomaden. Schwer zugängliches Gebiet, volle Ausrüstung notwendig, Führer werden empfohlen.
Kaudom-Wildreservat Route 13b	Ursprünglichstes Reservat Namibias. Der Zugang ist tief versandet und schwierig, deshalb ist es sehr einsam. Außerhalb der Regenzeit an den Tränken viele Tiere.
Khomas Hochland Route 1 u. 6	Eindrucksvolle Gebirgslandschaft zwischen Windhoek und Küste mit dem bekannten Gamsberg Pass.
Khorab Gedenkzeichen Route 7	Zur Erinnerung der Übergabe des Landes an Südafrika im I. Weltkrieg.
Köcherbaumwald Route 2	Große Ansammlung an Köcherbäumen, die es sonst vorziehen, alleine zu stehen (sehr fotogen).
Kolmanskop Route 4	Versandete Geisterstadt aus der Diamantgräberzeit der Jahrhundertwende mit Gebäuden im deutschen Jugendstil. Wegen der trockenen Luft ist alles sehr gut erhalten.
Kreuzkap Route 12	Erste Landungsstelle der Portugiesen im 15. Jahrhundert, große Robbenkolonie mit ca. 100.000 Tieren.

Krokodilfarm von Otjiwarongo Route 7	Interessante Zuchteinrichtung zur Lederbeschaffung, alles legal und sauber; mit Führungen.
Kuiseb-Canyon Route 5	Lange Schlucht in der Namib, berühmt gewordener Rückzugsort deutschstämmiger Geologen auf der Flucht vor dem II. Weltkrieg.
Langstrand Route 5	Neues Erholungsgebiet am Atlantik mit Wassererlebniswelt und Unterkünften.
Liebighaus Route 6	Einsames und verlassenen Herrenhaus im Nirgendwo
Lizauli Traditional Village Route 13	Kleines Demonstrationsdorf traditionellen ländlichen Lebens mit Vorführungen von Tänzen, Medizinmännern, etc.
Lüderitz Route 4	Gründungsort Deutsch-Südwestafrikas (Lüderitzbucht). Fast gänzlich unzerstörte Bausubstanz, liebevoll restauriert.
Mahango-Wildreservat Route 13	Kleines Reservat am Okavango, Sumpflandschaft, Pirschfahrten.
Mamili National Park Route 13	Am Linyanti gelegen. Es werden herrliche Bootsfahrten zwischen den Flußpferden durch und an Elefanten vorbei unternommen.
Moremi-Wildreservat Route 16	In Botswana gelegen, viel Wild.
Mudumu National Park Route 13	Boots- und Pirschfahrten, viel Wild.
Namib-Teil des Namib-Naukluft Parks Route 5 u. 6	In der Namib-Wüste gelegener, nicht abgeschlossener Park mit relativ wenig Tieren, aber grandioser und abwechslungsreicher Wüstenlandschaft.
Naukluft-Teil des Namib-Naukluft Parks Route 1	Gebirgslandschaft, anspruchsvolle Trekkingtouren und 2tägige Autorundfahrt (großer Reichtum an Reptilien).
Okavango-Delta Route 16a	In Botswana. Der Okavango verliert sich in einem riesigen Sumpfgebiet mit vielen Tieren.

Omuhonga-Demonstrationsdorf Route 10	Traditionelles Dorf der Himba, dessen Bewohner teilweise vom Obolus den Besuchern leben. Besser als Eintritt zu bezahlen ist es, Gastgeschenke mitzubringen, z.B. in Form von Essen, wie Reis oder Nudeln.
Orgelpfeifen Route 8	Bis zu 5 m hohe Basaltsäulen in einer kleinen Schlucht in der Nähe des Verbrannten Berges.
Otjikoto-See Route 7	Kleiner, brunnenartiger, sehr tiefer See.
Ovamboland Route 11	Während und nach der Regenzeit wird der gerade in den Kanälen und Seen gefangene Fisch am Straßenrand verkauft. Hier lebt die Hälfte der namibischen Bevölkerung, eine der wenigen Regionen, in denen Namibia „afrikanisch" wirkt.
Phillip's Cave Route 8	Felsmalereien auf privatem, gegen Eintritts zugänglichen Farmgelände.
Popa-Fälle Route 13	Eigentlich eher Stromschnellen. Klein und nett mit Übernachtungsmöglichkeit und der Chance, den Flußpferden des nachts, wenn sie zum Grasen aus dem Wasser kommen, aus dem Weg gehen zu können.
Pulverturm Otjimbingve Route 8b	Ein kleiner Schutzturm in der ehemaligen Hauptstadt Deutsch-Südwestafrikas.
Rehoboth Thermalbad Route 1	Heiße Quellen im Hauptort der Baster.
Ruacana-Fälle Route 10	Wenn sie nach der Regenzeit viel Wasser führen, stehen sie den Victoria-Fällen in nichts nach, leider ist wegen der Nutzung durch ein Kraftwerk der direkte Zugang zu den Fällen nicht möglich.
Sandwich Harbour Route 5	Extrem schwer zu erreichender Küstenpunkt, fast am Wendekreis des Steinbocks. Die Lagune existiert nicht mehr, der Reiz der vielen Vögel ist dahin.
Schmelenhaus Route 2	Kleines Missionarshaus, gebaut zu Beginn des 19. Jahrhunderts.
Sesriem-Canyon Route 1	Kleiner Canyon am Eingang zu den Sossusvlei-Dünen, der sich am Rand bis auf zwei Meter verengt; für Spaziergänge im Kühlen.
Skeleton Coast Park Route 12	Küstenpark zwischen Atlantik und hoher Sanddüne gelegen; es gibt viele Fischer.
Sossusvlei Route 1	Die zweithöchsten Sternsanddünen der Welt zum beklettern und wieder runterrutschen, sind am schönsten bei Sonnenauf- und untergang.
Spitzkoppe Route 8c	Inselberge aus 120 Millionen Jahre altem Granit. Zugangsmöglichkeit zu „Bushman's Paradise" mit seinen Felsmalereien. Schöne Landschaft mit vielen Campmöglichkeiten in der freien Natur.

Swakop-mund Route 5	Ist das Herzstück der deutschen Kultur in Namibia. Beliebte Sommerfrische der Einheimischen.
Terrace Bay Route 12	Nördlichster, frei zugänglicher Ort der Skelettküste, wegen seines Fischreichtums beliebter Ort für Angler.
Twyfelfontein Route 8	Große Ansammlung leicht zugänglicher Felsgravierungen.
Uranbergbau, Route 5	Von Swakopmund aus organisiert die Rössing-Mine Besichtigungstouren durch ihr Gebiet.
Versteinerter Wald, R.9	Mitten im Busch finden sich ausgegrabene und zu Stein gewordene, noch fast intakte Baumstämme.
Victoria-Fälle Route 15	An der Grenze zwischen Zambia und Zimbabwe gelegen. Aus hundert Metern Tiefe wallt die Gischt herauf und durchnäßt jeden Besucher. Allerdings kann die Wassermenge Oktober bis Dezember so gering sein, daß Besucher enttäuscht sind.
Vingerklip Route 8	Zur Nadel erodierter Tafelberg in einem weiten Flußtal.
Von-Bach-Damm Route 7	Kleines Erholungsgebiet an einem Stausee, die Windhoeker „jeunesse dorée" fährt Wasserski.
Walvis Bay Route 5	Hafenstadt unter ehemals südafrikanischer Ägide mit vielen Flamingos und Pelikanen.
Waterberg-Plateau-Park Route 7a	Großer Tafelberg mit vielen dokumentierten Wanderwegen, ideal für Beobachtungen der Flora. Auch Wildbeobachtungsfahrten werden durchgeführt. Nicht weit entfernt liegen die Schlachtfelder, wo der Völkermord an den Hereros eingeläutet wurde.
Welwitschia mirabilis I Route 6	Botanische Rundtour nächst Swakopmund, hier findet sich die größte bekannte Pflanze. Viele andere Wüstengewächse sind gleichfalls zu studieren.
Welwitschia mirabilis II Route 12b	Zwischen Brandberg und Küste gelegen ist man mit diesen endemischen Pflanzen Namibias so gut wie ganz alleine, kaum ein Tourist verirrt sich hierher.
Windhoek Route 1	Hauptstadt und Einfallstor. Moderne, supersaubere Stadt, wo es alles gibt, was das Herz begehrt.
Wondergat Route 8	Im Querschnitt kleines, aber ausgesprochen tiefes und unerforschtes Loch bei Twyfelfontein.

Liste der Unterkünfte

In dieser Liste sind alle Unterkünfte in Namibia aufgenommen, auch die, die nicht im offiziellen Beherbergungsführer stehen. Durch die große Anzahl an neuen Lodges und Gästefarmen, kommt Namibia Tourism mit der Klassifikation und Aufnahme der Betriebe nicht mehr nach. Wer nur in den derzeit offizielle anerkannten Betrieben übernachten will, muß den offiziellen Beherbergungsführer zu Rate ziehen.

Die offiziell anerkannten Betriebe sind auf gewisse Dinge verpflichtet. Unter anderem müssen sie eine Flugrettungsversicherung für ihre Gäste abschließen und eine gewisse Größe haben. Eine Privatpension in Windhoek mit 3 Zimmern, ist sie auch noch so luxuriös, kann nicht offiziell klassifiziert werden.

In der folgenden Liste sind die Übernachtungsmöglichkeiten der Nachbarländer nicht enthalten. Diese finden Sie bei den jeweiligen Routenbeschreibungen (Südafrika 2a, Botswana, Zambia, Zimbabwe 15 und Botswana 16).

Neu hinzugekommen sind in der Liste eine Reihe von Betrieben, die sich in der „Budget and Home Accommodation" zusammengeschlossen haben. Dies sind „Bed & Breakfast"-Betriebe, Pensionen und Unterkünfte für Rucksackreisende – nicht immer die billigsten Übernachtungsmöglichkeiten, aber im Schnitt deutlich unter dem Preisniveau der Hotels und Lodges.

Der Verband der „Budget and Home Accommodation" ist erreichbar über P.O. Box 90270, Windhoek, Tel. 064-405454, Fax 064-405454.

Ababis Gästefarm
Route 1
Postadresse: P.O. Box 1004, Maltahöhe, Tel. 063–293362, Fax 063-293364, e-mail: ababis@namib.com
Anfahrt: Maltahöhe – C14 (146 km), Preise: DZ 320 N$ p.P. inkl. Halbpension, Fahrt nach Sossusvlei ca. 1000 N$ für ein Fahrzeug (5 Personen). Sonstiges: 10 Betten, deutsch, Landebahn: 23°59'S, 16°04'E

Abu-Huab Zeltplatz / Nacobta Projekt
Route 9
Postadresse: P.O. Box 131, Twyfelfontein via Khorixas
Anfahrt: Khorixas – C39 (73 km) – D3254 (17 km), Preise: 30 N$ p.P. Sonstiges: Duschen, Toiletten, Feuerplätze, Tische, sauber, kleiner Kiosk mit Getränken, englisch. Reservierung: Keine Reservierung möglich, einfach auftauchen.

Adler Hotel garni
Route 5
Postadresse: P.O. Box 1497, Swakopmund, Tel. 064-405045, Fax 064-404206, , e-mail: adler@natron.net, Anfahrt: Swakopmund, Preise: DZ 415–495 N$ p.P. inkl. Frühstück. Sonstiges: 30 Betten, Schwimmbad, deutsch.

Ai-Ais Rastlager
Route 3+3a
Postadresse: Buchung über das zentrale staatliche Reservierungsbüro in Windhoek, Anfahrt: Ai-Ais, Preise: DZ 280 N$ (Luxus), Zeltplatz 90 N$ (8 Personen). Sonstiges: Thermalbad mit Innen- und Außenbecken, Restaurant, Tankstelle, wegen der übergroßen Hitze im Sommer ist das Lager zwischen November und Mitte März geschlossen, englisch.

Airport Lodge
Route 14
Postadresse: P.O. Box 5913, Windhoek, Tel. 061-231491, Fax 231491, e-mail: airport@namib.com, Anfahrt: Windhoek – B6 (22 km) – MR53 (600 m), Preise: DZ 115 N$ p.P. Sonstiges: 20 Betten, Schwimmbad, englisch, Transfer zum Flughafen (22 km).

Albrechtshöhe Gästefarm
Route 8
Postadresse: P.O. Box 124, Karibib, Tel. 062-503363, Fax 062-503363, e-mail: meyer@natron.net, Anfahrt: Karibib – B2 nach O (25 km) – D1988 (2 km), Preise: 180 N$ p.P. Sonstiges: 10 Betten, Schwimmbad, in einem ehemaligen Schutztruppengebäude, auch Jagdfarm, deutsch.

Liste der Unterkünfte

Alexander Hotel-Pension
Route 1

Postadresse: P.O. Box 1911, Windhoek, Tel. 061-240775, Anfahrt:Windhoek, Beethoven Street, Preise: DZ 230 N$ inkl. Frühstück. Sonstiges: 10 Betten, Schwimmbad, deutsch.

Zur Aloe
Route 13+ 13a+13b

B&B Postadresse: P.O. Box 142, Grootfontein, Tel. 067-243916, Anfahrt: Grootfontein – B8 nach Süden (12 km), Preise: DZ 200 N$. Sonstiges: , 4 Betten, deutsch.

Aloe Grove
Route 7

Postadresse: P.O. Box 1595, Otjiwarongo, Tel. 067-303658, Fax 067-303615, e-mail: otjtc@iafrica.com, Anfahrt: Otjiwarongo - B1 nach N (18 km) - Farmpiste nach O (18 km), Preise DZ 360 N$ p.P. Vollpension. Sonstiges: 10 Betten, Schwimmbad, behindertengerecht, sehr familiär, deutsch.

Aloe Guesthouse
Route 7+8+9

B&B Outjo, Tel. 067-313291, Fax 067-313291, DZ 180 N$ inkl. Frühstück.

Alte Brücke Rastlager
Route 5

Postadresse: P.O. Box 3360, Swakopmund, Tel. 064-404918, Fax 064-400153, e-mail: accomod@iml-net.com.na, Anfahrt: Swakopmund, Strand Street, Preise: DZ 145 N$ p.P. inkl. Frühstück. Sonstiges: 16 Luxuswohnungen, deutsch.

Ambiente Gästehaus
Route 1

B&B P.O. Box 11106, Windhoek, Tel. 061-252505, Fax 061-217130, DZ ab 360 N$ inkl. Frühstück.

AMCOM Guesthouse
Route 11

B&B P.O. Box X5502, Oshakati, Tel. 06751-20421, Fax 06751-21230, Zimmer ab 75 N$

Ameib Ranch Gästefarm
Route 8+8c

Postadresse: P.O. Box, Usakos, Tel. 064-530803, Fax 061-235742, Anfahrt: Usakos – D1935 (11 km) – D1937 (16 km), Preise: DZ 590 N$ inkl. aller Mahlzeiten, Zeltplatz 50 N$. Sonstiges: Private Farm mit einigen Sehenswürdigkeiten (The Bull Parties, Elephant Head, Phillip's Cave), Standard entspricht nicht der offiziellen Klassifizierung mit 3 Sternen; (Eintritt 10 N$ p.P.).

Anib Lodge
Route 1

Postadresse: P.O. Box 800, Mariental, Tel. 063-240529, Fax 063-240516, e-mail: anib@mar.namib.com, Anfahrt: Mariental – B1 nach N (10 km) – C20 (20 km) – Stichstraße (3,5 km), Preise: DZ 220 N$ p.P. inkl. Frühstück. Sonstiges: 13 Betten, Schwimmbad, englisch.

Annamarie's Guesthouse
Route 7

B&B P.O. Box 355, 129 Dr. Vedderstreet, Tel. 062-501262, Fax 062-501216, Okahandja, Bett ab 70 N$

Aranos Hotel
Route 1

Postadresse: P.O. Box 129, Aranos, Tel. 063-272031, Fax 063-272300, Anreise: Aranos, Preise: DZ 100 N$ p.P. inkl. Frühstück. Sonstiges: 20 Betten, englisch.

Archer Rock Zeltplatz
Route 6

Postadresse: Buchung über das staatliche zentrale Reservierungsbüro in Windhoek oder in Swakopmund im Büro des Ministry of Environment and Tourism, Ritterburg, Bismarck/Ecke Kaiser Wilhelm Street oder am Wochenende in Swakopmund bei der Hans-Kriess-Garage, Kaiser Wilhelm Street und in Walvis Bay bei der Suidwes-Garage, Anfahrt: Namib-Naukluft-Park, Namib-Teil, Preise: Stellplatz 70 N$ (8 Personen) und 10 N$ p.P. und Fahrzeug Eintritt. Sonstiges: Kein Wasser und kein Feuerholz verfügbar, die gekennzeichneten Wege dürfen nicht verlassen werden.

Arebbusch Travel Lodge Route 1	Postadresse: Postfach 80160, Windhoek, Tel. 061-252255, Fax 061-251670, e-mail: atl@iwwn.com.na, Anfahrt: Windhoek – B1 nach S (6 km), Preise: DZ 280 N$, Stellplatz 30 N$ p.P. Sonstiges: 44 Betten, Schwimmbad, Restaurant, Laden, gut bewacht, riesige begrünte Campingfläche, sehr sauber, englisch.
Aris Hotel Route 1	Postadresse: P.O. Box 5199, Windhoek, Tel. 061-236006, Fax 061-234507, Anfahrt: Windhoek – B1 nach S (25 km), Preise: DZ 200 N$ p.P. inkl. Frühstück. Sonstiges: 9 Betten, Kinderspielplatz, gutes Restarant, nette Führung, sauber, ruhig, deutsch.
Arnhem Rastlager Route 14	Postadresse: P.O. Box 11354, Windhoek, Tel. 062-573585, Fax 062-573585, e-mail: arnhem@iwwn.com.na, Anfahrt: Windhoek – B6 (38 km) – D1458 (66 km) – D1506 (11 km) – D1808 nach S (6 km), Preise: Eintritt 45 N$, Stellplatz 35 N$ p.P., Bungalow 220 N$ (max. 4 Personen). Sonstiges: 4 Bungalows, Stellplätze, Wanderungen, geführte Höhlenwanderung (im Eintrittspreis enthalten), Schwimmbad, englisch.
Asab Hotel Route 2	Postadresse: P.O. Box 7, Keetmanshoop, Tel. 0668-15403 (Asab 15403 verlangen), Anfahrt: Mariental – B1 nach S (97 km), Preise: DZ 85 N$. Sonstiges: 12 Betten, englisch.
Asgard House Route 5	B&B P.O. Box 1300, 72 17th Street, Walvis Bay, Tel. 064209595, Fax 064-209596, DZ 190 N$
Atlanta Hotel Route 5	Postadresse: P.O. Box 456, Swakopmund, Tel. 064-402360, Fax 064-405649, Anfahrt: Swakopmund, Preise: DZ 100 N$ p.P. inkl. Frühstück. Sonstiges: 20 Betten, deutsch.
Atlantic Hotel Route 5	Postadresse: P.O. Box 46, Walvis Bay, Tel. 064-202811, Fax 064-205063, Anfahrt: Walvis Bay, Preise: DZ 320 N$ inkl. Frühstück. Sonstiges: 40 Betten, Parkplätze, englisch.
Auas Game Lodge Route 1	Postadresse: P.O. Box 80887, Windhoek, Tel 061-240043, Fax 061-248633, Anfahrt: Windhoek – B1 (22 km) – D1463 (22 km), Preise: DZ 570 N$ inkl. Frühstück, Abendessen 65 N$ p.P. Sonstiges: 34 Betten, deutsch, Schwimmbad, auch Jagdfarm.
Auasblick Guesthouse Route 1	B&B P.O. Box 2935, 6 Berker Street, Windhoek, Tel. 061-222207, Fax 061-222207, DZ 120 N$
Auob Lodge Route 2a	Postadresse: P.O. Box 17, Gochas, Tel. 063-240901, Fax 063-240902, Anfahrt: Gochas – C15 (6 km), Preise: DZ 300 N$ p.P. inkl. Vollpension. Sonstiges: 40 Betten, Schwimmbad, Squash-Platz, englisch. Landepiste 24°18'S, 18°47'E, Gravel, Landebahn 1,6 km.
Auros Mountain Camp Route 13	Postadresse: P.O. Box 79, Swakopmund, Tel. 064-400933, Fax 064-206907, e-mail: volkb@iafrica.com.na, Anfahrt: Otavi – B1 nach W (33 km) – Farmstraße (5 km), Preise: 300 N$ für 4 Personen, jede weitere 75 N$. Sonstiges: Alleinstehende 3 Bungalows, die gesamt vermietet werden, Selbstversorgung, Höhlenbesuch, deutsch.
d'Avignon Hotel Route 5	Postadresse: P.O. Box 1222, Swakopmund, Tel. 064-405821, Fax 064-405542, Anfahrt: Swakopmund, Brückenstraße, Preise: DZ 220 N$ inkl. Frühstück. Sonstiges: 23 Betten, Schwimmbad, Parkplätze, deutsch.
Backpacker Route 1	B&B 5 Grieg Street, Windhoek, Tel. 081-1244383, Bett ab 25 N$, Camping ab 15 N$

Liste der Unterkünfte

Backpacker's Lodge
Route 4
B&B 7, Schinz Street, Lüderitz, Tel. 063-202000, Fax 063-202445, Bett ab 35 N$

Backpacker's Lodge
Route 1
B&B P.O. Box 8541, 25 Best Street, Windhoek, Tel. 061-228355, Fax 061-236561, Bett 30 N$

Bahnhof Hotel
Route 4+4a
Postadresse: P.O. Box 27, Aus, Tel. 063-258044, Anfahrt: Aus, Preise: DZ 200 N$ inkl. Frühstück. Sonstiges: 20 Betten, englisch.

Bahnmeister
Route 8+8c
B&B P.O. Box 318, Bahnhof Street, Usakos, Tel. 064-530554, Bett ab 90 N$, Camping ab 35 N$

Bambatsi Gästefarm
Route 8
Postadresse: P.O. Box 120, Outjo, Tel. 0654-313897, Fax 0654-313331, e-mail: bambatsi@natron.net, Anfahrt: Outjo – C39 nach W (75 km) – Stichstraße (6 km), Preise: DZ 197 N$ p.p. inkl. Frühstück. Sonstiges: 18 Betten, Schwimmbad, deutsch, ausgesprochen angenehme Lodge mit Tradition und vorzüglicher Betreuung der Gäste.

Bassing–thwaighte Guesthouse
Route 1
B&B P.O. Box 194, 163 Uhland Street, Windhoek, Tel. 061-234249, Fax 061-234438, DZ 200 N$

Bateleur Guesthouse
Route 1
B&B P.O. Box 11626, 78 Gever Street, Windhoek, Tel. 061-221007, Fax 061-222931, DZ 300 N$

Bay View Hotel
Route 4
Postadresse: P.O. Box 387, Lüderitz, Tel. 063-202288, Fax 063-202402, Anfahrt: Lüderitz, Preise: DZ 320 N$ inkl. Frühstück. Sonstiges: 60 Betten, Schwimmbad, englisch.

Beach Lodge Swakopmund
Route 5
B&B P.O. Box 79, Strand Street, Swakopmund, Tel. 064-400933, Fax 064-400933, e-mail: volkb@iafrica.com.na, Bett ab 110 N$

Bernabé-de-la-Bat-Rastlager
Route 7a
Postadresse: Buchung über das staatliche zentrale Reservierungsbüro in Windhoek, Anfahrt: Otjiwarongo – C22 (40 km) – D2512 (16 km), Preise: Bungalow 310 N$ (4 Betten), Zeltplatz 90 N$ (8 Personen), Einlaß 10 N$ p.P. und Fahrzeug. Sonstiges: Tagesbesucher müssen sich telefonisch anmelden (067-305901), Versorgungsmöglichkeit, Tankstelle (kein Diesel), Öffnungszeiten: Einlaß, auch bei Reservierung, nur bis Sonnenuntergang.

Betesda Rest Camp
Route 1
Postadresse: P.O. Box 9385, Windhoek, Tel. 063-293253, Fax 061-230963, Anfahrt: Maltahöhe - C14 nach S (20 km) - Straße 36 nach N (199 km) - D854 (5 km) Preise: 100 N$ p.P. inkl. Frühstück, Stellplatz 15 N$ p.P. Sonstiges: 10 Betten, Schwimmbad, englisch.

Bethanie Hotel
Route 2
Postadresse: P.O. Box 13, Bethanie, Tel. 063-283013, Anfahrt: Bethanie, Preise: 120 N$ p.P. inkl. Frühstück. Sonstiges: 12 Betten, englisch.
Landepiste 26°32.42'S, 17°10.82'E, RWY'S36/18 Gravel (5 km vom Hotel).

Bird's Nest Route 2+2a+3	**B&B** P.O. Box 460, 16, Pastorie Street, Keetmanshoop, Tel. 063-222906, Bett ab 125 N$
Bitterwasser Gästefarm und Segelflug Route 1	Postadresse: P.O. Box 13003, Windhoek, Tel. 06672-3830 (Hoachanas 3830 verlangen), Anfahrt: Windhoek – B1 nach S (182 km) – Kalkrand – C21 (54 km) – C15 nach N (8 km), Preise: DZ 350 N$ inkl. Vollpension. Sonstiges: 40 Betten, Übernachtung nur für Segelflieger, Schwimmbad, Segelflug-Zentrum mit eigenen Maschinen, deutsch. Landepiste 23°51'53"S, 17°59'48"E
Blutkuppe Zeltplatz Route 6	Postadresse: Buchung über das staatliche zentrale Reservierungsbüro in Windhoek oder in Swakopmund im Büro des Ministry of Environment and Tourism, Ritterburg, Bismarck/Ecke Kaiser Wilhelm Street, oder am Wochenende in Swakopmund bei der Hans-Kriess-Garage, Kaiser Wilhelm Street und in Walvis Bay bei der Suidwes-Garage., Anfahrt: Namib-Naukluft-Park, Namib-Teil, Preise: Stellplatz 70 N$ (8 Personen) und 10 N$ p.P. und Fahrzeug Eintritt. Sonstiges: Kein Wasser und kein Feuerholz verfügbar, die gekennzeichneten Wege dürfen nicht verlassen werden.
Boskloof Gästefarm Route 8a	Postadresse: P.O. Box 53, Omaruru, Tel. 06532-3231 (Epupa 3231 verlangen), Buchung: Deutschland: Tel. 02371-40633, Fax 02731-42311, Anfahrt: Omaruru – C36 nach N (7 km) – D2344 (25 km) – D2351 (56 km), Preise: DZ 280 N$ p.P. inkl. Vollpension. Sonstiges: 10 Betten, Stellplätze, Schwimmbad, auch Jagdfarm, deutsch.
Brandberg Rastlager Route 8	Postadresse: P.O. Box 35, Uis, Tel. 064-504038, Fax 064-504047, e-mail: Brandbrg@iml-net.com.na, Anfahrt: Uis, Preise: DZ 200 N$. Sonstiges: 40 Betten, Schwimmbad, Tennisplatz, Golfplatz, auch einfachste Stellplätze mit schlechten sanitären Anlagen, englisch.
Brigadoon Route 5	**B&B** P.O. Box 1930, 16, Ludwig Koch Street, Swakopmund, Tel. 064-406064, Fax 064-464195, e-mail: brigadon@iafrica.com.na, Bett ab 145 N$
Brigitte's Place Route 1	**B&B** P.O. Box 2292, 19 Mostert Street, Windhoek, Tel. 061-222342, Fax 061-245743, DZ 90 N$
Büllsport Gästefarm Route 1	Postadresse: P.O. Box 1003, Maltahöhe, Tel. 063-293371, Fax 063-293372, e-mail: buellsport@natron.net, Anfahrt: Maltahöhe – C14 nach N (104 km), Preise: DZ 330 N$ p.P. inkl. Vollpension. Sonstiges: 14 Betten, Schwimmbad, Fahrten durch die Naukluft-Berge, tolle Wandergelegenheiten, Reitpferde, Reitunterricht, deutsch.
Buitepos Zeltplatz Eastgate Route 14	Postadresse: P.O. Box422, Gobabis, Tel. 061-560405, Fax 061-560406, Anfahrt: Buitepos, Preise: Stellplatz 20 N$ p.P., Bungalow190 N$ (4 Personen). Sonstiges: Anmeldung bei der Total-Tankstelle, dort auch Duschen, WC und kleiner Laden.
Burgsdorf Gästefarm Route 1	Postadresse: P.O. Box 211, Maltahöhe, Tel. 063-293200, Fax 063-293200, Anfahrt: Maltahöhe – C14 nach S (15 km) – Stichstraße (10 km), Preise: DZ 280 N$ p.P. inkl. Frühstück. Sonstiges: 18 Betten, deutsch, keine Kreditkarten.
Camel Lodge Route 3a	Postadresse: P.O. Box 1, Nordoewer, Tel. 063-297171, Fax 063-297143, Anfahrt: Noordoewer, Preise: DZ 222 N$ inkl. Frühstück, Stellplätze 22 N$. Sonstiges: 22 Betten, Schwimmbad, Zeltplatz, englisch.

Liste der Unterkünfte

Camelthorn Guesthouse
Route 1
B&B P.O. Box 30064, Windhoek, Tel. 061-241936, Fax 061-241183, DZ 180 N$

Cañon Lodge
Route 3
Postadresse: P.O. Box 80205, Windhoek, Tel. 061-230066, Fax 061-251863, mgoldbek@iwwn.com.na, Anfahrt: Seeheim – B4 (1 km) – C12 (74 km) – D601 (30 km) – D324 (7 km) – Farmstr. (2 km), Preise: DZ 220 N$ p.P. inkl. Frühstück, Zeltplatz 50 N$ p.P. Sonstiges: 40 Betten, Schwimmbad, eine der schönsten und angenehmsten Lodges in Namibia unter sehr persönlicher Leitung, herrliche Terasse, die Gebäude sind perfekt an die Landschaft angepasst, Flüge über den Fish River, Ausflugsfahrten, deutsch.

Canyon Hotel
Route 2+2a+3
Postadresse: P.O. Box 950, Keetmanshoop, Tel. 063-223361, Fax 063-223714, e-mail: canyon@iwwn.com.na, Anfahrt: Keetmanshoop, Preise: DZ 380 N$ inkl. Frühstück. Sonstiges: 114 Betten, Schwimmbad, deutsch.

Canyon Nature Park
Route 2
Postadresse: P.O. Box 1847, Keetmanshoop, Tel. 061-226979, Fax 061-226999, e-mail: logufa@namib.com, Anfahrt: Keetmanshoop – B4 (81 km) – D463 (88 km) – Farmstraße (5km), Preise: DZ 465 N$ p.P. inkl. Frühstück. Sonstiges: 14 Betten in Zelten, luxuriöses Zeltcamp, Wanderungen, deutsch, Landepiste 29°30,25'S, 17°31,64'E, Länge 1000 m (Gravel).

Casa Mia Hotel
Route 5
Postadresse: P.O. Box 1786, Walvis Bay, Tel. 064-205975, Fax 064-206596, Anfahrt: Walvis Bay, Preise: DZ 252 N$ inkl. Frühstück. Sonstiges: 45 Betten, Parkplätze, englisch.

Caprivi Cabins
Route 13
Postadresse: P.O. Box 2029, Katima Mulio, Tel. 0677-2288, Fax 0677-3158, Anfahrt: Katima Mulilo – B8 nach O (3 km), Preise: DZ 300 inkl. Frühstück. Sonstiges: 30 Betten, Schwimmbad, englisch.

Cela Hotel-Pension
Route 1
Postadresse: P.O. Box 1947, Windhoek, Tel. 061-226294, Fax 061-226246, e-mail: cela@namib.com, Anfahrt: Bülow Street, Windhoek, Preise: DZ 300 N$ inkl.Frühstück. Sonstiges: 32 Betten, Schwimmbad, Parkplatz, deutsch.

Central Hotel Gobabis
Route 14
Postadresse: P.O. Box 233, Gobabis, Tel. 062-562094, Fax 062-562092, Anfahrt: Gobabis, Preise: DZ 250 N$ inkl. Frühstück. Sonstiges: 30 Betten, englisch.

Central Hotel Omaruru
Route 8a
Postadresse: P.O. Box 29, Omaruru, Tel. 064-570030, Fax 064-570481, Anfahrt: Omaruru, Preise: DZ 200 N$ inkl. Frühstück. Sonstiges: 20 Betten, Biergarten unter Palmen, Schwimmbad mit Liegewiese, deutsch.

Chamberlain Guesthouse
Route 1
B&B P.O. Box 6468, 10 Amasoniet Street, Windhoek, Tel. 061-234786, Fax 061-2063943, DZ 150 N$

Chameleon Backpackers
Route 1
B&B P.O. Box 6107, 22 Wagner Street, Windhoek, Tel. 061-247668, e-mail: chamnam@namib.com, Bett ab 30 N$

Champion B&B
Route 1
B&B P.O. Box 6221, 163 Diaz Street, Windhoek, Tel. 061-251306, Fax 061-251620, DZ 120 N$

Charlotte's Guesthouse Route 1	B&B P.O. Box 4234, 2a John Ludwig Street, Windhoek, Tel. 061-228846, Fax 061-228846, DZ ab 290 N$ inkl. Frühstück.
Charlotte's Guesthouse Route 3	B&B Brücken Street, Swakopmund, Tel. 064-405454, Fax 064-405404, e-mail: noltesaf@iafrica.com.na, Bett ab 100 N$
Chie's B&B Route 1	B&B P.O. Box 80352, 1 Bauer Street, Windhoek, Tel. 061-252925, DZ 150 N$
Christoph Hotel-Pens. Route 1	Postadresse: P.O. Box 6116, Windhoek, Tel. 061-240777, Fax 061-248560, Anfahrt: Windhoek, Heinitzburg Street, Preise: DZ 300 N$ inkl. Frühstück. Sonstiges: 20 Betten, Schwimmbad, Parkplatz, Sundowner Bar, deutsch.
City Central Windhoek Route 1	B&B P.O. Box 6455, Church Street, Windhoek, Tel. 061222829, Bett ab 100 N$
Le Club Route 7a+ 13+13a+13b	B&B P.O. Box 1184, Bernhard Street, Grootfontein, Tel. 067-242414, DZ ab 150 N$
Continental Hotel Route 1	Postadresse: P.O. Box 977, Windhoek, Tel. 061-237293, Fax 061-231539, Anfahrt: Windhoek, Independence Avenue, Preise: DZ 350 inkl. Frühstück. Sonstiges: 120 Betten, neu renoviert, deutsch.
Continental Hotel Route 11	Postadresse: Keine Postadresse verfügbar Tel. 06751-20257, Fax 06751-21233, Anfahrt: Bei der Caltex Tankstelle in Oshakati, Preise: DZ 120 N$. Sonstiges: 15 Betten, englisch.
Corona Gästefarm Route 1	Postadresse: P.O. Box 11958, Windhoek, Tel. 062-572127, Fax 061-243179, Anfahrt: Windhoek – C26 (165 km) – D1438 (18 km), Preise: DZ 275 N$ p.P. inkl. Halbpension. Sonstiges: 27 Betten, Schwimmbad, deutsch, auch Jagdfarm, keine Kreditkarten.
The Courtyard Route 5	Postadresse: P.O. Box 2416, Walvis Bay, Tel. 064-206252, Fax 064-207271, e-mail: courtyrd@iafrica.com.na, Anfahrt: Walvis Bay 16, 3rd Road, Preise: DZ 125 N$ p.P. inkl. Frühstück. Sonstiges: 35 Betten, Hallenbad, unter österreichischer Leitung unweit der Lagune.
Dan-Viljoen-Rastlager Route 6	Postadresse: Buchung über das staatliche zentrale Reservierungsbüro in Windhoek, Anfahrt: Windhoek – C28 (14 km), Preise: Bungalow 220 N$ (2 Betten, inkl. Frühstück), Zeltplatz 90 N$, Eintritt 10 N$ p.P. und Fahrzeug. Sonstiges: Schwimmbad, Versorgungsmöglichkeit, Tagesbesucher müssen sich telefonisch anmelden (Tel. 061-226806), englisch. Öffnungszeiten: Bei Reservierung bis 24 Uhr, Tagesbesucher müssen um 18 Uhr den Park verlassen.
Dabis Gästefarm Route 2	Postadresse: P.O. Box 15, Helmeringhausen, Tel. 061-232300, Fax 061-249937, Anfahrt: Helmeringhausen – C14 nach N (10 km) – Farmstraße (7 km), Preise: DZ 330 N$ p.P. inkl. Halbpension. Sonstiges: 15 Betten, Farmbassin, deutsch.
Damaraland Camp Route 9	Postadresse: P.O. Box 6850, Windhoek, Tel. 061-225178, Fax 061-239455, e-mail: fransdur@nts.com.na, Anfahrt: Khorixas C39 nach W (100 km) – Farmpiste nach S (20 km), Preise: 1200 N$ p.P. alles inklusive. Sonstiges: 16 Betten, Schwimmbad, englisch. Landepiste: Höhe 1460 ft, Länge 1100 m, S 20°25'42,8'' E 14°07'47,0'', Rwy 05/23, Gravel.

Liste der Unterkünfte

Danubé Gästefarm Route 9 — Postadresse: P.O. Box 255, Outjo, Tel. 067-312916, Fax 067-302616, Anreise: Outjo - C38 nach N (10 km) - C40 nach W (40 km) - D3236 (50 km) - Farmpiste (5 km) Preise: DZ 110 N$ p.P. Sonstiges: 10 Betten, auch Jagdfarm, deutsch.

Daweb Gästefarm Route 1 — Postadresse: P.O. Box 18, Maltahöhe, Tel. 063-293088, Fax 063-293088, e-mail: daweb@natron.net, Anfahrt: Maltahöhe C 14 nach S (2 km), Preise: DZ 280 N$ p.P. Halbpension, Stellplatz 30 N$ p.P. Stellplatz 25 N$ und 25 N$ p.P. Sonstiges: 15 Betten, Stellplätze, deutsch.

De Duine Hotel Route 12 — Postadresse: P.O. Box 1, Henties Bay, Tel. 064-500001, Fax 064-500724, Anfahrt: Henties Bay, Preise: DZ 140 p.P. inkl. Frühstück. Sonstiges: 20 Betten, Schwimmbad, Squash, gutes Restaurant, englisch.

Desert Rose Ferienwohnungen Route 12 — Postadresse: P.O. Box 190, Henties Bay, Tel. 064-500181, Fax 064-500181, Anfahrt: Henties Bay, Preise: Wohnung 300 N$ (max. 4 Personen). Sonstiges: Ferienwohnungen, deutsch.

Desert Waters, Route 5 — B&B P.O. Box 1107, 60 1st Street, Walvis Bay, Tel. 064-205654, Fax 064-206744, DZ 170 N$

Deutsches Haus Hotel-Pension Route 5 — Postadresse: P.O. Box 13, Tel. 064-404896, Fax 064-404861, Anfahrt: Swakopmund, Lüderitzstraße, Preise: DZ 240 N$ inkl. Frühstück. Sonstiges: 30 Betten, deutsch.

Diana's B&B Route 1 — B&B P.O. Box 1679, 6 Pabst Street, Windhoek, Tel. 061-244469, DZ 120 N$

Die Kraal Route 13 — B&B P.O. Box 860, Grootfontein (am Ortsausgang Richtung Rundu), Tel. 06738-83003, DZ 90 N$ p.P., Stellplatz 25 N$ p.P.

Die Oord Rastlager Route 12 — Postadresse: P.O. Box 82, Henties Bay, Tel. 064-500239, Anfahrt: Henties Bay, Preise: Bungalow 150 N$ (max. 4 Personen). Sonstiges: 70 Betten, englisch.

Dig By See Pension Route 5 — Postadresse: P.O. Box 1530, Swakopmund, Tel. 064-404130, Fax 064-404170, Anfahrt: Swakopmund, Brückenstraße, Preise: DZ 95 N$ p.P. inkl. Frühstück. Sonstiges: 36 Betten, deutsch.

Dinosaurs Tracks Zeltplatz Route 8a — Postadresse: Keine Postadresse verfügbar, Anreise: Dinosaurier-Fußspuren, Preise: 10 N$ p.P. und Fahrzeug. Sonstiges: Einfachster Zeltplatz.

Divundu Guesthouse Route 13 — Postadresse: Keine Postadresse verfügabr, Anfahrt: Bagani/Divundu, Preise: Hütte 20 N$ p.P., Stellplatz 5 N$ p.P. Sonstiges: An der Hauptstraße gegenüber der Tankstelle, einige Hütten, Stellplätze, Einfachstunterkunft, afrikaans.

Doll's House Route 14 — Postadresse: P.O. Box 13, Witvlei, Tel. 062-570004, Anfahrt: Witvlei, Preise: DZ 140 N$ inkl. Frühstück. Sonstiges: 10 Betten, englisch.

Dolphin Park Chalets Route 5 — Postadresse: P.O. Box 86, Walvis Bay, Tel. 064-204343, Fax 064-209714, Anfahrt: Walvis Bay – B2 (18 km), Preise: Bungalow 185 N$ (4 Personen). Sonstiges: 80 Betten, Schwimmbad, englisch.

Donkerhoek **Gästefarm** Route 2a	Postadresse: P.O. Box 2145, Mariental, Tel. 06662- Grenslyn 3113 verlangen, Anfahrt: Mariental – Straße 29 (71 km) – C18 nach O (43 km) – Gochas – C15 nach S (154 km), Preise: DZ 280 N$ p.P. inkl. Vollpension. Sonstiges: 15 Betten, Schwimmbad, deutsch.
Dornhügel **Gästefarm** Route 13+13b	Postadresse: P.O. Box 173, Grootfontein, Tel. 081-1288820, Fax 081-1250126, e-mail: dornhuegel@iafrica.com.na, Anfahrt: Grootfontein – B8 nach N (15 km) – D2844 (22 km), Preise: DZ 270 N$ p.P. inkl. aller Mahlzeiten. Sonstiges: 10 Betten, Schwimmbad, Gästefarm pur mit sehr angenehmen Gastgebern, die viel über das Farmleben erzählen können, der Tip auf dem Weg nach Norden, deutsch.
Dresselhaus Route 5	B&B P.O. Box 1233, 25 Windhoeker Street, Swakopmund, Tel. 064-405854, DZ 100 N$
Dünen Villa Route 5	B&B P.O. Box 3751, 7 Dünenweg, Swakopmund, Tel. 064-462678, DZ 100 N$
Düstern- **brook** **Gästefarm** Route 7	Postadresse: P.O. Box 870, Windhoek, Tel. 061-232572, Fax 061-257112, e-mail: dbrook@iwwn.com.na, Anfahrt: Windhoek – B1 nach N (27 km) – D1499 (10 km) – Stichstraße nach NW (9 km), Preise: DZ 220 N$ inkl. Frühstück. Sonstiges: 12 Betten, auch Jagdfarm, Leopardengehege, deutsch, Reitausflüge.
Duwisib **Zeltplatz** Route 2	Postadresse: Buchung über das zentrale staatliche Reservierungsbüro in Windhoek, Anfahrt: Maltahöhe – C14 nach S (38 km) – D824 (12 km) – D831 nach S (16 km) – D826 (26 km), Preise: Zeltplatz 80 N$ (8 Personen), Eintritt 10 N$ p.P. und Fahrzeug. Sonstiges: Kiosk, englisch. Öffnungszeiten: Bei Reservierung zwischen Sonnenauf- und -untergang. Landepiste: 25°17'S, 16°34'E, Höhe 4840 ft, Rwy 02/20, Länge 1200 m (Gravel).
Duwisib **Rastlager** Route 2	Postadresse: P.O. Box 21, Maltahöhe, Tel. 0668-5304 (Namgorab 5304 verlangen), Anfahrt: Maltahöhe – C14 nach S (38 km) – D824 (12 km) – D831 nach S (16 km) – D826 (27 km), Preise: DZ 200 N$. Sonstiges: Doppelzimmer, Bungalows, Laden, Reitmöglichkeit, Rundfahrten, deutsch, Landepiste: 25°17'S, 16°34'E, Höhe 4840 ft, Rwy 02/20, Länge 1200 m (Gravel).
Eagle Holiday Bungalows Route 12	Postadresse: P.O. Box 20, Henties Bay, Tel. 064-500032, Fax 064-500299, Anfahrt: 175 Jakkalsputz Road, Henties Bay, Preise: DZ 150 N$. Sonstiges: 20 Betten, englisch.
Eagles **Rock Leisu-** **re Lodge** Route 6	Postadresse: P.O. Box 6176, Windhoek, Tel. 061-234542, Fax 061-257122, e-mail: eaglerok@iafrica.com, Anreise: Windhoek – C28 (33 km) – D1958 (3 km) – Farmstraße (2 km), Preise: DZ 350 p.P. inkl. Vollpension. Sonstiges: 12 Betten, Schwimmbad, Reiten, Wanderungen, Felszeichnungen, deutsch.
Eberwein **Hotel garni** Route 5	Postadresse: Über Pension Steiner/Windhoek, Anfahrt: Swakopmund Kaiser Wilhelm Straße. Sonstiges: Ende 1999 fertiggestelltes Hotel in Traditionshaus, 16 Doppelzimmer, Tiefgarage.
Ehoro **Lodge** Route 14	Postadresse: P.O. Box 10626, Windhoek, Tel. 0683-570081, Fax 061-211000, Anreise: Windhoek – B6 (149 km) – D1663 (42 km), Preise: DZ 250 N$. Sonstiges: 100 Betten, Schwimmbad, Tierfahrten, englisch.
Elisenheim **Gästefarm** Route 7	Postadresse: P.O. Box 3016, Windhoek, Tel. 061-264429, Fax 061-264429, Anfahrt: Windhoek – B1 (10 km) – D1463 (5 km), Preise: DZ 280 N$ inkl. Frühstück, Abendessen 35 N$ p.P. Sonstiges: 18 Betten, deutsch, Schwimmbad.

Liste der Unterkünfte

El Jada
Rastlager
Route 8c
Postadresse: P.O. Box 1155, Swakopmund, Tel. 062-573580, Fax 061-226999, Anfahrt: Swakopmund – B2 (9 km) – D1901 (2 km), Preise: DZ 180 N$. Sonstiges: 10 Betten, deutsch.

Eningu
Lodge
Route 14
Postadresse: P.O. Box 9531, Windhoek, Tel. 0628-1402 (Dordabis 1402 verlangen), Fax 061-229189, e-mail: logufa@namib.com, Anfahrt: Windhoek – B6 (48 km) – DR51 (64 km) – D1471 (1 km), Preise: DZ 340 N$ p.P. inkl. Vollpension. Sonstiges: 10 Betten, Schwimmbad, deutsch.

Epako Game
Lodge
Route 8a
Postadresse: P.O. Box 108, Omaruru, Tel. 064-570551, Fax 064-570553, e-mail: epako@iafrica.com.na, Anfahrt: Omaruru – C33 nach N (21 km), Preise: DZ 435 N$ p.P. inkl. aller Mahlzeiten. Sonstiges: 24 Betten, Schwimmbad, sehr luxuriöse und angenehme Lodge, viel Großwild, deutsch/englisch, französisch.

Epupa
Camp
Route 10a
Postadresse: P.O. Box 90466, Windhoek, Tel. 061-246427, Fax 061-246428, e-mail: travel@ntc.com.na, Anreise: Epupa-Fälle (1 km östlich), Preise: 540-600 N$ p.P. Sonstige: 12 Betten in Luxuszelten, englisch.

Epupa Falls
Zeltplatz
Route 10 a
Postadresse: Keine Postadresse verfügbar Reservierung: Keine Reservierung notwendig, Anreise: Epupa-Fälle, Preise: 15 N$ p.P. Sonstiges: Direkt an den Fällen gelegener Zeltplatz unter der Leitung der dortigen Einheimischen.

Erindi Onganga
Gästefarm
Route 8a
Postadresse: P.O. Box 20, Omaruru, Tel. 06532-1202 (Kalkfeld 1202 verlangen), Fax 061-232624, e-mail: fjeske@namib.com, Anfahrt: Omaruru – D2344 (32 km) – D2351 (27 km) – Farmstraße (6 km), Preise: DZ 180 N$ p.P. inkl. Vollpension. Sonstiges: 10 Betten, Schwimmbad, deutsch.

Ermo
Gästefarm
Route 9
Postadresse: P.O. Box 27, Kamanjab, Tel. 067-330220, Fax 061-257123, Anfahrt: Kamanjab – C35 nach N (8 km) – D2763 (47 km), Preise: DZ 350 N$ p.P. inkl. Vollpension, Stellplatz 30 N$ p.P. Sonstiges: 10 Betten, 8 Stellplätze, Schwimmbad, direkt am Etosha-Park gelegen, Wanderungen, Flugzeug für Fly-In-Safaris nach Epupa (Omarunga-Camp, s. dort), deutsch, Landepiste: Höhe 4000 ft, Länge 1000 m, S 19°17,68, E 14°33,61, Rwy 07/25.

Erni's
Bistro
Route 14
B&B P.O. Box 883, Cuito Canavale, Gobabis, Tel. 061-563217, Bett ab 120 N$ inkl. Frühstück.

Erongoblick
Hotel
Route 8+8a+8b
Postadresse: P.O. Box 67, Karibib, Tel. 064-550009, Anfahrt: Karibib, Preise: DZ 200 N$ inkl. Frühstück. Sonstiges: 40 Betten, Schwimmbad, Sauna, englisch.

Eros Hotel
Pension
Route 1
Postadresse: P.O. Box 9607, Windhoek, Tel. 061-227020, Fax 061-242919, Anfahrt: 21 Omarumba Road, Windhoek, Preise: DZ 150 N$ p.P. Sonstiges: 18 Betten, englisch.

Etambi Hotel Pension
Route 1
Postadresse: P.O. Box 30547, Windhoek, Tel. 061-241763, Fax 061-242916, Anfahrt: Windhoek, Gous Street, Preise: DZ 150 N$ inkl. Frühstück. Sonstiges: 20 Betten, Schwimmbad, deutsch.

Etendeka
Mountain
Camp
Route 9
Postadresse: P.O. Box 21783, Windhoek, Tel. 061-226979, Fax 061-226999, e-mail: logufa@namib.com, Anreise: Khorixas – C39 nach W (155 km) – D3706 nach W (5 km) – Disease Control Tor (hier wird man abgeholt), Preise: DZ 480 N$ p.P. inkl. Vollpension und Wildfahrten. Sonstiges: 16 Betten, Schwimmbad, kein Camping möglich, englisch.

Liste der Unterkünfte

Etendero Gästefarm
Route 8a
Postadresse: P.O. Box 352, Omaruru, Tel. 064-570921, Anfahrt: Omaruru – C36 (6 km) – D2344 (20 km) – D2337 (10 km), Preise: DZ 130 DM p.P. inkl. Frühstück, Stellplatz 10 DM und 10 DM p.P. Sonstiges: 16 Betten, Stellplätze, Schwimmbad, Reiten pro Stunde 25 DM, deutsch.

Etosha Aoba Lodge
Route 7
Postadresse: P.O. Box 469, Tsumeb, Tel. 067-229100, Fax 067-229101, e-mail: aoba@tsu.namib.com, Anfahrt: Etosha National Park Osttor – C38 Nach O (10 km) – Stichstraße (10 km), Preise: DZ 420 N$ p.P. inkl. Halbpension. Sonstiges: 20 Betten, Schwimmbad, empfehlenswerte Ruhe im Busch, gute Küche, deutsch.

Etosha Garten Hotel
Route 7+8+9
Postadresse: P.O. Box 31, Outjo, Tel. 067-313130, Fax 067-313419, e-mail: egh@tsu.namib.com, Anfahrt: Outjo, Preise: DZ 175 N$ p.P. inkl. Frühstück. Sonstiges: 20 Betten, Schwimmbad, tropischer Biergarten, Parkplatz, à-la-carte-Gourmet-Restaurant, deutsch.

Etusis Lodge
Route 8b
Postadresse: P.O. Box 5, Karibib, Tel. 064-550826, Fax 064-550961, e-Mail: nfyelke@namib.com, Anfahrt: Karibib C32 nach S (16 km) – Farmstraße, Preise: DZ 600 N$ p.P. Vollpension. Sonstiges: 26 Betten, Schwimmbad, deutsch, Landebahn: 22°11'S, 15°45'E

Eulenzicht Restcamp
Route 7
Postadresse: Nicht verfügbar, Tel. 081-1240307, e-mail: reems@iafrica.com.na, Anfahrt: Windhoek – B1 nach N (24 km), Preise: Bungalow 120 N$ (2 Personen). Sonstiges: 10 Betten Schwimmbad, englisch.

Europa Hof Hotel
Route 5+6
Postadresse: P.O. Box 1333, Swakopmund, Tel. 064-405898, Fax 064-402391, e-mail: europa@iml-net.com.na, Anfahrt: Swakopmund, Bismarckstraße, Preise: DZ 330 N$ inkl. Frühstück. Sonstiges: 80 Betten, deutsch.

Fabian
Route 1
B&B 31, Kingfisher Road, Windhoek, Tel. 061-262915, Bett ab 50 N$

Felix Unite Zeltplatz
Route 3a
Nur für Teilnehmer an den Flußfahrten.

Finkenstein Gästefarm
Route 14
Postadresse: P.O. Box 167, Windhoek, Tel. 061-234751, Fax 061-238890, Anfahrt: Windhoek – B6 (18 km), Preise: DZ 225 N$ p.P. inkl. Frühstück. Sonstiges: 10 Betten, deutsch.

Fish River Lodge
Route 3
Postadresse: P.O. Box 1840, Keetmanshoop, Tel. 063-223762, Fax 063-223762, Anfahrt: Keetmanshoop – B4 nach W (32 km) – D2545 (33 km) – C12 (32 km) – Farmpiste (20 km), Preise: DZ 200 N$ inkl. Frühstück, Backpackerbett in gesondertem Camp ab 45 N$, Zeltplatz 75 N$. Sonstiges: 20 Betten, Wanderungen, Ausflüge zum Canyon, eigenes Backpacker Camp, Zeltplatz, englisch.

Florida Gästefarm
Route 3
Postadresse: P.O. Box 8, Grünau, Tel. 0638-1111 (Grünau 1111 verlangen), Anfahrt: Grünau – B1 nach N (27 km) – Farmpiste (1 km), Preise: DZ 140 N$. Sonstiges: 6 Betten, eingerichtete Küche, englisch.

Fort Sesfontein Lodge, Route 10+10b
Postadresse: P.O. Box 22114, Windhoek, Tel. 061-228257, Fax 061-220103, Anreise: Sesfontein, Preise: DZ 290 N$ p.P. inkl. Frühstück, Stellplatz 40 N$ p.P. Sonstiges: 33 Betten, Restaurant, Schwimmbad, in einem Schutztruppenfort unter Palmen, sehr angenehm, deutsch.

Fürstenhof Hotel
Route 1
Postadresse: P.O. Box 316, Windhoek, Tel. 061-237380, Fax 061-228751, e-mail: fuerst@iafrica.com.na, Anfahrt: Windhoek, Bülow Street, Preise: DZ 250 p.P. N$ inkl.Frühstück. Sonstiges: 35 Betten, Parkplatz, Schwimmbad, ausgezeichnete Küche (die beste in Windhoek), deutsch.

Ganab Zelt-platz Route 6	Postadresse: Buchung über das staatliche zentrale Reservierungsbüro in Windhoek oder in Swakopmund im Büro des Ministry of Environment and Tourism, Ritterburg, Bismarck/Ecke Kaiser Wilhelm Street oder am Wochenende in Swakopmund bei der Hans-Kriess-Garage, Kaiser Wilhelm Street und in Walvis Bay bei der Suidwes-Garage., Anfahrt: Namib-Naukluft-Park, Namib-Teil, Preise: Stellplatz 70 N$ und 10 N$ p.P. und Fahrzeug. Sonstiges: Kein Wasser und kein Feuerholz verfügbar, die gekennzeichneten Wege dürfen nicht verlassen werden.
Garas Park Zeltplatz Route 2	Postadresse: P.O. Box 106, Tel. 063-223217, Fax 063-223876, Anfahrt: Keetmannshoop – B1 nach N (22 km) – Stichstraße (4 km), Preise: Zelten p.P. 10 N$, Kfz 10 N$. Sonstiges: Zeltplatz mitten in einem Köcherbaumwald gelegen, sehr einfach ausgestattet, keine Reservierung notwendig.
Gasenairob Gästefarm Route 8	Postadresse: Buchung über Bambatsi Gästefarm (siehe oben), Anfahrt: Outjo – C39 nach W (71 km) – Farmpiste (5 km), Preise: DZ 350 N$ p.P. inkl. Vollpension. Sonstiges: 9 Betten, Schwimmbad, Vogelbeobachtung, deutsch.
Geluk-spoort Gästefarm Route 9	Postadresse: P.O. Box 158, Outjo, Tel. 067-312025, Fax 067-313000, Anfahrt: Outjo – C39 nach W (53 km) – P2723 (8,5 km), Preise: DZ 200 N$ p.P. inkl. Frühstück. Sonstiges: 12 Betten, Schwimmbad, deutsch.
Gert's Place Route 1	B&B P.O. Box 30081, 26 Malcolm Spence Street, Windhoek, Tel. 061-251643, DZ 120 N$
Gessert's Pension Route 2+2a+3	Postadresse: P.O. Box 690, Keetmanshoop, Tel. 063-223892, Fax 063-223892, Anfahrt: Keetmanshoop, Preise: DZ 245 N$ inkl. Frühstück. Sonstiges: 10 Betten, Schwimmbad, gepflegter Familienbetrieb in einem Vorort, den Besitzern gehört auch die Cañon Lodge am Fish River (siehe dort), deutsch.
Gisela Vente's Guesth. Route 1	B&B P.O. Box 5737, 7 Christian Street, Windhoek, Tel. 061-239390, Fax 061-234602, DZ 160 N$
Goanikontes Namib Magic Rastlager Route 6	Postadresse: P.O. Box 4369, Swakopmund, Tel. 064-400877, Fax 064-405757, Anfahrt: Swakopmund – B2 (3 km) – C28 (35 km), Preise: Zeltplatz 30 N$, Bungalow 150 N$ (2 Personen), Eintritt 10 N$. Sonstiges: Anfahrt nur mit Zugangsschein für den Namib-Naukluft-Park.
Gobabis Hotel Route 14	Postadresse: P.O. Box 942, Gobabis, Tel. 062-562568, Fax 062-562641,Anfahrt: Gobabis, Preise: DZ 250 N$ inkl. Frühstück. Sonstiges: 30 Betten, Schwimmbad, Parkplatz, englisch.
Gochas Hotel Route 2a	Postadresse: P.O. Box 80, Gochas, Tel. 063-250098, Fax 063-250098, Anreise: Gochas, Preise: DZ 100 N$ p.P. inkl. Frühstück. Sonstiges: 16 Betten, Parkplatz, englisch.
Grootfontein Rastlager Route 13+13a+13b	Postadresse: Stadtverwaltung, P.O. Box 23, Grootfontein, Tel. 067-243101, Fax 064-242930,Anreise: Grootfontein, Preise: Bungalow 250 N$ (4 Personen), Stellplatz 21 N$ (4 Personen), Eintritt 7,50 N$ p.P. und 7,50 N$ p. Fahrzeug. Sonstiges: 16 Betten, 10 Stellplätze, Restaurant, Schwimmbad (Wasserrutsche), englisch.
Groot Tinkas Zeltplatz Route 6	Postadresse: Buchung über das staatliche zentrale Reservierungsbüro in Windhoek, oder in Swakopmund im Büro des Ministry of Environment and Tourism, Ritterburg, Bismarck/Ecke Kaiser Wilhelm Street oder am Wochenende in Swakopmund bei der Hans-Kriess-Garage, Kaiser Wilhelm Street und in Walvis Bay

bei der Suidwes-Garage., Anfahrt: Namib-Naukluft-Park, Namib-Teil, Preise: Stellplatz 70 N$ und 10 N$ p.P. und Fahrzeug. Sonstiges: Kein Wasser und kein Feuerholz verfügbar, die gekennzeichneten Wege dürfen nicht verlassen werden,

Groß-Barmen Rastlager
Route 7

Postadresse: Buchung über das staatliche zentrale Reservierungsbüro in Windhoek, Anfahrt: Okahandja-Straße 87 (25 km), Preise: Bungalow 270 N$ (5 Betten), Zeltplatz 90 N$ (8 Personen), Eintritt 10 N$ p.P. und Fahrzeug. Sonstiges: Thermalbad mit Außen- und Innenpool, Versorgungsmöglichkeit, Innenpool kostenpflichtig (2 N$ p.P.), englisch. Öffnungszeiten: Bei Reservierung jederzeit Einlaß.

Grünau Hotel
Route 3

Postadresse: P.O. Box 2, Grünau, Tel. 063-262001, Fax 063-262001, e-mail: grunauhot@mar.namib.com, Anfahrt: Grünau, Preise: DZ 180 N$. Sonstiges: 20 Betten, Restaurant, deutsch.

Grüner Kranz Hotel
Route 5

Postadresse: P.O. Box 211, Swakopmund, Tel. 064-402039, Fax 064-405016, e-mail: leonr@iml-net.com.na, Anfahrt: Swakopmund, Preise: DZ 200 N$ p.P. inkl. Frühstück. Sonstiges: 30 Betten, deutsch.

Gudrun's B&B
Route 1

B&B P.O. Box 23809, 6 Luther Street, Windhoek, Tel. 061-234823, DZ 135 N$

Gunsbewys Rastlager
Route 4a

Postadresse: P.O. Box 42, Helmeringhausen, Tel. 06362-6604 (Helmeringhausen 6604 verlangen), Anfahrt: Aus – B4 nach O (4 km) – C13 nach N (51 km) – D707 (29 km) , Preise: Zeltplatz 40 N$ p.P., 200 N$ p.P. Vollpension im Bungalow. Sonstiges: Einfaches Buschcamp, Führungen, Tierbeobachtung, deutsch.

Haasenhof Gästefarm
Route 7

Postadresse: P.O. Box 72, Okahandja, Tel. 062-503827, Fax 062-503465, Anfahrt: Okahandja – D2110 (62 km) – Farmstraße (6 km), Preise: DZ 280 N$ p.P. inkl. Frühstück. Sonstiges: 13 Betten, Schwimmbad, deutsch.

Hakos Gästefarm
Route 1

Postadresse: P.O. Box 5056, Windhoek, Tel. 061-572111, Fax 061-226175, Anfahrt: Windhoek – B1 nach S (7 km) – C26 nach W (123 km), Preise: DZ 250 N$ p.P. inkl. Vollpension. Sonstiges: 16 Betten, kleine Sternwarte, Schwimmbad, Sauna, deutsch.

Hakusembe Lodge
Route 13

Postadresse: P.O. Box 1497, Tsumeb, Tel. 067-220604, Fax 221623, Anfahrt: Rundu – B8 nach S (4 km) – C45 nach W (10 km), Preise: DZ 400 N$ p.P. inkl.Frühstück. Sonstiges: 20 Betten Schwimmbad, englisch.

Halali Rastlager
Route 7

Postadresse: Buchung über das staatliche zentrale Reservierungsbüro in Windhoek, Anfahrt: Etosha-Nationalpark, Preise: DZ ab 60 N$, Stellplatz 40 N$ (8 Personen), Eintritt in den Etosha-Nationalpark 16 N$ p.P. und 20 N$ p. Fahrzeug. Sonstiges: Schwimmbad, englisch. Öffnungszeiten: Das Lager muß vor Sonnenuntergang erreicht sein und darf vor Sonnenaufgang nicht verlassen werden. Landebahn: 19°03'S, 16°28'O, Höhe 3700 ft, Rwy 05/23, Länge 1200 Meter (Gravel) und Rwy 13/31, Länge 1000 m (Gravel).

Hamburger Hof Hotel
Route 7+7a+8a

Postadresse: P.O. Box 8, Otjiwarongo, Tel. 067-302520, Fax 067-303507, Anfahrt: Otjiwarongo, Preise: DZ 320 N$ inkl. Frühstück. Sonstiges: 50 Betten, englisch.

Hammerstein Rastlager
Route 1

Postadresse: P.O. Box 250, Maltahöhe, Tel. 0668-5111 (Namgorab 5111 verlangen), Anfahrt: Maltahöhe – C14 nach S (20 km) – Straße 36 (81 km) – Stichstraße (5 km), Preise: DZ 300 N$ p.P. inkl. Halbpension. Sonstiges: 48 Betten, Schwimmbad, dt. Landebahn: Höhe 4470 ft, Länge 1200 m, 24°53'S, 16°11'E

Liste der Unterkünfte

Handke Hotel-Pension
Route 1
Postadresse: P.O. Box 20881, Windhoek, Tel. 061-234904, Fax 061-225660, pensionhandke@iafrica.comn.na, Anfahrt: Windhoek, 3, Rossini Street, Preise: DZ 250 N$ inkl. Frühstück. Sonstiges: 20 Betten, Parkplatz, deutsch.

Hansa Hotel
Route 5
Postadresse: P.O. Box 44, Swakopmund, Tel. 064-400311, Fax 064-402732, e-mail: hansa@iafrica.com.na, Anfahrt: Swakopmund, Preise: DZ 265 N$ p.P. inkl. Frühstück. Sonstiges: 120 Betten, traditionsreichstes und bestes Hotel am Platz, ausgezeichnetes Restaurant, Parkplätze, deutsch.

Hardap Dam Rastlager
Route 1
Postadresse: Buchung über das zentrale staatliche Reservierungsbüro in Windhoek, Anfahrt: Mariental – B1 (14 km) – Stichstraße (9 km), Preise: Rasthaus (5 Betten) 260 N$, Zeltplatz (8 Personen) 90 N$, Eintritt 10 N$ p.P. und Fahrzeug. Sonstiges: Restaurant, Tankstelle, Schwimmbad, englisch. Öffnungszeiten: Sonnenaufgang bis 18 Uhr, bei reservierter Unterkunft unbegrenzt.

Harnas Gästefarm
Route 14
Postadresse: P.O. Box 548, Gobabis, Tel. 062-568788, Fax 062-568879, e-mail: harnas@iwwn.com.na, Anfahrt: Gobabis – C22 (40 km) – Drimiopsis – D1668 (45 km), Preise: DZ 235 N$ p.P. inkl. Frühstück, Stellplatz 100 N$ p.P. Sonstiges: 20 Betten, Schwimmbad, Leoparden- und Geparden-Gehege, Stellplätze, deutsch. Landepiste: Höhe 4800 ft, Länge 1500 m, S21°43,339 E19°20,913, Rwy 17/35, Gravel.

Haruchas Gästefarm
Route 1
Postadresse: P.O. Box 113, Maltahöhe, Tel. 063-293399, Fax 061-251682, e-mail: haruchas@namib.com, Anfahrt: Maltahöhe – C14 nach N (97 km) – D855 (19 km), Preise: DZ 290 N$ p.P. Vollpension. Sonstiges: 12 Betten, Schwimmbad, deutsch.

Haus Bavaria
Route 13
Postadresse: P.O. Box 353, Rundu, Tel. 067-255377, Fax 067-255377, Anreise: Rundu, Preise: DZ 250 N$ inkl. Frühstück. Sonstiges: 14 Betten, Schwimmbad, bayer. Bar in exotischem Garten, sehr zentral aber doch ruhig, deutsch.

Haus Bodensee
Route 1
B&B P.O. Box 11545, 40 Uhland Street, Windhoek, Tel. 061-239158, DZ 190 N$

Haus Garnison Pension, Route 5
Postadresse: P.O. Box 128, Swakopmund, Tel. 064-404456, Fax 064-404456, Anfahrt: Swakopmund, Preise: DZ 200 N$ mit kleiner Küche, Garage 25 N$ p.Tag. Sonstiges: 16 Betten, Garagen, deutsch.

Haus Hoffmann
Route 5
B&B P.O. Box 1494, 9 Linden Street, Swakopmund, Tel. 064-405429, DZ 100 N$

Haus OLGA
Route 1
B&B P.O. Box 20926, 91 Bach Street, Windhoek, Tel. 061-235853, DZ 180 N$

Haus Sandrose Route 4
B&B P.O. Box 109, 15 Bismarck Street, Lüderitz, Tel. 063-202630, Fax 063-202365, DZ 150 N$

Haus von Moltke
Route 5
B&B P.O. Box 461, 32 Moltke Street, Swakopmund, Tel. 064-402976, Fax 064-402976, DZ 240 N$

Haus Windeck
Route 4
B&B P.O. Box 576, Mabel Street, Lüderitz, Tel. 063-303370, Fax 063-203306, DZ 120 N$

Heimat **Gästefarm** Route 14	Postadresse: P.O. Box 11186, Windhoek, Tel. 061-573150, e-mail: heimat@namib.com, Anreise: Windhoek – B6 (48 km) – Straße 51 (64 km) – D1471 (19 km), Preise: DZ 200 N$ p.P. inkl. Vollpension, Stellplatz 15 N$ p.P. und Fahrzeug. Sonstiges: 5 Betten, sehr persönliche Farm, die die Gäste am Farmleben teilhaben läßt, Farmbassin, Rundfahrten, deutsch.
Heinitzburg **Hotel** Route 1	Postadresse: P.O. Box 458, Windhoek, Tel. 061-249597, Fax 061-249598, Anfahrt: Windhoek, Heinitzburg, Preise: DZ 320 p.P. inkl.Frühstück. Sonstiges: 30 Betten, exklusives Luxushotel in exponierter Lage über Windhoek, Nachmittagskaffee mit Blick auf die im Abendlicht liegende Stadt, Schwimmbad, das Essen wird bislang vom Fürstenhof zubereitet, ein eigenes Restaurant ist aber in Planung, deutsch.
Heja Game **Lodge** Route 14	Postadresse: P.O. Box 588, Windhoek, Tel. 061-257151, Fax 061-257148, e-mail: heja@namib.com.na, Anfahrt: Windhoek – B6 nach O (15 Km) – Farmpiste (2 Km), Preise: DZ 260 N$ p.P. inkl. Halbpension. Sonstiges: 10 Betten, Schwimmbad, privater Wildpark, Selbstversorger-Bungalows, deutsch.
Helga's B&B Route 1	B&B P.O. Box 3827, 18 Gutsche Street, Windhoek, Tel. 061-252553, Fax 061-252553, DZ 200 N$
Helmeringhausen **Hotel** Route 2	Postadresse: P.O. Box 21, Helmeringhausen, Tel. 06362-7 (Helmeringhausen 7 verlangen), Fax 061-242934, e-mail: hhhotel@natron.net, Anfahrt: Helmeringhausen, Preise: DZ 220 inkl. Frühstück. Sonstiges: 15 Betten, englisch/deutsch, hier erhält man den Schlüssel für das kleine Freiluftmuseum, nettes Hotel, gutes Restaurant (Kuchen!).
Hetaku **Gästefarm** Route 14	Postadresse: P.O. Box 1092, Gobabis, Tel. 061-561441, Fax 061-225593, Anfahrt: Gobabis – B6 nach W (55 km) – D1658 (51 km), Preise: DZ 300 N$ p.P. Vollpension. Sonstiges: 10 Betten, Schwimmbad, Reitpferde, deutsch.
Hiker's **Haven** Route 7+13a	B&B P.O. Box 27, 5th Road, Tsumeb, Tel. 067-221051, Fax 221575, Bett ab 50 N$ p.P.
Hillside Route 1	B&B Windhoek, Tel. 061-232430, Bett ab 60 N$
Hippo **Lodge** Route 13	Postadresse: P.O. Box 1120 Ngweze, Katima Mulilo, Tel. 0677-3684, Fax 0677-3684, Anfahrt: Katima – B8 nach S (3 km) – Farmpiste (2 km), Preise: DZ 300 N$ inkl. Frühstück, Stellplatz 20 N$ p.P. Sonstiges: 20 Betten, recht verschlafenes Management, englisch.
Hirabis Süd **Zeltplatz** Route 9	Postadresse: P.O. Box 1347, Gobabis, Tel. 061-561443, Anfahrt: Kamanjab – C40 (30 km) – Farmstraße (8 km), Preise: Stellplatz 25 N$ p.P. Sonstiges: 5 Stellplätze, Duschen, Toiletten, Feuerholz, deutsch.
Hobas **Zeltplatz** Route 3	Postadresse: Buchung über das zentrale staatliche Reservierungsbüro in Windhoek, Anfahrt: Keetmanshoop – B4 (45 km) – C12 (75 km) – D601 (29 km) – D324 (3 km), Preise: Zeltplatz (8 Personen) 90 N$ zuzüglich Eintritt (10 N$ p.P.und Kfz). Sonstiges: Schwimmbad, ein- und mehrtägige Wanderungen im Fish River Canyon (Mai bis September), englisch.
Hobatere **Lodge** Route 10	Postadresse: P.O. Box 110, Kamanjab, Tel. 061-253992, Fax 061-221919, e-mail: discovaf@iafrica.com.na, Anfahrt: Kamanjab – C35 nach N (70 km) – Farmstraße (15 km), Preise: DZ 440 N$ p.P. inkl. Vollpension. Sonstiges: 24 Betten, Schwimmbad, englisch.

Liste der Unterkünfte

Hochland Gästefarm
Route 6
Postadresse: P.O. Box 22221, Windhoek, Tel. 061-232628, Fax 061-232628, e-mail: garbade@namib.com, Anfahrt: Windhoek – C28 (30 km) – D1958 (13 km) – Farmstraße (2 km), Preise: DZ 300 N$ p.P. inkl. Vollpension. Sonstiges: 10 Betten, Schwimmbad, deutsch.

Holiday Flat Services
Route 5
Postadresse: P.O. Box 276, Swakopmund, Tel. 064-405442, Fax 064-404826, Swakopmund, Vermittlung von Ferienwohnungen aller Preiskategorien in Swakopmund.

Homeb Zeltplatz
Route 5
Postadresse: Buchung über das staatliche zentrale Reservierungsbüro in Windhoek oder in Swakopmund im Büro des Ministry of Environment and Tourism, Ritterburg, Bismarck/Ecke Kaiser Wilhelm Street oder am Wochenende in Swakopmund bei der Hans-Kriess-Garage, Kaiser Wilhelm Street und in Walvis Bay bei der Suidwes-Garage., Anfahrt: Namib-Naukluft-Park, Namib-Teil, Preise: Stellplatz 70 N$ und 10 N$ p.P. und Fahrzeug. Sonstiges: Kein Wasser und kein Feuerholz verfügbar, die gekennzeichneten Wege dürfen nicht verlassen werden.

Hope Gästefarm
Route 14
Postadresse: P.O. Box 21768, Windhoek, Tel. 062-573109, Fax 062-573109, Anreise: Dordabis – C23 (60 km) – Straße 51 (15 km) – Farmstraße (5 km), Preise: 400 N$ für Nichtjäger, 1000 N$ p.P. für Jäger inkl. Vollpension. Sonstiges: 9 Betten, Schwimmbad, die Besitzer haben hauptsächlich Jäger als Gäste, deutsch.

Huab Lodge
Route 8+9
Postadresse: P.O. Box 21783, Windhoek, Tel. 061-226979, Fax 061-226999, e-mail: logufa@namib.com, Anfahrt: Khorixas – C39 (8 km) – C35 nach N (46 km) – D2670 (35 km), Preise: 795 N$ p.P. alles inkl. (Mahlzeiten, Getränke, Touren etc.). Sonstiges: 16 Betten, Thermalquelle, Schwimmbad, deutsch.

Huis Veronica, Route 5
B&B P.O. Box 24, 5 Dolphin Street, Swakopmund, Tel. 064404825, Fax 064-405679, DZ 100 N$

Immenhof Gästefarm
Route 8a
Postadresse: P.O. Box 250, Omaruru, Tel. 067-290177, Fax 067-290077, Anfahrt: Omaruru – C33 nach N (39 km) – D2337 (21 km), Preise: DZ 390 N$ p.P. inkl. Vollpension. Sonstiges: 18 Betten, Schwimmbad, Reitmöglichkeit, auch Jagdfarm, eigene Flugzeuge, Touren nach Botswana und Zimbabwe, deutsch. Landebahn: Höhe 4300 ft, Länge 1500 m, S21°06'87" E15°53'63", Rwy 06/24

International Guest House
Route 11
Postadresse: P.O. Box 542, Oshakati, Tel. 06751-20175, Fax 06751-20175, Anfahrt: Oshakati, Preise: DZ 160–200 N$. Sonstiges: 40 Betten, Schwimmbad, englisch.

Intu Afrika Game Lodge
Route 1
Postadresse: P.O. Box 40047, Windhoek, Tel. 061-248741, Fax 061-226535, Anfahrt: Kalkrand – C21 (42 km) – D1268 (20 km) – Farmstraße (5 km), Preise: DZ 1200 N$ p.P. inkl. Vollpension, geführte Wanderungen, Gamedrives, Nebencamps ab 400 N$ p.P., Stellplatz 50 N$ p.P. inkl. geführte Wanderung. Sonstiges: 30 Betten, 11 Stellplätze, Schwimmbad, luxuriöse Lodge in schöner Kalahari Landschaft, auf ihrem Gebiet siedeln Buschleute, die besucht werden können, Wanderungen mit Buschleuten, Leopardenfütterung, englisch/deutsch.

Jakkalsputz Zeltplatz
Route 12
Postadresse: Buchung über das staatliche zentrale Reservierungsbüro in Windhoek oder in Swakopmund im Büro des Ministry of Environment and Tourism, Ritterburg, Bismarck/Ecke Kaiser Wilhelm Street, Anfahrt: Swakopmund – C34 (59 km), Preise: Stellplatz 70 N$ (8 Personen). Sonstiges: Alle Ausrüstung ist mitzubringen.

Jan Jonker Apartments
Route 1
B&B P.O. Box 21511, 183 Jan Jonker Road, Windhoek, Tel. 061-221236, Fax 061-238794, e-mail: janjonker@namib.com, ab 100 N$ p.P.

Jay Jay's Hotel
Route 5

Postadresse: P.O. Box 835, Swakopmund, Tel. 064-402909, Anfahrt: Swakopmund 8 Brückenstraße, Preise: DZ 70 N$. Sonstiges: 25 Betten, Parkplatz, englisch.

June's Place B&B
Route 1

P.O. Box 20276, Nelson Mandela Avenue, Windhoek, Tel. 061-226054, Fax 061-221950, ab 75 N$ p.P.

Kaisosi River Lodge
Route 13

Postadresse: P.O. Box 599, Rundu, Tel. 067-255265, Fax 067-256566, Anfahrt: Rundu – D3402 (6 km) – Stichstraße (2 km), Preise: DZ 250 N$. Sonstiges: 25 Betten, Stellplätze.

Kalahari Game Lodge
Route 2a

Postadresse: P.O. Box 22, Koes, Tel. 06662-3112 (Grenslyn 3112 verlangen), Fax 06662-3103 (Grenslyn 3103 verlangen), Anfahrt: Gochas – C15 (170 km), Preise: DZ 150 N$ p.P., Stellplatz 40 N$ p.P. Sonstiges: 8 Chalets, 10 Stellplätze, Schwimmbad, von Anfang Mai bis Ende August nur für Jäger, nicht für normale Touristen, englisch. Landebahn: 25°38'S, 19°52'E

Kalahari Hotel
Route 2a

Postadresse: P.O. Box 1042, Koes, Tel. 0632532-14, Anreise: Koes, Preise: DZ 100 N$ p.P. inkl. Frühstück. Sonstiges: 10 Betten, charmant-einfaches Hotel, englisch.

Kalahari Sands Hotel
Route 1

Postadresse: P.O. Box 2254, Windhoek, Tel. 061-222300, Fax 061-222260, e-mail: ksands@namib.com, Anfahrt: Windhoek, Independence Avenue, Preise: DZ 570 N$ inkl.Frühstück. Sonstiges: 400 Betten, Schwimmbad, Parkplatz, Luxushotel mit Kasino (und damit wenig Gewinner und viele Verlierer im Foyer), englisch.

Kaliombo Safari Lodge
Route 8

Postadresse: P.O. Box 442, Swakopmund, Tel. 064-404561, Fax 064-404561, e-mail: sunrisetours@iafrica.com.na, Anreise: Wilhelmstal – B2 nach W (5 km) – Farmstraße (4 km), Preise: 300 N$ p.P. inkl. Vollpension und Campingsafari. Sonstiges: Permanentes Luxuszeltcamp mit 8 Betten und en-suite-Bädern, Campingsafaris, deutsch.

Kalizo Lodge
Route 13

Postadresse: P.O. Box 70378, Bryanston 2021. South Africa, Tel. 0027-11-7067207, Fax 0027-11-7067207, Anfahrt: Katima Mulilo – B8 nach SO (15 km) – Piste nach NO Richtung Kalimbeza (25 km) – Piste nach links (5 km) , Preise: DZ 390 N$ inkl. Vollpension und Aktivitäten, Stellplatz 22,50 N$ p.P. Sonstiges: 20 Betten, Stellplätze, Luxuslodge am Ufer des Zambezi, englisch.

Kalkfontein Gästefarm
Route 13+13b

Postadresse: P.O. Box 686, Gootfontein, Tel. 067-243731, Fax 061-243516, Anfahrt: Grootfontein B8 nach N (13 km), Preise: DZ 120 N$ p.P. inkl. Frühstück. Sonstiges: 20 Betten, für den, der sich gerne anhört, das man es eigentlich garnicht nötig hätte, eine Gästefarm zu betreiben, deutsch.

Kalkfontein Hotel
Route 3a+3b

Postadresse: P.O. Box 205, Tel. 063-270023, Fax 063-270172, Anfahrt: Karasburg, Preise: DZ 200 N$. Sonstiges: 50 Betten, englisch.

Kalkrand Hotel
Route 1

Postadresse: P.O. Box 43, Kalkrand, Tel. 063-264098, Fax 063-264098, Anfahrt: Kalkrand, Preise: DZ 120 N$. Sonstiges: 5 Betten, englisch.

Kamab Gästefarm
Route 14

Postadresse: P.O. Box 3873, Windhoek, Tel. 062-503708, Fax 062-503708, Anreise: Windhoek – B6 (75 km) – Seeis – D1502 (13 km) – MR53 (50 km) – Farmstraße, Preise: DZ 390 N$ p.P. Vollpension. Sonstiges: 10 Betten, Pool, deutsch.

Kansimba Gästefarm
Route 8

Postadresse: P.O. Box 23556, Windhoek, Tel. 0621-503966, Fax 0621-503967, e-mail: kansimba@new.co.za, Anreise: Wilhelmstal – B2 nach W (9 km) – Farmstraße (13 km), Preise: DZ 250 N$ p.P. inkl. Vollpension. Sonstiges: 20 Betten,

	Schwimmbad, auch Jagdfarm, Fotosafaris, deutsch. Landebahn: 22°02'S, 16°10'E
Kapps Hotel Route 4	Postadresse: P.O Box 100, Lüderitz, Tel. 063-202345, Fax 063-202402, Anfahrt: Lüderitz, Preise: DZ 250 N$ p.p. inkl. Frühstück. Sonstiges: 40 Betten, englisch.
Kapps Farm Hotel Route 14	Postadresse: P.O. Box 5470, Windhoek, Tel. 061-234763, Fax 061-234763, Anfahrt: Windhoek – B6 (15 km), Preise: DZ 250 N$ inkl. Frühstück. Sonstiges: 10 Betten, deutsch.
Karen's Attic Route 5	B&B P.O. Box 2148, Post Street, Swakopmund, Tel. 064-403057, Bett ab 35 N$
Karivo Gästefarm Route 14	Postadresse: P.O. Box 11420, Windhoek, Tel. 061-560028, Fax 061-560028, Anfahrt: Windhoek B6 (53 km) – D1502 (16 km) – Straße 53 nach NO (16 km), Preise: DZ 300 N$ p.P. inkl. Vollpension. Sonstiges: 10 Betten, Schwimmbad, deutsch.
Kaudom Rastlager Route 13b	Postadresse: Buchung über das staatliche zentrale Reservierungsbüro in Windhoek, Anfahrt: Tsumkwe – Kaudom-Tierreservat, Preise: Einfache Hütten 100 N$ (4 Betten), Zeltplatz 80 N$, Eintritt 10 N$ p.P. und Fahrzeug. Sonstiges: Alles, aber auch wirklich alles ist mitzubringen, mindestens zwei geländegängige Fahrzeuge (ohne Anhänger!!!) notwendig, Proviant und Wasser für mindestens 3 Tage, englisch.
Kavango Lodge Route 13	Postadresse: P.O. Box 634, Rundu, Tel. 067-255244, Fax 067-255013, e-mail: kavlodge@tsu.namib.com, Anfahrt: Rundu, Preise: DZ 220 N$ inkl. Frühstück. Sonstiges: 20 Betten, mitten in Rundu, kein Restaurant, englisch.
Kavita Lion Lodge (früher Karros Gästefarm) Route 10	Postadresse: P.O. Box 118, Kamanjab, Tel. 06552-1430 (nach 1430 verlangen), Fax 061-226999, e-mail: , e-mail: logufa@namib.com, Anfahrt: Kamanjab – C35 nach N (36 km) – P2684 (5 km), Preise: DZ 395 N$ p.P. inkl. Vollpension. Sonstiges: 15 Betten, Schwimmbad, deutsch, organisierte Fahrten ins Kaokoveld, Mitglied der The Afri-Leo Foundation, die sich dem Schutz der namibischen Löwen verschrieben hat.
Kayengona Rastlager (N'Kwazi Campsite) Route 13	Postadresse: P.O. Box 50150, Windhoek, Tel. 067-255467, Fax 067-255467, e-mail: nkwazi@iafrica.com.na, Anfahrt: Rundu – D3402 (13 km) – Stichstraße (3 km), Preise: DZ 240 N$ inkl. Frühstück. Sonstiges: 30 Betten, Kanufahrten, Schwimmbad, englisch.
Keetmanshoop Zeltplatz, Route 2+2a+3	Postadresse: Stadtverwaltung, P.O. Box 2125, Tel. 063-223316, Fax 063-223818, Anfahrt: Keetmanshoop, Preise: 10 N$ Stellplatz, 10 N$ p.P. und 10 N$ p. Fahrzeug. Sonstiges: Städtischer Zeltplatz in der Stadt, englisch.
Khan Rivier Lodge Route 8	Postadresse: P.O. Box 278, Okahandja, Tel. 062-503883, Fax 062-503884, e-mail: gwneef@iafrica.com.na, Anfahrt: Wilhelmstal – Piste nach N/NO (4 km) – Piste nach NW (5 km) – Piste (11 km), Preise: DZ 385 N$ p.P. Vollpension. Sonstiges: 10 Betten, Schwimmbad, eine grüne Oase unter deutscher Leitung, sehr angenehm.
Khorab Safari Lodge Route 7	Postadresse: P.O. Box 186, Otavi, Tel. 067-234352, Fax 067-234352, Anreise: Otavi – B1 nach S (3 km), Preise: DZ 195 N$ p.P. inkl. Frühstück. Sonstiges: 20 Betten, Schwimmbad, grüne Oase, deutsch, Landebahn: 19°38'S, 17°18'E

**Khorixas
Rastlager**
Route 8+9

Postadresse: P.O. Box 2, Khorixas, Tel. 067-331111, Fax 067-331388, e-mail: khorixas@iwwn.com.na, Anreise: Khorixas – C39 nach W (2 km), Preise: DZ 200 N$ p.P., Stellplatz 30 N$ p.P. Sonstiges: 80 Betten, 50 Stellplätze, Schwimmbad, englisch.

**Khowarib
Zeltplatz /
Nacobta
Projekt**
Route 10

Postadresse: Keine Postadresse verfügbar, Anfahrt: Palmwag – D3706 nach N (75 km) – Stichpiste (3 km), Preise: Einfache Hütte 30 N$ (2 Betten), Stellplatz zwischen 20 und 80 N$, und 10 N$ p.P. Sonstiges: Toiletten, Buschduschen, englisch. Reservierung: Keine Reservierung möglich, einfach auftauchen. Sonstiges: Keine Einkaufsmöglichkeit, Reitausflüge, Eselskarrenfahrten, traditionelle Tanzvorführungen, von lokalen Leuten geführt, auf dem Weg befindet sich das Anmire Traditional Village (800 m von der Hauptstraße).

**Klein-Aus
Vista Rastlager**
Route 4

Postadresse: P.O. Box 25, Aus, Tel. 063-258102, Fax 061-272828, Anfahrt: Aus – B4 nach W (2 km), Preise: Chalet in der Geisterschlucht 60 N$ p.P., HP 120 N$ p.P., Stellplatz 40 N$ und 5 N$ p.P. Sonstiges: 2 Chalets in der Einsamkeit und herrlich gelegen, Reitausflüge, englisch.

**Kleines
Heim Pension**
Route 1

Postadresse: P.O. Box 22605, Windhoek, Tel. 061-248200, Fax 061-248203, e-mail: kleiheim@iafrica.com.na, Anfahrt: Windhoek, Volans Street, Preise: DZ 520 N$ inkl.Frühstück. Sonstiges: 25 Betten, um einen netten Innenhof gelegene Zimmer, das Hauptgebäude wurde 1911 vom Architekten Sander entworfen, viele südafrikanische Geschäftsleute, englisch.

**Kolb's
Guesthouse**
Route 5

B&B P.O. Box 708, 36 Roon Street, Swakopmund, Tel. 064-405888, DZ 120 N$

Konkiep Lapa Rastlager
Route 2

Postadresse: P.O. Box 133, Bethanie, Tel. 063-283151, Anfahrt: Bethanie – C14 nach N (35 km), Preise: Hütte 180 N$ (4 Personen), Stellplatz 50 N$. Sonstiges: Schwimmbad, Kiosk, viele Freizeitmöglichkeiten (4x4-Trails, Wanderungen, Nachtfahrten etc.), englisch.

Kratzplatz
Route 4

B&B P.O. Box 885, 5 Nachtigall Street, Lüderitz, Tel. 063-202458, Bett ab 75 N$

**Kreuz des
Südens
Pension**
Route 7+13a

Postadresse: P.O. Box 130, Tsumeb, Tel. 067-221005, Fax 067-221067, Anfahrt: Tsumeb, 3rd Street, Preise: DZ 100 N$ p.P. inkl. Frühstück. Sonstiges: 6 Betten, Schwimmbad, deutsch.

Kriess-serus Zeltplatz
Route 5

Postadresse: Buchung über das staatliche zentrale Reservierungsbüro in Windhoek oder in Swakopmund im Büro des Ministry of Environment and Tourism, Ritterburg, Bismarck/Ecke Kaiser Wilhelm Street oder am Wochenende in Swakopmund bei der Hans-Kriess-Garage, Kaiser Wilhelm Street und in Walvis Bay bei der Suidwes-Garage., Anfahrt: Namib-Naukluft-Park, Namib-Teil, Preise: Stellplatz 70 N$ und 10 N$ p.P. und Fahrzeug. Sonstiges: Kein Wasser und kein Feuerholz verfügbar, die gekennzeichneten Wege dürfen nicht verlassen werden.

**Krosch's
Guesthouse**
Route 5

B&B P.O. Box 887, 13 Schlosser Street, Swakopmund, Tel. 064-402520, DZ 135 N$

**Kuiseb
Brücke Zeltplatz**
Route 1+5

Postadresse: Buchung über das staatliche zentrale Reservierungsbüro in Windhoek oder in Swakopmund im Büro des Ministry of Environment and Tourism, Ritterburg, Bismarck/Ecke Kaiser Wilhelm Street, oder am Wochenende in Swakopmund bei der Hans-Kriess-Garage, Kaiser Wilhelm Street und in Walvis Bay bei der Suidwes-Garage., Anfahrt: Namib-Naukluft-Park, Namib-Teil, Preise: Stellplatz 70 N$ und 10 N$ p.P. und Fahrzeug. Sonstiges: Kein Wasser und kein

Liste der Unterkünfte

Feuerholz verfügbar, die gekennzeichneten Wege dürfen nicht verlassen werden.

Kukuri Centre
Route 7+8

B&B P.O. Box 376, am nördl. Stadtrand, Okahandja, Tel. 062-503280, Zimmer ab 45 N$ p.p.

Kulala Lodge
Route 2

Postadresse: P.O. Box 6784, Windhoek, Tel. 063-293234, Fax 063-293235, e-mail: kulala@iwwn.com, Anfahrt: Sesriem – D826 (20 km) – Farmstraße (14 km), Preise: 640 N$ p.P. inkl. Halbpension. Sonstiges: 24 Betten, schöne Lage aber heillos überteuert, englisch. Landepiste: 24°40'S, 15°48'E, Höhe 2500 ft, Rwy 090/270

Kunene River Lodge
Route 10

Postadresse: P.O. Box 643, Ondangwa, Tel. 06756-40820, Fax 06756-40820, Anreise: Ruacana – D3700 nach W (60 km), Preise: Bungalow 160 N$ (2 Personen), Stellplatz 20 N$ p.p. Sonstiges: Kleines Restaurant, direkt am Kunene, Wildwasserfahrten, englisch.

Kunene Village Rest Camp
Route 10

Postadresse: P.O. Box 94, Opuwo, Tel. 065-240820, Fax 065-240820, Anreise: Opuwo 2 km Richtung Sesfontein nach W, Preise: Bungalow 100 N$ (2 Personen), Stellplatz 50 N$. Sonstiges: Rastlager mit Bar, von lokalen Leuten gemacht, englisch.

Kupferberg Gästefarm
Route 13

Postadresse: P.O. Box 255, Otavi, Tel. 067-231132, Anfahrt: Otavi – B8 (25 km), Preise: DZ 300 N$ p.P. inkl. Halbpension und Farmrundfahrt. Sonstiges: 10 Betten, Schwimmbad, deutsch.

Kuzikus Game Farm
Route 14

Postadresse: Postfach 13112, Windhoek, Tel. 061-573100, Fax 061-225000, Anfahrt: Dordabis – C23 (55 km) – D1423 (19 km) – Farmstraße (18 km), Preise: DZ 500 N$ p.P. inkl. Vollpension. Sonstiges: 10 Betten, Schwimmbad, deutsch.

Lafenis Rastlager
Route 3

Postadresse: P.O. Box 827, Keetmanshoop, Tel. 063-224316, Fax 063-224314, Anfahrt: Keetmanshoop – B1 nach S (3 km), Preise: DZ 200 N$, Zeltplatz 20 N$ p.P. und 20 N$ p. Fahrzeug. Sonstiges: Hinter einer Tankstelle mit relativ viel Lkw-Verkehr, Wandermöglichkeiten, englisch.

Lagoon Chalets
Route 5

Postadresse: P.O. Box 2318, Walvis Bay, Tel. 064-207151, Fax 064-207469, Anfahrt: 7th Road, Walvis Bay, Preise: 200 N$ (4 Personen). Sonstiges: Eingerichtete Chalets, englisch.

Lala Panzi Guest Lodge
Route 13

Postadresse: P.O. Box 229, Grootfontein, Tel. 067-243648, Fax 067-243648, Anfahrt: Grootfontein, B8 nach S (5 km), Preise: DZ 250 N$ inkl. Frühstück, Stellplatz 20 N$ p.P. Sonstiges: 10 Betten, englisch.

The Langholm Hotel Garni
Route 5

Postadresse: P.O. Box 2631, Walvis bay, Tel. 064-207666, Fax 064-209430, e-mail: langholm@iafrica.com.na, Anfahrt: 24 Second Street, Walvis Bay, Preise: DZ 290 N$ inkl. Frühstück. Sonstiges: 24 Betten, englisch.

Langstrand Zeltplatz
Route 5

Postadresse: P.O. Box 1796, Walvis Bay, Tel. 064-203134, Fax 064-209714, Anfahrt: Walvis Bay – B2 (21 km), Preise: Stellplatz und 5 N$ p.P. Sonstiges: 105 Stellplätze, englisch.

La Rochelle Gästefarm
Route 13a

Postadresse: P.O. Box 194, Tsumeb, Tel. 067-221326, Fax 067-220760, Anfahrt: Tsumeb – Straße 75 (38 km) – Farmpiste (6 km), Preise: DZ 175 DM p.P. inkl. Vollpension. Sonstiges: 15 Betten, Schwimmbad, hauptsächlich Jagdfarm, deutsch, Landebahn: Höhe 3900 ft, Länge 1500 m, S18°58'787 E17°51'295, Rwy 09/27, Gravel.

La Valleé Tranquille Route 2	Postadresse: P.O. Box 112, Maltahöhe, Tel. 0668-1140 (Maltahöhe 1140 verlangen), Fax 063-293261, e-mail: tranquille@natron.net, Anfahrt: Maltahöhe - C14 nach S (60 km), Preise: DZ 350 N$ p.P. Halppension. Sonstiges: 12 Betten, Schwimmbad, fanzösisch/deutsch.
Leopard Lodge Route 14	Postadresse: P.O. Box 90049, Okanjanga, Tel. 062-540409, Fax 062-540409, Anreise: Windhoek – B6 (22 km) – Straße B6 (13 km) – D2102 (35 km) – Farmstraße (2 km), Preise: DZ 250 N$ p.P. inkl. Vollpension. Sonstiges: 10 Betten, Schwimmbad, auch Jagdfarm, Reiten, Bogenschießen, Tennis, Fotosafaris, englisch.
Levo Guesthouse Route 5	Postadresse: P.O. Box 1860, Walvis Bay, Tel. 064-207555, Anfahrt: Walvis Bay – B2 (21 km), Preise: DZ ab 175 N$. Sonstiges: 20 Betten, der Besitzer macht äußerst schöne und erlebnisreiche, empfehlenswerte Kreuzfahrten in der Bucht, deutsch.
Lianshulu Lodge Route 13	Postadresse: P.O. Box 6850, Windhoek, Tel. 061-214744, Fax 061-214746, e-mail: mirages@iwwn.com.na, Anfahrt: Katima Mulilo – B8 nach W (110 km) – D3511 (37 km), Preise: 400 N$ p.P. Vollpension mit Beobachtungsfahrten. Sonstiges: Einzige, in einem Nationalpark gelegene Lodge in Namibia, Schwimmbad, Touren mit Wagen und Boot.
Littlest Angel Guesthouse Route 1	B&B P.O. Box 30953, 106 Jan Jonker Road, Windhoek, Tel. 061-231639, Fax 061-231639, DZ 160 N$
Lizenstein Gästehaus Route 8+12a	Postadresse: P.O. Box 20, Uis, Tel. 064-504052, Fax 064-504052, Anfahrt: Uis Myn, Preise: DZ 120 N$ p.P. inkl. Frühstück, Stellplatz 20 N$ p.P. Sonstiges: 6 Betten, einfache Zimmer, Toilette mit Einblick vom Zeltplatz, englisch.
Lüderitz Guesthouse Route 4	B&B P.O. Box 97, Tel. 063-203347, Fax 063-203163, Lüderitz, DZ 175 N$ inkl. Frühstück.
Lüderitz Zeltplatz Route 4	Postadresse: Buchung über das zentrale staatliche Reservierungsbüro in Windhoek oder vor Ort, Anfahrt: Lüderitz (Haifischinsel), Preise: Zeltplatz 60 N$ (8 Personen). Sonstiges: Saubere Sanitäreinrichtungen, keine Einkaufsmöglichkeit, einige VIP-Bungalows (siehe Buchung), englisch.
Makalani Hotel Route 7+13a	Postadresse: P.O. Box 27, Tsumeb, Tel. 067-221051, Fax 067-221575, Anfahrt: Tsumeb, Preise: DZ 230 N$ inkl. Frühstück. Sonstiges: 30 Betten, englisch.
Makuri Campsite/ Nacobta Projekt Route 13b	Postadresse: Keine Postadresse verfügbar, Anfahrt: Tsumkwe – C44 nach O (24 km) – Straße nach Gam SO (8 km) – Piste nach W (1,5 km), Preise: Stellplatz 10 N$ p.P. Sonstiges: Einsames Camp, Handpumpe.
Maltahöhe Hotel Route 1	Postadresse: P.O. Box 20, Maltahöhe, Tel. 063-293013, Fax 063-293133, Anfahrt: Maltahöhe, Preise: DZ 120 N$ p.P. inkl. Frühstück. Sonstiges: 40 Betten, Schwimmbad, deutsch.
Marie's Place, Route 1	B&B P.O. Box 6406, 156 Diaz Street, Tel. 061-251787, Fax 061-252128, Windhoek, DZ ab 50 N$ p.P. inkl. Frühstück.

Liste der Unterkünfte

Mariental Postadresse: P.O. Box 619, Mariental, Tel. 063-242466, Fax 063-242493, An-
Hotel fahrt: Mariental, Preise: DZ 370 N$ inkl. Frühstück. Sonstiges: 24 Betten,
Route Schwimmbad, deutsch.
1+2+2a

Matador Postadresse: P.O. Box 214, Okahandja, Tel. 062-503428, Fax 062-504142, An-
Gästefarm fahrt: Okahandja – B1 nach N (45 km), Preise: DZ 250 N$ p.P. inkl. Vollpension.
Route 7 Sonstiges: 10 Betten, Schwimmbad, deutsch.

Matemba s.u. Ombujomatemba Gästefarm
Gästefarm

M'Butu Postadresse: P.O. Box 1389, Otjiwarongo, Tel. 067-304095, Anfahrt: Okahandja
Lodge – B1 nach N (110 km) – D2483 (28 km) – Farmstraße (14 km), Preise: DZ 240 N$
Route 7 p.P. inkl. Frühstück. Sonstiges: 10 Betten, Schwimmbad, deutsch.

Mermaid Postadresse: P.O. Box 1763, Walvis Bay, Tel. 064-206212, Anfahrt: Walvis Bay,
Hotel Preise: DZ 150 N$ p.P. inkl. Frühstück. Sonstiges: 25 Betten, Parkplätze, eng-
Route 5 lisch.

Meteor Hotel Postadresse: P.O. Box 346, Grootfontein, Tel. 067-242078, Fax 067-243072, An-
Route fahrt: Grootfontein, Preise: DZ 275 N$ p.P. inkl. Frühstück. Sonstiges: 40 Betten,
13+13a+13b englisch.

Midgard Postadresse: P.O. Box 16, Windhoek, Tel. 062-503888, Fax 062-503818, An-
Lodge fahrt: Windhoek – B6 (20 km) – Straße 53 (15 km) – D2102 (55 km) – Farmstra-
Route 14 ße (500 m), Preise: DZ 480 N$ inkl. aller Mahlzeiten. Sonstiges: 80 Betten,
Schwimmbad, englisch.

Mile 4 Zelt- s. Swakopmund Mile 4 Zeltplatz.
platz

Mile 14 Zelt- Postadresse: Buchung über das staatliche zentrale Reservierungsbüro in Wind-
platz hoek oder in Swakopmund im Büro des Ministry of Environment and Tourism, Rit-
Route 12 terburg, Bismarck/Ecke Kaiser Wilhelm Street., Anfahrt: Swakopmund – C34 (20
km), Preise: Stellplatz 70 N$ (8 Personen). Sonstiges: Alle Ausrüstung ist mitzu-
bringen.

Mile 72 Zelt- Postadresse: Buchung über das staatliche zentrale Reservierungsbüro in Wind-
platz hoek oder in Swakopmund im Büro des Ministry of Environment and Tourism, Rit-
Route 12 terburg, Bismarck/Ecke Kaiser Wilhelm Street, Anfahrt: Swakopmund – C34 (100
km), Preise: Stellplatz 60 N$ (8 Personen). Sonstiges: Alle Ausrüstung ist mitzu-
bringen, Tankstelle.

Mile 108 Postadresse: Buchung über das staatliche zentrale Reservierungsbüro in Wind-
Zeltplatz hoek oder in Swakopmund im Büro des Ministry of Environment and Tourism, Rit-
Route 12 terburg, Bismarck/Ecke Kaiser Wilhelm Street., Anfahrt: Swakopmund – C34
(156 km), Preise: Stellplatz 60 N$ (8 Personen). Sonstiges: Alle Ausrüstung ist
mitzubringen, Tankstelle (12–15 Uhr geschlossen!!).

Minen Hotel Postadresse: P.O. Box 244, Tsumeb, Tel. 067-221071, Fax 067-221750, Anfahrt:
Route 7+13a Tsumeb, Preise: DZ 150 N$ p. P. inkl. Frühstück. Sonstiges: 80 Betten, Park-
platz, deutsche Küche (Schlachtplatte mit Sauerkraut), deutsch, angenehme
Terasse, Treffpunkt des Ortes.

Mirabib Zelt- Postadresse: Buchung über das staatliche zentrale Reservierungsbüro in Wind-
platz hoek oder in Swakopmund im Büro des Ministry of Environment and Tourism, Rit-
Route 5 terburg, Bismarck/Ecke Kaiser Wilhelm Street oder am Wochenende in
Swakopmund bei der Hans-Kriess-Garage, Kaiser Wilhelm Street und in Walvis

	Bay bei der Suidwes-Garage., Anfahrt: Namib-Naukluft-Park, Namib-Teil, Preise: Stellplatz 70 N$ und 10 N$ p.P. und Fahrzeug. Sonstiges: Kein Wasser und kein Feuerholz verfügbar, die gekennzeichneten Wege dürfen nicht verlassen werden.
Mokuti Lodge Route 7	Postadresse: P.O. Box 403, Tsumeb, Tel. 067-229085, Fax 067-229091, e-mail: mokuti@tsumeb.namib.com, Anfahrt: Etosha National Park Osttor – C38 Nach O (0,5 km), Preise: DZ 650 N$ p.P. inkl. Frühstück. Sonstiges: 236 Betten, Schwimmbad, Reitmöglichkeit, englisch.
Mon Desir Gästefarm Route 7	Postadresse: P.O. Box 767, Otjiwarongo, Tel. 067-303873, Fax 067-303874, Anfahrt: Otjiwarongo – B1 nach S (40 km) – Farmstraße (18 km), Preise: DZ 295 N$ p.P. inkl. Vollpension. Sonstiges: 10 Betten, Schwimmbad, deutsch.
Moni Hotel-Pension Route 1	Postadresse: P.O. Box 2805, Windhoek, Tel. 061-228350, Fax 061-227124, e-mail: moni@iwwn.com.na, Anfahrt: Windhoek, Rieks van der Walt Street, Preise: DZ 260 N$ inkl. Frühstück. Sonstiges: 20 Betten, Schwimmbad, Parkplatz, deutsch.
Moringa Gästefarm Route 8	Postadresse: P.O. Box 65, Okahandja, Tel. 062-503872, Fax 062-503872, Anfahrt: Okahandja – B2 (44 km) – Farmstraße (20 km), Preise: DZ 300 N$ p.P. Vollpension. Sonstiges: 11 Betten, Schwimmbad, Tierbeobachtungsfahrten, deutsch.
Mount Lieven Safari Ranch Route 8	Postadresse: P.O. Box 66, Okahandja, Tel. 064-550848, Fax 061-234470, Anfahrt: Okahandja – B2 (59 km) – D1967 (32 km) – Farmpiste (10 km), Preise: DZ 150 DM p.P. Vollpension. Sonstiges: 12 Betten, Schwimmbad, Reiten, Fitnessraum, Freeclimbing, deutsch, Landepiste: Höhe 975 m, Länge 1000 m, S22°19' E16°18', Rwy 06/24, Gravel.
Mountain View Game Lodge Route 14	Postadresse: P.O. Box 9061, Windhoek, Tel. 061-560008, Fax 061-560009, Anfahrt: Dordabis – C23 nach S (6 km) – D1482 (19 km) – Farmstraße (7 km), Preise: DZ 280 N$ p.P. inkl. Vollpension. Sonstiges: 9 Betten, Schwimmbad, deutsch.
Mount Etjo Safari Lodge Route 7+8a	Postadresse: P.O. Box 81, Kalkfeld, Tel. 067-290175, Fax 067-290172, Anfahrt: Otjiwarongo – B1 nach S (64 km) – D2483 (43 km), Preise: DZ 610 N$ inkl. Halbpension. Sonstiges: 61 Betten, Schwimmbad, hauptsächlich auf große Reisegruppen ausgerichtet (Individualbuchungen schwierig), englisch.
Mount Karas Game Lodge Route 3	Postadresse: P.O. Box 691, Keetmanshoop, Tel. 063-225158, Fax 063-225158, e-mail: mtkaras@namibiaweb.com, Anfahrt: Keetmanshoop – B1 nach S (80 km) – Straße 26 (55 km) – D259 (5 km), Preise: DZ 140 N$ p.P. inkl. Frühstück. Sonstiges: 28 Betten, Schwimmbad, englisch/deutsch.
Münsterland Gästefarm Route 8	Postadresse: Holiday Flat Services, P.O. Box 276, Swakopmund, Tel. 064-405442, Fax 064-404826, Anfahrt: Outjo – C39 nach W (23 km), Preise: Bungalow für 4 Personen 300 N$. Sonstiges: Ein Bungalow über dem Uchab Rivier, herrlich gelegen, Mindestaufenthalt 3 Tage, Vorausbuchung obligatorisch, deutsch.
Muramba Bushman Trails Route 7	Postadresse: P.O. Box 689, Tsumeb, Tel. 067-220659, Fax 067-259914, e-mail: bushman@natron.net, Anfahrt: Tsumeb – C75 (64 km) – Tsintsabis – D3016 (6 km), Preise: Traditionelle Buschmann-Hütte mit 2 Betten 200 N$, Stellplatz 20 N$ p.P. Sonstiges: 5 Hütten, 6 Stellplätze, Selbstversorgung, Mahlzeiten können angemeldet werden, geführte Tageswanderung (150 N$ inkl. Mittagessen) durch den Busch mit Herrn Friederich, einem absoluten Buschmann-Experten, einer der wenigen, der auch fließend ihre Sprache spricht, nur nach Voranmeldung anfahren, deutsch.

Liste der Unterkünfte

Mushara Lodge
Route 7+11
Postadresse: P.O. Box 1814, Tsumeb, Tel. 064-229106, Fax 067-229107, Anfahrt: Von Lindequist Gate (Osttor Etosha) – C38 nach O (10 m) – Farmpiste (1 km), Preise: DZ 400 N$ p.P. inkl. Halbpension. Sonstiges: 20 Betten, Schwimmbad, deutsch.

Nakambale Museum Rastlager
Route 11
Postadresse: P.O. Box 2018, Ondangwa, Tel. 06758-84622, Anfahrt: Ondangwa – B1 2 km Richtung Tsumeb (Onjipa Turn-off), dann 2 km nach West, Preise: Hütte 45 N$ p.P., Stellplatz 25 N$ p.P. Sonstiges: Einfache Hütten, Stellplätze.

Namatubis Gästefarm
Route 7
Postadresse: P.O. Box 467, Outjo, Tel. 067-313061, Fax 067-313061, e-mail: logufa@namib.com, Anfahrt: Outjo – C38 nach N (15 km), Preise: 310 N$ p.P. inkl. Vollpension. Sonstiges: 20 Betten, Schwimmbad, Reitmöglichkeit, englisch.

Namibgrens Rastlager
Route 1
Postadresse: Postfach 21587, Windhoek, Tel. 062-572021, Fax 061-234345, e-mail: rabie@namibnet.com, Anfahrt: Solitaire – C14 nach NW (9 km) – D1275 (37 km), Preise: DZ 200 N$ inkl. Frühstück. Sonstiges: 10 Betten, mehrtägige Wanderungen möglich, englisch. Landepiste: Höhe 6000 ft, Länge 900 m, S23-35 E16-16, Rwy 07/25, Gravel.

Namib Naukluft Lodge
Route 1
Postadresse: P.O. Box 22028, Windhoek, Tel. 061-263086, Fax 061-215356, e-mail: afex@afex.com.na, Anfahrt: Solitaire – Straße 36 (20 km), Preise: DZ 355 N$ p.P. inkl. Frühstück. Sonstiges: 30 Betten, Schwimmbad, englisch. Landebahn: 23°59'S, 15°56'E

Namib Rastlager
Route 1
Postadresse: P.O. Box 1075, Swakopmund, Tel. 063-293376, Fax 063-293377, Anfahrt: Rehoboth – B1 nach S (2 km) – C24 (89 km) – D1275 (52 km) – C14 nach S (9 km) – Solitaire – Straße 36 nach S (27 km), Preise: DZ 290 N$ p.P. inkl. Vollpension. Sonstiges: 24 Betten, Schwimmbad, englisch, keine Kreditkarten, Landebahn: 24°05'S, 15°53'E

Namib Sky Camp (Mwisho Camp)
Route 2
Postadresse: P.O. Box 5197, Windhoek, Tel. 063-293233, Fax 063-293241, e-mail: namibsky@iwwn.com.na, Anfahrt: Maltahöhe – C14 nach S (3 km) – Straße 36 (112 km) – D845 (15 km) – Farmstraße, Preise: DZ 325 N$ p.P. inkl. Vollpension, der halbstündige Ballonflug kostet 1390 N$ p.P. extra (allerdings mit Frühstück). Sonstiges: 8 Betten (Luxuszelte mit Bad), auf dem Gelände der NamibRand Game Ranch, englisch.

Namib Wüste Farmstall
Route 8
Postadresse: P.O. Box 196, Usakos, Tel. 064-530283, Anreise: Usakos am Stadtausgang Richtung Swakopmund, Preise: Einfache Hütte (2 Personen) 170 N$ inkl. Frühstück. Sonstiges: 14 Betten, Schwimmbad, Verkauf selbsterzeugter Marmelade, Biltong, englisch.

Namseb Rastlager
Route 1
Postadresse: P.O. Box 76, Maltahöhe, Tel. 063-293166, Fax 063-293157, e-mail: eden@iwwn.com.na, Anfahrt: Maltahöhe – Farmstraße (17 km), Preise: DZ 160 N$ p.P. Inkl. Frühstück. Sonstiges: 56 Betten, Schwimmbad, englisch.

Namtib Gästefarm
Route 4a
Postadresse: P.O. Box 19, Aus, Tel. 0638-6640 (Helmeringhausen 6640 verlangen), e-mail: namtib@natron.net, Anfahrt: Aus – B4 nach O (3 km) – C13 nach N (55 km) – D707 (45 km) – Stichstraße (15 km), Preise: DZ 230 N$ p.P. inkl. Vollpension. Sonstiges: 10 Betten, Schwimmbad, keine Kreditkarten, ausgesprochen angenehme und familiäre Betreuung der Gäste, deutsch.

Namushasha Lodge
Route 13
Postadresse: P.O. Box 5810, Windhoek, Tel. 061-240315, Fax 061-240315, e-mail: namsha@iwwn.com.na, Anfahrt: Katima Mulilo – B8 nach W (110 km) – D3511 (18 km), Preise: 500 N$ p.P. Vollpension mit Beobachtungsfahrten. Sonstiges: 20 Betten, englisch.

Namutoni Rastlager Route 7	Postadresse: Buchung über das staatliche zentrale Reservierungsbüro in Windhoek, Anfahrt: Etosha-Nationalpark, Preise: DZ ab 190 N$, Stellplatz 130 N$ (8 Personen), Eintritt in den Etosha-Nationalpark 30 N$ p.P. und 10 N$ p. Fahrzeug. Sonstiges: Schwimmbad, englisch. Öffnungszeiten: Das Lager muß vor Sonnenuntergang erreicht sein und darf vor Sonnenaufgang nicht verlassen werden, Landebahn: 18°48'S 16°58'O, Höhe 3800 ft, Länge 1000 m (Gravel), Rwy 16/34 und Länge 1000 m (Gravel), Rwy 08/26.
Naukluft Rastlager Route 1	Postadresse: Buchung über das staatliche zentrale Reservierungsbüro in Windhoek, Anfahrt: Namib-Naukluft-Park, Naukluft-Teil, Preise: Stellplatz 80 N$ (8 Personen) und 10 N$ p.P. und Fahrzeug. Sonstiges: 8 Stellplätze (maximale Verweildauer 3 Tage), Tageswanderung möglich, keine Versorgungsmöglichkeit, englisch.
Ndhovu Safari Lodge Route 13	Postadresse: P.O Box 559, Swakopmund, Tel: 064-403141, Fax 064-403142, e-mail: lvincent@iafrica.com,na, Anfahrt: Rundu – B8 nach O (198 km) – Bagani – D3403 (18 km) – Farmstraße (2 km), Preise: DZ 500 N$ inkl. Frühstück. Sonstiges: 12 Betten, Schwimmbad, englisch.
Neisip Rastlager Route 4a	Postadresse: P.O. Box 9, Aus, Tel. 0638-6602, Anfahrt: Aus – C13 nach N (55 km), Preise: Stellplatz 20 N$ und 15 N$ p.P. Sonstiges: 6 Zeltplätze, Restaurant (nach Voranmeldung auch Lunch), Laden, englisch.
Nest Hotel Route 4	Postadresse: P.O. Box 690, Lüderitz, Tel. 063-204000, Fax 063-204001, e-mail: nest@ldz.namib.com, Anfahrt: Lüderitz, Preise: DZ 520 N$ inkl. Frühstück. Sonstiges: 140 Betten, Luxushotel direkt am Meer, Schwimmbad, deutsch.
Neuhoff Route 1	B&B Tel. 0668-5130 (Namgorab 5130 verlangen), Zimmer ab 100 N$
Ngandu Safari Lodge Route 13	Postadresse: P.O. Box 19, Rundu, Tel. 067-256724, Fax 067-256726, e-mail: ngandu@tsu.namib.com, Anfahrt: Rundu, Preise: DZ 220 N$. Sonstiges: 12 Betten, am Hang mit Blick auf den Fluß, englisch.
Ngatutunge Pamwe Campsite Route 10b	Postadresse: Keine Postadresse verfügbar, Anfahrt: Sesfontein – Schwierige Piste (100 km), Preise: 20 N$ p.P. Sonstiges: 5 Stellplätze jeweils mit eigenen Duschen und WC, englisch.
Ngepi Camp Route 13	Postadresse: P.O. Box 5140, Divundu, Tel. ++267-660599, Fax ++267-660581 (Audicamp Botswana), Anfahrt: Divundu – nach S (14 km) – Stichpiste (4 km), Preise: Stellplatz 25 N$. Sonstiges: Am Okavango, Kanufahrten, Restaurant.
Niedersachsen Gästefarm Route 5	Postadresse: P.O. Box 3636, Windhoek, Tel. 062-572200, Fax 061-242934, e-mail: niedersachsen@natron.net, Anfahrt: Windhoek – B1 nach S (7 km) – C26 (36 km) – D1982 (118 km), Preise: DZ 360 N$ p.P. inkl. Vollpension. Sonstiges: 10 Betten, deutsch.
Nkwasi Lodge Route 13	Postadresse: P.O. Box 313, Rundu, Tel. 067-242054, Fax 067-242058, e-mail: nkwazi@iafrica.com.na, Anfahrt: Rundu – D3402 (13 km) – Stichstraße (4 km), Preise: DZ 460 N$ inkl. Frühstück. Sonstiges: 10 Betten, Reitmöglichkeit, Kanufahrten, Schwimmbad, englisch.
Nkwasi Lodge Route 13	Postadresse: P.O. Box 313, Rundu, Tel. 067-242054, Fax 067-242058, e-mail: nkwazi@iafrica.com.na, Anfahrt: Rundu - D3402 (13 km) - Stichstraße (4 km), Preise: DZ 460 N$ inkl. Frühstück. Sonstiges: 10 Betten, Reitmöglichkeit, Kanufahrten, Schwimmbad, englisch.

Liste der Unterkünfte

N'Kwazi Campsite
S.u. Kayengona Rastlager

Nomtsas Gästefarm
Route 1
Postadresse: P.O. Box 12, Maltahöhe, Tel. 063-293460, Fax 063-293461, Anreise: Maltahöhe - C14 nach N (50 km), Preise: DZ 120 N$ p.P. inkl. Frühstück, Stellplatz 25 N$. Sonstiges: 6 Betten, Schwimmbad, englisch.

Nonidas Burghotel
Route 8c
Postadresse: P.O. Box 1423, Swakopmund, Tel. 064-400384, Fax 064-400384, Anfahrt: Swakopmund - B2 nach O (9 km), Preise: DZ 250 N$ p.P. Sonstiges: 20 Betten, gute Küche, in der alten Burg Nonidas mit Blick über den Swakop, deutsch.

Nord Hotel
Route 13+13a+13b
Postadresse: P.O. Box 168, Grootfontein, Tel. 067-242049, Fax 067-242049, Anfahrt: Grootfontein, Preise: DZ 150 N$ inkl. Frühstück . Sonstiges: 20 Betten, englisch.

Nubib Adventures Rastlager
Route 2
Postadresse: Keine Postadresse verfügbar, Tel. 061-240817, Fax 061-240818, Anfahrt: Sesriem - D826 nach S (80 km), Preise: Stellplatz 15 N$ p.P., Bett ab 50 N$. Sonstiges: Einfaches Rastlager, Dünenwanderungen, englisch.

Oanob Resort
Route 1
Postadresse: P.O. Box 3381, Rehoboth, Tel. 062-522370, Fax 062-524112, , e-mail: oanob@namib.com, Anfahrt: Rehoboth - B1 nach N (3 km) - D1237 (6 km) - Farmstraße (2 km), Preise: Eintritt 5 N$ p.P., Stellplatz 50 N$, Bungalow 400 N$ (4 Personen). Sonstiges: 10 Stellplätze, Restaurant, Sportmöglichkeiten, englisch.

Oas Rastlager
Route 3a+3b
Postadresse: P.O. Box 4, Karasburg, Tel. 06342-4321 (Stinkdoring 4321 verlangen), Anfahrt: Karasburg - C11 (82 km) - Farmstraße (2 km), Preise: Hütte 200 N$ (max. 6 Personen). Sonstiges: 12 Betten, einfachste Unterkunft, englisch.

Oase Garni Guest Hou.
Route 9
B&B P.O. Box 94, Kamanjab, Tel. 067-330032, Fax 067-330032, DZ 110 N$ p.P. inkl. Frühstück.

Oase Gästefarm
Route 7
Postadresse: P.O. Box 1661, Otjiwarongo, Tel. 0658-14222 (Okaputa 14222 verlangen), Fax 0658-14222 (Okaputa 14222 verlangen), Anfahrt: Otjiwarongo - B1 nach N (50 km) - D2804 (41 km) - Farmstraße (6 km), Preise: DZ 300 N$ p.P. inkl. Vollpension. Sonstiges: 10 Betten, Schwimmbad, deutsch.

Ohakane Guest House
Route 10
Postadresse: P.O. Box 8, Opuwo, Tel. 065-273031, Fax 065-273025, e-mail: johans@iafrica.com.na, Anfahrt: Opuwo, Preise: DZ 230 N$ p.P. inkl. Frühstück. Sonstiges: 20 Betten, Schwimmbad, Restaurant, Klimaanlage, englisch.

Ohlsenhagen Gästefarm
Route 14
Postadresse: P.O. Box 434, Gobabis, Tel. 062-562330, Fax 062-563536, e-mail: hildebrand@swissonline.ch, Anfahrt: Gobabis - B6 nach O (4 km) - C22 nach N (21 km), Preise: DZ 320 N$ p.P. inkl. Vollpension. Sonstiges: 10 Betten, Schwimmbad, deutsch. Landebahn: 22°17'S, 09°01'E

Okahandja Hotel
Route 7
Postadresse: P.O. Box 26, Okahandja, Tel. 062-501099, Anfahrt: Okahandja, Preise: DZ ohne Bad 100 N$. Sonstiges: 20 Betten, einfachstes Hotel mitten in der Stadt, öffentl. Bar angeschlossen, englisch.

Okahandja Rastlager
Route 7
Postadresse: P.O. Box 282, Okahandja, Tel. 062-504086, Anfahrt: Okahandja, Preise: Rondavel 90 N$ (2 Personen), Stellplatz 20 N$ und 10 N$ p.P. Sonstiges: 5 einfache Rondavels, am Ortsausgang, englisch.

Liste der Unterkünfte

Okakambe Trails
Route 8c
Postadresse: P.O. Box 1668, Swakopmund, Tel. 064-402799, Fax 064-402799, Anfahrt: Swakopmund - B2 (9 km), Preise: DZ 90 N$ p.p. inkl. Frühstück. Sonstiges: 12 Betten, schöne Reitausflüge (1 Stunde bis mehrtägig), Reitkurse, deutsch.

Okambara Country Lodge
Route 14
Postadresse: P.O. Box 11864, Windhoek, Tel. 061-560217, Fax 061-560217, e-mail: okambara@t-online.de, Anfahrt: Windhoek - B6 (100 km) - D1808 (15 km) - D1800 (6 km) - Farmstraße (8 km), Preise: DZ 600 N$ p.P. inkl. Vollpension, Tierbeobachtung, Reiten etc. Sonstiges: 10 Betten, Schwimmbad, Reiten, Wanderungen, deutsch.

Okapuka Ranch
Route 7
Postadresse: P.O. Box 5955, Windhoek, Tel. 061-234607, Fax 061-234690, Anfahrt: Windhoek - B1 nach N (27 km) - Farmstraße (1 km), Preise: DZ 240 N$ p.P. inkl. Frühstück. Sonstiges: 36 Betten, Luxuslodge mit Löwenfütterung, ein 4x4 Trail mit Zeltcamps wurde angelegt, Schwimmbad, Tennisplatz, deutsch.

Okarohombo Camp Site/Nacobta Projekt
Route 10b
Postadresse: Keine Postadresse verfügbar, Anfahrt: Okongwati - Schwierige Piste (169 km), Preise: 20 N$ p.p. Sonstiges: 5 Stellflächen mit privaten Toiletten und Duschen, von Himba geführt.

Okatjuru Guest Farm
Route 7
Postadresse: P.O. Box 207, Okahandja, Tel. 062-502297, Fax 062-503236, Anfahrt: Okahandja - B1 nach N (8 km) - C31 (107 km) - D2166 (6 km), Preise: DZ 250 N$. Sonstiges: 8 Betten, auch Jagdfarm, deutsch.

Okaukuejo Rastlager
Route 7
Postadresse: Buchung über das staatliche zentrale Reservierungsbüro in Windhoek, Anfahrt: Etosha-Nationalpark, Preise: DZ ab 220 N$, Stellplatz 130 N$ (8 Personen), Eintritt in den Etosha-Nationalpark 30 N$ p.P. und 10 N$ p. Fahrzeug. Sonstiges: Schwimmbad, englisch. Öffnungszeiten: Das Lager muß vor Sonnenuntergang erreicht sein und darf vor Sonnenaufgang nicht verlassen werden. Landbahn: 19°10'S, 15°56'O, Höhe 3820 ft, Länge1200 m (Gravel), Rwy 05/23 und Länge 1370 m (Gravel), Rwy 09/27

Okatore Lodge
Route 6
Postadresse: P.O. Box 2868, Windhoek, Tel. 061-232840, Fax 061-232840, e-mail: okatore@iafrica.com, Anfahrt: Windhoek - C28 (34 km) - D1958 (16 km) - D1420 (19 km), Preise: DZ 350 N$ p.P. inkl. Vollpension. Sonstiges: 25 Betten, Schwimmbad, Tennis, deutsch.

Okave Club
Route 11
Postadresse: P.O. Box 1483, Oshakati, Tel. 06751-20892, Fax 06751-20892, Anfahrt: Bei der Funkstation in Oshakati, Preise: DZ 140 N$ p.P. inkl. Frühstück. Sonstiges: 10 Betten, englisch.

Okomitundu Gästefarm, Rte. 8
Postadresse: P.O. Box 285, Okahandja, Tel. 061-253992, Fax 061-221919, e-mail: okomitundu@iwwn.com.na, Anfahrt: Okahandja - B2 (51 km) - D1967 (35 km), Preise: DZ 300 N$ p.P. Sonstiges: 10 Betten, Schwimmbad, deutsch.

Okowiruru Süd
Route 14
Postadresse: P.O. Box 6885, Windhoek, Tel. 062-549080, Anfahrt: Seeis - D1502 (16 km) - Straße 53 (67 km) - D2166 (21 km) - D2170 (13 km) - Farmpiste (7 km), Preise: 100 DM p.P. inkl. Vollpension. Sonstiges: 5 Betten, Biopool, Farmurlaub in Familie, deutsch.

Okondjou Zeltplatz / Nacobta Projekt
Route 10
Postadresse: Keine Postadresse verfügbar, Anfahrt: Palmwag - D3706 nach N (84 km), Preise: 20 N$ p.p. Sonstiges: Einfache Hütten, Toiletten, englisch, über dem Ort Warmbad, Reservierung: Keine Reservierung möglich, einfach auftauchen.

Liste der Unterkünfte

Okonjima Lodge
Route 7
Postadresse: P.O. Box 793, Otjiwarongo, Tel. 067-304563, Fax 067-304565, e-mail: africat@iwwn.com.na, Anfahrt: Otjiwarongo - B1 nach S (47 km) - D2515 (6 km) - Stichstraße (19 km), Preise: DZ 800-1000 N$ p.P. inkl. Vollpension. Sonstiges: 20 Betten, Schwimmbad, englisch, keine Kinder erlaubt, Leopardenfütterung Landebahn: 20°51'S, 16°38'E, Höhe 5500 ft, Länge 1500 m (Gravel).

Okosongoro Safari Ranch
Route 8a
Postadresse: P.O. Box 324, Omaruru, Tel. 067-290170, Fax 067-290170 (abends), Anfahrt: Omaruru - C33 nach N (36 km), Preise: DZ 320 N$ p.P. inkl. Vollpension. Sonstiges: 8 Betten, deutsch, Landebahn: 21°07'S, 16°05'E

Omarunga Camp
Route 10a
Postadresse: P.O. Box 27, Kamanjab, Tel. 067-330220, Fax 061-257123, Anfahrt: Epupa, Preise: 250 N$ p.P. im Zelt inkl. Vollpension, alle Getränke und Rundfahrten. Sonstiges: 14 Betten, direkt am Kunene und bei den Fällen unter Palmen gelegen, Luxuscamp, deutsch.
Landepiste: Höhe 2500 ft, Länge 800 m, S 17°00,90, E 13°12,90, Rwy 33/15

Omaruru Game Lodge
Route 8a
Postadresse: P.O. Box 208, Omaruru, Tel. 064-570044, Fax 064-570134, Anfahrt: Omaruru - C33 nach N (1 km) - D2329 (15 km), Preise: DZ 500 N$ inkl. Frühstück. Sonstiges: 47 Betten, Schwimmbad, englisch.

Omaruru Rastlager
Route 8a
Postadresse: P.O. Box 400, Omaruru, Tel. 064-570516, Anfahrt: Omaruru, Preise: DZ 40 N$ p.P., Stellplatz 15 N$ p.P.

Omashare River Lodge
Route 13
Postadresse: P.O. Box 294, Rundu, Tel. 067-256101, Fax 067-256111, Anfahrt: Rundu, Preise: DZ 320 N$, 30 Betten, englisch; einzige Möglichkeit in Rundu, auch spät nachts noch ein Zimmer zu bekommen.

Omatako Valley Rest Camp/Nacobta Projekt
Route 13b
Postadresse: Keine Postadresse verfügbar, Anfahrt: Grootfontein - B8 nach N (56 km) - C44 nach O (96 km), Preise: Hütte 10 N$ p.P. , Stellplatz 10 N$ p.P. Sonstiges: Einfaches Lager von lokalen Leuten betrieben, Reitausflüge, englisch.

Ombeamateia Gästefarm
Route 7
Postadresse: P.O. Box 237, Okahandja, Tel. 062-549023, Fax 062-549029, e-mail: sandfeld@iwwn.com.na, Anfahrt: Okahandja - B1 nach N (8 km) - C31 Piste nach O (126 km), Preise: DZ 240 N$ p.P. inkl. Frühstück, Stellplatz 20 N$. Sonstiges: 10 Betten, keine Kreditkarten, deutsch.

Ombinda Country Lodge
Route 7
Postadresse: P.O. Box 326, Outjo, Tel. 067-313181, Fax 067-313478, Anfahrt: Outjo - C38 nach S (1 km), Preise: DZ 300 N$. inkl. Frühstück, Zeltplatz 20 N$ p.P. Sonstiges: 42 Betten, Schwimmbad, englisch.
Landebahn: 20°05'S, 16°08'E, Höhe 4344 ft, Länge 1800 m

Ombujomatemba Gästefarm
Route 7a
Postadresse: P.O. Box 2402, Otjiwarongo, Tel. 067-302470, Fax 067-302470, e-mail: hassenpflug@iwwn.com.na, Anfahrt: Otjiwarongo - B1 nach S (30 km) - C 22 nach O (50 km) - Farmpiste (1 km), Preise: DZ 140 N$ p.P. inkl. Frühstück. Sonstiges: 6 Betten, familiäres Farmleben, deutsch.

Omburo Gesundheitsfarm
Route 8a
Postadresse: P.O. Box 138, Omaruru, Tel. 081-1291140, fax 081-1250114, Anfahrt: Omaruru - D2328 (28 km), Preise: DZ 145 DM p.P. inkl. Vollpension und Nutzung der Gesundheitseinrichtungen. Sonstiges: 20 Betten, Gymnastik, Massagen, Schwimmbad, Spaziergänge, Pauschalangebote für 10-tägiges Kurprogramm, deutsch.

Ombundja Wildlife Lodge
Route 9

Postadresse: P.O. Box 318, Outjo, Tel. 061-228257, Fax 061-220103, e-mail: ombundja@aol.com, Anfahrt: Outjo - C38 nach N (10 km) - C40 (45 km), Preise: DZ 420 N$ p.P. inkl. Vollpension. Sonstiges: Schwimmbad, auch Jagdfarm, deutsch.

Omuti Guesthouse
Route 1

B&B P.O. Box 30801, 94 Nelson Mandela Street, Windhoek, Tel. 061-259093, DZ 180 N$

Omitara Hotel
Route 14

Postadresse: P.O. Box 641, Omitara, Tel. 062-560220, Fax 062-560220, Anreise: Omitara, Preise: DZ 100 N$ p.P. inkl. Frühstück. Sonstiges: 10 Betten, Parkplatz, englisch.

Omumborombonga Camp

s.u. Rustig Gästefarm

Ondangwa Restcamp
Route 11

Postadresse: Keine Postadresse verfügbar, Tel. 065-240310, Anfahrt: Beim Zentrum der First National Bank in Ondangwa, Preise: Stellplatz 25 N$. Sonstiges: Einfaches Rastlager, Restaurant, englisch.

Ondekaremba Gästefarm
Route 14

Postadresse: P.O. Box 5468, Windhoek, Tel. 0626-40424, Fax 0626-40424, Anfahrt: Windhoek - B6 (36 km) - Farmstraße (4 km), Preise: DZ 280 N$ p.P. inkl. Vollpension. Sonstiges: 10 Betten, Schwimmbad, deutsch.

Ondombo-West Jagd- und Gästefarm
Route 8a

Postadresse: P.O. Box 19, Kalkfeld, Tel. 067-290179, Fax 067-290179, Anfahrt: Omaruru - C33 nach N (45 km) - D2338 (1 km), Preise: 180 N$ inkl. Frühstück. Sonstiges: 6 Betten, Schwimmbad, auch Jagdfarm, deutsch.

Onduri Hotel
Route 7

Postadresse: P.O. Box 14, Outjo, Tel. 067-313405, Fax 067-313408, Anfahrt: Outjo, Preise: DZ 250 ohne Frühstück. Sonstiges: 90 Betten, englisch.

Onduruquea Lodge
Route 8a

Postadresse: P.O. Box 38, Omaruru, Tel. 081-1281403, Fax 061-225363, Anfahrt: Omaruru - C33 nach S (22 km), Preise: DZ 250 N$ p.P. inkl. Frühstück. Sonstiges: Riedgedeckte Bugalows, Schwimmbad, deutsch.

Onganda Gästehaus
Route 1

B&B, P.O. Box 11193, Herbst Street, Windhoek, Tel. 061-227212, Fax 061-248661, DZ 130 N$ p.P. inkl. Frühstück.

Ongava Lodge
Route 7

Postadresse: P.O. Box 6850, Windhoek, Tel. 061-226174, Fax 061-239455, e-mail: fransdur@nts.com.na, Anfahrt: Outjo - C38 nach N (88 km) - Farmstraße (7 km), Preise: DZ 1200 N$ p.P. inkl. aller Mahlzeiten und Wildführung. Sonstiges: 20 Betten, Schwimmbad, deutsch, Landepiste: Höhe 3774 ft, Länge 1700 m, S19°19'73'' E15°54'90'', Rwy 08/26, Gravel.

Ongongo Zeltplatz / Nacobta Projekt
Route 10

Postadresse: Keine Postadresse verfügbar, Anfahrt: Palmwag - D3706 nach N (84 km) - Stichpiste (6 km), Preise: 20 N$ p.P. Sonstiges: Einfache Hütten, Toiletten, englisch, am Ongongo Wasserfall (warme Quellen), Reservierung: Keine Reservierung möglich, einfach auftauchen.

Open Sky
Route 13

Postadresse: Keine Postadresse verfügbar, Reservierung: Keine Reservierung notwendig, Anfahrt: Rundu - B8 nach O (393 km), Preise: 20 N$ p.P. Sonstiges: Einfacher Zeltplatz.

Liste der Unterkünfte 205

Oropoko Lodge
Route 8
Postadresse: P.O. Box 726, Okahandja, Tel. 062-503871, Fax 062-503842, e-mail: olympia@iafrica.com.na, Anfahrt: Okahandja - B2 (42 km) - Stichstraße (18 km), Preise: DZ 640 N$ inkl. Frühstück und Wildfahrten. Sonstiges: 50 Betten, einzigartige Lage, beheiztes Schwimmbad, sehr gutes Restaurant, angenehme Atmosphäre, Fly-in-Safaris an die Skelettküste, deutsch.

Oshandira Lodge
Route 11
Postadresse: P.O. Box 958, Oshakati, Tel. 06751-20433, Fax 06751-21189, Anreise: Oshakati, Beim Hospital, Preise: DZ 250 N$ inkl. Frühstück. Sonstiges: 40 Betten, Schwimmbad, englisch.

Otavi Gardens Hotel
Route 7+13
Postadresse: P.O. Box 11, Otavi, Tel. 067-234333, Fax 067-234336, Anfahrt: Otavi, Preise: 180 N$ p.P. inkl. Frühstück. Sonstiges: 25 Betten, englisch.

Otavi Rastlager
Route 7+13
Postadresse: Stadtverwaltung, P.O. Box 59, Otavi, Tel. 067-234022, Fax 067-234236, Anfahrt: Otavi, Preise: Bungalow 100 N$ und 20 N$ p.P., Stellplatz 20 N$ und 20 N$ p.P. Sonstiges: 24 Betten, 10 Stellplätze, englisch.

Otjandaue Gästefarm
Route 8a
Postadresse: P.O. Box 44, Omaruru, Tel. 081-1281203, Fax 064-570481, Anfahrt: Omaruru - D2328 zwischen der Dampfbäckerei und dem Souvenirladen (19 km), Preise: DZ 350 N$ p.P. inkl. Vollpension. Sonstiges: 12 Betten, Schwimmbad, auch Jagdfarm, deutsch.

Otjibamba Lodge
Route 7
Postadresse: P.O. Box 510, Otjiwarongo, Tel. 067-303133, Fax 067-304561, Anfahrt: Otjiwarongo - B1 (6 km), Preise: DZ 390 N$ inkl. Frühstück. Sonstiges: 40 Betten, Schwimmbad, bekanntes Restaurant, englisch und deutsch.

Otjikoko Gästefarm
Route 8a
Postadresse: P.O. Box 404, Omaruru, Tel. 064-570364, Fax 064-570365, Anfahrt: Omaruru - C33 (2 km) - D2329 (45 km), Preise: DZ 400 N$ p.P. inkl. Vollpension. Sonstiges: 12 Betten, Schwimmbad, englisch.

Otjimbuku Gästefarm
Route 7
Postadresse: P.O. Box 765, Okahandja, Tel. 062-549060, Anfahrt: Okahandja - B1 nach N (10 km) - C31 nach O (68 km) - Straße 59 nach NO (38 km) - D2128 (5 km), Preise: DZ 225 N$ p.P. inkl. Vollpension. Sonstiges: 6 Betten, deutsch.

Otjiruze Gästefarm
Route 7
Postadresse: P.O. Box 297, Okahandja, Tel. 062-503719, Fax 062-503719, e-mail: discovaf@iafrica.com.na, Anfahrt: Okahandja - D2101 (27 km) - Farmstraße nach links (13 km), Preise: DZ 420 N$ inkl. Vollpension, Stellplatz 30 N$ p.P. Sonstiges: 16 Betten, Schwimmbad, Tennisplatz, auch Jagdfarm, deutsch.

Otjisazu Gästefarm
Route 7+8
Postadresse: P.O. Box 149, Okahandja, Tel. 062-501259, Fax 062-501323, e-mail: michael7@iafrica.com.na, Anfahrt: Okahandja - D2102 (27 km), Preise: DZ 500 N$ p.P. inkl. Vollpension. Sonstiges: 26 Betten, Schwimmbad in einem sehr schönen Garten gelegen, auch Jagdfarm, deutsch.

Otjitambi Gästefarm
Route 9
Postadresse: P.O. Box 1231 Otjiwarongo, Tel. 06548-4602 (Otjikondo 4602 verlangen), Anfahrt: Kamanjab - C40 (47 km) - D3246 (7 km), Preise: 350 N$ p.P. inkl. Vollpension. Sonstiges: 13 Betten, Schwimmbad, Thermalquelle, Kleinflugzeug, deutsch.

Otjitotongwe Lodge
Route 9
Postadresse: P.O. Box 60, Kamanjab, Tel. 067-330201, Fax 067-330201, e-mail: cheetah@natron.net, Anfahrt: Kamanjab - C40 nach O (24 km) - Farmpiste (8 km), Preise: DZ 300 N$ p.P. inkl. Frühstück. Sonstiges: 10 Betten, hochgelobte Farm mit zahmen und wilden Geparden, deutsch.

Otjiva Game Ranch
Route 7
Postadresse: P.O. Box 1231, Otjiwarongo, Tel. 067-302665, Fax 067-302668, Anfahrt: Otjiwarongo - B1 nach S (36 km) - Farmstraße (2,5 km), Preise: DZ 260 N$. Sonstiges: 73 Betten, viel Großwild, mehrstündige Wanderwege, Schwimmbad, englisch.

Otjiwarongo Rent-a-room Route 7+7a	**B&B** P.O. Box 100, Bahnhofstraße, Otjiwarongo, Tel. 067-302517, Fax 067-304803, DZ 120 N$
Otjiwarongo Bed & Breakfast Route 7+7a	**B&B** P.O. Box 107, 21 Industria Avenue, Otjiwarongo, Tel. 067-302616, Fax 067-302616, DZ 90 N$ p.P. inkl. Frühstück.
Otjiwarongo Zeltplatz Route 7+7a	Postadresse: Stadtverwaltung, P.O. Box 2209, Otjiwarongo, Tel. 067-303461, Fax 067-302098, Anfahrt: Otjiwarongo, Preise: Stellplatz 4,50 N$ p.P. Sonstiges: 6 Stellplätze, englisch.
Out of Africa Route 7+7a	**B&B** P.O. Box 182, 94 Tuin Street, Otjiwarongo, Tel. 067-303397, Fax 067-303397, DZ 162 N$ p.P. inkl. Frühstück
Ovita Game Lodge Route 7	Postadresse: P.O. Box 104, Okahandja, Tel. 062-503881, Fax 062-503882, Anfahrt: Okahandja - B1 nach N (4 km) - D2110 (50 km) - D2121 (20 km), Preise: DZ 390 N$ p.P. inkl. Vollpension. Sonstiges: 10 Betten, Schwimmbad, Wanderwege, deutsch.
Ozombanda Gästefarm Route 8	Postadresse: P.O. Box 449, Okahandja, Tel. 062-503870, Fax 062-503996, , e-mail: ozombanda@natron.net, Anfahrt: Okahandja - B2 nach W (30 km) - Farmpiste 3 km, Preise: DZ 300 N$ p.P. inkl. Frühstück. Sonstiges: 6 Betten, Schwimmbad, auch Jagdfarm, deutsch.
Palmquell Hotel-Pension, Route 1	Postadresse: P.O. Box 6143, Windhoek, Tel. 061-234374, Fax 061-234483, Anfahrt: 60 Jan Jonker Road, Preise: 200 N$ p.P. inkl. Frühstück. Sonstiges: 20 Betten, deutsch.
Palmwag Lodge Route 10+12	Postadresse: P.O. Box 339, Swakopmund, Tel. 064-404459, Fax 064-404664, e-mail: dassaf@iafrica.com.na, Anfahrt: Khorixas - C39 (155 km) - D3706 (6 km), Preise: DZ 260 N$ p.P., Stellplatz 35 N$ p.P. Sonstiges: 25 Betten, 5 Stellplätze, Schwimmbad, manchmal kommen die Elefanten bis ans Camp, deutsch. Landebahn: 19°52'S, 13°56'E
Panorama Camping Site Route 2a	Postadresse: P.O. Box 378, Keetmanshoop, Tel. 0628-11303 (11303 verlangen), Fax 063-223944, Anfahrt: Keetmanshoop - Straße 29 (14 km) - C17 (26 km), Preise: 25 N$ p.P. Sonstiges: Stellflächen mit Kiosk, Fischfossilien in der Umgebung.
Penduka „Wake up" Route 1	Postadresse: P.O. Box 62601, Windhoek, Tel. 061-257210, Fax 061-257210, e-mail: penduka@namib.com, Anfahrt: Goreangab Damm, Katutura (Shuttle-Service), Preise: Bett ab 30 N$, Bungalow 140 N$ (2 Personen). Sonstiges: Geleitet von einem Frauenprojekt gegen Arbeitslosigkeit, Restaurant, englisch.
Popa-Fälle Rastlager Route 13	Postadresse: Buchung über das staatliche zentrale Reservierungsbüro in Windhoek, Anfahrt: Rundu - B8 nach O (198 km) - D3403 (5 km), Preise: Hütten 180 N$ (4 Betten), Stellplatz 80 N$, Eintritt 10 N$ p.P. und Fahrzeug. Sonstiges: Einlaß von Sonnenauf- bis Sonnenuntergang, englisch.
Pot-Pourri Inn, Route 1	**B&B** 67 Plato Street, Windhoek, Tel. 061-255022, Bett ab 75 N$
Prinzessin-Rupprecht-Heim Hotel-Pens., Rte 5	Postadresse: P.O. Box 124, Swakopmund, Tel. 064-402231, Fax 064-402019, Anfahrt: Swakopmund, Preise: DZ 250 N$ inkl. Frühstück. Sonstiges: 35 Betten, deutsch.

Promenaden Heights
Route 1

B&B P.O. Box 861, 9b Promenaden Road, Windhoek, Tel. 061-223169, Fax 61-239382, e-mail: core@iwwn.com.na, DZ 120 N$

Prospect Guestfarm
Route 1

Postadresse: P.O. Box 3383, Windhoek, Tel. 061-234441, Fax 061-234441, e-mail: pgbostel@iafrica.com, Anfahrt: Windhoek - C26 (45 km) - Farmstraße (2 km), Preise: DZ 300 N$ p.P. inkl. Frühstück. Sonstiges: 7 Betten, Schwimmbad, englisch.

Protea Lodge
Route 5

Postadresse: P.O. Box30, Walvis Bay, Tel. 064-209560, Fax 064-209565, bay@iafrica.com.na, Anfahrt: 10th Road, Ecke Sam Nujoma Drive Walvis Bay, Preise: DZ 325 N$ inkl. Frühstück. Sonstiges: 50 Betten, südafrik. Hotelkette, englisch.

Puccini Hostel, Route 1

B&B 4 Puccini Street, Windhoek, Tel. 061-236355, Fax 061-236355, das Bett ab 30 N$

Punyu International Hotel
Route 11

Postadresse: P.O. Box 247, Ondangwa, Tel. 065-240556, Fax 065-240660, Anfahrt: Ondangwa, Main Road, Preise: DZ 150 N$ p.P. inkl. Frühstück. Sonstiges: 50 Betten, Parkplatz, englisch.

Punyu Touristik Zeltplatz
Route 7+13a

Postadresse: P.O. Box 1497, Tsumeb, Tel. 067-221996, Fax 067-221996, Anfahrt: Tsumeb, am südlichen Stadtausgang, Preise: Stellfläche 40 N$ (6 Personen). Sonstiges: Abgezäuntes, bewachtes Gelände.

Purros Zeltplatz / Nacobta Projekt
Route 10b

Postadresse: Keine Postadresse verfügbar, Anfahrt: Purros, Preise: 20 N$ p.P. Sonstiges: Toiletten und Duschen mit warmem Wasser für jeden Stellplatz, im Uferwald, schön und sauber, von Himba geführt.

Quivertree Forest Rastlager
Route 2

Postadresse: P.O. Box 262, Keetmanshoop, Tel. 063-222835, Fax 063-223963, Anfahrt: Straße 29 (15 km), Preise: DZ 250 N$ inkl. Frühstück, Stellplatz 20 N$ p.P. und Fahrzeug. Sonstiges: 16 Betten, Restaurant, englisch.

Rapmund Hotel-Pension
Route 5

Postadresse: P.O. Box 425, Swakopmund, Tel. 064-402035, Fax 064-404524, Anfahrt: Swakopmund, Preise: DZ 120 N$ p.P. inkl. Frühstück. Sonstiges: 50 Betten, deutsch.

Reho Spa Rastlager
Route 1

Postadresse: Buchung über das zentrale staatliche Reservierungsbüro in Windhoek, Anfahrt: Rehoboth, Preise: Rasthaus (4 Betten) 170 N$, Stellplatz (8 Personen) 80 N$. Sonstiges: Thermalbad mit Innen- und Außenbecken, englisch. Öffnungszeiten: Bei Reservierung Eintritt jederzeit, das Lager darf aber zwischen 23 und 7 Uhr nicht verlassen werden.

Reit-Club
Route 7

Postadresse: P.O. Box 425, Okahandja, Tel. 062-501678, Anfahrt: Okahandja, Preise: 70 N$ p.P. Sonstiges: 3 Zimmer mit Gemeinschaftsbad, einfach, aber sauber, deutsch.

Rest-a-while Guesthouse
Route 1

B&B P.O. Box 999, 7 Love Street, Windhoek, Tel. 061-227770, Fax 061-248852, DZ 180 N$

Rio Monte Hotel
Route 1

Postadresse: P.O Box 3257, Rehoboth, Tel. 062-523871, Fax 062-523871, Anfahrt: Bahnhof Street, Rehoboth, Preise: DZ 70 N$ p.P. Sonstiges: 20 Betten, einfache Unterkunft, lauter Barbetrieb, englisch.

Riverside Guesthouse
Route 1

B&B P.O. Box 3257, 7 Veronica Street, Windhoek, Tel. 061-233500, DZ 80 N$

Rix Guesthouse
Route 1

B&B P.O. Box 1011, 19 Schäfer Street, Windhoek, Tel. 061231090, Fax 061-231090, DZ 180 N$

R&L Gästefarm
Route 8a

Postadresse: P.O. Box 170, Omaruru, Tel. 081-1273040, Fax 081-1273040, Anfahrt: Karibib - C33 (42 km), Preise: 350 N$ p.P. inkl. Vollpension. Sonstiges: 10 Betten, Schwimmbad, auch Jagdfarm, deutsch.

the Rock Lodge
Route 8

Postadresse: P.O. Box 1297, Okahandja, Tel. 062-503840, Fax 062-503170, Anfahrt: Okahandja - B2 nach W (12 km), Preise: DZ 235 N$ p.P. inkl. Halbpension. Sonstiges: 32 Betten, Schwimmbad, Lodge ist hübsch in eine felsige Landschaft eingepaßt, Konferenzräume, englisch.

Rooisand Desert Ranch
Route 1

Postadresse: P.O. Box 2106, Windhoek, Tel. 061-572119, Fax 064-207497 (z.Hd. 533), e-mail: eden@iwwn.com.na, Anfahrt: Windhoek - B1 nach S (7km) - C26 (158 km), Preise: DZ 300 N$ p.P. inkl. Vollpension. Sonstiges: 10 Betten, Schwimmbad, englisch. Landebahn: 23°17'S, 16°06'E

Rostock Ritz Lodge
Route 1

Postadresse: P.O. Box 536, Swakopmund, Tel. 064-403622, Fax 064-403623, e-mail: kuecki@iwwn.com.na, Anfahrt: Solitaire - C14 nach N (46 km) - Farmpiste (5 km), Preise: DZ 250 N$ p.P. inkl. Halbpension. Sonstiges: 44 Betten, deutsch.

Roswitha's B&B
Route 1

B&B P.O. Box 30044, 63 Fritsche Street, Windhoek, Tel. 061-242622, Fax 061-225629, DZ 150 N$

Royal Hotel (früher Tukker's Tavern)
Route 1

Postadresse: P.O. Box 5374, Windhoek, Tel. 061-223249, Fax 061-227698, Anfahrt: Ausspannplatz, Windhoek, Preise: DZ 150 N$, Bett 30 N$ (Mehrbettzimmer). Sonstiges: Einfaches Hotel.

Roy's Camp
Route 13

Postadresse: P.O. Box 755, Grootfontein, Tel. 067-240302, Fax 067-242759, e-mail: logufa@namib.com, Anfahrt: Grootfontein - B8 nach N (56 km), Preise: Bungalow 290 N$ (2 Personen), Stellfläche 25 N$ p.P. Sonstiges: Nettes Rastlager auf dem Weg nach Rundu, englisch.

Rundu Service Center Gästehaus
Route 13

Postadresse: P.O. Box 383, Rundu, Tel. 067-255787, Anfahrt: Rundu, Shell Tankstelle, Preise: DZ 200 N$. Sonstiges: 10 Betten, direkt an der B8 gelegen.

Rustig Gästefarm
Route 10

Postadresse: P.O. Box 25, Kamanjab, Tel. 067-330250, Fax 067-330045, e-mail: eden@iwwn.com.na, Anfahrt: Kamajab - C35 nach N (7 km) - D2763 (13 km) - D2695 (6 km), Preise: DZ 380 N$ p.P. Halbpension. Sonstiges: 10 Betten, Schwimmbad, deutsch.

Sachsenheim Gästefarm
Route 11

Postadresse: P.O. Box 1713, Tsumeb, Tel. 067-230011, Fax 067-230072, Anfahrt: Tsumeb - B1 nach N (80 km) - Farmstraße (1,5 km), Preise: DZ 170 N$ p.P. inkl. Frühstück, Stellplatz 5 N$ und 20 N$ p.P. Sonstiges: 22 Betten, 3 Stellplätze, deutsch.

Liste der Unterkünfte 209

Safari Hotel
Route 1
Postadresse: P.O. Box 3900, Windhoek, Tel. 061-240240, Fax 061-235652, e-mail: safari@iwwn.com.na, Anfahrt: Windhoek, Eros Flughafen, Preise: DZ 400 N$ inkl.Frühstück. Sonstiges: 900 Betten, Schwimmbad, Parkplatz, viele Reisegruppen, englisch.

Sams Giardino House
Route 5
Postadresse: P.O. Box 1401, Swakopmund, Tel. 064-403210, Fax 064-403210, e-mail: samsart@iafrica.com.na, Anfahrt: Südring, Swakopmund, Preise: DZ 220 N$ inkl. Frühstück. Sonstiges: 20 Betten, deutsch.

Sandberg Hotel
Route 1
Postadresse: P.O. Box 12, Mariental, Tel. 063-242291, Fax 063-242291, Anfahrt: Mariental, Preise: DZ 250 N$ inkl. Frühstück. Sonstiges: 25 Betten, Schwimmbad, deutsch.

Santorini Inn
Route 11
Postadresse: P.O. Box 5569, Oshakati, Tel. 065-220457, Fax 065-220506, e-mail: santorini@osh.namib.com, Anfahrt: Oshakati, Preise: DZ 165 N$ p.P. Sonstiges: 40 Betten, Schwimmbad, angenehmer als das Intl. Guesthouse, deutsch.

Sarasungu Lodge
Route 13
Postadresse: P.O. Box 414, Rundu, Tel. 067-255161, Fax 067-256238, e-mail: sarasungu@tsu.namib.com, Anfahrt: Rundu - D3402 (500 m) - Stichstraße (2 km), Preise: DZ 360 N$ inkl. Frühstück. Sonstiges: 16 Betten. Stellplätze mit Feuerstelle, Schwimmbad, deutsch/portugiesisch.

Saturn Gästefarm
Route 8
Postadresse: P.O. Box 1595, Otjiwarongo, Tel. 067-303658, Fax 067-303615, e-mail: otjtc@iafrica.com, Anfahrt: Outjo - C39 nach W (68 km), Preise: DZ 230 N$ p.P. inkl. Frühstück. Sonstiges: 10 Betten, Schwimmbad, behindertengerecht, deutsch.

Schanzenweg Pension
Route 1
B&B P.O. Box 5433, 35 Schanzen Road, Windhoek, Tel. 061-228462, Fax 061-228462, DZ 195 N$

Scheidthof Holiday Farm
Route 14
Postadresse: P.O. Box 90538, Windhoek, Tel. 061-253992, Fax 061-221919, e-mail: grahl@natron.net, Anfahrt: Windhoek B6 nach O (48 km) - Straße 51 (66 km) - D1506 (6 km), Preise: DZ 250 N$ p.P. inkl. Vollpension, Stellplatz 25 N$ und 10 N$ p.P. Sonstiges: 8 Betten, Wanderungen, für Familienferien auf Bauernhof, deutsch.

Schönfeld Gästefarm
Route 8a
Postadresse: P.O. Box 382, Omaruru, Tel. 067-290090, Fax 067-290190, Anfahrt: Omaruru - C33 nach N (40 km) - D2337 (14 km), Preise: DZ 245 N$ p.P. Sonstiges: 16 Betten, Schwimmbad, deutsch.

Schütze Hotel
Route 5
Postadresse: P.O. Box 634, Tel. 064-402718, Fax 064-402718, Anfahrt: Swakopmund, Preise: DZ 170 N$ inkl. Frühstück. Sonstiges: 25 Betten, deutsch.

Schwalbenheim
s. unter City Central Windhoek

Schweizerhaus Hotel
Route 5
Postadresse: P.O. Box 445, Swakopmund, Tel. 064-402419, Fax 064-405850, e-mail: schweizerhaus@namibnet.com, Anfahrt: Swakopmund, Preise: DZ 380 N$ inkl. Frühstück. Sonstiges: 50 Betten, deutsch, bekanntes Café angeschlossen.

Seagull's Inn
Route 5
B&B P.O. Box 98, 215 7th Street, Walvis Bay, Tel. 064-202775, Fax 064-202455, Bett ab 75 N$

Seagull Bed and Breakfast
Route 5

B&B P.O. Box 1162, 60 Strand Street, Swakopmund, Tel. 064-405287, Fax 064-405287, Bett ab 80 N$

Seaview Hotel Zum Sperrgebiet

s.u. Zum Sperrgebiet Hotel

Seeheim Hotel
Route 2+3

Postadresse: P.O. Box 1338, Keetmanshoop, Tel. 0027-436831850, Fax 0027-436831850, Anfahrt: Seeheim, Preise: DZ mit Frühstück 150 N$. Sonstiges: 20 Betten in einem alten Fort der Schutztruppe, Schwimmbad, Treibstoff, Laden, englisch.

Serra Cafema Camp
Route 10b

Postadresse: DAS, P.O. Box 339, Swakopmund, Tel. 064-404459, Fax 404664, e-mail: dassaf@iafrica.com.na, Anfahrt: Nur bei Voranmeldung, am Kunene 65 km von der Mündung entfernt, Preise: 820 N$ p.P. alles inkl. Sonstiges: 6 Luxuszelte am Kunene, Voranmeldung obligatorisch, deutsch.

Sesriem Zeltplatz
Route 1

Postadresse: Buchung über das staatliche zentrale Reservierungsbüro in Windhoek, Anfahrt: Namib-Naukluft-Park, Sesriem/Sossusvlei-Teil, Preise: Stellplatz 130 N$ (8 Personen) und 30 N$ p.P. und 10 N$ pro Fahrzeug. Sonstiges: 25 Stellplätze, keine Versorgungsmöglichkeit, englisch.

Setenghi Lodge
Route 7+8a+9

Postadresse: P.O. Box 533, Outjo, Tel. 067-313445, Fax 067-313445, e-mail: setenghi@iafrica.com.na, Anfahrt: Outjo - C38 nach S (3 km) - Straße 63 nach W (3 km) - Farmpiste (2 km), Preise: DZ 220 N$ p.P. inkl. Frühstück, Stellplatz 30 N$ p.P. Sonstiges: 10 Betten, Schwimmbad, Reitausflüge, Buschcamp, englisch.

Sikereti Rastlager
Route 13b

Postadresse: Buchung über das staatliche zentrale Reservierungsbüro in Windhoek, Anfahrt: Tsumkwe - Kaudom-Tierreservat, Preise: Einfache Hütten 100 N$ (4 Betten), Zeltplatz 80 N$, Eintritt 10 N$ p.P. und Fahrzeug. Sonstiges: Alles, aber auch wirklich alles ist mitzubringen, mindestens zwei geländegängige Fahrzeuge (ohne Anhänger!!!) notwendig, Proviant und Wasser für mindestens 3 Tage, englisch.

ilversand Gästefarm
Route 14

Postadresse: P.O. Box 13161, Windhoek, Tel. 062-560200, Fax 061-235501, Anfahrt: Windhoek - B6 (69 km) - D1535 (18 km), Preise: DZ 350 N$ p.P. inkl. Vollpension. Sonstiges: 9 Betten, Schwimmbad, auch Jagdfarm, deutsch.

Sinclair Gästefarm
Route 4a

Postadresse: P.O. Box 19, Helmeringhausen, Tel. 061-226979, Fax 061-226999, e-mail: logufa@namib.com, Anfahrt: Helmeringhausen - C13 (6 km) - D407 (52 km), Preise: DZ 330 N$ p.P. inkl. Halbpension. Sonstiges: 10 Betten, deutsch. Landebahn: 25°43'S, 16°22'E

Solitaire Rastlager
Route 1

Postadresse: P.O. Box 1009, Maltahöhe, Tel. 06632-3230 (Solitaire 3230 verlangen), Anfahrt: Solitaire, Preise: DZ 50 N$ p.P., Stellplatz 15 N$ p.P. und 10 N$ pro Fahrzeug. Sonstiges: 10 Betten, Restaurant, Autowerkstatt, englisch.

SosSes Zeltplatz
Route 1

Postadresse: P.O. Box 9436, Windhoek, Tel. 063-293243, Fax 061-244906, Anfahrt: Solitaire - Straße 36 nach S (106 km), Preise: Stellplatz 20 N$ p.P. Sonstiges: Zelten in der Wüste.

Sossusvlei Karos Lodge
Route 1

Postadresse: P.O. Box 6900, Windhoek, Tel. 063-293223, Fax 063-293231, e-mail: mavro@iafrica.com.na, Anreise: Sesriem, Preise: DZ 885 N$ inkl. Frühstück. Sonstiges: 90 Betten, Schwimmbad, direkt am Eingang nach Sossusvlei, Edelunterkunft, englisch.

Liste der Unterkünfte

Sossusvlei Wilderness Camp Route 1	Postadresse: P.O. Box 6850, Windhoek, Tel. 061-225178, Fax 061-239455, e-mail: fransdur@nts.com.na, Anfahrt: Sesriem - D826 nach W (12 km) - Straße 36 nach S (18 km) - Farmstraße (2 km), Preise: 1200 N$ p.p. alles inklusive. Sonstiges: 18 Betten, Luxuslodge, kleine private Schwimmbäder, englisch.
South West Star Hotel Route 1	Postadresse: P.O. Box 10319, Windhoek, Tel. 061-213205, Anreise: Windhoek, Khomasdal, Chrysler Road, Preise: DZ 80 N$ p.P. Sonstiges: 20 Betten, in Khomasdal gelegen, englisch, von Mövenpick übernommen.
Spawning Ground Route 5	B&B 55 6th Street, Walvis Bay, Tel. 064-205121, Bett ab 40 N$
Spitzkoppe Zeltplatz / Nacobta Projekt Route 8+8c	Postadresse: Keine Postadresse verfügbar, Anfahrt: Usakos - B2 nach W (23 km) - D1918 (18 km) - D3716 (11 km) - Piste (1 km), Preise: Übernachtung 10 N$ p.P., Eintritt 5 N$ p.P. und Fahrzeug. Sonstiges: Camp mit Trinkwasser, Feuerholz verfügbar, wildes Zelten im gesamten Spitzkoppe-Gebiet derzeit möglich, Camp sehr sauber, freundliche lokale Leute, Führungen (50 N$ pro Gruppe), englisch.
Staebe Hotel Route 8a	Postadresse: P.O. Box 92, Omaruru, Tel. 064-570035, Fax 064-570450, Anfahrt: Omaruru, Preise: DZ 290 N$ inkl. Frühstück. Sonstiges: 20 Betten, Schwimmbad, deutsch.
Steiner Hotel-Pension Route 1	Postadresse: P.O. Box 20481, Windhoek, Tel. 061-222898, Fax 061-224234, e-mail: steiner@namib.com, Anfahrt: Windhoek, Wecke Street, Preise: EZ 200 N$ inkl.Frühstück. Sonstiges: 30 Betten, Schwimmbad, Parkplatz, nettes, kleines, ruhiges aber sehr zentral gelegenes Hotel, deutsch.
Steinicke Guesthouse Route 7+13a	B&B P.O. Box 130, 501 3rd Street, Tsumeb, Tel. 067-221005, Fax 067-221067, DZ 170 N$
Strandhotel Route 5	Postadresse: P.O. Box 20, Swakopmund, Tel. 064-400315, Fax 064-404942, Anfahrt: Swakopmund, Strand Street, Preise: DZ 4800 N$ inkl. Frühstück. Sonstiges: 80 Betten, direkt am Strand, englisch.
Strauss Pension Route 14	B&B 8 Lazarett Street, Gobabis, Tel. 061-563189, DZ 120 N$
Stroblhof Hotel Route 8+8a+8b	Postadresse: P.O. Box 164, Karibib, Tel. 064-550081, Fax 064-550240, Anfahrt: Karibib, Preise: DZ 220 N$ inkl. Frühstück. Sonstiges: 20 Betten, Schwimmbad, englisch.
Suclabo Lodge Route 13	Postadresse: P.O. Box 894, Rundu, Tel. 067-255796, Fax 067-255796, e-mail: suclabo@namib.com, Anfahrt: Rundu - B8 nach O (198 km) - Bagani - D3403 (6 km) - Piste (1 km), Preise: DZ 360 N$ inkl. Frühstück, Stellplatz 25 N$ p.P. Sonstiges: 14 Betten, Schwimmbad, deutsch, Fahrten in das Mahango Wildreservat.
Suidwes Hotel Route 1	Postadresse: P.O. Box 3300, Rehoboth, Tel. 062-522238, Anfahrt: Rehoboth, Preise: DZ 75 N$ p.P. inkl. Frühstück. Sonstiges: 20 Betten, Schwimmbad, englisch.
Sundown Lodge Route 7	Postadresse: P.O. Box 5378, Windhoek, Tel. 061-232566, Fax 061-232541, Anfahrt: Windhoek - B1 nach N (25 km) - D1474 (1 km), Preise: DZ 260 N$ inkl. Frühstück. Sonstiges: 20 Betten, englisch.

Swakopfluß Zeltplatz Route 6
Postadresse: Buchung über das staatliche zentrale Reservierungsbüro in Windhoek oder in Swakopmund im Büro des Ministry of Environment and Tourism, Ritterburg, Bismarck/Ecke Kaiser Wilhelm Street oder am Wochenende in Swakopmund bei der Hans-Kriess-Garage, Kaiser Wilhelm Street und in Walvis Bay bei der Suidwes-Garage., Anfahrt: Namib-Naukluft-Park, Namib Teil, Preise: Stellplatz 70 N$ und 10 N$ p.P. und Fahrzeug. Sonstiges: Kein Wasser und kein Feuerholz verfügbar, die gekennzeichneten Wege dürfen nicht verlassen werden.

Swakopmund Bed & Breakfast Route 5
Postadresse: P.O. Box 464, Swakopmund, Tel. 064-402863, Anfahrt: Swakopmund, Preise: 50 N$ p.P. inkl. Frühstück. Sonstiges: Privatunterkünfte, deutsch.

Swakopmund Rastlager Route 5
Postadresse: Stadtverwaltung Swakopmund, Leiter f. Fremdenverkehr, P.O. Box 53, Tel. 064-402807, Fax 064-402076, Anfahrt: Swakopmund, Swakop Street, Preise: Bungalow 70-260 N$ (4 Personen), je nach Standard. Sonstiges: Städt Ferienhaussiedlung.

Swakopmund Hotel & Entertainment Center Route 5
Postadresse: P.O. Box 616 Swakopmund, Tel. 064-400800, Fax 064-400801, e-mail: shec@iafrica.com.na, Anfahrt: Swakopmuund, Preise: DZ 650 N$ inkl. Frühstück. Sonstiges: 200 Betten, Schwimmbad, Luxushotel im umgebauten ehemaligen Bahnhof, das dem traditionsreichen Hansa Hotel nicht den Rang ablaufen kann, englisch.

Swakopmund Jugendherberge Route 5
Postadresse: P.O. Box 4332, Swakopmund, Tel. 064-404164, Anreise: Swakopmund, Bismarck Street, Preise: 25 N$ p.P. im Mehrbettzimmer. Sonstiges: Einzige Jugendherberge in Namibia.

Swakopmund Rastlager Mile 4 Route 5
Postadresse: P.O. Box 3452, Swakopmund, Tel. 064-461781, Fax 064-462901, Anfahrt: Swakopmund - C34 (6 km), Preise: Zeltplatz 10 N$ und 8 N$ p.P., Stromanschluß 5 N$, Bungalow 160 N$ (6 Personen). Sonstiges: englisch.

Swartfontein Gästefarm Route 1
Postadresse: Postfach 20113, Windhoek, Tel. 062-572004, Fax 061-249229, e-mail: orione2@iafrica.com.na, Anfahrt: Maltahöhe - C14 (146 km) - D1261 (60 km) - Stichstraße (10 km) oder Windhoek - C26 (113 km) - D1265 (30 km) - D 1261 nach W (27 km) - Stichstraße (10 km), Preise: DZ 360 N$ p.P. inkl. Vollpension. Sonstiges: 10 Betten, deutsch.

Swiss Chalets, Route 1
B&B P.O. Box 11320, 31 Avis Road, Windhoek, Tel. 061-222019, Fax 061-248832, DZ ab 200 N$

Tamboti Guesthouse Route 1
B&B P.O. Box 40377, 9 Kerby Street, Windhoek, Tel. 061-235515, Fax 061-259855, DZ 230 N$

Tamboti Nature Park Route 7
Postadresse: P.O. Box 163, Tsumeb, Tel. 067-222497, Fax 067-222497, Anfahrt: Tsumeb - B1 nach N (7 km) - D3007 (8 km), Preise: DZ 250 N$ Halbpension, Stellplatz 25 N$ und 10 N$ p.P. Sonstiges: Unterbringung in umgebauten Eisenbahnwagons (16 DZ), Schwimmbad, Wildbeobachtung, englisch.

Terrace Bay Rastlager Route 12
Postadresse: Buchung über das staatliche zentrale Reservierungsbüro in Windhoek, Anfahrt: Swakopmund - C34 (353 km), Preise: DZ 540 N$ alle Mahlzeiten inkl., Einlaß 20 N$ p.P. und 10 N$ p. Fahrzeug. Sonstiges: Versorgungsmöglichkeit, Tankstelle, Öffnungszeiten: Einlaß am Südtor des Skelettküsten-Parkes (Ugab Tor) nur bis 15 Uhr, am Osttor (Springbokwasser) nur bis 17 Uhr, Einfahrt in den Park mit Ziel Terrace Bay nur mit Reservierung.

Liste der Unterkünfte

Thüringer Hof Hotel
Route 1

Postadresse: P.O. Box 112, Windhoek, Tel. 061-226031, Fax 061-232981, Anfahrt: Windhoek, Independence Avennue, Preise: DZ 425 N$ inkl. Frühstück. Sonstiges: 80 Betten, Biergarten, renoviertes Traditionshotel, deutsch.

Tiras Gästefarm
Route 4a

Postadresse: P.O. Box 35, Aus, Tel. 0638-6930 (Bethanie 6930 verlangen), Anfahrt: Aus - C13 nach N (65 km) - Farmpiste (4 km), Preise: DZ 200 N$ p.P. inkl. Vollpension. Sonstiges: 4 Betten, deutsch.

Tok Tokkie Trails
Route 2

Postadresse: P.O. Box 162, Maltahöhe, Tel. 0668-5230 (5230 verlangen), Fax 061235454, Anfahrt: Sesriem - D826 nach S (106 km) - Farmpiste (11 km), Preise: DZ 450 N$ p.P. inkl. Vollpension. Sonstiges: 8 Betten, im Namib Rand Nature Reservat, Wanderungen, Farmbassin, deutsch.

Tolou's Lodge
Route 1

Postadresse: P.O. Box 20080, Windhoek, Tel. 061-234342, Fax 061-234342, e-mail: eden@iwwn.com.na, Anfahrt: Sesriem - D826 nach S (100 km), Preise: 350 N$ p.P. Halbpension. Sonstiges: 30 Betten, englisch.

Torra Bay Zeltplatz
Route 12

Postadresse: Buchung über das staatliche zentrale Reservierungsbüro in Windhoek oder in Swakopmund im Büro des Ministry of Environment and Tourism, Ritterburg, Bismarck/Ecke Kaiser Wilhelm Street., Anfahrt: Swakopmund - C34 (304 km), Preise: Stellplatz 90 N$ (8 Personen), Einlaß 20 N$ p.P. und 10 N$ p. Fahrzeug. Sonstiges: Versorgunsgmöglichkeit, Tankstelle, Öffnungszeiten: Torra Bay ist im Jahr nur 2 Monate vom 1. Dezember an geöffnet, Einlaß am Südtor des Skelettküsten-Parkes (Ugab Tor) nur bis 15 Uhr, am Osttor (Springbokwasser) nur bis 17 Uhr.

Toshari Inn
Route 7

Postadresse: P.O. Box 164, Outjo, Tel. 0658-13702, Fax 0658-313040, Anfahrt: Outjo - C38 (69 km), Preise: DZ 300 N$ inkl. Frühstück. Sonstiges: 35 Betten, Schwimmbad, englisch. Landebahn: 19°38'S, 15°31'E, Höhe 4000 ft, Länge 2100 m (Gravel).

Travel Inn Hotel
Route 2+2a+3

Postadresse: P.O. Box 141, Keetmanshoop, Tel. 063-223344, Fax 063-222138, Anfahrt: Keetmanshoop, Preise: DZ 185 N$ p.P. inkl. Frühstück. Sonstiges: 40 Betten, Schwimmbad, englisch.

Traveller's Lodge
Route 1

Postadresse: P.O. Box 2434, Windhoek, Tel. 061-249099, Anreise: Windhoek, Andes Street, Preise: Gemeinschaftszimmer 30 N$ p.P., DZ 90 N$, Stellplatz 20 N$ p.P. Sonstiges: Jugendherbergscharakter, einige wenige Stellplätze, deutsch.

Tsaobis Rastlager
Route 8b

Postadresse: P.O. Box 143, Karibib, Tel. 064-550811, Fax 064-550954, e-mail: brucep@iafrica.com.na, Anreise: Karibib - C32 (62 km), Preise: DZ 170-210 N$ für 2-Bett-Bungalow. Sonstiges: 24 Betten, kein Restaurant, keine Stellplätze, Selbstversorgung, Handtücher mitbringen, deutsch.

Tsoutsoumb Bungalows
Route 7+13a

Postadresse: P.O. Box 133, Tsumeb, Tel. 067-220404, Fax 067-220592, Anfahrt: 4th Street, Tsumeb, Preise: Bungalow 280 N$ (6 Personen). Sonstiges: 30 Betten, für Selbstversorger, Küche eingerichtet, deutsch.

Tsumkwe Lodge
Route 13b

Postadresse: Keine Postadresse verfügbar, Tel. 064-203581 (Walvis Bay Radio: nach 531 verlangen), Fax 067-220060, Anfahrt: Tsumkwe, Preise: DZ 220 N$ p.P. inkl. Vollpension. Sonstiges: 10 Betten in einfachen Hütten, Ausflüge in den Kaudom-Park (4x4-Vermietung mit Fahrer).

Ugab River Camp
Route 12a

Postadresse: Keine Postadresse verfügbar, Anfahrt: Bei km 118 nach Norden weiter, 10 km Piste, Preise: Stellplatz 20 N$ p.P. Sonstiges: Einfacher Campingplatz.

Liste der Unterkünfte

Uhland Hotel-Pension
Route 1
Postadresse: P.O. Box 20738, Windhoek, Tel. 061-229859, Fax 061-220688, , e-mail: uhland@natron.net, Anfahrt: Windhoek, 197 Uhland Street, Preise: DZ 280 N$ inkl.Frühstück. Sonstiges: 20 Betten, Schwimmbad, Parkplatz, deutsch.

Usakos Hotel
Route 8+8c
Postadresse: P.O. Box 129, Usakos, Tel. 064-530259, Fax 064-530317, Anfahrt: Usakos, Preise: DZ 200 N$ inkl. Frühstück. Sonstiges: 20 Betten, englisch.

Valhalla B&B
Route 1
B&B P.O. Box 30640, 48 Niseen-Lass Street, Windhoek, Tel. 061-243486, DZ 120 N$

Van Riebeeck Hotel
Route 3a+3b
Postadresse: P.O. Box 87, Tel. 06342-172, Fax 06342-172, Anfahrt: Karasburg, Preise: DZ 120 N$ p.P. inkl. Frühstück. Sonstiges: 20 Betten, Parkplatz, englisch.

Vee's Guesthouse
Route 1
B&B P.O. Box 2993, 7311 Elephant Street, Windhoek, Tel. 061-221598, Fax 061-227006, e-mail: vigava@usaid.gov, DZ 130 N$

Villa Adele
Route 1
B&B P.O. Box 1672, 31 Pasteur Street, Windhoek, Tel. 061-234875, DZ 160 N$

Villa Afrique
Route 1
B&B 168 Nelson Mandela Avenue, Windhoek, Tel. 061-225570, Fax 061-254714, DZ ab 200 N$

Villa Verdi Hotel-Pension
Route 1
Postadresse: P.O. Box 6784, Windhoek, Tel. 061-221994, Fax 061-222574, Anfahrt: Windhoek, Verdi Street, Preise: DZ 590 N$ inkl. Frühstück. Sonstiges: 20 Betten, Schwimmbad, Parkplatz, deutsch.

Vingerklip Lodge
Route 8
Postadresse: P.O. Box 443, Outjo, Tel. 061-290319, Fax 061-290319, e-mail: namdir@namib.com, Anfahrt: Khorixas - C39 (46 km) - D2743 (19 km), Preise: DZ 420 N$ p.P. inkl. Halbpension. Sonstiges: 40 Betten in kleinen Chalets, wunderschön gelegen mit Blick auf die Vingerklip und die Ugab-Terrassen, Schwimmbad, die Servicebereitschaft des Personals und die Küchenqualität schwanken, deutsch.

Vogelfederberg Zeltplatz
Route 5
Postadresse: Buchung über das staatliche zentrale Reservierungsbüro in Windhoek oder in Swakopmund im Büro des Ministry of Environment and Tourism, Ritterburg, Bismarck/Ecke Kaiser Wilhelm Street oder am Wochenende in Swakopmund bei der Hans-Kriess-Garage, Kaiser Wilhelm Street und in Walvis Bay bei der Suidwes-Garage., Anfahrt: Namib-Naukluft-Park, Namib Teil, Preise: Stellplatz 70 N$ und 10 N$ p.P. und Fahrzeug. Sonstiges: Kein Wasser und kein Feuerholz verfügbar, die gekennzeichneten Wege dürfen nicht verlassen werden.

Von Bach Rastlager
Route 7
Postadresse: Buchung über das staatliche zentrale Reservierungsbüro in Windhoek, Anfahrt: Okahandja - B1 nach S (2 km) - D2102 nach O (3 km), Preise: Einfache Hütten 90 N$ (2 Betten), Zeltplatz 90 N$, Eintritt 10 N$ p.P. und Fahrzeug. Sonstiges: Tagesbesucher müssen sich telefonisch anmelden (062-501475), Einlaß von Sonnenauf- bis Sonnenuntergang, englisch.

Wabi Wildfarm
Route 7a
Postadr.: P.O. Box 973, Otjiwarongo, Tel. 0658-15313, Fax 0658-15313, Anfahrt: Otjiwarongo - B1 nach S (29 km) - C22 (41 km) - D2512 (52 km). Preise: DZ 450 N$ p.P. inkl. Vollpension u. Getränke (ohne Alkoholika). Sonstiges: 14 Betten, Schwimmbad, höchstluxuriöse Unterkunft, ausgezeichnete Küche, auch Jagdfarm, Reitausflüge, Tierbeobachtung mit Führer, Zeltcamp am Waterbergmassiv für Selbstversorger o.mit Vollpens. (Duschen/WC en suite, Preise a. Anfrage), dt.

Waterberg Game Farm Route 7a	Postadresse: P.O. Box 2208, Otjiwarongo, Tel. 067-302223, Fax 067-302223, e-mail: waterberg@iwwn.com.na, Anreise: Otjiwarongo - B1 nach S (29 km) - C22 nach O (34 km), Preise: 450 N$ p.P. inkl. Vollpension. Sonstiges: 6 Betten, exklusiv, hauptsächlich Jagdfarm, deutsch.
Waterberg-Plateau-Park	s. Bernabé-de-la Bat-Rastlager
Weissenfels Gästefarm Route 1	Postadresse: P.O. Box 13144, Windhoek, Tel. 0628-1213 (Friedenthal 1213 verlangen), Fax 061-226999, e-mail: logufa@namib.com, Anfahrt: Windhoek - B1 nach S (7 km) - C26 (109 km), Preise: DZ 210 N$ p.P. inkl. Vollpension. Sonstiges: 10 Betten, Schwimmbad, deutsch.
Welcome Rastlager Route 14	Postadresse: P.O. Box 450, Gobabis, Tel. 061-563762, Fax 0681-3584, Anfahrt: Gobabis - B6 nach O (15 km) - D1670 (5 km), Preise: Bungalow 80 N$ (4 Betten), Stellplatz 10 N$ p.P., Stellfläche und Fahrzeug. Sonstiges: 10 Betten, Schwimmbad, englisch.
Weltevrede Rastlager Route 1	Postadresse: P.O. Box 1009, Maltahöhe, Tel. 063-293374, Fax 063-293375, e-mail: weltevrede@namib.com, Anreise: Solitaire - Straße 36 (37 km) - Farmstraße (1 km), Preise: DZ 150 N$ p.P. inkl. Frühstück, Stellplatz 60 N$ (4 Personen). Sonstiges: 12 Betten, Schwimmbad, Stellplätze, englisch.
White House Route 3	Postadresse: P.O. Box 9, Grünau, Tel. 063-262061, Fax 063-262061, Anfahrt: Grünau - B1 nach N (11 km) - Farmpiste (2 km), Preise: DZ 75 N$ p.P. Sonstiges: 10 Betten, englisch.
Wild Dog Safaris Route 1	B&B P.O. Box 26188, Albrecht Street, Windhoek, Tel. 061-257642, Fax 061-257642, DZ 80 N$
Wilhelmstal-Nord Gästefarm Route 8	Postadresse: P.O. Box 641, Okahandja, Tel. 062-6503977, Fax 062-503977, Anfahrt: Wilhelmstal - C36 (200 m) - Farmstraße nach O (500 m), Preise: DZ 350 N$ p.P. inkl. Vollpension. Sonstiges: 10 Betten, Schwimmbad, auch Jagdfarm, deutsch.
Windhoek Country Club Resort Route 1	Postadresse: P.O. Box 30777, Windhoek, Tel. 061-2055911, Fax 061-252797, e-mail: hrwccr@stocks.com.na, Anfahrt: Pioneers Park, Windhoek, Preise: DZ 600 N$ inkl. Frühstück. Sonstiges: 300 Betten, Schwimmbadlandschaft, Kasino, englisch.
Wolwedans Dünenlager Route 2	Postadresse: P.O. Box 5048, Windhoek, Tel. 061-230616, Fax 061-220102, Anfahrt: Maltahöhe - C14 nach S (20 km) - Straße 36 (112 km) - D845 (15 km) - Farmstraße, Preise: 595 N$ p.P. inkl. Vollpension. Sonstiges: 14 Betten (Luxuszelte mit Bad), auf dem Gelände der NamibRand Game Ranch, mehrtägige Reitsafaris, deutsch.
Wüstenquell Desert Lodge Route 8	Postadresse: P.O. Box 71, Karibib, Tel. 064-550266, Fax 064-550277, Anfahrt: Karibib - C32 (11 km) - D1952 (42 km) - D1914 (33 km) - Farmpiste (18 km), Preise: DZ 180 N$ p.P. inkl. Frühstück. Sonstiges: 14 Betten, Stellplätze, Schwimmbad, deutsch.
Xain Quaz Camp Route 14	Postadresse: P.O.Box 1282, Gobabis, Tel. 062-562688, Fax 062-562824, Anreise: Gobabis - B6 nach O (10 km), Preise: DZ 300 N$ p.P. Halbpension, Stellplatz 25 N$ p.P. Sonstiges: 12 Betten, deutsch.

Zambezi Lodge Route 13	Postadresse: P.O. Box 98, Katima Mulilo, Tel. 0677-3203, Fax 0677-3149, Anfahrt: Katima Mulilo, Preise: DZ 340 N$, Stellplatz ca. 25 N$ (Vorsicht vor Dieben!). Sonstiges: 50 Betten, Schwimmbad, englisch.
Zambezi Queen/ King`s Den Route 14	Postadresse: P.O. Box 98, Katima Mulilo, Tel. 0677-3203, Fax 0677-3149, Anfahrt: Katima Mulilo - Kasane (Botswana) - dort wird man mit dem Boot abgeholt, Preise: 600 N$ p.P. inkl. Vollpension. Sonstiges: Das Kreuzfahrtschiff Zambezi Queen hat hier im Outback für immer festgemacht, am Ufer gibt es einige Luxushütten, Anfahrt nur nach Voranmeldung mit dem Boot, englisch.
Zebra River Lodge Route 1	Postadresse: P.O. Box 11742, Windhoek, Tel. 063-293265, Fax 063-293266, e-mail: zebra@mar.namib.com, Anfahrt: Rehoboth - B1 nach S (4 km) - C24 (93 km) - D1206 (28 km) - Büllsport - D854 (42 km) - D850 (19 km) - Farmstraße (5 km), Preise: DZ 210 N$ p.P. Vollpension. Sonstiges: 10 Betten, Schwimmbad, englisch.
Zielske Pension Route 1	B&B 33 Aschenborn Street, Windhoek, Tel. 061-241966, Fax 061-243350, DZ 160 N$
Zum Potje Rastlager Route 7+13	Postadresse: P.O. Box 202, Otavi, Tel. 067-234300, Fax 067-222010, e-mail: zumpot@namib.com, Anfahrt: Otavi - B1 nach N (8 km) - Farmstraße (3 km), Preise:7 DZ 270 N$ inkl. Frühstück. Sonstiges: 10 Betten, Stellplätze, Höhlenbesichtigung, Freundlichkeit hängt von der Tagesform ab, deutsch.
Zum Sperrgebiet Hotel, Seaview Zum Sperrgebiet Hotel Route 4	Postadresse: P.O. Box 373, Lüderitz, Tel. 063-203411, Fax 063-203414, e-mail: michaels@namib.com, Anfahrt: Lüderitz, Preise: DZ 410 N$ inkl. Frühstück. Sonstiges: Altes Haus 10 Zimmer (renoviert), neues Haus (mit Sicht über Lüderitz) 19 Zimmer und Schwimmbad/Sauna, deutsch.
Zur Waterkant Route 4	B&B P.O. Box 1055, Bremer Street, Lüderitz, Tel. 063-203145, Fax 063-202578, DZ 180 N$

TEIL V: REISE- UND ROUTEN TEIL

In den Süden
Route 1: Roter Sand u. rote Sonne – zu den Sossusvlei-Dünen
Windhoek – Rehoboth – Mariental – Maltahöhe – Sesriem und Sossusvlei – Naukluft Park – Windhoek

Km	Abzweig	Ort	Sehenswert	Übernachtung	GPS
Km 0 B1 Teer nach S		Windhoek, T+V	s. Windhoek	s. Windhoek	
Km 6				Arrebusch Travel Ldg.	
Km 20	Auas Game Ldg. Km 0 D1463 Km 22	Aris		Aris Ht. Auas Game Ldg.	22 45 19 17 08 00
Km 80	Oanob Rl. Km 0 Piste Km 6 Km 8	Tor	Oanob Dam	Oanob Rl.	23 17 06 17 04 24 23 19 20 17 00 58
Km 83		Rehoboth, T+V	Thermalbad Museum	Reho Spa Rl. Riomonte Ht. Suidwes Ht.	23 19 07 17 04 18
Km 96			Wendekr. d. Steinbocks		23 26 45 17 07 13
Km 182	Intu Afrika Ldg. Km 0 C21 Piste Km 42 D1268 Piste Km 62 Farmstr. Km 67 -------------------- Bitterwasser Km 0 C21 Piste Km 54 C15 Piste Km 62	Kalkrand, T+V		Kalkrand Ht. Intu Afrika Ldg. Bitterwasser	24 04 07 17 35 18 23 57 39 17 58 07 24 07 40 17 57 53
Km 241	Hardap Dam Km 0 Km 5 Km 9	Eingangstor	Hardap Dam, T+V	Hardap Dam Rl.	24 29 46 17 52 00 24 29 18 17 50 50
Km 245	Aranos Km 0 C20 Piste Km 24 Km 135	Aranos, T+V		Anib Ldg. Aranos Ht.	24 32 09 17 56 49
Km 255		Mariental, T+V		Mariental Ht. Sandberg Ht.	24 37 45 17 57 18
Km 259 C19 Piste					

Km	Abzweig	Ort	Sehenswert	Übernachtung	GPS
Km 365 C14 Piste nach S	Namseb Ldg. Km 0 Farmstr. Km 17 Nomtsas Gf. Km 0 C14 Piste nach N Km 50	Maltahöhe, T+V		Maltahöhe Ht. Namseb Ldg. Nomtsas Gf.	24 50 42 16 58 21
Km 367				Daweb Gf.	
Km 380	Burgsdorf Gf. Km 0 Farmstr. Km 10			Burgsdorf Gf.	
Km 385 Straße 36	Betesda Rl. (205 km)				24 53 55 16 49 59
Km 466	Hammerstein Rl. Km 0 Farmstr. Km 5			Hammerstein Rl.	
Km 482				Neuhoff B&B	
Km 497 D845 Piste					24 41 55 16 01 14
Km 512 D826 Piste nach N	Tolou's Lodge Km 0 D826 n. S K70			Tolou's Lodge	24 42 27 15 52 54
Km 522	Kulala Ldg. Km 0 Farmstr. Km 14			Kulala Ldg.	
Km 542 D826 Piste nach S	Sossusvlei NP Eingang Km 0 Km 28 Km 45 Km 60 Km 64 Km 65 zum Sossusvlei Wilderness camp Km 0 Piste D826 nach W Km 12 Straße 36 nach S Km 30 Farmstraße km 32	Sesriem, T Deadvlei Sossusvlei	Canyon Sossusport Düne 45 Parkpl. 2x4 Parkplatz Parkpl. 4x4	Sesriem Rl. Sossusvlei Karos Ldg. Sossusvlei Wilderness camp	24 43 17 15 28 15 24 44 27 15 17 15
Km 572 D845 Piste					24 42 27 15 52 54
Km 586 Str. 36, Piste n. NW					24 41 55 16 01 14

Km	Abzweig	Ort	Sehenswert	Übernachtung	GPS
Km 591 D854 Piste	Solitaire Km 0 Str. 36 Piste nach N Km 69 Km 79 Km 86 Km 106	 Solitaire, T+V		SosSes Zelt- platz Weltevrede Rl. (1 km) Namib Rl. Namib Naukluft Ldg. Solitaire Rl.	24 39 36 15 59 09 23 53 26 16 00 29
Km 622	Zebra Ldg. Km 0 D850 Piste Km 19 Farmstr. Km 24			 Zebra Ldg.	24 26 27 16 09 48
Km 654	Naukluft Park Km 0 Piste Km 12	 Tor + Büro	 Naukluft Park	 Naukluft Rl.	24 13 34 16 20 16 24 15 41 16 14 42
Km 663 Straße 14/ 2 Piste nach NW	Haruchas Gf. Km 0 D855 Piste Km 19	Büllsport, T		Büllsport Gf. Haruchas Gf.	24 08 56 16 21 47
Km 702	Swartfontein Gf Km 0 D1261 Piste Km 60			Ababis Gf. Swartfontein Gf	23 58 55 16 05 52
Km 715 C14 Piste nach NW		Solitaire, T+V		Solitaire Rl.	23 53 26 16 00 29
Km 724	Namibgrens Rl. Km 0 D1275 Piste Km 37			 Namibgrens Rl.	
Km 761	Rostock Ritz Lodge Km 0 Piste Km 5		 Rostock Ritz Lodge		23 32 53 15 47 54
Km 774			Wendekreis d. Steinbocks		
Km 789 C26 Piste nach O					23 21 09 15 51 24
Km 817	Corona Gf. Km 0 D1438 Piste Km 18		Gamsberg- Pass	 Corona Gf.	23 17 28 16 06 04
Km 818				Rooisand Desert Ranch	

Km	Abzweig	Ort	Sehenswert	Übernachtung	GPS
Km 853				Hakos Gästefarm	
Km 867				Weissenfels Gf	23 19 08 16 26 57
Km 931	Prospect Guestfarm Km 0 Farmstr. Km 2			Prospect Guestfarm	
Km 953 C26 Piste nach NO					22 48 10 16 52 25
Km 957			Kupferberg-Pass		
Km 971 C26 Teer					22 36 59 17 03 25
Km 976 B1 Teer nach N					
Km 983		Windhoek, T+V	s. oben	s. oben	

■ Karneval in Windhoek

Windhoek

liegt 1650 m hoch, hat um die 200.000 Einwohner, ist die Metropole eines jungen Staates, Zentrum der Verwaltung einer Landesbevölkerung von 1,6 Million, An- und Abreiseort der Touristen aus Übersee, Einkaufsstadt für die weit übers Land verstreuten Farmer, Nachrichtenbörse der Wissenden und Unwissenden. Windhoek ist also vieles – doch sicherlich keine von hektischem Leben durchpulste Großstadt. Alles geschieht ruhig, geradezu betulich, Verkehrsstaus sind so gut wie unbekannt, die Geschäfte schließen um 17 Uhr, Stille kehrt ein auf der Hauptstraße, es treffen sich noch Straßenfeger und Polizisten, bis die Geschäfte wieder öffnen – um 9 Uhr morgens.

Geschichte Windhoek erhielt seinen Namen von dem Nama-Kapitän Jonker Afrikaaner, der sich gegen Ende 1840 mit seinem Stamm, den Afrikaaner-Oorlam, hier bei einer heißen Quelle mit Namen Ai-Gams („Feuerwasser", oder in Herero auch Otjomuise, „Rauchplatz" genannt) auf dem Gebiet des heutigen Stadtteils Klein-Windhoek östlich des Stadtzentrums niederließ.

Er nannte den Platz Winterhoek, nach seiner Heimat in der Kapkolonie, den Winterbergen, aus der seine Familie flüchten mußte (die Legende erzählt, daß weiße Farmer den Clan der Afrikaaner erst von seinem angestammten Platz verdrängt und dann in ihre Dienste aufgenommen und schlecht bezahlt hätten. Irgendwann kam es schließlich zu Streit, und in diesem wurde ein Weißer vom Onkel Jonker Afrikaaners erschossen).

Mehrmals wechselte der Name, bis schließlich Curt von François 1890 den Grundstein der Stadt legte und den früheren Namen Winterhoek zu Windhuk eindeutschte.

Ein Jahr später wurde der 100 km nordöstlich liegende erste deutsche Verwaltungsort Otjimbingve als Zentrum aufgegeben und Windhuk Sitz der Verwaltung.

Es erlebt ab Mitte der 90er Jahre des 19. Jahrhunderts seine Gründerzeit: Hendrik Witbooi ist besiegt (s.S. 256), die Ansiedelung wird von der deutschen Regierung gefördert, die Verwaltung aufgestockt und es wird überall gebaut.

Während der Herero- und Nama-Aufstände in den Jahren 1904 bis 1907 leidet die Landwirtschaft Südwestafrikas. Der militärische Nachschub aber, der Krieg, macht Windhuk zur Boom-Stadt, laufen doch viele Nachschubwege über dieses Zentrum. Wenn einer vom Krieg profitiert, dann der Handel. Gebaut wird allerdings nicht viel, die Investitionsgelder des Handels werden zurückgehalten, bis dann schließlich, nach Ende des Krieges 1907, die eigentliche Blütezeit von Deutsch-Südwest und Windhuks beginnt.

Die Rahmenbedingungen für die Landwirtschaft werden verbessert, die Karakul-Zucht eingeführt und – Diamanten gefunden! Mag auch der Gewinn aus den Diamantengebieten nur peripher sein, die deutsche Öffentlichkeit ist damit für die Kolonie gewonnen.

Es wird wieder gebaut, die Siedlung entwickelt sich nun wirklich zu einer Stadt. Mit Beginn des I. Weltkrieges und der südafrikanischen Mandatsübernahme ist der Bau-Boom vorbei. Die Jahre des Krieges und der Depression verändern Windhoek nicht allzusehr. Mit Ende des II. Weltkrieges und den folgenden Jahren der Apartheid wird die Basis für die jetzige Stadtstruktur geschaffen.

Die Stadt ist entlang einer Nord-Süd-Achse angelegt, die durch das Zentrum führt. Im und um das Zentrum leben vornehmlich die weißen Windhoeker. Im Norden und im Süden schließt jeweils ein Industriegebiet an. Östlich liegen Berge, westlich das Hochland. Dort gruppieren sich die Wohnviertel der Farbigen (Khomasdal), der Schwarzen (Katutura) und noch weiter nordwestlich, die Slums der Flüchtlinge aus Angola (beim Goreangab-Damm).

Äußerst langsam löst sich die einst strikte Trennung der Wohngebiete, es kommt selten vor, daß sich ein Farbiger oder Schwarzer – gehört er nicht gerade zum diplomatischen Korps eines afrikanischen Staates – in einem weißen Wohngebiet niederläßt. Es ist nun nicht mehr ein Problem der Apartheid, es ist ein Problem des Geldes.

Wohngebiete

Katutura wurde 1959 fertiggestellt, und alle schwarzen Bewohner Windhoeks, die hauptsächlich im Viertel „Old Location" lebten, wurden aufgefordert, in das aus dem Boden gestampfte neue Township zu ziehen. „Katutura", wie es von seinen Bewohnern sogleich getauft wurde, heißt in Herero „ein Ort, wo wir uns nie zu Hause fühlen". Die ursprünglich aus rohen Zementsteinen gebauten Häuschen, Reihe neben Reihe, hatten eine Außentoilette, Wasser und Kanalisation. Das war's aber dann auch schon. Zwei bis vier Räume, keine Innentüren, kein Verputz, und der Dachstuhl lag frei.

Für die vielen in Windhoek tätigen Vertragsarbeiter, die ja kein Niederlassungsrecht hatten, wurden in Katutura eine Anzahl „Arbeiterunterkünfte" geschaffen, euphemistisch als „Gehöfte" (compounds) bezeichnet. Sie waren von einer hohen Mauer umgeben und standen unter ständiger Polizeiaufsicht. Wer rein und raus wollte, mußte seinen Paß vorlegen. 1987 wurde das letzte „Gehöft" abgerissen.

Seit Ende 1980 erlebt Windhoek seine bislang letzte städtebauliche Metamorphose. Viele der alten Gebäude werden abgerissen, darunter auch nicht wenige aus der kolonialen Vergangenheit, um Platz zu schaffen für die Hochhäuser, die nun das Stadtbild im Zentrum bestimmen.

Der Besucher von Katutura oder auch **Khomasdal** stellt fest, daß das Leben dort eine Idee bunter ist, lauter, fröhlicher und lebhafter als im Stadtzentrum, man hat das Gefühl, es passiert mehr. Auch sonntags ist dort auf den Straßen Betrieb. Das Zentrum Windhoeks dagegen scheint zwischen den Hochhäusern wie ausgestorben, wären da nicht die Kirchenbesucher, die in ihren Autos zu den Gottesdiensten fahren, und einige vereinzelte schwarze Windhoeker, die durch die einsamen Fußgängerzonen schlendern.

Was macht man als Tourist am Wochenende in Windhoek? Freizeiteinrichtungen, bis auf ein Schwimmbad, gibt es nicht. Hinaus in die freie Natur? Dort war man gerade drei Wochen oder man hat am nächsten Tag vor, dorthin hinauszufahren. Man könnte sich nun auf dem Hotelzimmer oder am Pool der Pension langweilen – Zeit für einen Spaziergang durch Windhoek und eine Reise in seine Vergangenheit.

Spaziergang durch Windhoek

Kalkulieren Sie für den gesamten Spaziergang einen vollen Tag, wenn sie auch einmal an einem Fleck verweilen oder ein Mittagessen bzw. Kaffee und Kuchen zu sich nehmen wollen. Wenn es sehr heiß ist, vielleicht besser eine Ruhepause im Hotel oder auf dem Rasen eines Parks einplanen. Vergessen Sie nicht Ihren Hut, Sonnenbrille und Fotoapparat und geben Sie Ihr Geld und die Dokumente in den Hotelsafe.

Bahnhof

Beginnen wir dort, wo auch früher die Reisenden mit Windhoek ihre erste Begegnung hatten – am **Bahnhof**. Erbaut bis 1912, ist er heute Denkmal, Museum und natürlich auch Bahnhof. Der kleine Kiosk, vom Bahnsteig aus erreichbar, ist am Wochenende geschlossen, ebenfalls das Museum. Werfen wir stattdessen einen Blick auf die Fassade und die Lokomotive und Waggons an der Straßenseite. Die Lok ist nur die Hälfte des eigentlichen Gespanns, denn auf den Strecken in Deutsch-Südwest wurde immer ein Paar zusammen, Rücken an Rücken, vor den Zug gespannt. Durch den langen und kostenintensiven Schiffsweg von der Heimat war man bemüht, die Geräte für die Kolonie möglichst klein und handlich zu halten, deshalb entschied man sich für die Schmalspur und die putzig wirkenden Waggons. Wer fotografieren will, sollte dies in den Morgenstunden tun, sonst knallt die Sonne in den Sucher.

Das **Museum** (Öffnungszeiten Mo–Fr 9–12 und 14–16 Uhr) bietet einen kleinen Überblick über die Entwicklung des Transportwesens im Laufe der namibischen Geschichte.

Nimmt man die fachkundige Führung in Anspruch erfährt man zu jedem Ausstellungsstück die Geschichte. Das Museum wurde übrigens ehrenamtlich aufgebaut.

Ovambo-land-Denkmal

Verlassen wir nun den Bahnhof und gehen über den Platz zur Bahnhof Street hinüber. Der Platz ist als kleine Gartenanlage konzipiert, als Garden of Remembrance. In ihm befindet sich das **Ovamboland-Denkmal**, ein kleiner Obelisk mit Gedenktafel. Es erinnert an den Ovamboland-Feldzug der Südafrikaner in den Jahren 1916/1917. Der Ovambo-Führer Mandume hatte einen Aufstand gegen die südafrikanische Mandatsmacht im Ovamboland angestrengt, der mit Panzerfahrzeugen unterdrückt wurde. Mandume fand dabei den Tod. Heute ist eine der Hauptstraßen Windhoeks nach ihm benannt (Mandume Ndemufayo Avenue).

Kaiserliche Vermessungsamt

Die Bahnhof Street nach Osten gehend stoßen wir auf die Independence Avenue, früher die Kaiser-Wilhelm-Straße. Ein Stück nach Süden, am Hotel Thüringer Hof vorbei bis zur nächsten Kreuzung, sieht man linkerhand das **Kaiserliche Vermessungsamt** – so heißt es und so steht es draußen an der Front. Heute wird es vom Ministerium für Tourismus und Umwelt genutzt. Hier können Sie direkt alle staatlichen Übernachtungs-Einrichtungen im ganzen Land reservieren (was Sie aber sicherlich schon von Europa aus gemacht haben) und auch gleich bezahlen. Sollten Sie aber noch Änderungen an Ihrer Route vornehmen wollen, können Sie das hier erledigen. Der **bronzene Kudu** an dieser Kreuzung wurde zur Erinnerung an die große Rinderpest im Jahr 1896 aufgestellt, die auch viel Wild dahingerafft hat. Das sympathische Standbild ist eines der wenigen nicht-kriegerischen Denkmäler in Windhoek und wurde 1960 von Prof. Behn aus München geschaffen.

Karte S. 225　　　　　　　　　　　Windhoek　　　　　　　　　　　**225**

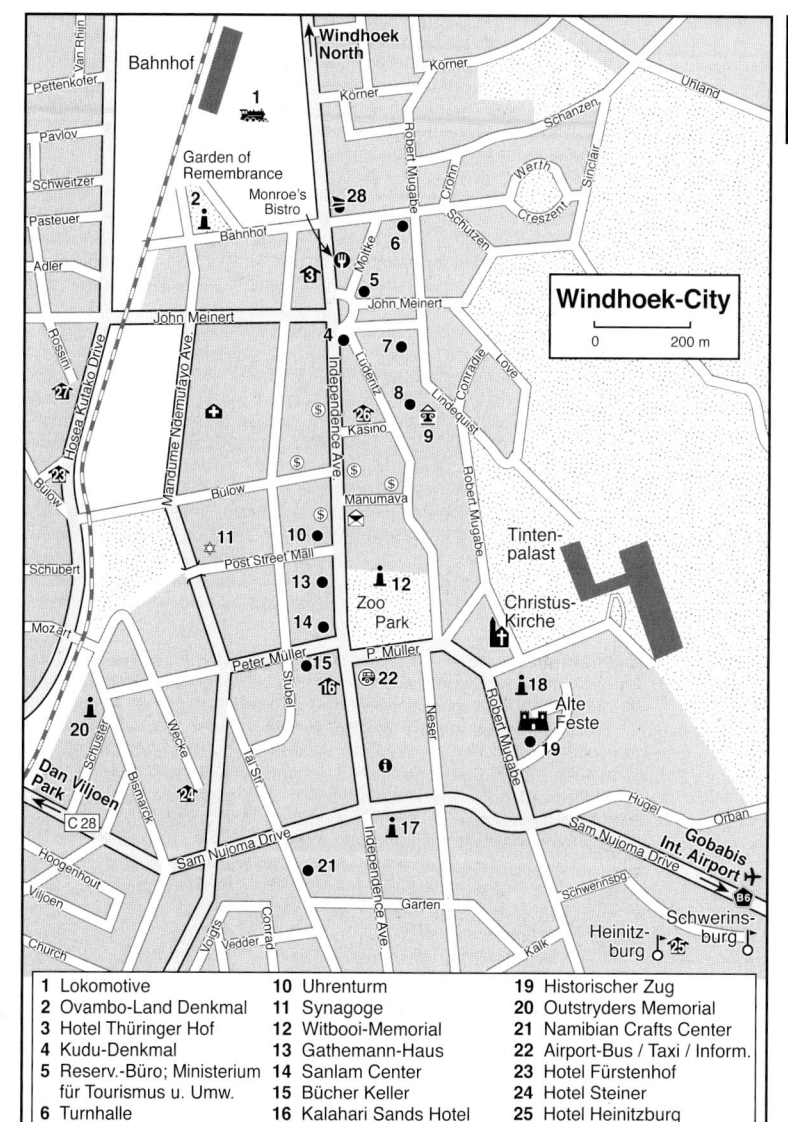

Windhoek-City

0 — 200 m

ROUTE 1

1 Lokomotive	**10** Uhrenturm	**19** Historischer Zug
2 Ovambo-Land Denkmal	**11** Synagoge	**20** Outstryders Memorial
3 Hotel Thüringer Hof	**12** Witbooi-Memorial	**21** Namibian Crafts Center
4 Kudu-Denkmal	**13** Gathemann-Haus	**22** Airport-Bus / Taxi / Inform.
5 Reserv.-Büro; Ministerium für Tourismus u. Umw.	**14** Sanlam Center	**23** Hotel Fürstenhof
	15 Bücher Keller	**24** Hotel Steiner
6 Turnhalle	**16** Kalahari Sands Hotel Gustav-Voigt-Center	**25** Hotel Heinitzburg
7 Art Gallery und Theater		**26** Continental Hotel
8 Bücherei	**17** Ct.-v.-François-Denkmal	**27** Pension Handke
9 Owela Museum	**18** Reiterdenkmal	**28** Polizei

Turnhalle

Nordöstlich geht die Moltke Street ab. Folgt man ihr, erreicht man die Turnhalle, ein 1909 errichtetes Gebäude. Am 1. September 1975 tagte hier eine Konferenz, der das Gebäude auch den Namen verlieh, die Turnhallen-Konferenz, die den Grundstein für die Verfassung des unabhängigen Namibia legte. Genau östlich verlassen wir mit der John Meinert Street die Kreuzung, gehen die nächste Möglichkeit nach rechts und gelangen so zur „Kulturmeile" der Stadt.

Owelamuseum

In der Robert Mugabe Avenue, die ihren Namen vom heutigen Premierminister Zimbabwes erhielt, steht die **Nationalgalerie** (Öffnungszeiten Di–Fr 9–17 und Sa 9–14 Uhr), das **Nationaltheater**, die **Bücherei** der Stadt Windhoek (Öffnungszeiten Mo–Fr 9–17 und Sa 9–12 Uhr), das **Nationalarchiv** und das **Owelamuseum** (Öffnungszeiten 9–18 Uhr, Wochenende 10–12.30 und 15–18 Uhr).

Die Kunstgalerie bietet in mehreren Sälen zeitgenössische Kunst aus Namibia und Südafrika und organisiert auch Ausstellungen moderner europäischer Maler und Bildhauer. Die Bücherei hat eine sehr große Präsenzbibliothek, in der der geschichtlich, ethnologisch oder naturwissenschaftlich Interessierte auf Vieles stößt, was seinen Wissensdurst bezüglich des Landes stillt. Das Staatsmuseum präsentiert Ausstellungen der Naturgeschichte und Völkerkunde. Die kleinen Panoramen sind liebvoll gemacht und bieten Einblicke in das traditionelle Leben namibischer Ethnien. Vor dem Museum spielen in der Mittagspause Angestellte das Spiel Owela (das dem Museum auch seinen Namen gab). Es ist eine Art Backgammon, die Utensilien sind denkbar einfach: kleine Vertiefungen, egal in welchem Material, ob Stein, Holz oder auch Sand, und als Spielsteine Kiesel oder Kerne. In ganz Afrika, von Norden bis Süden, findet sich dieses Spiel.

Gibeon-Meteorit

Kehren wir aber zum Denkmal des Kudu zurück und folgen der Independence Avenue weiter südlich. Die Geschäfte werden zahlreicher, nach Westen gehen Passagen und Arkaden ab. Die frühere Post Street heißt nun **Post Street Mall** und ist eine moderne Fußgängerzone mit vielen Läden und einer künstlerischen Installation aus den nicht verglühten Resten eines Meteoriten-Regens der im Süden Namibias, in der Gegend um Gibeon, niederging und der ihr den Namen gab – **Gibeon-Meteorit** (s.S. 260). Werktags verkaufen die Kunsthandwerker ihre Arbeiten auf Tischen und am Boden ausgebreiteten Decken.

Am Eingang zur Mall steht der markante **Uhrenturm**, dessen Silhouette von einem der neuen Gebäude der Fußgängerzone aufgenommen wurde. Ebenfalls an der Ecke trifft sich die „jeunesse dorée" im Le Bistro. Man sitzt im Freien, schlürft seinen Cappuccino oder kühlt den Durst mit einem Windhoek Lager. Sehen und gesehen werden, heißt das Motto.

Kurz vor der Fußgängerüberführung sieht man nun rechts unterhalb die **Synagoge** Windhoeks. Am Ende der Mall betritt man ein großes Ladenzentrum mit diversen Lokalen, Cafés und Eisdielen.

Zoo-Park

Zurück an der Independence Avenue breitet sich schräg gegenüber der **Zoo-Park** aus, eine grüne Oase mit Spazierwegen und einem kleinen Spielplatz. Angestellte verbringen hier ihre Mittagspause, Studenten halten ein Schläfchen im Gras, Schulmädchen verzehren kichernd ihre Pausebrote und dazwischen fahren Nannies die ihrer Obhut anvertrauen Sprößlinge spazieren – ein freundlicher Ort für eine schattige Rast. Früher war die Anlage größer und wurde als Zoo genutzt – daher der Name.

▲ Windhoek: Auf der Heinitzburg ▲ Blick in die Post Street Mall
▼ Südwester-Reiter und Christuskirche

Das **Witbooi-Memorial**, ein breiter, von einem Adler gekrönter Obelisk, wurde 1897 hier enthüllt, um zu erinnern an – natürlich, die Opfer, die die Kaiserliche Schutztruppe dargebracht hat, als es „gegen Hendrik Witbooi ging". Die Namen der gefallenen Reiter sind am Denkmal angebracht.

Gathemann-Haus

Vom Park aus hat man einen guten Blick auf das **Gathemann-Haus** gegenüber. Viele historische Gebäude wurden in den Zeiten des Baubooms der Abrißbirne überlassen, das jetzige moderne Stadtbild Windhoeks entstand. Das Ensemble aus dem Genossenschaftshaus (von rechts nach links), dem Gathemann-Haus und dem ehemaligen Hotel Kronprinz, das das Restaurant Gathemann beherbergt (ein beliebter Treff für den Nachmittagstee auf der Terrasse) wurde von Wilhelm Sander, dem Leib- und Magenarchitekten von Südwest, entworfen und ist letztes koloniales Bauwerk an der Independence Avenue. Um den Erhalt des Ensembles wurde in den letzten Jahren viel gerangelt, denn auch hier soll ein futuristischer Hochhauskomplex entstehen. Die denkmalgeschützte Gathemann-Arcade wird nun wohl als „Erinnerungsstück" in diese Anlage eingebunden werden – Kapriolen einer modernisierungssüchtigen Stadtplanung.

Am Ende des Parks mündet die Peter Müller Street ein. Ein Stück hinein ist linkerhand **Bücher-Keller**, die bestsortierte Buchhandlung der Stadt. Verkauft werden auch deutsche Zeitschriften – billig und überholt, weil mit dem Schiff angelandet, teurer und hochaktuell, wenn per Flugzeug gekommen. Das Personal zeigt sich sehr hilfsbereit und gibt gute Literaturempfehlungen.

Über die Straße hinüber, weiter nach Süden, steht das **Kalahari Sands Hotel**, jedem Besucher schon von weitem sichtbar und bekannt als die Luxusunterkunft betuchter Touristen und Beherbergungsort auf Staatskosten reisender Politiker. Im Untergeschoß des unterhalb des Hotels liegenden Einkaufszentrums **(Gustav Voigt Centre)** läßt sich günstig und lecker ein kleiner Imbiß einnehmen, z.B. belegte Brötchen mit Milchmixgetränken. Im Eingangsbereich sitzen immer ein paar Herero-Frauen in viktorianischen Bausch-Röcken und der dreizipfligen, Rinderhörnern nachempfundenen Haube, umgeben von einem bunten Heer verschieden großer Püppchen, die aussehen wie Kopien der Verkäuferinnen. Fotografieren lassen sich die Damen gerne gegen Entgelt oder Kauf einer Puppe – übrigens eines der nettesten Souvenirs aus Namibia.

Curt von François Memorial

Gehen Sie jetzt weiter nach Süden und biegen Sie an der nächsten Möglichkeit nach links, nach Osten. Jetzt kommt Geschichte satt! Direkt an der Kreuzung vor dem Rathaus steht das **Curt von François Memorial**, Denkmal desjenigen, dem Windhoek seine Entstehung verdankt. Entgegen mancher Vorstellung wurde es erst 1965 geschaffen und aufgestellt, anläßlich der 75-Jahr-Feier der Gründung Windhoeks. Künstler war der Südafrikaner Hennie Potgieter, die Kosten wurden durch Spenden aufgebracht. Bei der Enthüllung erfolgte die Stadtproklamation Windhoeks.

Reiterdenkmal

Die Straße bergan und die Robert Mugabe Avenue nach links und Norden (die Straße, die wir als „Kulturmeile" schon einmal betreten hatten) sehen wir es schon, das **Reiterdenkmal**, die **Festung**, die **Tintenpalast** und die **Christuskirche**. Martialisch reitet er, erschütternd fotogen sowohl in der Morgen- als auch in der Abendsonne, das Gewehr wachsam auf das Bein gestützt, die Krempe seines Hutes tief in die Stirn gezogen, seit über 80 Jahren. An Kaisers Geburtstag, am 27. Januar 1912 wurde er enthüllt, angeregt vom Kommandanten Oberst von Estorff, ausgeführt von Adolf Kürle aus Berlin. Hier sind die Schutztruppler und „deutschen Bürger" gewürdigt, die in den Jahren 1903 bis 1907 bei den Feldzügen im Laufe der Herero- und Nama-Aufstände „gefallen, verschollen, verunglückt, ihren Wunden erlegen und an Krankheiten gestorben" sind. Der „Reiter" ist eines der umstrittensten Monumente Windhoeks – Forderungen wurden laut, den martialischen Herrn von seinem Sockel zu stürzen. Inzwischen ist eine kulturpolitische Initiative deutschstämmiger Namibier (IG) fleißig dabei, Spenden zu sammeln, um an diesem kolonialen Mahnmal einen Gedenkstein für die nicht-deutschen Opfer der Kriege in Südwest anzubringen und den eindimensionalen Charakter dieses Standbildes wenigstens etwas zu reduzieren.

Alte Feste Hinter ihm dräut die **Alte Feste,** wie eh und jeh, heute aber in gleißendem Weiß. Curt von François zeichnete die Pläne 1890, wenige Monate später wurde das Gebäude bezogen. Das Atrium-Prinzip mit den vier Wehrtürmen diente der Verteidigungsverbesserung. Die Außenmauern hatten ursprünglich nur Schießscharten. Erst später wurden die Veranden angebaut und der kriegerische Charakter etwas gemildert. Die Alte Feste hat nie Kämpfe gesehen. Im Innenhof stehen einige hohe und schlanke Palmen, schweißiges Soldatenleben kann und mag man sich an diesem friedlichen Ort nicht vorstellen. 1915 benutzten die Unionstruppen, Sieger des I. Weltkrieges in Südwest, die Feste als Hauptquartier. In den zwanziger Jahren wurde sie ein Schülerheim, 1957 fand die Erklärung zum „Historischen Monument" statt. 1962 wurde dann das Museum in den ehemaligen Kasernen des Forts eingerichtet. Es zeigt viele Gegenstände des offensichtlich auch existierenden, normalen Tagesablaufes einer Familie im südlichen Afrika: Möbel, Musikinstrumente, Kochutensilien usw. Eine weitere Ausstellung betrifft die Zeit, in der Namibia schon nicht mehr zu Südafrika gerechnet wurde, aber noch nicht eigenständig war, die Zeit, in der die UN im Lande war und die Implementierung der Demokratie überwachte, die ersten Wahlen.

Christus- Verläßt man den Innenhof, nachdem man noch den recht ungepflegten
kirche **Historischen Zug** begutachtet hat und tritt an dem kleinen Andenkenladen vorbei wieder hinaus, liegt rechts unterhalb die **Christuskirche.** Nach drei Jahren Bauzeit wurde am 15. Oktober 1910 der Einsegnungsgottesdienst gehalten. Die Schwesternkirchen – mit gleichem Namen – standen in Tsing-Tao und in Dar es Saalam (!), geweiht wurden alle drei dem Frieden (!).
Die Windhoeker Kirche entwarf Gottlieb Redecker. Nach einigem hin und her, auch Berlin ist mit Bauplänen involviert, wird schließlich der vierte Entwurf genehmigt und am 11. August 1907 der Grundstein gelegt. Man entschied sich für einen neuromanischen Stil mit gotischen Einflüssen. Die Baukosten fallen mit 360.000 Mark doppelt so hoch aus wie geplant (alleine die Transportkosten betrugen 70.000 Mark, obwohl die Woermann-Linie bereits 25 % Sakralrabatt gewährt hatte).

Tintenpalast Ein Stück weiter bergan betritt man einen herrlich grünen und mit Blumen erfüllten Park und steht schließlich vor der Fassade des **Tintenpalastes** (nur werktags bis 13 Uhr geöffnet), des ehemaligen Verwaltungsgebäudes des Schutzgebietes und heutigem Sitz des Parlamentes. Der vom Volksmund verliehene Name spricht für sich. Ein weiteres Mal wurde der Architekt Gottlieb Redecker tätig. Von August 1909 bis Ende 1911 kämpf-

te die deutsche Bauordnung mit sich und der Zunft, bis schließlich Einigung über Entwurf und Standort erzielt werden konnte. Das Gebäude wurde im November 1913 bezogen und gilt als typisches Beispiel eigenständiger deutscher Kolonialarchitektur, die sich nur entfernt an europäischen Vorbildern orientiert und praktische Notwendigkeiten, wie exzellente Durchlüftung der Räumlichkeiten, in den Vordergrund stellt.
Östlich des Tintenpalastes schließen sich moderne Regierungsgebäude an. Der Park wird belebt von Schulklassen, die hier picknicken und ballspielen, und von streng weiß gewandeten Damen und Herren, die ihr sonntagvormittägliches Rasen-Bowlingspiel stilvoll inmitten der Blumenpracht und unbehelligt von der Politik absolvieren.

Alter Friedhof Zurück auf der Robert Mugabe Avenue (die vor der Umbenennung übrigens Leutwein Straße) hieß, gehen wir diese weiter nach Süden und stoßen auf den **Alten Friedhof** und das **Gefallenendenkmal.** Hier wurden viele südafrikanische Soldaten begraben, die während des I. Weltkrieges fielen. Das Denkmal wurde 1931 enthüllt.
Schaut man nach oben, sieht man auf den Hügeln der Umgegend drei weitere geschichtsträchtige Gebäude, die Heinitzburg, die Schwerinsburg und die Sanderburg. Letztere beiden sind nicht öffentlich zugänglich. Die Sanderburg ist privat genutzt, die Schwerinsburg beherbergte früher die italienische Botschaft (die sich aus Namibia zurückgezogen hat). Die Heinitzburg fungiert als zwar exklusives aber noch erschwingliches Hotel, auf dessen Terrasse des Nachmittags Kaffee und Kuchen serviert werden.
Die Schwerinsburg entstand aus der erhöht gebauten Signal- und Aussichtsstation Sperlingslust, die nach Beendigung der Kriegshandlungen 1908 als nicht mehr notwendig erachtet und zur privaten Nutzung vom Staat verkauft wurde. Der Architekt Sander nutzte die Grundkonzeption der Station und umbaute und erweiterte diese im Stil einer mittelalterlichen Burg. Nicht weit davon entfernt entstand für ihn selbst 1914 und 1915 eine weitere Burg, Heinitzburg genannt. Die Sanderburg konnte noch 1917 erbaut werden, da Wilhelm Sander nicht, wie so viele seiner deutschen männlichen Landesbewohner, interniert wurde.

Outstryders Memorial Um zum wirklich letzten kriegerischen Denkmal der Stadt zu gelangen, müssen wir ein Stückchen zurück, bis zum Sam Nujoma Drive (der früheren Curt von François Straße) gehen und in diese links nach Westen einbiegen. Nach einem Fußmarsch von ca. 1 km biegt man rechts in die Bismarck Street ein und gelangt nach ca. 300 m zum Buren-Kriegerdenkmal, dem **Outstryders Memorial.** Es erinnert an die „Bittereinders" („die bis zum bitteren Ende gehen"), die nach Beendigung des Krieges zwischen Engländern und Buren nach Südwestafrika zogen, um nicht unter den neuen Herrschern leben zu müssen.

Nun kann man die Peter Müller Street direkt wieder zur Independence Avenue zurückkehren. Kurz vor ihr findet sich rechterhand das **Konservatorium,** manchmal werden hier Tanzaufführungen oder Konzerte veranstaltet. Die Independence Avenue nach rechts, nach Süden gehend erreicht man schließlich den **Ausspannplatz,** einen nicht begrünten, sondern der Einfachheit halber grün gestrichenen Platz. Seinen Namen hat er nicht als Flanierplatz erhalten, sondern als Abladeplatz der Ochsengespanne, die hier ihr Joch lassen durften, ausgespannt wurden.

Maerua-Park Verließe man den Platz Richtung Südost, gelangte man zum öffentlichen Schwimmbad und zum **Maerua-Park,** einem neu errichteten Geschäftsviertel mit Kino-Center und vielen Lokalen.

Warehouse Wir gehen aber die Talstraße zurück und passieren das rote Ziegelgebäude der ehemaligen Bierbrauerei, heute das **Warehouse,** ein Zentrum mit Diskothek (das auch Live-Auftritte bekannter namibischer und südafrikanischer Gruppen wie Jackson Kaujeua oder Jonny Clegg organisiert), einem Theater und einem Kunsthandwerks-Zentrum, dem Namibian Craft Centre, das Selbsthilfe-Gruppen unterstützt. Hier gibt es viele originelle Souvenirs zu erstehen, einiges zwar etwas teurer als auf den Straßenmärkten, dafür aber schöner gearbeitet. Auch einige junge Modemacher sind mit Afro-Fashion vertreten. Wer hier kauft, unterstützt die Selbsthilfe-Projekte und weiß, daß sein Geld nicht einem findigen Großhändler, sondern vor allem arbeitslosen Frauen zugute kommt.

Zu den „Wildlife Impressions"
Vier Kilometer außerhalb vom Zentrum Richtung Flughafen (Sam Nujoma Drive findet sich ein kleiner Zoo mit Kriechtieren und Vögeln, die im Lande leben. Da man selten Schlangen sehen wird, hat man hier die Gelegenheit sich die giftigen und weniger giftigen aus der Nähe zu betrachten. Ein Shuttle-Service wird angeboten. Tel. 061-253603, täglich geöffnet 8–18 Uhr, So 9–16.30 Uhr, Eintritt 20 N$, Kinder 10 N$. Das angeschlossene Restaurant serviert Frühstück, Mittag- und Abendessen.

Exkurs: Penduka „Wake up" unterstützt namibische Frauen

Direkt am Gorangab Damm gelegen, in den ehemaligen Räumen des Yacht-Klubs, befindet sich ein Projekt, das sich zum Ziel gesetzt hat, namibischen Frauen in Selbstverwaltung zu Arbeit zu verhelfen. Es werden traditionelle Kleider und Haushaltsgegenstände hergestellt, die man in einem Laden erwerben kann. Ein Restaurant ist angeschlossen und Windhoeker kommen gerne auch zum Nachmittagskaffee am Wochenende herausgefahren oder halten Kindergeburtstage ab.

Kleine Bungalows unterschiedlicher Kategorie werden an Backpacker und zahlungskräftigere Gäste vermietet. Ein Shuttle-Service holt Besucher im Zentrum ab (anrufen!) und bringt sie wieder zurück. Die Anfahrt geschieht etwas kompliziert quer durc Katutura und die Bidonville der Angolaflüchtlinge. Deshalb sollte man den nachts nicht unbedingt mit dem eigenen Wagen hinfahren, sondern den Shuttle nutzen. Tel. 061-257210, Fax 257210.

Einkaufen in Windhoek

Bücher Bücher Keller, P.O. Box 1074, Carl-List-Haus, Peter Müller Street, Tel. 061-231615, Fax 061-236164, breiteste Auswahl an deutschsprachigen Büchern in Namibia. Traditionsbuchladen, sehr gute Beratung, Zeitungen und Zeitschriften.
Windhoeker Buchandlung, P.O. Box 1327, 69 Independence Avenue, el. 061-225216, Fax 061-225011, deutsch- und englischsprachige Bücher.
New Namibia Books, P.O. Box 21601, Post Street Mall, Tel. 061, 235769, Fax 061-235279, englischsprachige Bücher, auch Verlag.

Souvenirs Penduka „Wake up", am Gorangab Damm, P.O. Box 62601, Windhoek, Tel. 061-257210, Fax 061-257210, e-mail: penduka@namib.com.na (siehe Kasten oben).
Bushman Art, P.O. Box 20165, 187 Independence Avenue, Tel. 061-228828, Fax 061-228971, schöne Auswahl an afrikanischem Kunsthandwerk, viele hochqualitative Holzschnitzereien.
African Life Style, 25 Garten Street, Tel. 061-227756, Schnitzereien, Karakulteppiche, Schmuck
Spot on, P.O. Box 22541, 177 Indeopendence Avenue, Tel. 061-225634, Fax 061-225283, e-mail: spot-on@iafrica.com.na, modernes Kunsthandwerk, Schmuck, Kleider und Bücher.
Rogl Souvenirs, Post Street Mall, Tel. 061-225481, Fax 061-249715, Schnitzereien aus ganz Afrika, Felle, Lederwaren.
Oasa Taradi, Kiosk in der Kaiserkrone, Weißwaren von einer Frauenkooperative.
Ikhobe, Kiosk in der Post Street Mall, P.O. Box 6542, Tel. 061-226710, Stickereien einer Frauenkooperative.
Omatako, Levinson Arcade, P.O. Box 11405, Tel. 061-224803, Curio-Laden unter deutschsprachiger Leitung.

Juweliere Horst Knop, Kaiserkrone, Post Street Mall
Klaus Schnack, 34 Hendrik Hop Street
Herrle & Herma, Sanlam Centre, Independence Avenue
Adrian, Levinson Arcade
Jürgen Canto, Levinson Arcade

Kleidung Kilimanjaro Annex, Kiosk gegenüber dem Meteoritenbrunnen in der Post Street Mall, Tel. 061-234824, moderne Afro-Kleider.
Wecke & Voigts, im Gebäude des Kalahari Sands Hotel, Kaufhaus, in dem die deutschsprachigen Namibier traditionell einkaufen.

Platten Universal Sounds, Post Street Mall, P.O. Box 40210, Tel. 061-227037, Fax 061-227044, Plattenladen mit afrikanischer Musik.

Pelze Nakara, 165 Independence Avenue
Pelzhaus Huber, Göring Street Ecke Independence Avenue
Seelenbinder, Craigmyle Building, Independence Avenue

Camping Ausrüstung Cymot, 60 Madume Ndemufayo Avenue, P.O. Box 706, Tel. 061-234131, Fax 061-221011.
Safari Den, 8 Bessemer Street und Post Street Mall, P.O. Box 12011, Tel. 061-231931, Fax 61-221620.
Le Trip, P.O. Box 6075, Wernhil Park, Tel. 061-233499, Fax 061-251671, Ausrüster mit Spezialisierung auf Radfahrer.

Vermietung von Camping Ausrüstung Camping Hire Namibia, 12 Louis Raymond Street, Olympia, P.O. Box 80029, Tel. 061-252995, Fax 061-252995

Internet Café Icafé, 78 Bülow Street, Windhoek, Tel. 061-230997, e-mail: dean@namib.com

Unterhaltung in Windhoek

Wie gesagt, Windhoek ist eine ruhige Metropole. Die „große Sause" kann man mit Sicherheit nicht erleben, ein Rotlicht-Viertel existiert nicht, ebenfalls kein Stadtteil, in dem sich die Studenten die Nacht um die Ohren schlagen. Die weißen Namibier ziehen es vor, sich gegenseitig zu Hause zu besuchen oder nach einem guten Abendessen noch auf einen Sprung in einer der drei oder vier Nachtbars den Gutenacht-Schluck zu sich zu nehmen. Windhoek hat ein Kinozentrum und ein Autokino, die Auswahl ist auch hier nicht allzugroß. Das Nationaltheater führt eher selten Stücke auf, und auswärtige Ensembles sind auch nicht allzuoft eingeladen. Das Warehouse Theatre, das zweite Theater in Windhoek, hat da schon häufiger Aufführungen. Die Spielpläne werden in den Tageszeitungen veröffentlicht.

Eine Leidenschaft der Namibier, über alle ehemaligen Rassenschranken hinweg, ist das Spiel. Dabei kommen hauptsächlich die „Einarmigen Banditen" zum Einsatz. Keine Stadt, keine Straße, die nicht einen kleinen, unscheinbaren Hauseingang hätte, aus dem Münzengeklimper und laute Musik zu hören wäre. Dort wird bröckchenweise verspielt, was man besitzt, Münze für Münze – oder auch gewonnen. Dem Wildwuchs dieser Spielha(ö)llen soll nun durch eine neue Gesetzgebung Einhalt geboten werden. Wer für die Spiel-Leidenschaft nichts übrig hat, dem bleibt zu später Stunde nur ein gutes Buch, der Besuch einer Diskothek (Tanz ist nur mittwochs, freitags und samstags) oder eines Pubs.

Die deutschstämmigen Namibier treffen sich gerne in Joe's Beer House oder im Garten des Lokals Zum Wirt, wo es ruhiger zugeht, man zwar auch ab und zu tanzt, sich aber hauptsächlich im Biergarten unterhält. Die Jugend zieht es in die Entertainment-(Fußgänger-)Zone des Maerua-Parks. Cafés, Pizzeria, Steakhouse, Hamburger-Buden Läden, Takeaways und Yoghurt-World sorgen mit einem Kino für Entspannung. Auch das O'Hagans findet sich hier, eine weitere „In"-Kneipe. Und Touristen auf dem Gesundheitstrip können in dem riesigen und wahrlich perfekt ausgestatteten Fitness-Studio etwas für ihren Körper tun.

Wer die Disconacht mit Deutschstämmigen teilen will, sollte ins Kudissanga gehen. Wagemutigere fahren nach Katutura oder Khomasdal und besuchen die dortigen Diskotheken. Besser ist es, ein Taxi zu nehmen, da es keine bewachten Parkplätze gibt. Auch für die Heimfahrt sollte es kein Problem sein, am Eingang ein Taxi zu finden.

Für die harten Gesellen ist Sportsman am Ausspannplatz geeignet. Die Stimmung bewegt sich zwischen irischer Volltrunkenheit, südafrikanischer Gelassenheit, englischer Distanz und afrikanischer Buschmentalität – was das ist, merkt man dann schon …

Theater National Theatre of Namibia, John Meinert Street; Tel. 061-237966, Spielplan in den Zeitungen.
Warehouse-Theatre, Tal Street; Tel. 061-225059, Spielplan in den Zeitungen

Kinos Maerua Park Cinema, Klein Windhoek Road, Eros Shopping Center. Kinozentrum mit 3 Vorführräumen, Programm in den Zeitungen.
Windhoek Drive-in, Knudsen Street, Olympia Autokino. Programm in den Zeitungen. Kine 300, Eros Park

Essen und Trinken

Die Lokale und Restaurants, die schon in der Früh geöffnet haben, bieten zumeist auch Frühstück an. Praktisch alle Hotels besitzen ein Restaurant, bei den kleineren ist für Nicht-Hotelgäste unter Umständen eine Voranmeldung erforderlich.

Africa — Traditionelle afrikanische Gerichte aus West-, Ost- und dem südlichen Afrika, 3 Kasch Street (bei der Bülow Street gegenüber Protea Court), Tel. 061-247178, täglich 10–23 Uhr (Frühstück zwischen 7 und 10 Uhr).

Aris Hotel — 25 km außerhalb nach Süden, Tel. 061-236006, gutes Restaurant im gleichnamigen Hotel, wird gerne von Windhoekern als Ausflugsgaststätte genutzt.

Café Schneider — Kaffee und Kuchen oder kleine Gerichte im ältesten Café der Stadt. Levinson Arcade; Tel. 061-226304. Mo–Fr 7–18 Uhr, Sa 7–14 Uhr.

Central Café — Schnelle Gerichte oder Kaffee u. Kuchen in einer überdachten Passage. Günstiges Frühstück. Levinson Arcade; Tel. 061-222659. Mo–Fr 6.30–18, Sa 7–14 Uhr.

Dunes — Restaurant im Kalahari Sands Hotel. Sehr gutes Büffet, neben asiatischen und italienischen Gerichten auch Wild bis zum Abwinken (Strauß, Oryx, Kudu etc.). Ansonsten ist die Karte eher klein und teuer. Independence Avenue, Gustav Voigts Center; Tel. 061-222300. Mo–So 7–22 Uhr. Kreditkarten AE, V, MC, D

Fürstenhof — Gilt als bestes Restaurant in Windhoek. Feines Ambiente, vorzügliche Gerichte. 4 Bülow Street; Tel. 061-237380. Mo–So 19–23 Uhr. Kreditkarten AE, V, MC, D

Gathemann — Deutschsprachiges Restaurant der gehobenen Preis- und Qualitätskategorie mit vielen namibischen Spezialitäten (Fisch- und Wild, Austern und selten die berühmten Termitenpilze). Manchmal werden auch Mopanewürmer serviert, fritiert schmecken sie wie gewürzte Chips. Besonderer Wert wird auf die Weinkarte gelegt. Große Terrasse mitten im Herzen der Stadt. Independence Avenue, Gathemann Haus; Tel. 061-223853. Mo–So 10–14.30 und 18–23 Uhr. Kreditkarten AE, V, MC, D

Gourmet´s Inn — Gute, deutsche Küche in einem kleinen Speiseraum, der zumeist sehr voll ist. Gehobene Preise. Jan Jonker Weg; Tel. 061-232360. Mo–Fr 12–14 und 19–22.30 Uhr, Sa 19–22.30 Uhr, So Ruhetag. Kreditkarten AE, V, MC, D

Grand Canyon Spur — Bei jungen Leuten populäres Steakhouse, gegenüber der Post Street Mall, mit Frühstückskarte. Wenn es warm ist, kann man auf dem Balkon sitzen und den Leuten beim Flanieren und Einkaufen zuschauen, mittlere Preiskategorie. Das einzige Lokal Namibias mit einem Behindertenfahrstuhl. Independence Avenue, gegenüber der Post Street Mall; Tel. 061-231003. Mo–So 7.30–24 Uhr. Kreditkarten AE, V, MC, D

In's Wiener — Café im Wernhil Park Einkaufszentrum. 33 Wernhil Park/Tal Street; Tel. 061-231082. Mo–Fr 9–18 Uhr, Sa 9–14 Uhr.

Kaiserkrone — Deutsches Restaurant in einem Gebäude in deutschem Kolonialstil mit großem Innenhof, wo sich unter Palmen speisen läßt (Wildspezialitäten, manchmal auch Krokodil). Zentral gelegenes „Muß" für Namibiareisende. Abends wandelt sich das Lokal zum Italiener. Verschiedentlich finden festliche Diners statt. Dazu werden zum Beispiel Opernsänger eingeladen, die die Gäste musikalisch hochklassig unterhalten. Mittlere Preiskategorie. Post Street Mall; Tel. 230141. Mo–So 8–23 Uhr. Kreditkarten AE, V, MC, D

Kentucky Fried Chicken — Wie der Name sagt – nichts als Hühnchen, niedrige Preiskategorie, mittags beliebter Treff der Angestellten aus den umliegenden Firmen. 67 Tal Street, Ecke Sam Nujoma Drive. Tel. 232261, Mo–So 10–22 Uhr. Kreditkarten keine.

La Cave	Deutsche und internationale Gerichte in leicht unterkühlter Atmosphäre. Angeschlossen ist eine Bar, an der man seinen Aperitif oder auch Digestiv zu sich nehmen kann. Independence Avenue, Carl List Haus (beim Kalahari Sands); Tel. 061-224173. Di–Sa 12–14 und 9–23 Uhr, So 12–14 und 9–22 Uhr, Mo Ruhetag. Bis auf Di und Mi hat die Bar durchgängig geöffnet. Kreditkarten AE, V, MC, D
Le Bistro	Boulevard-Café mit kleinen Gerichten und großem Zulauf. Will man gesehen werden, verbringt man seinen Tag hier am Uhrenturm. Independence Avenue, Ecke Post Street Mall; Tel. 061-228742. Di–So 8–24 Uhr. Keine Kreditkarten.
Mike's Kitchen	Steakhouse in einem Einkaufszentrum, nicht so populär wie das u.g. Grand Canyon Spur, mittlere Preiskategorie. 112/113 Wernhil Park/Tal Street; Tel. 061-226596. Mo–Sa 9.30–23 Uhr, So 11.30–22 Uhr. Kreditkarten AE, V, MC
Monroe's	Moderner Coffee-Shop, Frühstück, Lunch, Independence Avenue (Höhe John Meinert Street), Tel. 061-255555, Mo–Sa 8–22 Uhr.
Nando's Kitchen	Hühnchen, Hühnchen, Hühnchen, nackt und kross. Independence Avenue, nahe der Bahnhofstraße, Tel. 231040, Mo–Do 7–22 Uhr, Fr–Sa 7–02 Uhr, So 9–22 Uhr. Kreditkarten keine.
Penduka „Wake up"	Green Mountain Dam Road (Katutura), Tel. 061-257210, afrikanisches Restaurant am Goreangab Damm, Shuttle-Service, auch Backpacker Übernachtungen und Bungalows, Teil eines Projektes zur Unterstützung namibischer Frauen.
Pizza Palace	Beim Bahnhof, Tel. 061-239997, Pizza vor Ort und frei Haus, täglich 12–23 Uhr.
Sardinia	Italienische Fleisch- und Fischgerichte und hausgemachte Pasta, für die die Zutaten direkt aus Italien eingeflogen werden. Nach der Pizza ist die selbstgemachte Eiscreme zu empfehlen. Jugendliche kommen auch, um nur das Eis zu delektieren. Preise niedrig bis mittel. 39 Independence Avenue (zwischen Gartenstraße und Ausspannplatz); Tel. 061-225600. Mo–Do 9–22.30 Uhr, Fr–So 9–23.30 Uhr. Kreditkarten AE, V, MC, D
Senato's kitchen	Schnell, billig und nicht schlecht. Bahnhof Street, Tel. 061-231265, Mo, Di 8–22 Uhr, Mi, Fr, Sa 8–11.30 Uhr, Do 8–22 Uhr, So 10–14 und 17–22 Uhr.
Luigi	Italienisches Restaurant, 342 Sam Nujoma Drive, Klein Windhoek, Tel. 061-264459, mittlere Preiskategorie, Di–So 12–14 und 18.30–22 Uhr. Kreditkarten: MC, V, AE.
The Cauldron	Kaffeebar und Takeaway mit einigen Tischen im Gustav Voigt Center im Untergeschoß. Leckere Milchshakes und belegte Brötchen zu günstigen Preisen. Independence Avenue, Gustav Voigt Center, Tel. 231040, Mo–Fr 7.30–17.30 Uhr, Sa 7.30–15 Uhr.
The Golden Paw	Sam Nujoma Drive (hinter Klein Windhoek auf dem Weg zum Flughafen auf der rechten Seite bei Wildlife Impressions, 4 km), Tel. 061-272048, täglich 8–22 Uhr, internationale Küche.
The Homestead	Unprätentiöses, sehr angenehmes Restaurant mit unaufdringlicher, frischer Musik am Hintergrund. Das Personal trägt dezent und aufmerksam die ideenreichen Gerichte auf, die Weinkarte ist gut. Mittlere bis gehobene Preise. 53 Feld Street, Nähe Ausspannplatz; Tel. 061-221958. Mo–Fr 12–24 Uhr, Sa 12–14 und 19–24 Uhr. Kreditkarten AE, V, MC, D
Zum Wirt	Kleines Lokal mit deutscher Küche, günstige Preise, Biergarten. Independence Avenue, Ecke Sam Nujoma Drive, Tel. 061-234503, Mo–Sa 9–2 Uhr, So nur Restaurant (10–24Uhr).

Diskotheken/Pubs

Diskotheken haben im allgemeinen nur mittwochs, freitags und samstags geöffnet. Einige bieten an den anderen Wochentagen einen Barbetrieb an. Viele der Diskotheken sind mit einem Restaurant oder Takeaway verbunden, wo auch spät nachts noch gegessen werden kann. Teilweise werden Sie sicherlich gewarnt, die Lokale in Katutura oder Khomasdal zu besuchen. Bei normaler Vorsicht dürfte aber nichts passieren. Strenge Eingangskontrollen und die Abnahme von allem, was auch nur annähernd als Waffe benutzt werden könnte, gestalten Diskobesuche überaus friedlich. Seien Sie aber vorbereitet, daß Sie unter Umständen der einzige andersfarbige Gast sind, da die Szene in einem Lokal zumeist konsistent ist. Sie werden sich aber dennoch sehr angenehm fühlen und geraten so auch leicht in interessante Gespräche. Teilweise wird Eintritt verlangt, dessen Höhe, abhängig von der Veranstaltung, variiert.

The Factory — Tags gemischtes Publikum, nachts mehr weiße Gäste. 12 Tal Street; Tel. 061-226479. Mo–Sa 12–02 Uhr; Mo, Di Barbetrieb; Mi, Fr, Sa Livemusik; Do Disco.

The Coconuts Club — Eher weißes Publikum, das amerikanisches Billard spielt oder der Musikgruppe zuhört. Independence Avenue, im Continental Hotel, Eingang Lüderitz Street; Tel. 061-237293. Mi, Sa, So 20–02 Uhr.

Club Thriller — Schwarzes Publikum, der Besitzer war Bürgermeister von Windhoek. Möglichkeit draußen zu sitzen und sich etwas vom Grill zu bestellen. Katutura, Samuel Shikomba Street; Tel. 061-216669. Di–So ab 18 Uhr, Disco Mi, Fr und Sa.

Joe's Beer House — Bei den Deutschsprachigen der Favorit. Biergarten mit Restaurant, am Wochenende Disco, teilweise Livemusik. 440 Independence Avenue; Tel. 061-232457. So–Fr 17–2 Uhr, Sa 11–2 Uhr.

Midnight Express — 2121 S. Shikomba Street, schwarzes Publikum, Tel. 216669, Diskomusik, angeschlossenes Restaurant.

Paradise Alley/Kudissanga — Ab Mitternacht geht die Post ab, Rave und Angola Jazz, gemischtes Publikum, Partystimmung, 41 Bahnhof Street, Tel. 061-229066, So–Fr 17–2, Sa 11–4 Uhr.

Plaza — In-Treff der Jugend, Barbetrieb, Bistro, gemischtes Publikum, Maerua Park, Tel. 061-240980, täglich 10–24 Uhr.

Sportsman — Pub mit südafrikanisch-irisch-abgestürztem Flair, das man mögen muß. Auf einer großen Tafel werden Mitfahrgelegenheiten angeboten. 2 Independence Avenue; Tel. 061-223249. Mo–So ab 11 Uhr.

The Warehouse — Häufig Veranstaltungen, Life-Auftritte von Gruppen, Tanz. In den Tageszeitungen und auf Plakaten wird das Programm angekündigt. 48 Tal Street; Tel. 061-225059.

The Starlight — Discothek im Windhoek Country Club, für Leute, die nach dem Spielcasinobesuch noch ein paar Dollar für ein Bier übrig haben. Western Bypass, Tel. 061-2055911, täglich.

O'Hagans — In-Treff zum Plauschen, in der Fußgängerzone des Maerua Park. Ecke Robert Mugabe Avenue und Jan Jonker Street; Tel. 061-234677.

Zum Wirt — Biergarten, in dem man Frauen kennenlernen kann, Independence Avenue/Ecke Sam Nujoma Drive, Tel. 061-234503, Mo–Sa 21–2 Uhr, So geschlossen.

Unterkunft

Luxus

Heinitzburg Hotel, P.O. Box 458, Tel. 061-249597, Fax 061-249598, Heinitzburg, DZ 320 p.p. inkl.Frühstück, 30 Betten, exklusives Luxushotel in exponierter Lage über Windhoek, Nachmittagskaffee mit Blick auf die im Abendlicht liegende Stadt, Schwimmbad, das Essen wird bislang vom Fürstenhof zubereitet, ein eigenes Restaurant ist aber in Planung, deutsch

Kalahari Sands Hotel, P.O. Box 2254, Tel. 061-222300, Fax 061-222260, e-mail: ksands@namib.com, Independence Avenue, DZ 570 N$ inkl.Frühstück, 400 Betten, Schwimmbad, Parkplatz, Luxushotel mit Kasino (und damit wenig Gewinner und viele Verlierer im Foyer), englisch

Safari Hotel, P.O. Box 3900, Tel. 061-240240, Fax 061-235652, e-mail: safari@iwwn.com.na, Eros Flughafen, DZ 400 N$ inkl.Frühstück, 900 Betten, Schwimmbad, Parkplatz, viele Reisegruppen, englisch

Windhoek Country Club Resort, P.O. Box 30777, Tel. 061-2055911, Fax 061-2252797, e-mail: wccr@stocks.com.na, Pioneers Park, DZ 600 N$ inkl. Frühstück, 300 Betten, Schwimmbadlandschaft, Kasino, englisch

Touristenklasse

Alexander Hotel-Pension, P.O. Box 1911, Tel. 061-240775, Beethoven Street, DZ 230 N$ inkl.Frühstück, 10 Betten, Schwimmbad, deutsch

Ambiente Gästehaus, B&B P.O. Box 11106, Windhoek, Tel. 061-252505, Fax 061-217130, DZ ab 360 N$ inkl. Frühstück

Cela Hotel-Pension, P.O. Box 1947, Tel. 061-226294, Fax 061-226246, , e-mail: cela@namib.com, Bülow Street, DZ 300 N$ inkl.Frühstück, 32 Betten, Schwimmbad, Parkplatz, deutsch

Christoph Hotel-Pension, P.O. Box 6116, Tel. 061-240777, Fax 061-248560, Heinitzburg Street, DZ 300 N$ inkl. Frühstück, 20 Betten, Schwimmbad, Parkplatz, Sundowner Bar, deutsch

Continental Hotel, P.O. Box 977, Tel. 061-237293, Fax 061-231539, Independence Avenue, DZ 350 inkl. Frühstück, 120 Betten, neu renoviert, deutsch

Eros Hotel Pension, P.O. Box 9607, Tel. 061-227020, Fax 061-242919, 21 Omarumba Road, DZ 150 N$ p.P., 18 Betten, englisch

Etambi Hotel Pension, P.O. Box 30547, Tel. 061-241763, Fax 061-242916, Gous Street, DZ 250 N$ inkl. Frühstück, 20 Betten, Schwimmbad, deutsch

Fürstenhof Hotel, P.O. Box 316, Tel. 061-237380, Fax 061-228751, e-mail: fuerst@iafrica.com.na, Bülow Street, DZ 250 p.P. N$ inkl.Frühstück, 35 Betten, Parkplatz, Schwimmbad, ausgezeichnete Küche (die beste in Windhoek), deutsch

Handke Hotel-Pension, P.O. Box 20881, Tel. 061-234904, Fax 061-225660, pensionhandke@iafrica.comn.na, 3 Rossini Street, DZ 250 N$ inkl. Frühstück, 20 Betten, Parkplatz, deutsch

Kleines Heim Pension, P.O. Box 22605, Tel. 061-248200, Fax 061-248203, e-mail: kleiheim@iafrica.com.na, Volans Street, DZ 300 N$ p.P. inkl.Frühstück, 25 Betten, um einen netten Innenhof gelegene Zimmer, das Hauptgebäude wurde 1911 vom Architekten Sander entworfen, viele südafrikanische Geschäftsleute, englisch

Moni Hotel-Pension, P.O. Box 2805, Tel. 061-228350, Fax 061-227124, Rieks van der Walt Street, DZ 260 N$ inkl. Frühstück, 20 Betten, Schwimmbad, Parkplatz, deutsch

Palmquell Hotel-Pension, P.O. Box 6143, Tel. 061-234374, Fax 061-234483, 60 Jan Jonker Road, 200 N$ p.P. inkl. Frühstück, 20 Betten, deutsch

Steiner Hotel-Pension, P.O. Box 20481, Tel. 061-222898, Fax 061-224234, Wecke Street, EZ 200 N$ inkl.Frühstück, 30 Betten, Schwimmbad, Parkplatz, nettes, kleines, ruhiges aber sehr zentral gelegenes Hotel, deutsch

Thüringer Hof Hotel, P.O. Box 112, Tel. 061-226031, Fax 061-232981, Independence Avennue, DZ 425 N$ inkl. Frühstück, 80 Betten, Biergarten, renoviertes Traditionshotel, deutsch

	Uhland Hotel-Pension, P.O. Box 20738, Tel. 061-229859, Fax 061-220688, , e-mail: uhland@natron.net, 197 Uhland Street, DZ 380 N$ inkl.Frühstück, 20 Betten, Schwimmbad, Parkplatz, deutsch **Villa Verdi Hotel-Pension,** P.O. Box 6784, Tel. 061-221994, Fax 061-222574, Verdi Street, DZ 590 N$ inkl. Frühstück, 20 Betten, Schwimmbad, Parkplatz, deutsch
Günstig	**Penduka "Wake up",** P.O. Box 62601, Tel. 061-257210, Fax 061-257210, e-mail: penduka@namib.com, Goreangab Damm, Katutura, Bett ab 30 N$, Bungalow 140 N$ (2 Personen), Geleitet von einem Frauenprojekt gegen Arbeitslosigkeit, Restaurant, englisch **Royal Hotel (früher Tucker's Tavern),** P.O. Box 5374, Tel. 061-223249, Fax 061-227698, Ausspannplatz, DZ 150 N$, Bett 30 N$ (Mehrbettzimmer), Einfaches Hotel **South West Star Hotel,** P.O. Box 10319, Tel. 061-213205, Khomasdal, Chrysler Road, DZ 80 N$ p.P., 20 Betten, in Khomasdal gelegen, englisch **Traveller's Lodge,** P.O. Box 2434, Tel. 061-249099, Andes Street, Gemeinschaftszimmer 30 N$ p.P., DZ 90 N$, Stellplatz 20 N$ p.P., Jugendherbergscharakter, einige wenige Stellplätze, deuscth
Bed and Breakfast	**Auasblick Guesthouse,** P.O. Box 2935, 6 Berker Street, Windhoek, Tel. 061-222207, Fax 061-222207, DZ 120 N$ **Backpacker,** 5 Grieg Street, Windhoek, Tel. 081-1244383, Bett ab 25 N$, Camping ab 15 N$ **Backpacker's Lodge,** P.O. Box 8541, 25 Best Street, Windhoek, Tel. 061-228355, Fax 061-236561, Bett 30 N$ **Bassingthwaighte Guesthouse,** P.O. Box 194, 163 Uhland Street, Windhoek, Tel. 061-234249, Fax 061-234438, DZ 200 N$ **Bateleur Guesthouse,** P.O. Box 11626, 78 Gever Street, Windhoek, Tel. 061-221007, Fax 061-222931, DZ 300 N$ **Brigitte's Place,** P.O. Box 2292, 19 Mostert Street, Windhoek, Tel. 061-222342, Fax 061-245743, DZ 90 N$ **Camelthorn Guesthouse,** P.O. Box 30064, Windhoek, Tel. 061-241936, Fax 061-241183, DZ 180 N$ **Chamberlain Guesthouse,** P.O. Box 6468, 10 Amasoniet Street, Windhoek, Tel. 061-234786, Fax 061-2063943, DZ 150 N$ **Chameleon Backpackers,** P.O. Box 6107, 22 Wagner Street, Windhoek, Tel. 061-247668, e-mail: chamnam@namib.com, Bett ab 30 N$ **Champion B&B,** P.O. Box 6221, 163 Diaz Street, Windhoek, Tel. 061-251306, Fax 061-251620, DZ 120 N$ **Charlotte's Guesthouse,** P.O. Box 4234, 2a John Ludwig Street, Windhoek, Tel. 061-228846, Fax 061-228846, DZ ab 290 N$ inkl. Frühstück **Chie's B&B,** P.O. Box 80352, 1 Bauer Street, Windhoek, Tel. 061-252925, DZ 150 N$ **City Central Windhoek,** P.O. Box 6455, Church Street, Windhoek, Tel. 061222829, Bett ab 100 N$ **Diana's B&B,** P.O. Box 1679, 6 Pabst Street, Windhoek, Tel. 061-244469, DZ 120 N$ **Fabian,** 31, Kingfisher Road, Windhoek, Tel. 061-262915, Bett ab 50 N$ **Gert's Place,** P.O. Box 30081, 26 Malcolm Spence Street, Windhoek, Tel. 061-251643, DZ 120 N$ **Gisela Vente's Guesthouse,** P.O. Box 5737, 7 Christian Street, Windhoek, Tel. 061-239390, Fax 061-234602, DZ 160 N$ **Gudrun's B&B,** P.O. Box 23809, 6 Luther Street, Windhoek, Tel. 061-234823, DZ 135 N$ **Haus Bodensee,** P.O. Box 11545, 40 Uhland Street, Windhoek, Tel. 061-239158, DZ 190 N$ **Haus OL-GA,** P.O. Box 20926, 91 Bach Str., Whk., Tel. 061-235853, DZ 180 N$

Helga's B&B, P.O. Box 3827, 18 Gutsche Street, Windhoek, Tel. 061-252553, Fax 061-252553, DZ 200 N$
Hillside, Tel. 061-232430, Bett ab 60 N$
Jan Jonker Apartments, P.O. Box 21511, 183 Jan Jonker Road, Windhoek, Tel. 061-221236, Fax 061-238794, e-mail: janjonker@namib.com, ab 100 N$ p.p.
June's Place, P.O. Box 20276, Nelson Mandela Avenue, Windhoek,Tel. 061-226054, Fax 061-221950, ab 75 N$ p.p.
Littlest Angel Guesthouse, P.O. Box 30953, 106 Jan Jonker Road, Windhoek, Tel. 061-231639, Fax 061-231639, DZ 160 N$
Marie's Place, P.O. Box 6406, 156 Diaz Street, Tel. 061-251787, Fax 061-252128, Windhoek, DZ ab 50 N$ p.P. inkl. Frühstück
Omuti Guesthouse, P.O. Box 30801, 94 Nelson Mandela Street, Windhoek, Tel. 061-259093, DZ 180 N$
Onganda Gästehaus, P.O. Box 11193, Herbst Street, Windhoek, Tel. 061-227212, Fax 061-248661, DZ 130 N$ p.p. inkl. Frühstück
Pot-Pourri Inn,
67 Plato Street, Windhoek, Tel. 061-255022, Bett ab 75 N$
Promenaden Heights, P.O. Box 861, 9b Promenaden Road, Windhoek, Tel. 061-223169, Fax 61-239382, e-mail: core@iwwn.com.na, DZ 120 N$
Puccini Hostel, 4 Puccini Street, Windhoek, Tel. 061-236355, Fax 061-236355, Bett ab 30 N$
Rest-a-while Guesthouse, P.O. Box 999, 7 Love Street, Windhoek, Tel. 061-227770, Fax 061-248852, DZ 180 N$
Riverside Guesthouse, P.O. Box 3257, 7 Veronica Street, Windhoek, Tel. 061-233500, DZ 80 N$
Rix Guesthouse, P.O. Box 1011, 19 Schäfer Street, Windhoek, Tel. 061231090, Fax 061-231090, DZ 180 N$
Roswitha's B&B, P.O. Box 30044, 63 Fritsche Street, Windhoek, Tel. 061-242622, Fax 061-225629, DZ 150 N$
Schanzenweg Pension, P.O. Box 5433, 35 Schanzen Road, Windhoek, Tel. 061-228462, Fax 061-228462, DZ 195 N$
Swiss Chalets, P.O. Box 11320, 31 Avis Road, Windhoek, Tel. 061-222019, Fax 061-248832, DZ ab 200 N$
Tamboti Guesthouse, P.O. Box 40377, 9 Kerby Street, Windhoek, Tel. 061-235515, Fax 061-259855, DZ 230 N$
Valhalla B&B, P.O. Box 30640, 48 Niseen-Lass Street, Windhoek, Tel. 061-243486, DZ 120 N$
Vee's Guesthouse, P.O. Box 2993, 7311 Elephant Street, Windhoek, Tel. 061-221598, Fax 061-227006, e-mail: vigava@usaid.gov, DZ 130 N$
Villa Adele, P.O. Box 1672, 31 Pasteur Street, Windhoek, Tel. 061-234875, DZ 160 N$
Villa Afrique, 168 Nelson Mandela Avenue, Windhoek, Tel. 061-225570, Fax 061-254714, DZ ab 200 N$
Wild Dog Safaris, P.O. Box 26188, Albrecht Street, Windhoek, Tel. 061-257642, Fax 061-257642, DZ 80 N$
Zielske Pension, 33 Aschenborn Street, Windhoek, Tel. 061-241966, Fax 061-243350, DZ 160 N$

Camping
Arebbusch Travel Lodge, Postfach 80160, Tel. 061-252255, Fax 061-251670, e-mail: atl@iwwn.com.na, Windhoek - B1 nach S (6 km), DZ 175 N$, Stellplatz 30 N$ p.P., 44 Betten, Schwimmbad, Restaurant, Laden, gut bewacht, riesige begrünte Campingfläche, sehr sauber, englisch
Backpacker, 5 Grieg Street, Windhoek, Tel. 081-1244383, Bett ab 25 N$, Camping ab 15 N$
Dan-Viljoen-Rastlager, Buchung über das staatliche zentrale Reservierungsbüro in Windhoek, Windhoek - C28 (14 km), Bungalow 220 N$ (2 Betten, inkl. Frühstück), Zeltplatz 90 N$, Eintritt 10 N$ p.P. und Fahrzeug, Schwimmbad,

Versorgungsmöglichkeit, Tagesbesucher müssen sich telefonisch anmelden (Tel. 061-226806), englisch, bei Reservierung bis 24 Uhr, Tagesbesucher müssen um 18 Uhr den Park verlassen
Traveller's Lodge, P.O. Box 2434, Tel. 061-249099, Andes Street, Gemeinschaftszimmer 30 N$ p.p., DZ 90 N$, Stellplatz 20 N$ p.P., Jugendherbergscharakter, einige wenige Stellplätze, deuscth

Außerhalb **Airport Lodge,** P.O. Box 5913, Tel. 061-231491, Fax 231491, e-mail: airport@namib.com, Windhoek - B6 (22 km) - MR53 (600 m), DZ 115 N$ p.p., 20 Betten, Schwimmbad, englisch, Transfer zum Flughafen (22 km)
Arebbusch Travel Lodge, Postfach 80160, Tel. 061-252255, Fax 061-251670, e-mail: atl@iwwn.com.na, Windhoek - B1 nach S (6 km), DZ 175 N$, Stellplatz 30 N$ p.P., 44 Betten, Schwimmbad, Restaurant, Laden, gut bewacht, riesige begrünte Campingfläche, sehr sauber, englisch
Aris Hotel, P.O. Box 5199, Tel. 061-236006, Fax 061-234507, Windhoek - B1 nach S (25 km), DZ 200 N$ p.P. inkl. Frühstück, 9 Betten, Kinderspielplatz, gutes Restarant, nette Führung, sauber, ruhig, deutsch
Dan-Viljoen-Rastlager, Buchung über das staatliche zentrale Reservierungsbüro in Windhoek, Windhoek - C28 (14 km), Bungalow 220 N$ (2 Betten, inkl. Frühstück), Zeltplatz 90 N$, Eintritt 10 N$ p.P. und Fahrzeug, Schwimmbad, Versorgungsmöglichkeit, Tagesbesucher müssen sich telefonisch anmelden (Tel. 061-226806), englisch, bei Reservierung bis 24 Uhr, Tagesbesucher müssen um 18 Uhr den Park verlassen
Düsternbrook Gästefarm, P.O. Box 870, Tel. 061-232572, Fax 061-234758 Windhoek - B1 nach N (27 km) - D1499 (10 km) - Stichstraße nach NW (9 km) DZ 220 N$ inkl. Frühstück, 12 Betten, auch Jagdfarm, Leopardengehege, deutsch, Reitausflüge
Elisenheim Gästefarm, P.O. Box 3016, Tel. 061-264429, Fax 061-264429, Windhoek - B1 (10 km) - D1463 (5 km), DZ 280 N$ inkl. Frühstück, Abendessen 35 N$ p.P., 18 Betten, deutsch, Schwimmbad
Finkenstein Gästefarm, P.O. Box 167, Tel. 061-234751, Fax 061-238890, Windhoek - B6 (18 km), DZ 225 N$ p.P. inkl. Frühstück, 10 Betten, deutsch
Heja Game Lodge, P.O. Box 588, Tel. 061-257151, Fax 061-257148, e-mail: heja@namib.com.na, Windhoek - B6 nach O (15 km) - Farmpiste (2 Km), DZ 260 N$ p.P. inkl. Halbpension, 10 Betten, Schwimmbad, privater Wildpark, Selbstversorger-Bungalows, deutsch
Kapps Farm Hotel, P.O. Box 5470, Tel. 061-234763, Fax 061-234763, Windhoek - B6 (15 km), DZ 250 N$ inkl. Frühstück, 10 Betten, deutsch
Sundown Lodge, P.O. Box 5378, Tel. 061-232566, Fax 061-232541, Windhoek - B1 nach N (25 km) - D1474 (1 km), DZ 230 N$ inkl. Frühstück, 20 Betten, englisch

Adressen & Service Windhoek

Informationen **Windhoek Information and Publicity Service,** Post Street Mall, Tel. 061-2902092.
Namibia Tourism, Continental Building, Erdgeschoß, 272 Independence Avenue, Tel. 061-2842360, Fax 221930

Bibliotheken Estorff-Bibliothek, Peter Müller Street; Tel. 061-2934203, Mo–Fr 8–12.45 und 14–17 Uhr.
Öffentliche Bibliothek, Lüderitz Street/Robert Mugabe Avenue; Tel. 061-224899. Mo–Fr 9–17 Uhr, Sa 9–12

Post Hauptpostamt, Independence Avenue zwischen Bülow Street und Post Street Mall. Öffnungszeiten Mo–Fr 8.30–16.30 Uhr, Sa 8.30–12 Uhr.

Gesundheit Katholisches Krankenhaus, Stübel Street; Tel. 061-237237

	Medicity, Heliodoor Street, Eros Park; Tel. 061-222687 New State Hospital, Ooievaar Street; Tel. 061-2039111
Apotheken	Luisen-Apotheke (Zentrum), 181 Independence Avenue; Tel. 061-225061
Ärzte	In Windhoek sind alle nur erdenklichen Fachrichtungen von Ärzten vertreten. Wenden Sie sich an die Rezeption Ihres Hotels. Man wird Ihnen sicherlich einen deutschsprachigen Arzt empfehlen.
Notrufe	Notrufnummern s. Teil II, „Als Selbstfahrer unterwegs" (Seite 51)
Sicherheit	Polizei: Independence Avenue/Ecke Bahnhof Street
Botschaften	Siehe in Teil I unter „Diplomatische Vertretungen"
Verkehr	**Bahnhof:** Bahnhof Street **Bus:** Busterminal, Independence Avenue/Peter Müller Street, Abfahrtsort des **Flughafenbusses** und des Intercape Mainliners. **Taxi:** Taxistandplatz, Independence Avenue/Peter Müller Street. Funktaxis sind in der ganzen Stadt telefonisch zu bestellen (z.B. White Rhino 061-221029) oder L+C Radio Taxi, Tel. 061-272129 oder 081-1247040. **Flugzeug, International:** Windhoek International Airport, 40 km östlich der Stadt an der B6. Busverbindung ab/bis Busterminal Independence Avenue/Peter Müller Street (an die Abflugzeiten der Maschinen angepaßt, ca. 2 Stunden vor Abflug). **Nationale Flüge:** Eros Airport, südl. Stadtgebiet
Gottesdienste	Christuskirche: Peter Müller Street, Evangelisch-lutherischer Gottesdienst So 10 Uhr. St.-Georgs-Kathedrale: Love Street, Anglikanischer Gottesdienst So 10.15 Uhr. St.-Marien-Kathedrale: Stübel Street, Römisch-katholischer Gottesdienst So 8 und 9.30 Uhr.
Clubs	Lion's Club, P.O. Box 691; Tel. 061-224666 Rotary Club, P.O. Box 924; Tel. 061-233051
Stadtrundfahrt	Stadtrundfahrten, auch nach Khomasdal und Katutura, unternimmt: Namibia Supreme Tourism P.O. Box 10684, Windhoek, Tel+Fax 061-245792.
Fitness-Clubs	Nucleus, 40 Tal Street; Tel. 061-225493, kleinerer Club, mit Aerobic und Geräteraum, Tagesbesucher 25 N$. Health & Racquet Club, Maerua Park; Tel. 061-234399, riesige Anlage mit Schwimmbad, Sauna, Dampfbad, Squash, Maschinenhalle, Aerobic. Tagesbesucher 30 N$.
Städtisches Schwimmbad	Ecke Robert Mugabe Avenue und Jan Jonker Road; Eintritt wochentags 1,50 N$ p.P. (Kind 0,50 N$), Sep–Apr, am Wochenende 3 N$ p.P. (Kind 1,50 N$); Öffnungszeiten 10–18 Uhr.

On the Road: Windhoek – Rehoboth

Verlassen Sie Windhoek Richtung Süden auf der Mandume Ndemufayo Avenue und halten Sie sich kurz vor dem Eros Flughafen links Richtung Rehoboth. Sie stoßen auf die Hauptstraße B1. Ihr auf gutem Teer nach Süden folgen. Linkerhand ragen die Auasberge bis zu 2479 m hoch, aber da man sich hier immer noch im Hochland befindet, wirken sie nicht allzu gewaltig. Nach 6 km passieren Sie die schön angelegte Arebbusch Travel Lodge.

Nach weiteren 20 km erreichen Sie Aris, eigentlich kein Ort, nur ein kleines Hotel. Windhoeker kommen gerne zum Abendessen her. Kurz hinter Aris sieht man rechts voraus den Bismarckfelsen und 20 km weiter links die Nauaspoortberge.

Von Aris geht es nun ca. 500 m langsam, aber kontinuierlich bis auf 1400 m bergab. 3 km vor Rehoboth kann man zu der außerhalb liegenden Eisenbahnstation Rehoboth und zum Oanob Damm (7 km) – einem 1990 für 40 Millionen Rand entstandenen Stauwehr und dem Oanob Rastlager – abzweigen. Hier lassen sich mit Wassersport oder Reiten auch tagsüber und ohne Übernachtung einige erholsame Stunden verbringen.

Wir fahren weiter geradeaus und biegen links nach Rehoboth hinein.

Rehoboth

Geschichte Rehoboth, die heutige Hauptstadt der Baster (s.S. 156), der „Bastarde", wie sie sich stolz nennen, wurde ursprünglich als Missionsstation von Heinrich Kleinschmidt im Jahre 1844 gegründet, 1864 aber wieder verlassen.

Die Baster kamen auf ihrem Trek von der Kapkolonie nach Norden erst 1870 hierher, handelten den Nama etwas Land ab, das sie stetig vergrößerten. Es ist eine Stadt der Farbigen, das Stadtbild unterscheidet sich gänzlich von der getragenen Saturiertheit Windhoeks. Farmer beladen ihre altersschwachen Lorries mit Futter oder Saatgut, und mit ihren Hüten und Jeans wirken sie wie aus einem Wildwestfilm gestiegen. Ihr Land zählt zu den fruchtbareren Regionen Namibias, ist aber durch die intensive wirtschaftliche Nutzung und Überbestockung inzwischen am Rande seiner Fertilität angelangt. Das komplizierte Erbrecht der Baster fördert die Zerstückelung von Landbesitz, der unter den Söhnen immer weiter aufgeteilt wird, und steht so einer ökologisch angepaßten Nutzung durch Großfarmen entgegen.

Die meisten Rehobother sind Abkömmlinge von Buren und Nama-Frauen. Die vornehmen Baster-Familien stammen von legalen Verbindungen ab und führen diese Gemeinschaft, die sich als eigenständiges Volk begreift, seit ihrer Auswanderung aus Südafrika.

Bis vor kurzem wurden die Ämter innerhalb der Gemeinde vererbt, erst in der Neuzeit gingen die Baster dazu über, ihre Führer zu wählen. Immer auf ihre Unabhängigkeit bedacht, hingen die Baster ihr Fähnchen gerne in den jeweils günstigsten politischen Wind – sie kämpften lange auf Schutztruppenseite und erhoben sich erst, als der politische Druck der Deutschen zu tief in ihre Organisation einzugreifen drohte. Auch mit den Südafrikanern konnten sich die Baster – im Austausch gegen weitgehende Autonomie – arrangieren.

Nun sehen sie sich von den neuen Verwaltungsstrukturen des unabhängigen Namibia bedroht, die sie gleichberechtigt mit den anderen Regionen in den Verband einzugliedern suchen und vor allem die angeblich rücksichtslose Ausbeutung schwarzer Arbeitskräfte durch die Baster beenden wollen. Sogar über Auswanderung wurde nachgedacht – inzwischen haben sich die Wogen allerdings wieder geglättet.

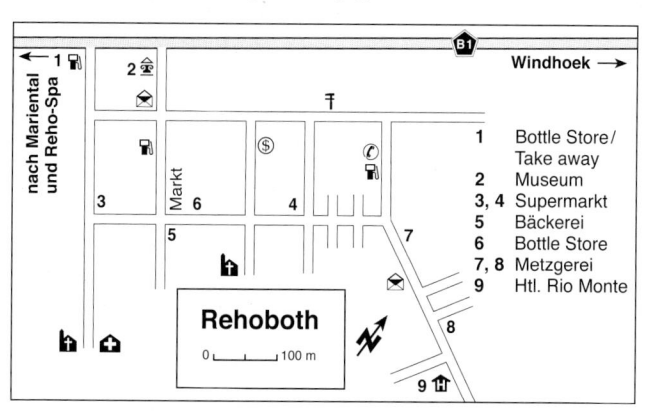

Sehenswert Interessant für Touristen ist das Thermalbad und ein kleines **Museum**. Es wurde 1986 in den Räumen einer alten Postmeisterei aus dem Jahre 1903 gegründet und empfängt den Interessierten ausgesprochen freundlich und zuvorkommend, und er kann eine kleine Ausstellung über die Geschichte der Baster genießen. Ebenfalls finden sich einige geologische Exponate (Öffnungszeiten: Mo–Fr 10–12 und 14–16 Uhr, Sa 10–12 Uhr, Tel. 062-522954). Falls Sie Zeit haben, können Sie am Eingang nachfragen, ob ein Führer zur Verfügung steht, der Ihnen archäologische Fundstätten in der Umgebung zeigt.

Das **Thermalbad Reho Spa** besitzt einen Außen- und einen Innenpool und vermietet Bungalows (Reservierung über das staatl. Zentralbüro). Falls Sie in Windhoek spät aufgebrochen sind, können Sie in der angeschlossenen Cafeteria einen Mittagsimbiß zu sich nehmen.

Weiterfahrt

Verlassen Sie Rehoboth Richtung Süd. Nach 13 km queren Sie den Wendekreis des Steinbocks (Tropic of Capricorn), den südlichen Wendekreis der Sonne (der nördliche, der Wendekreis des Krebses, verläuft in der Südsahara. Am 21. Dezember, der Sonnenwende des südlichen Himmels, steht die Sonne hier im Zenit und – deshalb der Name – im Sternzeichen des Steinbockes. Sie wandert dann bis zum 21. Juni nach Norden, zum Sternzeichen des Krebses, um erneut umzukehren.

Es geht durch flache, ereignislose und zunehmend aride Landschaft. Die Akazien und das Buschwerk werden immer spärlicher.

10 km vor Kalkrand kommen auf der linken Seite Dünenketten in Sicht. In Kalkrand, einigen Häusern mit Restaurant, Takeaway, Tankstelle, Laden und Hotel kann man eine Rast einlegen.

▲ Auf Spurensuche, Intu Afrika Game Lodge
▼ Der Hardap-Damm

ABZWEIG: Folgen Sie auf 42 km der C21. Die Piste führt im Auf und Ab über die quer zur Fahrtrichtung verlaufenden, roten Dünen der Kalahari. An der D1268 fahren Sie für 20 km nach Süden. Sie kommen an ein Farmtor, das ein freundlich winkender Buschmann in traditioneller Kleidung für Sie öffnet. Es sind nun noch 5 km bis zur Lodge und zur Rezeption des Zeltplatzes. Mitten in den Dünen gelegen bietet die Farm Buschmann-Kultur und Gamedrives mit Leopardenfütterung. Der Geländewagen mahlt sich bei den Führungen durch den weichen Sand, nur mit Anlauf gelingt es, die Dünen zu erklimmen, immer wieder werden hinter dem nächsten Kamm Tiere überrascht, bis – zum Abschluß der Tour – plötzlich auf einer Düne ein weiß gedeckter Tisch steht, an dem ein dienstbarer Geist den Sundowner reicht.

ZUR INTU AFRIKA GAME LODGE

Die Wanderungen unter der Führung von Buschmännern sind nicht weniger beeindruckend. Auch wenn die San kein Englisch sprechen, sie vermögen dennoch die Tier- und Pflanzenwelt Touristen näherzubringen. Ihre Fähigkeit, durch Bewegung und Tanz ein Tier zu versinnbildlichen, ist phänomenal. Übrigens bestehen mit den Buschmännern auf der Farm von Menschenrechts-Anwälten ausgehandelte Verträge, die sicherstellen, daß ein Teil des Geldes dafür verwendet wird, Grund- und Boden zu kaufen und auf den Namen der Buschleute einzutragen. Damit wird einem der Hauptprobleme der San-Kultur entgegengewirkt, der Heimatlosigkeit. Das ganze Projekt hat Modellcharakter und findet hoffentlich Nachahmer.

Die abseits gelegenen Zeltplätze und die Lodge sind hochluxuriös. Das Essen am Lagerfeuer schmeckt ausgezeichnet, und wer früh aufsteht, sieht die Giraffen vor seinem Schlafplatz (sei es der großzügige Bungalow oder das Zelt) vorbeiziehen.

Weiterfahrt

Hinter Kalkrand werden einige Riviere gequert, bis Sie nach 55 km einen Abbruch hinunterfahren. 4 km weiter zweigt die Straße zum **Hardap Erholungsgebiet** ab. Nach 6 km erreicht man das Eingangstor, nach weiteren 3 km den touristischen Komplex. Tagesbesucher haben von Sonnenaufgang bis 18 Uhr Eintritt, ansonsten darf nur hinein, wer eine Buchung vorgenommen hat (wenn nicht ausgebucht ist, kann man allerdings nachfragen, ob Übernachten möglich ist).

Hardap Erholungsgebiet

Das Gebiet liegt am gleichnamigen Stausee, mit 25 qkm und einem potentiellen Volumen von über 300 Millionen m^3 ist es der größte Namibias. An der Wasserlinie läßt sich gut ablesen, wie die letzte Regenzeit verlaufen und wie brisant die Wasser-Situation für die Hauptstadt ist. In schlechten Jahren erinnert der See mehr an einen trüben Tümpel als an ein sicheres Wasserreservoir.

Bereits 1897 hatte Theodor Rehbock, ein deutscher Geologe, die Eignung der Landschaft für einen Stausee festgestellt. Erst 1960 aber wurde der Dammbau in Angriff genommen. Unterkunft und Restaurant genießen einen guten Ruf, auch der Campingplatz ist häufig ausgebucht.

Der Rundblick über den Stausee ist ausgezeichnet, wenn es heiß ist, erfrischt ein Bad im Pool. Man kann Angeln, Bootfahren, Spaziergänge unternehmen und im Wildpark herumfahren, nach der reichen Vogelwelt Ausschau halten und sich auf die Suche nach Gemsbock, Eland, Strauß oder dem Hartmannschen Bergzebra begeben. Bei der Parkverwaltung erhält man eine Informationsbroschüre.

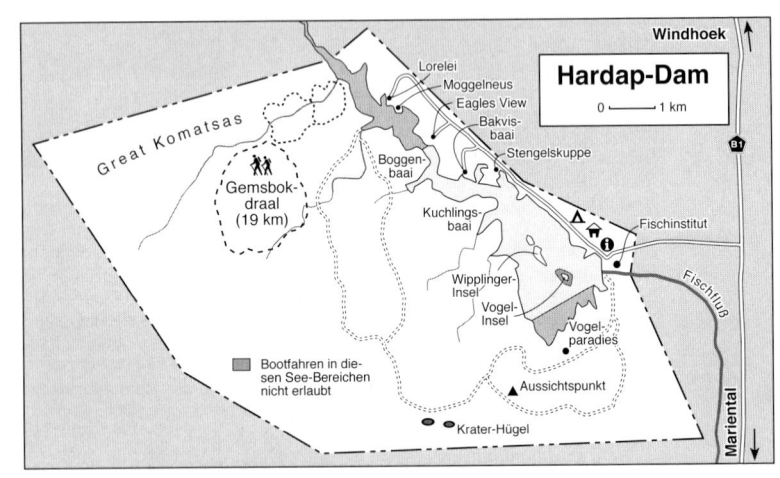

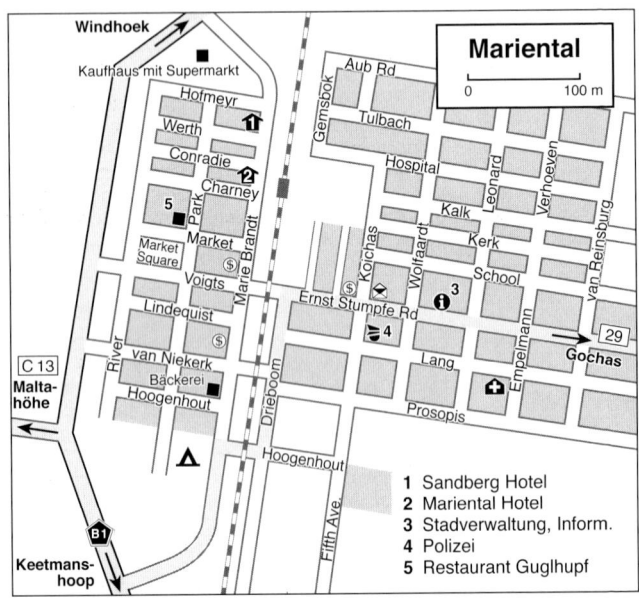

Mariental

Zurück auf der Hauptstraße wird nach 14 km Mariental erreicht. Hier haben Sie Anschluß an die Routen 2 und 2a. Die Straße B1 führt am Ort vorbei – um die deutschen Siedlerhäuschen zu besichtigen, muß man abbiegen.
Mariental entstand im Laufe der Jahre neben einer östlich der heutigen Stadt gelegenen Farm, deren Eigentümer ihr 1893 den Vornamen seiner Frau gab (Marienthal). 1920 erhielt Mariental Stadtrechte, nachdem es zuerst nur als Eisenbahn- und Polizeistation fungierte. Der Baustil einiger Häuser erinnert an die koloniale Vergangenheit. In dem betriebsamen Städtchen kann man während eines kleinen Spazierganges seine Vorräte auffüllen.

Weiterfahrt

Nach 4 km auf der B1 Richtung Süden trifft man auf die C19, in die man Richtung Westen und Maltahöhe einbiegt.
Weiterhin ist die Strecke eintönig. Auf halbem Weg erklimmt man wieder das Plateau, das zwischen Kalkrand und Mariental verlassen wurde, und erreicht nach 110 km Maltahöhe.

Maltahöhe

Maltahöhe wurde zur Jahrhundertwende gegründet, ihren Namen erhielt sie vom Kommandanten der in Gibeon stationierten Schutztruppe, der damit – wie gehabt – seine Frau Malta von Burgsdorff verewigte. Für Reisende auf kolonialer Spurensuche interessant ist lediglich der Friedhof im Osten der Stadt, Ruheplatz 40 deutscher Schutztruppler, die 1894 (Feldzug gegen die Witbooi-Nama, s.S. 256) und zwischen 1903 und 1907 (Nama-Aufstand) verstorben sind.
Auf der 50 km nördlich gelegenen Nomtsas Gästefarm kann ein Nationales Monument besichtigt werden, das Grab des von den Kriegern Hendrik Witboois getöteten Ernst Hermann, der hier im Namen der Deutschen Kolonialgesellschaft die größte Schaffarm des Landes zur Wollproduktion leitete. Sein Tod wurde indirekt auch dem damaligen Gouverneur Curt von François angekreidet, der die Farm allen Schutzgesuchen zum Trotz nicht militärisch sicherte (s. Exkurs).

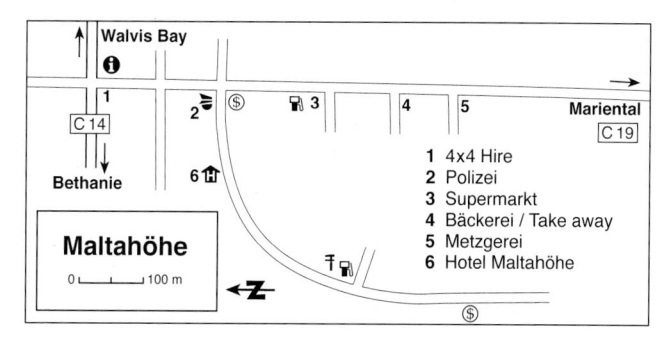

1 4x4 Hire
2 Polizei
3 Supermarkt
4 Bäckerei / Take away
5 Metzgerei
6 Hotel Maltahöhe

Exkurs: Versuchsfarm Nonitsas

„Eine besondere Veranlassung zu meiner Reise nach dem Namalande hatte ich die Absicht der Kolonialgesellschaft für Südwest-Afrika gegeben, durch ihren Vertreter Hermann eine Versuchsfarm anlegen zu lassen. Ich war gespannt, die Orte kennenzulernen, die dafür in Aussicht genommen waren und den Mann, der mit dem Versuche betraut war. Das Unternehmen der Kolonialgesellschaft erschien mir sehr wesentlich und ich hätte gewünscht, daß im Damaralande ein ähnliches Unternehmen ins Leben gerufen worden wäre. ...

Nach dem Eindruck, den ich 1891 von Hermann gewann, schien er mir geeignet für die Leitung des Unternehmens. Er beurteilte zwar Gubub (die erste Versuchsfarm, Anm. der Autoren), wie überhaupt das ganze Namaland, durch eine sehr rosig gefärbte Brille, auch verwöhnte er die Eingeborenen durch Nachsicht und Freigebigkeit. Optimisten und freigebige Leute sind aber bei der Begründung neuer Unternehmungen jedenfalls brauchbarer, wie Leute, welche lauter Schwierigkeiten sehen und vor weisen Überlegungen nicht zum Entschluß kommen. ... Viele der angesiedelten Europäer zweifelten zwar seine Leistungsfähigkeit als Farmer und seinen Charakter an, doch will dies in Südwest-Afrika nicht viel sagen, wo keiner am Nachbarn ein gutes Haar läßt. Ich beauftragte also Hermann mit der kommissarischen Wahrnehmung der Geschäfte in dem Gebiet der Bondelswarts, Keetmanshoop und Bethanien. ...

Eine Stationierung von fünf Mann in Nomtsas zum Schutze des Unternehmens gegen Witbooi war ganz zwecklos. Gegen Witbooi war das Unternehmen nur geschützt, wenn dieser die Berechtigung des Unternehmens anerkannte oder der deutschen Regierung unterworfen war. ... Wer in die Wüste und unter Eingeborene geht, muß eben seine Haut und sein Eigentum riskieren, oder, wenn er dies nicht will, zu Hause bleiben."

(aus: Curt von François, Deutsch-Südwest-Afrika, Berlin 1899, Reprint 1993 durch Peter's Antiques, Swakopmund)

Maltahöhe – Sesriem

Wir nehmen die Piste C14 nach Süden und folgen ihr auf 20 km. An der Einmündung der Piste Straße 36 biegen wir in diese nach rechts und nördlich ein.

Nach 35 km führt die Piste gewunden in die Tsarisberge hinein, 25 km weiter hinab zum Rivier des Tsaris und zwischen den Tsaris- und Nubib-Bergen hindurch nach Nordwesten. Nach 50 km nimmt man die D845 für 15 km nach Westen und dann die D826 nach Norden.

Die Wüste sorgt für immer neue Überraschungen! Hinter jeder Biegung, jedem Bergrücken verändert sich die Landschaft. Mal lecken sanft gewellte Sanddünen über die Pad, mal ragen schwarzbraune Felszacken aus dem trockenen, rötlichen Boden, werden immer wieder Riviere gequert, passiert man einsame Farmhäuser. Die Landschaft macht es fast unbegreiflich, welchen Sinn die Weidezäune hier haben sollen, die wie stumme Wächter die Pad links und rechts begleiten. Was soll das Vieh hier fressen? Der Optimismus der Farmer bleibt unbegreiflich.

Hält man die Augen offen, kann man Erdhörnchen beobachten, die die Umgebung nach ihren Feinden absuchen. Mit dem Tele gelingen gute Aufnahmen der possierlichen Tierchen.

Nach 5 km passiert man den Abzweig zur Kulala Lodge (10 km) und nach weiteren 25 km ist Sesriem erreicht (wer bei der Einmündung der D845 nicht nach Norden, sondern nach Süden fährt, kommt nach 14 km zur Namib Rand Game Ranch und den Ballonfliegern der Namib Sky Adventure Safaris, s. Route 2)

Sesriem und Sossusvlei

Lage
Ein Tor in der Form von Dünen, dahinter ein kleiner Laden für Getränke, Eintrittskarten und Süßigkeiten. Eine Tankstelle, die auch Reifen flickt, einige Wirtschaftsgebäude und ein Zeltplatz unter schattigen Akazien – das ist der Eingang zum Nationalpark und zum staatl. Camp Sesriem. Daneben liegt die MövenpickSossusvlei Karos Lodge mit ihren ockerfarbenen Zeltbungalows, die sich im eisblauen Pool spiegeln – Sesriem de luxe.
In der Ferne wachsen blauschwarze Berge aus der sandigen Ebene empor, ein Adler kreist über den rötlich-gelben Dünenkämmen am Horizont, Schakale und Springböckchen huschen über den steinigen Boden. Der Charme der Landschaft erschließt sich besonders schön beim Tee am Schwimmbad der Lodge, oder einem Mittagessen, mit Blick auf eine kleine Wasserstelle und auf einsam und bizarr verwachsene Bäume vor dem weit entfernt in der Hitze flimmernden Gesteinsmassiv der Naukluft. Einen guten Ausblick bietet auch der besteigbare Wasserturm der Lodge.

Unterkunft
Die Anzahl der Zeltplätze (25 Stück, jeder für maximal 8 Personen, sowie ein kleiner Laden mit Getränken und Konserven) im staatlichen Campground entspricht bei weitem nicht dem Bedarf. Ein Ausbau ist aber wegen Wassermangels nicht möglich. Deshalb ist er meist und auf Monate hinaus ausgebucht. Wasser ist das Problem dieser Oase in der Wüste, und seit Mitte der 90er Jahre wird der Wasserhaushalt durch die luxuriöse Karos Lodge zusätzlich belastet. Pikanterweise soll das gesamte Areal in einem kaum wahrnehmbaren Rivier liegen, das alle 5–10 Jahre abkommt … Wer einen Platz ergattert hat, kann die schönen Braai-Anlagen des Camps nutzen oder die Lodge besuchen, wo ein ausgezeichneten Abendbüffet auf die Gäste wartet.
Wer keinen Platz gefunden hat und die preislich recht anspruchsvolle Karos Lodge nicht zahlen will, kann sich auf einer der Gästefarmen im Umkreis einmieten, die Anfahrt zu den Vleis wird dadurch allerdings etwa verdoppelt. Die meisten Gästefarmen bieten auch Tagestouren nach Sesriem mit dem farmeigenen Geländewagen an.

Die Attraktionen
Sesriem hat zwei Attraktionen: der (nicht allzugroße) **Canyon** und die ca. 1,5 Stunden Autofahrt entfernten, im Namib-Naukluft Park gelegenen Vleis; das bekannteste davon ist das **Sossusvlei**. Zwei Übernachtungen sollten mindestens eingeplant sein, denn ein Besuch der Vleis lohnt besonders in der Morgen- und Abenddämmerung, wenn die mächtigen Dünenberge rot erglühen. Wenn man auch noch eine Wanderung im Canyon machen will, hat man also ein volles Tagesprogramm.
Den **Sesriem Canyon** hat der Tsauchab vor ca. 3 Millionen Jahren in das 15 Millionen Jahre alte Gestein gegraben. Er ist 1 km lang und etwa 30 m tief. Am oberen Rand verengen sich die Schluchtwände teilweise bis zu einem schmalen, zwei Meter breiten Spalt, der, von oben betrachtet, kaum zu erkennen ist. Am Ende weitet sich die Klamm zu einem breiten, akaziengesäumten Tal, das immer tiefer ins Sandmeer hineinführt und am Sossusvlei endet. In der Hitze des Tages ist der Canyon ein kühler Platz, und noch lange nach der Regenzeit ist hier Wasser in Tümpeln zu finden, was auch die Vögel anzieht. Man benötigte einst sechs aneinander geknüpfte Ochsenriemen, um einen Wassereimer zu den Tümpeln hinabzusenken, und darauf geht auch der afrikaanse Name des Canyons zurück: se(ch)sriem(en).

Im Sesriem-Canyon

| **Zugang** | Wer zu den **Vleis** will (und wer möchte das nicht), sollte mindestens 1,5 Stunde vor Sonnenaufgang, oder – für einen Abendbesuch – 2,5 Stunden vor Sonnenuntergang losfahren. Eine Übernachtung bei den Vleis ist nicht erlaubt! Der Sonnenuntergang bei den Vleis ist zu empfehlen, da die Anreise dann bei Tageslicht erfolgt und die schwierigeren letzten 4 km in tiefem Sand einfacher zu fahren sind – doch andererseits ist der Sand morgens vielleicht etwas härter und leichter zu bewältigen. Pkw-Fahrer, die die letzten ca. 5 Kilometer zu den Vleis nicht zu Fuß gehen wollen, können in Sesriem einen Geländewagen halbtägig anmieten (fragen Sie bei der Karos Lodge nach) oder den Shuttle-Service vor Ort benutzen. Will man anschließend die Dünen hinaufklettern, muß man ca. 1 Stunde Extra-Zeit einrechnen.

Das Eingangstor zu Nationalpark und Camp öffnet erst eine Stunde vor Sonnenaufgang und wird schon eine Stunde nach Sonnenuntergang wieder geschlossen. Wer also früher losfahren und später wiederkommen will, muß entweder einen Platz auf dem Zeltplatz haben oder in der Karos Lodge nächtigen, zu der ein kleiner Fußweg führt. Der Wagen verbleibt auf alle Fälle innerhalb des Geländes. Nebeneffekt ist, daß doppelter Eintritt gezahlt werden muß (für zwei Tage). Auch höchste Beredsamkeit hilft hier nicht. Wer in aller Früh losfahren will, stellt den Wagen am Abend innerhalb des Geländes ab. Auch dann ist der zweifache Eintritt fällig. |
|---|---|

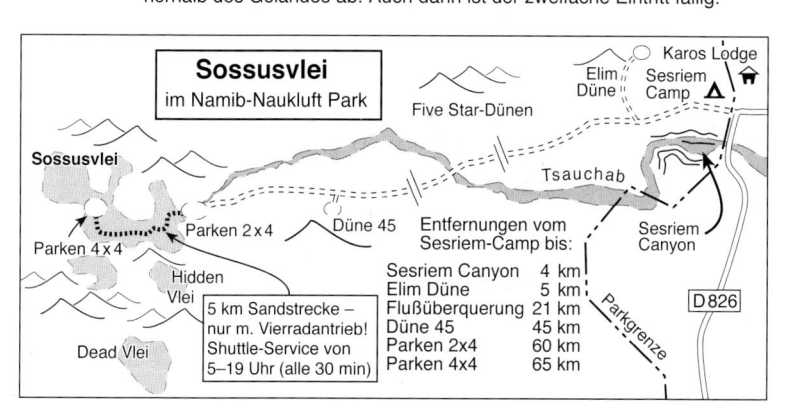

Sossusvlei im Namib-Naukluft Park

Entfernungen vom Sesriem-Camp bis:

Sesriem Canyon	4 km
Elim Düne	5 km
Flußüberquerung	21 km
Düne 45	45 km
Parken 2x4	60 km
Parken 4x4	65 km

5 km Sandstrecke – nur m. Vierradantrieb! Shuttle-Service von 5–19 Uhr (alle 30 min)

Die Dünen	Die **Sterndünen der Vleis** sind bis 220 m hoch, vom Niveau des Tsauchab aus gerechnet bis 320 m. Der Sand als Erosionsprodukt aus dem Landesinneren soll einerseits durch die küstengerichteten Winde angelagert, aber auch vom Oranje und dem Fish River einst ins Meer gespült und von der Meeresströmung dann der Küste entlang verteilt worden sein. Starke Winde haben ihn dann wieder ins Landesinnere transportiert und an bestimmten Stellen aufgehäuft, unter anderem im Bereich des Tsauchab. Hier bildeten sie für den Fluß eine undurchdringliche Sperre, und nun versickert und verdunstet er regelmäßig auf den Salzpfannen der Vleis. An anderen Stellen mit nicht so hohen Dünen wie im Bereich Swakopmund und Walvis Bay schaffen es die Flüsse in Jahren mit extrem starken Regenfällen die Dünenbarriere zu durchbohren und ans Meer zu gelangen. Für den Tsauchab ist dies unmöglich geworden.

■ Fußmarsch zu unberührten Schönheiten: Sossusvlei-Dünen

Verhaltensregeln Verlassen Sie bei der Fahrt zu den Vleis nicht die Pisten, nehmen Sie Trinkwasser mit und zeigen Sie Respekt vor den Oryx-Antilopen, die manchmal bei den Vleis auftauchen um lebenswichtiges Salz zu lecken – sie sind „wild, fast and dangerous". Wer vorhat, tiefer in das Dünengebiet einzudringen, sollte auch noch einen Kompaß dabeihaben. Allerdings ist zu bedenken, daß in dieser immer noch weitgehend unberührten Wüstenlandschaft jede Fahrspur und jeder Schritt abseits der vorgegebenen Pfade das fragile Ökosystem Wüste zerstört (s. auch S. 80). Da die hier vorherrschenden Sterndünen kaum wandern, sind Fußabdrücke und Fahrrinnen noch monatelang zu sehen.

Anfahrt Der Weg zu den Vleis ist teilweise mit Wellblech durchsetzt. Nach 28 km erreicht man den Aussichtspunkt Sossusport mit einem herrlichen Blick über die Dünen und das Flußtal, nach weiteren 17 km die Düne 45, das erste gigantische Sandbauwerk. Auf dem Weg dorthin quert man das Bett des Tsauchab und sieht am rechten Wegesrand einen Wald bizarrer Gerippe abgestorbener Akazien, die ihr gebleichtes Holz in die Höhe recken. Hier verlief das ursprüngliche Flußbett des Tsauchab.
Nach weiteren 15 km ist der Weg für normale Pkw zu Ende. Die Passagiere müssen aussteigen und die letzten 5 km zu Fuß zurücklegen oder den Shuttle-Service (5–19 Uhr, alle 30 min., 30–50 N$ p.P.) benutzen. Südlich des Parkplatzes findet sich das Hiddenvlei, das dem Sossusvlei in nichts nachsteht, aber einen längeren (geführten) Fußmarsch erfordert. Wer im Geländewagen unterwegs ist, kann die verbleibenden Kilometer in tiefem Sand, hochtourig und in niedrigem Gang bewältigen. Sollte man steckenbleiben, nicht die Räder mit Gewalt durchdrehen, man sandet nur tiefer ein. Entweder den Wagen freigraben oder den Luftdruck der Reifen senken, um diesen eine größere Auflagenfläche zu geben. Wenn Sie keine Pumpe dabeihaben, den Druck nur so weit senken, daß Sie damit auch den Rückweg nach Sesriem bewältigen können.
Nach 3 km ist der Zugang zum Naravlei erreicht, 1 km weiter der Parkplatz zum Besuch des Deadvlei. Nach einem weiteren Kilometer endet am mit Holzpalisaden eingefaßten 4x4-Parkplatz auch für die Geländewagen der Weg. Es heißt aussteigen, die Wasserflasche, Hut, Sonnenbrille und -creme einpacken, die Kamera greifen und sich auf den beschwerlichen Weg die Dünen hinaufmachen.

Die „Direttissima" zu nehmen ist praktisch unmöglich – zwei Schritte vor und einen zurück, das ist kräftezehrend bis zum „geht nicht mehr", und durch den steilen Blickwinkel und die glatte Fläche rückt das „Oben" nie näher. Gehen Sie deshalb am Grat entlang, ruhig, gemächlich und gleichmäßig, dann schafft es auch derjenige, dessen Kondition unter langen Autofahrten gelitten hat. Ausruhen kann man auf der Spitze und beim Runterrutschen auf dem Hosenboden.

Vom Scheitelpunkt der Dünen erschließt sich auch die Bezeichnung „Stern"-Düne: Wie Krakenarme verlaufen die Dünenkämme von der Spitze aus nach allen Himmelsrichtungen – die Folge der häufig wechselnden Winde in dieser Region, die so auch das gleichmäßige Wandern (und Umschichten) der Dünen erschweren. Mit Glück steht man hier oben ganz alleine, die orangefarbenen Sandwellen der Namib verschmelzen mit dem Horizont, Käfer ziehen filigrane Spurenmuster über die Dünenflanken, kein Laut ist zu hören. Es fällt schwer, sich von dieser Szenerie zu trennen, aber die strengen Öffnungszeiten des Nationalparks dulden keine Ausnahme. Wer abends zu spät zurückkommt, hängt im Camp fest.

Zum Naukluft Park

Um zum Naukluft-Teil des Namib-Naukluft Parks zu gelangen, müssen wir auf der D826 Richtung Süden zurückfahren, nach 30 km links in die D845 einbiegen, dieser 14 km folgen, dann, links abbiegend, auf 5 km auf der Straße 36 Richtung NW bleiben und rechts in die D854 einbiegen. Nach 63 km ist links der Abzweig in das Naukluft-Gebirge, das bis zu 1900 m aufragt. Hinweis: Im Naukluft Park sind keine Tagesbesucher zugelassen. Einlass nur mit Reservierung für die Übernachtung!

Naukluft-Teil des Namib-Naukluft Parks

Man folgt der Piste, bis man nach 12 km an einem Tor Eintritt zu zahlen hat. Hier erhält man auch Kartenmaterial für die Wanderungen und die Rundtour mit dem Auto. Das Rastlager hat nur vier Stellplätze, wer nicht vorausgebucht hat, wird schwerlich einen Platz finden. Jeder Besucher darf nur maximal drei Tage bleiben und muß dann den Park verlassen.

Wanderungen Das Limit darf überschritten werden, wenn man die 8tägige **Naukluft-Rundwanderung** unternimmt, die auch auf 4 Tage verkürzt werden kann. Mindestens 3 Leute müssen und höchstens 12 dürfen eine Gruppe bilden. Wegen der hohen Sommertemperaturen darf nur zwischen März und Ende Oktober getrekkt werden! Zwei weitere markierte Wanderungen dauern nur jeweils nur einen Tag: der **Olive Trail** ist ca. 10 km lang und dauert 4–5 Stunden, der **Waterkloof Trail** ist 17 km lang bei 6–7 stündiger Dauer. Beide Wanderungen sind das ganze Jahr über machbar. Genügend Trinkwasser mitnehmen, besonders im Sommer!). Auch diese beiden Wanderungen erfordern eine gute Konstitution und Trittsicherheit und sind mit kleineren Kindern nicht zu empfehlen!

Rundfahrt Eine **4x4-Rundtour** ist die jüngste Attraktion in der Naukluft: Die Fahrt dauert zwei Tage, am Übernachtungsplatz auf dem Plateau stehen vier Hütten mit Dusche und WC. Auf dieser Rundfahrt ist nur eine einzige Gruppe mit höchstens vier Fahrzeugen pro Tag zugelassen. Der Weg folgt teilweise einer alten Piste deutscher Farmer, die angelegt wurde, um schweres Bohrgerät zur Wassersuche in die Berge zu bringen.

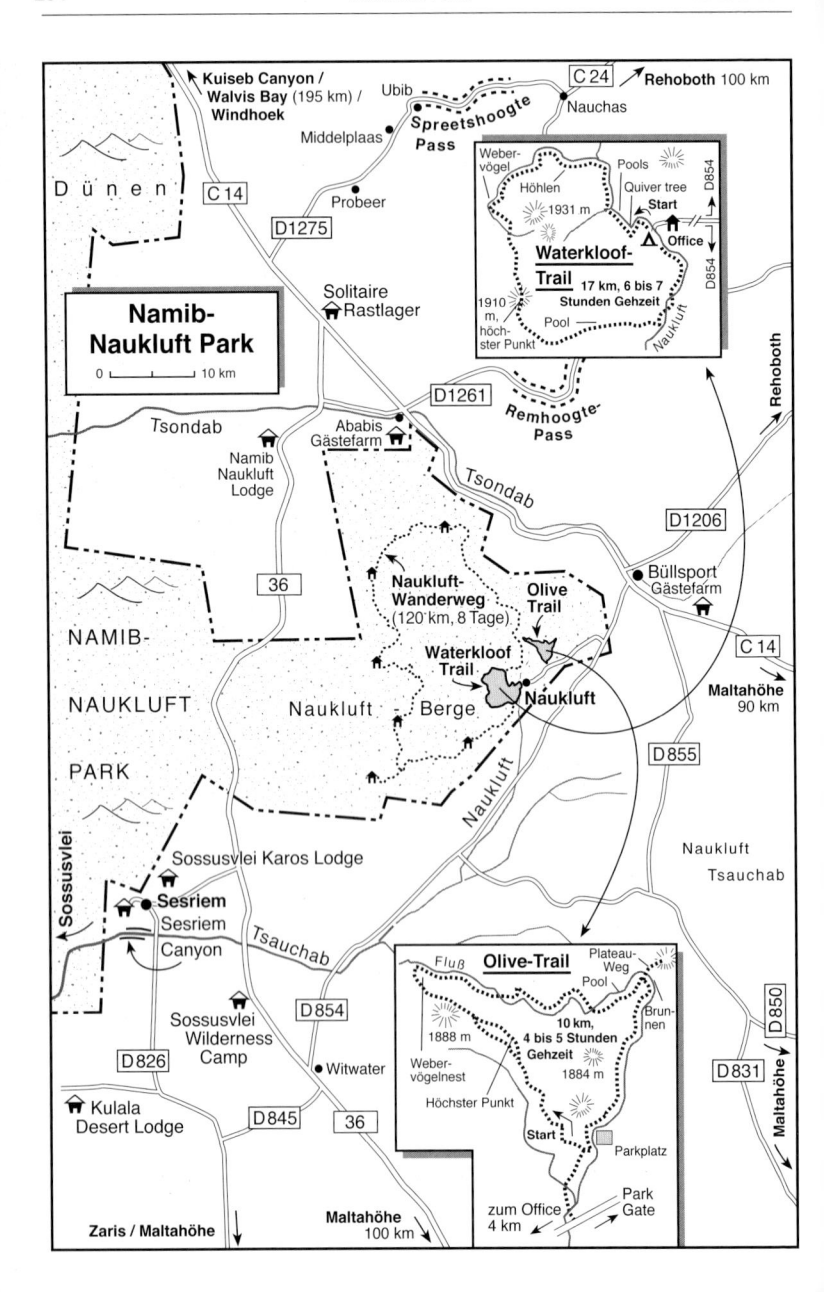

Naukluft Park

Karte S. 254

Namib-Naukluft Park

0 — 10 km

Waterkloof-Trail
17 km, 6 bis 7 Stunden Gehzeit

- Webervögel
- Höhlen
- 1931 m
- Pools
- Quiver tree
- Start
- Office
- 1910 m, höchster Punkt
- Pool
- Naukluft

Olive-Trail
10 km, 4 bis 5 Stunden Gehzeit

- Fluß
- Plateau-Weg
- Pool
- 1888 m
- Brunnen
- 1884 m
- Webervögelnest
- Höchster Punkt
- Start
- Parkplatz
- zum Office 4 km
- Park Gate

Kuiseb Canyon / Walvis Bay (195 km) / Windhoek
Ubib
Spreetshoogte Pass
C 24
Rehoboth 100 km
Nauchas
Middelplaas
Dünen
Probeer
C 14
D1275
Solitaire Rastlager
D1261
Remhoogte-Pass
Tsondab
Ababis Gästefarm
Namib Naukluft Lodge
D1206
Büllsport Gästefarm
36
Nauklauft-Wanderweg (120 km, 8 Tage)
Olive Trail
C 14
Waterkloof Trail
Naukluft
Maltahöhe 90 km
NAMIB-NAUKLUFT PARK
Naukluft-Berge
D855
Naukluft
Sossusvlei
Naukluft Tsauchab
Sossusvlei Karos Lodge
Sesriem
Sesriem Canyon
Tsauchab
D854
D850
Sossusvlei Wilderness Camp
Witwater
D831
Maltahöhe
D826
Kulala Desert Lodge
D845
36
Zaris / Maltahöhe
Maltahöhe 100 km

Nochmals: Die Wanderungen, ganz besonders die Mehrtägigen, sind nur wirklich konditionell starken Wanderern zu empfehlen und solchen, die auch Klettersteige zu bezwingen in der Lage sind. Da die Übernachtungen in einfachsten Schutzhütten stattfindet, muß alles mittransportiert werden (Schlafsack, Matte, Essen, Kochutensilien etc.). Festes Schuhwerk ist obligatorisch.

Wem die Wanderrouten zu lang sind oder wer keine Zeit hat, kann um das Camp herum ein wenig spazierengehen. Die Ranger beschreiben Ihnen einige schöne Stellen in der Nähe. Bis auf die Tagestouren müssen die langen Wanderungen und die Rundfahrt über das zentrale Reservierungsbüro in Windhoek vorgebucht werden!

Naturkundliches

Auf den Wanderungen sieht man viele Antilopen (Klipspringer, Kronenducker, Kudus), das Hartmannsche Bergzebra und zahlreiche für die Übergangszone von Halbwüste zur Savanne typischen Pflanzen (s.S. 103ff). Ornithologisch Interessierte kommen ebenfalls auf ihre Kosten (Felsenadler, Trappen, Tokos, Schnäpper). Wer Glück hat (oder Pech), begegnet einem Leoparden, die ebenfalls hier ihren Lebensraum haben. Die ganze Naukluft ist außerdem reich an Reptilien. Mit ziemlicher Sicherheit treffen Sie hier auf Schlangen. Also Vorsicht und genau schauen, wohin man tritt (das gefährliche Holzsammeln für das Lagerfeuer fällt weg, da es verboten ist)! Einige Absolventen der langen Wanderung hatten das Gefühl, von Schlangen geradezu eingekreist zu sein ...

Eine geologische Besonderheit der Naukluft ist der vielerorts anstehende, poröse Kalktuff, der offensichtlich aus einer rezenten, feuchteren Klimaperiode dieser Region stammt, denn er entsteht durch Verdunstung von mit Mineralien angereichertem Wasser. Auch der relative Wasserreichtum in Tümpeln, Schluchten oder Wasserfällen deutet darauf hin, daß die Regenzeiten hier wohl früher besser ausgefallen sein müssen, als sie dies mit knapp 200 mm Jahresmittel heute tun. Mitten in der ariden Namib bot die Naukluft naturgemäß Tieren wie Menschen eine gute Rückzugs- und Überlebensmöglichkeit. Berühmt-berüchtigt wurde die Naukluft in der deutschen Kolonialzeit als natürliche Festung, in die sich die aufständischen Nama unter Hendrik Witbooi verschanzt hatten (s. Exkurs n. S.).

Exkurs: Als es gegen Hendrik Witbooi ging

Die „weißen Jungs" (Witboois) waren einer der wenigen Orlaam-Nama-Stämme, die sich konsequent weigerten, einen Schutzvertrag mit dem Deutschen Reich zu unterzeichnen. Ihr Anführer war Hendrik Witbooi, Sohn des in Berseba hingerichteten Orlaam-Führers Moses Witbooi von Gibeon. Er war ein mutiger Kämpfer, verdankte seinen großen Einfluß aber auch seinem tiefreligiösen Sendungsbewußtsein, das ihn zu einem charismatischen Führer machte. Nicht nur die Schutztruppe, auch die Herero verwickelte er in immer neue kriegerische Auseinandersetzungen, bis unter Mitwirkung des deutschen Gouverneurs Curt von François 1892 ein Friedensschluß zwischen den verfeindeten Stämmen zustande kam.

Der Vertrag zwischen den Herero und Orlaam-Nama bedeutete aber keine Befriedung des Schutzgebietes. Die politische Situation im Süden blieb nach wie vor bestimmt von Guerilla-ähnlichen Vorstößen, von Überfällen und Viehdiebstählen durch die Witbooi-Anhänger. 1893 ging die personell verstärkte Schutztruppe schließlich zum Angriff über: Sie stürmte die Witbooi-Festung Hoornkrans. Der Kampf forderte auf beiden Seiten viele Opfer, dem Ziel war man aber immer noch nicht nähergekommen, den die „Witboois" flüchteten in das nahe Naukluft-Gebirge.

Im März 1894 wurde Curt von François abgelöst, auf seinen Posten folgte Major Theodor Leutwein, und der war wild entschlossen, endlich gegen die Aufständischen durchzugreifen. Sofort wurde ein neuer Feldzug gegen Hendrik Witbooi ausgerüstet. Doch alle Vorstöße blieben relativ erfolglos gegen einen Gegner, der auf vertrautem, unüberschaubarem Terrain in bester Guerilla-Manier taktierte. Im Sommer 1894 gelang es schließlich, einen großen Teil der Witboois gefangenzunehmen. Ihr Kapitän zog sich tiefer in das unwegsame Gebirge zurück, doch drei Tage später war er von der Schutztruppe umstellt. Auch diesmal gelang es Hendrik Witbooi zu entkommen. Von seinem neuen Versteck aus sah er sich aber wegen der schweren Verluste unter seinen Leuten schließlich doch gezwungen, in Friedensverhandlungen einzuwilligen. Am 15. September 1894 unterschrieb auch der letzte freie Häuptling der Nama den Schutzvertrag. Im Gegenzug ließ man ihm und seinen Leuten alle Waffen und das Land.

Doch damit war das „Kapitel Witbooi" für das Deutsche Reich noch nicht vorbei. Kaum hatte man die aufständischen Herero 1904 am Waterberg aufgerieben, erklärte der Orlaam-Führer wieder den Krieg. Diesmal führte er ihn nicht allein, sondern mit Unterstützung anderer Nama-Clans, und wieder vermied er eine offene Front. Er verwickelte die Schutztruppe in Scharmützel an verschiedenen Orten im Süden des Landes. 1905 wurde Kapitän Hendrik Witbooi bei einem Überfall auf einen Versorgungskonvoi tödlich verwundet – Viehdieb und Bandit war er den einen gewesen, Freiheitskämpfer und Held den anderen. Sein Urenkel gleichen Namens gehörte dem SWAPO-Widerstand an und arbeitet heute als Minister im Kabinett.

Naukluft – Ababis

Wenn man wieder in die D854 nach Norden eingebogen ist, erreicht man nach 9 km den „Ort" **Büllsport**. Er ist eigentlich „nur" eine Farm, die auch als Gästefarm Besucher aufnimmt. Hier kann man tanken und kaputte Reifen tauschen. Nun folgt man der Straße 14/2 bzw. C14 Richtung NW und kommt nach 39 km nach **Ababis,** ebenfalls eine Gästefarm (der Name Ababis leitet sich ab aus dem Namawort „abas" – Kürbisflasche, nach der Form einer Wasserstelle in dieser Gegend). Dort speisen Sie mit der Farmersfamilie, können sich die Straußenzucht erklären lassen und die in Südwester-Tradition erbaute, schattige Veranda des Farmhauses genießen (das Weinlager in dem alten Kühlhaus ist gut sortiert ...).
Ababis ist eine Farm mit Tradition. Sie diente u.a. als Pferdestation der Schutztruppe, da es eigenartigerweise hier keine Pferdesterbe gab, eine Krankheit, die die Reittiere in jenen Jahren in großer Zahl dahinraffte. Auch war eine Krankensammelstelle der Schutztruppe eingerichtet. Lange Jahre gehörte die Farm der Familie Voigts, deren Name Ihnen in Namibia häufig begegnen wird, z.B. bei Wecke & Voigts. Ababis ging dann durch mehrere Hände, bis sie schließlich von der Familie Würriehausen als Pächter übernommen wurde, Ihren heutigen Gastgebern.
13 km weiter kommen Sie nach **Solitaire** – dem einsamen Edelstein der Wüste. Es ist mehr oder weniger nur eine Tankstelle mit Laden, mit einer Werkstatt und der Möglichkeit, zu Zelten oder ein Zimmer zu nehmen.

Über die Pässe

Bis zur C26 sind es nun noch 74 km (15 km vor der Kreuzung quert man wieder den Wendekreis des Steinbocks). An der Einmündung geht es Richtung Osten nach Windhoek. Richtung Westen kommt man sogleich in den Namib-Naukluft Park (wer hier zelten will, benötigt eine Genehmigung; die Beschreibung der Fahrtstrecke von hier nach Walvis Bay und weiter nach Swakopmund finden Sie in der Route 5.
Wir fahren nach Windhoek Richtung Osten über den Gamsberg- (28 km) und den Kupferberg Pass (nochmals 140 km), wieder hinauf auf das zentralnamibische Hochland. Es ist eine der landschaftlich schönsten Strecken Namibias. Die Straße windet sich in mal steilen, mal sanfteren Kehren immer weiter hinauf in die Gebirgslandschaft, die von der Namib-Ebene zum Hochland überleitet (Steigung ca. 11 %). Wie durch Zauberhand verwandeln sich die kargen Wüstensteppen in Weideland, überdecken silbrig-glänzende Gräser das Braungrau des Gesteins. Auch hier säumen Farmzäune die Strecke, und diesmal versteht man auch, daß es etwas abzuzäunen gilt, denn immer häufiger steht Vieh auf der Weide, weisen Farmschilder zu schmucken Höfen, die urdeutsche Namen tragen. Tollkühn stürzen sich Paviane auf die Pad, beäugen das näherkommende Fahrzeug und stieben wild schnatternd wieder davon. Farmpisten zweigen ab und verlieren sich irgendwo in den blauen Bergrücken. Auf einer kann man bis zum markanten, tafelförmigen Gipfel des Gamsberges (2347 m) hinauffahren – mit Genehmigung des Farmers, versteht sich. Am Paß angekommen, verabschiedet sich die Namib im Westen mit einem grandiosen Panorama – eine gelbliche, im Sonnenlicht schwimmende Ebene hinter gestaffelten Gebirgsrücken.
Je näher Windhoek kommt, desto dichter wird die Besiedelung, desto aufdringlicher erscheinen nach den einsamen Tagen in der Wüste die Zeugnisse der urbanen Zivilisation. Da bleibt nur, die Vorräte aufzufüllen und so bald wie möglich wieder „auf Pad" zu gehen ...

Route 2: Traumschloß im Nirgendwo – Duwisib

Mariental – Keetmanshoop – Seeheim – Goageb – Bethanie – Helmeringhausen – Duwisib – Sesriem

Km	Abzweig	Ort	Sehenswert	Übernachtung	GPS
Km 0 B1 Teer nach S		Mariental, T+V	s. Route 1	s. Route 1	24 37 45 17 57 18
Km 60	Gibeon Km 0 Km 9	Gibeon			25 09 32 17 50 06
Km 97		Asab, T+V		Asab Ht.	25 27 55 17 57 02
Km 100	Finger Gottes Km 0 D3919 Km 25		Finger Gottes		25 28 37 17 57 44
Km 148	Tses Km 0 Km 1	Tses, T			25 52 59 18 06 33
Km 149	Brukkaros Km 0 Str. 98 Piste Km 39 D3904 Piste Km 52		Brukkaros- Krater		25 53 33 18 06 43 25 53 00 17 46 54
Km 207			Köcherbaum- wald	Garas Park Zelt- platz	26 24 37 18 11 48
Km 228	Köcherbaum- wald Km 0 Str. 29 Km 15 Km 40		Köcherbaum- wald/Giant's Playground	Quivertree Forest Rl. Panorama Campingsite	26 33 39 18 08 55
Km 229 B4 Teer		Keetmanshoop, T+V	Museum	Canyon Ht. Travel Inn Keetmanshoop Zeltpl. Gessert's Pension	26 34 29 18 08 50
Km 274		Kreuzung B4/C12			26 48 29 17 48 27
Km 275 Stichstr.					26 48 57 17 48 19
Km 276 zurück		Seeheim		Seeheim Hotel	

Km	Abzweig	Ort	Sehenswert	Übernachtung	GPS
Km 277 B4 Teer nach W					26 48 57 17 48 19
Km 290			Historische Gräber		26 45 26 17 42 10
Km 304	Canyon Park Km 0 D463 Piste Km 88 Farmstr. Km 93			Canyon Park	
Km 341 C14 Teer		Goageb, T			26 45 07 17 13 24
Km 363		Bethanie, T+V	Schmelenhaus	Bethanie Hotel	26 30 10 17 09 38
Km 364 C14 Piste					
Km 398				Konkiep Lapa Rastlager	
Km 423	Schutztruppenfriedhof Km 0 P422 Piste nach S Km 1 links vorbei nach O, Km 1,5 rechts d. Hang runter Km 2	Farmgebäude Gabelung	Schutztruppenfriedhof		25 59 38 16 58 50 26 00 19 16 58 57
Km 443		Helmeringhausen, T+V	Freilichtmuseum	Helmeringhausen Ht.	25 53 26 16 49 24
Km 455	Dabis Gf. (7km)			Dabis Gf.	25 48 26 16 50 38
Km 503 D831 Piste	La Valleé Tranquille Km 0 C14 n. N Km 20			La Valleé Tranq.	25 23 51 16 47 38
Km 529 D826 Piste					25 13 45 16 41 19
Km 546			Schloß Duwisib	Duwisib Zeltplatz	25 15 48 16 32 40
Km 547				Duwisib Rl.	
Km 569	Einmündung der D407				25 23 02 16 25 25
Km 611	Einmündung der D827 Zu Tok Tokkie Trails De Duine Km 0 Farmpiste Km 11			Tok Tokkie Trails	25 12 10 16 09 42

Km	Abzweig	Ort	Sehenswert	Übernachtung	GPS
Km 616		Wereldsend, T			25 10 46 16 07 18
Km 635				Nubib Rastlager	25 02 17 16 05 40
Km 641	zum Wolwedans Dünenlager Km 0 Piste Km 20			Wolwedans Dünenlager	25 02 17 16 05 40
Km 655	zu Wolwedans Dünenlager Km 0 Piste Km 10			Wolw. Dünenlg.	24 54 17 15 58 27
Km 666	zu Namib Sky (Mwisho) Km 0 Piste Km 6			Namib Sky Mwisho	24 50 12 15 54 42 24 52 36 15 54 06
Km 693	zur Kulala Lodge Km 0 Piste Km 15			Kulala Lodge	24 39 02 15 49 00 24 36 53 15 42 12
Km 715		Sesriem, T	s. Route 1	s. Route 1	24 29 17 15 48 03

Mariental – Keetmanshoop

Verlassen Sie Mariental (Beschreibung s. Route 1, Anschluß an die Routen 1 und 2a) auf der B1 Richtung Süden. 4 km hinter Mariental kommt der Abzweig zum Flughafen (10 km) und nach Maltahöhe.
Nach einigen dutzend Kilometern ist links die Abbruchkante der Kalkweissrandberge zu sehen. Das Massiv tritt nach und nach zurück.
Bei Kilometer 60 zweigt die Straße nach **Gibeon** ab.
Gibeon ist ein unscheinbares Städtchen im Herzland der Nama. Bekannt ist es wegen des **Gibeon-Schauers**, eines ungewöhnlich dichten Meteoritenregens. Teile davon sind in der Windhoeker Post Street Mall als Brunnenschmuck zu sehen.
Die bis heute gefundenen Meteoritenteile waren über eine Fläche von 2500 qkm verstreut und stammen wohl von einem einzigen Muttermeteoriten, der explodierte und dessen Bruchstücke, was sehr ungewöhnlich ist, auf ihrem mutmaßlich sehr langen Weg durch das All zusammenblieben. 37 Teile mit einem Gesamtgewicht von 12,5 t wurden in den Jahren 1911 bis 1913 vom Geologen des Kaiserlichen Instituts, Dr. Range, zusammengetragen, vier davon an Forschungsinstitute in der ganzen Welt abgegeben, die restlichen verblieben in Windhoek. Es finden sich immer wieder neue Bruchstücke, das bislang schwerste mit 650 kg wird heute im Museum in Kapstadt aufbewahrt. Gibeon selbst wurde 1863 vom Missionar Knauer der Rheinischen Missionsgesellschaft gegründet. Bibelfest wie er war, tat er sich mit der Namensvergabe leicht.
Der Ort ist uninteressant, da die historischen Gebäude nicht mehr existieren. An der Bahnstation nächst der Hauptstraße liegt ein kleiner Friedhof,

der an die blutige Schlacht zwischen südafrikanischen und deutschen Truppen am 27. April 1915 erinnert. 40 Tote und 100 Verletzte beklagten beide Seiten.

Asab / Mukorob

Nach insgesamt 97 km eintöniger Fahrt ab Mariental wird **Asab** erreicht. Drei Kilometer hinter Asab hätten Sie bis Ende 1988 die Gelegenheit gehabt, einen 25 km langen Abstecher zu einer der Hauptsehenswürdigkeiten Namibias zu unternehmen – zum **„Finger Gottes" (Mukorob),** einer 34 m hohen Felsennadel, die die Erosion auf einen erstaunlich dünnen und entsprechend labilen „Fuß" gestellt hatte. Der Mukorob stürzte in einem Sturm um.

Kolportiert wird heute, daß er die Unabhängigkeit Namibias unter SWAPO-Herrschaft nicht mitmachen wollte – schließlich befinden wir uns hier im Land der Nama, die die politische Entwicklung zur Unabhängigkeit nur peripher gestalteten und sich von der neuen (ethnischen) Dominanz nicht nur Gutes versprachen.

Die wenigen Nama-Siedlungen am Wegesrand sprechen die Sprache von Armut, wenn nicht Elend. An die kriegerische Geschichte dieses Volkes mag man angesichts der im Kreis aufgestellten, friedlichen Hütten nicht so recht glauben. Vom Mukorob ist nichts mehr zu sehen, und aus den Trümmern läßt sich auch mit viel Fantasie nicht mehr die frühere Höhe rekonstruieren. Der Umweg lohnt also nicht.

Nach 48 km erreichen Sie den Abzweig nach Tses. Kurz dahinter kommt eine Kreuzung nach Berseba. Der Weg führt zum Brukkaros-Krater.

ABSTECHER:

BRUKKAROS-KRATER

Folgen Sie 39 km der Straße 98 und biegen Sie dann in die D3904 ein. Nach 13 km den Wagen abstellen und noch ca. eine Stunde zu Fuß gehen. Der nach Süden hin offene, hufeisenförmige Berg wurde lange Zeit für die Reste eines Vulkankraters gehalten, eine Theorie, die impliziert, daß es in Namibia auch in jüngerer Zeit noch aktiven Vulkanismus gegeben hätte. In neuerer Zeit hat die Forschung aber ergeben, daß eine Ringintrusion vorliegt, also das ringförmige Eindringen von Gestein vulkanischen Ursprungs in die Erdkruste. Das Eindringen wurde wahrscheinlich durch eine vulkanische Gasexplosion verursacht. Im folgenden erodierte dann das Gesteinsmaterial der Erdkruste, das härtere eingedrungene Material widerstand der Erosion in stärkerem Maße. Der „Krater" ist 2 km weit und erhebt sich ca. 650 m aus der Umgebung. Meist ist man hier alleine und kann schöne Spaziergänge unternehmen.

Nach 58 km Fahrt erscheint rechts ein Hinweisschild zum Köcherbaum-Wald auf der Farm Garas. Dies ist zwar nicht der Wald, der in den Karten verzeichnet ist und zum „Nationalen Monument" erklärt wurde, deshalb aber nicht weniger schön in der Abend- oder Morgensonne gelegen. Der Besitzer der Farm hat einen einfachen Zeltplatz eingerichtet, die Wegweiser sind als lustige Skulpturen ausgeführt. 21 km weiter mündet die Straße 29 in die B1. Folgt man ihr, kommt man zu dem in den Karten verzeichneten und zum Nationalmonument erklärten, „offiziellen" Köcherbaum-Wald.

Köcherbaumwald, Giant's Playground

Biegen Sie in die Straße 29 ein. Nach 1 km fahren Sie links, ab hier gute Piste. 11 km weiter biegen Sie in Richtung Norden, und nach 1 km erscheinen Farmgebäude, an denen der Eintritt zu zahlen ist. Kurz dahinter findet sich dann das umzäunte Gelände des Nationalen Monuments **Köcherbaum-Wald**. Der Köcherbaum (quiver tree) ist in dieser Gegend an und für sich nichts Seltenes. Das gehäufte Auftreten an einem Ort ist die Sehenswürdigkeit. Im Köcherbaum-Wald kann man klettern.

Köcherbaum

Seinen Namen bekam der Baum, weil angeblich die Buschleute (San) ihre Pfeilköcher aus seinen Ästen fertigten, indem sie den fasrigen, schwammigen Inhalt herausholten. Er ist eigentlich kein Baum (sondern wird den Aloen zugerechnet) und in den heißen Gegenden Namibias und in den nördlichen Regionen der Kapprovinz Südafrikas endemisch. Er bevorzugt heiße, trockene Felslandschaft und übersteht mehrere aufeinanderfolgende Dürreperioden. Köcherbäume werden bis zu 300 Jahre alt und erreichen eine Höhe bis zu 9 m. Die Vermehrung erfolgt durch trockenheitsresistente Samen. Erst im Alter von 20 bis 30 Jahren blühen die Köcherbäume in den Monaten Juni und Juli das erste Mal. Die verästelten, hellgelben Blüten werden bis zu 30 cm lang. Mit und ohne Blüte geben sie auf jeden Fall ein dekoratives Fotomotiv ab, besonders im Licht der untergehenden Sonne, die die rissige Rinde der Aloe golden aufleuchten läßt.

Ein km zurück und auf der C17 nach Nordosten erreicht man nach 4 km **Giant's Playground**. Ein Schild weist darauf hin, daß auch hier vorher Eintritt gezahlt werden muß (beim Farmgebäude des Köcherbaumwaldes, wo sich auch das Rastlager befindet). Dort darf nicht gezeltet werden. Giant's Playground ist ein Irrgarten aus Felsbrocken, aus zu Fantasieformen erodiertem Granit, der tatsächlich wirkt, als hätten Riesen mit den Steinen Fußball gespielt. Mächtige Säulen ragen in den Himmel, und dazwischen balancieren rund abgeschliffene, gigantische „Bälle" auf schmalen Felsnadeln. Wegen der charakteristischen Form nennt man diese Erosionsform „Wollsack-Granit". Mit gehöriger Vorsicht kann man in dem Riesenspielplatz herumklettern. Ein km hinter dem Abzweig der Straße 29 erreichen Sie auf der B1 Keetmanshoop.

Keetmanshoop

Hier haben Sie Anschluß an die Routen 2a und 3. Die Ansiedlung wurde 1866 von der Rheinischen Missionsgesellschaft unweit einer Nama-Siedlung gegründet. Die Missionsgesellschaft hatte von einem deutschen Bankier namens Johann Keetman dessen Vermögen überschrieben bekommen (er wurde denn auch in den Vorstand der Gesellschaft berufen), um damit eine Missionsstation zu gründen. „Keetman's Hope" ist heute eine kleine Stadt mit einigen Gebäuden im deutschen Kolonialstil. Sie liegt im Herzland der Karakulzucht (s.S. 266). Besuchenswert ist das **Museum** in der 1895 mit Bruchsteinen errichteten Kirche, das sich der Gründungsgeschichte der Stadt und den Nama-Stämmen der Region widmet und das **Kaiserliche Postamt**, wo heute die Tourismusinformation ist. Sehenswert ist auch das **Bahnhofsgebäude** (die Bahnlinie nach Lüderitz wurde 1908 eröffnet, 1912 war der Anschluß nach Windhoek fertig).

Wer ein wenig durch die Straßen schlendert, wird immer wieder auf Gebäude aus dem Anfang des 20. Jahrhunderts treffen. Das 3-Sterne Canyon-Hotel ist Station vieler Reisegesellschaften auf ihrem Weg zum Fish River, nach Lüderitz oder zum Oranje.

Die Läden der Stadt sind gut sortiert, man kann seine Vorräte auffüllen, bevor man in den infrastrukturell eher schwach versorgten Süden aufbricht. In Keetmanshoop befindet sich ein großes, modernes Hospital, das an der Ortseinfahrt mit seinen Hochhausbauten ins Auge sticht.

Keetmanshoop ist auch Ausgangspunkt der Route 2a zum Kalahari-Gemsbok Park und der Route 3 zum Fish River und nach Ai-Ais.

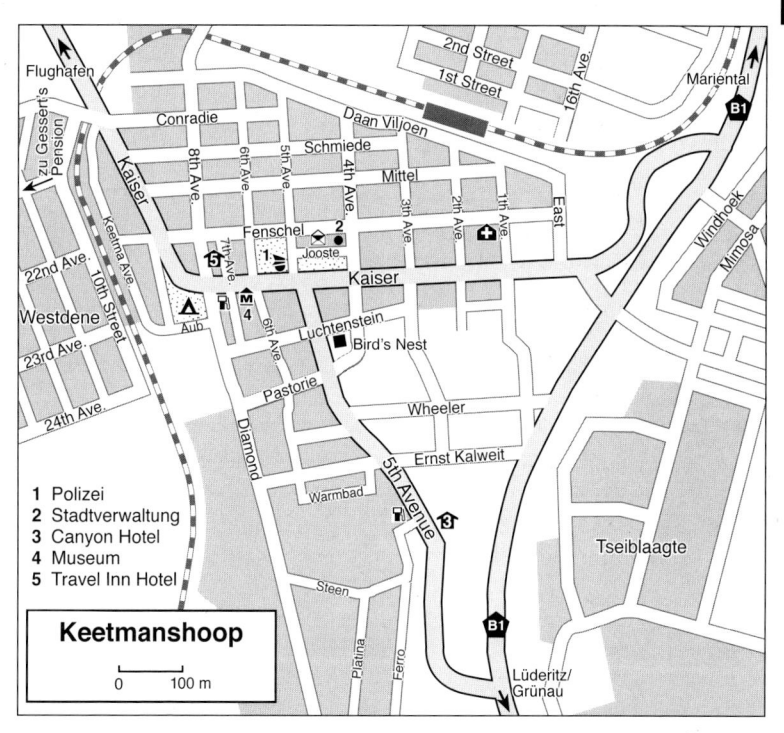

1 Polizei
2 Stadtverwaltung
3 Canyon Hotel
4 Museum
5 Travel Inn Hotel

Keetmanshoop

Information	Informationsstelle im ehemaligen Kaiserlichen Postamt, Fenchel Street, Tel. 063-223316
Museum	In der Kirche, Kaiser Street, tel. 063-223316, Mo–Do 8–12.30, 13.30–16.30 Uhr, Fr bis 16 Uhr
Übernachten	Touristenklasse: Canyon Hotel, Travel Inn, Gessert's Pension Günstig: Bird's Nest, Lafenis Rastlager Camping: Keetmanshoop Zeltplatz, Lafenis Rastlager. Außerhalb: Garas Park, Quivertree Rastlager, Panorama Camping Site.
Essen	Lara's Restaurant, 5th Street, Tel. 063-222233 Uschi's Kaffeestube, Warmbader Street, Tel. 063-222445
Golf	Keetmanshoop Golfclub, Tel. 063-223563

▲ Der einstige „Finger Gottes" ▲ Keetmanshoop, ehem. Postamt
▼ Irrgarten aus Steinen: Giant's Playground

Keetmanshoop – Bethanie

Wir nehmen nun die B4 Richtung Lüderitz. Nach 46 km kommt der Abzweig nach **Seeheim** (1 km), einem verlassenen Eisenbahnörtchen mit von gelben Morgensternblüten bewachsenen Schienen, fotogen und einsam am Fish River gelegen. 1998 hat in einem Schutztruppenfort das Seeheim Hotel seine Pforten geöffnet, eine traumhafte Übernachtungsmöglichkeit mit Pool und Laden.

Nach Westen fahrend wird bald danach der Fish River auf einer Brücke überquert, 12 km weiter kann man eine Rast einlegen und zwei Schutztruppengräber und die Ruinen einer kleinen Station besichtigen. Nördlich der Straße auf privatem Farmgelände mit Tor, ist der Zugang nur zu Fuß erlaubt. Es wäre höflich, die Farmer auf der gegenüberliegenden Straßenseite über den Besuch zu informieren, auch wenn die Gräber mit einem kleinen Schild als „Nationales Monument" gekennzeichnet sind. Wer mit dem Auto 500 m weiterfährt, sieht das kleine Steinhüttchen rechts oben auf einem Vorsprung unscheinbar hervorspitzen. 14 km dahinter kommt man zum Abzweig der D463.

ABSTECHER:

WESTSEITE FISH RIVER CANYON

Die D463 führt zur Westseite des Fish River Canyon. Nach 88 km erreicht man eine Farmstraße, die nach 5 km endet. Hier liegt der Canyon Nature Park. Geführte Touren über mehrere Tage, Tagesausflüge und Wildfahrten kann man auf dieser Farm unternehmen.

Die Wanderer übernachten in temporären Lagern in der Wildnis, die bei Ankunft aufgeschlagen werden, den reinen Übernachtungsgästen steht ein fest installiertes Zeltcamp zur Verfügung. Wer hierher kommt, sollte mindestens zwei Nächte bleiben und die großartige Landschaft genießen.

Vom Abzweig der D463 von der B4 weiterfahrend verläßt man nach ca. 16 km eine Hochebene und fährt 100 Höhenmeter hinab in ein Trockenflußtal mit vielen Akazien. Nach 6 km verläßt man das Tal wieder und nach weiteren 14 km ist der Abzweig nach Bethanie erreicht (1 km weiter Richtung Westen liegt **Goageb**, ein trostloser und verkommener Fleck mit Tankstelle und Bottle Store, Anschlußstelle für die Route 4). Bis Bethanie sind es auf dem Asphalt der C14 entlang des Kubub-Flußtales noch 22 km.

Exkurs: Karakulzucht

Unter deutscher Verwaltung wurden 1906 die ersten Karakul-Schafe nach Namibia gebracht und hier mit den heimischen Fettschwanzschafen gekreuzt, die den extremen klimatischen Schwankungen und der mageren Weide bestens angepaßt waren.

Die Karakulschafe lieben einen trockenen Lebensraum, sind genügsam und ertragen große Hitze wie Kälte. Die durchschnittliche Bestockung liegt bei einem Tier pro Hektar Weideland.

Heimat der Karakuls sind eigentlich die Gebirgs- und Steppenregionen Zentralasiens, wo Usbeken und Afghanen eine lange Tradition in der Aufzucht dieser wertvollen Pelztiere besitzen, deren Fell bei uns als „Persianer" bekannt ist und als Pelz älterer Damen heutzutage nur noch wenig Renommee besitzt.

In Namibia gibt es nach Jahren großer Bestandsschwankungen – die Zahlen liegen zwischen 5,6 Millionen Ende der 70er Jahre und 1,6 Millionen Mitte der 80er – heutzutage etwa drei Millionen Karakulschafe, zu finden fast ausschließlich im ariden Süden. Ihre Pelze werden mit den Markennamen „Swakara" oder „Nakara" bezeichnet („South West African Karakul" bzw. „Namibian Karakul") und haben mit dem dichtgelockten schwarzen Persianer wenig gemein.

Es sind wunderschön gezeichnete, seidige Felle vornehmlich in warmen Naturfarben, die von den Windhoeker Kürschnern zu modernen, hocheleganten Kleidungsstücken verarbeitet werden, deren Kauf ein dickes Loch in die Reisekasse reißen kann.

Das Fell der Tiere ist nur kurze Zeit nach der Geburt für die Pelzproduktion verwendbar. Nur bei neugeborenen Lämmern besitzt es jenen strahlenden Glanz und die weich fallende Locke, die den später daraus genähten Mantel zu einem kostbaren, einmaligen Stück macht. Zum Handwerk des Karakulzüchters gehört es folglich, die Neugeborenen sofort (spätestens 36 Stunden nach der Geburt) dem Schlachter zu überantworten. Bevor dies geschieht, wird über die Auswahl derjenigen Tiere entschieden, die dank ihrer besonderen Eigenschaften gute Zuchterfolge versprechen und deshalb am Leben gelassen werden. Es werden aber, allen anderslautenden Gerüchten zum Trotz, für die Pelzgewinnung keine Föten getötet.

Farmer, die von der Vieh- oder der Karakulzucht leben, haben natürlich ein anderes Verhältnis zu diesen Tieren, sehen in ihnen das Kapital, mit dem sie ihre Familie ernähren, nicht das putzige Kuscheltier, als das es uns Nicht-Viehzüchtern erscheint. Zudem erfüllen die Karakulschafe eine ökologisch wichtige Funktion: Durch die spezielle Form ihrer Hufe treten sie Gras- und andere Pflanzensamen, die auf der Erde liegen, in den Boden und ermöglichen damit das Wachstum der nächsten Pflanzengeneration.

Daß Produkte wie Pelze nicht nur von Moden, sondern auch von politischen Strömungen abhängig sind, liegt auf der Hand: Viele Karakulzüchter sind durch den (nicht nur karakulbezogenen) Pelzboykott in Europa und Amerika in den wirtschaftlichen Ruin getrieben worden. Einige zogen Konsequenzen aus dem Zusammenbruch des Pelzmarktes und stiegen wieder auf Fleischzucht um – mit den Karakulschafen ist dies kein Problem, da sie sich als ebenso gute Fleischlieferanten erwiesen haben.

Ein Urteil über die Karakulzucht sei jedem selbst überlassen, nur sollte man sich bemühen, nicht allzu ethnozentriert darüber zu denken.

Bethanie

Im Ort erinnern zwei Gebäude an die Geschichte des Landes – das Schmelen-Haus und das Haus von Joseph Fredericks. Zum Schmelenhaus muß von der Hauptstraße links abgebogen werden und gleich wieder links hinein auf ein privat wirkendes Gelände.
Der Durchreisende fährt schnurstracks weiter und hat den Ort schnell wieder verlassen.
Das Schmelenhaus steht unscheinbar unter Palmen (sie sind eine Seltenheit in Südnamibia und stehen fast immer dort, wo Deutsche ihre neue Heimat fanden). Es ist ein verputztes Häuschen mit Bruchsteinfundament und einer kleinen Umfriedungsmauer. Im Jahr 1814 gründete der deutsche Missionar Heinrich Schmelen an diesem Platz eine Mission im Auftrag der Londoner Missionsgesellschaft. Wegen Stammesfehden war er aber gezwungen, die Station 1822 wieder zu verlassen.
Mehrere Versuche in den folgenden Jahren, sich erneut niederzulassen, scheiterten an den kriegerischen Auseinandersetzungen und der anhaltenden Trockenheit, Bethanie wurde 1828 endgültig aufgegeben.
1840 erwarb die Rheinische Missionsgesellschaft die Rechte von der Londoner und zwei Jahre später wurde der Missionar Hans Knudsen hierhergeschickt. Er baute das Häuschen wieder auf, von Schmelen stammen nur noch die Umfassungsmauern. Auf dem Friedhof befinden sich einige Gräber von Missionaren, die in der Region tätig waren.
Dem Abzweig von der Hauptstraße zum Schmelenhaus schräg gegenüber steht das **Haus des Joseph Fredericks**. Er war Nama-Kapitän und errichtete das Gebäude 1883 als Rats-Haus. Durch seinen Vertrag mit dem Abgesandten von Adolf Lüderitz, Vogelsang, leitete Fredericks, ohne es zu wissen, geschweige denn zu wollen, die deutsche Landnahme in Südwestafrika ein. Hier, von ihm und dem Generalbevollmächtigten des Deutschen Reiches, Dr. Friedrich Nachtigall, wurde ein Jahr später, am 28. Oktober 1884, der Schutzvertrag mit dem Deutschen Reich unterschrieben.

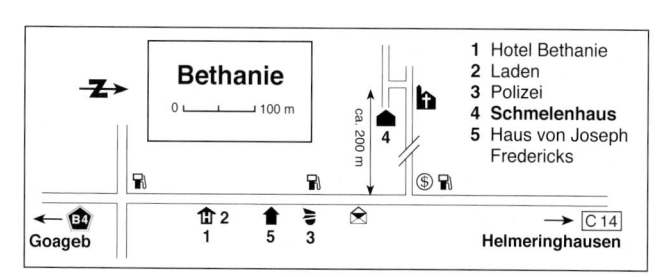

1 Hotel Bethanie
2 Laden
3 Polizei
4 **Schmelenhaus**
5 Haus von Joseph Fredericks

Weiter auf der C14

Verlassen Sie Bethanie Richtung Norden. Nach 1 km endet der Asphalt, jetzt kommt Piste. 59 km weiter, 20 km vor Helmeringhausen, können Sie erneut einen kleinen Ausflug zu einem Schutztruppenfriedhof unternehmen.

Schutztruppenfriedhof Dazu die private P422 nach Süden fahren, das Farmgebäude links liegen lassen (nachdem Sie die Farmer informiert haben, daß Sie zum Friedhof wollen), an der Gabelung nach Osten halten und den Hang in einem großen Bogen hinunterfahren. Sie sehen einen vorzüglich erhaltenen, ummauerten und mit einem schmiedeeisernen Tor versehenen Friedhof vor sich. Vom Leutnant bis zum Reiter ist alles vertreten.

Gepflegt und doch irgendwie verloren und traurig wirken diese Grabstätten in der kargen Umgebung, und man fragt sich, was denn eigentlich hier verteidigt wurde – außer einer imperialen Idee.

Helmeringhausen

Ein kleiner Wüstenort, nicht viel mehr als ein Hotel, ein Laden (mit dem Allernotwendigsten, inklusive Bottle Store), eine Tankstelle (nur offen von 8-18 Uhr) und ein kleines Freilichtmuseum, in dem viele Werkzeuge der Farmarbeit ausgestellt sind, z.B. ein ausgesprochen pittoreskes Bohrgerät. Der Schlüssel liegt im Hotel, die Eintrittsspende ist freiwillig (die Höflichkeit gebietet eine gewisse Großzügigkeit für den Versuch, auch hier den Touristen interessante Informationen zu bieten).

Im mit blühenden Pflanzen ausgestatteten Innenhof des Hotels genießen die Durchreisenden Kaffee und den vorzüglichen Sandkuchen.

Auf der Weiterfahrt 60 km hinter Helmeringhausen nehmen Sie die D831 bis zur D826 (nach 26 km). Hier biegen Sie links nach Südwesten ein. Die Landschaft wird merklich gebirgiger, auch erscheint sie fruchtbarer als die Steppenebenen, durch die unsere Route bislang führte. Nach 17 km ist Schloß Duwisib erreicht.

Schloß Duwisib

Absurd, eine Fata Morgana, Spinnerei, häßlich – man liest Unterschiedlichstes über den Stein gewordenen Tagtraum eines deutschen Adeligen. Hansheinrich von Wolf begann 1908 mit dem Bau, 1909 konnte er das Gebäude beziehen. Das gesamte Mobiliar ließ er aus Deutschland kommen und mit Ochsenkarren in die Wüste bringen. Rittersaal, Innenhof, Herrenzimmer, Bibliothek, Biedermeiersalon – nichts fehlte, um das Schloß zu einem richtigen Herrenhaus zu machen.

Und da zu einem Herrenhaus auch immer Land gehört, versuchte Hansheinrich von Wolf möglichst viel Grund zu erwerben. Er nervte geradezu den Gouverneur mit Kaufanträgen für Boden, dessen Verkauf aber pro Person limitiert war. Von Wolf brachte Strohmänner. Sie wurden nicht anerkannt, da sie in Deutschland lebten und den Besitz gar nicht bewirtschaften konnten. Er ließ seinen Vater in Berlin intervenieren. Er wollte Land, koste es was es wolle, auch wenn er zwischendurch schon zahlungsunfähig war. Sein Hunger danach war geradezu manisch, als ob er um sein Schloß noch einen möglichst großen cordon sanitaire, einen Sperrgürtel legen wollte, der ihn vor der Gemeinheit der Welt schützen sollte.

In der Wüste erstrahlen die Natursteine heute noch immer im Morgen- und Abendlicht und schließen die unwirtliche Natur aus. Gepflegte Rasenflächen und Palmen bilden den grünen Hintergrund dieser Ritterburg-Kulisse.

Das jahrzehntelang ausgelagerte Mobiliar wurde wieder zurückgebracht, und unter der Ägide des Tourismusministeriums kann der Reisende heutzutage wenigstens kurzzeitig versuchen, die Gefühle des Herrn von Wolf zu erahnen. Nur ganze fünf Jahre konnte dieser sein Leben hier genießen und seinem Hobby, der Pferdezucht, nachgehen, bis ihn das Vaterland rief und er mit seiner Frau auf abenteuerlichen Wegen über Südamerika Deutschland erreichte, rechtzeitig, um in der Schlacht an der Somme sein Leben hinzugeben.

Von seiner Frau, einer gutsituierten Amerikanerin, die nie wieder nach Duwisib zurückkehrte, ist überliefert, daß sie in ihren späten Jahren die Frage nach ihrem Aufenthalt in Deutsch-Südwest stets mit „ach, das war ein interessantes Experiment" beantwortete. Beim Rastlager kann man Zimmer oder Bungalows mieten oder zelten.

Weiterfahrt

Die D826 führt nun am Rand des Namib-Naukluft Parks weiter nach Norden. Man passiert die Namib Rand Game Ranch mit den Namib Sky Adventure Safaris. Dort kann man zu exorbitanten Preisen Ballonflüge über der Wüste unternehmen (auch von Sesriem aus). 171 km nach Duwisib gelangt man schließlich nach Sesriem und hat Anschluß an die Route 1.

Route 2a: Südafrika ist nahe – der Kalahari-Gemsbok Park
Mariental – Gochas – Koës – Mata Mata – Twee Rivieren – Aroab – Keetmanshoop

Km	Abzweig	Ort	Sehenswert	Übernachtung	GPS
Km 0 Straße 29, Piste		Mariental, T+V		Sandberg Ht. Mariental Ht.	24 37 45 17 57 18
Km 14	Panorama Zeltplatz Km 0 C17 Piste Km 26			Panorama Zeltpl	
Km 75 C18 Piste nach O					25 03 25 18 27 22
Km 116 C15 Piste nach S	Auob Lodge Km 0 C15 Piste nach N Km 10	Gochas, T		Gochas Ht. Auob Ldg.	24 51 34 18 48 12
Km 126			Schlachtendenkmal		24 56 46 18 50 53
Km 130			Schlachtendenkmal		24 58 17 18 52 01
Km 209	Koës, C17 Piste nach S, Km 0 Km 67	Koës, T		Kalahari Ht.	25 29 41 19 18 10 25 56 04 10 07 27
Km 223		Tweerivier			25 27 36 19 26 12
Km 270				Donkerhoek Gf.	26 36 02 19 49 38
Km 279				Kalahari Game Ldg. (2 km)	25 39 53 19 52 33
Km 296		Grenze Mata Mata, T	Kalahari-Gemsbok Park	Mata Mata Camp	25 46 05 19 59 55
Km 412		Twee Rivieren, T+V		Twee Rivieren Camp	26 28 31 20 36 47
Km 470				Molopo Ldg.	26 56 18 20 39 41
Km 536				Rasthaus	26 52 31 20 05 38
Km 556		Rietfontein, T			26 44 47 20 01 26
Km 559 C16 Piste nach W		Grenze			26 45 23 19 59 49
Km 594		Aroab, T			26 48 00 19 38 23
Km 752 Teer					

Km	Abzweig	Ort	Sehenswert	Übernachtung	GPS
Km 755 B1 Teer nach S					
Km 756		Keetmans- hoop, T+V	s. Route 2	s. Route 2	26 34 29 18 08 50

Hinweis! Mitte 1999 war die Grenze bei **Mata Mata** noch geschlossen. Sie soll aber im Laufe des Jahres 2000 noch geöffnet werden. Ist wider Erwarten die Grenze weiterhin zu, muß die Route in umgekehrter Richtung gefahren werden. Der Rückweg über die gleiche Strecke ist dann unvermeidlich.

Mariental (s. Route 1)

Hier haben Sie Anschluß an die Routen 1 und 2. Verlassen Sie Mariental im Ort über die Bahnlinie Richtung Osten auf der Straße 29. Nach 3 km endet der Teer, die Piste ist aber breit und gut ausgebaut. Die Landschaft hat wenig Buschbewuchs, ist braun und eben.

Nach 75 km führt die Piste C18 nach Osten. Die in einige Karten verzeichneten Friedhöfe und Denkmäler befinden sich auf privatem Farmgelände ohne Hinweise auf deren Lage. Wer Sie besuchen will, muß den Farmer informieren und sich die genaue Wegbeschreibung geben lassen.

15 km hinter der Kreuzung ist schon vereinzelt der rote Sand der Kalahari zu sehen. Die nord-südlich verlaufenden, spärlich bewachsenen Dünen werden nun in einem monotonen Auf und Ab und mit Kitzeln im Bauch gequert.

23 km weiter taucht voraus **Gochas** auf, ein wirklich kleiner Ort, dessen dominantes Gebäude, das Hotel Gochas, sich hinter einem kleinen, liebevoll begrünten und gepflegten Dorfplatz erhebt. Um in den Ort zu gelangen, muß man das Rivier des Auob queren, in dessen Flußlauf die Reise auf der Piste C15 Richtung Süden weitergeht.

Nur ab und zu verläßt die Piste das Rivier und erlaubt einen Blick in die Ferne, die dem Auge keinen Halt bietet. Im Trockenflußtal steht Galeriewald mit sehr alten Bäumen, deren Äste teilweise unter der Last der riesigen Nester der Siedelwebervögel abgebrochen sind.

Nach 10 km kommt ein Gedenkstein für die Schlacht bei Gochas, 4 km weiter, unter einem malerischen Baum und eingezäunt, der Gedenkstein für das Gefecht bei Haruchas am 3. Januar 1905.

Immer wieder stehen im Rivier die schmucken, weißen Farmgebäude in kleinen, wohlgepflegten und sattgrünen Gärten, ein wenig abseits die Werften, die Wohnstätten der Farmarbeiter und bei weitem nicht so hübsch anzuschauen.

107 km hinter Gochas ist **Tweerivier** erreicht (14 km vorher hat man den Abzweig nach **Koës** passiert). Hier treffen sich die Riviere des Auob und des Olifant. Eine Tankstelle ist ausgewiesen, sie führt aber nicht immer Treibstoff.

47 km hinter Tweerivier geht es zur Donkerhoek Gästefarm ab, 7 km weiter zur Kalahari Game Lodge.

Nun sind es noch 17 km zur Grenze und zum Eingang des **Kalahari-Gemsbok Parks.** Der Grenzübertritt gestaltet sich unproblematisch. Laufzettel werden ausgefüllt, die Namibier stempeln per Hand, die Südafrikaner haben ein computerisiertes Barcode-System entwickelt, „enjoy your stay in South Africa", und weiter geht's.

Kalahari-Gemsbok Park

An der Rezeption des Parks muß der Eintritt gezahlt werden (20 Rand pro Fahrzeug, 12 Rand pro Person, N$ werden mit einem minimalen Abschlag akzeptiert). Öffnungszeit des Parks ist im Januar von 6–19.30 Uhr. Sie verkürzt sich schrittweise bis zum Juli auf 7.30–18 Uhr. Übernachtung ist nur in den drei Camps **Mata Mata**, **Nossob** und **Twee Rivieren** erlaubt.

Es wird darauf geachtet, daß die Abfahrtszeiten von einem Camp so liegen, daß entweder eine Ausfahrt aus dem Park, oder das Erreichen eines anderen Camps innerhalb der Öffnungszeiten möglich ist (bei Verlassen des Camps ist der Zielort anzugeben). Die Übernachtung auf dem Zeltplatz kostet für 2 Personen 30 Rand (jede weitere zusätzlich 8 Rand), eine Hütte, abhängig von Größe und Ausstattung, zwischen 75 und 310 Rand.

Das bestausgebaute Lager ist Twee Rivieren; Mata Mata und Nossob fallen dagegen stark ab. Auch besitzt nur Ersteres ein Restaurant und ein Schwimmbad (alle drei haben kleine Läden für Souvenirs, Getränke, Fleisch und Feuerholz).

Reservierungen für die Hütten können unter der Telefonnummer 0027-21-222810 vorgenommen werden.

Die Geschwindigkeitsbeschränkung im Park liegt bei 50 km/h, in den Lagern bei 20 km/h.

Der Park liegt im spitz zulaufenden Dreieck, das die Grenzen von Namibia, Botswana und Südafrika bilden, seine beiden Wegstrecken laufen entlang des Auob und des Nossob. Der Grenzzaun zu Botswana erlaubt die Migration der Tiere, da der Kalahari-Gemsbok Park (über 9500 qkm, Gründung 1931) mit dem botswanischen Gemsbok National Park (28.500 qkm, Gründung 1938) eine Einheit bildet, die sogar seit 1992 ein gemeinsam beratendes Management besitzt, wegweisend für alle an Grenzen liegenden Parks im südlichen Afrika, die nach und nach von den Ländern als gemeinschaftliche Schutzgebiete organisiert werden sollen.

An den Rezeptionen der Camps sind Informationsbroschüren erhältlich, die die Pflanzen, Reptilien, Vögel und Säugetiere, die sich im Park finden, auflisten. Wer durch den Park will, darf nicht erwarten, daß er die Weite und Ferne der Kalahari erfährt, die beiden Routen des Parks verlaufen in Rivieren. Wer hierher kommt, will die Tiere an den natürlichen und künstlichen Wasserstellen sehen, die sich wie Perlen auf einer Schnur aneinanderreihen. Die Antilopen sind dermaßen unbeeindruckt von den sich langsam nähernden Touristenfahrzeugen, daß man bis auf wenige Meter herankommt, die Löwen aalen sich in der Morgensonne und bereiten sich auf die Jagd vor, und die Hyänen trotten in der Dämmerung an den Zäunen des Lagers vorbei.

An der Wasserstelle von Mata Mata sind ab und zu des nachts Löwen zu sehen (Taschenlampen nötig, da das Wasserloch nicht beleuchtet ist). 62 km hinter Mata Mata kommt man an den Abzweig zum Nossob Rivier und dem gleichnamigen Lager (104 km), 55 km weiter ist **Twee Rivieren** erreicht (Zusammenfluß des Auob und Nossob). Hier verläßt man den Park. Die gute Piste führt über 58 km nach Süden. 500 m vor der Kreuzung steht die neue Molopo Lodge (P.O. Box 32, Askham 8814, Südafrika, Tel. 0027-54-5110008 Fax 5110009), mit Bungalows, Stellplätzen und Schwimmbad (DZ 108 Rand p.P. mit Frühstück, Stellplatz 30 Rand). Die gut geführte Lodge unternimmt auch Führungen in den Kalahari Gemsbok Park, in ein privates Schutzgebiet und zu den Salzpfannen der Umgebung. In der nächsten kleinen Ortschaft gibt es eine Tankstelle, die auch Reifen flickt.

Mit dem 4x4 durch den botswanischen Gemsbok-Park (Gemsbok Wilderness Trail)

Der Gemsbok Wilderness Trail geht über 285 km mit zwei Übernachungen in einfachen Buschcamps. Geländegängige Fahrzeuge sind Voraussetzung, mindestens zwei Wagen müssen einen Konvoi bilden. Die Buchung erfolgt über das Parks and Reserves Reservations Office in Gaborone/Botswana, P.O. Box 31, Tel. 00267-580774, Fax 580775. Die Voranmeldung ist obligatorisch. Man muß bei Bokspits nach Botswana einreisen, die Strecke beginnt bei Polentswa/Grootbrak, führt durch eine absolut einsame Gegend in der Kalahari und endet bei Lijersdraai. Man ist mit dem Sand und den Tieren alleine, deshalb sollte man nur fahren, wenn man schon einige Erfahrungen im Busch gesammelt hat.

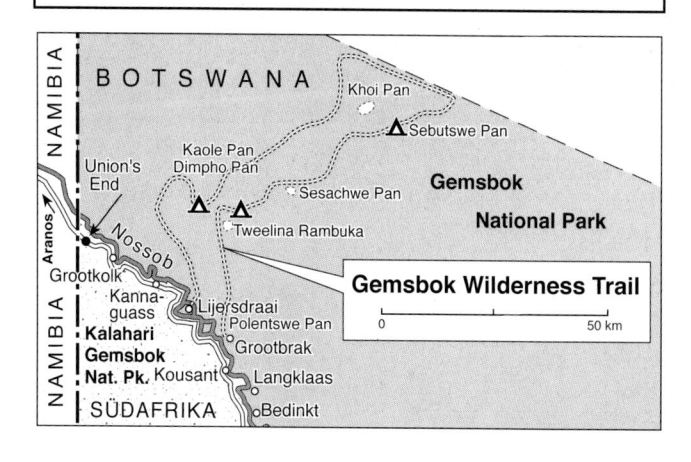

Nach weiteren 20 km durch das Rivier und Richtung Westen verläßt man das Tal, fährt über einen Bergrücken (20 km) und kommt in eine große Pfanne, in der man für 16 km auf einer festen Salzstraße bleibt.

Nach weiteren 10 km erreichen Sie ein Rasthaus. Nach **Rietfontein** sind es noch 17 km nach Nordwesten (tanken, N$ werden akzeptiert), von dort zur Grenze 3 km.

Nach der wieder unproblematischen Grenzabfertigung geht es auf der C16 nach **Aroab** (35 km), ein kleiner, in der Wüste verlorener Ort.

Auf dem weiteren Verlauf der Strecke (156 km) nach Keetmanshoop sind die verschiedensten Verwitterungsformen zu studieren. Magerer Busch auf schwarzen Geröllebenen, deren Steine mit Wüstenlack überzogen sind, Wollsackerosion, Bergkegel aus schwarzem, durch Wind und Wetter zerlegtem Gestein, schräg aus dem Boden ragende Verwerfungen, Kiesflächen und Riviere; braune und schwarze Töne herrschen vor, nachdem man die Dünen hinter sich gelassen hat.

Wenn Sie den Asphalt erreicht haben, sind es noch 3 km bis zur B1 und links im Süden ist bereits **Keetmanshoop** zu sehen (s. Route 2). Hier haben Sie Anschluß an die Routen 2 und 3.

■ Unterwegs zum Fish River Canyon

Route 3: Langer Marsch zum heißen Wasser – der Fish River und Ai-Ais
Keetmanshoop – Grünau – Ai-Ais – Hobas – Holoog – Seeheim

Km	Abzweig	Ort	Sehenswert	Übernachtung	GPS
Km 0 B1 Teer nach S		Keetmans- hoop, T+V	s. Route 2	s. Route 2	26 35 24 18 08 26
Km 3				Lafenis Camp, T	26 36 36 18 10 02
Km 77	Mount Karas Game Ldg. Km 0 Str. 26 Piste Km 55 D259 Piste Km 60			Mount Karas Game Ldg.	27 02 15 18 37 38
Km 132				Florida GF (1 Km)	27 28 42 18 28 51
Km 149	zum White House Km 0 (Farmpi- ste) Km 4			White House Hotel	27 37 39 18 24 14
Km 159		Grünau, T+V		Grünau Hotel	27 43 41 18 22 30
Km 189 C10 Piste					27 56 28 18 10 39
Km 255			Rosenquarz Fundstelle		27 57 18 17 32 28
Km 262 zurück		Ai-Ais, T+V		Ai-Ais Rl.	27 54 57 17 29 27
Km 269			Rosenquarz Fundstelle		27 57 18 17 32 28
Km 285 D324 Piste					27 55 45 17 40 29
Km 319	Cañon Lodge Km 0 Farmstr. Km 2			Cañon Lodge	27 40 01 17 45 43
Km 329		Hobas, V		Hobas Zeltplatz	27 37 09 17 42 54
Km 339 zurück			Fish River Canyon		27 35 19 17 36 52
Km 349		Hobas, V		Hobas Zeltplatz	27 37 09 17 42 54
Km 352 D601 Piste					27 37 09 17 42 54

Km	Abzweig	Ort	Sehenswert	Übernachtung	GPS
Km 381 C12 Piste n. N					27 28 31 17 57 10
Km 389		Holoog			
Km 400	Fish River Lodge Km 0 Farmstr. Km 10			Fish River Lodge	27 18 54 17 56 03
Km 430	Zum Naute Damm Km 0 D545 Piste Km 15			Naute Damm	26 55 55 17 56 04
Km 455 B4 Teer nach W					26 48 57 17 48 19
Km 456		Seeheim, T+V	s. Route 2	s. Route 2	

Keetmanshoop – Grünau

(Beschreibung Keetmanshoop s. Route 2, Anschluß an Route 2 und 2a). Sie verlassen Keetmanshoop auf der Umgehungsstraße nach Süden und erreichen nach 500 m die Abzweigung der B4 von der B1. Die B1 nach Süden nehmen, nach 3 km passiert man Lafenis Rastlager mit einer Tankstelle (die viel Lkw-Verkehr hat). Nach ca. 15 km sehen Sie voraus die Großen Karasberge, rechts befinden sich die Kleinen Karasberge. Letztere werden in einem weiten Bogen östlich umfahren. Bevor Sie zwischen den Kleinen und Großen Karasberge hindurchfahren, queren Sie noch den Löwenfluß, der später in den Fish River mündet. Nach 100 km hinter Keetmanshoop kommt man an einen landschaftlich ausgesprochen reizvollen Paß. In Abständen von 10 km folgen nun drei weitere Pässe, der letzte ist über 1500 m hoch. 20 km hinter diesem lassen sich die Ausläufer der Kalahari erahnen und 9 km danach erscheint Grünau, einen Steinwurf von der Hauptstraße weg.
Bei der Shell-Tankstelle, 1 km vor der Ortsabfahrt, gibt es einen Takeaway und einen kleinen Picknickplatz. Grünau ist lediglich als Zwischenstopp interessant, um aufzutanken und die Vorräte aufzufüllen. Ansonsten gibt es nichts, und da Ai-Ais nur noch 100 km entfernt ist, übernachten auch die wenigsten hier, sondern versuchen das Rastlager zu erreichen (allerdings nur zwischen April und Oktober, das restliche Jahr ist die Schlucht wegen der großen Hitze gesperrt). In Grünau schließt auch die Route 3a nach Noordoewer und zum Oranje an.

Grünau – Ai-Ais

Dazu auf der B1 30 km nach Süden fahren und dann nach rechts in die Piste C10 einbiegen. Nach 26 km öffnet sich im Süden der Blick auf den Oranje, nachdem man rechts den Wetterkopf und links den Rotenfels passiert hat. Nach weiteren 24 km ist voraus, hinter dem nicht sichtbaren Fish River Canyon, das tiefgestaffelte Massiv der Hunsberge mit seinem höchsten Gipfel, dem Hohenzollern (1530 m) zu sehen. Nach 11 km kommt ein Abzweig nach Noordoewer am Oranje, und nun geht es auf gewundener Piste immer tiefer in den Canyon hinunter. Diese Fahrt ist nicht sonderlich spektakulär, wer aber die Augen aufhält, kann 5 km hinter der Abzweigung Rosenquarze sammeln (bevor man einen Quarz oder Stein aufhebt, sollte man ihn mit dem Schuh umdrehen und sich vergewissern, daß keine Skorpione darunter ihr Mittagsschläfchen halten). Nach weiteren 7 km ist dann Ai-Ais erreicht.

Ai-Ais

Nach der Fahrt durch die nicht endenwollende Wüstenei erfreut nun das Grün eines Rasens und üppiges Schilf das Auge. Ai-Ais ist kein Ort, sondern wirklich nur ein Rastlager am Fish River, der hier die meiste Zeit des Jahres an der Oberfläche kein Wasser führt. Grund für die Entstehung des Ai-Ais-Lagers war eine ergiebige Thermalquelle. „Ai-Ais" kommt aus dem Khoikhoi und bedeutet „kochend heiß".

Die Thermalquelle entspringt der Tiefe mit einer Temperatur von 60 °C und soll gegen Rheuma helfen. Für die beiden Schwimmbäder wird die Temperatur auf ein erträgliches Maß heruntergebracht. Das Außenschwimmbad ist für den Naturliebhaber, der in der Morgen- oder Abendsonne die blutroten Berge und die darauf herumkletternden Paviane vom warmem Wasser aus genießen will. Das Hallenbad mit seinen Fontänen und Wasserfällen begeistert vornehmlich Kinder, die die nächsten Tage beim Planschen nicht mehr von ihren Eltern gestört werden wollen.

■ Entspannen in der Ai-Ais Thermalquelle

Wer nicht auf dem Zeltplatz nächtigen will, sollte auf alle Fälle versuchen, ein Luxuszimmer zu ergattern. Wer auch immer auf die Idee gekommen ist, den Hotel- und Schwimmbadkomplex auf möglichst gemeine Art zu verbinden, es ist ihm gelungen: Die Fenster der „normalen" Zimmer führen nicht hinaus auf die Gebirgslandschaft, sondern in das Hallenschwimmbad, was den Zimmern einen hallenden Lärmpegel beschert. Zudem sind die Wände nicht von irgendwelchen Wasserleitungen entkoppelt, so daß es in den Zimmern dauernd scheppert und knallt, wenn die Wasserfontänen zu spritzen beginnen (alle 5 Minuten). Die Luxuszimmer haben einen Balkon zum Fluß und einen Grill, so daß man sich in der Abendstimmung sein Braai zu Gemüte führen und es sich wohl ergehen lassen kann (Fleisch und Holz sind im Laden erhältlich). Wer nicht grillen will, kann im leidlich guten Restaurant essen. Obwohl auch Tagesbesucher zugelassen sind, raten wir zu mindestens zwei Übernachtungen um den Genuß des verschwenderischen Wasserreichtums auch richtig auskosten zu können. Ai-Ais ist auch der Endpunkt der großen Fish-River-Wanderung, die weiter unten beim Fish River Canyon beschrieben wird.

Ai-Ais – Fish River Canyon

Fahren Sie nun wieder zurück hinauf auf die Hochebene und biegen Sie nach 23 km in die D324 ein. Linkerhand sehen Sie den Hochstein (998). Nach 16 km geht links eine Piste ab. Sie führt quer durch den Canyon nach Kochas, von wo eine 1-Tages-Wanderung auf der westlichen Seite des Canyons unternommen werden kann (doch nur von Mai bis August und nach vorheriger Anmeldung bei Mr. Lochner unter der Telefonnummer 06362-5303, Kochas 5303 verlangen). 19 km dahinter führt eine Piste über 2 km zu einer bizarren Felsformation, und 6 km weiter erreicht man die Piste Seeheim – Fish River. Wir fahren links und kommen nach 2,5 km zum Hobas Zeltplatz, wo Eintritt entrichtet werden muß (hat man für diesen Tag bereits in Ai-Ais gezahlt, wird die Eintrittskarte anerkannt). Nach 10 km kommt man an eine Abzweigung. Hier kann links 19 km den Fish River entlang zu einem zweiten Aussichtspunkt gefahren werden (und zu der zweiten Thermal-Schwefelquelle des Canyons, Palm Springs). Der bekanntere Hauptaussichtspunkt ist von der Kreuzung 1 km geradeaus entfernt. Hier empfängt den (schwindelfreien) Besucher jenes atemberaubende Panorama, das auf so vielen Fotos zu sehen ist.

Cañon Lodge

Auf dem Weg von Ai-Ais nach Hobas kommt man an der Cañon Lodge vorbei. Zwischen malerischen Granitblöcken stehen einzeln und in absolut privater Atmosphäre 20 Bungalows, aus Stein und Holz errichtet. Bei Sonnenauf- und -untergang erglühen die Steine im sanften Licht und die Aussicht auf die wilde Landschaft beim Fischfluß ist unvergleichlich. Das alte Farmhaus von 1910 wurde renoviert und beherbergt das Restaurant. Es gibt wenig Unterkunftsmöglichkeiten in Namibia, die wie hier so geschmackvoll entworfen und eingerichtet, deren Gebäude so perfekt in die Landschaft gebaut wurden. Das vorzügliche Essen genießt man abends auf der riesigen Terasse, aus der Küche erklingen die afrikanischen Gesänge des wirklich ausnehmend gutgelaunten Personals und die Gäste kommen miteinander ins Gespräch, die Besitzer erzählen von der Geschichte der Farm. Die Farm besitzt ein kleines Flugzeug, das in den frühen Morgenstunden fantastische Flüge über den Canyon macht. Buchung über: **Cañon Lodge,** P.O. Box 80205, Windhoek, Tel. 061-230066, Fax 061-251863, mgoldbek@iwwn.com.na

Fish River Canyon

Entstehungsgeschichte

Durch Absenkung entstand das breite Tal, in das man von der Hochebene hineinblickt. Den schmaleren Canyon am Grund des Tales hat sich der Fish River dann selbst geschaffen, indem er sich über die Zeiten immer tiefer eingeschnitten hat. „Mäandern" ist bei den gigantischen Ausmaßen des Canyons vielleicht das falsche Wort, aber seine Biegungen und Windungen verlieren sich ohne Ende in der Ferne, so daß ein spielerischer Eindruck entsteht. Einer Sage nach soll ein Drache auf der Flucht vor Jägern in die Wüste geflüchtet sein und auf seinem Weg diese Kriechspur hinterlassen haben.

Nach dem Grand Canyon in den USA ist der Fish River Canyon der zweitgrößte der Welt und steht ihm in nichts nach, wenn seine Dimensionen auch nicht so gewaltig sind. Er ist 161 km lang und seine Tiefe, bezogen auf die Hochebene, variiert zwischen 450 und 550 m. Bis auf den Grund der erdgeschichtlichen Entwicklung kann man in ihn schauen, und wer Zeit und Muße hat, kann sich bei einem Abstieg in den Canyon die Gesteinsschichten genauer besehen.

Geologie

Die steilen Uferböschungen aus dunklem Gestein entstanden in der Erdfrühzeit, dem älteren Präkambrium. Vor etwa 2 Milliarden Jahren waren diese Schichten noch Sandstein, Lava und Tonschiefer. Durch Faltungen, Druck und Hitze verwandelten sie sich in metamorphes Gestein: Tonschiefer in Schiefer, Sandstein in Quarzit. Diese Entwicklung fand bis etwa einer Milliarde Jahren vor unserer Zeitrechnung statt. Dunkle Linien durchziehen das Gestein: es ist Magma, das vielleicht 100 Millionen Jahre später, während des Präkambriums, an Bruchstellen eindrang, nie die Erdoberfläche erreichte und hier erstarrte. Man nennt diese sehr grobkörnige Einschlüsse „Doleriten".

Nach weiteren 250 Millionen Jahren folgte eine Phase der Erosion; ein flacher See bedeckte den ganzen Süden Namibias. An seinem Grund lagerten sich Sedimente ab. Die flache Schicht besteht aus einem Konglomerat kleiner Kiesel. Darüber türmen sich schwarz und 150 m hoch Sandstein, Kalkstein und Kies. Es folgen einige Meter Schieferton und Sandstein. Vor 500 Millionen Jahren erfolgte dann eine Absenkung, die Erdkruste brach ein und ein nord-südlich verlaufendes Tal entstand. Während einer Eiszeit, 200 Millionen Jahre später, wanderten Gletscher nach Süden, das Tal wurde breiter und tiefer und erneut fand eine Absenkung statt. Die Brüche in der Erdkruste gingen so tief, daß das in den Verwerfungen befindliche Wasser nach oben dringen konnte und bis heute seinen Weg nach draußen findet – es sind die heißen Quellen von Ai-Ais und Palm Springs. Der Einschnitt durch den Fish River selbst fand erst in der Erdneuzeit, etwa vor 50 Millionen Jahren, statt.

Wanderung

Wer die viertägige und 85 km lange Wanderung durch den Canyon machen will, muß eine gute Kondition besitzen. Auch wenn der Weg nur im Winter begangen werden darf (Mai bis September), sind die Temperaturschwankungen doch eindrucksvoll und die Tageshöchsttemperaturen können durchaus 35 °C erreichen, während es des nachts empfindlich kalt wird. Es gibt keine Hütten oder Lagerplätze, auch Toiletten sind nicht verfügbar. Die Wanderung muß vorher beim zentralen Reservierungsbüro angemeldet werden, da pro Tag nur maximal 40 Personen die Tour beginnen dürfen. Kostenpunkt 50 N$/Person.

Hinweis: Tiere, besonders Paviane nicht füttern, sie werden zunehmend aggressiv!
Eine Wandergruppe muß wegen eines möglichen Unfalls oder Verletzungen aus mindestens drei Leuten bestehen. Beim Büro des Rastlagers Hobas ist eine ärztliche Unbedenklichkeitsbescheinigung vorzulegen (die nicht älter als 40 Tage sein darf) und ein Formular zu unterschreiben, mit dem der Staat von jeder Schadensersatzforderung freigestellt wird. Für die An- und Abfahrt zum Ausgangspunkt müssen die Gruppen selbst sorgen. Die Rucksäkke müssen mit Zelt, Schlafsack, Matte, Proviant, Wasserentkeimungsmittel und Kocher gepackt werden.

Wanderstrecke

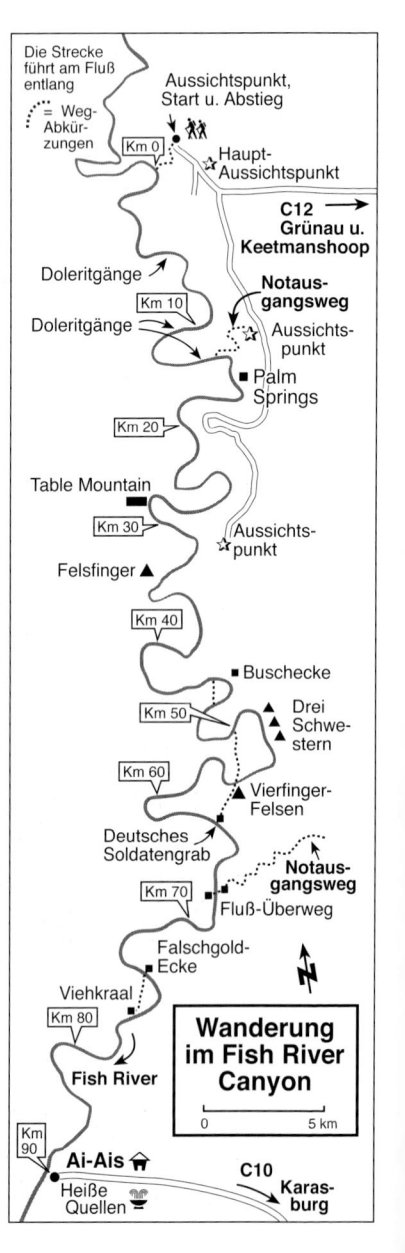

Der steile, 500 m lange Abstieg am nördlichen Aussichtspunkt über Geröll und Felsen erfordert vom Wanderer schon einige Künste an Trittsicherheit. Es geht dann durch den ermüdenden Flußsand den Flußlauf entlang nach Süden. Am Nachmittag erreicht man den Notausgangsweg (die erste der zwei Möglichkeiten, die Tour abzubrechen), und kurz darauf die palmengesäumte Schwefelquelle von Palm Springs. Die Palmen sollen übrigens „Abfallprodukte" der Marschverpflegung von Schutztrupplern sein! Daß Dattelpalmen in diesem ariden Klima ideale Standortbedingungen vorfinden, erkennt jeder, der den Baum aus seiner nordafrikanischen Heimat kennt: Ihre Wurzeln baden im (oberflächennahen) Wasser, die Krone in den heißen Strahlen der Sonne, so, wie es eine arabische Bauernregel besagt. Es ist nun Zeit, sich einen Schlafplatz zu suchen. Wegen der Quelle und der Möglichkeit, sich ein Bad zu gönnen, ist Palm Springs ein beliebter Übernachtungsfleck.

Die nächste Etappe ist anfangs recht leicht zu begehen, wird aber dann in Höhe des südlichsten Aussichtspunktes des Plateaus durch Geröll wieder recht schwierig. Neugierig beäugen Paviane und Klippspringer die müden Wanderer auf ihrem Marsch durch ihr Habitat, und wer etwas Glück hat, kann im grauen Gestein vielleicht auch das schwarzweiße Streifenfell des Hartmannschen Bergzebras ausmachen. Leoparden, die in der Schlucht ebenfalls leben und jagen, bekommt man wohl kaum zu Gesicht, und angesichts der Gefährlichkeit der eleganten Räuber ist dies vielleicht auch besser so …

Bald steht die markante Form des „Tafelbergs" als nächste Wegmarke in der Schlucht. Man hat nun etwa 30 km hinter sich gebracht. Nach 50 km, wenn links der markante Punkt „Drei Schwestern" auftaucht, kann man zwei Flußschleifen abkürzen, sieht den Vierfingerfelsen vor sich und kommt zum Grab des Leutnants Thilo von Trotha, der 1905 in einem Gefecht mit den Nama fiel. Vorher wird man allerdings noch sein Nachtlager aufschlagen. Der Canyon weitet sich nun und der Weg ist wieder leichter zu beschreiten. Etwa 6 km hinter dem Grab kommt noch einmal ein Notausgangsweg nach oben. Nach einer weiteren Übernachtung erreicht man schließlich erschöpft und glücklich Ai-Ais und kann sich in die Schwimmbäder werfen.

■ Blick in den Fish River Canyon

Ai-Ais – Seeheim

Fahren Sie nun nördlich 23 km zurück und biegen Sie in die D601 nach Seeheim ein. Nach 29 km ist die Piste C12 erreicht. Wir fahren nach Norden und kommen 8 km weiter nach **Holoog,** einem zerstörten Bahnhof (und Anschlußpunkt der Route 3a), und 2 km weiter zum Abzweig zum Augurabis Steenbock Naturpark, einem privaten Farmgelände mit Übernachtungsmöglichkeit in eindrucksvoller Landschaft (er liegt 16 km von der Hauptpiste weg). 40 km hinter dieser Abzweigung queren Sie wieder den Löwenfluß, dann stoßen Sie nach weiteren 25 Kilometern auf die B4 und **Seeheim** (1 km). Hier haben Sie Anschluß an die Route 2.

▲ Augenfällig: Die Baumnester der munteren Webervögel
▼ Der Oranje ist der Grenzfluß zu Südafrika

Route 3a: Kanus am Oranje

Holoog – Grünau – Karasburg – Noordoewer – Grünau

Km	Abzweig	Ort	Sehenswert	Übernachtung	GPS
Km 0 C12 Piste nach S		Holoog			27 28 31 17 57 10
Km 51 B3 Teer		Grünau, T+V		Grünau Ht.	27 43 41 18 22 30
Km 102 Str. 22 Piste nach W	Oas Rl. Km 0 C11 Piste Km 82 Farmstr. Km 84 -------------------- Warmbad Km 0 Str. 21 Piste Km 48	Karasburg, T+V Warmbad	 Cook Gedenk- stein/ Polizeistation	Kalkfontein Ht. Van Riebeck Ht. Oas Rl.	28 01 06 18 45 01 28 26 34 18 44 28
Km 194 B1 Teer nach S					28 2 08 17 58 21
Km 249 B1 Teer nach N	Felix Unite Km 0 D212 Piste Km 9	Noordoewer, T+V	 Felix Unite River Adv.	Camel Ldg. Felix Unite Zeltplatz	 28 41 09 17 33 30
Km 286	Ai-Ais (85 km)		s. Route 3	s. Route 3	28 30 02 17 52 23
Km 358		Einmündung der C10 von Ai- Ais			27 56 28 18 10 39
Km 388		Grünau, T+V		Grünau Ht.	27 43 41 18 22 30

In Holoog haben Sie Anschluß an die Route 3. Fahren Sie auf der Piste C12 nach Süden. Nach 51 km erreichen Sie Grünau (s. Route 3).
Auf der Teerstraße B3 kommen Sie nach weiteren 51 km nach Karasburg.

Karasburg

Karasburg ist lediglich als Versorgungsstation interessant, obwohl es die drittgrößte Ansiedlung im Süden Namibias ist.
Tanken, Übernachten und eine Ausflugsmöglichkeit auf der Piste 21 durch Steppenlandschaft nach dem 48 km entfernten Warmbad, mehr dürfen Sie nicht erwarten.
Karasburg ist hauptsächlich Zwischenstation des Schwerlastverkehrs von und nach Südafrika.

[Karasburg map]

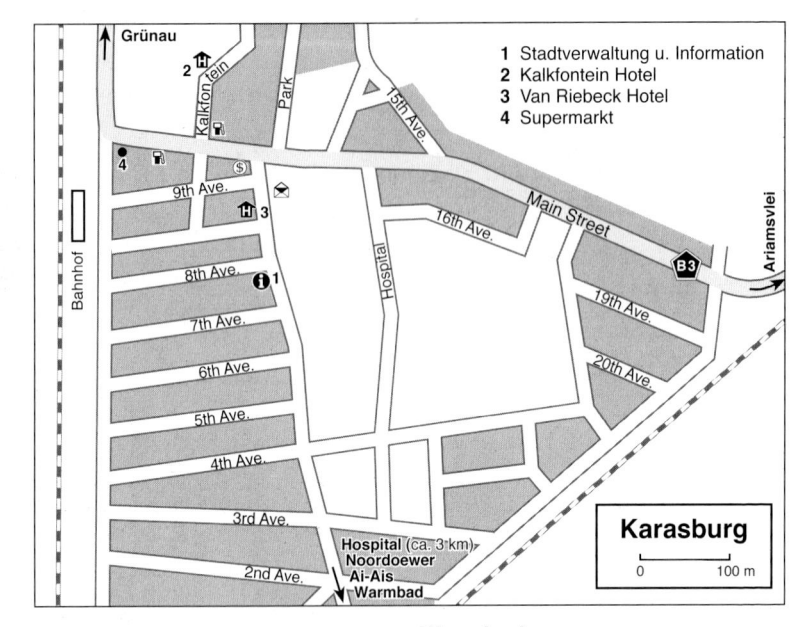

- 1 Stadtverwaltung u. Information
- 2 Kalkfontein Hotel
- 3 Van Riebeck Hotel
- 4 Supermarkt

Warmbad

wurde im Jahr 1805 von der Londoner Missionsgesellschaft und ihrem Abgesandten Edward Cook als Niederlassung an der Thermalquelle errichtet. Die Schutztruppe baute später ein Fort, das über lange Jahre immer weiter verfiel, dessen Pforte aber in neuerer Zeit restauriert wurde und nun den Eingang zur Polizeistation bildet. Auf der anderen Seite des Dorfes steht bei der Kirche der Cook-Gedenkstein, Erinnerung an einen Missionar. Der Ort selbst ist in völliger Auflösung begriffen, leere Fensterhöhlen starren einen an, Brandruinen, Autowracks; wer Morbides delektiert, fühlt sich hier wohl. Das Schwimmbad ist geschlossen, und so muß das entspannende, warme Bad entfallen.

Zum Oranje

Verlassen Sie Karasburg nach Südwesten auf der Straße 22. Diese mündet nach 92 km in die B1. Man fährt durch Orangenplantagen und kommt nach 55 km in Noordoewer und beim Oranje an. Der Fluß liegt nur etwa 200 m ü.N.N. Entsprechend heiß ist es im Sommer (bis über 40 °C). Auf der D212 fahren Sie nun 9 km zum Camp der Felix Unite River Adventures. Nach der Hitze des Tages wird Ihnen ein Bad im Oranje guttun. Das Camp steht nur für Teilnehmer an den Flußfahrten offen, denen wird aber mit Wein und Bier ein leckeres Abendmahl bereitet, um die Kräfte für die folgenden vier Tage auf dem Wasser zu mobilisieren.
Anstelle einer trockenen Beschreibung hier der enthusiastische Erlebnisbericht einer Familie mit zwei Kindern, Max (14) und Karin (12).

Exkurs: Flußfahrt auf dem Oranje

Boot 1 (Joachim und Karin): Vom Anfang, der Ankunft im Felix Unite Camp, bis zum Ende, der Abfahrt mit dem Abschied wie von guten Freunden, war's eine tolle Sache. Und eine spannende dazu! Die ersten Paddelschläge im vollbeladenen Boot zeigten, daß es möglich war, dieses Dickschiff allein zu bewegen. Mit Karins Fluß-Umrührkunst kein Problem! Die ersten Meter auf dem Oranje zeigten auch, daß Ditta und Max sofort den ersten Felsen gefunden und mit ziemlichen Gezeter wieder losgelassen hatten. Kurz danach der erste kleine Schwall. Bauchkribbeln! Krachen, als das Boot über die Steine schrammt, daß man hätte meinen können, der Kahn bricht unten durch.

Danach die Stille. Ein erster Fischadler kreist an den Steilwänden. Eine Zeitlang noch hört man auf irgendeiner entfernten Straße ein paar Autos fahren, danach nur wieder das Glucksen des Wassers.

Das erste Mittagessen gestalten unsere Flußführer Phil und Craig besonders geheimnisvoll. Jedes Hilfsangebot lehnen sie ab, gebeugt über die aufgebauten Tische schnippeln und werken sie vor sich hin und tuscheln leise miteinander. Von Karin, die gebannt zuschaut, lassen sich die beiden nicht stören. Das Ergebnis ist gewaltig! Riesige, schön garnierte Schüsseln mit Salaten, Tellerchen mit Keksen, Nüssen usw. Auf ein Zeichen eilen alle zu ihren Booten, um Teller und Besteck zu holen. Welch ein Genuß für unsere leeren Mägen!

Das Dinner am Abend wird in ähnlicher Weise gestaltet. Aber diesmal Braai am Fluß! Wir haben unser Zelt auf einer ebenen Grasfläche aufgebaut und verbringen nach der Schlemmerei eine ruhige Nacht.

Das Klo, das ist eine besondere Geschichte. Wenn man muß, dann muß man einen steilen Schwemmsandhang hinaufstapfen. Dort, mit Blick auf den Sternenhimmel (das Kreuz des Südens inklusive) und die steilen Felshänge macht das Müssen-Müssen fast Spaß, wenn man mal davon absieht, daß man nur in einen Eimer, der mit einer Klobrille verziert ist, …

Der nächste Tag auf dem Fluß beginnt mit Stromschnellen, die Phil und Craig „beginners examination" nennen. Mit Kribbeln in der Bauchgegend geht's aber problemlos. Ruhige und schnelle Stellen auf dem Fluß wechseln sich ab. Langsam beginnt Routine aufzukommen: Phil, der meist vorauspaddelt, zieht die Schwimmweste an, die anderen tun's ihm nach, schon spritzt das Wasser, danach Schwimmweste wieder weg, und wir müssen die Arbeit, d.h. das Paddeln fürs Vorwärtskommen wieder selbst tun.

Irgendwie fühle ich mich so losgelöst, so zeitlos und unwichtig, in dieser menschenleeren Landschaft.

Karin ist wirklich ein guter Paddelpartner, fleißig paddelt sie mit, allerdings meist auf der linken Seite, so daß ich rechts etwas schärfer durchziehen muß. Die Anstrengungen machen sich am späten Nachmittag bemerkbar, als bei reichlich Gegenwind ein Krampf im rechten Unterarm gerade noch weggeschüttelt werden kann. Dafür winkt auch Lohn in Form von „re-supply". Das bedeutet, daß die im Camp vor der Tour georderten Getränke an vorbestimmter Stelle bereitstehen.

Nach einer letzten Schwallstrecke wird das Lager aufgeschlagen. Diesmal ist's mit dem Klo nicht so angenehm; ich finde den Eimer nämlich bei Dunkelheit und Dringlichkeitsstufe 1 einfach nicht. So muß ich ein Loch buddeln und danach das benutzte Papier verbrennen. Bei dieser trockenen Luft vergammelt nämlich überhaupt nichts, und in der Gegend rumfliegendes Papier muß ja nun wirklich nicht sein.

Beim Abendessen rund ums Lagerfeuer geben Phil und Craig dann einige Einzelheiten zu den Abenteuern des kommenden Tages preis. Das führt bei einigen von uns sofort zu einem nicht essensbedingten Kloß im Magen. Denn die berüchtigten Sjambock-Schnellen sind für morgen angesagt. Grauenhafte Geschichten werden von unseren Guides erzählt: Da kentert so ziemlich jeder, oder das Boot läuft so voll Wasser, daß es auf keinen Steuerschlag mehr reagiert; wenn dann eine riesige Walze dich erwischt hat, endet man unzweifelhaft an einer Felswand gleich unterhalb, das Boot wird zerschmettert und man findet sich in 40 m Wassertiefe bei den schon vorhandenen Bootsresten, Cola-Dosen, Filmkameras und anderen Ausrüstungsteilen von früheren Sjambock-(Nicht)Bezwingern. So tief soll das Loch sein, das der Fluß unterhalb der Schwälle aus dem Fels gefressen hat.

Die Realität war dann die: laut Phil soll man die erste stehende Walze voll nehmen, um dann weit genug rechts zu bleiben (aber bitteschön nicht zu weit rechts), damit man an der nächsten Riesenwelle gaaaanz knapp vorbeikommt. In diesem Idealfall schrammt man an der besagten Felswand gaaaanz knapp vorbei!

Ditta und ich glaubten davon kein Wort, nach unseren Erfahrungen müßte es möglich sein, die erste Walze zu vermeiden, um dann wenigstens mit relativ wenig Wasser im Boot die Riesenwelle anzusteuern.

Und so machen wir es dann auch. Bei Karin betreibe ich schon seit dem Aufstehen psychologische Kriegsführung, um sie auf die Wellen und das nasse und kalte und spritzende Wasser vorzubereiten. Karin muß sich auf den Boden des Bootes setzen, ihr Paddel wird verstaut, unsere Sonnenhüte ebenfalls, und los geht's.

Zuvor schießt es mir allerdings ziemlich heiß ins Gedärm, als ich Ditta und Max den ersten Schwall zwar vermeiden, sie aber (von meinem Blickwinkel aus) fast rückwärts weiterfahren sehe. Hoffentlich haben sie's noch richtig gepackt!

Aber es hilft alles nichts, wir sind dran und müssen durch. Am ersten Schwall knapp vorbei, reinhacken wie verrückt, um nach rechts zu kommen, merken, daß man zu weit aus dem Strom rausgedrückt wird, nach links gegensteuern, die Luft anhalten, als sich plötzlich weit unter uns eine Grube im Wasser auftut. Das Boot schießt mit dem Bug aus dem Wasser, schlägt am Gegenrand der Wassergrube wieder auf, ein paar verzweifelte Paddelschläge von der Felswand weg – und ohne Berührung gleiten wir daran vorbei. Jubelschreie, unsere eigenen und die der anderen, die uns beobachten, und dann Pause im Kehrwasser.

Was für ein Gefühl!

Der Rest der Tour vergeht fast im Flug, nur das letzte Stück bis zum Abholpunkt ist noch lange und harte Arbeit bei einem Fetzen Gegenwind.

Die Rückfahrt zum Camp? Nur eine knappe Stunde. Und dafür, allerdings für fast 70 Flußkilometer, waren wir vier Tage unterwegs.

Boot 2 (Ditta und Max): Am Morgen machen Max und ich uns mit dem Doppelpaddel vertraut, für die nächsten vier Tage werden wir in einem Boot sitzen. Wir haben Schmetterlinge im Bauch und fühlen uns der Herausforderung nicht so ganz gewachsen, aber wir geben unser Bestes, d.h., wir laufen auch prompt auf den einzigen Stein im Fluß weit und breit auf. Der erste Streit ist vorprogram- miert. So geht es den ganzen Tag: Ich mache Max, der vorne sitzt, verantwortlich, weil er mir nicht sagt, wo ich hinlenken soll, und er macht mir den Vorwurf, daß ich nicht richtig lenke. Wir haben beide recht, sind stocksauer und beide fix und fertig. Gegen Abend kriegen wir den Bogen raus, sind aber so erschöpft, daß wir es gar nicht mehr realisieren. Ich würde am liebsten heulen und Max giftet vor sich hin.

Erst nach einem guten Essen am Lagerfeuer kommt wieder Urlaubsstimmung auf, und Max macht seiner frustrierten Mutter Mut: „Morgen geht es bestimmt schon besser." Und er hat recht. Den ersten Schwall nehmen wir zwar nicht mit Bravour, aber doch ohne allzugroße Schwierigkeiten. Dieser Tag ist gerettet, Max badet im Fluß, und bei jedem Halt muß er sofort tiefe Löcher in den Sand graben, oder er sammelt Holz fürs Lagerfeuer.

Daß Joachim und Karin ein gutes Bild abgeben, müßte gar nicht erwähnt werden. Joachim paddelt mit Können und Karin besticht durch ihren Charme.

Am dritten Tag sind Max und ich ein richtig gutes Team. Max kann als Vordermann den „Fluß lesen" und weiß, wann er mir Informationen zukommen lassen oder wann er selbst aktiv werden muß. So ist es für mich keine Frage, daß wir den Sjambock, den schwierigsten und gefährlichsten Schwall am Oranje, wie alle anderen auch paddeln. „Sjambock" heißt so viel wie „Bullenpeitsche", was die Situation im Fluß sehr gut beschreibt.

Als drittes Boot warten wir auf das Signal zum Losfahren, ich habe ganz schönes Bauchgrimmen, auch wenn ich es nicht zugebe, und Max hat plötzlich gar keine Lust auf Paddeln, er würde am liebsten aussteigen. Das erste Boot läuft ziemlich voll Wasser, das zweite Boot mit Thomas und dem Waliser kentert! Aber wir erwischen mit etwas Glück und vielleicht auch etwas Können die ideale Linie und überwinden die Bullenpeitsche, sogar ohne naß zu werden! Der vorher doch sehr ruhige Max platzt vor Stolz – und ich auch. Joachim und Karin kommen jubelnd durch den Schwall, es schaut toll aus.

Sjambock ist sicher der paddlerische Höhepunkt, was danach kommt, ist nur noch Spielerei: wir genießen es, auf dem Fluß zu sein. Am Abend macht Penny uns ein großes Kompliment: „You looked so cool when you passed Sjambock".

Am vierten und letzten Tag schlägt das Wetter um, es wird kalt und wir haben Gegenwind. Eine echte Plackerei beginnt, und jeder von unserer Gruppe ist froh, als er im Bus sitzt, der uns zum Basiscamp zurückbringt. Nach einem schnellen Lunch brechen alle auf, nur wir bleiben über Nacht und träumen von einer Landschaft, die uns sicher für immer in Erinnerung bleiben wird:
– Ein Fluß, der durch eine gebirgige Steinwüste fließt, wo man erst bei genauem Hinschauen erkennt, was alles blüht und wie bunt alles blüht.
– Ein Fluß, der riesige Waller beherbergt.
– Ein Fluß, der jahraus-jahrein seinen eigenen Weg suchen muß.
– Ein Fluß, an dem tagelang keine menschliche Behausung zu sehen ist.
– Ein Fluß, über dem der Fischadler kreist und seinen heiseren Schrei ausstößt.

Max: Manchmal haben wir von den Booten aus auch Tiere beobachtet. Das fand ich immer lustig, da der Joachim die Tiere immer fotografieren wollte. Doch sobald die Tiere, meistens waren es ja Vögel, den Fotoapparat sahen, erschraken sie und flogen davon. Wahrscheinlich haben sie Angst, daß die Fotos vermarktet werden, ohne daß sie bezahlt werden. Leider haben wir immer im Zelt geschlafen. Ich hätte lieber unter den Sternen geschlafen, da es so romantisch war. Die anderen Gruppenmitglieder haben auch immer unter den Sternen geschlafen. Die einzige schlechte Sache war, daß ich und die Ditta in den ersten Tagen im Wildwasser Kommunikationsschwierigkeiten hatten.

Ditta und Joachim, Karin und Max Schmolin

■ Nasses Vergnügen: Flußfahrt auf dem Oranje

Rückfahrt nach Norden

Fahren Sie nun zurück. 37 km hinter Noordoewer haben Sie die Möglichkeit, auf die D316 links nach Ai-Ais abzubiegen. Bleiben Sie auf der B1, nach 102 km wird **Grünau** erreicht (dort Anschluß an Route 3).

Route 3b: Verbindung nach Südafrika

Karasburg – Ariamsvlei – Nakop

Km	Abzweig	Ort	Sehenswert	Übernachtung	GPS
Km 0 B3 Teer nach O	Oas Rl. Km 0 C11 Piste Km 82 Farmstr. Km 84 -------------------- Warmbad Km 0 Str. 21 Piste Km 48	Karasburg, T+V Warmbad	 Cook Gedenk- stein/ Polizeistation	Kalkfontein Ht. Van Riebeck Ht. Oas Rl.	28 01 06 18 45 01 28 26 34 18 44 28
Km 112		Ariamsvlei, T Namibischer Grenzposten			28 07 03 19 50 57
Km 128		Grenzlinie			28 05 43 19 59 47
Km 143		Südafrikanischer Grenzposten			

Karasburg (s. Route 3a)

Hier haben Sie Anschluß an die Route 3a. Eine ereignislose Fahrt über 112 km an der Bahnlinie entlang, zu Beginn noch mit Köcherbäumen unterbrochen, bringt Sie über braune Ebenen nach Ariamsvlei, eine kleine Ortschaft an einem Verschiebebahnhof.

Hier, 16 km vor dem tatsächlichen Grenzverlauf, findet die Ausreise aus Namibia statt. Bis zur Station der südafrikanischen Grenze sind es 31 km, schattige Durchfahrtshallen, die mitten in der Landschaft stehen, versuchen die Hitze fernzuhalten.

■ Denkmal des Internierungslager Aus (Route 4)

Route 3c

Am Oranje entlang nach Rosh Pinah

Km	Abzweig	Ort	Sehenswert	Übernachtung	GPS
Km 0 Teer		Noordoewer		Camel Lodge	28 44 08 17 36 58
Km 5 Piste					
Km 9		River Rafters			
Km 10				Felix Unite	28 41 09 17 33 30
Km 52		Dorf			28 22 03 17 24 43
Km 60			Stromschnellen		28 19 02 17 22 33
Km 76 Nach N					28 13 31 17 17 48
Km 92		Bo-Plaas			28 08 23 28 08 23
Km 113			Boomsriver		28 02 01 17 04 22
Km 138		Seligsdrif			28 05 47 16 52 50
Km 160		Rosh Pinah, T+V			27 57 42 16 45 42
Km 208		Einmündung der D463			27 35 10 16 42 21
Km 238		Einmündung der D727			27 23 01 16 38 11
Km 329		Aus, T+V			26 39 44 16 15 47

Bis auf die ersten 5 km besteht die gesamte Strecke aus harter Piste. Am Oranje sind einige kleine, querende Riviere, die nach der Regenzeit tief ausgewaschen sein können, deshalb sollte man am Ufer entlang besonders vorsichtig fahren. Der Weg am Oranje entlang ist mit eine der schönsten Strecken in Namibia.

Es geht von Noordoewer aus (Anschluss an die Strecke 3) vorbei an Camps der Reiseunternehmen, die auf dem Oranje Kanufahrten unternehmen (s. Route 3a). Der Weg folgt dem Flußlauf, entfernt sich aber immer wieder, um bald darauf zurückzukehren. Die Gegend ist relativ fruchtbar am Fluß, ins Gebirge hinein, wird sie aber schnurstracks karg. Einige Bewässerungsprojekte erlauben Weinanbau. Nach 60 km bekommt man eine Idee, was Kanufahren auf dem Fluß bedeutet. Man passiert Stromschnellen. Nun beginnt die Strecke, die immer wieder von Rivieren gekreuzt wird, die tief ausgewaschen sein können und dann einem Pkw kein Durchkommen erlauben.

38 km weiter kündigt sich die Farm Bo-Plaas mit großen Schildern an: Campsite, Horse-Trails. Nur ist keine Menschenseele da, das Camp wur-

de aufgegeben. 7 km weiter überquert man den Fishriver auf einer Brücke. Nach 39 km erreicht man eine kleine Ortschaft – Seligsdrif – mit Pumpstation und adretten Häuschen. Hier geht es nun auf breiter Piste gerade nach Norden und unmerklich aber stetig von 150 m NN eine schräge Ebene hinauf, bis man schließlich nach weiteren 22 km die Bergarbeiterstadt Rosh Pinah erreicht.

Die C13 führt nun weiter nach Norden und immer weiter hoch, vor Augen hat man die Bergketten, die Aus vorgelagert sind. Nachdem man eine Höhe von 1150 m NN erklommen hat geht es wieder langsam bergab. 2 km vor Aus stößt man auf die Straße 89 und kommt dann in den Ort hinein. In Aus haben Sie Anschluss an die Strecken 4 und 4a.

Auf der Straße von Aus nach Lüderitz

Route 4: Erste deutsche Schritte

Goageb – Aus – Lüderitz

Km	Abzweig	Ort	Sehenswert	Übernachtung	GPS
Km 0 B4 Teer n. W		Goageb, T	s. Route 2	s. Route 2	26 45 07 17 13 24
Km 70		Schakals- kuppe			26 38 07 16 34 32
Km 101		Kreuzung C13/B4			26 39 39 16 18 16
Km 105	Lager Aus Km 0, an der Tankstelle vor- bei nach SO Km 3	Aus, T+V		Bahnhof Ht.	26 39 44 16 15 47
		Kreuzg. C13, geradeaus			
	Km 3,8 Stichstr. Km 4			Lager Aus	26 40 29 16 17 15
Km 108	Klein-Aus Vista Rastlager				
Km 218		Kolmanskop			26 41 42 15 14 15
Km 227		Lüderitz, T+V	Stadtbild, Halb- insel, Museum, Achatstrand, Diamanten- sperrgebiet	Lüderitz Zeltpl., Lüd.-Rl., Lüderitz Guest Hs. Hotels: Bayview, Kapps, Zum Sperrgebiet	26 39 23 15 09 36

Goageb – Aus

In Goageb haben Sie Anschluß an die Route 2. Verlassen Sie den „Ort" nach Westen auf der B4 (Teer). Nach 18 km kommt ein Abzweig nach Bethanie (D435), 15 km weiter öffnet sich links und rechts das Rivier des Swartkop. Bald darauf senkt sich die Straße etwa 100 m in ein Tal, das den Blick auf eine große Salzpfanne freigibt, an der man 10 km entlangfährt. Bei Km 70 ab Goageb erscheint links der Straße die Eisenbahnstation Schakalskuppe. 10 km dahinter windet sich das Tal nach Nordwesten, voraus erscheint der Gipfel des Großen Löwenberges. 21 km weiter geht die Piste nach Helmeringhausen ab (C13, Anschluß der Route 4a), und nach 1 km ist Aus erreicht.

Aus

Fahren Sie nach Aus hinein und nehmen Sie im Bahnhofshotel ein Sandwich oder eine größere (gute!) Mahlzeit zu sich. Ein Stückchen weiter oben kann getankt werden. Obwohl Aus ein wichtiger Haltepunkt an der Bahnlinie Lüderitz – Keetmanshoop war, hat es keinerlei Charme wie die anderen Städtchen des Südens. Im Bewußtsein der Deutsch-Namibier ist es geblieben, weil es während des I. Weltkriegs Standort eines der beiden Internierungslager für deutsche Militär- und Polizeiangehörige war (das andere lag bei Otjiwarongo). Man erreicht die Überreste, indem man bei der Tankstelle aus dem Ort fährt (Rtg. Südosten), die 3 km entfernte C13 überquert und nach 800 m in eine 200 m lange Stichstraße einbiegt. Das 3 km außerhalb Aus liegende Rastlager Klein-Aus Vista ist sehr empfehlenswert, die Hütten liegen fantastisch in absoluter Ruhe.

Internierungslager

Heute ist außer einigen Fundamentsteinen und einem kleinen Denkmal neben einem Weißdornbaum nichts mehr zu sehen von dem Lager, in dem 1500 Deutsche interniert waren und von 600 Mann südafrikanischem Wachpersonal betreut wurden. Die Südafrikaner wählten den Ort für das Lager aus, weil die Versorgung per Schiff von Capetown nach Lüderitz relativ einfach und die Eisenbahn nur bis Aus repariert war (beim Rückzug der deutschen Truppen wurden die Schienen systematisch zerstört).

Anfangs mußten die Gefangenen in Zelten leben, wegen der starken Temperaturschwankungen war dies aber wohl sehr unangenehm und man entschloß sich, da die Südafrikaner keine Mittel zur Verfügung stellen konnten, aus selbstbereiteten Ziegeln Hütten zu bauen, als Dächer dienten flachgewalzte Blechtonnen. Damit wohnten die Bewachten besser als die Bewacher, und daran sollte sich auch nicht viel ändern.

Interessant ist auch noch, daß während der letzten zwei Jahre der Existenz des Lagers eine 5 km lange Schienenbahn zur Versorgung um dieses herumfuhr, die bei Auflösung des Camps 1919 aber abgerissen wurde. Während der 4 Jahre starben 69 Kriegsgefangene und 60 Bewacher, die meisten wegen einer Grippe-Epidemie Ende 1918.

Nach Abschluß des Vertrages von Versailles im Juni 1919 begann die Entlassung der Internierten. Einige durften auf ihre Farmen zurückkehren, andere wurden nach Deutschland repatriiert. Die Sehnsucht nach dem „Gelobten Land" trieb aber viele der Ausgewiesenen schon wenige Jahre später wieder zurück ins alte Südwest.

Aus – Lüderitz

Lüderitz ist nun noch 122 km entfernt. Die Straße verläuft schnurgerade nach Westen, und Höhenmeter um Höhenmeter fällt sie. Hier ist das Revier der berühmten **Namib-Wildpferde,** die tatsächlich einmal näher, einmal weiter weg von der Straße aus gesichtet werden können. Gute Chancen hat man bei der Bahnstation und Quelle Garub, südlich des Berges Dicker Wilhelm, da hier mit Spenden deutscher Touristen eine künstliche Tränke für die Tiere errichtet wurde. Woher die Pferde ursprünglich kommen, ist nicht erforscht. Die wahrscheinlichste Variante sieht sie als Nachkommen von Schutztruppenpferden, die bei Anmarsch südafrikanischer Truppen während des ersten Weltkrieges in die Freiheit entlassen wurden. Sie haben sich partiell an die Wüste angepaßt und können längere Zeit ohne Wasser auskommen als ihre domestizierten Artgenossen. Die meiste Zeit der größten Tageshitze verbringen Sie an schattigen Plätzen. Die harten Lebensbedingungen und der beschränkte Genpool ließ sie über die Generationen kleiner werden (zwischen 1,30 und 1,40 m). Ihre Anzahl schwankt zwischen 100 und 300 Tieren.

102 km hinter Aus zweigt nach links eine Straße der CDM ab. Schon vor 80 km sind Sie an das Diamanten-Sperrgebiet Nummer 1 gekommen und fahren seitdem an ihm entlang. Rechts befindet sich der Namib-Naukluft Park. Besonders in den Morgen- und Abendstunden bläst ständig der Wind und lagert Sand auf dem Asphalt ab, Sandverwehungen sind deshalb nicht selten.

Ein Verlassen der Straße ist strikt verboten, obwohl Diamanten nur im küstennahen Festland und im vorgelagerten Meeresgrund abgebaut werden (mehr über Diamanten s.S. 294). Auch im Nationalpark darf nur auf den gekennzeichneten Wegen gefahren werden, doch die gibt es hier – außer der B4 – nicht. 11 km weiter passieren Sie Kolmanskop, die verlassene und der Wüste überantwortete Boomtown der Jahrhundertwende.

Kolmanskop

Für den Besuch, müssen Sie erst nach Lüderitz hinein und Eintritt bezahlen (geführte Besichtigung Mo–Sa 9.30 und 10.45 Uhr und So 10.45 Uhr, 10 N$ p.P., bei „Lüderitzbucht Safaris & Tours", s.u. „Lüderitz"). Treffpunkt für die Führung ist wieder hier draußen, jeder Besucher muß selbst für seine Anfahrt sorgen, einen Bus gibt es nicht. Bestes Baumaterial, viel Geld und damit gute Handwerker und das trockene Klima haben das Jugendstil-Dorf so konserviert, daß man teilweise glauben könnte, ein Besen für den Sand und neues Mobiliar genügten für den Einzug.

■ Kolmanskop früher

■ August Stauch und Zach. Lewala

Angeblich von einem Ochsenwagenfahrer, dem seine Ochsen während eines Sandsturmes abhanden gekommen waren, gegründet, wurde der Ort zum Hauptquartier des Diamantenmillionärs und früheren Eisenbahnangestellten **August Stauch,** der auf einem Streckenabschnitt in der Namib die Schienen zu überwachen hatte. Einer seiner Mitarbeiter mit Namen **Zacharias Lewala** entdeckte eines Tages bei Grasplatz, der vorletzten Bahnstation vor Lüderitz, den ersten Diamanten. Er erkannte das wertvolle Mineral, weil er vor seiner Anstellung bei Stauch in einer südafrikanischen Diamantenmine gearbeitet hatte. Sein Know-how machte Herrn Stauch zum Millionär, denn dieser sicherte sich sofort die Schürfrechte in dem Gebiet.

Es begann eine Zeit beispiellosen Rausches, das Geld kam und das Geld wurde ausgegeben. Bald war aber der Abbau staatlich organisiert. Nach dem verlorenen Krieg übernahm die CDM die Rechte und verblieb bis 1950 an diesem Ort, der letzte Bewohner hielt noch 6 Jahre länger aus, reiste dann aber auch ab.

Das Casino wurde wieder hergerichtet, nun kann man die Kegelbahn besichtigen und das Theater, das außerhalb der Spielzeit als Turnhalle genutzt wurde. Pferd und Barren stehen wie zur Benutzung freigegeben im Raum. Ein kleines Museum mit vielen Fotografien dokumentiert das Leben der Menschen und den Abbau der Diamanten, in einem Café werden nach der Führung Erfrischungen gereicht. Die Sanddünen wachsen aber immer weiter in die Häuser hinein und über sie hinaus, irgendwann wird, wenn die CDM nicht mehr investieren sollte, der Ort endgültig unter Sand begraben sein. – 9 km hinter Kolmanskop erreicht man Lüderitz.

Exkurs: Diamantenfieber

Namibia ist nicht Ursprungsort, sondern nur Nutznießer des Diamantenreichtums des südlichen Afrika. In der Kreidezeit schwemmten die Wasser des Oranje die wertvollen Mineralien auf ihrem Weg zur Küste durch die Namib und in den Atlantik. Im Mündungsverlauf lagerten sich die Diamanten in den Flußsanden ab, wurden teils weiter „verteilt", teils unter neuen Sedimentschichten begraben.

Namibia hatte nicht nur das Glück, so am geologischen Reichtum der Nachbarländer teilzuhaben, sondern erwischte zudem Steine von überaus großer Reinheit und Größe. Im Gegensatz zu vielen anderen Diamanten-Förderländern kann Namibia seine Steine fast ausschließlich als Schmucksteine verkaufen. Zu Beginn der 90er Jahre förderte CDM in den Diamanten-Sperrgebieten jährlich etwa 1 Million Karat.

Das Hauptabbaugebiet hat sich inzwischen von der Flußmündung am Oranje, wo auch die Retortenstadt Oranjemund aus dem Wüstensand gestampft wurde, entlang der Küste bis zu 100 km nach Norden verlagert, wo man in den mit Namib-Sanden überdeckten Küstenterrassen bis zu zwanzig Meter tief nach den Diamanten gräbt. Das Hauptaugenmerk der Fördergesellschaft ruht inzwischen auf der Prospektierung reicher Offshore-Vorkommen im Atlantik.

Bevor man an den Abbau der Diamanten-angereicherten alten Flußsande gehen kann, müssen zunächst die darauf lagernden Dünen abgetragen werden. Ein Teil des Sandes wird im Meer als Flutbarriere aufgeschüttet, um die Arbeiten im küstennahen Gebiet zu erleichtern. Dann werden die alten Flußterrassen angeschnitten, das Sedimentgestein abgetragen und zur Aufbereitungsanlage transportiert.

Sind diese Sedimentschichten entfernt, schlägt die Stunde der Hand-Arbeiter: Überall, wo das harte Grundgestein in Rissen, Aushöhlungen und Löchern diamanthaltige Reste der Flußsedimente enthält, rückt man ihm mit Bohrern, Schaufeln und Hämmern zu Leibe. Es ist knochenharte Arbeit im Steinbruch, die sich von der in Sträflingskolonien nur wenig unterscheidet. Die Arbeiter werden streng beaufsichtigt, um die Versuchung nicht übermächtig werden zu lassen, einen kleinen Diamanten für den Eigenbedarf abzuzweigen. Währenddessen wird in der Aufbereitungsanlage der Abfall, wie Sand und Kiesel, vom diamantenhaltigen Material getrennt. Im zweiten Arbeitsgang werden die schweren Mineralien, zu denen Diamanten gehören, ausgesondert. Dieses „Substrat" wandert dann in die zentrale Aufbereitungsanlage in Oranjemund, wo man letztlich die „Spreu vom Weizen" trennt. Danach werden die gewonnenen Diamanten nach Windhoek verfrachtet, wo sie unter strenger Kontrolle in dem weithin sichtbaren, grau verspiegelten CDM-Turm in der Stadtmitte nach Qualität und Größe sortiert und zum Schliff oder Verkauf nach Europa geschickt werden.

Die Preise für Diamanten in Namibia entsprechen den weltweit üblichen Marktpreisen. Auch wenn man sie hier findet, sind sie nicht billiger als z.B. an der Börse in London.

„…Die Technik der Diamanten-Gewinnung war im ersten Stadium höchst einfach: Die Diamanten wurden einfach aus dem Sand aufgelesen oder mit Schüttelsieben gefördert…"

Kolmanskop

- ▲ Kolmanskop – der letzte zog den Stöpsel raus …
- ▼ Hier müßte mal wieder gekehrt werden …

Lüderitz

Ankunft Auf schwarzglänzenden Felsen, etwas erhöht über dem Atlantischen Ozean gelegen, grüßen in Pastelltönen restaurierte Jugendstilvillen über den eisblauen Ozean – nach der trostlosen Wüstenfahrt ein erstaunlicher Anblick!

Die Bay Road führt hinunter in das kleine, belebte Stadtzentrum zwischen Bahnhof und dem Hafen, in dem auch die Hotels angesiedelt sind, und mündet schließlich in die Bismarck Street, der eigentlichen Achse von Lüderitz.

Westlich davon liegt am Atlantik das Nest Hotel, östlich beginnt die Hafenzone mit etwas Industrie. Als Fortsetzung der Bismarck Street überquert die Insel Street eine kleine Landenge zwischen Festland und der vorgelagerten Shark Island mit dem städtischen Campingplatz.

Man könnte sich Lüderitz überall in Deutschland vorstellen – an der Südwestküste Afrikas wirkt es ähnlich unpassend wie das in Route 2 beschriebene Schloß Duwisib. Auch daß der überwiegende Teil der Einwohner von Lüderitz schwarzer Hautfarbe ist, mag man angesichts des so homogen-deutschen ersten Eindrucks nicht glauben.

Von den Arbeitsmöglichkeiten bei CDM und später in der Fischerei angezogen, haben sich Menschen aus allen Teilen Namibias in Lüderitz – pardon, natürlich in den Vororten Nautilus und Benguela niedergelassen. In den Morgen- und Abendstunden wandern die in Decken und Mäntel gehüllten Gestalten durch den stürmisch-kalten Wind über trostlose, mit Müll übersäte Ebenen hinaus zu ihren Siedlungen oder hinein in das schmucke Städtchen. Übrigens stammt einer der begabtesten jungen Künstler Namibias, der Maler John Madisia, aus Lüderitz.

Historisches Im Jahre 1487, um Weihnachten herum, fährt der Portugiese Bartolomeu Diaz mit seiner kleinen Flotte von drei Karavellen in die Bucht des heutigen Lüderitz ein. Er sucht Schutz vor den Stürmen, die das Meer aufpeitschen. Da sich die Einfahrt schwierig gestaltet, gibt er ihr den Namen „Angra das Voltas" – Bucht der schwierigen Manöver. Er will den südlichsten Punkt Afrika erreichen. Nach seiner Rückkehr vom heutigen Kap der Guten Hoffnung, vermeintlich dem Ziel seiner Reise, wirft er im Juli des folgenden Jahres erneut den Anker in der Bucht, ändert nun aber ihren Namen in „Golfo de São Cristovão" und errichtet auf der heutigen Diaz-Spitze ein Steinkreuz (s.u.). Später änderte sich der Name noch einmal in „Angra Pequena".

Fast 200 Jahre später wollen die Holländer, von Südafrika aus, einen Handelspunkt aufzubauen, haben aber keinen Erfolg. Diverse Versuche europäischer Staaten und der Kapprovinz, sich während der folgenden zwei Jahrhunderte in der Bucht niederzulassen, scheitern ebenfalls.

Erst Mitte des 19. Jahrhunderts wird der Landstrich für den Handel interessant, da sich ein Weltmarkt für Guano-Dünger entwickelt. Guano entsteht aus Exkrementen von Seevögeln hauptsächlich an regenarmen Küsten und wurde ab 1840 (J. von Liebig stellte die Brauchbarkeit fest) als weltbester natürlicher Dünger (er ist stark stickstoff- und phosphorsäurehaltig) vornehmlich in Europa eingesetzt. Die Inseln vor der Küste sind sehr ergiebig. Deshalb annektieren die Engländer von ihrer Kapkolonie aus sämtliche vorgelagerten Inseln.

Am 1. Mai 1883 landet **Dr. Heinrich Vogelsang** als Abgesandter des

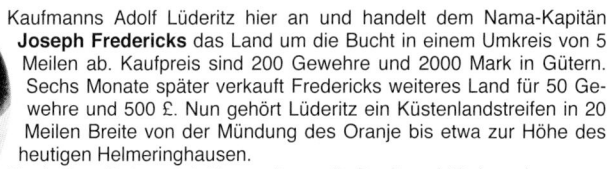

Kaufmanns Adolf Lüderitz hier an und handelt dem Nama-Kapitän **Joseph Fredericks** das Land um die Bucht in einem Umkreis von 5 Meilen ab. Kaufpreis sind 200 Gewehre und 2000 Mark in Gütern. Sechs Monate später verkauft Fredericks weiteres Land für 50 Gewehre und 500 £. Nun gehört Lüderitz ein Küstenlandstreifen in 20 Meilen Breite von der Mündung des Oranje bis etwa zur Höhe des heutigen Helmeringhausen.

Nach einer Reise nach Kapstadt, um die Besitzverhältnisse der vorgelagerten Inseln zu klären (die die Engländer aber nicht herausrücken), setzt Lüderitz am 11. Oktober 1883 das erste Mal den Fuß auf sein Land. Auf seiner Rückreise nach Deutschland im folgenden Winter empfängt ihn Reichskanzler Bismarck. Am 24. April 1884 schickt der Kanzler eine Depesche an den deutschen Konsul in Kapstadt:

„Nach Mitteilung des Herrn Lüderitz zweifelten die Kolonialbehörden, ob seine Erwerbungen nördlich des Oranje Anspruch auf deutschen Schutz haben. Sie wollen amtlich erklären, daß er und seine Niederlassungen unter dem Schutz des Deutschen Reiches stehen – gezeichnet Bismarck."

Der englischen Regierung wird der feste Wille des deutschen Reiches, die Gebiete zu schützen, durch die Abkommandierung dreier Kriegsschiffe klargemacht. Die Mannschaft des Kanonenbootes „Wolf" hißt im August 1884 in Sandwich Harbour, an der Mündung des Swakop und bei Cape Frio (nahe der Grenze zu Angola) die deutsche Fahne und stellt Grenzpfähle auf. Der Kapitän der Korvette „Elisabet" erklärt in Angra Pequena am 6. August 1884 nach Hissung der Flagge:

„Seine Majestät, der deutsche Kaiser Wilhelm I., König von Preußen, haben mir befohlen, mit Allerhöchstderen gedeckter Korvette „Elisabet" nach Angra Pequena zu fahren und das dem Herrn Lüderitz gehörige Territorium an der Westküste Afrikas unter den direkten Schutz seiner Majestät zu stellen. Das Territorium des Herrn Lüderitz wird nach den amtlichen Mitteilungen als sich erstreckend von den Nordufern des Oranje-Flusses bis zum 26. Grad Südbreite, 20 geographische Meilen landeinwärts angenommen, einschließlich der nach dem Völkerrecht dazugehörigen Inseln."

Das Deutsche Reich hatte Fuß gefaßt, und mit dieser Rückenstärkung begann Lüderitz immer mehr Gebiete bis tief ins Landesinnere zu erwerben und Expeditionen auszuschicken, die den Erzreichtum erkunden sollten. Wie in Lüderitzbucht – so hieß Lüderitz früher – sicherte man sich das Land durch Kaufverträge mit lokalen Häuptlingen.

Konflikte mit den Nama Doch schon bald gab es Unstimmigkeiten und Klagen: die Nama-Kapitäne fühlten sich übervorteilt, denn von einem Verkauf ihres Landes sei ihrer Ansicht nach nie die Rede gewesen. Zudem gingen Käufer wie Verkäufer von unterschiedlichen Größenordnungen aus. Fredericks, der erste Vertragspartner von Vogelsang, hatte angeblich keinesfalls 20 geographische Meilen (150 km), sondern 20 englische Meilen (32 km), das einzig ihm bekannte Entfernungsmaß, abgetreten – eine Wüstenei, an der er kaum Interesse hatte. Nun sollte Lüderitz plötzlich einen Teil seines Stammesgebietes besitzen! Hinzu kamen die verschiedenen Auslegungen über die Bedeutung der Kaufverträge. Nach Meinung Lüderitz' besaß er damit Land mit all den Implikationen, die dazugehören – er konnte darauf siedeln, von Durchreisenden Zoll erheben und Mißliebige davon verweisen. Nach Ansicht der Nama, die keinen Privatbesitz an Grund und Boden kannten, hatten die Weißen mit den Verträgen nur ein Duldungsrecht erhalten, daß jederzeit kündbar war. Der Konflikt war programmiert.

Auch der Handel entwickelte sich nicht so, wie man sich ihn vorgestellt hatte. Es gab zu wenig Abnehmer, die Investitionen und Verwaltungskosten waren viel zu hoch und der erhoffte Mineralienreichtum blieb aus, so daß Lüderitz die Hoheitsrechte schließlich an die Deutsche Kolonialgesellschaft für Südwestafrika veräußern mußte. Die ganze Zeit über „saß" Lüderitz geradezu auf Diamanten – nur gefunden und erkannt hat er sie nicht ...

Am 22. Oktober 1886 bestieg Lüderitz ein kleines Faltboot, um von der Mündung des Oranje auf dem Seeweg nach Angra Pequena zurückzukehren. Er wurde nie wieder gesehen.

Kriegshafen Die Deutsche Kolonialgesellschaft verlegte ihre Aktivitäten weiter nach Norden, mehr in die Siedlungsgebiete und in Gewinnzonen, in Gegenden also, wo Wasser nicht ein so großes Problem war wie an der staubtrockenen Küste. Um den Ort wurde es still. Erst im Jahr 1904 erfährt Lüderitzbucht wieder das Interesse des Schutzgebietes. Mannschaften, Waffen und Versorgungsgüter werden angelandet, es herrscht Krieg im Land. Vier Jahre später beginnt August Stauch mit der Organisation des Diamantenabbaus, und wieder fließt viel Geld in die Stadt, die am 1. November 1909 die Selbstverwaltungsrechte erhält.

■ Lüderitzbucht 1907

Der I. Weltkrieg bricht aus. In der Nacht zum 18. September 1914 fahren englische Kriegsschiffe in den Robert Harbour ein. Die Stadtverwaltung macht das einzig Richtige, sie erklärt Lüderitzbucht zur offenen Stadt, damit sollen Kämpfe und Plünderungen abgewendet werden. Letzteres ist nicht ganz von Erfolg gekrönt, aber die Bewohner können, nach einem knappen Jahr der Internierung in Südafrika, im Jahr 1915 wieder ihre Häuser beziehen.

Diamantenfieber 1919 übernimmt die CDM alle Diamantenfelder. Der Abbau wird einige Male eingestellt, dann aber doch wieder aufgenommen, wenn die Weltmarktpreise steigen. Industrie siedelt sich an, der Fischfang wird aufgenommen, und eine Werft entsteht. Während des II. Weltkrieges verlegt die CDM ihre Hauptaktivitäten zu den 1928 entdeckten, reicheren Diamantenfeldern an der Mündung des Oranje und zieht sich 1950 vollständig aus der Gegend zurück.

In den Folgejahren verlassen immer mehr Menschen Lüderitz. Es gibt kaum noch Arbeit. Einen weiteren Schlag erhält Lüderitz durch die Abtretung der südafrikanischen Enklave Walvis Bay an Namibia (1994). Der einzige natürliche Hafen Namibias und die damit verbundene Hoffnung auf Entwicklung in diesem Bereich wurde durch die Konkurrenz des leistungsfähigeren und schiffbareren Hafens zunichte gemacht. So bleibt Lüderitz die Erinnerung, der Tourismus und vielleicht die Möglichkeit, die Fischindustrie weiter auszubauen.

Spaziergang durch Lüderitz

Steifer Wind bläst aus Südwest, und abends kann es empfindlich kalt werden. Also warm anziehen oder zumindest eine Windjacke mitnehmen!

Museum

Beginnen wir beim **Museum** in der Diaz Street. Es ist nur nachmittags geöffnet (Öffnungszeiten Mo–Fr 16.30–18 Uhr, von März bis September eine Stunde früher, Sonderzeiten unter Tel. 063-202582/202532 verabreden) und kostet 3 N$ Eintritt. Es entstand aus einer privaten Sammlung, die 1960 der Stadtverwaltung vermacht wurde, und ist in einem Neubau gegenüber dem Bayview Hotel untergebracht. Die geschichtliche Entwicklung der Stadt wird mit Fotos und Erinnerungsstücken dokumentiert, in der archäologischen und völkerkundlichen Abteilung sind Waffen, Schmuck und auch ein Skelett ausgestellt. Ein Modell erklärt die Funktionsweise des Diamantenabbaus und Schauschränke zeigen Pflanzen der Gegend und allerlei Kriechgetier. Das Museum ist mit viel Liebe eingerichtet und geführt, eine Spende über den Eintrittspreis hinaus hilft, weiterhin zu existieren.

Gehen Sie nun Richtung Norden und biegen Sie an dem kleinen Platz mit Fontäne (die an den Wasseranschluß von Lüderitz an eine Quelle im Gebiet der Khoichab-Pfanne – 65 km nordöstlich in der Wüste – im Jahr 1968 erinnert) in die Bismarck Street nach Süden ein. Linkerhand ist das Gebäude der **Afrikabank**. Rechts kommen Sie am Büro der Lüderitzbucht Safaris & Tours vorbei (auch Souvenirladen). Dort werden die Besuche für Kolmanskop gebucht (15 N$ p.P.), Ausflüge in das Sperrgebiet und Angeltouren (s. „Ausflüge"). Gleich danach passiert man das Hotel „Zum Sperrgebiet".

Bahnhof

An der nächsten Ecke steht der alte **Bahnhof**, entworfen von Reichsbaumeister und Hafenamtsvorsteher in Swakopmund, Kurt Lohse. 1914 wurde der Bau der Öffentlichkeit übergeben. An der Kreuzung gegenüber liegt die Lüderitzbuchter Buchhandlung, ein Traditionsgeschäft.

Die Bismarck Street weiter geradeaus kommt rechterhand die Tourismusinformation (8.30–10 und 14–15 Uhr), und wenn man in die Bülow Street einbiegt zur Karakulweberei Lüderitz Carpets (sie spediert ihre Produkte auch nach Europa, so daß man einkaufen kann, ohne sich beim Rückflug mit dem Gewicht belasten zu müssen; Kreditkarten: MC, V). Durch einen Nebeneingang kommt man zu einem kleinen Souvenirladen, in dem Kaffee und Kuchen serviert werden.

Goerke Haus

Wieder rechts in die Diamantberg Street stößt man auf das **Goerke Haus**. Es wurde in den 80er Jahren renoviert und man kann es besichtigen (Führungen Mo–Fr 14 Uhr, Sa/So 16 Uhr, 5 N$ oder nach telefonischer Vereinbarung unter 063-202445). Es entstand als Wohnhaus für Hans Goerke, der 1909 seinen Dienst als Leutnant quittierte und Geschäftsführer bei der Emiliental-Diamantengesellschaft wurde.

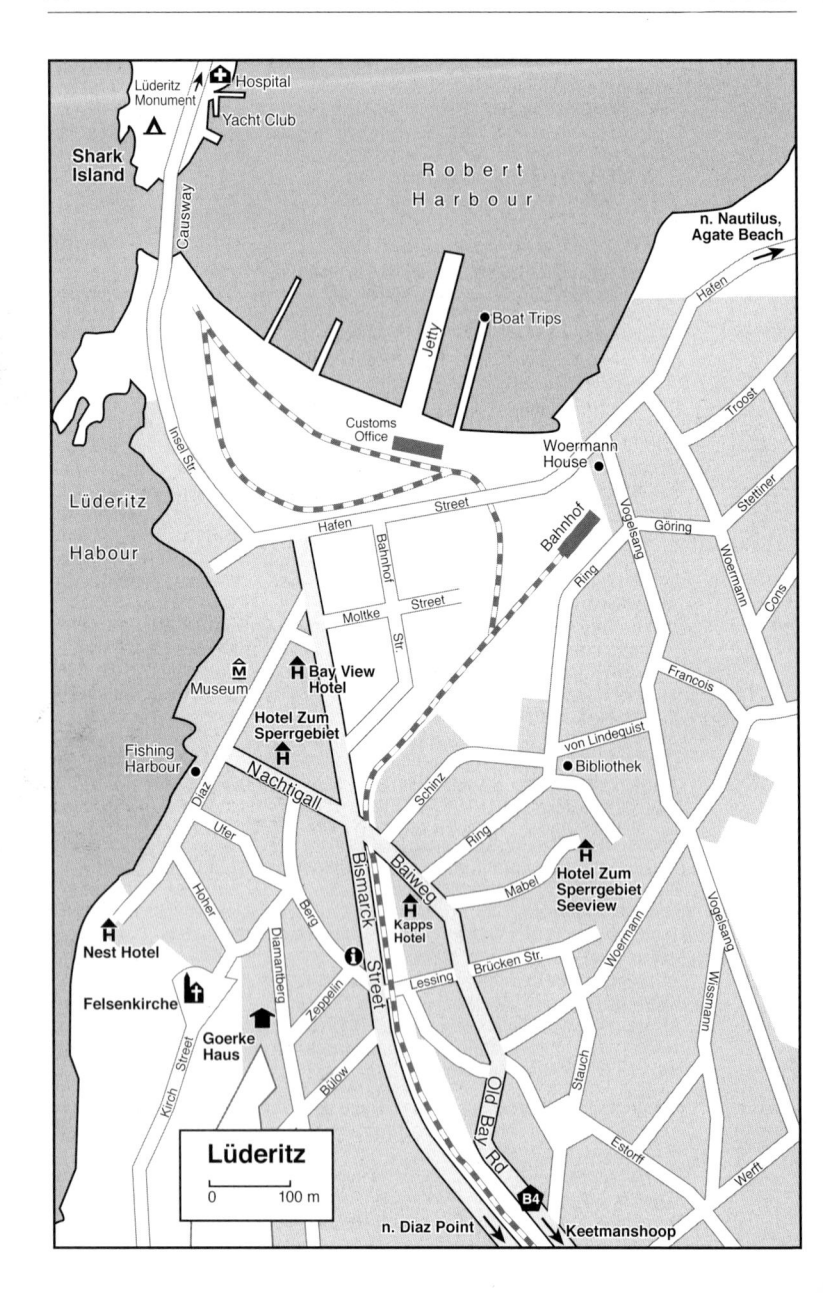

Lüderitz

Goerke Haus

Er bezog es 1910, verließ aber das Land schon 1912. 1920 kaufte die CDM das Haus und veräußerte es 1944, bei Verlegung der Administration nach Oranjemund, an den Staat. Es war dann Wohnung des Magistrats. Als Lüderitz die Verwaltungshoheit verlor, verfiel es und wurde schließlich für 10 Rand von der CDM zurückgekauft. Heute wird es zeitweise auch als VIP-Unterkunft für Geschäftsfreunde der CDM genutzt. Die Inneneinrichtung aus Eichenmöbeln ist nicht mehr original, versucht aber der ursprünglichen Einrichtung gerecht zu werden.

Der Lieblingsvogel des Jugendstils, der Flamingo, findet sich mehrfach auf den teilweise noch intakten alten Buntglasscheiben des Eingangs und Treppenbereichs, die romanischen Bögen des Treppenaufganges harmonieren mit der ägyptischen Lotussäule und einem griechisch-dorischen Säulenkopf, die Friese an den Wänden wurden restauriert, und ein Teil der Lampen sind ebenfalls noch Original.

Felsen- Folgen Sie die Diamantberg Street weiter und biegen Sie zur evangeli-
kirche schen **Felsenkirche** ab. Sie wurde dem Eisenacher Regulativ entsprechend entworfen (das Vorgaben für die Kirchenkonstruktion machte, so z.B. die Bevorzugung des gotischen Baustiles) und am 4. August 1912 eingeweiht. Sehenswert ist das große, in Buntglas ausgeführte dreiteilige Lanzettfenster (Besichtigung Mo–Sa um 18 Uhr, Sonderzeiten unter Tel. 2381 verabreden).

Gehen Sie nun den Berg wieder herunter, in die Hoher Street und zur Diaz Street. Nach links erreicht man das Nest Hotel.

Geht man rechts, erreicht man wieder seinen Ausgangspunkt, das Museum. Vorher sollte man aber noch in die Nachtigall Street rechts und in die Berg Street wieder rechts abbiegen. Man kommt in die „Altstadt" mit einem intakten Ensemble von Häusern aus der Kolonialzeit.

Shark Island Über die Bismarck, Hafen und Insel Street erreicht man **Shark Island,** die Haifischinsel. Hier befindet sich der häufig sturmumtoste Lüderitz-Zeltplatz (mit sauberen Sanitäreinrichtungen) und auf verschiedenen Niveaus angelegten Stellplätzen.

Am 18. 10. 1953 wurde auf der Haifischinsel dem Gründer der Stadt, Adolf Lüderitz, eine Bronzeplatte mit seinem Konterfei als Denkmal gesetzt (doch kein Denkmal erinnert in der Stadt an die vielen Opfer unter den Herero, die nach der Schlacht am Waterberg 1904 hierher verfrachtet und in ihrer notdürftigen Kleidung und mit mangelhafter Verpflegung und Ausrüstung dem ungewohnten Klima an der Küste überlassen wurden).

Biegt man vor dem Hafen nicht links zum Shark Island ab, sondern fährt auf der Hafenstraße nach rechts, passiert man das **Woermann-Haus** und die Rheinische Mission. Dann verläßt man die Stadt und erreicht nach ca. 6 km den Agate Beach.

Ausflüge

■ Agate Beach

15 min Fahrt mit dem Wagen, vorbei an den desolaten Häuschen und Hütten der ehemaligen und natürlich auch heute noch nur von Schwarzen bewohnten Siedlung Nautilus, wo Kinder zwischen angewehtem Seetang und Zivilisationsmüll spielen. Die Straße führt ein Stück durch das Hinterland und in einem Bogen um den Nautilus-Hügel herum ins Diamantensperrgebiet an den Agate Beach. Diese Grenzüberschreitung ist gelitten. Der flache, weit ins Meer hineinreichende Sandstrand liegt besonders in der Abendsonne sehr schön. Hier können Achate gesammelt werden, so man sie findet und erkennt. Feuerstellen künden von der Beliebtheit als Ausflugsort.

■ Halifax Island

Atlantic Adventure Toures bietet eine Bootstour auf dem Gaffelschoner „Sedina" zum Diaz Point und, wenn das Wetter es zuläßt, weiter zur Halifax Insel und ihren Pinguinen an. Die Tour dauert etwa 2-3 Stunden und kostet 100 N$ p.P. (bis zum Diaz Point 40 N$). Abfahrt ist im Haupthafen an der Beton-Yetty, Buchungen über Lüderitz Safaris and Tours und Atlantic Adventure Tours.

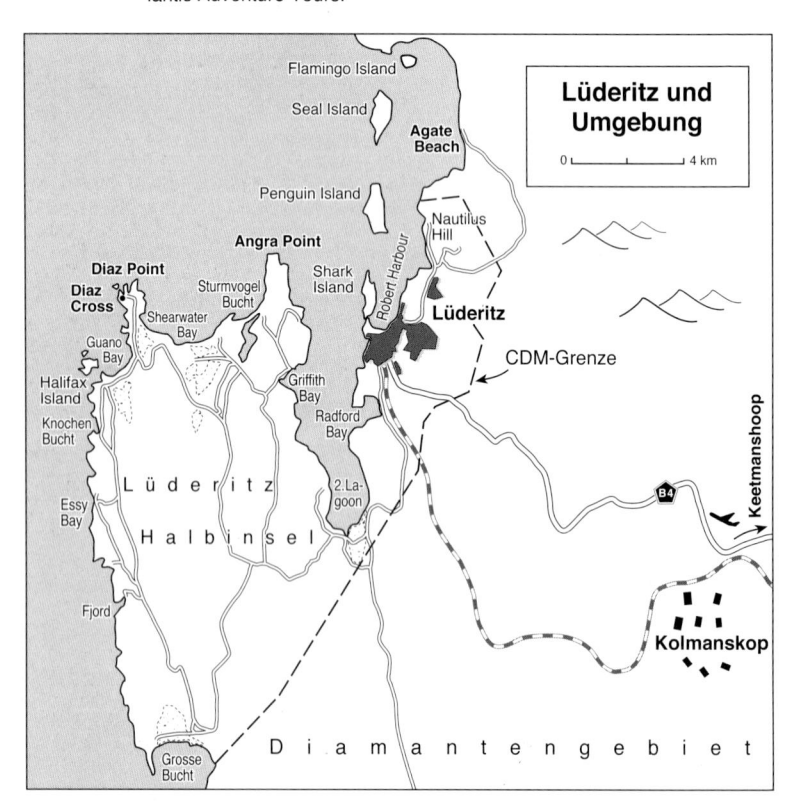

■ Diaz Point
(Rechnen Sie für den Ausflug ca. zwei Stunden, wenn Sie keine Abstecher machen). Dazu Lüderitz über die Bismarck Street verlassen, westlich der Bahngleise bleiben. Nach 22 km, an Lagunen und Bays entlang (mit der Möglichkeit, immer wieder Abstecher an die Küste zu machen) und an der Sturmvogelbucht vorbei erreichen Sie Diaz Point. Hier errichtete Bartolomeu Diaz sein Steinkreuz. Ein 1911/12 gebauter Holzsteig führt einen kleinen Felsvorsprung hinauf. Er wurde zur Wartung des Nebelhorns angelegt, das die Hafenadministration aufgestellt hatte – am mutmaßlichen Standort des Originalkreuzes, dessen Reste schon 1855 nach Capetown verbracht wurden und von dort teilweise nach Portugal gingen. Im Jahr 1929 wurde ein symbolisches Kreuz aufgestellt (aus Karibib-Marmor), das aber keinerlei Ähnlichkeit mit dem Original hat. Erst zu Beginn der 50er Jahre wurden noch einige Bruchstücke des Diaz-Kreuzes gefunden, und man begann mit der Rekonstruktion. Die Wissenschaftler streiten sich bis heute, wie das Kreuz denn nun genau ausgesehen haben könnte, aber man hat sich 1988, zur 500-Jahr-Feier der Ankunft von Diaz, wohl auf eine Form geeinigt, und da der Standort mehr oder weniger gesichert war, eine Replik aufgestellt.

■ Lüderitz-Halbinsel
Wenn Sie sich die Halbinsel genau ansehen wollen, sollten Sie vier bis fünf Stunden für den Ausflug kalkulieren. Verlassen Sie wieder Lüderitz auf dem Weg nach Diaz Point. Zuerst kommen Sie an einen der reine Badestrände von Lüderitz (der zweite ist Agate Beach). Die erste Bucht heißt Radford Bay, nach dem ersten weißen Siedler David Radford, der hier Haifischleber und Straußenfedern gegen Wasser tauschen mußte, um zu überleben. Hier kann eine Austernfarm besucht werden (nur nach tel. Voranmeldung unter 063-203305). Die zweite Bucht – Second Lagoon – ist den Flamingos vorbehalten. Der dritte Badestrand liegt in der Sturmvogelbucht, Standort einer 1914 errichteten, alten norwegischen Walfang-Station. Sie können ihn östlich oder westlich erreichen, da aber die östliche Route an der Griffith Bay vorbei eine Sackgasse ist, fahren Sie bei der Abzweigung besser geradeaus und nehmen die zweite Piste, die rechts abgeht. Am Strand ist ein Lagerplatz. Zwei Kilometer zurück und dann rechts bringt Sie der Weg zum Diaz Point. An der westlichen Seite der Halbinsel, etwa 8 km an Angel- und Picknickplätzen vorbei, kommen Sie zur Eberlanz-Höhle, 10 min Fußmarsch von der Straße weg. Schließlich erreichen Sie den vierten Badestrand in der Große Bucht. Es geht nun von dort etwa 15 km durch Mondlandschaft zurück nach Lüderitz.

■ Elizabeth Bay und Bogenfels
Diese Tour führt ca. 90 km in das Diamanten-Sperrgebiet nach Süden. Deshalb muß sie etwa ein Monat vorher angemeldet werden. 4 Tage vor Tourenbeginn benötigt der Veranstalter (Lüderitzbucht Safaris & Tours) die Paß-Nummern, um Sie bei der CDM zu avisieren. Das Reiseunternehmen fährt mit einem Land Rover. Mindestens vier Personen müssen eine Gruppe bilden. Es gibt eine Halbtagestour nach Elizabeth Bay und zu der dortigen Geisterstadt (60 N$ p.P.), eine weitere Halbtagestour nach Elizabeth Bay und weiter zur Atlas Bay und den dort siedelnden Robben (80 N$ p.P.) sowie eine Ganztagestour zum Bogenfels, einem dekorativ über dem Meer zum Bogen erodierten Felsen (350 N$ p.P.). Touren sind täglich möglich, außer am Wochenende.

Sandrosen-Sammeln

Im Tourismusbüro des Ministeriums für Umwelt und Tourismus (s.u. Informationen weiter unten) kann das Sammeln von Sandrosen beantragt werden. Unter der Aufsicht eines Angestellten hat man zwei Stunden Zeit, fündig zu werden (maximal 3 Stück oder 1,5 kg der „rosettenartigen Verwachsungen grobblättriger Gipskristalle").

Langustenfang

Wer sich sein Abendessen selbst fangen möchte und die Möglichkeit der Zubereitung hat, kann zwischen dem 1. November und dem 30. April und zwischen Sonnenauf- und Sonnenuntergang auf Langustenfang gehen. Maximal 5 Stück pro Person werden genehmigt (der Rückenpanzer muß mindestens 6,5 cm lang sein). Sperrzone ist zwischen Diaz Point und Agate Beach.

■ Aufgang zum Diaz-Point

■ Der Bogenfels südlich von Lüderitz

Adressen & Service Lüderitz

Unterkunft
Luxus
Seaview Zum Sperrgebiet Hotel, P.O. Box 373, Tel. 063-203411, Fax 063-203414, e-mail: michaels@namib.com, DZ 410 N$ inkl. Frühstück, Altes Haus 10 Zimmer (renoviert), neues Haus (mit Sicht über Lüderitz) 19 Zimmer und Schwimmbad/Sauna, deutsch
Nest Hotel, P.O. Box 690, Tel. 063-204000, Fax 063-204001, e-mail: nest@ldz.namib.com, DZ 450 N$ inkl. Frühstück, 140 Betten, Luxushotel direkt am Meer, Schwimmbad, deutsch

Touristenklasse
Kapps Hotel, P.O Box 100, Tel. 063-202345, Fax 063-202402, DZ 250 N$ p.P. inkl. Frühstück, 40 Betten, englisch
Zum Sperrgebiet Hotel, P.O. Box 373, Tel. 063-203411, Fax 063-203414, e-mail: michaels@namib.com, DZ 410 N$ inkl. Frühstück, Altes Haus 10 Zimmer (renoviert), neues Haus (mit Sicht über Lüderitz) 19 Zimmer und Schwimmbad/Sauna, deutsch
Bay View Hotel, P.O. Box 387, Tel. 063-202288, Fax 063-202402, DZ 320 N$ inkl. Frühstück, 60 Betten, Schwimmbad, englisch

Günstig
Backpacker's Lodge, 7 Schinz Street, Lüderitz, Tel. 063-202000, Fax 063-202445, Bett ab 35 N$

Bed and Breakfast
Haus Sandrose, P.O. Box 109, 15 Bismarck Street, Lüderitz, Tel. 063-202630, Fax 063-202365, DZ 150 N$
Haus Windeck, P.O. Box 576, Mabel Street, Lüderitz, Tel. 063-303370, Fax 063-203306, DZ 120 N$
Kratzplatz, P.O. Box 885, 5 Nachtigall Street, Lüderitz, Tel. 063-202458, Bett ab 75 N$
Zur Waterkant, P.O. Box 1055, Bremer Street, Lüderitz, Tel. 063-203145, Fax 063-202578, DZ 180 N$
Lüderitz Guesthouse, P.O. Box 97, Tel. 06331-3347, Fax 06331-3163, Lüderitz, DZ 175 N$ inkl. Frühstück

Camping
Lüderitz Zeltplatz, Lüderitz (Haifischinsel), Zeltplatz 60 N$ (8 Personen), Saubere Sanitäreinrichtungen, keine Einkaufsmöglichkeit, einige VIP-Bungalows (siehe Buchung), englisch

Restaurants
On the Rocks, bestes Restaurant am Platz, vorzügliche Fischküche, Bay Road; Tel. 063-203110.
Strand-Café, gutes und beliebtes Speiselokal, Lüderitz Rastlager; Tel. 063-202345.
Kapps Hotel, Restaurant in zu gemütlicher Atmosphäre, Bay Road; Tel. 06331-2701.
Nest Hotel, Seaview zum Sperrgebiet Hotel

Informationen
Tourism Office, Diaz Street, 8.30–10 und 14–15 Uhr
Ministry of Environment & Tourism, Tourism Office, Schinz Street, Lüderitz; Tel. 063-202752, Mo–Fr 7.30–13 und 14–16 Uhr

Reiseveranstalter
Lüderitzbucht Safaris & Tours, Bismarck Street, P.O. Box 76, Lüderitz; Tel. 063-202719, Fax 202863
Atlantic Adventure Tours, P.O. Box 305, Lüderitz Tel. 063-204030, Fax 202719

Einkaufen	Lüderitzbuchter Buchhandlung, Nachtigall Street, P.O. Box 363, Lüderitz; Tel. 063-202374. Fax 202374. Lüderitz Carpets, Fam. Rappenberg, 25 Bismarck Street, P.O. Box 283, Lüderitz; Tel. 063-202272
Unterhaltung	Bar im Hotel zum Sperrgebiet, Bismarck Street, P.O. Box 373, Lüderitz; Tel. 063-202856
Sonstiges	Stadtführungen: Wenden Sie sich an Lüderitzbucht Safaris & Tours (s.o.).
Medizinische Hilfe	Wenden Sie sich an das Hotel-Management
Clubs	Rotary Club: Treffpunkt ist Dienstag abends um 19 Uhr beim Yacht Club auf der Haifischinsel.

Die Felsenkirche in Lüderitz

Route 4a: Die Zentren der Farmer

Aus – Helmeringhausen

Km	Abzweig	Ort	Sehenswert	Übernachtung	GPS
Km 0 B4 Teer nach O	Lager Aus (s. Route 4)	Aus, T+V		s. Route 4	26 39 44 16 15 47
Km 4 C13 Piste nach N					26 39 39 16 18 16
Km 55	Namtib Lodge Km 0 D707 Piste Km 29 Km 45 Farmstr. Km 60			Neisip RL Gunsbewys Farm Namtib Lodge	26 15 02 16 35 05 26 09 04 16 22 46
Km 80	Sinclair Gf. Km 0 D407 Piste Km 52			 Sinclair Gf.	
Km 86		Helmeringhausen, T+V	s. Route 2	s. Route 2	25 53 26 16 49 24

In Aus haben Sie Anschluß an die Route 4. Verlassen Sie Aus für 4 km auf der B4 nach Osten und biegen Sie dann in die Piste C13 ein. Nach 51 km kommen Sie zur D707. Hier können Sie zur Namtib Lodge abbiegen. Sie passieren bei diesem Abstecher die Farm Gunsbewys. Der Besitzer, Dr. Gräbner, ist Biologe und kann Ihnen sehr viel über das Leben am Rand der Wüste erzählen. Auf dem Farmgelände ist es möglich, ein Buschcamp aufzuschlagen. Die Farm gilt nach dem Urteil vieler Kenner des Landes als besonders malerisch gelegen, da der Anfahrtsweg genau zwischen dem Gebirgsabfall des Hochlandes und den Namibdünen entlangführt. Die Formenwelt der Dünen und das Tier- und Pflanzenleben sind einmalig – Resultat einer Millionen Jahre langen Evolution: Schwarzkäfer, Dünengrillen, Eidechsen, der berühmte Palamatogecko und Goldmull, um nur einige zu benennen.

25 km weiter und 6 km vor Helmeringhausen erreichen Sie den Abzweig zur Sinclair Gästefarm. Interessierte können dort geologische Forschung betreiben und eine aufgelassene Kupfermine besuchen. In Helmeringhausen haben Sie Anschluß an die Route 2.

Namtib Lodge

Wer die menschenleere Gegend der Namib durchquert, wird froh sein, am Ende einer kleinen Schlucht auf die Namtib Lodge zu stoßen. Das Ehepaar Theile führt seit Jahrzehnten die Farm auch als Gastbetrieb und läßt, gespeist aus einem unglaublichen Geschichtenvorrat, die gemeinsamen Mahlzeiten zu einem kurzweiligen Erlebnis werden. Die Fahrten auf der nach ökologischen Gesichtspunkten unterhaltenen Farm sind ausgesprochen wissensvermittelnd. Herr Theile versucht den jeweilgen Wasservorräten angepasst eine Balance zwischen der Anzahl der Rinder, der Antilopen und der Schafe zu halten. In wasserreichen Jahren werden mehr Rinder gehalten, in wasserarmen, wird das Wild bevorzugt – und geht gar nichts mehr, werden die Schafe aufgestockt. Eine Überweidung findet nicht statt, und keine Trophäenjagd. Wild wird nur geschossen, soweit es zur Selbstversorgung nötig ist. Der Besuch der weltabgeschiedenen Farm zwischen den roten Dünen und den Felsen ist überaus empfehlenswert.

Route 5: Durch die Namib an den Atlantik

Kuiseb – Walvis Bay – Swakopmund

Km	Abzweig	Ort	Sehenswert	Übernachten	GPS
Km 0 C14 Piste n. N			Kuiseb		23 21 09 15 51 24
Km 11		Grenze Namib Naukluft Park			23 17 38 15 48 39
Km 13			Kuiseb Pass		
Km 15			Kuiseb-Brücke	Kuiseb Brücke Zeltplatz	23 18 12 15 46 25
Km 24	Kuiseb-Canyon Km 0 Km 6		Henno Martin Shelter		23 19 51 15 44 53
Km 29	Aruvlei Picknickplatz Km 0 Km 2		Aruvlei Picknickplatz		23 19 48 15 39 38 23 20 21 15 40 32
Km 35	Niedersachsen Gf. Km 0 D1998 Piste Km 30 D1982 Pi. Km 74			Niedersa. Gf.	23 18 42 15 35 58
Km 37	Gobabeb Km 0 Km 10 links				23 18 39 15 34 26 23 23 25 15 31 46
	Km 17 Km 25		Wendekreis d. Stbo. Zebrapfanne		23 30 45 15 30 17
	Km 35 Km 55		Ruinen Gorob-Mine Ruinen Hope-Mine		23 34 03 15 15 27
	Km 63 links Km 67		Homeb		23 38 01 15 10 36
	Km 68 zurück Km 69		Homeb	Homeb Zeltpl.	23 38 01 15 10 36
	Km 73 links				23 36 33 15 11 01
	Km 85 links Km 89 zurück	Gobabeb			23 33 33 15 02 29
	Km 93 geradeaus Km 126 links Km 130 zurück	Mirabib		Mirabib Zeltpl.	23 27 14 15 21 08
	Km 134 links Km 138 Km 164 C14	Einmündung in die C14	Wendekr. des Stbo.		23 18 39 15 34 26

Km	Abzweig	Ort	Sehenswert	Übernachten	GPS
Km 45		Kriess se Rus		Kriess se Rus Zeltplatz	23 18 30 15 29 08
Km 86		Einmündung D1982			23 06 51 15 09 44
Km 103		Abzweigung Gobabeb			23 03 13 15 00 22
Km 105		Vogelfederberg		Vogelfederberg Zeltpl.	23 03 06 14 59 24
Km 140		Grenze Namib Naukluft Park			
Km 141 C14 Teer					
Km 146			Düne 7		22 59 00 14 35 46
Km 155 B2 Teer		Walvis Bay	s. Walvis Bay weiter unten	s. Walvis Bay weiter unten	22 57 22 14 31 08
Km 165			Guano-Plattform		22 52 33 14 32 36
Km 169		Dolphin Bay	Schwimmbad	Dolphin Park Chalets	22 50 22 14 32 34
Km 172		Langstrand, T+V		Langstrand Zeltplatz Levo Guesth.	22 49 04 14 32 43
Km 175			Waterfront Express Restaurant		22 48 12 14 32 42
Km 189		Swakopmund, T+V	s. Swakopmund weiter unten	s. Swakopmund weit. u.	22 41 13 14 31 45

Ausgangspunkt

Start ist die Einmündung der C26 in die C14 im Nordosten des Namib-Naukluft Parks. Hier haben Sie Anschluß an die Route 1.
Im folgenden fahren Sie durch geschütztes Gebiet. **Nur mit einer Genehmigung** des Ministeriums für Umwelt und Tourismus (erhältlich im zentralen Reservierungsbüro und seinen Büros in Swakopmund und Walvis Bay, 8 N$ p.P.) dürfen Sie die Abstecher von der Hauptstraße unternehmen! Nehmen Sie also die Piste C14 nach Norden. Nach 11 km kündet ein Schild, daß Sie die Grenze des Namib-Naukluft Parks erreicht haben.

Namib-Teil des Namib-Naukluft Parks

Zum Kuiseb Canyon In weiten Kehren geht es nun durch graubraune Gebirgslandschaft über den Kuiseb Pass hinunter in das Tal des Riviers. Nur besonders trockenheitsresistente Pflanzen wie Kandelaber-Euphorbien, Balsambäume und Akaziengestrüpp können sich in dieser unfruchtbaren Region halten. Ab und zu lugt ein Erdmännchen aus seinem Loch, huscht die elegante Silhouette einer Antilope über das Gestein. Wer auch nur ein kleines Stück von der Hauptpad abfährt, stolpert geradezu über eigenartig geformte und gefärbte Steine. Der Kenner kann hier sicher so manchen reizvollen Mineralienfund machen.

Karte S. 311

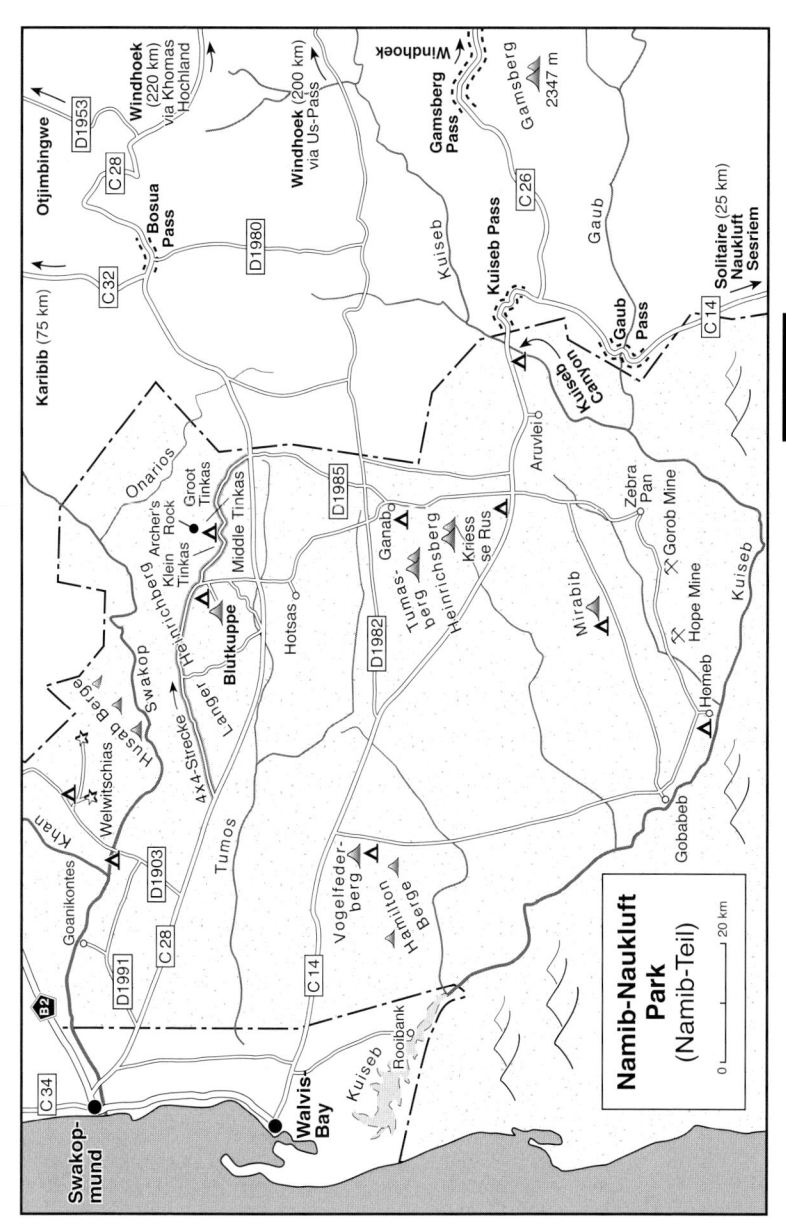

4 km nach dem Park-Grenzschild überquert man den Kuiseb auf einer Brücke. Unterhalb der Brücke ist ein Zeltplatz mit Toiletten (die Übernachtung muß – wie bei allen anderen Camps im Park – gebucht sein, siehe in der Liste der Unterkünfte!). Der malerisch gelegene Platz bietet sich auch zum Picknicken an. Allerdings stört nachts der hupende Lkw-Verkehr.

9 km weiter führt eine Piste (6 km) nach Süden zum **Kuiseb-Canyon** (Hinweisschild „Henno Martin Shelter", 15 Min. Fußweg zum Aussichtspunkt). Man kann in ihn hinabsteigen und sich ein wenig wie Henno Martin und Hermann Korn fühlen, die beiden deutschstämmigen Südwester, die hier Jahre versteckt verbrachten, um so dem II. Weltkrieg aus dem Weg zu gehen (was man wohl nur in einer Wüstenlandschaft machen kann).

Der Canyon hat sich erst in der Erdneuzeit gebildet; vor 1 Million Jahre wechselten sich feuchte und trockene Perioden ab, die regenreichen Zeiten gaben dem Kuiseb (wie auch dem Swakop und dem Kunene) die Erosionskraft, sich ihre tiefen Schluchten zu graben. Ursprünglich war das Tal wesentlich breiter, durch Ablagerungen angeschwemmten Flußgesteins aber verengte es sich immer mehr, andere Schichten legten sich darüber und heute ist das 15 Millionen Jahre alte, breite Tal nicht mehr zu erahnen.

Der Kuiseb selbst entspringt in den Bergen der Landesmitte und führt am Dünengürtel der Namib entlang. Jedes Jahr versandet er zusehends, schafft sich aber in der Regenzeit, wenn er gut abkommt, sein Bett neu, indem er den Sand fortreißt und bis südlich von Walvis Bay mit sich trägt. Dort geht ihm die Kraft aus, er versandet und fließt unterirdisch weiter. Der Wasserhaushalt von Walvis Bay und Swakopmund wird aus den Reservoirs des Kuiseb gespeist.

Flucht in die Wüste

Zweieinhalb Jahre harrten die beiden Geologen Henno Martin und Hermann Korn in diesem unwirtlich scheinenden Gebiet ganz alleine auf sich gestellt aus, wie die Raubtiere lebend, wie sie beschrieben. Anlaß zu ihrer „Flucht" war der Zweite Weltkrieg, durch den die in Namibia lebenden Deutschen ungewollt zum Kriegsgegner ihrer Mandatsmacht Südafrika wurden.

Die Internierung vieler deutschstämmiger Männer wurde beschlossen, um der Ausbreitung nationalsozialistischen Gedankengutes einen Riegel vorzuschieben, denn da man sich in Namibia der tatsächlichen Konsequenz dieser menschenverachtenden Ideologie nicht unbedingt bewußt war, fand sie viele Wohlgesonnene, die sich davon wieder den Anschluß der ehemaligen Kolonie an Deutschland und das Ende des Südafrika-Mandats erhofften.

Henno Martin und sein Gefährte waren sicher keine Anhänger des deutschnationalen Gedankens, aber sie verspürten wenig Lust, die nächsten Jahre in einem Internierungslager zu verbringen, deshalb beschlossen sie, ins „Wüsten-Exil" zu gehen. Ihre lesenswerte Geschichte erschien im Verlag der Namibia Wissenschaftliche Gesellschaft, Windhoek, 1970, und immer wieder müssen Neuauflagen gedruckt werden: Henno Martin: „Wenn es Krieg gibt, gehen wir in die Wüste". Ein Auszug:

> „Der Anblick unseres Wasserkolkes verschlug uns fast den Atem. Der Fischteich war nur noch eine schillernde Pfütze, auf der ein paar stinkende, von Fliegen bedeckte Karpfen trieben. Im Trinkwasserkolk war das Wasser so weit zurückgegangen, daß die Grenze, an

der der Schotter des Rivierbettes den Fels überlagerte, frei lag. Nur an einer Stelle sickerte noch ein Wasserfaden aus dem Schotter in das tiefere Felsbecken hinab; er war so dünn, daß wir dachten, er müsse jeden Augenblick reißen. Das war schlimmer, als wir erwartet hatten. Jeden Tag konnte der Wasserzufluß ganz aufhören. Ob es Sinn hatte, in der Nähe einen Brunnen im Kies zu graben? Würden wir etwa gezwungen sein, das Wasser aus einem größeren, weiter entfernten Kolk zu holen? Und wenn die auch austrockneten? Die dunklen Felswände begannen sich plötzlich gefährlich um uns zu türmen. Unheilvoll lastete die Sonne auf unseren Schultern. Wie oft wurde die Sonne nicht die Mutter des Lebens genannt! Hier in der Wüste war sie es wahrlich nicht."

5 km weiter vom Zeltplatz auf der C14 führt eine 2 km lange Piste zum Aussichtspunkt Aruvlei. Während Sie im Schatten der Akazien picknicken, können Sie den Blick über den Canyon genießen. Nach weiteren 8 km erreichen Sie eine Kreuzung.

ABSTECHER: NACH HOMEB Links führt der Abzweig zur Zebra Pan und nach Gobabeb, der Wüstenforschungsstation, die aber keine Besucher empfängt. Sie können eine Rundtour zu diesen Punkten durch die eintönige Geröllwüste machen (insgesamt ca. 160 km). Man kann aber auch von Gobabeb aus weiter nach Nordwesten fahren, man stößt dann beim markanten Vogelfederberg, ca. 60 km weiter westlich des Ausgangspunktes und nach ca. 160 km Fahrt insgesamt wieder auf die C14. Der Vogelfederberg ist einer jener typischen Granit-Inselberge, die die Erosion rund wie einen Kinderpopo abgeschliffen hat.

Zebra Pan ist eine Pumpstation zur Wasserversorgung der Zebras (sie kommen morgens und abends zur Tränke). Bei der **Gorob- und Hope-Mine** auf dem Weg nach Homeb gibt es außer Häuserruinen und einer Unmenge sorgfältig in Reih und Glied gelegter Bohrkerne, die nette Briefbeschwerer abgeben würden (dürfte man sie mitnehmen), nicht viel zu sehen. **Homeb** ist ein kleines Dorf aus Blechhütten mit einem dahinter liegenden Zeltplatz. Im Dorf leben Topnaar-Nama (s.S. 144). Die Betontische und -hocker des Camps sind teilweise umgestürzt, wenn es heiß ist, erfreut man sich aber am Schatten der hohen Bäume und leistet den Ziegen gerne Gesellschaft. Vogelkundler kommen hier voll auf ihre Kosten.

Kurz vor Gobabeb kann man über den Zeltplatz **Mirabib** (bis dahin ca. 33 km), der hübsch an einem Granitinselberg liegt, zu seinem Ausgangspunkt zurückfahren, oder wie erwähnt, in ca. 60 km direkt zum Vogelfederberg.

Gobabeb weist ungebetene Besucher schon weit vor dem Eingangstor mit eindrucksvollen Schildern darauf hin, daß es vollkommen sinnlos ist, um Einlaß zu bitten. Die Forschungsstation wurde in weitgehend unberührter Wüstenlandschaft eingerichtet, wo die ökologischen Systeme noch im ursprünglichen Gleichgewicht stehen. Die Ergebnisse der letzten Jahre haben ganz neue Erkenntnisse über das Leben in einer von vielen totgeglaubten Wüste gebracht. Nicht zuletzt hier wurde der Beweis für die ökologische Notwendigkeit geführt, gerade in den sensitiven Wüstengebieten die Touristenströme rigide zu kanalisieren.

Vogelfederberg – Walvis Bay

Der Vogelfederberg bietet alle Verwitterungsformen des Granits – Abschalung, Temperatursprünge und Wollsack-„Knäuel". An seinem Fuß haben Spuren von Feuchtigkeit für ein etwas üppigeres Wachstum und so für Nahrung für Wild und Vögel gesorgt. Die vorkommenden Tierarten – Steppenzebras, Strauße, Oryx-Antilopen und die allgegenwärtigen Springböcke – lassen sich auf den beiden erwähnten Abstecher-Touren allerdings nur zu bestimmten Tageszeiten blicken. Am Vogelfederberg gibt es mehrere Campmöglichkeiten (aber etwas nahe der Piste).

35 km hinter dem Vogelfederberg verläßt man die Pistenstrecke durch die Namib-Wüste wieder. Die C14 ist nun geteert, und 5 km weiter kann man zur **Düne 7** abbiegen, der höchste Sandberg der Gegend.

4 km weiter und 5 km vor Walvis Bay ist rechts eine Hinweistafel auf die Reste der Schienen einer kleinen Schmalspurbahn, die um die Jahrhundertwende gebaut wurde. Da die Lokomotive erst 1899 anlandete, lies man bis dahin die Waggons von Mulis ziehen. Der Fahrbetrieb wurde 1905 endgültig eingestellt, da die Dünen unwiderruflich die Schienen versperrt hatten. Die Lokomotive mit dem Namen „Hope" steht vor dem Bahnhof von Walvis Bay.

Walvis Bay

Ankunft Sie erreichen einen Kreisel (Diaz Circle), hier geradeaus weiterfahren. Nun sind Sie schon mitten in Walvis Bay. Die Stadt ist einheitlich geplant und hat einen klar gegliederten Gitter-Grundriß mit rechtwinkelig zueinander verlaufenden Straßen, die mit Nummern benannt sind. Zur Küste hin verlaufende Straßen heißen „Road", parallel zur Küste liegende „Street".

Die drittgrößte Stadt Namibias hat etwa 30.000 Einwohner, die Hälfte schwarz, die Hälfte farbig und weiß. Das östlich des Kreisels liegende Viertel Narraville galt traditionell als Stadtteil der farbigen Bevölkerung, der nördlich liegende Stadtteil Kuisebmond als Wohnviertel der schwarzen Bewohner.

Die Stadt vermittelt neben Windhoek als einzige einen gewissen Großstadtflair, auf den Straßen ist Betrieb, man hat den Eindruck, die Geschäfte laufen. Seit der Abgabe der Enklave von Südafrika an Namibia hat sich die Wirtschaft der Hafenstadt sicherlich auch positiv entwickelt.

Infos: Fahren Sie zum imposanten Civic Center mit der öffentlichen Bibliothek und einem Museum. Im Museum sind unter anderem prähistorische Funde (z.B. ein Hockgrab) ausgestellt. Die hilfsbereiten Mitarbeiter der Informationsstelle im Parterre des Hauptgebäudes statten Sie mit Material über die Stadt und das Umland aus.

Geschichte Auf seinem Weg nach Südafrika (und an Lüderitzbucht vorbei) ankerte der Portugiese Diaz am 8. Dezember 1487 auch vor dem heutigen Walvis Bay und gab der Bucht den Namen „Golfo de Santa Maria da Conceição". Im 17. Jahrhundert kamen die Walfänger an diese Küste, die nun „Golfo de Baleia" hieß – Bucht der Wale. Der Benguela-Strom sorgte für Fisch- und Planktonreichtum und damit für beste Lebensbedingungen für die riesigen Säugetiere.

Beim Wettrennen zwischen Holländern und Engländern um Einfluß an der Südküste Afrikas gewannen letztere, und ab 1795 wurde die Gegend endgültig der Machtsphäre der Engländer zugerechnet.

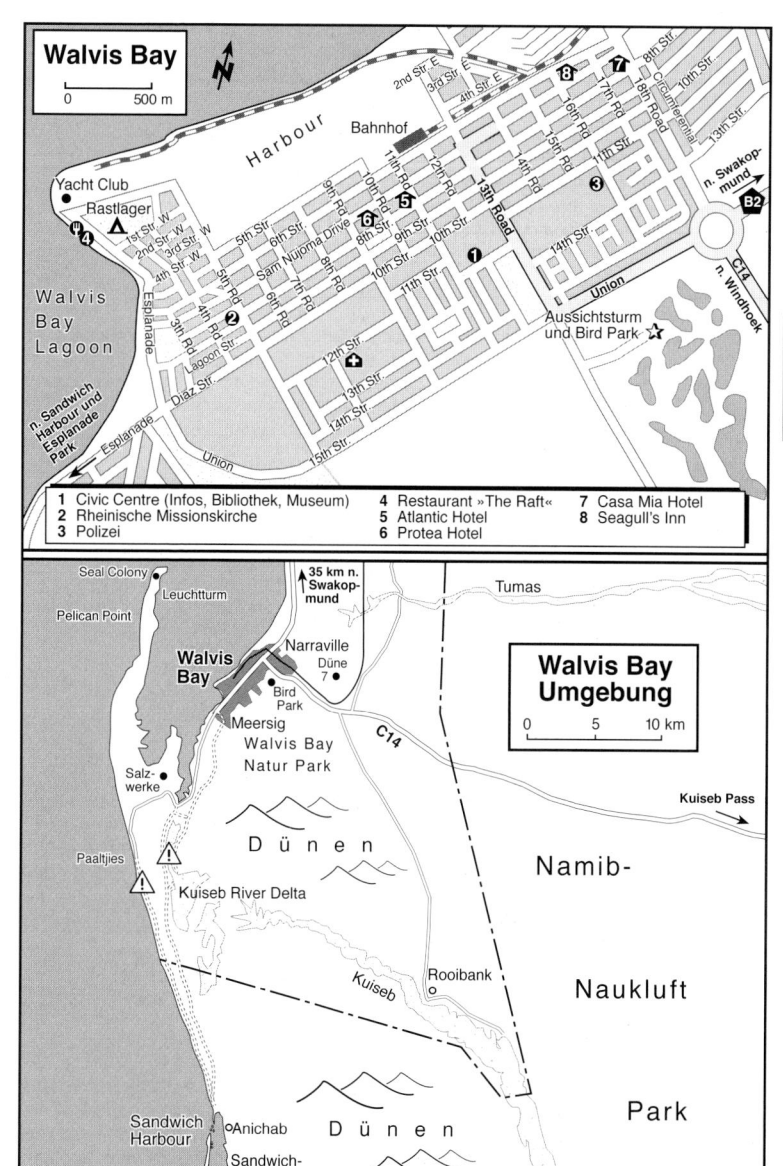

Karte S. 315 — Walvis Bay — **315**

Walvis Bay

0 — 500 m

- **1** Civic Centre (Infos, Bibliothek, Museum)
- **2** Rheinische Missionskirche
- **3** Polizei
- **4** Restaurant »The Raft«
- **5** Atlantic Hotel
- **6** Protea Hotel
- **7** Casa Mia Hotel
- **8** Seagull's Inn

Walvis Bay Umgebung

0 — 5 — 10 km

ROUTE 5

Damit hatte Großbritannien einen natürlichen Hafen, den seine Schiffe auf dem Weg zum und um das Kap der Guten Hoffnung herum anlaufen konnten. Da sich die Verwaltung von London aus schwierig gestaltete, gab die britische Regierung 1884 die Anweisung, Walvis Bay der Kapkolonie einzuverleiben und von dort aus zu administrieren. Damit war die bis 1994 gültige Verbindung von Südafrika und seiner Exklave festgeschrieben.

Einer der ersten Europäer in dieser Gegend war Heinrich Scheppmann von der Rheinischen Mission, der 1845 bei Rooibank am Kuiseb seine Arbeit mit den Topnaar-Nama begann. Dieser Aktivität verdankt Walvis Bay das einzige Gebäude geschichtlichen Wertes aus dem letzten Jahrhundert, nämlich die Rheinische Missionskirche, die in den 60er Jahren dem Hafen weichen mußte und an ihren heutigen Platz versetzt wurde.

Spazierfahrt Walvis Bay gleicht einem Schachbrett mit modernen, flachen Bungalows auf den von Roads und Streets umrahmten Karrees. Neben der Lokomotive vor dem Bahnhof am Ende der 11th Road gibt es noch zwei weitere touristisch interessante Punkte im Stadtgebiet: Der eine ist die **Rheinische Missionskirche.** Sie steht in der 5th Road in Höhe der 8th Street, im schönsten Teil der Stadt und wurde in Hamburg als Fertigteilgebäude aus Holz 1879 hergestellt, zerlegt nach Walvis Bay gebracht und 1880 dort aufgebaut. Gegen Holzfäule wurde die Außenseite verkleidet.

Walvis Bay ist auch für seine zigtausend Vögel berühmt, und die zweite Attraktion bildet die **Esplanade** (Verlängerung der Diaz Street nach Süden), die an der Lagune entlangläuft. In der Lagune stehen, sitzen und fliegen verschiedene Möwen, Seetauben, Flamingos und Pelikane (insgesamt 31 Vogelarten), und in den Gärten der Häuser und Villen, die an der Lagune aufgereiht sind, ragen Etagenbäume mit ihren streng geometrischen Silhouetten in den stahlblauen Himmel. Hier ist die Spazierfahrt schon zu Ende, steigen Sie aus und flanieren Sie die 5 km lange Promenade entlang.

Zum Mittagsmahl fahren Sie zur 12th Road die 10th Street hinunter. Die Bäckerei Probst mit Restaurant gilt als eines der besten Speiselokale, dort holen sich die Schüler ihr Pausebrot, die Geschäftsleute verhandeln und die wenigen Touristen sitzen auf der Veranda, blinzeln in die Sonne und entspannen sich.

Ausflüge ■ **Salzgewinnungswerke**
Die Esplanade entlang und 5 km über sie hinaus kommen Sie zu den Salzgewinnungswerken (Salt Works, fragen Sie dort nach, ob eine Besichtigung möglich ist).

■ **Bird Park**
Die 13th Road, 300 m über die Union Street hinaus, führt links eine kleine Piste auf 1 km zu einem See, der aus den gereinigten Abwässern der Stadt gespeist wird. Vom Aussichtsturm können Vögel in einer Sumpflandschaft beobachtet werden.

■ **Paaltjes**
12 km südwestlich zum offenen Atlantik hin über die Salzwerke hinaus und an den Salzpfannen vorbei ist der angeblich beste Fischgrund der Gegend. Entsprechend gestaltet sich am Wochenende der Zulauf der Einheimischen, die das Abendessen in die Pfanne holen. Die „Angelmeile" besteht aus vier ausgewiesenen Stellen, wobei nur die erste mit einem normalen Pkw erreichbar ist.

■ Rooibank Nature Trail

Die Gesamtstrecke beträgt 80 km und ist mit normalem Pkw machbar. Ungefähr drei Stunden sollten einkalkuliert werden. Verlassen Sie die Stadt auf der C14 entlang der Sicheldünen (Barchanen) und biegen Sie nach 7 km in die Piste nach Süden Richtung Rooibank ein. Der Abbau des gipshaltigen Bodens, der sich vorzüglich für den Straßenbau eignete, hat hier tiefe Wunden in der Wüste hinterlassen.

Nach 9 km beginnt bei der Funkstation der Walvis Bay Nature Park. Links der Straße wirkt der Boden dunkler, da hier Flechten, die Mikroorganismen der Wüste (Algen und Pilze), die Oberfläche überzogen haben. Die Pilze haben sozusagen die Aufgabe des Skeletts übernommen, während die Algen sich um die Fotosynthese kümmern. Die Farbpalette reicht von schwarz über grau und braun bis orange, bei ausreichend Feuchtigkeitszufuhr blühen die Flechten in strahlenden Farben auf. Die notwendige Feuchtigkeit wird der nebligen Luft entnommen (s.S. 106). Deshalb sind die westwärts zur See gerichteten, höher liegenden Bereiche stärker bewachsen.

Rooibank erhielt seinen Namen wegen des roten Granits, der aus dem Wüstenboden ragt. Der Kuiseb trennt das Sandmeer der Dünen gegen die Geröllflächen des Nordens ab. Rivieraufwärts stehen hohe Bäume, abwärts niedrige Pflanzen. Einige Vegetationstypen sind mit Tafeln gekennzeichnet. Hier wächst auch die Nara-Frucht. Mit einem 4x4 kann man 3 km flußaufwärts Scheppmansdorp erreichen, den früheren Standort der Rheinischen Mission.

■ Sandwich Harbour

Walfänger, sogar auch Piraten, sollen dort, 40 km südlich Walvis Bay, vor Anker gegangen sein, da es einer der wenigen Orte dieses Küstenstriches mit Frischwasser war (die Quelle entspringt bei der Naturschutzhütte).

Anichab bedeutet in Nama „Quellwasser". 1890 wurde hier eine Fabrik zur Fleischverarbeitung errichtet. Die Rinder trieb man durch die Wüste aus dem Landesinneren her. Fünf Jahre später versandete die Mündung, und die Fabrik wurde aufgegeben.

1910 wurde – bis in die 50er Jahre – der Guano-Abbau in Angriff genommen. Um die Abbauflächen zu vergrößern, begann man damit, dem Meer Land abzugewinnen, was immer wieder zur Versandung der Mündung führte. Schließlich wurde Sandwich Harbour Teil des Namib-Naukluft-Naturschutzgebietes und als Brutstätte für Vögel, die in der Süßwasserlagune lebten, streng geschützt. 1995 holte sich das Meer die Lagune, und die Vögel sind, bis auf Möwen und Pelikane, verschwunden.

Die Anfahrt gestaltet sich inzwischen so extrem, daß auch die Safari-Unternehmen von einem Besuch Abstand genommen haben!

Das Meer reicht auf großen Strecken direkt an die Dünen heran. Extrem weicher Sand, unter dem sich teilweise Salzglibber verbirgt und die Notwendigkeit, mit einer Gezeitentabelle zu arbeiten, haben mehrfach dazu geführt, daß Touristenwagen abgesoffen sind, weil die steckengebliebenen Fahrzeuge nicht während der Ebbe befreit werden konnten.

Adressen & Service Walvis Bay

Unterkunft	**Touristenklasse** Casa Mia Hotel The Courtyard The Langholm Hotel Garni Mermaid Hotel Protea Lodge **Günstig** Dolphin Park Chalets Lagoon Chalets Levo Guesthouse **Bed and Breakfast** Desert Waters Seagull's Inn Spawning Ground
Camping	Langstrand Zeltplatz
Restaurants	Die drei erstgenannten Restaurants genießen den besten Ruf: The Raft, vorzüglicher Speiseplatz, The Esplanade; Tel. 064-204877. Bäckerei und Restaurant Probst, Traditionstreff, 9th Street; Tel. 064-202744. La Lainya's, Elegantes Speiserestaurant, 7th Street; Tel. 064-202574. Restaurant im Atlantic Hotel, 7th Street; Tel. 064-202811. Restaurant im Casa Mia Hotel, 7th Street; Tel. 064-205975. Steakhouse 9th Street, Tel. 064-205490. Steve's Takeaway & Restaurant, 9th Street; Tel. 064-205384. Waldorf Restaurant, 10th Road; Tel. 064-205744. Kentucky Fried Chicken, 7th Street; Tel. 064-206703. Empfehlungen außerhalb von Walvis Bay: Waterfront Express, Restaurant in umgebauten Eisenbahnwaggons. Die B2 24 km in Richtung Swakopmund. Täglich ab 18 Uhr, Reservierung vonnöten; Tel. 064-207009. The Lion's Den, Langstrand, die B2 21 km in Richtung Swakopmund. Di–Sa ab 19 Uhr, Sa–So 12–13.45 Uhr. Reservierung vonnöten; Tel. 064-203820
Unterhaltung	Diskothek im Plaza Cinema, 10th Street, Tel. 064-204027 Nachtclub Le Palace, Narraville, Albatros Street, Tel. 064-202053 Harley's Pub, Grand Avenue, Tel. 064-206642
Informationen	Tourism Information, Frau von Jaarsveld/Herr Kruger, Civic Center, 13th Road/10th Street, P.O. Box 5017, Walvis Bay; Tel. 064-207517, Fax 204528
Reiseveranstalter	Bootsausflüge: Mola Mola Safaris, P.O. Box 980, Walvis Bay, Tel. 064-205511, Fax 064-207593, e-mail: molamola@iwwn.com.na Afri Fishing + Safari, P.O. Box 2156, Walvis Bay, Tel. 064-209449, Fax 064-209440. Levo Guesthouse; er unternimmt wunderschöne Schiffstouren auf dem Meer vor Walvis Bay (s. Kasten); P.O. Box 1860, Langstrand, Walvis Bay, Tel. 064-207555 oder 081-1247825, Fax 064-207555. Jeanne Meintjes organisiert Kayak-Touren in der Lagune von Walvis Bay

mit unterschiedlicher Dauer (halb- und ganztägig). Man kann Vögel beobachten, fährt zum Pelican Point und zu Austernfarmen. Jeanne stellt auch Touren nach Vorstellungen der Gäste zusammen. Eco Marine Kayak Tours, P.O. Box 225, Walvis Bay, Tel. 064-203144, Fax 064-203144, e-mail: jeannem@iafrica.com.na.

Yachtclub	The Esplanade; Tel. 064-203676
Schwimmbad	Öffentliches Schwimmbad neben dem Yachtclub. Öffnungszeiten 10–18.30 Uhr, 5 N$ p.P. (Kinder 2 N$)
Golfclub	Walvis Bay Golf Club, P.O. Box 835, Walvis Bay; Tel. 064-206506
Bibliothek	Civic Center, 13th Road/10th Street
Museum	Walvis Bay Museum, Civic Center, 13th Road/10th Street, Tel. 064-2013111
Medizinische Hilfe	Hospital; Tel. 064-203441
Sonstiges	Segeln, Surfen und Tennis über den Yachtclub (s. oben)

■ Restaurant „The Raft"

Walvis Bay – Swakopmund

Verlassen Sie Walvis Bay am Kreisel auf der B2 nach Norden. Sie fahren auf Asphalt an der Küste entlang. Nach 10 km kommt eine große, ins Meer gebaute Guano-Plattform und 4 km weiter Dolphin Bay, eine Feriensiedlung mit voll eingerichteten Chalets und einer Schwimmbadlandschaft direkt am Strand. Tagesbesucher zahlen 5 N$ (Kinder 2 N$), Öffnungszeit ist 9–18 Uhr.

Nach 3 km erreicht man Langstrand, ebenfalls ein Ferienzentrum. Von der Stadt Walvis Bay wird der große Zeltplatz betrieben. Ein gutes Restaurant ist beliebtes Ausflugsziel am Wochenende, Kinder finden einen Abenteuerspielplatz.

Nochmal 3 km weiter stehen ausgediente und wieder restaurierte Eisenbahnwaggons an der Küste, sie wurden zu einem Restaurant umfunktioniert.

Die Brücke über den Swakop überquert man nach 13 km. Jetzt ist es nur noch 1 km, und Swakopmund ist erreicht. Hier haben Sie Anschluß an die Routen 5 und 8c.

Swakopmund

Ankunft Über die die Mündung des Swakop überspannende Brücke erreichen Sie Swakopmund und gelangen auf die Breite Street, die mitten im Zentrum auf die Kaiser Wilhelm Street stößt. Wenn sich der Nebel am Morgen gelichtet hat, blitzt die Stadt im Sonnenschein und die Einheimischen und die Touristen flanieren auf den Straßen oder sitzen auf den Terassen der Cafés. Dann strahlt das Leben eine Leichtigkeit aus, und Urlaubsstimmung kommt auf. Hat sich der Nebel nicht gelichtet, bleibt alles in traurigem Zwielicht und der Reisende mag das Hotel garnicht verlassen.

Geschichte 1884 wurde Südwestafrika deutsches Protektorat. Ein Hafen wurde benötigt, um Waren ins Land zu bringen und die natürlichen Ressourcen ins Heimatland transportieren zu können (diese Form des „Warenaustausches" sollte immer „hehrstes Ziel" einer Kolonie sein).

Es gab nur zwei Buchten an der Küste, die sich eigneten: Walvis Bay – leider britisch – und Angra Pequena, die Bucht vor dem heutigen Lüderitz. Angra Pequena lag zu weit im Süden und wurde vom Landesinneren auch noch durch einen Dünengürtel abgetrennt, dem die damalige Transporttechnik nur unter größten Schwierigkeiten gewachsen war. Außerdem war die Anlandung dort durch die Untiefen sehr schwierig.

■ Swakopmund in den ersten Jahren

Nach längerer Suche die Küste auf und ab entschied man sich schließlich für einen Fleck gleich nördlich der Mündung des Swakop-Flusses – es gab Wasser und keine Behinderung durch Sandberge (da der Swakop, wenn er in der Regenzeit fließt, Dünenanlagerungen wegwäscht, und der Wind, der das Swakop-Tal entlang bläst, seinen Teil beiträgt). Das Kanonenboot „Hyäne" der Kaiserlichen Marine setzte am Landungspunkt Baken, Swakopmund war geboren, es war der 4. August 1892. Ein Jahr später brachte die „Marie Woermann" 120 Schutztruppler und 40 Siedler aus Deutschland per Brandungsboot an Land.

Die ersten Jahre Viel fanden sie nicht vor. Einige Baracken, einige Lagerhäuser, keine Unterkunftsmöglichkeit, obwohl man über Wochen warten mußte, bis sich eine Möglichkeit zur Weiterreise ergab. Und die war dazu noch unsicher, gestört durch die Überfälle Hendrik Witboois. Aber der Schiffsverkehr wurde reger. 1894 kamen vier Schiffe, 1895 fünf Dampfer und 1896 errichtete die Woermann-Linie einen zweimonatlichen Afrika-Dienst. Die Anlandung mit dem Brandungsboot blieb Swakopmund aber erhalten. (In Liberia wurden von jedem Dampfer der Woermann-Linie „Kruboys" – Männer des Kru-Stammes – auf- und mit nach Swakopmund genommen.

Hier halfen sie nicht nur bei der Entladung, sie waren wichtigster Bestandteil derselben. Sie kannten die Brandung von ihrer eigenen Küste und waren mit den Wellen vertraut. Ohne sie wären die Frachtraten, die jetzt den Hafen erreichten, nicht möglich gewesen. Die Kruboys fuhren mit dem gleichen Dampfer wieder in ihre Heimat zurück.)

1899 wurde schließlich der Bau der Mole in Angriff genommen. Nach vier Jahren und 2,5 Millionen Mark weniger war die 375 Meter lange Pier fertig – und nach weiteren zwei Jahren versandet. Künftig sollten die Landungsbrücken aus Holz sein, nicht für die Ewigkeit gebaut, aber nutzbar. Kurz vor Beginn des I. Weltkrieges wurde dann noch mit dem Bau einer eisernen Landungsbrücke begonnen, die aber nie ihre Vollendung fand. Der Traum Swakopmunds, als Hafen Bestand zu haben, war zu Ende.

Bay-Weg

Allerdings waren damit die Grundlagen geschaffen worden, auch künftig als Stadt zu existieren. Durch seine Funktion als Tor ins Landesinnere wurden die Wege dorthin ausgebaut. Die Ochsenkarren nahmen von Swakopmund aus den traditionellen Bay-Weg, und die bald danach gebaute Eisenbahn verband die Stadt über Otjiwarongo mit dem Norden und über Windhoek mit dem Süden.

Es siedelten sich Händler an, Handwerker und Verwaltungsbeamte. Fertighäuser aus Deutschland fanden ihren Weg nach Südwest, und 1899 schließlich begann man mit Steinen zu bauen, der Ruch des Provisorischen wurde abgestreift.

1907 war Swakopmund mit ca. 1700 weißen Einwohnern die größte weiße Ansiedelung in den deutschen Kolonien, es gab 18 Hotels, Banken, Wirtschaften, Clubs, Kultur, Industrie und Handwerksbetriebe.

Dann kam der Krieg. Am 14. und 24. 9. 1914 beschoß je ein englisches Kriegsschiff die Stadt. Am 25. 9. begann die Evakuierung, Mitte Januar des neuen Jahres marschierten schließlich südafrikanisch-britische Truppen ein. Nach der Kapitulation der Schutztruppen, die die Südafrikaner durchaus ehrenvoll gestalteten, kehrte man schließlich im August 1915 nach Hause zurück.

Höhen und Tiefen

Walvis Bay war der neue Hafen, Deutsch-Südwest gehörte nun zum Zollgebiet Südafrikas, der Handel lag darnieder, man hatte kaum etwas mehr. Die schwarze Bevölkerung war noch ärmer dran, Hungersnöte in ihren Heimatgebieten, keine Arbeit, kein Land und, bis auf einige wenige Missionare, keiner, der sich darum scherte. Sie wurde schließlich von der Militärverwaltung angewiesen, sich im Norden der Stadt niederzulassen.

Swakopmund träumte von einer lichteren Zukunft – annähernd 10 Jahre lang. Und sie kam. Die Stadt wurde zum bevorzugten Ferien- und Standort diverser Internate und Schulen. Hotels wurden gebaut, Zeltlager eingerichtet, um den alljährlichen Ansturm Badewilliger abzufangen.

Der zweite große Krieg tangierte Swakopmund nicht sonderlich, die Leute wollten weiterhin der Hitze des Landesinnern entgehen. Swakopmund blieb Ferienziel bis heute. Es wurde und wird gebaut, in den sechziger Jahren die beiden Vororte Mondesa und Tamariska, ersterer für die schwarze Bevölkerung aus dem Viertel „Alte Werft" (noch entstanden in der Zeit des I. Weltkrieges), letzterer für die farbige Bevölkerung.

In den Siebzigern baute die Rössing-Mine das ehemalige Feriendorf Vineta zu einem Stadtviertel aus, in dem nun die „white collars" der Firma leben (die einfacheren Arbeiter haben ihre eigene Kunststadt Arandis, ca. 60 km außerhalb, in der Nähe ihrer Arbeitsstätte im Landesinneren). Swakopmund hat etwa 23.000 Einwohner und es ist schwierig, hier während der Ferienzeiten ein Bett zu ergattern, gar einen Stellplatz für sein Zelt zu finden. Die Restaurants sind voll, auf der Promenade ist viel Betrieb, Schwarz und Weiß teilen sich friedlich die Sitzbänke und genießen den Sonnenuntergang, während sie ein Eis schlecken. Nie käme man bei diesem Bild auf die Idee, woher der Name Swakopmund kommt – er wird abgeleitet aus dem zusammengesetztem Nama-Wort „tsoa-xoub" und spielt auf das periodische Abkommen des Flusses an, der dabei sehr viel Schlamm mit sich trägt und bräunlich eingefärbt ist, „tsoa" bedeutet Hintern, „xoub" Exkrement.

Der Spaziergang ...

... beginnt bei unserer Hotel- oder auch Restaurantempfehlung, dem **Hansa-Hotel** in der Roon Street. Der Gebäudekomplex des Hotels mag verwirrend wirken, hat aber seine Ursache in der über die Jahrzehnte dauernden allmählichen Erweiterung des um die Jahrhundertwende von einem Friseursalon in ein Gästehaus verwandelten Gebäudes.
Halten Sie sich links, und Sie gelangen sogleich zur Post Street, die Sie ebenfalls links gehen. Ein Merkmal Swakopmund wird sofort deutlich: die überbreiten Straßen, auf denen man gut und gerne mehrspurig fahren könnte. Doch die großzügige Stadtanlage wurde nicht für Kraftfahrzeuge, sondern für Ochsengespanne berechnet, und die brauchten einen großen Wendekreis. Als Belag wurde eine Mischung aus Salz und festgestampfter Erde verwendet. Rechter Hand sehen Sie nach ein paar Schritten ein altes deutsches Wohnhaus und gleich darauf das zweite sehr gute Restaurant Swakopmunds, „Erich's".
Links an der Kreuzung steht das **alte Postgebäude.** Weiter geradeaus sieht man links zwei weitere alte Wohnhäuser, und über der Querstraße, der Otavi Street, ragt die **evangelisch-lutherische Kirche** in die Höhe. Ihr angeschlossen ist das **Pfarramt.** Der barocke Baustil variiert frei die Formen. Am 7. Januar 1912 wurde die Kirche eingeweiht. Eineinhalb Jahre später war die gegenüberliegende **Regierungsschule** fertig.

Bahnhof Die Otavi Street nach Westen stößt man direkt auf den wahrscheinlich schönsten **Bahnhof** der Welt, heute ein Luxus-Hotel von Stocks & Stocks, einem Namen, dem Sie noch häufiger begegnen werden, da den Eigentümern ausgesprochen gute Regierungskontakte nachgesagt werden. Der ehemalige Bahnhof ist nun in einen Gebäudekomplex integriert, mit Ladengeschäften, Pub und einem Spielcasino, das an einer gänzlich anderen Stelle sicher nicht deplaziert wäre. Der Bahnhofsbau wurde 1901 begonnen. Der Baustil klingt an die Renaissance an, mit vielen Verzierungen und einer „reichen Gestaltung". Der Bauherr, die „Swakopmunder Handelsgesellschaft", geriet aber in finanzielle Schwierigkeiten. Vollendet wurde der Bau schließlich von dem frisch aus Deutschland eingetroffenen Wilhelm Sander, der hier ein erstes Mal einem Gebäude in Südwest seinen ganz persönlichen Stempel aufdrückte, durch den er und das ganze Land bekannt wurden, das wilhelminische Stilelement.
Ginge man vom Bahnhof ca. 500 m nach Osten bis zum Nordring und diesen weitere 500 m nach Norden, würde man auf das **Gefängnis,** genauer den Verwaltungsbau des Gefängnisses, stoßen. Hübsch anzuschauen, 1906/1907 entstanden, vermittelt das Gebäude alles andere, nur nicht seine wirkliche Bestimmung. **Vorsicht beim Fotografieren!**

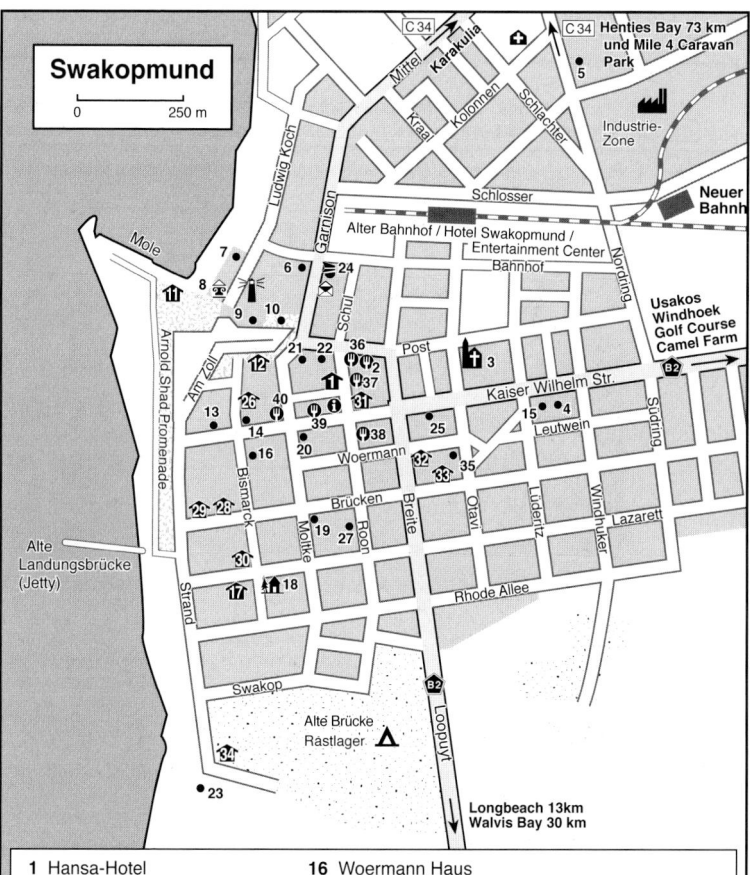

Swakopmund

0 — 250 m

1. Hansa-Hotel
2. Erich's Restaurant
3. Evang. Kirche
4. Otavi-Bahnhof
5. Gefängnis
6. Altes Amtsgericht
7. Swimming Pool
8. Museum
9. Kaiserl. Bezirksamt
10. Marinedenkmal
11. Strand Hotel
12. Hotel Schweizerhof, Café Anton
13. Ritterburg, Nature Conservation
14. Fürst Bismarck Haus
15. OMEG Haus
16. Woermann Haus
17. Prinzessin Rupprecht Heim
18. Alte Kaserne / Youth Hostel
19. Hohenzollern Haus
20. Kaiserhof
21. Ludwig Schröder Haus
22. Haus Altona
23. Aquarium/Aquamarine
24. Polizei
25. Hans Kriess Garage
26. Rapmund Hotel
27. Hotel d'Avignon
28. Jay Jay's Hotel
29. Dig by See Hotel
30. Europa Hotel
31. Atlanta Hotel
32. Grüner Kranz Hotel
33. Hotel Schütze
34. Hotel Adler
35. Tannery
36. O'Kellys Restaurant
37. Fagin u. Ozean Café
38. Fisherhmen's Wharf
39. Swakopm. Brauhaus
40. Dekelder Restaurant

Altes Amts- Wir aber gehen wieder Richtung Meer die Bahnhof Street hinunter, kreu-
gericht zen die Garnison Street mit dem **Alten Amtsgericht** an der Ecke (ursprünglich als Schule geplant, nicht vollendet, vom Bezirksamt erworben
und 1909 zum Gerichtsgebäude umgewidmet), biegen in die Strand
Street nach links, passieren das **Schwimmbad** – das einzige in einer Hal-
le mit olympischen Maßen in Namibia – und erreichen das Museum.

Museum Es hat Dioramen über die Wüste vorzuweisen, einen Ochsenwagen in
Originalgröße, den Nachbau der Inneneinrichtung der Adler-Apotheke,
ein Saal über den Uran-Bergbau und viel ethnographisch Wissenswertes.
Ein Besuch ist auf alle Fälle anzuraten. Vor dem Museum toben Kinder im
Sand des etwas angerosteten Spielplatzes, bummeln Pärchen, wetteifern
Jugendliche im Skateboardfahren, und einige besonders unentwegte
Wasserratten stürzen sich in die atlantische Brandung, die den flachen
Sandstrand meist sehr zahm, aber bitter kalt, anleckt. (Im Museum läßt
sich auch eine Fahrt mit Besichtigung zur **Rössing-Mine** organisieren,
Abfahrt jeden Freitag gegen 8 Uhr unterhalb des Café Anton).

Marine- Die Strand Street weiter nähern wir uns dem **Leuchtturm,** dem **Kaiserli-**
denkmal **chen Bezirksamt** und dem **Marinedenkmal.** Das Bezirksamt wurde
1902 fertiggestellt, das Marinedenkmal, martialisches Erinnerungsstück
an den ungleichen Krieg im Verlauf der Kolonisierung, in Berlin hergestellt
und am 16. August 1908 eingeweiht, soll an die deutschen Marinetruppen
erinnern, die 1904 gegen die Herero eingesetzt wurden.
Auf dem Platz vor dem ehemaligen Bezirksamt verkaufen Kunsthandwerker ihre Holzschnitzereien und zierliche Drahtflechtereien, gänzlich unafri-
kanisch, meist abwartend ob jemand sie anspricht; keine Hektik, kein
Auf-den-Kunden-zugehen, keine Verkaufsoffensive.
Wer nun Lust auf Kaffee und Kuchen hat, kann entweder Richtung Mole
gehen und sich beim Strand Hotel niederlassen, oder, die Treppen hoch,
das Café Anton frequentieren, traditionell der Platz für einen Plausch für
die Einheimischen und für die Fremden.

▲ Swakopmund: Oben die "Alte Kaserne", in der Mitte der (heute so nicht mehr mögliche) Blick auf den Bahnhof und Abendstimmung an der Mole

Ritterburg	Gehen Sie gesättigt die Am Zoll Street bis zur Kaiser Wilhelm Street und diese links. An der Ecke Bismarck Street steht die **Ritterburg,** nach ihren ersten Bewohnern, der Familie Ritter, benannt. Heute residiert im Haus ein Ableger des Ministeriums für Natur und Tourismus. Hier erhält man die Genehmigungen für den Namib-Naukluft Park (wenn geschlossen ist, kann man auch zur Hans-Kriess-Garage weiter oben in der Kaiser Wilhelm Street, gegenüber der Estorff Street, gehen, die BP-Tankstelle). Das Gebäude wurde für Angestellte der Woermann-Linie errichtet. Östlich gegenüber steht das 1902 entstandene, aber bald danach geschlossene und nur noch als Wohnhaus genutzte Hotel Bismarck. Die Kaiser Wilhelm Street wurde übrigens erst im Jahre 1970 geteert. Ginge man etwa 800 m stadtauswärts, fände sich rechterhand der **Otavi-Bahnhof** und das **OMEG-Haus** (Abk. für Otavi Minen- und Eisenbahngesellschaft, s. auch Route 7), einem ehemaligen Lagerhaus, das nun als Gästehaus der „Gesellschaft für wissenschaftliche Entwicklung" dient. Hier befindet sich auch die Sam Cohen Bibliothek, der Living Desert Snake Park und ein kleines Transportmuseum.
Woermann-Haus	Die Bismarck Street südlich, an einem weiteren Wohnhaus vorbei, steht dann schließlich ein weiterer Prachtbau Swakopmunds, das **Woermann-Haus.** 1894 als Niederlassung der Hamburger Damara-Gesellschaft errichtet, wurde es 1903 und 1904 umgebaut und erweitert und 1909 vom Rechtsnachfolger Woermann, Brock und Co., übernommen. Sein markanter Turm diente als Beobachtungsstation der ankommenden Schiffe, als Navigationshilfe für diese und wohl ein wenig als stolzer Ausdruck, wie weit man es gebracht hatte. Das Obergeschoß und der Turm sind in Fachwerk ausgeführt, Jugendstilelemente sind gleichfalls vorhanden, der schöne Innenhof lädt zum Verweilen ein. Heute beherbergt das Gebäude eine Kunstgalerie und die öffentliche Leihbibliothek. Das Lokal Frontiers bietet auf dem Turm Sundowner mit Austern und Sekt an (Voranmeldung s.u. Restaurants). Die Bismarck weiter, an einigen alten deutschen Wohnhäusern vorbei, stößt man schließlich an der Lazarett Street rechterhand auf das **Prinzessin Rupprecht Heim** aus dem Jahre 1902, heute eine Mischung aus Pension und Altersheim, früher ein Hospital für die Schutztruppe. Links die 1905 erbaute **Alte Kaserne,** heute einzige Jugendherberge Namibias.
Hohenzollern-Haus	Die Lazarett Street nach links und an der Moltke Street wieder nach links kommt man an der Ecke Brücken Street zum neubarocken **Hohenzollern-Haus** mit Stilelementen der Renaissance und einem mächtigen Atlas auf der Giebelspitze, der geduldig seine Erdkugel stemmt. Es wurde 1906 als Hotel Hohenzollern fertiggestellt. Angeblich befahl man schon 1912 wieder die Schließung, da das Glücksspiel überhand nahm. Die Moltke Street weiter nach Norden passiert man den **Kaiserhof,** ebenfalls ein ehemaliges Hotel (ein Stückchen die Kaiser Wilhelm Street hinein stößt man auf das Café Treff, 1978 Ziel eines Bombenanschlages mitten im Herzland der weißen Apartheid). An der Ecke Post Street kommt man zum **Ludwig Schröder Haus** und zum **Haus Altona,** einem Gebäude der Woermann-Linie. Verlassen wir die Autostraßen noch einmal und gehen runter an den Strand, am Strand Hotel vorbei bis zur **Mole.** Direkt hier ist der Versuch gescheitert, den Überseeschiffen eine Anlegestelle zu schaffen.

Jetty	Die Promenade Richtung Süden unter Palmen und zwischen einem Blütenmeer führt uns der Weg schließlich zur **Jetty,** der Landungsbrücke aus Eisen, die 1911 begonnen wurde. 1986 renoviert, ist sie schon wieder wegen Baufälligkeit gesperrt. Noch ein Stückchen weiter steht am Strand das 1994 von Präsident Sam Nujoma eröffnete **Meerwasser-Aquarium** modernster Bauart mit einem Tunnel, so daß man sich direkt zwischen den Haien wähnt, und einer Ringschwimmanlage. Um 15 Uhr ist Fütterung.
Ausflug zur Rössing-Mine	Im Museum werden Karten für einen Ausflug zur Rössing-Mine verkauft. Die Abfahrt ist immer freitags um 8 Uhr in der Am Zoll Street, unterhalb des Café Anton, Rückkehr ist um 13 Uhr. Die Besucher werden in einem Luxusbus der Minengesellschaft abgeholt, eine individuelle Anreise ist nicht möglich (zur Rössing-Mine s. Route 8c). Die Kosten betragen 15 N$.

Adressen & Service Swakopmund

Unterkunft **Luxus**

Hansa Hotel, P.O. Box 44, Tel. 064-400311, Fax 064-402732, e-mail: hansa@iafrica.com.na, DZ 265 N$ p.P. inkl. Frühstück, 120 Betten, traditionsreichstes und bestes Hotel am Platz, ausgezeichnetes Restaurant, Parkplätze, deutsch.

Swakopmund Hotel & Entertainment Center, P.O. Box 616, Tel. 064-400800, Fax 064-400801, e-mail: ghowa@shotels.stocks.com.na, DZ 650 N$ inkl. Frühstück, 200 Betten, Schwimmbad, Luxushotel im umgebauten ehemaligen Bahnhof, das dem traditionsreichen Hansa Hotel nicht den Rang ablaufen kann, englisch.

Touristenklasse

Adler Hotel garni, P.O. Box 1497, Tel. 064-405045, Fax 064-404206, , e-mail: adler@natron.net, DZ 415-495 N$ p.P. inkl. Frühstück, 30 Betten, Schwimmbad, deutsch.

Alte Brücke Rastlager, P.O. Box 3360, Tel. 064-404918, Fax 064-400153, e-mail: accomod@iml-net.com.na, Strand Street, DZ 145 N$ p.P. inkl. Frühstück, 16 Luxuswohnungen, deutsch.

Atlanta Hotel, P.O. Box 456, Tel. 064-402360, Fax 064-405649, DZ 100 N$ p.P. inkl. Frühstück, 20 Betten, deutsch.

d'Avignon Hotel, P.O. Box 1222, Tel. 064-405821, Fax 064-405542, Brückenstraße, DZ 220 N$ inkl. Frühstück, 23 Betten, Schwimmbad, Parkplätze, deutsch.

Deutsches Haus Hotel-Pension, P.O. Box 13, Tel. 064-404896, Fax 064-404861, Lüderitzstraße, DZ 240 N$ inkl. Frühstück, 30 Betten, deutsch.

Eberwein Hotel garni, Über Pension Steiner/Windhoek, Kaiser Wilhelm Straße, Ende 1999 fertiggestelltes Hotel in Traditionshaus, 16 Doppelzimmer, Tiefgarage.

Europa Hof Hotel, P.O. Box 1333, Tel. 064-405898, Fax 064-402391, e-mail: europa@iml-net.com.na, Bismarckstraße, DZ 330 N$ inkl. Frühstück, 80 Betten, deutsch.

Grüner Kranz Hotel, P.O. Box 211, Tel. 064-402039, Fax 064-405016, e-mail: leonr@iml-net.com.na, DZ 200 N$ p.P. inkl. Frühstück, 30 Betten, deutsch.

Prinzessin-Ruppecht-Heim Hotel-Pension, P.O. Box 124, Tel. 064-402231, Fax 064-402019, DZ 250 N$ inkl. Frühstück, 35 Betten, deutsch.

Rapmund Hotel-Pension, P.O. Box 425, Tel. 064-402035, Fax 064-404524, DZ 120 N$ p.P. inkl. Frühstück, 50 Betten, deutsch.
Sams Giardino House, P.O. Box 1401, Tel. 064-403210, Fax 064-403210, e-mail: samsart@iafrica.com.na, Südring, DZ 220 N$ inkl. Frühstück, 20 Betten, deutsch.
Schütze Hotel, P.O. Box 634, Tel. 064-402718, Fax 064-402718, DZ 170 N$ inkl. Frühstück, 25 Betten, deutsch.
Schweizerhaus Hotel, P.O. Box 445, Tel. 064-402419, Fax 064-405850, e-mail: schweizerhaus@namibnet.com, DZ 380 N$ inkl. Frühstück, 50 Betten, deutsch, bekanntes Café angeschlossen.
Strandhotel, P.O. Box 20, Tel. 064-400315, Fax 064-404942, Strand Street, DZ 320 N$ inkl. Frühstück, 80 Betten, direkt am Strand, englisch.

Günstig

Dig By See Pension, P.O. Box 1530, Tel. 064-404130, Fax 064-404170, Brückenstraße, DZ 95 N$ p.P. inkl. Frühstück, 36 Betten, deutsch.
Haus Garnison Pension, P.O. Box 128, Tel. 064-404456, Fax 064-404456, DZ 200 N$ mit kleiner Küche, Garage 25 N$ p.Tag, 16 Betten, Garagen, deutsch.
Holiday Flat Services, P.O. Box 276, Tel. 064-405442, Fax 064-404826, Vermittlung von Ferienwohnungen aller Preiskategorien in Swakopmund
Jay Jay's Hotel, P.O. Box 835, Tel. 064-402909, 8 Brückenstraße, DZ 70 N$, 25 Betten, Parkplatz, englisch.
Swakopmund Rastlager, Stadtverwaltung Swakopmund, Leiter f. Fremdenverkehr, P.O. Box 53, Tel. 064-402807, Fax 064-402076, Swakop Street, Bungalow 70-260 N$ (4 Personen), je nach Standard, städt. Ferienhaussiedlung.
Swakopmund Jugendherberge, P.O. Box 4332, Tel. 064-404164, Bismarck Street, 25 N$ p.P. im Mehrbettzimmer, einzige Jugendherberge in Namibia.

Bed and Breakfast

Beach Lodge Swakopmund, P.O. Box 79, Strand Street, Swakopmund, Tel. 064-400933, Fax 064-400933, e-mail: volkb@iafrica.com.na, Bett ab 110 N$
Brigadoon, P.O. Box 1930, 16, Ludwig Koch Street, Swakopmund, Tel. 064-406064, Fax 064-464195, e-mail: brigadon@iafrica.com.na, Bett ab 145 N$
Charlotte's Guesthouse, Brücken Street, Swakopmund, Tel. 064-405454, Fax 064-405404, e-mail: noltesaf@iafrica.com.na, Bett ab 100 N$
Dresselhaus, P.O. Box 1233, 25 Windhoeker Street, Swakopmund, Tel. 064-405854, DZ 100 N$
Dünen Villa, P.O. Box 3751, 7 Dünenweg, Swakopmund, Tel. 064-462678, DZ 100 N$
Haus Hoffmann, P.O. Box 1494, 9 Linden Street, Swakopmund, Tel. 064-405429, DZ 100 N$
Haus von Moltke, P.O. Box 461, 32 Moltke Street, Swakopmund, Tel. 064-402976, Fax 064-402976, DZ 240 N$
Huis Veronica, P.O. Box 24, 5 Dolphin Street, Swakopmund, Tel. 064404825, Fax 064-405679, DZ 100 N$
Karen's Attic, P.O. Box 2148, Post Street, Swakopmund, Tel. 064-403057, Bett ab 35 N$

Kolb's Guesthouse, P.O. Box 708, 36 Roon Street, Swakopmund, Tel. 064-405888, DZ 120 N$
Krosch's Guesthouse, P.O. Box 887, 13 Schlosser Street, Swakopmund, Tel. 064-402520, DZ 135 N$
Seagull Bed and Breakfast, P.O. Box 1162, 60 Strand Street, Swakopmund, Tel. 064405287, Fax 064-405287, Bett ab 80 N$
Swakopmund Bed & Breakfast, P.O. Box 464, Tel. 064-402863, 50 N$ p.P. inkl. Frühstück, Privatunterkünfte, deutsch.

Camping

In Swakopmund selbst keine Campingmöglichkeit, nächste Möglichkeit Mile 4 im Norden.

Goanikontes Namib Magic Rastlager, P.O. Box 4369, Tel. 064-400877, Fax 064-405757, Swakopmund - B2 (3 km) - C28 (35 km), Zeltplatz 30 N$, Bungalow 150 N$ (2 Personen), Eintritt 10 N$, Anfahrt nur mit Zugangsschein für den Namib-Naukluft-Park.

Jakkalsputz Zeltplatz, Buchung über das staatliche zentrale Reservierungsbüro in Windhoek oder in Swakopmund im Büro des Ministry of Environment and Tourism, Ritterburg, Bismarck/Ecke Kaiser Wilhelm Street, Swakopmund - C34 (59 km), Stellplatz 70 N$ (8 Personen). Alle Ausrüstung ist mitzubringen.

Langstrand Zeltplatz, P.O. Box 1796, Walvis Bay, Tel. 064-207555, Fax 064-207555, Walvis Bay - B2 (21 km), 30 N$ p. Stellplatz und 5 N$ p.P., 105 Stellplätze, englisch.

Mile 14 Zeltplatz, Buchung über das staatliche zentrale Reservierungsbüro in Windhoek oder in Swakopmund im Büro des Ministry of Environment and Tourism, Ritterburg, Bismarck/Ecke Kaiser Wilhelm Street. Swakopmund - C34 (20 km), Stellplatz 70 N$ (8 Personen), alle Ausrüstung ist mitzubringen.

Swakopmund Rastlager Mile 4, P.O. Box 3452, Tel. 064-461781, Fax 064-462901, Swakopmund - C34 (6 km), Zeltplatz 10 N$ und 8 N$ p.P., Stromanschluß 5 N$, Bungalow 160 N$ (6 Personen), englisch.

Außerhalb

El Jada Rastlager, P.O. Box 1155, Tel. 064-400348, Fax 064-400348, Swakopmund - B2 (9 km) - D1901 (2 km), DZ 165 N$, 10 Betten, deutsch
Levo Guesthouse, P.O. Box 1860, Walvis Bay, Tel. 064-207555, Walvis Bay - B2 (21 km), DZ ab 175 N$, 20 Betten, der Besitzer macht äußerst schöne und erlebnisreiche, empfehlenswerte Kreuzfahrten in der Bucht, deutsch.
Nonidas Burghotel, P.O. Box 1423, Tel. 064-400384, Fax 064-400384, Swakopmund - B2 nach O (9 km), DZ 200 N$ p.P., 20 Betten, gute Küche, in der alten Burg Nonidas mit Blick über den Swakop, deutsch.
Okakambe Trails, P.O. Box 1668, Tel. 064-402799, Fax 064-402799, Swakopmund - B2 (9 km), DZ 90 N$ p.P. inkl. Frühstück, 12 Betten, schöne Reitausflüge (1 Stunde bis mehrtägig), Reitkurse, deutsch.

Restaurants	Swakopmund ist Fischstadt, ein Narr, wer sich darauf nicht einläßt. Die besten Restaurants sind die beiden an erster Stelle erwähnten. Generell haben die Hotels angeschlossene Restaurants. Diese Restaurants sind hier nicht weiter aufgeführt, außer dem herausragenden des Hansa Hotels. Kücki's galt einmal als Muß, inzwischen ist es heillos überfüllt. Restaurant im Hansa Hotel; Roon Street; Tel. 064-400311 Erich's, Post Street; Tel. 064-405141 Kücki's, Moltke Street; Tel. 064-402407 The Tug, Action Bar & Restaurant; für den der's mag. Strand Street, bei der Landungsbrücke, Tel. 064-402356 Swakopmund Brauhaus; Weißwurst, Wurstsalat, Eisbein und Schweinebraten (träger Service), Kaiser Wilhelm Street, Tel. 064-402214 Bayern Stübchen; Deutsches Essen, Garnison Street; Tel. 064-404793 Western Saloon; Steaks & Fish, eben wie im Wilden Westen. Moltke Street; Tel. 064-405359 Bacchus Taverne; Bismarck Street; Tel. 064-405856 De Kelder, 11 Moltke Street; Tel. 064-402433, gute Fischgerichte, die sanitären Einrichtungen für die Gäste lassen zu wünschen übrig. Fisherman's Wharf, Roon Street, Tel. 064-403078, im Stehen kann man Austern satt schlürfen. Frontiers; 18 Moltke Street, Tel. 064-404171, Bistro mit Fischgerichten, Sundowner im Turm des Woermann Hauses mit Champagner und Austern. **Außerhalb Swakopmunds gibt es noch zwei Empfehlungen:** Waterfront Express; Restaurant in umgebauten Eisenbahnwaggons, die B2 15 km in Richtung Walvis Bay. Täglich ab 18 Uhr, Reservierung vonnöten; Tel. 064-207009 The Lion's Den; Langstrand, die B2 18 km in Richtung Walvis Bay, Di–Sa ab 19 Uhr, Sa–So 12–13.45 Uhr. Reservierung vonnöten; Tel. 064-203820
Informationen	Swakop Information, Ecke Kaiser Wilhelm Street und Roon Street, P.O. Box 1236, Swakopmund; Tel. 064-404827, Fax 404827 Ministry of Environment & Tourism, Tourism Office, P.O. Box 5018, Swakopmund, Ritterburg, Ecke Kaiser Wilhelm/Bismarck Street; Tel. 064-402172, Fax 402796
Reiseveranstalter	Charly's Desert Tours, P.O. Box 1400, Kaiser Wilhelm Street, Swakopmund; Tel. 064-404341, Fax 404821, e-mail: charlydt@iwwn.com.na Desert Adventure Safaris, P.O. Box 339, Roon Street, Swakopmund; Tel. 064-404459, Fax 404664, e-mail: dassal@iafrica.com.na Atlantic Aviation, P.O. Box 465, Roon Street, Swakopmund; Tel. 064-404749, Fax 064-405832 Pleasure Flights, P.O. Box 537, Kaiser Wilhelm Street, Swakopmund; Tel. 064-404500, Fax 064-405325 Ocean Adventure, P.O. Box 4094

Einkaufen

Kleidung Hans Lohmeier, Kaiser Wilhelm Street; Tel. 064-402515
Safariland, 21 Kaiser Wilhelm Street; Tel. 064-402387

Souvenirs Karakulia, Knobloch Street; Tel. 064-461415
The Living Desert Snake Park, Sam Cohen Bibliothek; Tel. 064-405100
Rogl Souvenirs, 14 Kaiser Wilhelm Street, Tel. 064-405814
Peter's Antiques, 24 Moltke Street; Tel. 064-405624
Swakop River Angoras, Beim Sportclub SFC; Tel. 064-405442
Heigo, 11 Post Street; Tel. 064- 402456
Swakopmund Tannery, Leutwein Street; Tel. 064-402633 (u.a. Schuhe aus Kudu-Leder)

Juwelier Immo Böhlke, 25 Kaiser Wilhelm Street; Tel. 064-405738

Bücher Peter's Antiques, 24 Moltke Street; Tel. 064-405624
The Muschel, 32 Breite Street; Tel. 064-402874
Swakopmunder Buchhandlung, Kaiser Wilhelm Street; Tel. 064-402613

Unterhaltung O'Kellys, Tel. 064-405108, Roon Street (gegenüber dem Hansa Hotel), Diskothek und Pub mit gemischtem Publikum, täglich ab 20 Uhr
Capital Seven, Tamariskia, Diskothek mit überwiegend schwarzem/farbigen Publikum und angeschlossenem Restaurant, Fr/Sa, Restaurant tägl.
New Edition, Tamariskia, Diskothek/Bar mit überwiegend schwarzem/farbigen Publikum, Mo–Do 10–19 Uhr, Fr–Sa 10–04 Uhr, So geschlossen
Grüner Kranz Hotel, Breite Street, Diskothek mit überwiegend weißem Publikum, Freitag/Samstag
Fagin's, Tel. 064-402360, Roon Street, Bar/Bistro, weißes, junges Publikum (In-Treff), täglich 19–02 Uhr
The Tavern, im Swakopmund Hotel & Entertainment Centre, Bar mit gemischtem Publikum, täglich
Ocean Café, Roon Street, Tel. 064-403919

Sportclub SFC (Sportclub Swakopmund), Rhode Allee, P.O. Box 577, Swakopmund; Tel. 064-405406

Schwimmbad Strand Street, Mo 7.15–9.15 und 14.30–19.30 Uhr, Di, Mi 7.15–9.15 und 13–19.30 Uhr, Do–Sa 8–10 und 14–19 Uhr, So 14–19 Uhr

Tiefsee-Fischen Westcoast Angling and Tours, Otavi Street, P.O. Box 30, Swakopmund; Tel. 064-402377, Fax 402377
Ocean Adventure, Vineta, P.O. Box 4094, Swakopmund; Tel. 064-403155
Levo Tours, P.O. Box 1960, Langstrand, Tel. 064-207555, Fax 207555

Golfclub Rossmund Golf Club, P.O. Box 348, Swakopmund; Tel. 064-405644

Kino Atlanta, Arcade, Roon Street, Swakobmund Entertainment Center

Kamelfarm Kamelreiten 14–17 Uhr, 9 km außerhalb Swakopmunds an der D1901, Voranmeldung erforderlich; Tel. 064-400363

Reiten Okakambe Trails, P.O. Box 1591, Swakopmund, 9 km außerhalb an der D1901; Tel. 064-402799, Fax 402799, ein- und mehrtägige Reittouren, auch Übernachtungsmöglichkeit

Stadtführungen	Historische Stadtführungen mit profunder Wissensvermittlung werden von Frau A. Flamm-Schneeweiß vorgenommen. Fragen Sie beim Museum oder bei der Sam Cohen Library nach oder nehmen Sie direkt Kontakt auf unter der Nummer 064-461647, Fax 402695 bzw. P.O. Box 871, Swakopmund.
Aquarium	Strand Street, täglich, außer Mo, von 10–16 Uhr, Fütterung um 15 Uhr (Sa, So und Di durch Taucher)
Kunstgalerie Woermann-Haus	Bismarck Street, täglich 10–12, 15–17 Uhr
Sam Cohen Library	Kaiser Wilhelm Street, P.O. Box 361; Tel. 064-402695, Mo–Fr 9–13, 15–17 Uhr
Museum	Strand Street, P.O. Box 361, Swakopmund; Tel. 064-402046, täglich 10–13 und 14–17 Uhr
Medizinische Hilfe	Hospital/Ambulanz, Ecke Schlachter-/Kolonnen Street; Tel. 064-405731 Apotheke: Swakopmunder Apotheke, Kaiser Wilhelm Street; Tel. 064-402825, Notdienst 463610

■ Das Liebig-Haus
(s. Route 6)

Route 6: Durch Wüste ins Hochland

Swakopmund – Bosua-Pass – Windhoek

Km	Abzweig	Ort	Sehenswert	Übernachtung	GPS
Km 0 B2 Teer n. NO		Swakopmund, T+V	s. Route 5	s. Route 5	22 41 13 14 31 45
Km 2,5			Martin Luther		
Km 3 C28 Piste					22 40 12 14 33 34
Km 6,5			Swakopfluß		
Km 17			Namib-Naukluft Park		
Km 18	Goanikontes/ Welwitschia Km 0 D1991 Piste Km 14 Km 16 links Km 18 zurück Km 20 links Km 22 Km 37 links Km 42 Km 52 rechts Km 54	Goanikontes	Aussichtspunkt Mondtal Mondtal Swakopfluß Welwitschia	Goanikantes Namib Magic Rl. Swakopfluß Zeltplatz	22 44 29 14 40 06 22 41 26 14 47 22 22 40 07 14 48 56 22 41 45 14 48 18 22 42 23 14 57 44 22 38 58 15 01 35 22 40 08 15 01 41
Km 42	Goanikontes/ Welwitschia				22 48 32 14 53 47
Km 57	Blutkuppe Km 0 links Km 37 links Km 45 Km 49 Km 53 rechts Km 55 links (rechts zum Zeltplatz 2 km) Km 59 rechts (geradeaus zur C28 4 km) Km 84 Ende der Umfahrung		Aufgelas. Mine Reste eines Wohnlagers Blutkuppe	Blutkuppe Zeltplatz	22 51 22 15 02 03 22 50 40 15 15 01 22 51 35 15 23 10 22 53 12 15 23 32 22 50 40 15 15 01

Km	Abzweig	Ort	Sehenswert	Übernachtung	GPS
Km 96	Blutkuppe Km 0 links Km 4 rechts Km 8 rechts (links zum Zeltplatz 2 km) Km 10 rechts				22 55 33 15 23 31
				Blutkuppe Zeltplatz	22 51 35 15 23 10
	Km 15		Klein Tinkas Schutztruppengräber		22 49 43 15 25 28
	Km 17 links				22 50 08 15 26 16
	Km 19		Mittel Tinkas Wanderweg		22 49 30 15 26 59
	Km 26 zurück		Archer's Rock	Archer's Rock Zeltplatz	22 47 36 15 30 07
	Km 33		Mittel Tinkas Wanderweg		22 49 30 15 26 59
	Km 35 links Km 40		Groot Tinkas	Groot Tinkas Zeltplatz	22 51 21 15 28 24
	Km 41		Tinkas Dam		22 50 52 15 28 09
	Km 57 Einmündung in C28				22 54 10 15 36 35
	Hotsas/Ganab Km 0 rechts Km 6				22 54 10 15 36 35 22 58 33 15 22 49
	Km 18 D1982 Piste links Km 23 rechts Km 25	Ganab		Ganab Zeltpl.	23 05 17 15 29 15 23 06 18 15 31 42
	Km 51 Einmündung in C14				23 18 40 15 34 30
Km 155		Einmündung der C32 / Anschluß Route 8b			
Km 190			Bosua Pass		
Km 268			François-Feste		
Km 283			Liebig-Haus		
Km 288	Hochland Gf. u. Eagles Rock Leisure Lodge Km 0 D1958 Piste Km 3 Km 11			Eagles Rock Leisure Ldge. (2 km) Hochland Gf.	

Km	Abzweig	Ort	Sehenswert	Übernachtung	GPS
Km 297	zur Okatore Lodge Km 0 D1958 Piste Km 20 D1420 Piste Km 39			Okatore Lodge	
Km 297 Teer					
Km 304			Daan Viljoen Wildpark	Daan Viljoen Rastlager	
Km 329		Windhk., T+V	s. Windhk. R. 1	s. Windhoek, R. 1	

Swakopmund (s. Route 5)

In Swakopmund haben Sie Anschluß an die Routen 5 und 8c. Verlassen Sie die Stadt auf der Kaiser Wilhelm Street (B2). Ohne Permit dürfen Sie nicht von der Piste abweichen (siehe weiter unten beim Abstecher nach Goanikontes).

Nach 2,5 km erreichen Sie den Dampftraktor **Martin Luther,** ein National-Monument. Er steht neben einigen Palmen, schwarz lackiert, auf seinem Sockel: „Hier stehe ich; Gott helfe mir, ich kann nicht anders". Er wurde 1896 per Schiff nach Südwest gebracht und sollte die Ochsenwagen ersetzen. Nach einigen Fahrten gab er seinen Geist auf und rottete seitdem in der Wüste vor sich hin. 1975 wurde er renoviert und kam an seinen heutigen Platz. Wenn gerade einmal kein Nebel ist, gibt er ein wunderschönes Fotomotiv ab.

Kurz danach geht rechts die Piste C28 ab. Man quert das grüne Bett des Swakop, und 18 km hinter Swakopmund, gleich nach Beginn des Namib-Naukluft Parks, besteht die Möglichkeit zu einem Abstecher zur größten bekannten Welwitschia mirabilis und nach Goanikontes.

Abstecher Welwitschia Trail

Für die Tour benötigen Sie ein Permit des Ministeriums für Umwelt und Tourismus (im Büro in Swakopmund und bei der Hans Kriess Garage oder im Zentralbüro in Windhoek, 8 N$ p.P.).

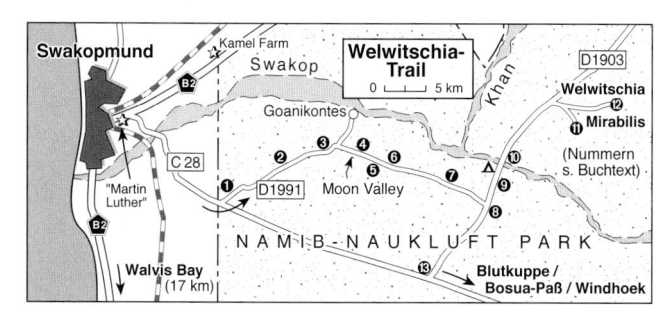

Fahren Sie links in die Piste D1991 hinein. Am Wegesrand entlang der ganzen Route werden Ihnen kleine Steintafeln mit Nummern begegnen. Sie verweisen auf eine Broschüre, in der die markierten Pflanzen erklärt werden (National List of Indigenous Trees). Einen detaillierten Pflanzenführer haben Patricia Craven und Christine Marais geschrieben (Namib Flora, Windhoek, 1986, s. Literaturempfehlungen).

Gleich nach dem Abzweig weist die **Tafel 1** auf Flechten hin. Sie färben das Gestein dunkel und wirken auf den ersten Blick wie totes Material. Sie können es selbst testen. Geben Sie einige Tropfen Wasser auf die Flechten und sehen Sie, was passiert. Bei **Tafel 2** kann man den Taler- und den Tintenbusch sehen. **Tafel 3** weist auf den Baaiweg hin, eine historische Ochsenkarrenspur von der Küste bis Windhoek.

Moon Valley

18 km nach Beginn des Abstechers erreichen Sie den Aussichtspunkt über dem **Moon Valley (Tafel 4),** einer Landschaft, die ihren Namen zu recht verdient. Richtig unheimlich wirkt das schwarz zerklüftete Tal, wie von Riesenhand in die Wüste gesetzt. Wind und Wasser des Swakop haben diese seltsamen Strukturen aus bis zu 450 Millionen Jahre altem Gestein geformt. Weit entfernt im Norden sind die Rössingberge zu sehen.

Bei **Tafel 5** wachsen wieder Flechten. Hier geht es nach Goanikontes, eine Oase mit Übernachtungsmöglichkeit. **Tafel 7** steht bei einem Camp der südafrikanischen Streitkräfte aus dem Jahr 1915 mit verrosteten Ausrüstungsgegenständen (Kanister, Panzerkette).

Zur Welwitschia mirabilis

Sie erreichen 15 km hinter dem Mondtal eine Kreuzung. Rechts geht es zur C28 zurück, links zur Welwitschia. Nach 5 km kommt der Zeltplatz Swakopfluß (die Übernachtung muß angemeldet sein, die Campplätze liegen im Schatten von großen Kameldornbäumen). Noch davor weist die **Tafel 9** auf einen Bergrücken hin. Magma ist hier vor Jahrmillionen in Granit eingedrungen und zu Doleritstöcken erstarrt, Erosion hat den Granit aufgelöst, die Doleritgänge sind stehengeblieben und wirken wie die verfallenen Reste einer antiken Stadtmauer.

12 km hinter dem Zeltplatz erreichen Sie die eingezäunte, 1500 Jahre alte **Welwitschia mirabilis.** Ihre Wurzeln verlaufen ganz flach unter der Oberfläche, deshalb würde jeder Schritt in der Nähe der Pflanze zu einer Beschädigung führen! Denken Sie daran wenn Sie die anderen Welwitschias in der Nähe bewundern. Ihren Namen erhielten die Pflanzen vom österreichischen Botaniker und Arzt Friedrich Welwitsch, der sie 1852 das erste Mal beschrieb (s. auch S. 104).

■ Blätterberg in der Wüste: Welwitschia mirabilis

24 km hinter dem Abzweig nach Goanikontes führt eine andere, kürzere Stichstraße zur Welwitschia mirabilis, und 15 km weiter weist ein Abzweig zur Blutkuppe mit Übernachtungsmöglichkeit hin. Sie können von hier – oder vom nächsten Abzweig – die Blutkuppe umfahren und kommen an einer aufgelassenen Uranmine und einem verfallenen Wohnlager vorbei. Ein 4x4 wird vorausgesetzt.

Der zweite Abzweig zur **Blutkuppe** (und zum Archer's Rock) folgt 29 km nach dem ersten Abzweig. Beide Wege führen trotz der relativ geringen Entfernungen durch eine ausgesprochen abwechslungsreiche Landschaft, über glattgeschliffene Felsen und Geröllebenen, durch sandige Flußtäler, an riesigen Granitkuppen vorbei und an schönen Sanddünen entlang. Wer gerne einmal etwas „Wüstenluft" schnuppern und seinen Geländewagen auskosten möchte, kann dies auf dieser Strecke in „geordneten" Bahnen tun, ohne das ökologische Gleichgewicht dadurch allzusehr aus der Balance zu bringen – so lange er auf der oft kaum noch wahrnehmbaren Piste bleibt. Die Übernachtung an einem der einfachen Zeltplätze belohnt mit einem der schönsten Wüstenhimmel und dem Gefühl völliger Losgelöstheit.

Abstecher Blutkuppe

(Sie benötigen ein Permit). Fahren Sie die Piste nach Norden und halten Sie sich nach 4 km rechts. 4 km weiter führt eine Stichpiste zum Zeltplatz an der **Blutkuppe** (2 km, kein Wasser, kein Holz). Der rund abgeschliffene Granit-Inselberg verdankt seinen Namen der roten Äderung im Gestein, die besonders bei Sonnenuntergang tatsächlich an Blut erinnert. Man kann den Riesenbuckel auch besteigen, allerdings ist Vorsicht geboten, denn der Granit erodiert hier u.a. auch in wie Zwiebelschalen abblätternden Schichten, die beim Klettern nicht den stabilsten Untergrund abgeben. Für die Mühe belohnt ein fantastischer Blick über die Unendlichkeit der Wüste.
Wer hier weiterfährt, benötigt einen Geländewagen. Nach 2 km kommen Sie wieder an eine Kreuzung, wenn Sie links abbiegen, umrunden Sie die Blutkuppe und fahren zwischen ihr und dem Langen Heinrich hindurch.
Rechts führt die Piste nach Archer's Rock. Wenn Sie ihr folgen, erreichen Sie nach 5 km **Klein Tinkas.** Zwei Gräber der Schutztruppe erinnern an kriegerische Auseinandersetzungen an der früheren Hauptverkehrsader, dem Baiweg (s. unten).
Nach 2 km zweigt links die Piste nach Archer's Rock ab. Sie passieren nach 2 km **Mittel Tinkas** mit einem ausgeschilderten, vier bis fünf Stunden dauernden Rundwanderweg, der die besonderen naturkundlichen Schönheiten dieser Wüste erschließt (Vorsicht: Oryx-Antilopen!), und erreichen nach weiteren 7 km **Archer's Rock** (Foto), eine bizarre Felsformation mit Zeltmöglichkeit. Fahren Sie die 9 km zurück und 5 km nach links bis **Groot Tinkas,** einer weiteren Übernachtungsmöglichkeit unter Akazien in einem windgeschützten Felsenrund.
Meist ist der 1 km entfernte Stausee mit Wasser gefüllt und zieht in der Abend- und Morgendämmerung die Tiere der Wüste an.
Zur C28 sind es nun noch 16 km, durch weite, sandige Landschaft, durch die vereinzelt Antilopen und Strauße sausen.

Exkurs: Der Baiweg

Mit Brechstangen, Schaufeln und Picken begannen die Leute von Jonker Afrikaaner im Dezember 1843 einen 20 bis 30 Fuß breiten Weg von Windhoek beginnend und sich von Wasserstelle zu Wasserstelle hangelnd durch die Landschaft nach Walvis Bay zu brechen. Erst wer diese Wüstenei gesehen hat, kann sich vorstellen, was es heißt, mit diesen Mitteln einen für Ochsenkarren geeigneten Pfad zu bereiten. Felsen mußten beiseite geschafft oder zertrümmert, Böschungen abgeflacht, Bäume und Büsche aus der Erde gerissen, Trockenflußtäler umgangen und Schneisen gehämmert werden.

Nach einem Jahr war der Weg schließlich fertig, Walvis Bay erreicht. 4 Wochen benötigte ein Ochsenwagen nun für die einfache Strecke. 1847 wurde ein neues Teilstück fertig, das Großbarmen mit Otjimbingve verband und dann erst (unter Umgehung des zeitfressenden Khomas-Hochlandes) auf die Jonker Afrikaaner Route stieß. Die Reisezeit war nun auf 12 Tage verkürzt.

Als die Engländer bei der Entladung deutscher Militärtransporte in Walvis Bay immer größere Schwierigkeiten machten, wurde eine Variante des Baiwegs entlang des Swakop direkt nach Swakopmund ausgebaut und die Schiffe in diesem Hafen entladen. Um nicht jeglichen Hafenumschlags verlustig zu gehen, baute Walvis Bay schließlich eine 15 km lange Schmalspurbahn aus der Stadt heraus und über den Dünengürtel hinweg nach Rooikop. Trotzdem lief der Warenstrom hauptsächlich über Swakopmund direkt ins Landesinnere. Die durchschnittliche Fahrzeit von Swakopmund bis Windhoek dauerte nun 14 Tage.

Gegenüber dem Abzweig zur Blutkuppe besteht die Möglichkeit, von der C28 zur C14 zu fahren. Man käme dann nach 6 km nach Hotsas, einer Wasserstelle mit einer kleinen Hütte zur Wildbeobachtung und nach weiteren 12 km zur D1982. Diese links und nach 5 km wieder in die Piste rechts brächte Sie nach Ganab (Stichstraße 2 km, Übernachtungsmöglichkeit) und an den Felskuppen des Tumas- und Heinrichsberg vorbei über Kieswüste zur C14 (weitere 26 km).

■ Archer's Rock

Bosua Pass – Daan Viljoen Wildpark

22 km hinter dem Abzweig zur Blutkuppe trifft man auf den Endpunkt des Abstechers. Man verläßt den Namib-Naukluft Park und kommt nach 37 km zur Einmündung der C32 (hier haben Sie Anschluß an die Route 8b nach Karibib). Nun richtet sich die C28-Piste nach Norden, und der Anstieg zum Khomas Hochland über den Bosua Pass beginnt. Wer seinen Blick zurückwendet, sieht die Namib verschwinden. Die Landschaft verändert sich, auf dem Boden wächst Gras, Bäume und Büsche flankieren die Piste.

Immer wieder rauf und runter geht es nun über 85 km zur auf einem Hügel liegenden **Curt-von-François-Feste.** Die Trockenmauern stehen noch, durchbrochen von Schießscharten, durch die man unterhalb auf der pistenabgewandten Seite eine in Gebrauch befindliche Tiertränke sieht. Die kleine Station wurde zum Schutz der langen Nachschubwege von der Küste errichtet und zum Schutz der Soldaten vor Alkohol (deshalb erhielt diese Station den Namen „Trockenposten").

15 km weiter steht ein Herrenhaus an der Straße, das in eine Stadt, nicht

aber aufs freie Land gehörte, das **Liebighaus.** Es wurde etwa 1912 erbaut und sollte dem Direktor der Deutschen Farmgesellschaft als Wohnhaus dienen. Seit den 60er Jahren wird es nicht mehr benutzt und verfällt zusehends. 14 km hinter dem Liebig-Haus beginnt der Asphalt, und 7 km weiter ist die Zufahrt zum Daan Viljoen Wildpark.

Daan Viljoen Wildpark

Vor Einrichtung des Nationalparks durch den südafrikanischen Generaladministrator Daan Viljoen war dieser Teil des Khomas-Hochlandes Reservat für etwa 1500 Damara, die hier ihr Vieh weideten. 1962 wurden sie nach Norden ins Damaraland umgesiedelt, um Platz für den Park zu schaffen. Heute ist er ein gern besuchtes Ausflugsziel der Windhoeker. Durch die Nähe der Stadt kommen, besonders am Wochenende, viele Tagesausflügler hierher (telef. Anmelden erforderlich, Tel. 061-226806).

Man kann ausgeschilderte Spaziergänge und mit dem Fahrzeug eine Rundtour unternehmen. Es gibt ein Schwimmbad, in den Stauseen darf nicht gebadet werden. Bungalows und Stellplätze werden vermietet. Am kleinen Kiosk sind Snacks erhältlich, das Restaurant hat feste Öffnungszeiten (7.30–8.30, 12–13 Uhr und 19–20.30). Wer Angeln will, erhält im Büro eine Genehmigung.

Wanderungen	Der **Wag'n-bietjie-Wanderweg** („Wart'-ein-bißchen" – ein Busch, der den Passanten nicht mehr so schnell aus seinen mit Widerhaken versehenen Ästen entläßt) führt 1,5 km an einem baum- und buschbestandenen Flußbett entlang zu einem Aussichtspunkt über dem Stengeldamm. Wenn der Stausee gefüllt ist, tummeln sich zahlreiche Vögel – wie Hammerköpfe, Stelzenläufer und Zwergtaucher – an seinen Ufern. Manchmal kommt auch Wild zur Tränke. Zurück dann auf gleichem Weg (ca. 45 Minuten). Der anspruchsvollere **Rooibos-Wanderweg** über 9 km dauert etwa 2,5 Stunden. Nehmen Sie eine Wasserflasche und Proviant mit. Der Weg führt in Windungen über eine hügelige Hochebene zum Aussichtspunkt in 1763 Metern Höhe, von wo man über das Khomas-Hochland bis nach Windhoek sehen kann. Auf dem Rückweg folgt er dem Lauf des Choub-Rivier. Sie können verschiedene Antilopenarten und das Hartmannsche Bergzebra beobachten. Zu den typischen Vertretern der Flora gehören verschiedene Akazienarten und der Kudu-Busch, der seinen afrikaansen Namen rooibos – „Roter Busch" – seinen roten Früchten verdankt (Rooibos-Tee ist recht wohlschmeckend, probieren Sie mal). Es gibt überdies auch noch eine zweitägige Wanderung **(Sweet-thorn-Trail)** über 32 km. Dazu ausreichend Getränke und Verpflegung mitnehmen. Die Tour ist nicht geführt, muß aber um 9 Uhr begonnen werden (Voranmeldung beim zentralen Reservierungsbüro in Windhoek erforderlich, 90 N$ p.P., pro Tag eine einzige Gruppe mit mindestens 3 und maximal 12 Mitgliedern zugelassen).
Rundfahrt	Die Rundtour mit dem Auto durch den Daan Viljoen Wildpark ist landschaftlich recht eindrucksvoll (ca. 30 min), Wild sieht man allerdings meist nicht. 25 km hinter dem Wildpark erreichen Sie Windhoek (s. Route 1).

Route 7: Unter wilden Tieren – der Etosha National Park

Windhoek – Okahandja – Otjiwarongo – Outjo – Okaukuejo – Namutoni – Tsumeb – Otavi – Otjiwarongo

Km	Abzweig	Ort	Sehenswert	Übernachtung	GPS
Km 0 B1 Teer n. N		Windhoek, T+V	s. Windhoek Route 1	s. Windhoek Route 1	22 33 45 17 03 13
Km 10	Elisenheim Gf. Km 0 D1473 Piste Km 5 Km 20			Elisenheim Gf. Eulenzicht Restcamp	22 22 50 17 03 42
Km 21	Sundown Ldg. Km 0 D1474 Piste nach W Km 1			 Sundown Ldg.	22 22 33 17 03 36 22 22 56 17 03 09
Km 27	Düsternbrook Gf. Km 0 D1499 Piste nach W Km 10 n. NW Km 18 ------------------ Okapuka Ranch Km 0 Farmstr. Km 1			 Düsternbrook Gf. Okapuka Ranch	22 18 37 17 02 45 20 16 12 16 54 00
Km 63	Von-Bach-Damm Km 0 D2102 Piste nach O Km 1,5 D2161 Piste nach S Km 3,5		V.-Bach-Damm	V.-Ba.-Damm Rl.	22 00 24 16 55 48
Km 65	Groß-Barmen Km 0 Straße 87 Teer Km 4 Km 26 ------------------ Otjisazu Gf. und Otjiruze Gf. Km 0 D2102, P. Km 27 D2170,P Km 44 Farmstr. nach links Km 57 Farmstr. Km 77	Okahandja, T+V	Flughafen Groß-Barmen, T	Groß-Barmen Rastlager Otjisazu Gf. Otjiruze Gf.	21 59 47 16 55 15 22 07 00 16 44 40

Tabelle Route 7

Km	Abzweig	Ort	Sehenswert	Übernachtung	GPS
Km 69	Haasenhof Gf. Km 0 D2110 Km 50 Km 62 Farmstr. Km 68			Ovita G.L. 20 km Haasenhof Gf.	
Km 73	Okatjuru Gf. Km 0 C31 Piste Km 107 D2166 Km 113 ------------------ zur Otjimbuku Gf. Km 0 C31 Piste Km 68 Straße 59 Piste Km 106 D2128 Piste nach N Km 116 ------------------ zur Ombeamateia Gf. Km 0 C31 Piste Km 126			Okatjuru Gf. Otjimbuku Gf. Ombeamateia Gf.	
Km 110				Matador Gästef.	
Km 175	M'Butu Lodge u. Mount Etjo Safari Lodge Km 0 D2483 Piste Km 28 Km 43			M'Butu L. (14 km) Mt. Etjo Safari L.	21 00 06 16 48 36
Km 192	Okonjima Ldg. Km 0 D2515 Piste nach W Km 22			Okonjima Ldg.	20 50 47 16 48 02 20 51 30 16 38 28
Km 200	Otjiva Ranch Km 0 Farmstr. nach W Km 2,5			Otjiva Ranch	20 45 22 16 48 24 20 45 31 16 47 24
Km 210		Einmündung C22			20 40 54 16 46 45
Km 233	Otjibamba Ldg. Km 0 Farmstr. nach SW Km 2			Otjibamba Ldg.	20 29 46 16 40 15 20 30 11 16 39 53
Km 236 C38 Teer		Otjiwarongo, T+V	Krokodilfarm	s. weiter unten	20 28 15 16 39 40

Km	Abzweig	Ort	Sehenswert	Übernachtung	GPS
Km 239		Einmündung C33			20 27 32 16 38 29
Km 306				Ombinda Ldg.	
Km 307	zur Setenghi Ldg. Km 0 C38 Teer nach S Km 3 Straße 38 Piste nach W Km 6 Farmpiste Km 8	Outjo	Franke-Haus Naulila Denkmal Setenghi Ldg.	Etosha Garten Hotel Onduri Hotel	20 06 49 16 09 18
Km 317		Einmündung C40			20 02 25 16 05 27
Km 322				Namatubis Gf.	20 00 13 16 03 17
Km 376				Toshari Inn	
Km 395	Ongava Lodge Km 0 Farmstr. Km 3 Km 7	Tor		Ongava Ldg.	19 23 15 15 56 03
Km 401 Piste		Andersson Gate (Westtor)/ Etosha			19 19 55 15 56 24
Km 418		Okaukuejo, T+V		Okaukuejo Rl.	
Km 477		Halali, T+V		Halali Rl.	
Km 558		Namutoni, T+V		Namutoni Rl.	
Km 570 C38 Teer		Von Lindequist Gate (Osttor)/ Etosha		Mokuti Lodge	18 48 13 17 02 42
Km 580	Etosha Aoba Ldg. Km 0 Farmstr. Km 10 zur Mushara Ldg. Km 0 Farmpiste Km 1			Etosha Aoba Ldg. Mushara Ldg.	18 48 21 17 08 28
Km 594 B1 Teer nach S					
Km 644	Lake Guinas Km 0 D3043 Piste Km 19 D3031 Piste Km 24		Lake Guinas		19 08 03 17 31 44

Km	Abzweig	Ort	Sehenswert	Übernachtung	GPS
Km 649			Lake Otjikoto		19 11 31 17 32 56
Km 658	Tamboti Park Km 0 D3007 Km 8			Tamboti Park	19 12 48 17 37 49
Km 661	Tsumeb Km 0 Km 4	Tsumeb, T+V	Museum	s. Tsumeb w.u.	19 13 36 17 39 32
Km 725		Otavi, T+V	Khorab Gedenkstätte	Otavi Hotel Otavi Rastlager Zum Potjie Rl.	
Km 728	Khorab Safari Ldg.				19 39 58 17 19 40
Km 792	Oase Gf. Km 0 D2804 Piste Km 41 Farmstr. Km 47			Oase Gf.	
Km 824	Aloe Grove Gf. Km 0 Piste n. O Km 18			Aloe Grove Gf	
Km 842		Otjiwarongo, T+V	Krokodilfarm	Hamburger Hof Otjiwarongo Zeltplatz O. Rent-a-Room	20 27 12 16 39 12

Windhoek – Von-Bach-Damm

Fahren Sie in Windhoek auf der Independence Avenue Richtung Norden, bis Sie auf den Western Bypass (B1) treffen. Dort auf der Autobahn weiter Richtung Norden halten. Sie verlassen das Hochland um Windhoek und passieren die rechts liegenden Otjihaveraberge. Sie kommen an mehreren Gästefarmen und Lodges vorbei, die unweit der Straße liegen. Nach 63 km, 2 km vor Okahandja, können Sie zum Von-Bach-Damm und dem gleichnamigen Rastlager abbiegen.

Von-Bach-Damm

Der Stausee liegt zwischen hohen Hügeln verborgen. Nachdem man das Eingangsbüro passiert hat, führt der Weg steil hinunter (Eintritt 10 N$ für Tagesbesucher, telefonische Voranmeldung erforderlich unter Tel. 0621-501475, geöffnet bis Sonnenuntergang, Angelgenehmigung am Eingang). Die Übernachtungshütten sind ausgesprochen einfach gehalten, Camp- und Stellplätze vorhanden. Der Stausee versorgt Windhoek mit Wasser (in guten Jahren ca. 54 Millionen m^3). Fahren Sie einmal um den See herum zum Areal der Zeltplätze. Die Staudamm-Mauer selbst ist relativ schmal, aber sehr hoch. Auf dem Wasser fahren Motorboote, die Wasserskifahrer mit und ohne Paraglider hinter sich herziehen, und wem das Wasser nicht zu kalt ist – Baden ist erlaubt. Die wenigen Tiere bekommt man normalerweise nicht zu Gesicht, wer hierher fährt, möchte Wassersport betreiben oder sich am Ufer erholen.

Okahandja

Ankunft

Okahandja ist ein sympathisches Städtchen mit einer belebten Hauptstraße und einem hervorragend sortierten Supermarkt. Mit seiner Schlachterei und einer Biltong-Fabrik ist der Ort ein wichtiges Zentrum der Viehzuchtregion des Hererolandes. Im Einzugsgebiet des Swakop-Riviers wird auch etwas Ackerbau betrieben, auf den kleinen Feldern stehen Mais, Tomaten und andere Gemüse, die zumeist für den Eigenbedarf gezogen werden. Historische Gebäude gibt es nur wenige: den 1901 erbauten **Bahnhof**, die **Kirche der Rheinischen Missionsgesellschaft** und das ehemalige **Deutsche Fort**, in dem heute die Polizei residiert.

Bei Ein- und Ausfahrt im Norden und Süden kommt man an Märkten unter freiem Himmel vorbei, auf denen Kunsthandwerk (hauptsächlich Schnitzereien) angeboten wird. Vom Elefanten über Giraffen bis hin zum Flußpferd reicht die Palette, Stücke so groß, daß sie nicht ins Auto passen, oder so klein, daß sie in der Hosentasche verschwinden. Die Verkäufer und Schnitzer sind häufig Kooperativen angeschlossen, so daß sich Preisverhandlungen hinziehen können, weil jedes Angebot abgestimmt werden muß. Die kleinen Schnitzereien kosten ein paar Dollar, die großen mehrere Hundert.

Geschichtliches

Am 8. Februar 1843 kamen die Missionare Carl Hugo Hahn und Heinrich Kleinschmidt zu einem Kraal der Herero, der neben einem kleinen, von einer Quelle gespeisten See lag (Okahandja). Beide meinten, daß dies ein guter Platz für eine Missionsstation sei und nannten die Stelle „Schmelen's Verwachting", zu Ehren des Missionars Schmelen, Schwiegervater von Kleinschmidt. Sie reisten nach Windhoek ab und kamen im Oktober 1844 wieder, um ihre Arbeit anzutreten. Die Quelle war aber versiegt, das Plätzchen bei weitem nicht mehr so idyllisch. Sie klagten dem zufällig vorbeiziehenden Jonker Afrikaaner ihr Leid, und dieser schlug ihnen vor, sich bei den heißen Quellen von Otjikango niederzulassen, dem heutigen Gross Barmen. Gerne nahmen Sie den Vorschlag auf und zogen um.

1850 startete der Missionar Friedrich Kolbe einen weiteren Versuch, das Evangelium nach Okahandja zu bringen. Er ließ sich mit seiner Frau im April hier nieder. Nach kriegerischen Auseinandersetzungen zwischen Nama und Herero im August des gleichen Jahres (unter Jonker Afrikaaner setzten die Nama den wesentlich schlechter bewaffneten Herero schwer zu) entschied sich Kolbe, wegzuziehen, ins sicherere Otjikango.

■ Häuptling Maharero (links), hinten sein Sohn Wilhelm

Erst 1868 wrden neue Anstrengungen unternommen, die Mission in Okahandja zu beleben. Grund war der Umzug des Herero-Häuptlings **Maharero** mit seinem Gefolge von Otjimbingve nach Okahandja (das Motiv dafür blieb im Dunklen, eine Version spricht von Wassermangel, eine andere davon, daß die Herero nicht unter der Fuchtel des Präses alle Hahn stehen wollten, der als Präses alle Stationen der Rheinischen Missionsgesellschaft unter sich hatte und in Otjimbingve residierte – und im übrigen auch seine Missionare gegen sich aufbrachte, da seine Station auf Kosten der anderen ausgebaut wurde). 1870 schlossen Herero und Nama, nach erfolgreicher Intervention durch die Missionare, Frieden, und in den folgenden zehn Jahren blieb Otjikango eine Unterstation der Mission in Okahandja.

1880 trieben die Nama den Herero 1500 deren besten und fettesten Rinder weg. Als Maharero dies erfuhr, ließ er sofort alle Nama in Okahandja töten. Die Nama erklärten daraufhin den Krieg und versammelten sich in Rehoboth, die Baster folgten ihnen. Der große Kampf fand dann in Otjikango statt, am 12. Dezember 1880. Die Leichen von über 200 Kämpfern (diesmal hauptsächlich Nama, denn die Herero hatten ihren waffentechnischen Rückstand dank der guten Handelsbeziehungen zu Missionaren und Kaufleuten aufgeholt) blieben auf dem Schlachtfeld zurück. Auf Hereroseite fiel aber Wilhelm Maharero, der Sohn des Häuptlings und sein designierter Nachfolger. Der alte Häuptling und höchste Priester der Herero war schon am 5. Oktober 1890 gestorben – ungetauft, wie die Missionare bedauerten. Ihm folgte, von der deutschen Administration gefördert, sein zweiter Sohn Samuel Maharero im Amt.

Am 12. Januar 1904 brach im Umland unter seiner Führung der **Herero-Aufstand** los, in den ersten Wochen wurden 123 Siedler und Händler getötet. Der Aufstand endete für die Herero vernichtend in der **Schlacht am Waterberg** am 11. August 1904 (s. Exkurs S. 370). Die Überlebenden flüchteten in die Omaheke-Wüste, wo viele verdursteten, da die Schutztruppe ihnen gnadenlos den Rückweg abschnitt. Samuel Maharero gelang die Flucht ins benachbarte Betschuanaland (heute Botswana), wo er 1923 starb. Am 26. August 1923 wurde sein Leichnam nach Okahandja überführt. Entsprechend seinen Anordnungen trug keiner der Trauernden Schwarz. Herero in Schutztruppenuniformen folgten dem Sarg – eine seltsame Imitation deutscher Offiziersbegräbnisse, wie mancher weiße Beobachter bemerkte. Missionar Vedder verlas am Grab Samuel Mahareros letzte Botschaft an sein Volk: Es war die Aufforderung an seinen Sohn Friedrich, die Einheit der Herero zu bewahren.

Das Begräbnis Mahareros signalisierte das Erwachen eines neuen Nationalbewußtseins unter den Herero, knapp 20 Jahre nach der vernichtenden Schlacht am Waterberg. Entsprechend Mahareros letztem (in der christlichen Botschaft verschlüsseltem) Willen, wurden auch die „Heiligen Feuer" wieder entzündet.

Herero-Friedhof Der legendäre Herero-Friedhof ist in Okahandja gar nicht so leicht zu finden: In der Kerk Street führt gegenüber der Einmündung des Voigts-Wegs ein unscheinbarer Fußpfad am Tennisplatz vorbei nach Osten etwa zweihundert Meter zu den Grabstätten der berühmtesten Herero-Häuptlinge Maharero (des ersten Verhandlungs- und Ansprechpartners von Curt von François) und seines Sohnes Samuel Maharero. Hier finden alljährlich auch die Ahnengedenkfeiern der Herero statt.

Weitere prominente Persönlichkeiten der namibischen Geschichte wurden auf den beiden Friedhöfen am südlichen Ende der Kerk Street beigesetzt. Die 1876 fertiggestellte Kirche der Rheinischen Missionsgesellschaft ist von Schutztruppen-Gräbern umgeben.

Auf der gegenüberliegenden Straßenseite ruht Jonker Afrikaaner, der erste, für die Geschichte Südwestafrikas bedeutende Orlaam-Nama-Kapitäns, der 1861 starb. Neben ihm wurden entgegen der Tradition Clemens Kapuuo und Hosea Kutako begraben, beides Herero-Häuptlinge. Ersterer, Präsident der Turnhallenallianz, wurde 1978 in Katutura ermordet. Kutako starb 1970. Sein erklärter Wille war, die letzte Ruhestätte neben Jonker Afrikaaner, einem Feind seines Volkes, zu nehmen, um ein Zeichen zu setzen für die Verbrüderung einer Nation so unterschiedlichen Ursprungs.

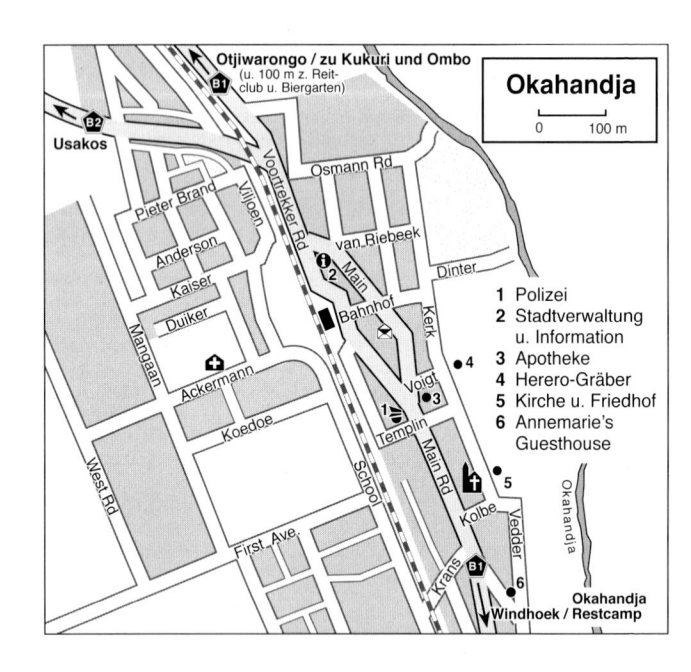

**Ahnen-
gedenktag
Ende
August**

An den Gräbern ihrer Häuptlinge feiern die Herero alljährlich am letzten Wochenende im August ihr bedeutendstes religiöses Fest, den **Ahnengedenktag**. Er versinnbildlicht die Verbundenheit der Herero mit ihren Vorfahren (die bis zur 5. Generation zurückgerechnet werden) und die Einheit des Volkes, deren Symbol das „Heilige Feuer" darstellt.

In einem zeremoniellen Akt treten die Priester an die Ahnengräber und sprechen mit den Vorfahren, in Fantasieuniformen gekleidet erscheinen die Häuptlinge der drei großen Untergruppen, der Zeraua-Herero (Omaruru), der Maharero-Herero (Okahandja) und der Mbanderu (Gobabis), gefolgt von im Paradeschritt marschierenden Truppen, deren Kleidung Einflüsse verschiedener europäischer Uniformstile aufweist.

Die Frauen in ihren viktorianischen Matronenkleidern beleben die Straßen Okahandjas mit dem Farbenspiel ihrer jeweiligen Gruppe: die Zeraua-Herero tragen schwarzweiß, die Maharero-Leute rot-schwarz und die Mbanderu grün-weiß-schwarz. Um den zeremoniellen Akt der Vereinigung mit den Ahnen ist ein buntes Rahmenprogramm entstanden, so daß die zweitägige Feier in ein wahres Volksfest mündet. Den Zeitungen ist das aktuelle Programm zu entnehmen.

Hier in Auszügen der Veranstaltungsplan des Ahnengedenktages 1995 (aus der Allgemeinen Zeitung):

Programm des Ahnengedenktages in Okahandja

Zur Gedenkfeier des 72. Hererotages am 26. und 27. August in Okahandja lädt der Herero-Kulturrat ein. Gastsprecher der Feierlichkeit wird Deutschlands Botschafter Dr. Hanns Schumacher sein. Wie der Herero Cultural Council (HCC) mitteilte, werde der Höhepunkt der Veranstaltungen der Schönheitswettbewerb „Miss Heroes Day 1995" am 26. August 1995 in der Stadthalle von Okahandja sein. Festprogramm:

Samstag, 26. August 1995:
7 Uhr: Priestertreffen am Heiligen Feuer
10–12 Uhr: Offenes Programm mit Volkstänzen, Kriegsliedern, Chören, Pferdeschauen, Vorführung der Königlichen Armee und Langarm Dance Group
18–22 Uhr: Schönheitswettbewerb „Miss Heroes Day" in der Stadthalle Okahandja. Musikalische Begleitung von Jackson Kaujeua und Kazakoka.
Sonntag, 27. August 1995
6.00 Uhr: Ankunft der Königlichen Armee und der Teilnehmer vor der Kommandohalle
7.00 Uhr: Ankunft aller geladenen Gäste und Medienvertreter
7.10 Uhr: Ankunft der Häuptlinge und Ratsmänner
7.15 Uhr: Ankunft der ombara von den Ovaherero
8.30 Uhr: Sprechen der Priester mit den Ahnen
9.30 Uhr: Rückkehr zur Kommandohalle
10.45 Uhr: Rede von Häuptling A.K. Maharero
10.55 Uhr: Kriegslieder
11.00 Uhr: Rede von Botschafter Dr. Hanns Heinrich Schumacher
11.20 Uhr: Chöre

Adressen & Service Okahandja

Unterkunft GÜNSTIG: Okahandja Hotel, Reit-Club, Okahandja Rastlager

Essen Reit-Club, Vortrekker Road, Tel. 062-501678
Bürgerstübchen, Main Street, Tel. 062-501830
Ombo Straußenfarm, nur Mittagessen, s.u.
Okakango Restaurant im Kukuri Center, auf dem Weg zur Ombo Straußenfarm, Frühstück und Mittagessen neben einem Garten-Center, Streichelzoo, Tel. 062-503280

Straußenfarm 3 km außerhalb in Richtung Otjiwarongo (nach zwei Kilometer links), Tel. 062-501176, Führungen durch die Straußenfarm (Eintritt 20 N$), Restaurant.

Informationen Stadtverwaltung, Visitors Information, Main Street; Tel. 062-501051. Bibliothek, School Str.

Einkaufen Kunsthandwerk-Märkte an den Stadtausgängen

Gesundheit State Hospital, Hospital Street; Tel. 062-503039

Sonstiges Reiten, s.o. Reit-Club unter Essen

Herero-Friedhof in Okahandja (Grab W. Maharero)

Exkurs: Neuanfang in der Uniform der Sieger

Ahnengedenktag in Okahandja: In straffer Ordnung marschieren militärisch gekleidete Herero – alte wie junge – zum scheppernden Klang von Blaskapellen durch die Straßen des Städtchens. Angeführt vom oloitnanta oder omajora wird exerziert, werden Waffen präsentiert, deren besten Jahre schon längst vorbei sind. Wohl niemand kann sich eines komischen Gefühls erwehren, wenn er die Uniformen genauer ansieht – sie sind zwar keine originalgetreuen Kopien deutscher Militärkleidung, aber deren Vorbilder (auch schottischer, burischer und britischer Militäreinheiten) sind unverkennbar. Und man fragt sich, wie ein so grausam aufgeriebenes Volk Selbstbewußtsein daraus ziehen kann, diejenigen zu imitieren, deren Politik so vielen Herero das Leben gekostet hat.

Paradoxerweise hat eben diese „Truppenspieler"-Bewegung (auch „Red Band" oder **Otjiserandu** genannt) nach der Niederlage am Waterberg den überlebenden Herero Rückhalt in einer familienübergreifenden Gesellschaftsstruktur geboten, die Züge einer Geheimgesellschaft trug. Exerziert hatten die Herero bereits vor der deutschen Schutztruppe, unter Einfluß des schwedischen Naturforschers, Händlers und Abenteurers Andersson, den sie einige Zeit sogar zu ihrem militärischen Führer gewählt hatten. Curt von François, der erste deutsche Gouverneur in Südwest, beäugte die mit Holzgewehren marschierenden Herero-„Truppenspieler" belustigt, aber auch mißtrauisch. Nach der Niederlage am Waterberg und der Flucht Häuptlings Samuel Maharero beanspruchte das Oberhaupt der Truppenspieler, Kaiser Edward Maharero, die Führung des Volkes. Sein Widersacher, Häuptling Traugott Maharero, wurde von der Administration abgesetzt und durch Husea Kutako ersetzt. Von diesem Zeitpunkt an gab es den offiziellen und legalen Weg der Opposition, repräsentiert durch Kutako, und den heimlichen, repräsentiert durch die „kaiserlichen" Otjiserandu-Truppen.

Wie eine Schattenverwaltung und -Regierung erfaßte und kontrollierte die Bewegung mit ihrer militärischen Organisationsstruktur die Herero-Gesellschaft. Jeder Mann – und vielerorts auch Frauen – waren Mitglieder der Otjiserandu. Sie besaßen darin einen festgelegten Rang und daraus resultierende Pflichten, konnten aber umgekehrt die Unterstützung und Solidarität der Truppe für sich in Anspruch nehmen. Die Gemeinschaft finanzierte Feste und die für den Ahnenkult so wichtigen Bestattungsfeiern, bezahlte Geldstrafen für ihre Mitglieder usw. Offiziell gebärdeten sich die Otjiserandu-Gruppen der südafrikanischen Administration gegenüber kooperativ und versuchten, ihre Organisation als „spielerischen" Exerzierverein zu verniedlichen. Nach innen bauten die Otjiserandu an einer effektiven Kommando- und Verwaltungsstruktur, deren Ziel das Erstarken der Nation – Uherero – und die Rückkehr auf ihr angestammtes Land war. Nicht-Mitglieder galten als verdächtig und wurden gemieden.

Rückhalt fand die „Truppenspieler-Bewegung" nicht unter allen Herero. Die älteren politischen Führer, darunter auch Hosea Kutako, lehnten diese Form des passiven Widerstandes ab und setzten auf den öffentlichen Diskurs mit der Administration und den Vereinten Nationen. Die südafrikanische Verwaltung beobachtete die Otjiserandu immer mißtrauischer, denn schließlich waren die Truppen gut bewaffnet. Im Versuch, sie zu disqualifizieren, wurde sogar der Verdacht laut, sie kooperierten mit Nazis, um Südafrika loszuwerden.

Erst nach dem Zweiten Weltkrieg konnten die Differenzen zwischen Kutako-Anhängern und den Otjiserandu-Gruppen beigelegt werden. Eine neue, übergreifende politische Organisation vereinte nun die Herero mit dem gemeinsamen Ziel der Unabhängigkeit Südwestafrikas. Das Ende der paramilitärischen Organisationsstruktur war damit aber nicht gekommen. Die „Truppen" – Kavallerie, Infanterie und Pioniere – verlegten ihre Aktivitäten stärker in den spirituellen Bereich im Umfeld der Ahnenfeiern und Bestattungsriten – dort, wo sie heute noch in Okahandja, aber auch bei den nicht öffentlich zugänglichen Ahnenfeiern in Omaruru (s.S. 388) eine wichtige Rolle spielen.

Gross Barmen

Von der Umgehungsstraße im Westen von Okahandja führt eine geteerte Straße nach Groß-Barmen (26 km), dem früheren Otjikango. Dieses Herero-Wort bedeutet „Quelle, die als Rinnsal dem Felsen entfließt".

Von den sich hier niederlassenden Missionaren bekam der Ort den Namen Neu-Barmen, da der Hauptsitz der Mission in Barmen in Deutschland lag. Die Reste der Missionsstation sind bei der Anfahrt zum staatlichen Camp und Thermalbad rechts der Straße auf einem flachen Hügel auszumachen. Eine einsame Palme beschattet die Ruinen der ersten Mission im Hereroland. Palmen kündigen auch schon weithin sichtbar das staatliche Thermalbad und das Camp Gross Barmen einige Meter weiter an.

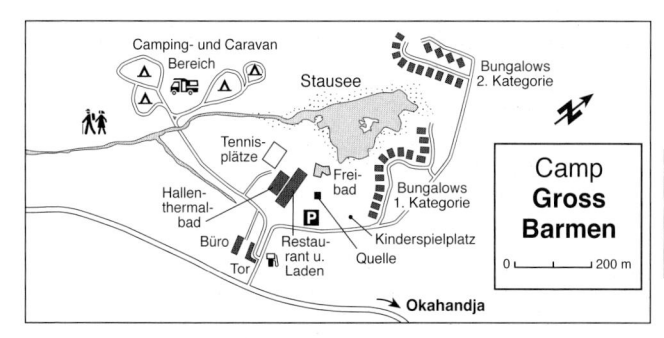

Gross Barmen ist eine recht weitläufige Anlage mit Bungalows verschiedener Kategorie, die sich um einen Stausee anordnen. Ein breiter Schilfgürtel umgibt den See, Heimstatt für zahlreiche Wasservögel, Frösche und anderes Getier, das vor dem Spaziergänger raschelnd ins Dickicht flüchtet.

Zum Camp gehört auch ein schöner Zelt- und Caravanplatz. Tagesbesucher (10 N$ p.P.) sollten sich unter der Telefonnummer 0621-501091 vorher anmelden (das Camp ist um 18 Uhr wieder zu verlassen). Die Übernachtung muß beim zentralen Reservierungsbüro in Windhoek vorausgebucht werden.

Das Restaurant hat feste Öffnungszeiten (7–8.30 Uhr, 12–13.30 und 18–20.30 Uhr), die meisten Gäste ziehen es aber vor, auf der Veranda ihres Bungalows zu grillen (der Laden verkauft Fleisch, Getränke und Feuerholz).

Die gefaßte **Quelle** hat eine Kapazität von knapp 2 l/s, eine Temperatur von 65 °C und wird auf etwa 40 °C im Innenpool und 30 °C im Außenpool heruntergebracht (der Hallenbad-Eintritt kostet 2 N$ p.P., Kinder 1 N$, mittags ist geschlossen). Die Temperatur des Innenpools ist ausgesprochen kreislaufbelastend, und man sollte nicht zu lange im Wasser bleiben.

Okahandja – Otjiwarongo

Durch eintönige Farmlandschaft mit mehr oder weniger hohem Busch geht es nun über 170 km nach Otjiwarongo. Links und rechts der Straße begleiten Zäune den Reisenden.
Auf dieser Strecke in den Norden „erfährt" man sich die Parzellenstruktur des Landes. Bis auf die ehemaligen Homelands und die Naturparks ist Namibia aufgeteilt in Farmen, denen die Gründer Namen wie Schwabenhof, Güldenboden, Waldfriede oder Elbe gegeben haben, um ein Zipfelchen Heimatgefühl in „Übersee" zu bewahren. Die Farmen wiederum bestehen aus mehreren, verschieden großen Bereichen, zwischen denen das Vieh je nach Zustand der Weide umgesetzt wird. Teile des Farmbodens haben so die Möglichkeit, sich wieder zu regenerieren. Nur so kann eine Überweidung vermieden werden, durch die der Boden verbuscht und letztendlich für die Viehwirtschaft unbrauchbar wird.
Die unendliche Weite wird nur durch die drei Kuppen der Omatako-Berge unterbrochen, deren höchste 850 m aus der Ebene aufragt. Auf der ganzen Strecke besteht die Möglichkeit, über Nebenstraßen Gästefarmen und Lodges zu erreichen. Mit die bekannteste ist die Mount Etjo Safari Lodge, ein Großbetrieb, der sich auf Pauschaltouristen spezialisiert hat und der als Ausgangsort für die Besichtigung der Dinosaurier-Fußspuren (s. Route 8a) benutzt wird (Abzweig von der B1 ca. 60 km vor Otjiwarongo).
D26 km vor Otjiwarongo haben Sie Anschluß an die Route 7a zum Waterberg und nach Okakarara (C22), und 3 km vor Otjiwarongo-Ortseinfahrt geht es auf 2 km Farmstraße zur Otjibamba Lodge mit sehr gutem Restaurant und exzellentem Weinkeller, zu dem die Namibier von weit her fahren.

Otjiwarongo

1906 wurde die Bahnlinie von Swakopmund nach Tsumeb und der neu gebaute Bahnhof, der heute etwas außerhalb im Westen der Stadt liegt, eröffnet (vor dem Bahnhof steht eine der Lokomotiven, die diese Strecke befuhren). Das war die Gründung der Stadt. Ihr Name bedeutet „hübscher Ort" oder auch „dort, wo das Rind fett ist". Davor gab es hier lediglich eine Missionsstation, und ab 1904 einen Außenposten der Schutztruppe. Nun begann die Stadt sich zu entwickeln, nicht zuletzt wegen der für die Rinderhaltung gut geeigneten Böden des Umlandes und der relativ ergiebigen Regenfälle.
Otjiwarongo ist Einkaufsplatz der Farmer. Kaufhäuser und Läden säumen die Hauptstraße, der Market Square ist großzügig angelegt und vermittelt den Reichtum des Handels. Das Hotel Hamburger Hof genießt mit seiner deutschen Küche einen guten Ruf, und wer nach einer Übernachtung am Morgen seinen Wagen besteigen will, findet ihn gewaschen und gewienert auf dem Parkplatz vor.
Besuchenswert ist auch die Krokodilfarm hinter dem Zeltplatz (Eintritt 10 N$ p.P., täglich 9–16 Uhr, Wochenende 11–14 Uhr). Tausend Häute werden jährlich produziert, kleine Artikel aus Krokodilleder am Eingang verkauft. Da die Tiere gezüchtet werden und die Zucht internationalen Standards genügt, hat die Firma eine Ausfuhrbewilligung.
Adresse: Crocodile Ranch, Zingel Street, P.O. Box 424, Otjiwarongo; Tel. 067-302121

Otjiwarongo Map Legend

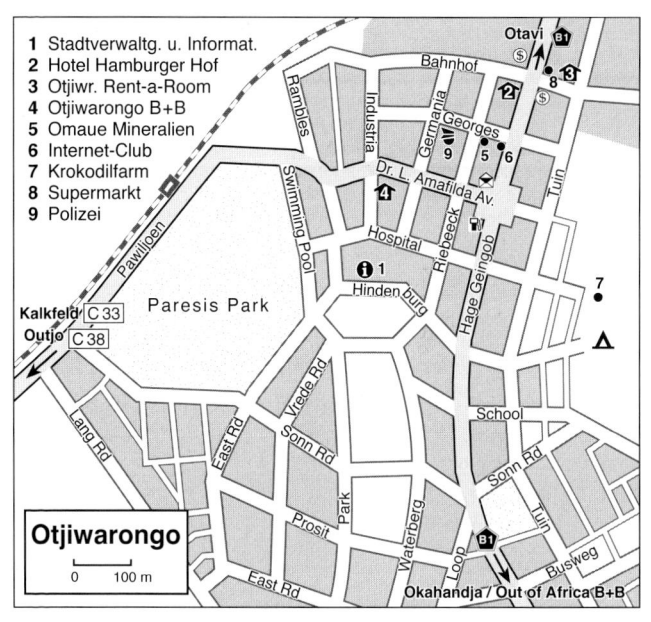

1. Stadtverwaltg. u. Informat.
2. Hotel Hamburger Hof
3. Otjiwr. Rent-a-Room
4. Otjiwarongo B+B
5. Omaue Mineralien
6. Internet-Club
7. Krokodilfarm
8. Supermarkt
9. Polizei

Adressen & Service Otjiwarongo

Unterkunft TOURISTENKLASSE: Hamburger Hof.
GÜNSTIG: Otjiwarongo Zeltplatz und Pension Bahnhof, Otjiwarongo B+B, Out of Africa B+B

Essen Hotel Hamburger Hof, Bahnhof Street; Tel. 067-302520
Prime Rib Restaurant, Vortrekker Road; Tel. 067-303165

Unterhaltg. Diskothek Rumours, Tuin Road

Information Bahnhof Street, Tel. 081-127149, Mo–Fr 8–17 Uhr, Visitors Information, Hindenburg Street; Tel. 067-302491

Gesundheit State Hospital, Hospital Road; Tel. 067-302491

Autovermietung Enyandi Car Hire, P.O. Box 264, Tel. 067-303898, Fax 302646, e-mail: anyndi@namib.com.na

Einkaufen Omaue Mineralien, St. George Street, Tel. 067-3038307

Weiterfahrt

In Otjiwarongo haben Sie Anschluß an die Routen 7a, 8 und 8a. Verlassen Sie die Stadt am Market Square Richtung Westen. Sie kommen am Bahnhof vorbei. Hier halten Sie sich rechts und nehmen die C38, die nach Nordwesten führt. 67 km hinter der Kreuzung mit der C33 und 1 km vor Outjo ist das ehemals heruntergekommene städtische Rastlager inzwischen unter privater Leitung vorbildlich renoviert.

Outjo

Das kleine Städtchen wurde 1880 von dem Händler Tom Lambert gegründet, 1895 wurde eine Garnison der Schutztruppe eingerichtet. Wenn Sie vor der Stadtverwaltung rechts nach Norden abbiegen, kommen Sie oben am Hang in einer hübschen Villensiedlung zum Franke-Haus, einem kleinen Museum, das die Stadtgeschichte beschreibt. Es erinnert an Major Franke, dessen Name auch mit dem Franke-Turm in Omaruru verewigt wurde.

Unter Franke wurde 1914 der Feldzug nach Naulila durchgeführt („Strafexpedition Franke", ein Denkmal im Friedhof beim Postamt feiert diesen Sieg), bei dem als Vergeltung für die Ermordung des Bezirksamtmannes Schulze-Jena und seiner Begleiter durch portugiesisches Militär (wegen Grenzstreitigkeiten) eine Schutztruppeneinheit den Kunene überschritt, das Fort Naulila einnahm und die portugiesischen Kräfte ins Landesinnere Angolas zurückdrängte. Die Portugiesen verloren 150 Mann, die deutschen Verluste betrugen 12 Mann. Mehr über Franke siehe auch S. 389.

Eine 1902 errichtete Windmühle beim Etosha Garten Hotel pumpte Wasser und versorgte die Militäreinrichtungen. Sie wirkt in ihrem verfallenen Zustand nicht sehr eindrucksvoll.

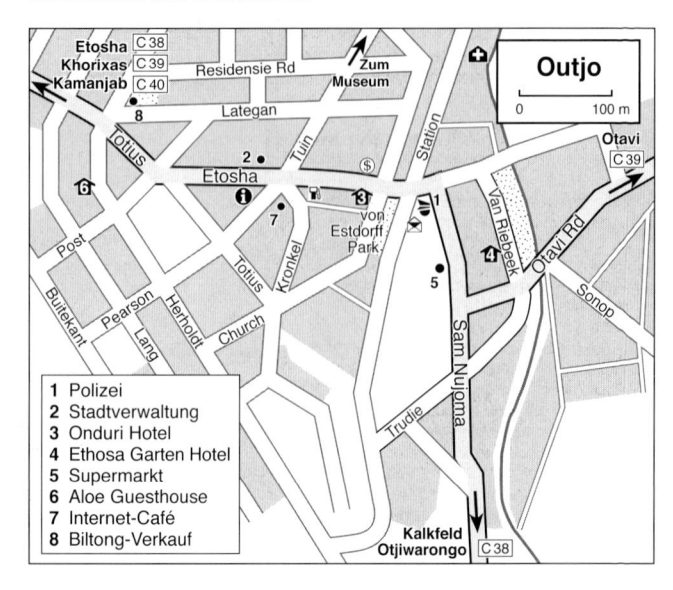

1 Polizei
2 Stadtverwaltung
3 Onduri Hotel
4 Ethosa Garten Hotel
5 Supermarkt
6 Aloe Guesthouse
7 Internet-Café
8 Biltong-Verkauf

Adressen & Service Outjo

Unterkunft	TOURISTENKLASSE: Etosha Garten Hotel. Onduri Hotel, Setehnghi Lodge, (8 Km außerhalb). GÜNSTIG: Ombinda Country Lodge (1 km außerhalb, mit Zeltplatz), Aloe Guesthouse.
Essen	Etosha Garten Hotel, Otavi Street; Tel. 067-313130 Outjo Bäckerei & Coffee Shop, Etosha Street; Tel. 067-313055
Einkaufen	Namibia Gem Stones, Etosha Str., geg.üb. Stadtverwltg.; Tel. 067-313072
Information	Stadtverwaltung, Visitors Information, Etosha Road; Tel. 067-313013
Internet	Internet Café, Tel. 067-313445

Weiterfahrt

In Outjo haben Sie Anschluß an die Routen 8 und 9. Verlassen Sie die Stadt westlich und bleiben Sie auf der C38. Nach 69 km kommt das Toshari Inn, eine kleinere, einfachere Lodge mit günstigen Preisen. Wer nicht im Etosha-Nationalpark nächtigen will, kann hier einkehren.

20 km dahinter, 5 km vor dem Zugang zum Park, befindet sich das Ongava Game Reserve, eine Lodge, die durch ihre exorbitant hohen Preise und die überperfekte Absicherung besticht.

Etosha National Park

Allgemeines Mit diesem berühmten Nationalpark haben Sie eines der Highlights Ihrer Namibia-Reise erreicht! Am Andersson Gate erhalten Sie einen Laufzettel, den Sie im Büro von Okaukuejo, dem staatlichen Rastlager, vorlegen müssen. Dort entrichten Sie dann: 30 N$ p.P., 10 N$ pro Fahrzeug. Eintritt (betreten Sie den Park vom östlichen von Lindequist Gate aus, ist in Namutoni zu zahlen).

Der Eingang schließt etwa eine Stunde vor Sonnenuntergang, da die drei Rastlager ihre Tore bei Sonnenuntergang absperren und es unabdinglich ist, daß jeder Reisende die Lager erreicht! Vor Sonnenaufgang darf auch niemand aus den Camps hinaus.

Das Fahrzeug darf nur in den Rastlagern und im Nationalpark nur an den ausgewiesenen Plätzen mit Toiletten verlassen werden. Wer sich nicht daran hält, wird des Parks verwiesen (gerade an den Wasserstellen gibt es häufig Löwen, die das ungeübte Auge nicht erkennt, und Löwen sind schnell …).

Die Geschwindigkeit auf den Pisten ist auf 60 km/h beschränkt, da sonst die Fahrzeuge zu viel Staub aufwirbeln. Die Restaurants der Camps haben feste Öffnungszeiten (7–8.30 Uhr, 12–13.30 und 18–20.30 Uhr), Tankstellen und Läden sind vorhanden. Jedes Lager hat ein Schwimmbad und eine beleuchtete Wasserstelle, an der man abends wunderbar Tiere beobachten kann. Die Anlagen wurden in den letzten Jahren renoviert und genügen nun auch wieder hohen Ansprüchen. Karten vom Park sind bei den Tankstellen erhältlich.

Etosha National Park

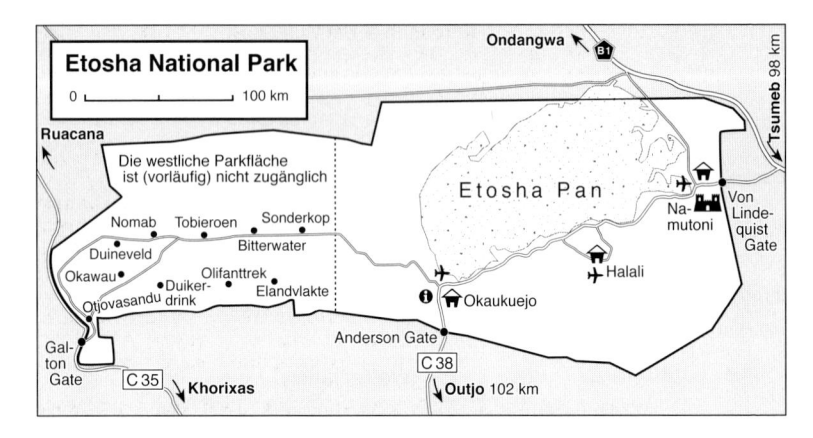

Wissenswertes

Mittelpunkt des Nationalparks ist die etwa 5000 qkm große **Etosha-Pfanne,** eine Salztonpfanne, die zum westlichen Teil der Kalahari gehört. Von den Heikom, einer Untergruppe der San, die vor der Erklärung zum Naturschutzgebiet hier lebte, wurde Etosha „großer weißer Platz" genannt. Ihren Legenden zufolge bildete sich die Salzpfanne aus den Tränen einer Frau, die um ihr ermordetes Kind weinte ...

Wenn die Zuflüsse der Pfanne gut abkommen, verwandelt sich die weißglitzernde Senke in einen See. Nach der Trockenzeit, wenn das Wasser verdunstet ist und die im feuchten Erdreich gelösten Mineralien sich abgesetzt haben, überzieht eine rissige Salzkruste den Boden. Das Salz wurde vom Wild ebenso geschätzt wie von den Menschen, die alljährlich nach Etosha zur Salzernte kamen und das Mineral dann gegen andere benötigte Waren tauschten. Heute profitieren nur noch die Tiere von Salz und Wasser in diesem nach europäischen Maßstäben immens großen Areal, das aber durch stetige Verkleinerung heute nur noch ein Bruchteil der Fläche bedeckt, die ursprünglich als Naturschutzgebiet ausgewiesen worden war.

Für viele Wildarten, wie beispielsweise Elefanten, ist Etosha zu klein. Deshalb ziehen sie auf der Suche nach Weide regelmäßig nach Westen, manchmal bis an die Skelettküste. Viele der sogenannten „Wüstenelefanten" (s.S. 404, Skelettküste) sind ganz „normale" Dickhäuter aus Etosha.

Pflanzenwelt

Die Pflanzenwelt Etoshas variiert nach der geographischen Lage. Zwergbuschsavanne umgibt den Rand der eigentlichen Salzpfanne, die selbst meist völlig vegetationslos ist. Nach Westen zu gehen die niedrigen, salzliebenden Gewächse in dichteren, mit Mopanebäumen durchsetzten Busch über. Dazwischen liegen Grassavannen, die bevorzugte Weide der Antilopen, Zebras und Gnus.

Westlich von Okaukuejo liegt der berühmte **Märchenwald,** eine Ebene, die überraschend dicht mit den bizarren Moringabäumen bewachsen ist. Unheimlich wirken diese mager belaubten Baumriesen mit ihren knorrigen Ästen – den Heikom zufolge wurden sie von Gott auf die Erde geworfen, wo sie verkehrt herum steckenblieben!

Nach Osten wird der Bewuchs dichter, die Mopanebäume erreichen imposante Höhen. Um Halali ist die sonst plattebene Landschaft durch Dolomitbuckel aufgelockert. Beim Rastlager Namutoni im Osten der Pfanne geht die niedrige Vegetation in Baumsavanne über. Auch hier dominieren Mopanebäume, zu denen sich nun immer häufiger auch die eleganten Kronen der Makalani-Palme gesellen.

Tierwelt

Etoshas Tierwelt zeigt einen repräsentativen Querschnitt durch die in Namibia beheimateten Arten: Außer Büffeln sind alle Spezies der „Big Five" vorhanden: Es gibt etwa 1500 Elefanten, 300 Spitzmaulnashörner (und inzwischen auch wieder einige ihrer breitmäuligen, sanfteren Artgenossen) und 300 Löwen. Wie viele Leoparden in Etosha leben, ist unbekannt, ebenso läßt sich die Zahl der Geparden im Nationalpark kaum schätzen. Die schnell wachsende Löwenpopulation hat allerdings andere, schwächere Großwildarten an den Rand Etoshas gedrängt. Zu den Aufgaben der Tierheger gehört seit einigen Jahren auch die Sorge um die Empfängnisverhütung bei den Löwinnen. Mit Hormonspritzen ist es gelungen, die rapide Vermehrung der Großkatzen einzudämmen.

Namibias Wappentier, die Oryx-Antilope (oder „Spießbock") ist mit etwa 2000 Exemplaren vertreten, Springböcke mit bis zu 20.000. Zwischen Zebra- und Gnuherde staksen Marabus und Nashornvögel durch das hohe Gras, und Ohren- und Kapgeier lauern kreiseziehend auf Beute.

Historisches

„Entdeckt" wurde Etosha von dem schon erwähnten schwedischen Naturforscher und Abenteurer Charles John Andersson, der mit dem Briten Francis Galton und einem Ovambo-Führer 1851 die Senke erreichte. Am 22. März 1907 gab Gouverneur **Friedrich von Lindequist** (nach ihm ist das östliche Tor benannt) eine Verordnung heraus. Damit wurde die Etosha-Pfanne und die Gebiete südlich, westlich und nordwestlich davon zum Wildreservat proklamiert. Über 90.000 qkm war es groß und umfaßte auch das Kaokoland bis zum Kunene hoch.

1947 gab man das Kaokoland zur Ansiedelung von Herero frei, und weitere Teile des Reservates wurden in Farmland aufgeteilt. Die Größe betrug nur noch unter 50.000 qkm. 1956 legte eine Kommission die Erweiterung des Schutzgebietes fest. Es waren nun wieder 100.000 qkm. 1962 verkleinerte die Odendaal-Kommission den Park auf die heutigen 22.000 qkm, ohne Rücksicht auf Migrationswege, angestammte Gebiete und Gefährdung der Tiere, um Platz für die angestrebten Homelands zu schaffen. Damit hatte die Apartheidspolitik auch die Tierwelt erreicht.

Tierbeobachtung

Heute sind 700 km Pisten im Park angelegt, sie führen von Wasserstelle zu Wasserstelle, und an jeder Kreuzung fällt die Entscheidung schwerer, in welche Richtung man denn jetzt fahren solle, wo man wohl die meisten Tiere zu Gesicht bekäme. Das Problem ist, daß auch innerhalb des Parks eine Migration stattfindet, und die Tiere sich über die Tageszeiten, die Jahreszeiten, aber auch über die Jahre, immer wieder an anderen Wasserstellen versammeln. Einfacher ist die Tierbeobachtung gegen Ende der Trockenzeit, weil sich das Wild dann in der Nähe der Wasserstellen aufhält. Nach den Regen hat man schon etwas mehr Mühe, einen der „Big Five" zu Gesicht zu bekommen. Am besten fragt man die Ranger, wo die Chance aktuell am größten ist, bestimmte Tiere zu sehen. Die Ranger haben durch ihre Fahrten und Hubschrauberflüge einen sehr guten Überblick über die Wanderwege des Wildes. Mit Geduld kann man sich auch selbst als Fährtensucher betätigen. Die frischen Elefantenhaufen weisen die Richtung (bleiben Sie aber auf den Wegen!).

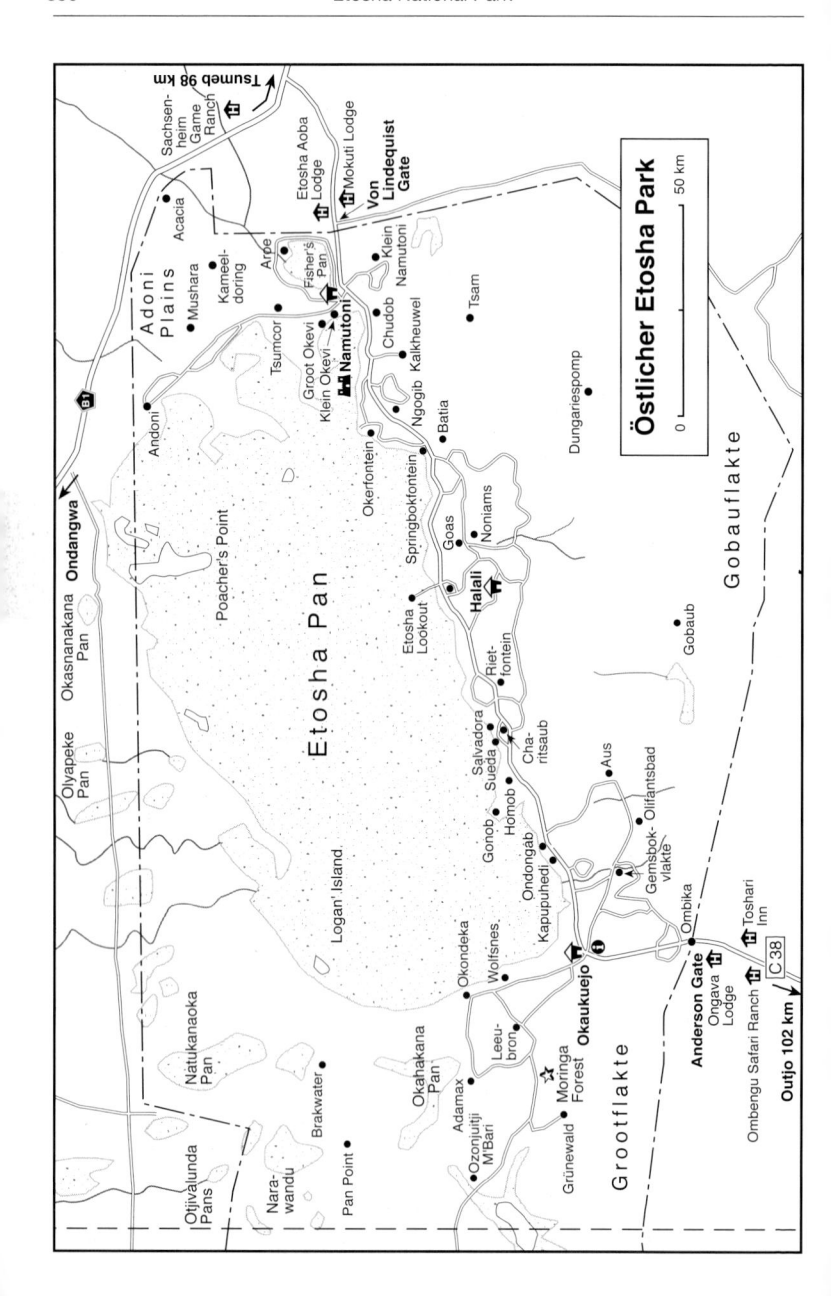

Etosha National Park

Rastlager Im Etosha-Nationalpark gibt es im Augenblick drei staatliche Rastlager: Okaukuejo, Halali (etwa auf halbem Weg nach Namutoni) und das historische Fort Namutoni. Ein weiteres Lager ist im westlichen Teil des Parks geplant. Es soll unter privater Leitung stehen, die Entscheidung darüber läßt aber seit Jahren auf sich warten.

Rastlager Okaukuejo

Die Bungalows verschiedener Kategorie sind um das nachts beleuchtete Wasserloch angeordnet, die teureren näher, die billigeren weiter weg. Der Zeltplatz wirkt nicht besonders anheimelnd. Das Wasserloch jedoch ist die Attraktion des Lagers. Eine niedrige Steinmauer trennt Tier und Mensch. Des nachts kann man gemütlich auf Bänken sitzend Giraffen, Elefanten und Rhinos beim Saufen zuschauen, manchmal auch Löwen.

Zu späterer Stunde, wenn das Blitzlichtgewitter nachgelassen hat und die meisten zu Bett gegangen sind, ist es am schönsten: Schakale huschen durch das Lager auf der Suche nach Freßbarem, Rhinos mit Jungen verjagen Giraffen und verteidigen das Wasserloch, Elefanten kommen und sichern nach allen Seiten, Löwen kündigen sich an und die Antilopen flüchten.

In Okaukuejo wurde 1901 ein Fort gebaut, das aber keine militärische Funktion hatte. Es diente der Abwehr der Maul- und Klauenseuche, die nördlich grassierte (auf der Ost-West-Linie in Höhe von Okaukuejo trifft man auf jeder Straße und Piste nach Norden auch heute noch auf die Disease-Control-Gates) und der Eindämmung der Wilderei und des Waffenhandels. Das Fort existiert nicht mehr.

Routenvorschläge von Okaukuejo aus Die meisten Besucher nehmen eines der Rastlager zum Ausgangspunkt, von dem aus sie ihre „Kreise" auf den Pisten am Südrand der Pfanne ziehen und zwischendrin und abends wieder in die gebuchte Unterkunft zurückkehren. Dies hat den Vorteil, daß man die toten Stunden der Mittagshitze, in denen kaum Wild zu sehen ist, planschend am Pool verbringen kann.

Hier einige Rundtouren von Okaukuejo aus (eine gute Karte des Nationalparks mit allen wichtigen Wasserstellen ist in den Tankstellen der Rastlager erhältlich; Rundfahrten von Halali und Namutoni siehe dort):

■ **Nach Ombika und Gemsbokvlakte** (insgesamt ca. 60 km): Zunächst 11 km zurück in Richtung Andersson Gate, dann nach links nach Ombika. Die Wasserstelle gilt als einer der sicheren „Löwen-Plätze". Außerdem oft vertreten: Zebras und Streifengnus.

18 km weiter liegt Gemsbokvlakte, ein beliebter Wasserplatz von Oryx-Antilopenherden, zu denen sich manchmal auch Elefanten gesellen. Von hier geht es zurück nach Okaukuejo.

■ **Weiterfahrt Gemsbokvlakte – Olifantsbad:** Anstatt zurückzufahren, folgen Sie der Pad nach Osten, etwa 8 km entlang der traditionellen Migrationspfade der Elefanten nach Olifantsbad, wo man mit ziemlicher Sicherheit einen Dickhäuter zu sehen bekommt.

■ **Von Okaukuejo nach Okondeka:** nördlich des Rastlagers und nur etwa 22 km entfernt liegt am Westrand der Salzpfanne eine der interessantesten Wasserstellen für die Löwenbeobachtung. Hier entspringt eine Quelle, die große Herden von Zebras, Gnus und Antilopen mit Wasser versorgt. Daß der König der Tiere hier gerne sein „Lager" aufschlägt, ist so nicht weiter verwunderlich! Ideal sind die späteren Vormittagsstunden.

▲ Gestreiftes Duo: Steppenzebras
▼ Eine Game Capture Unit hat ein Nashorn für den Abtransport betäubt

■ **Zum Märchenwald:** von Okaukuejo geht's zunächst nordwestlich in Richtung Leeubron und dann auf der Moringawald-Straße (Sprokieswoud) nach Westen, bis nach ca. 35 km rechts der Straße der geisterhafte Märchenwald (s.S. 354) erscheint.

Okaukuejo – Halali

Die Straße folgt dem Südrand der Salzpfanne; linkerhand breitet sich die im Sonnenlicht gleißende Salzfläche aus, rechts verdeckt zunehmend dichteres Buschwerk den Blick auf kleineres Wild. Immer wieder führen Abstecher nach Süden in die Buschsavanne zu beliebten Wasserstellen. Versuchen Sie's nördlich mit **Homob** (nach ca. 35 km), einer direkt am Pfannenrand angelegten Wasserstelle, an der verschiedene Antilopenarten, Zebras und ihre kurzsichtige Gefolgschaft, die Gnus, ihren Durst stillen. Auch Löwen sind hier häufig zu Gast. **Charitsaub,** 9 km weiter rechts der Straße, gilt als sicherer Tip für Geparden (was bei Tierbeobachtung schon „sicher" zu nennen ist ...). Nach weiteren 22 km zweigt die Zufahrtsstraße zum Rastlager Halali ab, das nach 8 km erreicht wird.

Rastlager Halali

Der Platz, an dem das Rastlager am Fuß eines kleinen Hügels (koppie) erst 1967 errichtet wurde, hat keine Geschichte, aber eben einen klangvollen Namen. Sein Wasserloch ist ebenfalls ein bei den Tieren beliebter Sammelpunkt, liegt aber abseits der Hütten und hat deshalb bei weitem nicht die Anziehungskraft wie das von Okaukuejo, obwohl es ebenfalls nachts beleuchtet ist. Das liegt vielleicht auch daran, daß die meisten Besucher in Okaukuejo und Namutoni übernachten und in Halali häufig nur Mittagsrast machen (das Restaurant ist mittelmäßig, auf der Veranda ist es oft schwierig, einen Platz zu finden). Halali besitzt durch die vielen Dolomithügel eine reizvolle Umgebung, die es durchaus zu erkunden lohnt.

Routenvorschläge von Halali aus

■ **Nach Etosha Viewpoint:** zwei Strecken bieten sich an: die westliche an der Wasserstelle von Nuamses vorbei (34 km), oder die östliche Route (36 km). Etosha Viewpoint ist die einzige Stelle, an der Besucher einige Kilometer auf die Salzton-Pfanne hinausfahren dürfen!

■ **Nach Noniams und Goas:** Etwa 15 km von Halali nach Osten versprechen die beiden Wasserstellen von erhöht angelegten Parkplätzen aus gute Sicht auf Zebras, Gnus, Oryxe und die seltenen Kuh-Antilopen.

Halali – Namutoni

Die scheuen Eland-Antilopen sollen sich entlang des Elandsdrive südöstlich von Halali gelegentlich blicken lassen. Die Strecke ist zwar nicht die direkteste Verbindung nach Namutoni, verspricht aber gute Tierbeobachtungsmöglichkeiten in Kamaseb und ein freundliches Landschaftsbild mit dichtem Mopanebewuchs. Nach ca. 50 km wieder zurück am Rand der Salzpfanne lockt die Quelle Springbokfontein verschiedene Antilopenherden, vor allem aber die grazilen Springböckchen an. 20 km sind es von der Quelle bis zur Abzweigung nach Kalkheuvel (weitere 5 km), der angeblich besten Tierbeobachtungsstelle im Park. Sogar Leoparden sollen hier gesichtet worden sein! Im folgenden quert die Pad auf einem kurzen Stück die Salzton-Pfanne und erreicht nach knappen 100 km (insgesamt) Namutoni, dessen weiße Mauern den Reisenden nicht nur in die Zivilisation, sondern einmal wieder in die deutsche Kolonialzeit zurückversetzen.

Rastlager Namutoni

1851 reiste der Schwede Charles Andersson (nach ihm ist das südliche Tor benannt) nach Ondangwa und machte bei der Wasserstelle Omutjamatunda Halt, dem heutigen Namutoni. Er berichtete als erster von dieser Stelle. Ihm folgten Jäger und Händler. Erst bei Ausbruch der Rinderpest 1897 installierte man einen Posten, der die gleichen Aufgaben wie der in Okaukuejo hatte. 1903 wurde die Festung fertiggestellt, Namutoni war nun Grenzposten, da das nördlich von hier gelegene Ovamboland nicht unter deutscher Verwaltung stand.

Am 11. Januar 1904 brach der Herero-Aufstand los. Als einziger Ovambo-Häuptling beteiligte sich Nechale aus Ondangwa und schickte am 28. Januar seine Leute gegen Namutoni. Einen Tag lang konnte die Besatzung, bestehend aus 4 Mann und 3 Farmern, die Schutz gesucht hatten, dem Ansturm widerstehen. In der Nacht suchten sie dann aber das Weite, das Fort wurde von den Ovambo geschliffen. Nach Niederschlagung des Aufstandes wurde es wieder aufgebaut.

Am 28. Januar 1904 überfielen 500 Ovambo die Station
Namutoni.
Sieben tapfere deutsche Reiter schlugen den Angriff sieg;ab,
Ehre ihren Namen:
Unteroffizier Fritz Grofsmann, Sanit Sergeant Bruno Lafsmann,
Gefreiter Richard Lemke, Gefreiter Albert Lier,
Unteroffizd.R.,Jakob Basendowski,Gefreiter d.R.Franz Becker
Gefreiter d.R. Karl Hartmann.

Da das Kaiserreich bemüht war, seine Kosten für das Schutzgebiet zu senken, zog die Schutztruppe 1910 ab, nur noch ein Polizeiposten verblieb. Nach dem I. Weltkrieg verfiel die Festung immer weiter, da sie nur zwischenzeitlich von der südafrikanischen Polizei benutzt wurde. Schließlich entschied man sich, die Reste abzutragen.

Die Versuche verschiedener Seiten, das historische Gebäude zu erhalten, hatten 1950 Erfolg, es wurde zum Nationalen Monument erklärt, und man beschloß gleichzeitig, es zu rekonstruieren und zu einem Touristenlager zu machen. 1958 war der Plan umgesetzt, Namutoni wurde eröffnet. Das Fort erhebt sich strahlend weiß, mächtig und kriegerisch über dem grünen Rasen. In einem der Türme ist ein kleines Museum zur Geschichte von Namutoni eingerichtet.

Die Landschaft um Namutoni ist geprägt von hohen Mopanebäumen und dichtem Gesträuch, das es sogar schwierig macht, die allerorts äsenden Giraffen auszumachen. Scharfe Beobachtungsgabe ist also von Nöten.

Routenvorschläge von Namutoni aus

■ **Dikdik-Drive:** Die Damara-Dikdiks sind die kleinsten Antilopen Namibias. Ihre bevorzugte Wasserstelle ist Klein-Namutoni, ein Wasserloch, zu dem häufig auch Giraffen kommen. Die ausgeschilderte Rundtour ist etwa 5 km lang.

■ **Über Fisher's Pan nach Twee Palms:** An ihrem östlichen Rand leckt die Etosha-Pfanne nördlich von Namutoni über einen „Kanal" in eine zweite Salzton-Senke hinein, in die Fisher's Pan. Diese ist besonders bei Vögeln beliebt. Wer schon immer rosafarbene Flamingowolken fotografie-

ren wollte – hier findet er sie! Dazwischen stolzieren in strengem Ernst Marabus, und gelegentlich watscheln auch ein paar Pelikane vorbei.
Nach 31 km entlang Fisher's Pan ist die malerische Wasserstelle Twee Palms erreicht, 11 km weiter trifft die Rundtour wieder auf Namutoni.

■ **Nach Andoni:** Diese bei vielen Tierarten beliebte Wasserstelle liegt knapp 50 km nördlich von Namutoni. Auf dem Weg passiert man Tsumcor, einen bevorzugten Aufenthaltsort von Elefanten.

Aus- und Weiterfahrt aus dem Park

Am von Lindequist Gate verlassen Sie den Park. Nun ist die Straße wieder geteert. Hier befindet sich auch der Abzweig zur Mokuti Lodge. Ein Schwimmbad, die vorzüglichen Büffets, kleine Wanderwege, ein Reptilienpark und geführte Touren durch den Etosha-Nationalpark haben die Lodge bei großen Reisegruppen sehr beliebt gemacht. An der Rezeption steht ein kleines Terrarium mit Skorpionen. Auf einer Tafel bittet das Management um Achtsamkeit den kleinen Tierchen gegenüber (wohl zum Selbstschutz). Die mit Sand gefüllten Rollen vor den Bungalowtüren halten Schlangen und Skorpione davon ab, unter der Türe durchzukriechen – Erinnerung daran, daß man sich trotz allen Luxus mitten im Busch befindet. Dem sollte man sich anpassen. Sucht man nach dem Abendessen seinen Bungalow auf, hat eine Taschenlampe eine ausgesprochen beruhigende Wirkung – man sieht, wohin man tritt und kann den Türrahmen ableuchten.
10 km nach dem Tor führt eine Farmstraße auf 10 km zur Etosha Aoba Lodge, einer kleineren, von zwei deutschen Ehepaaren mit viel Charme geführten Einrichtung mitten im Busch. Wer dem Pauschaltourismus entfliehen will und eine persönlichere Atmosphäre vorzieht, ist gut beraten, hier und nicht in der Mokuti Lodge zu nächtigen. Ausstattung, Komfort und Küche können es mit Mokuti durchaus aufnehmen. Die Lodge organisiert auch Ausflüge zu der nahebei gelegenen Ombili-Stiftung. Nach Beendigung des Kampfes zwischen SWAPO und Südafrika hat ein Offizier seine aus Buschleuten bestehende Einheit auf seiner eigenen Farm angesiedelt, da die San wußten, wohin nach dem Krieg gehen könnten. Daraus entstand die Ombili-Stiftung. In Schulen und bei der Herstellung traditionellen Schmuckes und traditioneller Haushaltsgeräte für den Verkauf an Touristen sollen die Fährtensucher den Weg in das moderne Leben finden.

Auf der B1 nach Tsumeb

24 km hinter dem Lindequist Gate biegt man auf die B1 nach Süden ein. 50 km weiter führt die Piste D3043 zum **Lake Guinas** (24 km). Er liegt schöner als der unten beschriebene Lake Otjikoto, wird aber wegen seiner Entfernung von der Hauptstraße nicht so oft angefahren. Er ist 60 m breit, 120 m lang und mit 100 m doppelt so tief wie sein Gegenstück an der B1, 5 km hinter dem Abzweig. Beide entstanden durch Wegsacken des karstigen Untergrundes bei Höhleneinstürzen. Die Höhlen wiederum wurden durch unterirdische Flußsysteme ausgespült, die den Kalkstein zersetzt haben. Das Wasser wird zur Bewässerung der umliegenden Farmen benutzt.
Am **Lake Otjikoto** zeugt eine voluminöse, fest installierte Dampfmaschine, Überbleibsel einer Pumpstation, vom Wasserbedarf der Minen bei Tsumeb. Schon 1907 wurde die Pipeline eröffnet. Bei der Kapitulation der

deutschen Truppen 1915 versenkten die hier befindlichen Einheiten ihre schweren Waffen. Im Museum in Tsumeb können die geborgenen Kanonen besichtigt werden. Am Eingang zum See (Eintritt 2 N$ p.P.) gibt es einen Kiosk mit Getränken und Snacks. 16 km hinter dem See erreicht man dann die Minenstadt Tsumeb.

Tsumeb

In Tsumeb haben Sie Anschluß an die Route 13 a. Tsomsoub – in der Sprache der Buschleute „Ein Loch graben, das verschwindet" – spielt auf den Umstand an, daß die Bewohner des wasserlosen Umlandes hierher kamen, um nach Wasser zu graben. Sie entnahmen ihren Tagesbedarf, und am nächsten Tag war das Loch eingestürzt. Aus dem Buschmann-Wort entwickelte sich so der Ortsname Tsumeb. Heute hat die Stadt etwa 14.000 Einwohner.

Lange bevor der Schwede Andersson 1851 das erste Mal von Kupferfunden berichtete, war der „Malachitberg" von Tsumeb im weiten Umkreis bei den hier lebenden San und den Ovambo bekannt. Die San bauten das Erz ab und tauschten es bei Ovambohändlern gegen Eisen, Salz (aus Etosha) und Tabak. Die Händler verhütteten es in einfachen „Hochöfen", die eindrucksvoll im Tsumeber Museum nachgebaut wurden. Dies konnte nur nachts geschehen, denn die Ovambo glaubten, daß die Sonne sie dabei nicht beobachten durfte. Wie bei den meisten anderen afrikanischen Völkern war der Umgang mit Metall und Feuer auch bei dem Ovambo ein Privileg bestimmter Berufsgruppen, die von der Gesellschaft wegen ihrer vermeintlich magischen Kräfte gefürchtet wurden.

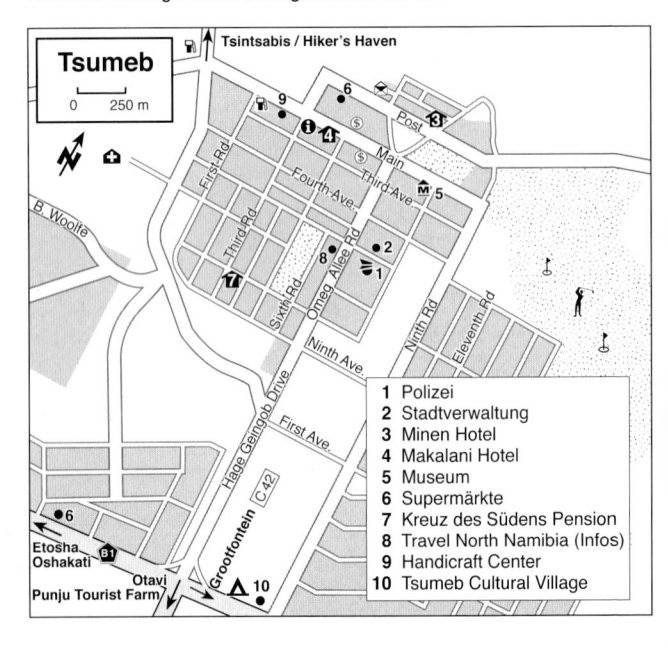

1 Polizei
2 Stadtverwaltung
3 Minen Hotel
4 Makalani Hotel
5 Museum
6 Supermärkte
7 Kreuz des Südens Pension
8 Travel North Namibia (Infos)
9 Handicraft Center
10 Tsumeb Cultural Village

Tsumeb

Die Minen Vom Deutschen Reich erhielt 1892 eine englische Gesellschaft das Recht, bei Tsumeb Erz abzubauen. Sie ging 1900 in der Otavi Minen- und Eisenbahngesellschaft (OMEG) auf. Die Eisenbahnlinie nach Swakopmund wurde 1906 fertiggestellt, 1907 stand Wasser in ausreichender Menge vom Otjikotosee zur Verfügung, und so entstand eine Verhüttungsindustrie. Nun konnte man Kupfer und Blei in reinerer Form an die Küste schicken, die Transportkosten sanken.

Auf dem Höhepunkt der Erzproduktion mit 65.000 Tonnen pro Jahr begann der I. Weltkrieg. Erst sechs Jahre später wurde die Arbeit wieder aufgenommen, und der Ausstoß verdreifachte sich bis 1930. Die Weltwirtschaftskrise kam, und mit ihr ein Verfall der Weltmarktpreise für Erz. Wieder wurde die Produktion eingestellt. 1937 rüstete die Welt sich dem zweiten großen Krieg entgegen, Metall war gefragt. Nach drei Jahren wurde das Vermögen der OMEG als Feindbesitz beschlagnahmt. 1947 wurde die Tsumeb Corporation Limited gegründet. Sie erwarb die Abbaurechte und schürft bis in unsere Tage.

Der Erzabbau wurde immer wieder totgesagt, auch heute mehren sich wieder die Stimmen, die eine Abbauwürdigkeit bestreiten. Es finden sich aber immer von neuem Lagerstätten, die das Schürfen gewinnträchtig werden lassen. Zu Beginn der 90er Jahre wurden bei Grootfontein (s.S. 437) neue, angeblich noch ergiebigere Lagerstätten exploriert. Nun wird im Dreieck wieder investiert.

Heute ist Tsumeb der welterste Bleiproduzent, steht bei Kupfer an fünfter Stelle und exportiert auch Silber, Germanium und Cadmium. Allerdings nicht mehr über Swakopmund, sondern über den Hochseehafen in Walvis Bay.

Sehenswertes Die im Schachbrettstil mit Roads und Streets entworfene Stadt profitierte vom Erzabbau und wurde dadurch reich. Die Straßen flankieren Bäume, und die Blüten von Bougainvillea, Flammenbaum, Goldregen und Jacaranda geben dem Ort eine beschwingte Atmosphäre, die der Vorstellung von einer Minenstadt zuwiderläuft.

■ Straßenszene in Tsumeb

Das **Museum**, im 1915 errichteten ehemaligen Gebäude der Deutschen Privatschule untergebracht, zeigt eine interessante Mineraliensammlung und die Waffen, die 1915 im Lake Otjikoto versenkt wurden. Anschaulich werden auch die traditionellen Methoden des Erzabbaus und der -verhüttung dargestellt und liebevoll die Kultur der Haikom-San dokumentiert. Ilse Schatz, die Leiterin der Sammlung, hat durch einen ihrer San-Farmarbeiter, der zugleich ein berühmter Heiler war, vieles über das Leben der San erfahren und dies in einem kleinen, sehr lesenswerten Bändchen zusammengetragen (s. Literaturhinweise S. 496).

In der 1st Street hinter dem Minen-Hotel (Schlachtplatte mit Sauerkraut im Biergarten!) befindet sich ein Gebäude, das eine Kirche sein könnte, in Wirklichkeit aber als Prachtbau für die Direktion der OMEG 1910 errichtet wurde. Ein weiteres Gebäude der OMEG steht in der anschließenden Hospital Street. Es entstand 1912 und diente als Wohnhaus. Wo die Hospital Street in die Main Street mündet, versteckt sich die Missionskirche St. Barbara, diesmal katholisch und 1913 erbaut, hinter subtropischen Pflanzen. Die Schutzpatronin bewahrt die Bergleute vor Unglück.

Adressen & Service Tsumeb

Unterkunft	TOURISTENKLASSE: Minen Hotel. Makalani Hotel. Kreuz des Südens Pension. GÜNSTIG: Tsumeb Zeltplatz und Hiker's Haven, Punja Tourist Park, Steinicke B+B, Tsoutsoum Bungalows
Essen	Minen Hotel, Post Street; Tel. 067-221071 Etosha Café, 21 Main Road; Tel. 067-221207 Spatzi's Takeaway, 29 Bahnhof Street; Tel. 067-221659 B+B Club, 3rd Road, auch Takeaway
Unterhaltung	Diskothek Hot Spot, 4th Road zwischen Main und 3rd Street
Museum	Main Street; Tel. 067-220447, Mo–Fr 9–12 und 15–18 Uhr, Sa 15–18 Uhr
Information/ Reiseveranstalter	Travel North Namibia, P.O. Box 779, Tsumeb, Tel. 067-220728, Fax 067-220157, e-mail: traveln@tsumeb.namib.com, Internet Nachrichten können versandt werden.
Einkaufen	TACC, 18, Main Street; Tel. 067-220257, Kunsthandwerk Afrikanischer Markt (nicht regelmäßig), Ecke Bahnhof/7th Street neben der Caltex-Tankstelle
Golfclub	Tsumeb Golf Club, P.O. Box 1477, Tsumeb; Tel. 067-220547
Medizinische Hilfe	State Hospital, Bahnhof Street; Tel. 067-221082

Weiterfahrt

Verlassen Sie Tsumeb auf der B1 außerhalb der Stadt. Nach 64 km Fahrt durch Farmland mit den altbekannten Zäunen links und rechts der Straße und durch niedrigen Busch, rechts vorbei an den Otavibergen, kommen Sie zum Städtchen Otavi.

Otavi

Der Ort wirkt nicht sehr anheimelnd, niedrige Häuser liegen an staubigen Straßen, auf denen nichts los ist. In der Erinnerung der deutschstämmigen Namibier blieb die Stadt, weil nördlich davon (2 km außerhalb an der B1) die Kapitulationsbedingungen am 9. Juli 1915 unterschrieben wurden (ein 1920 errichtetes Denkmal erinnert daran).

Berühmtheit erlangte Otavi 1991 durch den Fund eines Kieferknochen in den Otavi-Bergen. Sein Alter wurde auf 12 bis 15 Millionen Jahre datiert, und man nimmt an, daß mit dieser Entdeckung neue Erkenntnisse zum „missing link" möglich sind, dem immer noch unbekannten gemeinsamen Urahn von Homo Sapiens und Menschenaffen.

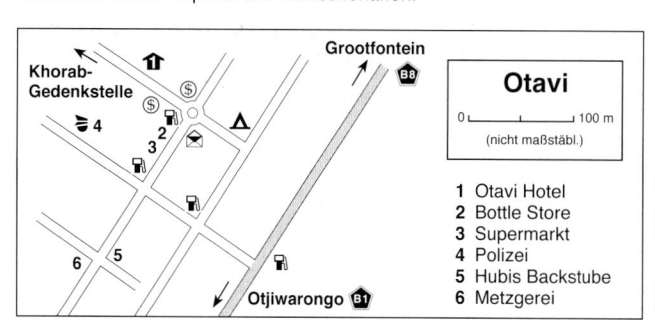

Otavi
0 — 100 m
(nicht maßstäbl.)

1 Otavi Hotel
2 Bottle Store
3 Supermarkt
4 Polizei
5 Hubis Backstube
6 Metzgerei

Zur Khorab-Gedenkstätte
Ein kleines leicht eingewachsenes Monument erinnert an die Kapitulation der deutschen Truppen in Südwest 1915 gegenüber dem südafrikanischen Militär. Um zum Denkmal zu gelangen verläßt man Otavi Richtung Nordwest und biegt nach 300 m hinter der Eisenbahn nach Südwest rechts ab, dann geht es knapp 3 km nach Nordost. Bei 19 37 23/17 21 06 steht der Stein.

In Otavi haben Sie Anschluß an die Route 13.
Die B1 führt nun 117 km südwestlich weiter durch Farmland bis Otjiwarongo (s. oben).

■ Zeitgen. Darstellung der Schlacht am Waterberg (Route 7a)

Route 7a: Zum Waterberg-Plateau

Otjiwarongo – Waterberg – Grootfontein

Km	Abzweig	Ort	Sehenswert	Übernachtung	GPS
Km 0 C22 Teer					20 40 54 16 46 45
Km 18	Einmündung der C30				20 39 01 16 57 19
Km 34	bei Abzweig Okakarara Km 10			Waterberg Game Farm Omujomat. GF	
Km 40 D2512 Piste	Okakarara Km 0 C22 Teer Km 31	Okakarara, T			20 38 22 17 09 46 20 35 33 17 26 58
Km 56			Waterberg-Plateau, T+V	Bernabé-de-la-Bat-Rastlager	20 31 33 17 14 58
Km 73		Onjoka-Tor			
Km 92				Wabi Lodge	20 20 43 17 31 57
Km 144		Einmündung der D2896			20 07 05 17 49 20
Km 180		Rietfontein			
Km 182		Einmündung in B8			19 43 33 17 51 14

Otjiwarongo – Waterberg

Bis zum Abzweig der C22 von der B1 ist die Strecke in der Route 7 beschrieben. Die C22 ist geteert. Schnell tritt das Waterberg Plateau ins Blickfeld. Es erhebt sich 200 m über Straßenniveau. Man fährt 40 km (und ignoriert die C30 nach Gobabis nach 18 km) auf das links voraus liegende Plateau zu, und kurz vor der Abzweigung zwischen dem Großen Waterberg links und dem Kleinen (aber höheren) Waterberg rechts hindurch.

Bei Kilometer 32 passiert man den westlichsten Ausläufer des Waterberg-Plateaus. Die Piste D2512 wird, als Hauptzufahrt zum Nationalpark, ständig präpariert, ihr ungünstige Unterbau führt aber nach Regenfällen dazu, daß man mit einem normalen Pkw so seine Schwierigkeiten haben kann (rufen Sie die Rezeption unter der Nummer 0651-3191 an und fragen Sie nach den aktuellen Pisten-Verhältnissen).

ABSTECHER: OKAKARARA An der Kreuzung ist ein Abstecher zum 31 km entfernten Okakarara möglich. Dorthin verirren sich in den seltensten Fällen Touristen. Es ist die Hauptstadt des ehemaligen Homelands der Herero gewesen, also Herero-Land. Heute heißt die Region Otjozondjupa. Das Straßenbild ähnelt gänzlich einer Ansiedlung, wie man sie aus dem nördlicheren Afrika kennt. Die Straßen sind nicht asphaltiert, Staub liegt auf allem, es gibt keine Gehsteige. Die meisten Menschen auf den Straßen tragen traditionelle Kleidung, am Straßenrand vor den kleinen Hütten spielen Kinder. Man sieht deutlich, daß die Apartheids-Administration kein Geld für die Homelands übrig hatte – sie verbaute ihre Investitionen lieber in den Gebieten der Weißen.

Es gibt keine Unterkunftsmöglichkeit und keine Informationsstelle. An der Hauptstraße finden sich 2 kleine Restaurants und Takeaways. Wer hier durchkommt, wird wohl nur tanken wollen und weiter- oder zurückfahren.

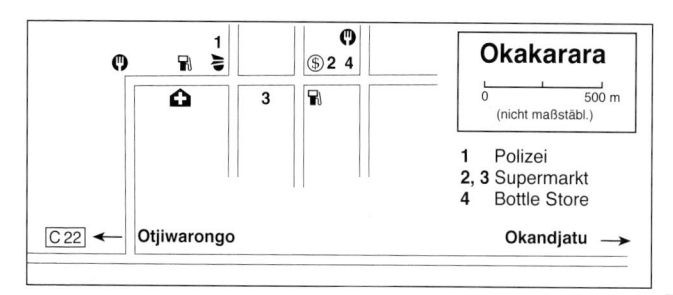

Okakarara

0 — 500 m (nicht maßstäbl.)

1 Polizei
2, 3 Supermarkt
4 Bottle Store

C 22 ← Otjiwarongo   Okandjatu →

Das Bérnabé-de-la-Bat-Rastlager ist 16 km hinter der Kreuzung erreicht. Die Stichstraße geht durch ein Tor, nach 800 m ist links die Rezeption.

Waterberg Plateau Park

Bérnabé-de-la-Bat-Rastlager
Das weitläufige Lager liegt direkt am Fuß des Waterberg Plateaus. Tagesbesucher müssen sich vorher anmelden (Tel. 0651-303191) und das Lager bis 18 Uhr verlassen haben. Übernachtungsgäste (nur mit Buchung) müssen vor Sonnenuntergang ankommen, sonst stehen sie vor verschlossenen Toren. Bungalows verschiedener Kategorie werden vermietet, Camping-Stellplätze sind vorhanden. Ein Schwimmbad, ein Kiosk, eine Tankstelle (kein Diesel) und ein Restaurant (7–8.30 Uhr, 12–13.30 und 19–21 Uhr) sorgen für das Wohl der Gäste. Der Eintritt beträgt 10 N$ p.P. und 10 N$ für das Fahrzeug. Im Rastlager gilt eine Geschwindigkeitsbeschränkung von 20 km/h.

Der Waterberg
Der Waterberg wird der Etjo-Sandsteinformation zugerechnet. Diese entstand aus Ablagerungen am Grund eines Sees, der im Kambrium fast ganz Südwestafrika bedeckte und, darauf aufbauend, einer Schicht an Erosionsprodukten die der Wind herbeitrug. Im Zuge von tektonischen Hebungen in der Karoo-Zeit entstand eine Hochebene, die durch Erosion allmählich wieder abgetragen wurde. Mehrere Gebirgsformationen widerstanden diesem Prozeß, darunter auch der Waterberg. Spuren urzeitlicher Bewohner haben sich auch hier (ähnlich den Dinosaurier-Fußspuren S. 389) erhalten.

Das Plateau wurde bereits zwischen dem Ersten und Zweiten Weltkrieg zum Naturschutzgebiet erklärt, die Proklamation hatte aber keinen Bestand, und das Gebiet auf der Hochebene wurde als Farmland verkauft. Erst 1972 wurde der Park in seiner jetzigen Form geschaffen, nicht zuletzt deshalb, weil im Caprivistrip ein Homeland eingerichtet werden sollte, und ein neues Habitat für die dort lebenden Tiere gesucht werden mußte. Die Ähnlichkeit der Klima- und Vegetationsbedingungen brachte die Zuständigen auf die Idee, das Wild hierher umzusiedeln. Ein Nebeneffekt ist, daß die Verwaltung des Parks, der vornehmlich zum Schutz der Natur entstanden ist und weniger dem Vergnügen der Touristen dient, die Zugangsregeln zum Plateau restriktiv handhabt.

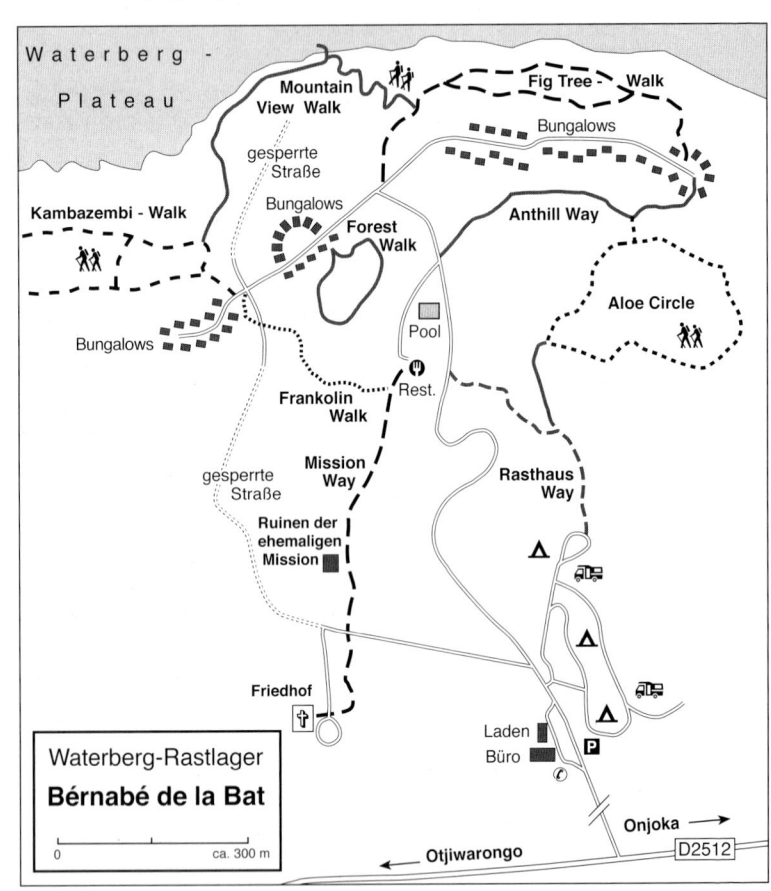

Waterberg-Rastlager Bérnabé de la Bat (Karte)

Spaziergänge	Im Camp sind mehrere kleine Spaziergänge möglich. Sie sind mit detaillierter Beschreibung und Standort der hier beheimateten Pflanzen in dem Buch „Waterberg Flora" von Patricia Craven und Christine Marais (Windhoek 1989) zusammengefaßt. Die Wege heißen Mountain View, Forest Walk, Aloe Circle, Rasthaus Way, Kambazembi Walk, Anthill Way, Francolin Walk und Fig-Tree Walk und dauern zwischen 15 und 90 Minuten.

Der geschichtsträchtige **Mission Way** führt vom Rasthaus, an den Ruinen der ersten Missionsstation vorbei, zum Friedhof. Hier liegen Schutztruppler, die während des Herero-Aufstandes 1904 gefallen sind. Die Missionsstation wurde 1873 gegründet. Der Ort hieß damals Otjozondjupa. 1880 wurden die Gebäude zerstört, als der 10jährige Frieden zwischen Nama und Herero zerbrach. 1891 wurden sie wieder aufgebaut, und nach fünf Jahren erhielten sie Schutz durch die Errichtung eines Polizeipostens, dem heutigen Restaurant. Zwei Tage nach Ausbruch des Herero-Aufstandes, am 14. Januar 1904, wurden hier 12 Menschen von Herero, auch von Arbeitern der Mission, erschlagen. Am 11. August 1904 war der Aufstand mit der **Schlacht am Waterberg,** zumindest für die Schutzmacht, beendet. Die überlebenden Herero wurden mit ihren Familien tief in das Omaheke Sandveld der Kalahari getrieben und verdursteten großteils in den folgenden Wochen. Von ehemals 75.000 Herero in Deutsch-Südwest sollen nur noch ein Drittel übriggeblieben sein.

Tier- und Pflanzenwelt
Wer nicht vorhat, weiter nach Nordnamibia und in den Caprivi zu reisen, kann im Waterberg Plateau Park einen Blick auf jenes Wild erhaschen, das normalerweise in feuchteren Regionen zu Hause ist. Durch seine besondere geologische Beschaffenheit besitzt der Waterberg mehrere ergiebige Quellen, denn Regenwasser versickert zwar in den sandigen Böden des Plateaus, wird aber dann durch Spalten und Risse im Sandstein bis zu Gesteinsschichten weitergeleitet, die wasserundurchlässig sind. Da der Weg nach unten versperrt ist, bahnen sich die Wasserströme einen Weg nach draußen – Quellen entstehen, die für die erstaunlich üppige Flora verantwortlich sind und Mensch und Tier speisen. So können Tierarten überleben, die eigentlich feuchtere Regionen gewöhnt sind. Dazu gehören beispielsweise Rappenantilopen und Büffel.

Am Waterberg werden auch von der Ausrottung bedrohte Tiere gezüchtet, um irgendwann wieder in der „freien" Natur ausgesetzt zu werden. Das Breitmaulnashorn (Weißes Nashorn), eine der gefährdetsten Wildarten, lebt hier, geschützt vor Wilderern, die seinem Horn nachstellen (s.S. 112). Auch Spitzmaulnashörner, die wegen ihrer Aggressivität gefürchteter sind als ihre „weißen" Artgenossen, wurden angesiedelt. Außerdem kann man hier Giraffen, Streifengnus, Warzenschweine, Paviane, Geparden, Leoparden und Luchse beobachten.

Da diese Oase auch zahlreiche Vögel anzieht, kommen Ornithologen am Waterberg auf ihre Kosten. Berühmt ist das Plateau als einziges namibisches Brutgebiet der Kapgeier. Pflanzenfreunde können fast alle in Namibia heimischen Akazienarten und in höheren Lagen auch Ahnenbäume und Gelbholzbäume identifizieren. Eine Freude fürs wüstengeplagte Auge sind die vielen blühenden Gewächse, wie Feuerlilien, Korallenbaum oder der mit gelben Blütenkaskaden geschmückte Omuparara (Peltophorum africanum). Bekannt ist der Waterberg auch für seine verschiedenen Farne und das Flechtengespinst an den Wänden des Etjo-Sandstein-Abfalls.

Pirschfahrten, Wanderungen
Die Parkverwaltung organisiert täglich Pirschfahrten, die etwa drei Stunden dauern (6/8 und 15/16 Uhr, 50 N$ p.P., Treffpunkt an der Rezeption, wenn die Tour überbucht ist, darf man u. U. mit dem eigenen four by four hinterherfahren). Man verläßt dabei das Lager und fährt am normalerweise verschlossenen Tor Onjoka, wo sich die Hauptverwaltung befindet, wieder in den Park (17 km östlich).

Eine drei Tage dauernde Wanderung beginnt ebenfalls am Tor von Onjoka (April bis November, donnerstags vor jedem 2., 3. und 4. Wochenende des Monats, 16 Uhr; zugelassen sind mindestens 6, höchstens 8 Personen). Sie muß im zentralen Reservierungsbüro in Windhoek gebucht werden und kostet 120 N$. Ausrüstung und Verpflegung sind mitzubringen.

Exkurs: Herero-Aufstand und die Schlacht am Waterberg

Von den Siedlern immer weiter an den Rand ihrer angestammten Weidegebiete gedrängt und durch „Schutzverträge" zur Untätigkeit verdammt, erlebten die Herero die deutsche Okkupation zunächst in völliger Passivität. Immer wieder versuchte **Maharero**, Häuptling der Maharero-Herero und von der Administration zum „Ober"-Häuptling aller Herero-Stämme proklamiert, in Verhandlungen einen größeren Bewegungsspielraum für sein Volk und verbindliche Landrechte zu erhalten.

1904 wurden schließlich Pläne bekannt, wonach die Herero in ein Reservat östlich des Waterberges umgesiedelt werden sollten. Die Waterberg-Herero (deren Häuptling Kambazembi kurz vorher verstorben war) schlugen als erste zurück: Sie brachten die weißen Männer um, die ihr Land und ihre Zukunft bedrohten. Überall in Deutsch-Südwest kam es zu Übergriffen von Herero gegen Deutsche. Insgesamt kamen zu Beginn der Feindseligkeiten 123 Händler und Farmer im Lande um. Major Franke (s.S. 389) sorgte mit seinen spektakulären Gewaltmärschen quer durchs Land dafür, daß nicht noch mehr Weiße ihr Leben lassen mußten. Schließlich gelang es ihm auch, Okahandja zu befreien.

Als hätten sie erst nachträglich erkannt, was sie mit diesem Aufstand losgetreten haben, zogen sich darauf fast alle Herero aus dem ganzen Land, etwa 60.000 Menschen mit Vieh und dem gesamten Hab und Gut, in den vermeintlichen Schutz des Waterberg-Plateaus zurück (ca. 75.000 Herero zählte man zu jener Zeit in Südwestafrika). Ein halbes Jahr später hatte **General von Trotha** die Schutztruppe durch Nachschub aus Deutschland und durch Aushebung kampfbereiter Farmer auf 4000 Mann verstärkt und marschierte schwer bewaffnet gegen den Waterberg – dies übrigens gegen den Willen des damaligen Gouverneurs, Major Leutwein, der sich lieber die „Arbeitskraft dieses Volkes" erhalten hätte. Am Waterberg gelang es von Trotha, die Herero einzukesseln. Am 11. August wurde Angriffsbefehl gegeben – dennoch gelang etwa der Hälfte der Herero der Ausbruch aus dem Kessel und die Flucht. Diese führte sie, verfolgt von den Deutschen, nach Osten in das Sandveld der Kalahari, die Omaheke-Wüste. Trotha verfolgte die Flüchtenden, ließ das Veld abriegeln und gab Befehl, jeden, der versuchen sollte zurückzukehren, niederzuschießen. Die meisten Herero verdursteten in der menschenfeindlichen Wüste, einigen wenigen, darunter auch Häuptling Samuel Maharero, gelang die Flucht nach Britisch Betschuanaland, dem heutigen Botswana.

Im Generalstabsbericht hieß es mit militärischer Poesie: „Keine Mühen, keine Entbehrungen wurden gescheut, um dem Feinde den letzten Rest seiner Willenskraft zu rauben; wie ein halb zu Tode gehetztes Wild ward er von Wasserstelle zu Wasserstelle gescheucht, bis er schließlich willenlos ein Opfer der Natur seines eigenen Landes wurde. Die wasserlose Omaheke sollte vollenden, was die deutschen Waffen begonnen hatten: die Vernichtung des Hererovolkes ... Das Röcheln der Sterbenden und das Wutgeschrei des Wahnsinns ... sie verhallten in der erhabenen Stille der Unendlichkeit! Das Strafgericht hatte sein Ende gefunden. Die Herero hatten aufgehört, ein selbständiger Volksstamm zu sein". (Zitiert nach Graudenz/Schindler, „Die deutschen Kolonien", Weltbild Verlag, 1988).

Als man all jenen Herero, die sich keines Mordes schuldig gemacht hätten, sichere Rückkehr in Sammellager anbot, fanden sich ganze 14.000 Menschen ein. Der Rest war dem Völkermord zum Opfer gefallen. (Über die Folgen des Genozids siehe auch Okahandja, S. 344ff.)

Jedes Jahr am Wochenende, das dem 11. August am nächsten liegt, findet an den Gräbern ein Treffen der ehemaligen Feinde und ihrer Nachkommen statt. Die gemeinsame Zeremonie am Ort der blutigen Schlacht ist ein Symbol für den Aufbauwillen und die Bereitschaft, die Wunden von einst zu vergessen. Dennoch lebt die Erinnerung an den Waterberg und an die menschlichen wie materiellen Verluste der Herero natürlich fort. Beim Besuch Bundeskanzler Kohls in Namibia im Herbst 1995 traten auch die Herero mit der Forderung nach Wiedergutmachung an die Öffentlichkeit. Diese wird bislang von der Bundesrepublik abgelehnt.

Weiterfahrt

19 km östlich des Onjoka-Tores kommt man zur Wabi Lodge, eine der luxuriösesten Einrichtungen des Landes. Ausnehmend großzügige Bungalows und vorzügliche Aufenthaltsräume stehen den Gästen zur Verfügung (meist Waidmänner, aber auch Nicht-Jäger werden gerne gesehen). Die Küche ist ausgezeichnet und die Zimmer gehen mit ihren Veranden direkt auf die Wasserstelle.

Von der Wabi Lodge nach Nordosten führt der Weg durch mittelhohes Buschwerk, das durch einige Akazien aufgelockert wird, aber bald wird die Vegetation an der schnurgeraden Piste wüstenhafter. Nach 23 km blinkt zur Linken immer wieder die Gebirgskette des Otavi-Berglandes durch den Busch. Farmhäuser, Rinderkraals und Wirtschaftsgebäude fliegen vorbei.

Nach Passieren der Kreuzung der D2896 wendet sich die Straße auf hügeliger Strecke den Otavi-Bergen zu, und 50 km hinter der Wabi Lodge erreicht man die Maisfelder des ackerbaulichen Herzlandes Namibias. 38 km weiter, 2 km vor der Einmündung in die B8, fahren Sie an Rietfontein vorbei. An der B8 haben Sie wieder Asphalt unter den Rädern und Anschluß an die Route 13.

Historisches Foto zu den Eisenbahnstationen zwischen Okahandja und Karibib der Route 8: Eine zünftige Bahnhofwirtschaft mußte schon sein!

Route 8: Malereien und Gravuren – die Bildsprache der Jäger

Okahandja – Karibib – Usakos – Uis – Khorixas – Outjo

Km	Abzweig	Ort	Sehenswert	Übernachtung	GPS
Km 0 B2 Teer	s. Route 7	Okahandja, T+V	s. Route 7	s. Route 7	21 59 47 16 55 15
Km 12				the Rock Lodge	
Km 30	Ozombanda Gf. Km 0 Farmpiste Km 3			Ozombanda Gf.	
Km 41	Oropoko Ldg. Km 0 Farmstr. Km 18			Oropoko Ldg.	21 53 51 16 30 17 21 45 22 16 30 12
Km 44	Moringa Gf. Km 0 Farmstr. Km 20			Moringa Gf.	
Km 59	Mount Lieven Gf.+Okomitundu Gf. Km 0 D1967 Piste Km 32 Km 35			Mount Lieven Gf. (10km) Okomitundu Gf.	21 54 46 16 19 42
Km 60	Wilhelmstal-Nord Gf. Km 0 C36 Piste Km 0,200 Farmstr. nach O Km 0,700 Khan Rivier Gf. Km 0 Piste nach N Km 9 Eingangstor Km 20	Wilhelmstal		Wil.-tal-Nord Gf. Khan Rivier Gf.	21 54 46 16 19 42 21 45 06 16 18 20
Km 65	Kaliombo Safaris Km 0 Farmstr. Km 4			Kaliombo Campingsafaris	
Km 69	Kansimba Gf. Km 0 Farmstr. Km 13			Kansimba Gf.	
Km 85	Albrechtshöhe Gästefarm Km 0 D1988 Piste Km 2			Albrechtshöhe Gästefarm	21 55 52 16 04 47 21 56 58 16 04 59

Km	Abzweig	Ort	Sehenswert	Übernachtung	GPS
Km 109		Karibib, T+V	Marmorwerk Webschule	Erongoblick Ht. Stroblhof Ht.	21 56 08 15 51 43
Km 138	Ameib Gf. Km 0 D1935 Piste Km 11 D1937 Piste Km 16 Km 27 Km 28 Km 32	Usakos, T+V Tor	500m Phillip's Cave.- Elephant's Head/Bulls Party	Usakos Ht. Ameib Gf.	21 59 49 15 35 19 21 54 01 15 34 16 21 47 14 15 37 31
Km 161 D1918 Piste					21 58 46 15 21 35
Km 179 D3716 Piste					21 56 43 15 11 45
Km 190	Spitzkoppe Km 0 Piste Km 1 Km 4	Eingang	Bushman's Paradise	Spitzkoppe Zeltplatz	21 50 55 15 12 13 21 49 38 15 12 53
Km 203 D1930 Piste n. N					21 44 52 15 15 38
Km 279 C35 Pi. n. N		Uis Myn, T		Brandberg Rl. Lizenstein B+B	21 13 13 14 52 14
Km 291	Brandberg/ Weiße Dame Km 0 D2359 Piste nach W Km 20	Brandberg Parkplatz	Felszeichnungen		21 07 03 14 51 21 21 05 35 14 40 34
Km 348		Einmündung der D2612 n. Twyfelfontein			20 42 37 14 50 31
Km 392 C39 Teer nach W	Huab Lodge Km 0 C35 Piste nach N Km 46 D2670 Piste Km 81			Huab Lodge	
Km 399	Khorixas Rl. Km 0 C39 Piste nach W Km 2	Khorixas, T+V		Khorixas Rl.	20 22 20 14 58 05 20 22 00 14 57 24
Km 406	C39 Teer nach O				

Km	Abzweig	Ort	Sehenswert	Übernachtung	GPS
Km 448	Vingerklip Km 0 D2743 Piste				20 14 07 15 25 10
	Km 18		Vingerklip		20 23 13 15 26 32
	Km 19			Vingerklip Ldg.	20 23 39 15 26 29
	Km 22		Omburo Buschmann Zeichnung		20 24 49 15 29 18
Km 454	Bambatsi Gf. Km 0 Farmstr.				20 14 43 15 28 20
	Km 5			Bambatsi Gf.	20 12 29 15 27 59
Km 456	Gasenairob Gf. Km 0 Piste Km 5			Gasenairob Gf.	20 12 20 15 28 14
Km 459				Saturn Gf.	
Km 504	Münsterland Gf. Km 0 Km 2			Münsterland Gf.	20 11 42 15 53 33
Km 527		Outjo, T+V	Franke Haus Naulila Denkmal	Etosha Garten H. Onduri Hotel	20 06 49 16 09 18

Okahandja – Karibib

In Okahandja haben Sie Anschluß an die Route 7. Verlassen Sie Okahandja auf der B2 Richtung Westen. Nach 41 km Asphalt kommen Sie zum Abzweig zur **Oropoko Lodge** (18 km Piste). Ein großes Schild kündet, daß nur Besucher mit einer bestätigten Buchung die Lodge anfahren dürfen. Die Lodge ist herrlich auf einer Granitkuppe gelegen (s. Foto im Farbteil), ihr Name kommt aus dem Herero („eine schöne Grotte zwischen den Bergen"). Der eisblaue Pool ist einer der wenigen Namibias, der beheizt wird (mit Solarenergie und einem schwarzen Felsen als Insel, der die Sonnenwärme an das Wasser abgibt). Von der Terrasse schweift der Blick frei über die Erongo-Berge, den Mount Etjo und die Omatako-Gipfel. Auf dem Gelände wurden unter anderem Breitmaulnashörner angesiedelt, außerdem gibt es neben Kudus und Oryxen auch die seltenen Säbelantilopen. Man fährt nun parallel zur Eisenbahn. Die Stationen heißen Vogelsang, Albrechtshöhe und Friedrichsvelde. Links und rechts der Straße geht es immer wieder ab zu Gästefarmen.Von Wilhelmstal können Sie die Khan Rivier Lodge anfahren (20 Km nördlich). Man nächtigt in schönen Bungalows inmitten einer grünen Oase und wird von ausnehmend angenehmen Gastgebern bewirtet. Die nächst der Station Albrechtshöhe (85 km hinter Okahandja) gelegene, gleichnamige Gästefarm war früher Standort der II. Gebirgsbatterie der Schutztruppe und Telegrafenstation, die die Depeschen nach Übersee weitergab. Man speist in dem um 1906 errichteten Gebäude. 25 km weiter ist Karibib erreicht.

Karibib

In Karibib haben Sie Anschluß an die Routen 8a und 8b. Das kleine Städtchen liegt an und südlich der B2. Einige Gebäude stammen aus der Kolonialzeit, wo der mit seinen Marmorwerken und einer Goldmine prosperierende Ort auch Übernachtungspunkt für den Personenverkehr auf Schienen war. Es gab sechs Hotels, um den Reisenden den Aufenthalt so angenehm wie möglich zu machen, davon sind heute noch zwei übriggeblieben. Als Stadt-Gründungsdatum gilt der 1. Juli 1900, als die Eisenbahnschienen den Ort erreichten. Aus dieser Zeit stammt auch das Bahnhofsgebäude. Am Platz gegenüber steht noch das Roesemann-Haus, ehemals ein Hotel. Die Bäckerei am östlichen Ortseingang war ebenfalls Pension (1913). Vom Bahnhof nach Westen kommt man an den Firmengebäuden von Hälbich & Co (1900) und dem aus Granit errichteten Haus Woll (einem ehemaligen Laden) vorbei.

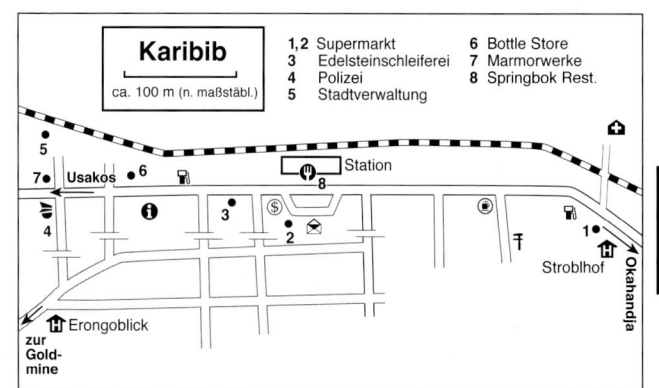

Karibib
ca. 100 m (n. maßstäbl.)

1,2 Supermarkt
3 Edelsteinschleiferei
4 Polizei
5 Stadtverwaltung
6 Bottle Store
7 Marmorwerke
8 Springbok Rest.

Das **Henckert Tourist Centre** dient als Informationstreffpunkt, schenkt Kaffee aus und verkauft Edel- und Halbedelsteine aus der eigenen Schleiferei. Die Halbedelsteine und Mineralienstücke werden nach Gewicht verkauft. Erhältlich sind auch kleine Tableaus, auf denen die wichtigsten Mineralien Namibias benannt sind, eine praktische Hilfe für geologische Laien bei der Identifizierung des Gesteins. Außerdem kann man hier die Heilpflanze Teufelskralle (Harpagophytum Procumbens D.C) erwerben, eine bizarre, wirklich einer Kralle ähnelnden Wurzel, ein Sesamgewächs, das mit seinen Bitterstoffen bei kurmäßiger Anwendung gegen Gelenk-Arthrose und Störungen im Verdauungstrakt helfen soll. Dazu wird aus dem Pulver der Seitenwurzeln ein Tee zubereitet.

Wer sich für Karakulteppiche und andere Weberzeugnisse interessiert, kann im Henckert Tourist Center eine **Webschule** besichtigen und die schönen Stücke auch kaufen. Sie liegt im Süden in der Höhe des Hotels Erongoblick. An der Hauptstraße befindet sich das **Marmorwerk,** das besucht werden kann. Hochklassiger Marmor wird gebrochen, verarbeitet und in die ganze Welt verkauft.

Adressen & Service Karibib

Unterkunft	TOURISTENKLASSE: Hotel Erongoblick und Hotel Stroblhof
Essen	Hotel Erongoblick, Park Street; Tel. 064-550009, Springbok Restaurant, Tel. 064-550094
Information	Henckert Tourist Center, P.O. Box 85, Karibib; Tel. 064-550028, Fax 550230
Einkaufen	Henckert Tourist Centre, s. bei Informationen
Sonstiges	Marmorwerke Karibib, P.O. Box 20, Karibib; Tel. 064-550002, Fax 550108
Gesundheit	State Clinic; Tel. 064-550073

Karibib – Usakos

30 km hinter Karibib und 500 m tiefer erreicht man Usakos. Die ganze Strecke begleitet den Reisenden der Blick auf das Erongo-Massiv mit dem 2319 m hohen Hohenstein (das Ergebnis einer Ringintrusion, wie der Brukkaros-Krater, s.S. 261). Zu seinen Füßen liegt die Ameib Ranch (s.u.). Die ringförmige Anordnung des Massivs öffnet sich nach Norden hin, und über eine schlechte Piste, die das Gebirge umrundet, ist ein sandiges Hochtal mitten zwischen den Gipfeln zu erreichen (ca. 150 km). Zahlreiche Felsbilder zeugen von der frühen Besiedlung dieser Region; Henno Martin und Hermann Korn, die beiden aus dem Kuiseb-Canyon (s.S. 312) bekannten Geologen, haben das Erongo zusammen mit Hans Cloos erforscht und dabei auch viele Felszeichnungen entdeckt.

Usakos

In Usakos haben Sie Anschluß an die Route 8c. An der Tankstelle bei Ortseinfahrt findet sich die Informationsstelle und ein Takeaway. Vor dem Bahnhof steht eine von Henschel 1912 gebaute Lokomotive, die den Bahnhof Kranzberg (20 km westlich von Usakos) und Tsumeb und Grootfontein mit einer Schmalspurlinie verband (Otavi-Bahn der OMEG, s. auch bei Tsumeb, S. 362f; erst 1960 wurde auf die Standardspurbreite umgestellt). Der vor den Bergen aufragende Wasserturm stammt ebenfalls aus der Zeit der Jahrhundertwende. Das Gebäude, in dem heute die Stadtverwaltung arbeitet, entstand 1908, die römisch-katholische Kirche 1905. Ein Denkmal in der Kaiser Wilhelm Street erinnert an die Gefallenen des II. Weltkrieges.

Unterkunft	Hotel Usakos
Essen	Usakos Padstal, Moltke Street; Tel. 064-530407, Namib Wüste Kiosk
Gesundheit	State Hospital; Tel. 064-530067
Einkaufen	Namib Wüste Kiosk, Biltong, selbstgemachte Marmelade, eingelegte Früchte
Ballonfahrten	Erkundigen Sie sich bei der Informationsstelle oder rufen Sie 081-1240876. Ballonfahrten über das Erongogebirge und die Spitzkoppe bietet die Ballonwerbung Hamburg GmbH, Eißendorferstr. 118, 21073 Hamburg, Tel. 040-7905554, Fax 040-7925655, Kontakttelefon in Namibia 081-1240876.

Karte S. 401 Abzweig: Ameib Ranch **377**

Usakos

0 — 100 m

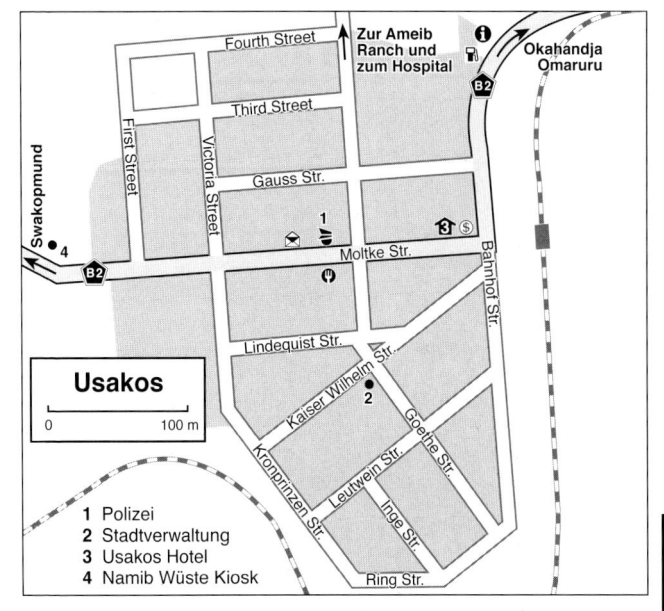

1 Polizei
2 Stadtverwaltung
3 Usakos Hotel
4 Namib Wüste Kiosk

ABZWEIG: Biegen Sie in Usakos die Moltke Street ein, der erste Abzweig nach rechts führt zur Ameib Ranch und ihren Sehenswürdigkeiten **Bull's Party** und **Phillip's Cave.** Sie folgen auf 11 km der Piste D1935 und dann auf 16 km der Piste D1937 (nach 5 km müssen Sie das Tor der Farm öffnen und es hinter sich wieder schließen) und erreichen die Gästefarm. Sie liegt direkt unterhalb des **Erongo-Massivs,** das hier immer und überall den Blick beherrscht. Ein kleiner, heruntergekommen wirkender Privatzoo mit Elefanten, Affen, Vögeln und Geparden ist der Tierliebe der Farmerin zu danken. Immer wenn ein Tier in Gefahr ist, wegen Verletzung oder Krankheit erschossen zu werden oder seine Eigner es loswerden wollen, bietet sie sich an, es aufzunehmen. Ob es den eingesperrten Tieren hier besser geht, bleibt dahingestellt.

ZUR AMEIB RANCH

Gesteinsformationen Besuchenswert ist die Ranch wegen der faszinierenden Gesteinsformationen, die die Erosion auf dem Gelände der Ranch geschaffen hat. **Bull's Party** und **Elephant's Head** sind abgeschliffene Granitfelsen, die ihrem Namen alle Ehre machen. Sie liegen entlang einer riesigen Felsarena, die zu Spaziergängen und zum Klettern anregt. Dekorativ sind sie besonders in der Abendsonne, die das Gestein rot übermalt. Dann erwachen die im Kreis auf schmalen Hälsen angeordneten Blöcke tatsächlich zu einer Versammlung beratschlagender Bullen, und der steinerne Elefantenkopf scheint drohend mit den Ohren zu wedeln ... der Fantasie sind keine Grenzen gesetzt. **Phillip's Cave**, ein Felsüberhang, gute 30 min Fußweg vom Parkplatz weg über Hügel und Stolpersteine, wurde zum Nationalen Monument erklärt. Giraffe, Zebra und Strauß wurden von den

Jägern – waren es Damara oder San? – an den Fels gemalt. Der berühmte Weiße Elefant ist noch am deutlichsten zu erkennen.
Sie können die Sehenswürdigkeiten gegen Eintrittsgebühr besichtigen.

■ Elephant's Head Gesteinsformationen

Zur Spitzkoppe

Verlassen Sie Usakos auf der Moltke Street auf der B2 Richtung Westen. Sie sehen nun bereits die beiden Spitzkoppen – die Große und die Kleine Spitzkoppe – geradeaus vor sich liegen. Die Große Spitzkoppe ist mit 1728 m um etwa 600 niedriger als der Hohenstein im Erongo-Massiv, die Kleine Spitzkoppe erreicht 1580 m. Da beide Gipfel aber isoliert und bis zu 800 m aus der Umgebung ragen, wirken sie eindrucksvoller als der höchste Gipfel des Erongo. Ihre charakteristische Form hat der Spitzkoppe auch den Beinamen „Matterhorn Namibias" beschert. Geübte Kletterer können sich an ihr mit gehöriger Vorsicht austoben – die Liste der gescheiterten Gipfelstürmer an der Spitzkoppe ist lang.

Spitzkoppe Nach 23 km durch Busch- und Baumsavanne kommen Sie zur Piste D1918. Nach 17 km biegen Sie in die Piste D3716 ein, die direkt auf die Große Spitzkoppe zuführt. Im Damara-„Ort" Grootspitskop, einer Ansammlung von Wellblechhütten, befindet sich der Eingang zum unter Naturschutz stehenden Gebiet. Eigentlich ist der Nationalpark erst in Planung, das Gelände ist aber abgezäunt, und es muß Eintritt entrichtet werden (20 N$ p.P., Übernachtung 20 N$ p.P.). Die Übernachtung ist nicht reglementiert, man kann sich seinen Platz suchen, wie man lustig ist (keine Toiletten, kein Feuerholz). Fahrspuren ziehen sich in einem verwirrenden Netz kreuz und quer um die beiden Berge, und immer wieder findet man sehr schöne Stellen zum Campen. Direkt am Eingangstor befinden sich auch Duschen und Toiletten, Essen kann in voraus bestellt werden.

Die Spitzkoppe ist – noch – ein fast gänzlich unberührtes Paradies, hinter jeder Kurve verändern sich die Felsen. Mal ist der Boden mit kugelrunden Riesenbällen (Wollsack-Erosion, s.S. 99) bedeckt, mal balancieren mächtige Granitblöcke über tiefen Kluften, als drohten sie, jeden Augenblick auf den Wanderer hinabzustürzen, mal überspannen ebenmäßige Bögen Felsnischen, in denen sich herrlich geschützt campieren oder picknicken läßt. Im sandbraunen Gestein wurzelt der Botterboom (s.S. 109), vereinzelt erheben Köcherbäume ihre filigranen Silhouetten in den Himmel, und die aus der Namib bekannten, knorrigen Wurzeln gleichenden Balsambäume erreichen hier, wo der günstige Wasserhaushalt die Pflanzen verwöhnt, wirkliche Baum-Maße.

Bushman's Paradise ist die bekannteste Stelle an der Spitzkoppe. An einer im Felsen verankerten Kette müssen Sie sich eine glatterodierte Felsplatte hochjangeln (ca. 150 m). Oben befinden Sie sich urplötzlich in einer sattgrünen Felsarena, dicht bestanden mit Blutfruchtbäumen, Akazien und Buschwerk und, wenn es geregnet hat, kleinen Tümpeln, in denen die gelben Blüten der Ondape-Blume leuchten. Hier hatten die San ihr Lager aufgeschlagen, weil sie vom erhöhten Standpunkt gut beobachten konnten, wann und wohin das Wild zog, das sie jagten. An einigen geschützten und versteckten Stellen unter Überhängen sind Felszeichnungen zu entdecken, vielerorts leider durch Kritzeleien von Einheimischen oder Touristen übermalt.

Spitzkoppe-Entstehung Auch die beiden Spitzkoppen entstanden, wie Erongo und Brandberg, durch Intrusion. Vor ca. 200 Millionen Jahren ist Magma in die älteren Gesteinsschichten der Damara-Epoche eingedrungen. Wind und Wetter haben die weniger widerstandsfähigen Gesteine in Jahrmillionen abgetragen und den Granitkern freigelegt. Daß es inmitten dieses Felsgewirrs erstaunlich viel pflanzliches und tierisches Leben gibt, ist den besonderen Wasserverhältnissen an den Inselgebirgen zu danken, wo die Wolken sich häufiger abregnen als über dem Flachland. Der Regen sammelt sich in unterirdischen, aus Felsklüften gebildeten Reservoirs oder in oberirdischen kleinen Felsbecken, wo Wassertümpel noch Wochen danach als Brutstätte für allerlei Getier und für Pflanzen dienen. Durch Felswände vor Wind geschützt, können in Mulden wie Bushman's Paradise wahre Vegetationsoasen heranwachsen.

Exkurs: Im Damaraland

Erongo, Spitzkoppe und Brandberg liegen in der südlichen Hälfte des Kommunallandes der Damara, das 1973 als Homeland mit dem Verwaltungssitz Khorixas (s.S. 383) eingerichtet wurde. Die Damara gehören wahrscheinlich zu den ältesten Bevölkerungsgruppen Namibias und sprechen einen Dialekt der Khoisan-Sprachfamilie (s.S. 140). Sie führten ursprünglich, ähnlich wie die San, ein Leben als Wildbeuter, betrieben in den durch den Wasserhaushalt begünstigten Gebirgsregionen (in die sie sich vor den Einwanderungswellen der Nama und Herero zurückgezogen hatten) aber auch Feldbau (Tabak, Mais). Heute sind viele Damara zur Viehzucht übergegangen. Ihre Rinder – und vor allem große Ziegenherden – gehören zum typischen Bild einer jeden Damara-Siedlung.

Es gibt nur wenige Gebiete in Namibia, die zwar besiedelt und dennoch so ursprünglich wirken wie Damaraland. Die ehemaligen Farmhäuser der Weißen, die für die Einrichtung des Homelands von der Regierung aufgekauft wurden, sind verfallen, doch daneben wurden kleine Häuschen aus Lehm und Wellblech errichtet. Wäschestücke flattern von der Leine zwischen den Hütten, und provisorisch wirkende Zäune grenzen die kleinen Farmeinheiten voneinander ab. Der einzig fest gemauerte Bau ist meist eine Rot-Kreuz-Station, vielleicht auch ein Winkel (Laden), in dem ein paar verbeulte Konservendosen ein einsames Dasein führen. Kinderscharen laufen dem Besucher entgegen und versuchen, ein paar Halbedelsteine zu verkaufen oder selbstgebasteltes Spielzeug aus Draht und Konservenblech. Auch wenn man sich nach den Tagen ständigen Alleinseins in der namibischen Weite durch die Kinder bedrängt fühlt, lohnt der Versuch, anzuhalten und Kontakt zu jenen Menschen aufzunehmen, die wohl zu den frühesten Bewohnern des Landes zählen. Ein Besuch im Winkel kann dabei helfen, oder auch ein kleiner Handel mit den Kindern. Vielleicht erfahren Sie dabei auch ein bißchen mehr über den Alltag und die Probleme der Damara.

Und Probleme gibt es im Damaraland genug. Angefangen bei dem überweideten Boden, der nach Jahren des unkontrollierten und kaum regulierten Viehfraßes nun kaum noch etwas abwirft, über die mangelnden Arbeitsmöglichkeiten bis hin zur Landflucht der Jugendlichen in die Städte. Nur ein Viertel der Damara lebt heute noch in der Region, die meisten sind in die Townships der größeren Städte gezogen.

Weiterfahrt

Nehmen Sie nach 13 km hinter dem Einfahrtstor in das Gebiet der Spitzkoppe die Piste D1930 nach Norden. Bei klarem Wetter sehen Sie schon den Brandberg vor sich, eigentlich ein mächtiges Massiv, das 30 auf 30 km mißt. Durch Busch- und Baumsavanne geht es auf ihn zu. Hier ist der schroffe Gebirgsabfall des Escarpments unterbrochen, und die Hochebene senkt sich fast unmerklich hinunter zur Namib. Nach 76 km erreichen Sie Uis, nachdem Sie 1 km vor der Stadt in die C36 nach Westen eingebogen sind.

Uis

Hier haben Sie Anschluß an die Route 12a. Uis wurde 1922 als Minenstadt gegründet (Zinn), der Abbau 1990 eingestellt, da die Weltmarktpreise ins Bodenlose purzelten. Seither versucht die Regierung, Uis im Sonderangebot an potentielle Investoren zu verkaufen, die aus der ehemaligen Bergwerksstadt ein attraktives Ferienzentrum zaubern sollen.

Die Siedlung besteht eigentlich aus nicht viel mehr als dem Rastlager. Sie können tanken, im Laden ihre Vorräte auffüllen und Ihr Basiscamp für Ausflüge und Expeditionen zum und um den Brandberg herum aufschlagen. Es läßt sich hier im Outback aber auch Tennis spielen und Golfen (9-Loch-Platz!). Das Schwimmbad kann auch von Nichtgästen benutzt werden (kleine Gebühr). Das Daureb Craft Center auf der C36, 2 Km Richtung Omarara verkauft Kunsthandwerk und vermittelt Führer für den Brandberg (Tel. 064-504030). Daureb ist ein Nacobta-Projekt. Führer finden sich auch am Parkplatz auf dem Weg zur „White Lady".

Zum Brandberg

Verlassen Sie Uis nach Norden auf der C35 und biegen Sie nach 12 km westlich in die Stichstraße ein. Sie endet nach 20 km bei einem Parkplatz. Einheimische bieten sich als Führer für den Weg zur „Weißen Frau" an. Er dauert etwa eine Stunde und geht durch unwegsames Gelände entlang des Tsisab-Riviers. Begleitung ist nicht unbedingt notwendig, da deutliche Markierungen vorhanden sind. Wer aber Zeit hat, kann hinter der „Weißen Frau" weitere Malereien entdecken, die alleine nicht so einfach zu finden sind. In dem Flußlauf, in dem sich viele Kaulquappen tummeln (wenn er Wasser führt), sind die Temperaturen auch morgens schon hoch und man sollte ausreichend Getränke mitnehmen.

Geologie, Flora, Fauna
Der Brandberg besitzt mit dem Königstein (2579 m) den höchsten Gipfel Namibias, der mit 2000 m die Ebene überragt. Der Granitgipfel ist wie die Spitzkoppe vor 180 Millionen Jahren während der Karoo-Zeit durch Intrusion und in der Folge durch Erosion entstanden. Wie die Spitzkoppe bildet auch der Brandberg eine klimaökologische Nische in der semi-ariden Landschaft Zentralnamibias. Wolken regnen sich an den Gipfeln des Massivs häufiger ab als über dem umliegenden Flachland.

Die besondere geologische Struktur des Gebirges kann Wasser besser und länger speichern, als die offenen Wüstengebiete. Deshalb bildet der Brandberg ein Habitat für viele seltene und eigenartige Pflanzen und Tiere. Unter anderem ist hier der Wiederauferstehungsbusch heimisch (Myrothamnus flabellifolius, Wundertee). Die Pflanze reduziert ihren Stoffwechsel in Trockenzeiten und wirkt völlig abgestorben. Erhält sie Wasser, entfalten sich die Blätter, und innerhalb einer Stunde haben sie eine saftig-grüne Farbe angenommen (eine Liste der hier und bei der Spitzkoppe vorkommenden Pflanzen ist in „Damaraland Flora" von Patricia Craven und Christine Marais, Windhoek 1993, enthalten). Einer Akazienart hat der Brandberg seinen Namen geliehen, der Brandberg-Akazie (Acacia montis-usti). Sie können Blasenkäfer finden, die Geiselspinne, nicht-fliegende Heuschrecken, Schlangen, 19 verschiedene Skorpionarten, Spitzmaulnashörner, Leoparden – die Aufzählung würde kein Ende nehmen. Voraussetzung ist nur, daß man sich Zeit nimmt und nach der Besichtigung der „Weißen Frau" nicht sofort weiterdüst.

Felszeichnungen
Jedoch nicht nur Tieren, auch Menschen diente das Gebirge schon immer als Lebensraum. Zeugnisse der jahrtausendealten Besiedlung dieser Region sind die unzähligen **Felsbilder,** deren berühmtestes Motiv, die **„Weiße Dame",** Wissenschaftler zu den kühnsten Theorien über die Ureinwohner Namibias hingerissen hat.

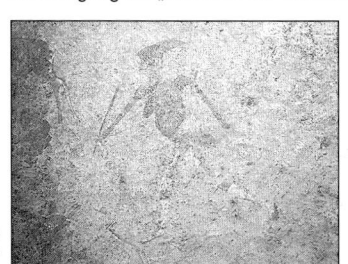

■ Die „White Lady"

Insgesamt soll es zwischen 60.000 und 200.000 Felsbilder am Brandberg geben. Eine genaue Bestandsaufnahme wird zur Zeit durch die Kölner Universität vorgenommen, ihre Ergebnisse wurden in bislang drei Bänden publiziert, die nun etwa 17.000 Bilder auf einem etwa 100 qkm großen Teilgebiet des Brandberg umfassen („The Rock Paintings of the Upper Brandberg, Part I–III, herausgegeben vom Heinrich-Barth-Institut der Universität Köln).

Pionier der Brandberg-Forschung war Harald Pager (1923–1985), der es sich zur Lebensaufgabe gemacht hatte, die Felsgravierungen und -malereien möglichst umfassend zu dokumentieren. Er kopierte die Bilder auf Folien, die nun als Grundlage für die oben genannten Publikationen verwendet werden.

White Lady

Die Felszeichnung „Weiße Frau" oder „Weiße Dame" ist wahrscheinlich mehrere tausend Jahre alt und inzwischen ziemlich verblaßt (nicht zuletzt deshalb, weil die Touristen in früheren Jahren zur Kontrastverbesserung beim Fotografieren allerlei Arten von Getränken darüber gekippt haben). Der Felsüberhang ist heute vergittert. Die Zeichnung wurde 1918 von Bergsteigern entdeckt.

Seitdem gehen die wissenschaftlichen Erklärungsmuster über die Entstehung und die Bedeutung der Malerei weit auseinander, sie zeigen, daß man es einfach nicht weiß und wahrscheinlich nie wissen wird. Lange Jahre galt die Lehrmeinung, daß die Dame mediterranen Ursprungs sei, daß sie eine kretische oder phönizische Kriegerin oder Herrscherin darstelle.

Abbé Breuil, ein berühmter Felsbildforscher, der vor allem in der Sahara arbeitete, hat diese Deutung 1947 vorgenommen und im Felsrund der Tsisab-Schlucht gar Spuren einer minoischen Stadt vermutet. Diese Theorie basierte auf der Annahme, daß erst die Befruchtung der Eingeborenenkulturen durch mediterrane Kolonisatoren zu einer zivilisatorischen Entwicklung in Afrika geführt hätte und daß wahre „Kunst", wie die „Weiße Dame", keinesfalls von den afrikanischen Ureinwohnern stammen könnte. Es gilt zwar inzwischen als sicher, daß karthagisch-phönizische Schiffe den afrikanischen Kontinent nach Süden entlanggefahren sind und ihn womöglich sogar umrundet haben, aber ein Beweis für Niederlassungen der Phönizier im Süden Afrikas konnte bislang nicht gefunden werden.

Allerdings spielen fremde (weiße) Könige in der Mythologie der südafrikanischen Zulu z.B. eine wichtige Rolle. Sie sollen das Königreich Zimbabwe gegründet und über mehrere Dynastien geführt haben. Auf dieser Mythologie aufbauend interpretiert der Zulu-Heiler Credo Mutwa die „Weiße Dame" ähnlich wie Abbé Breuil, allerdings ohne dessen kulturimperialistischen Beigeschmack. Da sich aber in fast jedem Herkunftsmythos der afrikanischen Völker weiße oder hellhäutige Heroen finden, steht wohl auch diese Theorie auf tönernen Füßen.

Heute anerkennen die meisten Wissenschaftler, daß die Afrikaner eine von der mediterranen Antike unabhängige Entwicklung genommen haben könnten. Deshalb muß man in den Felsmalereien auch nicht mehr nach phönizischen, ägyptischen oder gar extraterrestrischen Einflüssen suchen, sondern kann sich dem eigentlichen Sinngehalt der Bilder zuwenden. So gilt als sicher, daß die „Weiße Dame" gar keine Frau darstellt, sondern einen Mann (die Brüste fehlen, dafür trägt die Gestalt aber Pfeil und Bogen), dessen untere Körperhälfte weiß bemalt ist – vielleicht ein Hinweis auf ein Jägerritual. Von vielen Buschmann-Felsbildern weiß man, daß die Künstler mit Farben frei umgegangen sind, und daß Verfremdungen wie eben eine „falsche" Hautfarbe oder die Verquickung menschlicher und tierischer Elemente (über der „Weißen Dame" ist beispielsweise eine Antilope mit menschlichen Hinterbeinen zu erkennen) eher Ausdruck der mythischen Weltsicht der San sind. So kann man vermuten, daß diese wie die vielen anderen Felsbilder am Brandberg von San oder Vorfahren der Wildbeuter angefertigt wurden.

Weiterfahrt

Die C35 schlängelt sich nun durch Hügel, der Bewuchs mit Büschen und Bäumen wird wieder dichter. Nach 34 km wird der Ugab erreicht, der an der Küste die südliche Grenze des Skeleton Coast Park bildet. Ab hier gibt es wieder Farmen, kenntlich an den Zäunen links und rechts der Straße. 23 km weiter besteht die Möglichkeit, auf der D2612 nach Westen, nach Twyfelfontein abzubiegen (s. Route 9).
Bei der Weiterfahrt nach Norden ist das Farmland fast ohne Busch. Weiden öffnen sich nach links und rechts, und nach 44 km ist die Teerstraße C39 erreicht. Nach links, Richtung Westen, kommt sogleich Khorixas.

Khorixas

Hier haben Sie Anschluß an Route 9. Khorixas wäre ein Ort ohne jegliches touristisches Interesse, wenn er nicht als guter Ausgangspunkt für den Versteinerten Wald und Twyfelfontein diente.
Der meist starke Wind wirbelt den Staub der Straßen und Wege auf. Eine Bäckerei, ein Metzger, Tankstellen, Kirche, Bank und die Administration des ehemaligen Damaralandes – das ist's auch schon. Ein Schwimmbad im Westen außerhalb des Ortes ist praktisch nie gefüllt. Das Rastlager, weitere 2 km über das Schwimmbad hinaus, genießt einen guten Ruf und hat auch eine schmackhafte Küche. Hier können touristische Informationen eingeholt werden. Durch das südlich der Hauptstraße parallel verlaufende Flußtal hindurch kommt man zum Hospital und in die Siedlung der Schwarzen.

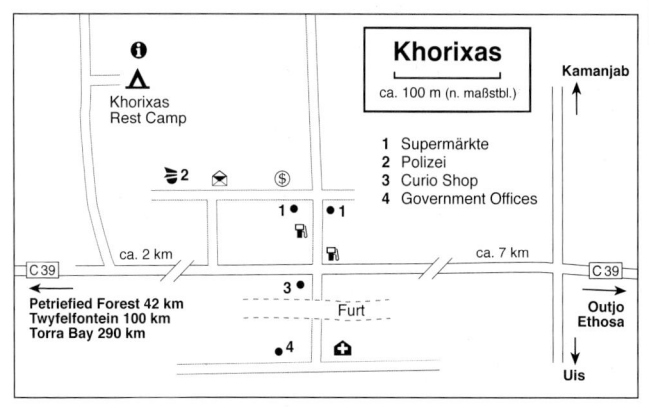

Fahren Sie aus der Stadt östlich wieder heraus, an der Kreuzung vorbei, wo Sie in die Hauptstraße eingebogen. Links und rechts der Straße beherrschen dichte Mopanewälder mit ihren zarten, schmetterlingsförmigen Blättern die Landschaft, und auf Kuppen lugen die Dächer einsamer Farmhäuser zwischen dem Blattwerk hervor.
Nach 49 km erreichen Sie den Abzweig zur Vingerklip.

ABZWEIG: ZUR VINGERKLIP

Auf 18 km führt die Piste D2743 zu den an den Ugab-Terrassen liegenden Tafelbergen. Weit voraus sind sie bald zu sehen. Sie stehen hintereinander, tief gestaffelt, nach Größe fein geordnet. Der erste „Tafelberg", bzw. das, was die Erosion davon übriggelassen hat, ist die **Vingerklip**, ein schmaler Finger, der in den blauen Himmel sticht. Am Tor muß ein kleiner Obolus bezahlt werden, dann kann man bis zum Fuß der Klippe fahren und ein Stückchen hinaufmarschieren. Der Blick geht weit ins Tal hinein. Gegenüber steht auf einem Hügel die neue Vingerklip Lodge. Dort kann man (bei rechtzeitiger Anmeldung) mittagessen und luxuriös übernachten. Der Sonnenuntergang wird auf einer hochgelegten und überdachten Bar-Plattform mit dem Glas in der Hand genossen, die Ugab-Terrassen flammen im Licht der sich senkenden Sonne atemberaubend in den unterschiedlichsten Farbvariationen auf. Der Weg hat sich gelohnt!

Geologie

Die Vingerklip besteht aus Kalksteinbrocken und -bröckchen und Kalksteinsand. Sie ragt 35 m über den Hügel, der ihren Fuß bildet, hinaus. Im Tertiär hat der Ugab sich ein breites Tal gegraben, das sich in der folgenden Trockenperiode nach und nach mit Erosionsprodukten (vornehmlich Kalkstein) unterschiedlicher Größe füllte, die miteinander verbuken. Danach fand eine Hebung des gesamten Untergrundes statt, der wieder eine feuchtere Periode folgte. Das Füllmaterial des Tales wurde nach und nach mitgerissen. Die Wucht des Wassers traf die heutige Vingerklip am stärksten, deshalb wurde von ihr auch am meisten abgetragen, der Druck gegen die weiter unten liegenden Tafelberge ließ immer mehr nach. Deshalb werden sie auch um so größer, je weiter sie entfernt sind.

Tierwelt Südliches Afrika

ANTILOPEN

BLEICHBÖCKCHEN, ORIBI, Ourebia ourebi

Bleichböckchen sind sowohl in den meisten Naturschutzgebieten als auch in freier Wildbahn heimisch. Sie leben im offenen Grasland oder anderen feuchten Regionen. Obwohl sie sich hauptsächlich von Gras ernähren, können sie auch Blätter und Zweige fressen. Sie gehören zu den glücklichen Tieren Afrikas, die von Wasserquellen unabhängig sind und genügend Flüssigkeit aus der Nahrung verwerten können. Bleichböckchen sind braun und haben eine helle Bauchseite. Nur die Männchen tragen spitze, gerade Hörner, die bis zu 10 cm lang werden. Ihre kurzen Schwänze sind buschig und haben eine schwarze Spitze. Man findet sie paarweise oder in kleinen Gruppen. Bei Gefahr laufen sie in ungeheuerlicher Geschwindigkeit los und beginnen mit allen Vieren gleichzeitig in die Luft zu springen um den Angreifer zu verwirren. Gejagt werden sie von allen Raubkatzen, Hyänenhunden, Schakalen, von Adlern und Pythons.

BUNTBOCK, BONTEBOK, Damalsicus dorcas dorcas

Wer die schönsten Exemplare an **Buntböcken** in Südafrika sehen möchte, sollte unbedingt in den **Bontebok National Park** in der Provinz Western Cape oder in das **De Hoop Nature Reserve fahren**. Im Unterschied zu Bleßböcken haben sie ein glänzendes, kastanienrotfarbenes Fell und eine nahezu ungebrochene weiße Partie auf dem Vorderkopf, die oberhalb der Nüstern beginnt und sich bis oberhalb der Augen durchzieht. Das Horn eines Buntbocks kann 43 cm erreichen. Ein Buntbock ist als ausgewachsenes Tier mit etwa 90 cm Schulterhöhe und einem Gewicht von 62 kg etwas kleiner als ein Bleßbock. Buntböcke waren früher an Gebiete rund um *Bredasdorp* und *Mossels Bay* gebunden, wo sie nahezu ausgerottet wurden. Sie bevorzugen die Ebenen der Kap-Fynbos-Vegetation, brauchen Zugang zum Wasser und lieben kürzeres Gras und schattige Unterstände unter Bäumen.

BLESSBOCK, BLESBOK, Damaliscus dorcas phillipsi

Einen **Bleßbock** erkennt man, im Gegensatz zum Buntbock, dem er fast zum Verwechseln ähnlich sieht, an seinem rotbraunen Fell, das aber keinerlei Glanz aufweist. Die Blesse im Gesicht ist – durchbrochen von dunklen Partien – weiß. Ein Bleßbock hat eine Schulterhöhe von 95 cm und ein Gewicht von 70 kg. Seine Hörner werden im Durchschnitt ungefähr 40 cm lang. Bleßböcke sind tagaktive Graser, die sich aber auch bei Bedarf wie Buntböcke von Blättern und Zweigen ernähren können. Wie die Buntböcke stehen sie bei direkter Sonnenbestrahlung mit gesenkten Häuptern da.

HALBMONDANTILOPE, TSESSEBE, *Damaliscus lunatus*

Halbmondantilopen erkennt man an ihren halbmondförmig gewachsenen, geriffelten Hörnern und ihrem stark abfallenden Körper sowie dem Buckel nach dem Hals. Das kurze Fell ist rotbraun, Kopf und Oberschenkel sind auffallend dunkler. Bullen erreichen eine Schulterhöhe von 1,20 m und ein Gewicht von etwa 140 kg. Kühe sind etwas kleiner und haben kürzere Hörner.

Halbmondantilopen sind mit einer Laufgeschwindigkeit von 60 km/h äußerst schnelle Tiere. Sind sie erst einmal in Galopp gefallen, können sie kilometerlang laufen. Sie leben in Familienverbänden von etwa 10 Tieren. In starken Dürreperioden schließen sich kleinere Herden zusammen. Geführt werden die einzelnen Herden von territorialen Bullen, die durch Drüsensekrete ihr Gebiet abstecken. Gerne stehen sie auf Termitenhügeln oder anderen Erhebungen, um ihre Anwesenheit zu demonstrieren. Halbmondantilopen bevorzugen offene Ebenen. Das erklärt auch ihre Seltenheit. Sie ernähren sich hauptsächlich von Gras und stehen somit in direkter Konkurrenz zu den großen Viehherden.

DUCKER

KRONENDUCKER, GREY oder COMMON DUIKER, *Sylvicapra grimmia*

Einen **Kronenducker** erkennt man an seiner grau-braunen Farbe und dem typischen schwarzen Strich, der von der Nase bis zwischen die Augen führt. Nur die Böcke tragen Hörner, die bis zu 18 cm lang werden können. Die Weibchen sind etwas größer als die Männchen.

Man findet sie bevorzugt in bewaldeten Regionen, vereinzelt aber auch im offenen Grasland. Ihre Nahrungsquelle ist generell Buschzeug, es wurde aber auch schon beobachtet, daß sie sich in Notzeiten an Gras, Insekten und sogar an Perlhühnchen halten. Zu ihren natürlichen Feinden gehören alle Raubkatzen, Schakale, Hyänen, Adler und Pythons.

Normalerweise leben die vorwiegend nachtaktiven Tiere allein. Nur an kühleren oder bewölkten Tagen kann man sie auch tagsüber erspähen. Paarweise treten sie in der Brunftzeit und später mit ihren Jungen auf. Bei Alarm stößt der Kronenducker ein scharfes Schnauben aus. Er steht zunächst wie angewurzelt da, bevor er sich mit hohen Sprüngen aus dem Staub macht und ins Dickicht „abtaucht". Daher der Afrikaans-Name „Duiker", was soviel bedeutet wie „Taucher".

Rotducker, Red Duiker, *Cephalophus natalensis*

Rotducker findet man in den Naturschutzgebieten des Eastern Transvaal, in Swaziland und in Natal. Sie leben in immergrüner Buschlandschaft und schattigen Wäldern mit dichter, saftiger Vegetation. Vornehmlich ernähren sie sich von Buschzeug, aber auch Wildfrüchte, Beeren und Gras werden von ihnen gefressen. Wie der Name schon sagt, erkennt man den Rotducker an seiner rotbraunen Färbung. Unverwechselbares Merkmal ist ein Haarbüschel zwischen den Hörnern, die beide Geschlechter tragen. Rotducker erreichen eine Schulterhöhe zwischen 40 und 50 cm. Sie leben einzeln, in Paaren oder kleinen Gruppen. Sie sind tag- und nachtaktive Tiere.

ELENANTILOPE, ELAND, *Taurotragus oryx*

Elenantilopen durchstreifen Savannen, die großen afrikanischen Ebenen und offene Waldlandschaft. Selbst in wüstenartigen Gefilden können sie wochenlang ohne Trinkwasser auskommen. Ihre Nahrung besteht aus Buschzeug, Früchten und frischen Gräsern. Mit ihren Hufen graben sie auch nach Knollen.
Bullen erreichen eine Größe zwischen 1,50–1,90 m Schulterhöhe und eine Körpermasse von 700 kg. Kühe sind kleiner und wiegen etwa 450 kg. Beide Geschlechter tragen massive Hörner von durchschnittlich 60 cm Länge. Das Fell ist beige-braun und wird mit zunehmendem Alter grau-braun. Der Körper ist an den Seiten vertikal gestreift, manchmal nur sehr schwach. Bullen erkennt man an dem großen Hautlappen unterhalb des Halses und einer dunkelbraunen Mähne an Kopf und Nacken. Elenantilopen sind Herdentiere ohne festgelegte Territorien. Obwohl sie einen behäbigen Eindruck machen, sind sie gute Sprinter und können Sätze bis zu 2 m machen. Sie sind scheu und nicht aggressiv. Zu ihren natürlichen Feinden zählt im ausgewachsenen Alter nur der Löwe, während Kälber auch anderen Raubkatzen zum Opfer fallen. Es gibt heute bereits einige domestizierte Herden. Das Fleisch gilt als besonders gut.

GNU
STREIFENGNU, BLUE WILDEBEEST, *Connochaetes taurinus*

Streifengnus bevorzugen, im Gegensatz zu Weißschwanzgnus, offene Ebenen und Savannen mit kurzen Gräsern der nördlichen Regionen. Bullen erreichen eine Schulter-

---

FACHAUSDRÜCKE (engl.)
Browser: Ein Tier, das sich vorwiegend von Blättern ernährt, z.B. Giraffe, Elefant, Spitzmaulnashorn, Kudu, Klippspringer.
Carnivor: Ein Tier, das sich überwiegend von Fleisch ernährt.
Grazer: Ein Tier, das sich vorwiegend von Gras und Wurzeln ernährt, z.B. Zebra, Gnu, Büffel, Breitmaulnashorn.
Herbivor: Ein Tier, das sich nur von Pflanzen ernährt.
Omnivor: Ein Allesfresser.
Predator: Ein Tier, das andere Tiere jagt und frißt, z.B. Löwe, Leopard, Gepard.

höhe von 1,40 m und ein Gewicht von 250 kg.

Beide Geschlechter tragen Hörner, ihr Fell ist dunkelbraun mit fast schwarzen Streifen, die vornehmlich am Hals vertikal nach unten führen. Sie haben eine dunkle Mähne am Hals und im Gesicht, einen Bart und einen langen schwarzen Schwanz. Streifengnus sind ausgesprochene Herdentiere, die in großen Verbänden oftmals in Begleitung anderer Tiere wie Zebras, Giraffen und Impalas gesehen werden. Bullen zeigen sich laut und territorial während der Brunftzeit. Ansonsten ziehen die Herden gemeinsam über weite Strecken.

Streifengnus wirken sehr nervös. Bei der geringsten Gefahr stoben sie davon, halten jedoch nach kurzem Sprint an, um sich zu orientieren. Das macht sie sehr berechenbar für Jäger. Sie wirken durch ihr ständiges Schnauben durch die Nüstern sehr aggressiv. Das täuscht, denn in der Regel sind sie nicht angriffslustig. Besonders an Wasserlöchern lauern Hyänen, Raubkatzen und Hyänenhunde.

WEISSSCHWANZGNU, BLACK WILDEBEEST, *Connochaetes gnou*

Weißschwanzgnus sind in den südöstlichen Naturschutzgebieten verbreitet. Wie der deutsche Name andeutet, identifiziert man sie an ihrem langen hellen Schwanz, der bis zum Boden reicht, und wie die englische Bezeichnung beschreibt, an ihrem dunklen, schwarzbraunen Fell. Zwischen den Vorderbeinen erkennt man deutlich Haarzotteln, die Mähne ist hell am Haaransatz und dunkel an den Spitzen und im Gesicht. Sie erreichen eine Schulterhöhe von 1,20 m und ein Gewicht bis zu 180 kg. Die Hörner, die seitlich vor den Ohren nach oben schwingen, werden bis zu 52 cm lang. Man hat aber schon Exemplare mit bis zu 70 cm langen Hörnern beobachtet.

Weißschwanzgnus galten als fast ausgerottet. Heute zählt man in Südafrika etwa 3200 Exemplare. Sie leben im buschigen Karoo- und offenen Grasland. Bullen haben ein fest umrissenes Gebiet, während Herden aus Kühen und Kälbern sich frei durch markiertes Gelände bewegen können.

Ihren Namen verdanken sie dem nasalen Geräusch, das sich geschnaubt etwa so anhört wie „ge-nu".

KLIPPSPRINGER, KLIPPSPRINGER, *Oreotragus oreotragus*

Klippspringer findet man in felsiger Berglandschaft, obwohl sie zum Fressen durchaus in angrenzendes Grasland abwandern. Sie ernähren sich von Buschzeug und sind relativ unabhängig von Wasser. Man muß sich schon mächtig anstrengen, um sie in ihrem natürlichen Territorium auszumachen. Ihre graubraune Farbe ist eine ideale Tarnung. Häufig sieht man sie wie angewurzelt auf steilen Klippen stehen. Im nächsten Moment springen die Tiere über Felsen und überwinden Gradationen, die man nicht für möglich gehalten hätte. Sie scheinen auf Zehenspitzen zu stehen. Und tatsächlich sind ihre Hufe speziell felsigen und scharfkantigen Gegebenheiten angepaßt. Die Größe variiert zwischen 50 cm und 60 cm Schulterhöhe. Die Männchen tragen gerade, spitze Hörner. Klippspringer leben in kleinen Familienverbänden in abgegrenzten Territorien. Am aktivsten sind sie in der Mittagszeit. Zu den Hauptfeinden zählen Leoparden, Felsenpythons und große Adler.

KUDU, KUDU, *Tragelaphus strepsiceros*

Kudus sind in vielen Naturschutzgebieten des südlichen Afrikas vertreten. Sie lieben bewaldete Savannen oder Hügellandschaften in der Nähe von Wasserstellen. Sie können sich aber durchaus auch trockenen Gebieten anpassen. Ihre Nahrung besteht aus Blättern, Früchten und auch Gras. Besonders lieben sie das junge Grün nach Waldbränden.

Kudus sind große und elegante Tiere. Bullen können eine Schulterhöhe von 1,40 m erreichen bei einem Gewicht von 240 kg. Kühe sind wesentlich kleiner. Wunderschön sind bei den erwachsenen Männchen die spiralformig geschwungenen spiegelbildlichen Hörner, die bis zu 1,50 m lang werden können. Kudus sind meist graubraun. Weibchen und Kälber sind unscheinbarer gefärbt. Signifikant sind die Längsstreifen über der Rückenpartie und Haarbüschel entlang des Rückens, am Bauch und am Hals.

Nach der Brunftzeit trennen sich Kudus oft in kleinere Herden von Kühen mit Kälbern und Bullen. Ausgewachsene Männchen werden nur von Löwen oder einer Meute Hyänenhunde gejagt. Kühe und Kälber fallen Leoparden und Geparden zum Opfer.

KUHANTILOPE, HARTEBEEST

Im südlichen Afrika gibt es zwei Arten von Kuhantilopen: Die Lichtenstein's Kuhantilope *(Sigmoceros lichtensteinii),* die z.B. im Krügerpark vorkommt, und die Südafrikanische Kuhantilope (Red Hartebeest, *Alcelaphus buselaphus),* die man z.B. im mittleren Norden Südafrikas findet. Sie sind sich sehr ähnlich. Beide erreichen eine Schulterhöhe von 1,25 m.

Die Lichtenstein's Kuhantilope ist jedoch im Gegensatz zu ihren Vettern etwas schwerer und behäbiger. Ihr Fell ist gräulich-braun, das der Südafrikanischen Kuhantilope dagegen kräftig rotbraun.

Die Hörner beider Gattungen und Geschlechter stehen eng beisammen und werden etwa 50 cm lang. Signifikant für beide Arten ist der abfallende Rücken und der leichte Buckel nach dem Hals.

Kuhantilopen ernähren sich von Gras und leben in offener Savanne und Parklandschaften. Sie bewegen sich in einem festumgrenzten Territorium in kleinen Herden. Nur in Trockenzeiten schließen sie sich in großen Gruppen zusammen und können weit zu neuen Futterplätzen wandern.

MOSCHUSBÖCKCHEN, SUNI, *Neotragus moschatus*

Die kleinste Antilopenart, die **Moschusböckchen,** oder landläufiger Sunis genannt, wird man nur sehr selten sehen. Ihr Lebensraum ist der undurchdringliche afrikanische Busch oder eine dichte Waldlandschaft entlang von Flußläufen.

Sunis ernähren sich von Ästen, Blättern und Zweigen. Sie beziehen ihren Flüssigkeitsbedarf vorwiegend aus der Nahrung, was sie weitgehend von Wasserquellen unabhängig macht.

Sunis erreichen eine Schulterhöhe von gerade einmal 33 bis 38 cm und ein Gewicht von etwa 5 kg. Das Fell ist kastanienbraun. Nur die Männchen haben 8 cm lange Hörner. Der Schwanz ist lang und dunkelbraun mit einer weißen Spitze. Er ist unermüdlich in Bewegung.

Man trifft Sunis allein, paarweise und selten auch als Kleinfamilie an. Das Territorium wird durch ein stark riechendes Sekret markiert, das aus Drüsen oberhalb der Augen des Bockes stammt. Sunis haben viele Feinde wie Raubkatzen, Schakale, Pythons und Adler.

NYALA, NYALA, *Tragelaphus angasii*

Nyalas zählen zu den besonders schönen Antilopenarten. Man findet sie fast ausschließlich in trockener Savannenlandschaft und entlang von Wasserläufen. Gewöhnlich sieht man kleine Herden mit etwa 5 Tieren. Obwohl Nyalas hauptsächlich vom späten Nachmittag bis in die frühen Morgenstunden fressen, kann man sie auch tagsüber beobachten. Zu ihren Hauptfeinden zählen Leoparden, Löwen und Hyänenhunde. Nyala-Männchen erreichen eine Schulterhöhe von 1,10 m mit einem Gewicht von 110 kg. Charakteristische Merkmale sind die vertikalen weißen Streifen im dunkelbraunen Fell und vereinzelte weiße Flecken sowie zwei weiße Streifen im Gesicht. Männchen haben entlang des Rückens einen hellen Fellschopf, orangefarbene Beine und lange Zotteln am Bauch und am Hals. Besonders schön sind die bis zu 80 cm langen geschwungenen Hörner, die an den Enden orange-weiß ausgeprägt sind. Weibchen haben ein helleres Fell und ebenfalls weiße Streifen. Sie haben weder eine Zeichnung im Gesicht noch haben sie Hörner. Sie sind etwa 15 cm kleiner als ihre männlichen Partner und wiegen nur etwa 60 kg.

ORYX, GEMSBOK, *Oryx gazella*

Der Anblick von **Oryxantilopen** ist immer ein Höhepunkt einer Safari. Es sind stark gebaute Tiere mit einem ausgeprägten Hals und Kopf, der ihre langen, geraden Hörner tragen muß, die durchschnittlich 85 cm lang werden. Als Rekordlänge wurden 122 cm gemessen. Charakteristische Merkmale sind der haselnußbraune Körper, der zum hellen Bauch hin mit einem schwarzen Streifen abgegrenzt wird, der pferdeschwanzähnliche Schwanz, die Beine, die oben schwarz und unten hell mit

schwarzen Flecken auf der Vorderseite enden und ganz besonders der Kopf, der maskenartig schwarz-weiß gefärbt ist, wobei die schwarze Farbe besonders auf dem Nasenrücken ausgeprägt ist.
Obwohl die massiven Tiren so imposant wirken, sind sie doch mit die scheuesten im Revier. Sie leben vor allem im Nordosten Südafrikas in den trockenen Zonen, sogar in

Dünenlandschaften. Obwohl sie hauptsächlich als Graser einzustufen sind, ernähren sie sich auch von Blättern und Zweigen und in Trockenzeiten von Tsamma-Melonen. Ihre Herden mit durchschnittlich 15 Tieren sind hierarchisch strukturiert, sie folgen dem Regen und der danach hervorsprießenden Vegetation. In extremen Trockenzeiten sieht man sie in großen Verbänden.

PFERDEANTILOPE,
ROAN ANTELOPE, *Hippotragus equinus*

Man braucht schon etwas Glück, um eine kleine Herde von **Pferdeantilopen** in der Savanne auszumachen, denn sie sind ausgesprochen rar. Pferdeantilopen sind die zweitgrößten Antilopen und erreichen eine Schulterhöhe von 1,40 m und die Bullen ein Gewicht von 250 kg. Sie ernähren sich vorwiegend von Gräsern, hin und wieder knabbern sie an den jungen Sprossen von Büschen. Sie sind von Oberflächenwasser abhängig und meist in der Nähe dessen zu finden. Hauptmerkmal dieser Gattung sind die auffallend großen Ohren und die interessante Zeichnung im Gesicht, die fast wie eine Kriegsbemalung wirkt. Das Fell um die Schnauze ist hell, ebenso zwei Längsstreifen zwischen den Augen. Beide Geschlechter tragen geriffelte, nach hinten gebogene Hörner, die bis zu 75 cm lang werden. Der Rekord lag bei fast einem Meter.

Pferdeantilopen verdanken ihren Namen dem pferdeähnlichen Schnauben, das sie bei Gefahr ausstoßen. Und obwohl sie generell friedliche und defensive Tiere sind, können sie, in Bedrängnis geraten, ordentlich beißen und treten. Und schon mancher Löwe wurde geradezu aufgespießt. Besonders oft fallen kleine Kälber den Raubtieren zum Opfer, da sie von den Antilopenkühen die ersten Wochen versteckt werden und nur zu leicht von den guten Riechern dieser Tiere aufgespürt werden können.

RAPPENANTILOPE, SABLE ANTELOPE, *Hippotragus niger*

Rappenantilopen erkennt man leicht an dem dunklen, dichten Fell, dem weißen Bauch, der kontrastreichen Zeichnung im Gesicht und an den säbelförmigen Hörnern, die bis über 1 m lang werden können. Die Antilope wird bis zu 1,35 m groß und Bullen erreichen ein Gewicht von 250 kg.

Rappenantilopen leben in Herden von 10–40 Tieren. Meist findet man einen stattlichen Bullen, der in der Brunftzeit dominiert. Ansonsten führt die Leitkuh die Herde an. Junge Bullen werden im Alter zwischen 2 und 3 Jahren von der Herde getrennt und leben in lockeren Verbänden zusammen. Die meisten Kälber kommen zwischen Februar und März auf die Welt. In dieser Zeit sind dann sowohl Kälber als auch Kühe leichte Opfer für größere Raubtiere. Allerdings hat ein Löwe gegen einen ausgewachsenen Bullen fast keine Chance. Dem Menschen kann eine Rappenantilope durchaus gefährlich werden. Sie sind recht angriffslustig, wenn sie sich in ihrer „Privatsphäre" gestört fühlen.

RIEDBOCK, REEDBUCK, *Redunca arundinum*

Riedböcke lieben dicht bewachsene Flächen mit Riedgras. Sie sind stark von Trinkwasser abhängig. Ausgewachsene Tiere erreichen eine Schulterhöhe von bis zu 95 cm und ein Gewicht von 70 kg. Die geriffelten Hörner der Männchen können stolze 38 cm lang werden. Der Rekord lag sogar bei knapp 46 cm. Riedböcke leben allein, paarweise oder in kleinen Gruppen bis maximal 6 Tieren. Tagsüber liegen sie im tiefen Riedgras, meist in der Nähe von einem Gewässer. In den Sommermonaten sind sie vorwiegend nachtaktiv. Bei Alarm stoßen sie Pfeifgeräusche aus und hüpfen mit steifen Beinen gerade nach oben. Feinde sind nahezu alle Raubtiere.

BERGRIEDBOCK, MOUNTAIN REEDBUCK, *Redunca fulvorufula*

Bergriedböcke bevorzugen bergiges Land, in dem sie sich unter Felsen und Klippen in Sicherheit bringen können. Sie sind vorwiegend Graser und lieben nach Buschbränden das frische Grün, das wieder aus dem Boden sprießt. Im Gegensatz zu einigen anderen Antilopenarten sind sie unbedingt auf einen Zugang zu einer Wasserquelle abhängig. Bergriedböcke erreichen eine Schulterhöhe bis zu 70 cm und ein Gewicht von 30 kg. Ihr Fell ist dunkel- oder rotbraun, die Bauchseite hell. Der Schwanz wirkt buschig. Die Hörner der Männchen sind etwa 16 cm lang und leicht nach vorne gebogen. Sie leben in kleinen Familienverbänden mit maximal 10 Tieren in einem etwa 28 Hektar großen, markierten Territorium zusammen, das vom Leitbock verteidigt wird. In den Sommermonaten sind die Tiere vorwiegend nachtaktiv, in Trockenzeiten kann man sie auch tagsüber beobachten. Größere Tiere werden von Leoparden und anderen Raubkatzen gejagt, Lämmer auch von Schakalen und Adlern.

SCHIRRANTILOPE, BUSHBUCK, *Tragelaphus scriptus*

Schirrantilopen bevorzugen Wälder und dichte Buschlandschaften mit ausreichender Wasserversorgung. Sie leben einzeln, in Paaren oder in kleinen Familienverbänden. Während der Tageshitze ruhen sie im Dickicht und kommen nur am frühen Morgen, späten Nachmittag und nachts heraus. Die Hauptnahrungsquelle sind Blätter und Äste, aber auch frisches Gras. Die Böcke werden bis zu 80 cm Schulterhöhe groß und haben ein haselnußbraunes Fell. Deutlich erkennbar bei den Männchen sind die weißen Streifen im Gesicht, am Hals und an den Beinen und weiße Flecken im Fell. Die spiralförmig gedrehten Hörner können bis zu 30 cm lang werden. Die Weibchen sind etwas kleiner und heller. Auch sie haben weiße Flecken im Fell. Ihre Sinne sind sehr ausgeprägt. Untereinander verständigen sie sich durch Grunzlaute. Nur bei Gefahr wird eine Art Signalbellen ausgestoßen. Als Fluchtweg wird oft das Wasser gewählt, denn Schirrantilopen sind ausgesprochen gute Schwimmer. Ein in die Enge getriebener Bock ist eine ernstzunehmende Gefahr.

SCHWARZFERSENANTILOPE, IMPALA, *Aepyceros melampus*

Schwarzfersenantilopen bevorzugen offenes Buschland und vermeiden Gebiete mit hohem Gras. Sie sind typische Herdentiere, die in Verbänden von 10 bis 50 Tieren auftreten. Es können aber auch Herden von mehreren hundert Exemplaren beobachtet werden. Die tag- und nachtaktiven Tiere ernähren sich sowohl von Gras als auch von Buschzeug und trinken regelmäßig Wasser, sofern dies vorhanden ist.
Schwarzfersenantilopen variieren regional an Gewicht (40–60 kg) und Schulterhöhe (85–95 cm). Die geschwungenen Hörner der Böcke werden ungefähr 50 cm lang. Der Körper ist dreifarbig und geht von einem kräftigen Braun am Rücken in ein helleres Braun an der Seite und an den Beinen in eine Cremefarbe am Bauch über. Am charakteristischsten sind jedoch die schwar-

zen Haarbüschel oberhalb der Hufe und und ein senkrechter schwarzer Fellstreifen an jeder Hinterbacke.

In der Brunftzeit kämpfen die Männchen um Territorien und um einen Harem aus bis zu 30 Weibchen. Die erfolglosen Böcke schließen sich in kleinen „Junggesellenverbänden" zusammen. An natürlichen Feinden mangelt es diesen Antilopen nicht. Neben Löwen, Leoparden, Geparden und Hyänenhunden müssen sie sich bei ihrem täglichen Gang ans Wasser auch vor Krokodilen in acht nehmen.

SPRINGBOCK, SPRINGBOK, *Antidorcas marsupialis*

Springböcke sind leicht zu erkennen an ihrem dunklen Fellstreifen, der den weißen Bauch vom rotbraunen Deckenfell des Rückens trennt. Sie bevölkern in kleinen Herden die trockenen Zonen des Nordwestens des Landes. Sie werden in den kühleren Tageszeiten und in der Nacht aktiv und ernähren sich vorwiegend von Gras und Blättern an Büschen und kleineren Bäumen. Hin und wieder graben sie nach Wurzeln und Knollen.

Springböcke erreichen eine Schulterhöhe von 75 cm und ein Gewicht bis zu 40 kg. Ihre geschwungenen Hörner werden bis zu 35 cm lang. Springbock-Weibchen können in Trockenzeiten die Geburt ihres Jungen bis zu 2 Wochen hinauszögern. Von den Klippspringern abgesehen gehören sie zu jenen Antilopen, die am wenigsten von Wasser abhängig sind. Darin sehen viele die Zukunft, in der besonders in den Dürregebieten viele Rinder- durch Springbockherden ersetzt werden. Schon heute findet man große Springbockfarmen in der Northern Cape Province und im Freestate. Springbockfleisch ist sehr delikat. Auch die damit verbundene Lederproduktion spielt eine wachsende Rolle.

STEINANTILOPE, STEENBOK, Raphicerus campestris

Steinantilopen kommen überall im südlichen Afrika recht häufig vor. Sie leben im weiten Grasland, in offener Waldlandschaft und dichtem Busch. Ihre Hauptnahrung besteht aus Blättern und Zweigen, doch graben sie gleichfalls nach Wurzeln und Knollen und fressen auch Gras. Sie trinken Wasser, sofern es welches gibt, ansonsten beziehen sie ihre Flüssigkeit aus der Nahrung.

Steinantilopen erkennt man an der satten Brauntönung ihres Felles und der weißen Einfärbung am Bauch und den Innenbeinen. Charakteristisch sind die großen Augen und Ohren, die innen eine interessante Maserung aufweisen. Die geraden Hörner der Böcke können bis zu 11 cm lang werden. Steinantilopen sehen immer frisch gewaschen aus und benehmen sich sehr hygienisch. Für ihre Exkremente graben sie kleine Kuhlen, die sie nach Verrichtung säuberlichst wieder mit Sand bedecken.

Sobald sie sich in Gefahr wähnen, rennen Steinantilopen in hoher Geschwindigkeit davon. Dann stoppen sie, um zu erkunden, ob sie verfolgt werden oder nicht. Eine absehbare Handlungsweise für den erfahrenen Jäger, die schon tausenden Exemplaren das Leben gekostet hat.

Steinantilopen sind Einzelgänger und beanspruchen ein Gebiet von 30 Hektar – ganz schön viel Land für so eine kleine Antilope. Nur zur Paarungszeit und nach der Geburt der Lämmer bleiben Paare kurze Zeit beisammen. Gejagt werden sie von Raubkatzen, Schakalen, Adlern und Pythons.

WASSERBOCK, WATERBUCK, Kobus ellipsiprymnus

Wasserböcke machen ihrem Namen alle Ehre und kommen im östlichen Teil Südafrikas in Gegenden vor, die ihnen genügend Trinkwasserversorgung garantieren. Sie meiden dichte Buschlandschaft und bevorzugen die offenen Savannen und Landschaften mit hohem Gras, das auch ihre Hauptnahrung ist. Nur gelegentlich fressen sie Blätter und Zweige.

Ein Leitbulle beansprucht ein Gebiet von etwa 2 km Durchmesser, in dem er keine Konkurrenz duldet. Fühlt er sich provoziert, greift er auch Menschen an. Man findet kleine Verbände von Kühen und Kälbern und Herden von Männchen, die kein eigenes Gebiet beanspruchen. Das Fell der Wasserböcke ist gräulich braun und länger als bei anderen Antilopenarten. Charakteristisches Merkmal ist ein runder weißer Kreis um den Schwanz herum. Die bis zu 85 cm langen geriffelten Hörner findet man nur bei Bullen. Wasserböcke können bis zu 1,35 m groß werden und ein Gewicht von 250 kg erreichen.

Wasserböcke sind beliebte Beute vor allem bei Löwen und Krokodilen. Kühe und Kälber werden auch von kleineren Raubtieren gejagt. Oftmals retten sich die Tiere erfolgreich ins Wasser, da sie exzellente Schwimmer sind. Vom Mensch hat der Wasserbock nicht viel zu befürchten: Die Natur hat ihn mit einem seltsam ölig schmeckenden Fleisch ausgestattet.

WEITERE SÄUGETIERE

BÄRENPAVIAN, CHACMA BABOON,
Papio ursinus

Bärenpaviane gehören zur Familie der Primaten und leben in Gruppenverbänden zwischen 10 und 100 oder mehr Tieren, da ihnen das enge Sozialgefüge Schutz bietet.

Ihr Lebensraum ist fest umrissen, Eindringlinge werden vertrieben. In den einzelnen hierarchisch gegliederten Gruppen findet man verschiedene Männchen, die eine Führungsrolle übernehmen, aber nur einen „Boss", der sich hin und wieder durch einen Kampf mit einem Nebenbuhler durchsetzen muß, der aber nur äußerst selten tödlich endet. Auch unter den Weibchen herrscht eine feste Rangordnung. Männchen sind mit einer Körpermasse zwischen 27 und 44 kg etwa doppelt so groß wie die Weibchen mit 15–18 kg.

Paviane gelten als schlau und intelligent, ihre Bewegungen und Verhaltensweise haben oft einen menschlichen Anschein. Sie verständigen sich untereinander mit bestimmten Lauten und einer ausgeprägten Körpersprache. Ihre Hauptfeinde sind vor allem Leoparden. Aber auch Löwen werden bei der Affenjagd beobachtet. Um sich zu schützen, ziehen sich die Paviane nachts auf hohe Bäume oder in Höhlen zurück, die von anderen Tieren nur schwer zu erreichen sind. Tagsüber leben die Affenfamilien bevorzugt in offener Savannen- oder lichter Waldlandschaft. Ihre Nahrung besteht aus Wurzeln, Früchten, Beeren und Knollen. Auch Insekten, Vogeleier und sogar junge Antilopen stehen auf dem Speiseplan. Ganze Horden fallen auf Campingplätze ein, um sich aus dem Abfall zu bedienen. Sie sind äußerst geschickt und machen auch nicht vor einer verschlossenen Kühlbox Halt. Um ihren natürlichen Lebensraum zu sichern, ist es streng verboten, Paviane zu füttern. *Vorsicht:* Paviane können ausgesprochen aggressiv reagieren, wenn sie sich in die Ecke gedrängt fühlen!

BÜFFEL, AFRIKANISCHER,
AFRICAN BUFFALO, *Synserus caffer*

Der **Afrikanische Büffel** zählt zu den gefährlichsten Tieren im südlichen Afrika! Man sollte sich durch sein Aussehen, das an ein großes Rind erinnert, nicht täuschen lassen. Ein Bulle erreicht eine Größe von 1,40 m und ein Gewicht zwischen 600–800 kg. Diese Masse, erst einmal in Bewegung gesetzt, kann mit einer Geschwindigkeit von 50 km/h durch die Savanne donnern. Beide Geschlechter erkennt man an ihren massiven Hörnern, die seitlich über den großen Ohren sichelförmig von unten nach oben gebogen sind und bis zu 90 cm lang werden können. Büffel sind Herdentiere, die oft in Verbänden von über 100 Tieren zusammenleben. Sie bevorzugen Graslandschaften und Flußtäler und halten sich gerne nah am Wasser auf. Obwohl es in der Brunftzeit einen Leitbullen gibt, führt während der restlichen Saison eine dominante Kuh das Regiment. Büffel sind typische Grasfresser, sie bevorzugen die Kühle der Nacht um sich zu stärken. Tagsüber ziehen sie sich gerne unter Bäume in den Schatten zurück. Büffel gehören zu den wenigen Tieren, von denen für Menschen eine wirkliche Gefahr ausgeht. Dabei geht es weniger darum, daß sie besonders angriffslustig sind – das ist eher ein Gerücht. Vielmehr sind sie fast nicht mehr zu stoppen, wenn sie erst einmal in Rage geraten sind. Da hilft nur noch die Flucht auf einen Baum oder in ein Fahrzeug, was sie merkwürdigerweise nicht als Bedrohung sehen. Nur sehr erfahrene Jäger wagen es, ein verletztes, rasendes Tier aus nächster Nähe zu schießen. Prinzipiell sollte man in höchster Alarmbereitschaft sein, wenn man zu Fuß auf eine Herde oder einen einzelnen Büffel trifft.

Zu ihren Feinden zählen vor allem Löwen, die in Rudeln jagen. Während ein einzelner Löwe bei einem Angriff Gefahr läuft, selber sein Leben zu verlieren, schafft es ein geschicktes Löwenrudel, die Herde in Panik zu versetzen und einzelne Tiere zu separieren und zu schlagen. An den Wasserstellen lauern Krokodile, die sich meist jüngere oder schwächere Tiere aussuchen.

Bedroht sind die Büffel durch Krankheiten, die auch das Vieh heimsucht, wie beispielsweise die Maul- und Klauenseuche, Milzbrand und die verheerende Rinderpest.

ELEFANT, AFRIKANISCHER,
AFRICAN ELEPHANT, *Loxodonta africana*

Obwohl der **Elefant** zu den meistgejagtesten Tieren Afrikas gehört und wegen des Elfenbeins leider auch heute noch illegal getötet wird, können auf dem gesamten Kontinent noch ungefähr 600.000 Exemplare gezählt werden. Das ist zwar verschwindend gering im Gegensatz zu Zahlen aus früheren Zeiten, doch läßt dies auf ein Überleben der Dickhäuter auf unserem Planeten hoffen.

Elefanten findet man auf offener Savanne, in nicht zu dichten Wäldern und sogar in bergigen Regionen. Er frißt vegetarisch fast alles, was ihm vor den Rüssel kommt: Gras, Blätter, Äste, Baumrinde, Wurzeln und Früchte. 18 Stunden seines Tages verbringt er damit – je nach Körpergewicht und Alter –, zwischen 150 kg und 300 kg Nahrung zu futtern. Hinzu kommt noch die Aufnahme von durchschnittlich 200 Liter Wasser am Tag. Man findet Elefanten am frühen Morgen und späten Nachmittag an den Wasserstellen. Dort genehmigen sie sich auch oft eine kühlende Dusche oder ein Schlammbad, das gut gegen Parasiten und ein Schutz gegen die Sonneneinstrahlung ist. In Trockenzeiten können sie Wasserlöcher bis zu einer Tiefe von fast 2 m graben, die auch anderen Tieren zugute kommen. Ihre Wege zum Wasser sind breit und ausgetreten, in bergiger Landschaft suchen sie sich den leichtesten Weg – ein Grund, warum viele Straßen und Pässe Südafrikas auf alten Elefantenrouten angelegt wurden.

Elefanten sind die größten Landsäugetiere auf der Welt. Elefantenbullen erreichen eine Schulterhöhe zwischen 3,20 m und 4 m und eine Gewicht von 5000–6300 kg. Elefantenkühe sind mit einer Größe zwischen 2,5–3,4 m deutlich kleiner. Charakteristisch sind der lange Rüssel, die riesigen Ohren und die Stoßzähne, die eine Rekordlänge von 3,38 m erreichen können. Die Zähne kommen in Auseinandersetzungen zum Einsatz, aber auch zum Graben und Schaben nach Nahrung. Und von wegen „Elefant im Porzellanladen"! Kaum ein Tier bewegt sich lautloser durch den dichten afrikanischen Busch. Die Sohlen seiner Füße sind mit dicken Polstern versehen, die alle Geräusche, wie z.B. knickende Äste, nahezu verschlucken.

Prinzipiell wäre es falsch zu sagen, daß Elefanten gefährliche Tiere sind. Ranger schlagen dennoch einen Sicherheitsabstand von etwa 50 m vor. Man sollte sich nicht darauf verlassen, daß Elefanten schlecht sehen. Denn dafür riechen und hören sie exzellent und können ihren gewaltigen Körper auf kurze Distanz bis zu 40 km/h schnell beschleunigen. Kommt es vor, daß man mit dem Auto plötzlich von einer Elefantenherde umzingelt ist: Keine Panik. Motor ausmachen, Hand aber am Zündschlüssel belassen. An Wasserlöchern ist generell nicht gut Kirschen essen mit ihnen. Da dulden sie keine Konkurrenz, und so manches Zebra mußte diese Erkenntnis mit dem Leben bezahlen. Selbst Löwen entfernen sich schleunigst, wenn sie eine Elefantenherde Richtung Wasser marschieren sehen.

Elefanten können zwischen 60 und 70 Jahre alt werden. Sie haben, vom Menschen abgesehen, keine natürlichen Feinde. Sie sind sehr immun gegen Krankheiten und sterben vorwiegend an Altersschwäche oder verdursten in langen Dürreperioden. Da sie große Pflanzenmengen verschlingen, muß ihre Anzahl in den meisten Parks künstlich reguliert werden. Eine häufig gemachte Fehleinschätzung ist, daß Elefanten wahllos Bäume umreißen, nur um an ein paar Blätter an der Spitze zu kommen. Das ist ein ganz natürlicher Eingriff in die Natur zur Schaffung von Savanne, die anderen Tieren als Lebensraum dient. Nur in heutigen Zeiten, in denen das Land für die Tiere immer enger zusammenrückt, wirkt sich das an manchen Stellen katastrophal aus.

ERDHÖRNCHEN, GROUND SQUIRREL,
Xerus inauris

Erdhörnchen leben auf dem Boden in oft spärlich bewachsenen Regionen. Sie sind leicht an ihrem haselnußbraunen Körper mit einem weißen Längsstreifen und dem buschigen Schwanz zu identifizieren, der bis zu 25 cm lang werden kann und ihnen auch als Sonenschutz dient. Man sieht sie auf ihren Hinterbeinen stehend meist in kleinen Gruppen.

Sie ernähren sich von Wurzeln, Knollen, Gras, aber auch von Insekten, hier besonders von Termiten.

Erdhörnchen legen geschickte Höhlensysteme mit verschiedenen Ausgängen an, in deren Nähe sich vor allem die Weibchen und die Jungen tagsüber aufhalten.

ERDMÄNNCHEN, SURICATE, *Suricata suricatta*

Erdmännchen oder **Surikaten** zählen zu den possierlichsten Tieren Südafrikas – und da tagaktiv –, zu den fotogensten.
Mit einem Gewicht um die 750 g und einer Gesamtlänge von nur etwa 45–55 cm sind sie kleine Tiere, vergleichbar in der Größe mit Fuchsmangusten, mit denen sie manchmal verwechselt werden. Doch im Unterschied ist ihr Fell gräulich-braun mit dezenten schwarzen Streifen auf der Rückenpartie. Der Schwanz macht fast die Hälfte der Länge des Tieres aus, ist dünn und nur wenig behaart mit einer dunklen Spitze. Er dient als Stütze, wenn das Erdmännchen „Männchen" macht. Surikaten sind gesellige Tiere. Sie leben in Gruppen zwischen 5–40 Exemplaren in selbstgegrabenen oder auch von anderen Tieren verlassenen Bauten. Zum Graben benutzen sie ihre Vorderfüße mit den langen Krallen. Sie leben in trockenen Zonen und ernähren sich hauptsächlich von Insekten und Würmern. Bei Gelegenheit schnappen sie sich aber durchaus auch Vögel und kleinere Reptilien.

GEPARD, CHEETAH, *Acinonyx jubatus*

Geparden zählen zu den elegantesten Raubkatzen Südafrikas. Ihre langen, schlanken Beine, der stromlinienförmige Oberkörper, der kleine Kopf und der buschige lange Schwanz mit dem weißen Fleck am Ende zählen zu den Hauptcharakteristika dieser Gattung. Die runden Flecken im Fell sind kleiner als bei Leoparden. Wer das Glück hat, einem Geparden direkt ins Gesicht zu sehen, wird eine schwarze Linie erkennen, die von den gelbbraunen Augen zur Oberlippe führt. Geparden erreichen eine Schulterhöhe von etwa 80 cm und ein Gewicht von 30–50 kg. Von den Geräuschen, die sie von sich geben, ähneln sie am meisten den domestizierten Artgenossen.
Mit bis zu 115 km/h Geschwindigkeit sind Geparden die schnellsten Säugetiere der Erde. Sie bevorzugen offenes, flaches Gelände als Jagdgebiet. Manchmal findet man diese Raubkatzen aber auch in dichtem Gestrüpp oder auf Bäumen.
Ihre bevorzugte Beute sind mittelgroße Antilopenarten, vor allem Impalas. Es werden aber auch Warzenschweine, Stachelschweine, Laufvögel und Hasen verspeist. Entweder versucht der Gepard seine Beute in voller Jagdgeschwindigkeit durch Stöße aus dem Gleichgewicht zu bringen, oder er läßt das andere Tier stolpern, indem er mit seinen Pfoten zwischen die Läufe fährt. Dann wird die Beute am Hals gepackt und stranguliert. Das kann bis zu 25 Minuten dauern. Allerdings ist das Jagdglück eines Geparden nicht besonders groß: Nur 10 % der Versuche sind erfolgreich. Bei 150

erlegten Tieren, die ein Gepard pro Jahr zum Überleben braucht, sind das ganz schön viele Versuche!
Die Hälfte der Geparden leben in kleinen Gruppen mit bis zu sechs Mitgliedern, die andere Hälfte lebt als Einzelgänger. Sie sind zwar reviertreu, verteidigen es aber nicht aktiv. Eine Gepardin bringt nach etwa 95 Tagen 2–6 Junge zur Welt, die zunächst von der Mutter versteckt werden. Sie werden mit geschlossenen Augen geboren, die sie nach 10 Tagen öffnen. Nur 50 % der Jungen überleben; die anderen fallen Raubvögeln und Raubtieren zum Opfer. Aber auch der sogenannte „Katzenschnupfen" fordert viele Opfer.
In freier Wildbahn kann ein Gepard etwa 15 Jahre alt werden. Zu seinen gefährlichsten Feinden zählt der Mensch, der dieses schöne Tier – trotz Artenschutz – bis heute wegen seines kostbaren Fells jagt. Ansonsten droht noch Gefahr von Löwen, Leoparden und großen Hyänen. Es gibt übrigens keinerlei Berichte über Zwischenfälle zwischen Geparden und Menschen, die auf Seiten letzterer tödlich endeten.

GIRAFFE, GIRAFFE, *Giraffa camelopardalis*

Giraffen bevölkerten einst den gesamten afrikanischen Kontinent. Heute ist ihr Bestand alarmierend zusammengeschrumpft. Sie wurden wegen ihres Fleisches und ihrer Haut, aus der man vorwiegend Sandalen und Peitschen hergestellt hat, nahezu ausgerottet. Man findet sie in Südafrika nur noch in Naturschutzgebieten und privaten Wildfarmen. Sie zählen zu den „Big Five".
Giraffen leben auf offenen Savannenebenen mit lichter Akazienbewaldung. Zwischen 15 und 20 Stunden täglich sind sie beim Fressen – ganz im Gegensatz zu etwa 20 Minuten Schlaf pro Tag. Mit ihren bis zu 45 cm langen Zungen rupfen sie Blätter und

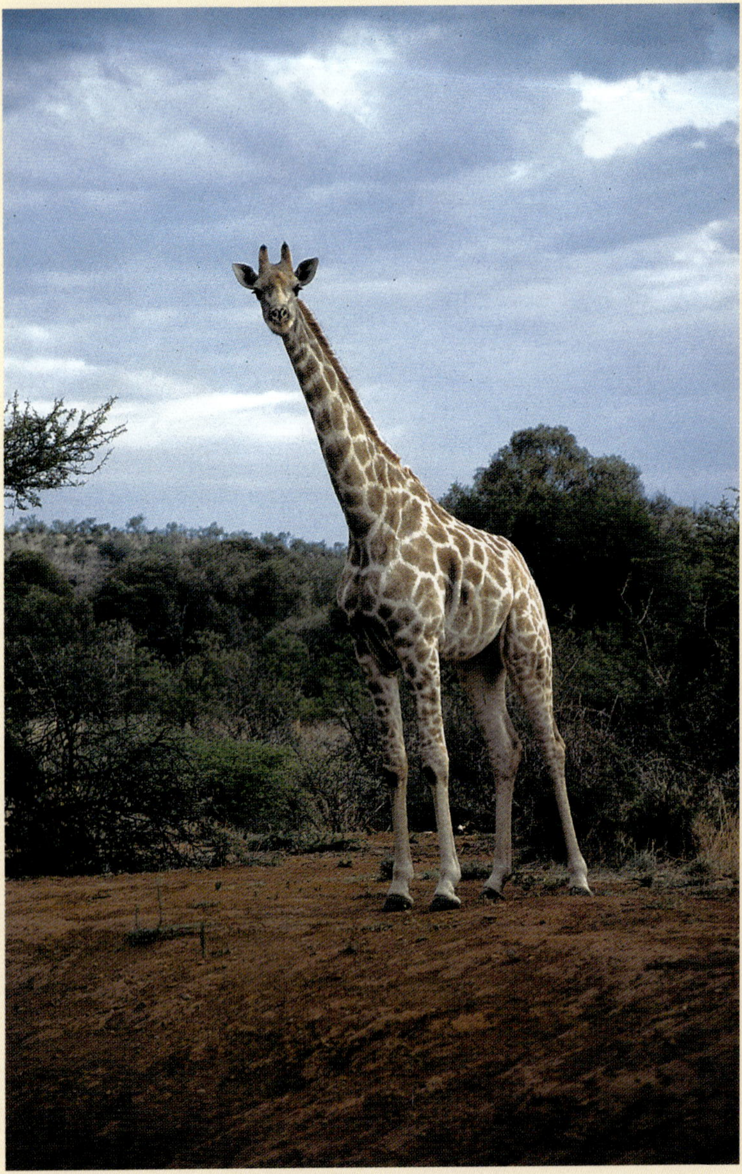

Äste von verschiedenen Bäumen und Sträuchern. Dabei hinterlassen sie oft künstlerische pyramiden- oder kuppelförmige Pflanzenskulpturen. Offensichtlich scheinen sie die langen Dornen der bevorzugten Akazien nicht zu stören. Auch das für den menschlichen Organismus hochtoxische Gift der Tamboti-Bäume ist für sie unwirksam. Giraffen können es über einen längeren Zeitraum ohne Wasser aushalten. Aber wenn sie trinken, nehmen sie leicht bis zu 25 Liter auf. Dabei machen sie eine recht ungelenk wirkende Grätsche am Wasserloch, da es ihre Halsmuskulatur nicht zuläßt, den Kopf ganz nach unten zu beugen.

Auffallend in der Statur ist der lange Hals, mit dem sie Nahrung in einer Höhe bis zu 5 m erreichen können. Jedoch besitzen sie wie die meisten Säugetiere auch nur sieben Halswirbel. Beide Geschlechter haben Hörner. Sieht man nur den Kopf einer Giraffe, kann man an den blanken Hörnern einen Bullen, an dem Haarschopf an der Spitze ein Weibchen erkennen. Mit zunehmendem Alter dunkelt das Fell der Giraffe nach. Ältere Bullen sind am dunkelsten. Ausgewachsene Bullen erreichen eine Gesamthöhe von 5 m und ein Gewicht von 1200 kg, Kühe werden bis zu 4,40 m groß und wiegen 900 kg.

Giraffen leben in einem lockeren Verband zusammen. Es gibt zwar immer ein Leittier bei der Herde, da Bullen aber zum Herumstreifen neigen, wechseln sie sich ab. Auch Kühe können die Führung übernehmen. Giraffen sind nicht streng territorial gebunden. Ist genügend Futter vorhanden, verbleiben sie aber in einem Gebiet, das eine Fläche bis zu 70 km² umfaßt.

Kälber und Kühe haben nur in den ersten Wochen eine enge Beziehung. Dann kann es schon vorkommen, daß eine Mutter ihr Kleines zwischen den Beinen verbirgt und manchmal erfolgreich einen Angreifer abwehrt. Doch spätestens nach 6 Wochen ist das Kalb auf sich selbst gestellt. Dann gesellt es sich meist zusammen mit anderen Jungtieren zu einem kräftigen Bullen, der die Umgebung besser im Überblick hat und bei Gefahr rechtzeitig warnt.

Erfahrene Tierbeobachter schwören darauf, die beste Chance zu haben, ein größeres Raubtier zu sichten, wenn man eine Weile bei Giraffen verbringt. Bemerkt man, daß die Tiere bewegungslos stehen und gebannt in eine Richtung blicken, kann man sicher sein, daß sich irgendwo eine Raubkatze verbirgt. Giraffen können eine Fluchtgeschwindigkeit von 48 km/h erreichen.

Löwen haben eine besondere Art entwickelt, Giraffen zu jagen. Ein Rudel treibt die Herde auf unwegsames Gebiet. Dort verlieren die Giraffen leicht die Balance. Sind sie erst einmal gestolpert, haben sie große Schwierigkeiten, schnell aufzustehen und es ist für die Löwen ein Leichtes, ein gefallenes Tier zu überwältigen. Aber man hat auch schon Löwen beobachtet, die auf den Rücken einer Giraffe sprangen, um sie von dort aus in den Hals zu beißen. Kräftige Giraffenbullen haben aber nichts von Löwen zu befürchten. Ganz im Gegenteil – mit Huftritten können sie einen Angreifer tödlich verletzen. Fast 50 % der Kälber werden von Löwen gerissen.

Interessant ist die Geschichte des Namens der Giraffe. Früher glaubten die Menschen, daß dieses langbeinige Tier eine Kreuzung zwischen einem Kamel und einem Leopard war (wegen der Fellzeichnung). Daraus entstand die Wortschöpfung „Camelopardalis". Aus dem Arabischen stammt die Bezeichnung „Xirapha", gleichbedeutend mit „einer, der schnell geht".

Tüpfelhyäne

HYÄNEN
BRAUNE HYÄNE, BROWN HYENA, *Hyaena brunnea*

Braune Hyänen findet man vor allem in den trockenen Savannengebieten Südafrikas. Sie sind ausgesprochen selten geworden. Im Gegensatz zu ihren Artgenossen, den Tüpfelhyänen, ernähren sie sich fast ausschließlich von Aas, manchmal auch von Früchten, Insekten, Vögeln und ihren Eiern. Nur selten gehen sie im Rudel auf Jagd – und dann trauen sie sich nur an kleinere Tiere heran. Braune Hyänen sind vorwiegend nachtaktiv. Man trifft sie meist als Einzelgänger. Sie sind reviertreu und markieren das Gelände mit einem Drüsensekret. Braune Hyänen werden zwischen 70–80 cm groß und wiegen etwa 50 kg. Sie besitzen ein langhaariges dunkelbraunes Fell, das am Hals und an den Schultern deutlich heller ist. Sie haben sehr große, aufgerichtete Ohren. Ihre Vorderbeine sind wesentlich höher als ihre Hinterbeine.

TÜPFELHYÄNE, SPOTTED HYENA, *Crocuta crocuta*

Tüppelhyänen erkennt man, wie der Name bereits andeutet, an ihren schwarzen Tupfen auf braungrauem Fell. Im Gegensatz zur braunen Hyäne hat diese Art kurze Haare. Eine ausgewachsene Tüpfelhyäne kann bis zu 180 cm lang werden und eine Schulterhöhe von 85 cm erreichen, wobei die Schultern merklich höher als das Hinterteil liegen.

Hyänen sind weitläufig als Aasfresser bekannt. Weniger bekannt ist die Tatsache, daß sie bei Bedarf gute Jäger sind. Nur: Wenn es nicht nötig ist, und man sozusagen „etwas abstauben" kann, wenden sie keine Energie für einen eigenen Fang auf. Sind sie auf Beutezug, gehen sie im Rudel vor. Meist lauern sie dann ihren Opfern, gut versteckt im dichten Gras, an Wasserlöchern auf. Auch lieben sie es, andere Tiere anzugreifen, die sich gerade genüßlich in Schlammlöchern suhlen oder im Wasser baden. Auf ihrer Fangliste stehen Gnus, Zebras, Impalas, Wasserböcke und Kudus, die oft von über 40 Hyänen gleichzeitig angegriffen werden. Kleinere Gruppen machen Jagd auf Strauße, Paviane und kleine Antilopen. Bei Bedarf begnügt man sich aber auch mit Fisch, Krabben oder Schlangen. Ihre Lieblingsjagdzeit ist bei Mondschein oder in den frühen Morgen- und Abendstunden. Mit 50 km/h sind sie keine schnellen, aber sehr ausdauernde Läufer. Hyänen sind auch für den Menschen nicht zu unterschätzen. Obwohl sie in der Regel vor ihm davon laufen, kam es doch immer wieder zu Zwischenfällen, bei denen Hyänen – meist im Rudel – Menschen angriffen und töteten. Vor allem alte Menschen, aber auch Leute, die in Zelten übernachten, sind gefährdet. Berüchtigt sind Hyänen auch bezüglich Autoreifen. Anscheinend lieben sie die Kautschukmasse.

Wer in einem Restcamp übernachtet und in die Stille der Nacht horcht, kann Hyänen gut an ihrem „Lachen" erkennen. In der Regel leben Hyänen in einem Rudel von 10 bis 40 Tieren in einem markierten Territorium von einigen Quadratkilometern. Meist führt ein Weibchen das Rudel an. Sie gelten als intelligente Tiere, die z.B. den Flug der Geier genaustens beobachten und ihnen zum Aas hin folgen.

Tüpfelhyänen neigen dazu, sich im Rudel gemeinsam im Mondschein zu paaren. Der Akt wird von einer gewaltigen Geräuschkulisse untermalt. Die 2–3 Junge werden in verlassenen Höhlen von Ameisenbären zur Welt gebracht und die ersten 6 Wochen verborgen gehalten. Die Lebensspanne beträgt bis zu 20 Jahre – vorausgesetzt, sie werden nicht Opfer von anderen Raubtieren, denen sie gerade die Beute abjagen wollten. Während der weiße Mann Hyänen meist jagte, um das Vieh zu schützen, so wurden sie von den Schwarzen getötet, da man Knochen, Schwanz, Ohren, Genitalien und Lippen für spirituelle und medizinische Rituale verwendete.

HYÄNENHUND, WILD DOG,
Lycaon pictus

Hyänenhunde bevölkerten einst in großen Rudeln die großen Savannengebiete und Halbwüsten Afrikas. Heute ist ihre Art vom Aussterben bedroht.

Wer schon gesehen hat, wie ein Rudel Hyänenhunde ein Opfer jagte und zu Tode zerfleischte, mag über diesen Anblick entsetzt gewesen sein. Hyänenhunde haben, im Gegensatz zu Löwen oder Leoparden, keine ausgeprägten Reißzähne. So bleibt ihnen nichts anderes übrig, als die Beute zu Fall zu bringen und zu zerfetzen. Untersuchungen haben ergeben, daß das Beutetier dabei oft schneller zu Tode kommt als z.B. durch einen Löwen, der sein Opfer erstickt. Vermutlich stehen die betroffenen Tiere so unter Schock, daß sie kaum noch leiden. Hyänenhunde sind geschickte Strategen. Ein bis zwei Tiere scheuchen das Wild auf, die anderen folgen in einer Linie. Das Wild schlägt meist einen zickzackförmigen Fluchtweg ein, der den Jägern nun erlaubt, durch gerades Laufen in die Bahnen der gejagten Tiere zu kommen. Ein Tier wird von der Herde getrennt und eingekreist – zumindest in 50 % der Fälle, denn so hoch ist ihr Jagdglück bei erwachsenen Antilopen. Oder besser gesagt: Antilopinnen. Denn Hyänenhunde jagen vorwiegend weibliche Tiere und Kälber. Sie lauern auch schon einmal auf den Geburtsvorgang, der ein Weibchen nahezu hilflos macht. Somit dezimieren sie die Anzahl der Antilopen wesentlich mehr als andere Raubtiere. Impalas machen über zwei Drittel ihrer Beute aus, aber auch Gnus, Kudus, Wasserböcke und sogar Zebras werden erlegt. Ein einzelner Hyänenhund muß etwa 50 Tiere pro Jahr erlegen, um seinen Nahrungsbedarf zu decken. Für das Rudel bedeutet das, daß jeden Tag gejagt werden muß.

Hyänenhunde haben ungefähr die Größe eines deutschen Schäferhundes mit einer Schulterhöhe zwischen 65–80 cm. Das Gewicht liegt bei etwa 20–30 kg. Das Fell ist hell-, gelb- und dunkelbraun und mit nicht scharf umrissenen Flecken versehen. Signifikant ist der Schwanz mit der weißen Spitze, die großen, runden Ohren und ein schwarzer Streifen, der an der Nase beginnt und zwischen den Ohren endet. Abstehende Haarbüschel entdeckt man im Nacken und am vorderen Hals.

Hyänenhunde leben in Rudeln zwischen 10–15 Tieren, doch hat man schon welche mit bis zu 50 Tieren gezählt. Interessanterweise kommen mehr Männchen als Hündinnen vor. Das mag daran liegen, daß die Weibchen mit Jungen nicht zum Jagen gehen können und von anderen Rudelmitgliedern mitversorgt werden müssen. Hyänenhunde gelten ohnehin als besonders soziale Tiergattung. Es gibt zwar eine Hierarchie unter den Tieren, sie beruht aber kaum auf Aggression untereinander. Bekannt ist das „Begrüßungsritual" zweier Hyänenhunde. Sie stehen dabei parallel nebeneinander auf „Tuchfühlung", haben die Ohren angelegt, die Zähne gefletscht – und dann lecken sie sich freundlich über die Schnauze. Die Sterblichkeit unter den Jungtieren ist enorm hoch. Das liegt weniger an der Gefräßigkeit anderer Raubtiere als an ihrer Tendenz, sich mit tödlichen Krankeiten zu infizieren. Besonders bedroht ist ihre Art durch die Staupe, die sie sich von Haushunden zuziehen können. Da kranke Tiere nicht aus dem Rudel ausgestoßen werden, sondern im Gegenteil gepflegt und ernährt werden, kann die Krankheit oft ein ganzes Rudel auslöschen. Somit gehören die geselligen Tiere zu den artbedrohten Gattungen.

KAP-FINGEROTTER, CAPE CLAWLESS OTTER, *Aonyx capensis*

Kap-Fingerottern kommen, entgegen der Namensgebung, nicht nur am Kap sondern in den meisten Savannengebieten Afrikas vor, vorausgesetzt, sie haben Zugang zum Wasser. Sie fangen Krebse, Frösche, Muscheln und Fische, aber sie können sich auch von Nagetieren, Insekten, Wasservögeln und Geflügel ernähren.
Eine erwachsene Kapotter wird einschließlich Schwanz bis zu 1,60 m lang und wiegt durchschnittlich etwa 10–18 kg. Ihr glänzendes Fell ist dunkelbraun. Deutlich sichtbar ist die weiße Halsunterseite. An Land bewegt sie sich mit einem leicht gekrümmten Rücken vorwärts. Kapottern haben kurze Beine und besitzen keine Krallen an den vorderen und nur zwei Nägel an den hinteren Füßen. Sie sind ausgezeichnete Schwimmer, dennoch wird diese Gattung, im Gegensatz zu anderen Ottern, manchmal weitab von Gewässern angetroffen. So können sie ihre Jungen auch im schützenden Dickicht des afrikanischen Busches bekommen.
Zu den natürlichen Hauptfeinden im Wasser zählen die Krokodile, die aber meist bei einem Angriff durch die Geschicklichkeit ihrer Beute den kürzeren ziehen. Zu Lande sind es die größeren Raubtiere, die Otter auf dem Speiseplan haben.

KLIPPSCHLIEFER, ROCK DASSIE, *Procavia capensis*

Klippschliefer, im allgemeinen Sprachgebrauch "Dassies" genannt, leben in bergiger Felslandschaft und auf steinigen Hügeln in trockenen Landesteilen Südafrikas. Ihre Anwesenheit erkennt man an den hellen Urinstreifen, die durch die Sonne kristallisieren und in manchen Regionen als medizinisch wirkendes „Hyracium" verkauft werden.
Die kleinen, putzigen Gesellen werden zwischen 45–60 cm lang und wiegen etwa 2,5–4,5 kg. Sie haben ein mittelbraunes Fell mit einem helleren Bauch, kleine, runde Ohren und ein hamsterförmiges Gesicht. Sie leben in Kolonien von 20–50 Exemplaren. Ihre Nahrung ist rein

pflanzlich und besteht aus Blättern, Rinde, Gras und Wildfrüchten. Ihre Wasserversorgung kann notfalls über die Nahrung erfolgen.

Grundsätzlich sind sie eher scheue Tiere, die sich nach schrillen Pfiffen schnell in ihre Behausungen zurückziehen. An manchen Stellen, wie z.B. am Augrabies Wasserfall, haben sie sich so an den Menschen gewöhnt, daß man sich ihnen auf wenige Meter nähern kann. Dabei haben sie guten Grund vorsichtig zu sein: Leoparden, Luchse, Adler und Pythons lieben Dassies.

LEOPARD, LEOPARD,
Panthera pardus

Leoparden sind die Meister der Tarnung unter den Raubtieren. Sie sind in Südafrika nicht selten. Doch wegen ihres nächtlichen Jagdverhaltens, ihres Tarnfells und ihren versteckten Schlupfwinkeln ist es eine Seltenheit, sie zu Gesicht zu bekommen. Sie sind sehr anpassungsfähig und können in waldigen Gebieten, Savannen, Steppen, Sumpfland und Bergregionen leben. Bevorzugt leben sie aber in dichter Buschlandschaft. Ihre Beute rangiert in der Größe zwischen einer Ratte und einem ausgewachsenen Gnu. Aber auch Vögel, Reptilien und Fische werden gefangen. Stachelschweine, Schakale und sogar Geparden zählen gleichfalls zu den Opfern. In ländlichen Gebieten werden auch Haushunde und Katzen gejagt. Leoparden sind exzellente Jäger und lauern im Hinterhalt oder schleichen ihre Beute nahezu lautlos an. Haben sie ihr Opfer gerissen, schleppen sie es zum Schutz vor anderen Raubtieren auf einen Baum. Ein Leopard frißt durchschnittlich 400 kg Fleisch pro Jahr.

Diese faszinierenden Raubkatzen werden zwischen 60–80 cm (Schulterhöhe) groß und zwischen 60–70 kg schwer. Weibchen sind etwas kleiner und leichter. Unverwechselbar ist ihr wunderschönes glänzendes Fell mit großen, gelb-schwarzen Flecken am ganzen Körper. Der lange Schwanz reicht über die Höhe der Hinterbeine und ist am Ende geschwungen. Er dient zur Balance.

Leoparden sind typische territorial gebundene Einzelgänger. Nur die Mütter bleiben ein bis zwei Jahre bei ihren Jungen. Leoparden können ein Alter bis zu 20 Jahren erreichen. Als Jungtiere fallen sie oft anderen Raubtieren, aber auch Pythons, zum Opfer. Im erwachsenen Alter gelten vor allem Giftschlangen und Krokodile zu den natürlichen Feinden.

Leoparden sind sehr mutige Tiere, denen man im Busch aus dem Weg gehen sollte. Fühlen sie sich bedroht, zögern sie keinen Moment mit einem Angriff. Allerdings gibt es nur wenige Berichte über ernsthafte Zusammenstöße zwischen Leoparden und Menschen. Das liegt wohl mit daran, daß sie nächtliche Jäger sind und sich am Tage im Dickicht, in Bäumen oder in Felshöhlen aufhalten.

LÖFFELHUND, BAT-EARED FOX, *Otocyon megalotis*

Löffelhunde erkennt man unverwechselbar an ihren überproportional großen Ohren. Sie sehen von der Statur ähnlich wie ein Schakal aus, nur ist ihr Fell silbergrau und buschiger. Ihre Augen sind dunkel umrandet, während das Gesicht eher hell ist. Diese kleinen Raubtiere werden etwa 28 cm lang, bis zu 35 cm groß und wiegen nur zwischen 3–5 kg. Meistens sieht man sie paarweise durchs Gras trollen, obwohl sie vorwiegend nachtaktiv sind. Tagsüber verstecken sie sich meist in Erdbauten, da die Gefahr, Opfer von großen Adlern zu werden, groß ist.

Ihr Lebensraum ist das trockenere Busch- und Grasland, in waldigen Gebieten kommen sie nie vor. Obwohl sie sich hauptsächlich von Insekten ernähren, jagen sie ab und zu nach kleineren Nagetieren, jungen Vögeln und Echsen. Auch Wildfrüchte und Beeren werden gefressen. Sie wären in ländlichen Gebieten von großem Nutzen, da sie jede Menge Termiten vertilgen. Doch werden sie dort gejagt, obwohl Beweise fehlen, daß sie sich an Federvieh oder Lämmern vergreifen.

LÖWE, LION, *Panthera leo*

Löwen zählen zu den faszinierendsten Tieren Afrikas. Ihr Anblick ist ein Höhepunkt jeder Safari. Am besten beobachtet man die Tiere ganz früh am Morgen oder kurz vor Sonnenuntergang an Wasserlöchern. Während des Tages halten sich die „Könige der Wildnis" bevorzugt im Schatten auf und können nur schlecht ausgemacht werden. Hauptsächlich in den kühleren Wintermonaten kann man Löwen jedoch auch tagsüber begegnen.

Ein ausgewachsener Löwe frißt etwa alle 3–4 Tage. Dabei kann er bis zu 50 kg Fleisch „verputzen", obwohl weit weniger die Regel ist. Bevorzugt gejagt werden Wasserböcke und Zebras, daneben Gnus, Giraffen und Impalas. Aber auch Büffel, Kudus und andere Antilopenarten stehen auf dem Speiseplan. Obwohl Löwen in der Regel nur jagen, wenn sie hungrig sind, lassen sie sich nicht die Chance entgehen, schwache und kranke Tiere zu jeder Zeit zu reißen. Dabei machen sie sogar vor einem ausgewachsenen Nilpferd keinen Halt. Löwen schlagen ihre Beute, indem sie in den meisten Fällen das Tier mit den Pranken an der Nase packen, den Kopf nach unten drücken und durch einen Genickbiß den Kampf beenden. Kleinere Tiere werden durch einen Biß in die Kehle getötet. Interessanterweise sind Löwen in der Regel über längere Distanzen gesehen nicht so schnell wie ihre Beutetiere. Sie überwältigen sie durch List und geschickte Anschleichmanöver. Meistens jagen sie während der Nacht, wobei weibliche Löwen generell aktiver sind. Sie bringen ihre Beute zur Strecke, indem sie oft im Rudel angreifen. Von einigen Kennern wird behauptet, daß sich die Männchen absichtlich so postieren, daß die gejagten Tiere geradewegs in die andere Richtung laufen und den wartenden Löwinnen praktisch vors Maul getrieben werden. Doch in der Hälfte der Fälle jagen Löwen allein. Man sollte sich auf alle Fälle vor einer Löwenbegegnung in acht nehmen: Sie sind Menschenfresser – wobei Löwinnen generell aggressiver sind als ihre männlichen Artgenossen. Eine Flucht auf einen Baum ist aussichtslos, sie sind die besseren Kletterer! Aber auch für Löwen ist die Jagd nicht problemlos. Häufig werden sie selbst zu Opfern. Büffel, Giraffen, Rappenantilopen, Krokodile, Schlangen und vor allem Stachelschweine setzen sich oft erfolgreich gegen ihre Angreifer zur Wehr.

Löwen sind in der Natur unverwechselbar. Die Farbe ihres Felles reicht von ocker- bis hin zu rotbraun. Die Männchen tragen die berühmte lange Löwenmähne, die mit zunehmendem Alter dunkler wird. Ihre Schulterhöhe beträgt etwa 1 m, das Gewicht differiert zwischen 180–220 kg. Weibchen sind etwas kleiner und leichter. Sie können kurzfristig eine Höchstgeschwindigkeit von 80 km/h erreichen. Ihr Geruchs-, Hör- und Sehsinn ist ausgesprochen hoch entwickelt. Die Verständigung erfolgt durch lautes Brüllen oder Knurren. Es gibt territorial ansässige Löwen und nomadisierende Exemplare, wobei sich das Verhalten den gegebenen Lebensumständen anpaßt. Man kann in der sozialen Hierarchie zwischen Männchen und Weibchen unterscheiden, die untereinander eine Art Rangordnung besitzen. Anführer des Rudels kann sowohl ein Löwe als auch eine Löwin sein. Wurde ein Wild gerissen, so wird sich jedoch immer der mächtigste Löwenmann seine Vorrangstelle beim Fressen sichern – ob er nun an dem Beutezug beteiligt war oder nicht.

Die Begattung erfolgt in einem Zeitraum von 1–3 Tagen. Das Paar verläßt das Rudel und gibt sich ganz der Kopulation hin. Man vereinigt sich zunächst für etwa eine Minute, später kann sich der Geschlechtsakt auf 20 Minuten ausdehnen. Die bislang größte beobachtete Ausdauer zeigte ein Löwenpaar 1972, das sich in 55 Stunden 157 Mal vereinigte!

Löwinnen können das ganze Jahr über trächtig werden; zwischen den Geburten liegen etwa 18 bis maximal 26 Monate. Durchschnittlich bringt eine Löwin 2–3 Junge zur Welt, aber auch 6 Löwenbabies sind nicht selten. Nur die Hälfte der Jungen erreichen das Erwachsenenalter. Dafür gibt es verschiedene Gründe: Zum einen fallen die meisten ihren eigenen Eltern oder anderen Raubtieren zum Opfer, zum anderen werden die Kleinen oft von den Müttern verstoßen und verhungern. Den Rest besorgen Schlangen, Ameisen und Krankheiten. Nach der Geburt haben die Jungen zwischen 7–14 Tagen die Augen geschlossen. Sie wiegen zwischen 1–2 kg und können noch nicht laufen, bis sie etwa 3 Wochen alt sind. Geht die Mutter zum Jagen, werden die Jungen so gut versteckt, daß sie niemand anderes finden kann. Nach 6 Wochen schließt man sich wieder dem Rudel an.

LUCHS, CARACAL, *Felis caracal*

Der **Luchs,** genauer gesagt der **Wüstenluchs,** hat seinen Lebensraum im dichten afrikanischen Busch und in offenen Savannen oder trockenen Gebieten mit geringem Bewuchs. Man findet den typischen Einzelgänger in felsiger Landschaft, den Regenwäldern bleibt er allerdings fern. Charakteristisch sind seine markanten, großen Ohren, von denen Haarbüschel sichtbar nach oben stehen. Luchse haben eine rötliche Farbe und einen sehr robusten Körperbau, wobei die Hinterbeine etwas länger sind als die vorderen. „Augen haben wie ein Luchs" – in der Tat sind die großen, stechenden, bernsteinfarbigen Augen besonders scharf. Auch Gehör und Geruchssinn sind hoch entwickelt. Luchse können bis zu 18 kg wiegen und eine durchschnittliche Schulterhöhe von 45 cm erreichen. Sie sind zwar wesentlich kleiner als Löwen, aber in der Wildnis an Gefährlichkeit nicht zu unterschätzen, da sie sehr mutige Tiere sind. Jungtiere fallen oft Adlern, Pythons und anderen Raubtieren zum Opfer. Erwachsene Tiere haben kaum Feinde. In freier Wildbahn in ländlichen Gebieten werden sie oft erlegt, da sie Federvieh und Nutztiere rauben. Ansonsten ernähren sie sich vorwiegend von kleinen Säugetieren, Nagern, Hasen, Klippschliefern, Vögeln und Echsen.

MANGUSTEN

FUCHSMANGUSTE, YELLOW MONGOOSE, Cynictis penicillata

Charakteristisch für die kleine Mangustenart (40–60 cm Länge) ist die rötliche Farbe des Fells (die allerdings auch gräulich sein kann) und der buschige Schwanz mit der weißen Spitze.

Der Lebensraum der **Fuchsmanguste** ist das kurze Grasland und die halbwüstenartige Buschlandschaft. Obwohl man das tagaktive Tier scheinbar meist alleine antrifft, lebt es doch in einem lockeren Verband mit durchschnittlich 5–10 Tieren. Fuchsmangusten legen sich eigene unterirdische Bauten zu, man findet sie aber auch oft einträchtig mit Erdhörnchen und Surikaten lebend. Jeden Morgen verlassen die Tiere auf festgelegten Pfaden ihren Bau, um auf Futtersuche zu gehen. Ihre Nahrung besteht hauptsächlich aus Insekten und Würmern, sie machen aber auch Jagd auf kleine Nagetiere, Amphibien und Reptilien. Ihre Exkremente werden feinsäuberlich in Latrinen abgelegt, die sich in der Nähe des Baueingangs befinden.

WASSERMANGUSTE, WATER MONGOOSE, Atilax paludinosus

Wassermangusten verwechselt man eher mit Ottern als mit anderen Mangustenarten. Mit einer Länge von 80–100 cm, einer Schulterhöhe von 22 cm und einem Gewicht von 2,5–5,5 kg sind sie sehr große Tiere. Ihr Fell ist einfarbig schwarzbraun, der Kopf länglich, das Fell wirkt struppig. Wassermangusten findet man meist entlang fließender Gewässern, Seen oder Dämme. Sie sind vorwiegend nachtaktiv, man sieht sie aber auch bei Sonnenauf- und -untergang. Wie ihre Vettern haben sie festgelegte Futterwege, meist entlang der Ufer des Gewässers an dem sie leben. Sie können schwimmen und ernähren sich von Krebsen, Fischen, aber auch von Nagetieren, Vögeln und Reptilien. In Küstengebieten fressen sie auch gerne Muscheln, die sie mit den Hinterbeinen gegen Felsen schleudern, um sie zu knacken. Ihre 1–3 Jungen kommen zwischen August und Dezember auf die Welt.

ZEBRAMANGUSTE, BANDED MONGOOSE, Mungos Mungo

Zebramangusten bevorzugen die offene Savanne, doch brauchen sie Anschluß an eine Wasserversorgung. Ihre Nahrung besteht aus Insekten, aber sie jagen auch Nagetiere, Reptilien und Vögel. Nur zur Not geben sie sich mit Früchten und Beeren zufrieden. Zu ihren natürlichen Feinden zählen vor allem Raubvögel und Schakale. Die tagaktiven und geselligen Tiere findet man in Gruppen von etwa 20, manchmal sogar 50 Exemplaren. Man kann des öfteren beobachten, wie sich die ganze Gruppe, Manguste hinter Manguste, wie ein Band durch das Gras schlängelt. Meist sind sie auch nicht zu überhören, da sie untereinander sehr verständigungsfreudig sind. Zebramangusten werden etwa 50–65 cm lang und wiegen zwischen 1–1,6 kg. Deutlich erkennt man auf dem dunkelgrauen Fell dunkle und helle, senkrechte Streifen. Oftmals findet man ihre Bauten in verlassenen Termitenhügeln.

ZWERGMANGUSTE, DWARF MONGOOSE, *Helogale parvula*

Zwergmangusten sind mit einer durchschnittlichen Länge von nur insgesamt 35–40 cm die kleinste Mangustenart. Ihre Schulterhöhe beträgt 7 cm und das Gewicht zwischen 220–350 g. Sie sind durchgehend braun und haben ein glänzendes Fell. Sie leben in Gruppen zwischen 10–30 Exemplaren vorwiegend in trockenen Savannengebieten. Sie sind tagaktiv und ernähren sich von Insekten, kleinen Nagetieren, Reptilien, Vögeln und ihren Eiern. Sie scheinen ständig auf Achse zu sein und nach Futter zu suchen. Tatsächlich aber halten sie sich immer in der Nähe eines unterirdischen Unterschlupfes oder eines Termitenhügels auf, in dem sie schnell verschwinden können, wenn Gefahr droht. Die kommt vorwiegend aus der Luft durch Raubvögel. Ansonsten sind Zwergmangusten nicht sehr scheu und beliebte Fotomotive, da sie geduldig posieren.

NACHTÄFFCHEN, BUSHBABY, *Otolemur crassicaudatus*

Man muß schon etwas Glück haben, um auf einer Nachtpirschfahrt ein **Nachtäffchen** zu finden. Die nachtaktiven Tiere leben in kleinen Gruppen von 2 bis 8 Tieren. Sie ernähren sich von Wildfrüchten und Insekten, die sie geschickt mit ihren kleinen handähnlichen Pfoten fangen.

Es gibt 6 verschiedene Arten von Nachtäffchen. Der größte, der Galago-Typ, kann bis zu 74 cm groß werden – rechnet man den langen Schwanz dazu – und bis zu 2 kg wiegen. Die kleinere Sorte von Nachtäffchen *(Galago Moholi),* wird häufiger angetroffen. Sie wiegen ganze 150 g und werden insgesamt nur zwischen 30–40 cm groß. Sie sehen aus wie buschige Wollknäuel. Besonders auffallend sind die großen Ohren und aufgerissene, kugelrunde Augen. Den Namen „Bushbaby" haben sie bekommen, weil sich ihre nächtlichen Rufe wie das Geschrei eines kleinen Babys anhört. Tagsüber verkriechen sie sich in ausgehöhlte Baumstämme oder verstecken sich unter dichtem Laub.

NASHÖRNER

BREITMAULNASHORN, WHITE ODER SQUARE-LIPPED RHINOCEROS, *Ceratotherium simum*

Breitmaulnashörner lebten einst über ganz Afrika verstreut, bis sie durch Jäger und die Folgen der Bodenkultivierung fast gänzlich ausgerottet waren. Am Anfang des 20. Jahrhunderts gab es überhaupt nur noch 20 Exemplare im Umfolozi Game Reserve. Nach und nach vermehrten sie sich wieder und konnten an andere Parks in Südafrika verteilt werden. So ist es besonders schön, wenn man diesem Tier begegnet, das ohnehin im Aussehen aus einer anderen Zeit zu stammen scheint.

Breitmaulnashörner können eine Schulterhöhe von 1,80 m erreichen. Bullen wiegen zwischen 2000 kg und 2300 kg, Kühe zwischen 1400 kg und 1600 kg. Charakteristisch sind ihre zwei Hörner auf der Nase, wobei das vordere, größere zwischen 60 cm und 90 cm lang ist, aber eine Rekordlänge von bis zu 1,58 m erreichen kann. Die Hörner sind Hautauswüchse und bestehen aus fest verbundenem, steifem Haar. Sie dienen den Tieren als Waffe. Bullen kämpfen oft heftig um ihre Vorherrschaft in der Gruppe. Beim Kampf abgebrochene Hörner können nachwachsen.

Breitmaulnashörner leben in feuchten Graslandschaften und leicht bewaldeten Savannen in kleinen Gruppen zusammen. Kühe haben eine innige Verbindung zu ihren Kälbern, die immer vor ihnen laufen. Am besten findet man die Tiere während der Nacht oder am frühen

Morgen an den Wasserlöchern. Tagsüber halten sie sich gerne unter Bäumen im Schatten auf.
Im Gegensatz zu den Spitzmaulnashörnern sind Breitmaulnashörner Grasfresser. Deutlich erkennt man das breite Maul und den langen Kopf, der meist nach unten gehalten getragen wird.
Breitmaulnashörner können bis zu 50 Jahre alt werden. Sie gelten in der Regel nicht als besonders aggressiv. Sollten sie allerdings in Rage geraten, ist Vorsicht angesagt. Weglaufen nützt nichts, die plump wirkenden Tiere sind recht behende auf den Beinen und können eine Spitzengeschwindigkeit von 40 km/h erreichen. Am besten bringt man sich vor ihnen hinter einem Baum in Sicherheit. Ihr Sehvermögen ist im Gegensatz zu ihrem Geruchs- und Gehörsinn nicht sehr ausgeprägt. Außer dem Menschen hat ein gesundes Nashorn keine natürlichen Feinde.
Leider werden die majestätischen Tiere immer noch wegen ihrer Hörner von Wilderern getötet. Vor allem impotente Männer aus Fernost versprechen sich (vergeblich!) von dem Horn, das meist zu Pulver verarbeitet und mit Wasser eingenommen wird, eine aphrodisierende Wirkung. Der ungewöhnliche Name „White Rhino" stammt aus dem Holländischen und hat mit der Farbe des Tieres nichts zu tun. „Wydmond" (sprich: Weidmond) bedeutet „Breitmaul" und wurde nur unkorrekt übersetzt.

SPITZMAULNASHORN,
BLACK ODER HOOK-LIPPED RHINOCEROS, *Diceros bicornis*

Spitzmaulnashörner haben in der Tat ein deutlich „spitzeres" Maul als ihre breitmauligen Artgenossen. Man trifft sie in der Regel alleine an – mit Ausnahme von Kleinfamilien, die sich für kurze Zeit zusammenschließen. Spitzmaulnashörner sind in der Wahl ihrer Heimat nicht so abhängig wie Breitmaulnashörner. Man findet sie sowohl in der Savanne als auch im Busch oder in bewaldeten Bergregionen. Sie ernähren sich von Blättern und Ästen von Bäumen und Sträuchern. Selbst der Tamboti-Baum und die Kandelaber-Euphorbia, beide für den Menschen giftig, stehen auf der Speisekarte. Sie lieben Schlammbäder. Der trockene Schlamm schützt sie vor Insekten und Zecken und vor zu starker Sonneneinstrahlung. Man kann sie täglich an Wasserlöchern beobachten. Obwohl sie die Nacht zum Trinken vorziehen, findet man sie hier auch am frühen Morgen und späten Nachmittag.
Spitzmaulnashörner werden bis zu 1,6 m (Schulterhöhe) groß und erreichen ein Gewicht zwischen 800 kg und 1100 kg. Im Gegensatz zu den Breitmaulnashörnern haben sie keinen Buckel am Rücken. Wenn sie marschieren, tragen sie ihren Kopf hoch. Sie gelten als aggressiver als ihre Artgenossen und erreichen eine Laufgeschwindigkeit von bis zu 40 km/h. Wie beim Breitmaulnashorn sollte man sich am besten hinter einem Baum verstecken, da sie sehr schlecht sehen. Ihr Geruchssinn und Gehör sind aber sehr gut.
Bullen kämpfen zwar nicht um ein Territorium, aber heftig um ein Weibchen, das in der Regel recht uninteressiert dem Geschehen beiwohnt. Im Gegensatz zum Breitmaulnashorn laufen ihre Kleinen den Müttern hinterher. Beide haben eine innige Verbindung, die bis zur Geschlechtsreife anhält. Den englischen Namen „Black Rhino" haben die Tiere wahrscheinlich nicht ihrer Farbe sondern dem Umstand zu verdanken, daß man sie erstmals am Black Umfolozi River gesichtet hat.

NILPFERD, HIPPOPOTAMUS, *Hippopotamus amphibius*

Nilpferde, in der Umgangssprache einfach „Hippos" genannt, lebten früher in nahezu allen Gewässern Afrikas. Heute ist ihre Population in Südafrika größtenteils auf die Naturschutzgebiete beschränkt, obwohl es hin und wieder Hinweise dafür gibt, daß ihre Anwesenheit in freier Wildbahn, speziell an Staudämmen, wieder zunimmt.

Das ist nicht unproblematisch. **Nilpferde gelten als die gefährlichsten Säugetiere Afrikas!** Es wird angenommen, daß die meisten Menschen, die durch Wildtiere in Afrika ums Leben kommen, durch Nilpferde getötet werden. Deshalb sei jedem ans Herz gelegt, eine Begegnung mit einem Nilpferd zu vermeiden! Nilpferde sind angriffslustig – auch wenn sie nicht provoziert werden. Am gefährlichsten sind sie, wenn sie vom nächtlichen Grasen zurückkommen und zwischen sich und dem Wasser jemanden entdecken, der sie bedrohen könnte. Am gefährdetsten sind Frauen und Kinder, die morgens Wasser aus dem Fluß oder See schöpfen müssen. Extrem ist eine Situation, in der man zwischen ein Weibchen und sein Junges gerät. Als Rettung hilft nur der Sprung auf einen Baum. Weglaufen hilft nichts – ein Nilpferd ist bis zu 30 km/h schnell. Auch Lagerfeuer haben Nilpferde noch nicht von einem Angriff abgehalten. Nilpferde verbringen die meiste Zeit des Tages im Wasser oder, wenn es bewölkt oder kühler ist, auf Sandbänken. Die Anatomie ihres Kopfes ist so angelegt, daß Augen, Ohren und Nüstern über Wasser sein können, während der restliche Körper unter der Wasseroberfläche ist. Bis zu 12 Minuten können die Tiere unter Wasser verbringen. Doch der Schnitt liegt bei etwa 5–6 Minuten.

Bullen erreichen eine Schulterhöhe von 1,50 m und ein Gewicht von 1500 kg, Kühe sind etwas kleiner und leichter. Gewaltig sind die mächtigen Hauer, die aus Elfenbein sind. Der längste Hauer wurde mit 122 cm gemessen! Die Zähne dienen nur als Waffe. Was sie an ihren Genossen anrichten können, zeigen die großen Narben, die man an fast jedem Bullen deutlich sehen kann. Im Umgang mit ihren Rivalen sind Bullen nicht zimperlich. Auseinandersetzungen enden oft mit dem Tod. Normalerweise leben Nilpferde in Herden zwischen 10–30 Tieren. Das Wasserterritorium eines Leitbullen ist zwischen 3 und 8 km lang und wird lautstark durch Grunzen und erbitterten Kampf verteidigt. Das dauernde Gegähne der Bullen ist ein Akt der Aggression – man zeigt einem Eindringling die Größe der Zähne und wo's lang geht.

Nilpferde ernähren sich fast ausschließlich von Gras, das sie mit ihren Lippen abzupfen. Hin und wieder fallen sie auch auf kultivierte Felder ein. Bis zu 30 km legt ein Nilpferd in der Nacht zurück, um sein Futter zu suchen. Dabei futtert es bis zu 130 kg! Hin und wieder, an bedeckten Tagen, kann man Nilpferde auch in der Nähe des Gewässers grasen sehen. Ohne direkte Sonnenbestrahlung kann ein Tier mehrere Tage ohne Wasser auskommen. Das anscheinend so dicke Fell ist äußerst empfindlich für UV-Bestrahlung. Kurzfristig kann sich das Tier mit einer feuchtigkeitsspendenden Körperflüssigkeit schützen, die fast wie Blut aussehend ausgeschwitzt wird. Hippos wurden früher wegen ihres Fleisches, der bis zu 50 mm dicken Fettschicht, des guten Leders und des Elfenbeins gejagt. Heute sind die natürlichen Feinde Löwen und Krokodile, die sich allerdings nur mit Jungtieren anlegen. Ein Nilpferd kann bis zu 50 Jahre alt werden.

SCHAKALE
SCHABRAKENSCHAKAL,
BLACK-BACKED JACKAL, Canis adustus

Der **Schabrakenschakal** ist im südlichen Afrika weitverbreitet. Er gilt nicht nur in Sagen und Legenden des Landes als besonders listig und schlau. Nein, er ist es wirklich. Anders hätte er die letzten hundert Jahre in ländlichen Gebieten trotz erbarmungsloser Ausrottungsversuche und Hetzjagden nicht überleben können.

Seine Heimat ist die lichtbewaldete Savanne, man findet ihn aber auch in anderen Regionen, denn er ist ausgesprochen anpassungsfähig. In erster Linie Aasfresser, folgt er den Spuren jagender Löwen oder anderer Raubtiere. Bei Bedarf jedoch erbeutet er selbst kleinere Säugetiere, Reptilien oder Vögel. In größter Not begnügt er sich mit Eiern, Früchten und Insekten.

Schabrakenschakale sind unverwechselbar. Man erkennt sie an ihrem rötlichen Fell, der grauweißen Decke und dem weißem Bauch, Hals und Beininnenseiten. Die großen Ohren stehen stets aufrecht. Der Schwanz ist buschig und schwarz auslaufend.

Schakale dieser Art können 6–9 kg wiegen und eine Schulterhöhe von 40 cm erreichen. Die aktive Zeit liegt nach Sonnenuntergang und es ist ein Erlebnis, ihr wolfsähnliches Heulen in einer afrikanischen Nacht zu erleben. Dennoch kann man sie häufig auch tagsüber beobachten. Sie haben ein festes Revier, das sie jedoch nicht verteidigen. Ein Wurf umfaßt 6–9 Junge, die in Höhlen oder Felsmulden zur Welt kommen. In Naturschutzgebieten zählen Adler, Pythons und große Raubtiere, besonders bei den Jungtieren, zu den natürlichen Feinden. Erwachsene Schabrakenschakale werden hin und wieder von Löwen getötet, wenn sie allzu gierig über deren Beute herfallen.

STREIFENSCHAKAL, SIDE-STRIPED JACKAL, *Canis mesomelas*

Streifenschakale unterscheiden sich äußerlich von Schabrakenschakalen hauptsächlich durch ihr dunkelbraunes Fell, das keine hellen Partien an Hals und Bauch aufweist. Man erkennt sie an den langen, typischen Seitenstreifen entlang ihres Rückens. Sie sind nicht so einfach auszumachen wie ihre Artgenossen, denn sie bevorzugen den dichteren Busch als ihren Lebensraum. Dort jagen sie kleine Säugetiere, Reptilien und Laufvögel oder ernähren sich bei Bedarf von Eiern, Insekten, Früchten oder Aas. Sie leben fast ausschließlich als Einzelgänger. Durch ihre Nachtaktivität bekommt man sie nur recht selten zu Gesicht.

SERVAL, SERVAL, *Felis serval*

Servals findet man gewöhnlich in dichter Vegetation in der Nähe von fließenden Gewässern. Ihre Nahrung besteht aus Nagetieren und Vögeln, aber auch kleine Antilopenarten und Jungtiere können dieser geschmeidigen Katze zum Opfer fallen. Ein Serval zeichnet sich durch ein schwarzgeflecktes, gelbbraunes Fell und große, abgerundete Ohren aus, die auf der Rückseite eine markante schwarz-weiß-braune Zeichnung aufweisen. Der Schwanz ist schwarz gebändert und hat einen Fleck als Abschluß.

Servals werden zwischen 96–120 cm lang und erreichen eine Schulterhöhe von etwa 60 cm. Ihr Gewicht liegt zwischen 8–10 kg. Sie sind typische Einzelgänger, die sich nur zur Paarungszeit zusammenfinden. Da sie nächtliche Jäger sind, wird man sie eher selten sehen. Sie pirschen sich leise an ihre Beute an oder lauern ihr auf. Tagsüber verbergen sie sich im Dickicht. In freier Wildbahn sind sie nahezu ausgerottet, da sie unter den Farmern den Ruf von Geflügeldieben haben. Ihre Feinde in Naturschutzgebieten sind vor allem in jungen Jahren Adler, Pythons, Schakale und Hyänen. Haben sie alle Gefahren überlebt, können sie bis zu 12 Jahre alt werden.

STACHELSCHWEIN, PORCUPINE, *Hystrix africaeaustralis*

Das **Stachelschwein** ist das größte Nagetier im südlichen Afrika. Lange schwarz-weiß gebänderte Stacheln zieren Kopf und Rücken des Tieres, das bis zu 100 cm lang und 24 kg schwer werden kann. Ausgestattet sind Stachelschweine mit langen Krallen an den Füßen, die sie zum Graben benutzen. Stachelschweine findet man in Halbwüsten bis hin zu Feuchtgebieten. Wichtig ist, daß sie ausreichend Schlupfwinkel unter Felsvorsprüngen, Höhlen oder Steinhaufen finden. Sie sind reine Vegetarier, die sich an Beeren, Früchten, Wurzeln, Knollen und Rinde halten, wobei letzteres zu großen Flurschäden führen kann. Bei den Bauern sind sie nicht gerne gesehen, da sie gerne über Kartoffel-, Melonen- und Maisfelder herfallen. Deshalb werden sie auch oft gejagt. Ihr Fleisch gilt als Delikatesse. Falsch ist, daß Stachelschweine ihre Stacheln auf ihre Feinde abschießen können. Die Tiere werfen von Zeit zu Zeit ihre Stacheln ab, um sich quasi ein neues Stachelkleid zuzulegen. Richtig ist, daß sich diese Stacheln tief in das Fleisch eines Angreifers bohren können, was häufig zum Tod von Hyänen, Leoparden und Löwen führt. Die Stacheln verursachen starke Entzündungen im Maul und führen zu Schwellungen und manchmal zum Tod durch Verhungern, da das verletzte Tier nicht mehr fressen kann.

WARZENSCHWEIN, WARTHOG, *Phacochoerus aethiopicus*

Warzenschweine findet man in den meisten Savannenregionen Afrikas. Sie ernähren sich vorwiegend von Gras, Wildfrüchten und Baumrinden. Sehr kurios sieht es aus, wenn sie sich auf die Vorderfüße knien, um so besser fressen zu können. Ihr Aussehen ist unverwechselbar: Kennzeichnend sind die langen weißen Hauer, die bis zu 60 cm lang werden können, die Warzen im Gesicht und das struppige, graubraune Fell. Mit den kräftigen Hauern können Wurzeln und Knollen ausgegraben werden, während die kleineren unteren Zähne der Verteidigung dienen. Ein Ranger nannte sie einmal treffend „radio-controlled pigs", weil sie im Laufen ihren Schwanz wie eine Antenne steil nach oben aufrichten. Mit besonderer Vorliebe wälzen sie sich in Schlammlöchern. So können sie sich von Parasiten befreien und gleichzeitig durch die Schlammschicht vor der starken Sonneneinstrahlung schützen.

Warzenschweine leben in einer kleinen Familie aus Eber, Sau und Ferkeln zusammen. Sie haben eine Lebenserwartung von etwa 12 Jahren, wenn sie nicht vorher Raubtieren wie Löwen, Leoparden, Hyänen oder einer Horde Hyänenhunden zum Opfer gefallen sind. Ihr Sehsinn ist nicht besonders ausgeprägt, dafür riechen und hören sie außergewöhnlich gut. Warzenschweine sehen aggressiv aus, sind in freier Wildbahn aber eher scheu und verschwinden beim ersten Anzeichen einer Gefahr. Männchen wiegen zwischen 80 und 90 kg, Weibchen zwischen 50 bis 70 kg. Sie können eine Fluchtgeschwindigkeit von bis zu 55 km/h erreichen.

Mittlerweile findet man Warzenschweine auf vielen Campingplätzen, besonders in Nationalparks. Die Tiere, die oftmals von uneinsichtigen Besuchern gefüttert werden, scheinen zahm zu sein. Doch wurden schon etliche Menschen, besonders Kinder, erheblich verletzt.

ZEBRAS

STEPPENZEBRA, BURCHELL'S ZEBRA, *Equus burchellii*

Steppenzebras lieben weites, offenes Gelände mit kurzen Gräsern, die ihre Hauptnahrung darstellen, obwohl sie hin und wieder auch Blätter fressen. Sie sind extrem vom Wasser abhängig und entfernen sich nie sehr weit von verfügbaren Reservoirs, aus denen sie bis zu 14 Liter pro Tag trinken. Am häufigsten findet man sie an Wasserlöchern zwischen 9–12 Uhr. Im Gegensatz zu anderen Grasern reißen sie ihre Nahrung nicht mit der Zunge, sondern beißen sie mit ihren Vorderzähnen ab. Somit „ernten" sie Grasflächen wesentlich effektiver ab als manch andere Tiere.

Zebras erreichen eine durchschnittliche Schulterhöhe zwischen 1,25 m und 1,45 m. Ihr Gewicht differiert je nach Geschlecht zwischen 270 kg und 380 kg, wobei die Stuten kräftiger sind als die Hengste. Zebras sind unverwechselbar. Man erkennt sie deutlich an ihren schwarzen und weißen Streifen, wobei Steppenzebras sogenannte braune „Schatten" haben. Charakteristisch ist die ebenfalls gestreifte kräftige Mähne und der lange Schwanz. Doch man darf sich nicht täuschen lassen: Kein Tier gleicht dem anderen. Steppenzebras scheinen nie zur Ruhe zu kommen. Unaufhörlich streifen sie herum. Sie leben in kleineren Familienverbänden. Man sieht sie oft zusammen mit Gnus, Impalas, Wasserböcken und Kudus. Die unterschiedlichen Rassen nutzen jeweils den besten Sinn der anderen zum rechtzeitigen Entdecken von Raubtieren. Besonders Löwen haben es auf Zebras abgesehen. Etwa 90 % aller gerissenen Tiere fallen ihnen zum Opfer. Andere Raubtiere wie Hyänenhunde, Leoparden, Geparden und Hyänen wagen sich nur an Jungtiere und kranke Zebras heran.

BERGZEBRA, CAPE MOUNTAIN ZEBRA, Equus zebra zebra; HARTMANN'S MOUNTAIN ZEBRA, Equus zebra hartmannae

Das **Bergzebra** findet man nur im Mountain Zebra National Park und in abgelegenen Gebieten der Kapprovinz. **Hartmann's Bergzebras** sind in kleinen Gebieten von Namibia und Angola ansässig. Beide unterscheiden sich nur unwesentlich, vor allem durch die Größe. Hartmann's Bergzebras sind etwa 20 cm größer als die Bergzebras und wiegen dementsprechend mehr.

Hauptmerkmal sind die schwarzen und weißen Streifen, die am ganzen Körper zu finden sind. Im Gegensatz zum Steppenzebra findet man zwischen den Streifen keine braunen „Schatten". Charakteristisch ist auch der deutlich sichtbare Hautlappen am Hals. Beide Gattungen bewohnen vornehmlich bergige Landschaft mit angrenzendem Flachland. Man findet sie in losen Verbänden mit bis zu 40 Tieren.

ZIBETKATZE, AFRICAN CIVET, Civettictis civetta

Zibetkatzen lieben warme, trockene Buschgebiete in der Nähe von Wasser. Man erkennt sie an dem langgestreckten Körper (1,20–1,40 m) und dem langhaarigen, gräulichen Fell. Auf dem Körper sind Flecken, an den Beinen dunkle Querstreifen zu sehen. Ein schwarzer Streifen führt vom Kopf über den Rücken bis hinunter zum langen Schwanz, der schwarz-weiß endet. Unverwechselbar ist der Gang: Zibetkatzen machen dabei einen „Katzenbuckel" und halten den Kopf nach unten gebeugt. Im Vergleich zu Ginsterkatzen, mit denen sie oft verwechselt werden, sind sie wesentlich größer, Schwanz und Ohren sind kleiner und man sieht im Gesicht eine Art dunkle Maske über den Augen.

Zibetkatzen jagen kleine Säugetiere und junge Antilopen. In ländlichen Gebieten stehlen sie Federvieh und fressen auch mal eine Hauskatze. Sie sind nachtaktive Einzelgänger, die sich in Notzeiten auch mit Wildfrüchten und Beeren zufrieden geben.

DELPHINE, WALE UND ROBBEN

Wer in Strandnähe die Meeresoberfläche beobachtet, hat oft das Glück, eine ganze Schule von **Tümmlern** zu entdecken. Häufig findet man diese Gattung der Delphine im Bereich um Durban, wo auch die meisten **Schwarzdelphine** angetroffen werden. Zu weiteren Arten in südafrikanischem Gewässer zählen Rundkopfdelphin, Südlicher Glattdelphin, Chinesischer Weißer Delphin, Blauweißer Delphin und der Heavyside-Delphin, den man an seinem weißen Fleckenmuster an der Unterseite erkennen kann. 37 verschiedene Walarten können vor der Küste Südafrikas beobachtet werden. 1973 wurde der Walfang endgültig eingestellt. Gejagt wurde vor allem der **Südliche Glattwal** (Southern Right Whale), der zu den Bartenwalen zählt, und der **Pottwal**, sowie der Zwergglattwal, der Finnwal, Seiwal, Zwergwal, **Buckelwal** und der Gigant der Meere, der mächtige **Blauwal**. Die beste Zeit zur **Walbeobachtung** liegt zwischen Juli und November. Im gesamten Küstenstreifen zwischen False Bay und Plettenberg Bay können die Tiere beobachtet werden, die größten Chancen hat man in **Hermanus**. Die **Südafrikanische Pelzrobbe** ist im Küstenbereich des Kaplandes angesiedelt. Pelzrobben können bis zu 2 m lang werden. Sie kommen mit einem schwarzen Fell auf die Welt, das sich im Laufe des Lebens in Olivgrün und später in Silbergrau verwandelt. Weltweite Proteste gibt es immer wieder gegen das alljährliche Abschlachten dieser Tiere (ca. 30.000 pro Jahr!). Dabei wird von den Erschlagenen nicht etwa das Fell sondern nur die Genitalien verwendet, die zur Herstellung von Aphrodisiaka nach Fernost exportiert werden. Die gute Nachricht ist, daß sich ihre Population bei ca. 1,2 Millionen Exemplaren eingependelt hat. Argumente der fischverarbeitenden Industrie, die Robben seien ein Grund für den zahlenmäßigen Rückgang der Küstenfische, wurden durch wissenschaftliche Studien eindeutig zurückgewiesen.

SÜDAFRIKAS BUNTE VOGELWELT

Für Vogelkundler ist Südafrika **ein besonderes Paradies.** Die Artenvielfalt reicht von den mächtigen **Adlern** und laufstarken **Sekretärsvögeln** bis hin zu seltenen Vögeln wie den artbedrohten **Rosenseeschwalben** oder **Hottentotten-Laufhühnchen,** und den seltenen **Natal-Nachtschwalben.** Beliebtes Fotomotiv sind die **Gelbschnabelmadenhacker** mit ihren gelbroten Schnäbeln, die häufig auf dem Rücken von Büffeln, Nashörnern und Vieh sitzen, um sie von Parasiten wie Flöhen und Zecken zu befreien. Außerdem dienen sie diesen Tieren als Alarmposten, denn mit ihrem lauten und heiseren „Kuss Kuss"-Ruf kündigen sie nahende Raubtiere an.

Jede Vogelgattung bevorzugt einen bestimmten Lebensraum, ein Problem, das dazu führt, daß durch Land- und Plantagenwirtschaft, Kahlschlag und ständig wachsende Städte einige Vogelarten Südafrikas, wie der **Schmutzgeier** oder der **Scherenschnabel,** vertrieben wurden und auch in anderen Teilen des südlichen Afrikas vom Aussterben bedroht sind.

Typische Küsten- und Inselbewohner: Brillenpinguine am Strand von Boulders

LEBENSRÄUME

Im Bereich von **Salzpfannen,** oft das einzige Oberflächengewässer in einem großen Umkreis, findet man eine große Artenvielfalt von Vögeln, die ans Wasser gebunden sind wie Enten, **Ibisse,** Reiher, Bleßhühner, Teichhühner, Regenpfeifer, Schnepfen

Sattelstorch   *Hagedasch-Ibis*

und andere Watvögel und natürlich oft **Flamingos**. Aber auch **Turakos,** Webervögel, Turteltauben und andere Vögel kommen vorbei um zu baden oder zu trinken.

Im Bereich der **Gezeiten-Mündungen** von Flüssen mit ihren Sandbänken, Lagunen und Schlammlöchern findet man ebenfalls viele Watvögel, aber auch **Pelikane** und Austernfischer. Versteckt im **Busch** der **Küstenregion** leben Vögel wie Tamburintauben, **Erzkuckuck,** Natalröteln, Rudds Feinsänger und der seltene **Grüne Tropfenastrild,** der trotz seines merkwürdigen Namens ein hübscher kleiner Vogel ist, den man an seinem olivgrünen Körper mit dem schwarz-weiß gesprenkelten Bauch erkennen kann.

In den **Mangrovengebieten** verstecken sich neben Watvögeln der wunderschöne türkis-graue **Mangroveneisvogel,** den man am ehesten durch seinen roten Schnabel erspäht; vor allem findet man hier die Brutkolonien der Seevögel.

In **Dünenwäldern,** die sich entlang von Lagunen erstrecken, leben in den Baumkronen Vogelschönheiten wie **Knysna Louries,** die mit ihrem roten Bauch und grünen Gefieder unverwechselbaren **Narina-Trogons,** der grün-gelbe **Smaragdkuckuck** und die musikalischen Halsbandfeinsänger. Im unteren Geäst halten sich **Sternrötel,** Kap-Grünbülbüls und Fleckengrunddrosseln auf. Die Lagunen selbst werden von Kormoranen, **Eisvögeln, Fischadlern** und Möwen besucht.

Im **Bushveld,** einer Landschaft mit Bäumen, die 10 m kaum überragen und vereinzelt stehen, leben zahlreiche Baum- und Bodenbewohner. Hier findet man erstaunlicherweise die meisten Eisvogelarten, die sich hauptsächlich von Inseken ernähren. Auch **Nashornvögel,** jene unverwechselbare Spezies mit ihren gebogenen Schnäbeln, auf denen manchmal ein „Horn" zu finden ist, bevorzugen dieses Terrain. Eine besonders kurios aussehende Art ist der **Hornrabe,** ein schwarzer Nashornvogel mit roter Augenumrandung und Kehlsack. Er wird etwa 90 cm groß und lebt in Gruppen von vier bis zehn Exemplaren. Auf der Nahrungssuche geht er meist langsam und schwerfällig wirkend umher, kann sich aber bei Gefahr fliegend auf Äste retten.

⋏ *Nashornvogel*

⋖ *Hornrabe*

Der **Gauckler** (Bateleur), einer der schönsten Adler, bietet einen wunderbaren Anblick, wenn er in nicht allzu großer Höhe über die Buschsavanne kreist. Er gehört zur Unterart der Schlangenadler, die sich durch ungefiederte Beine, flauschige lose Kopffedern und gelbe Augen von anderen Arten unterscheiden. Den Gauckler erkennt man an seinem schwarzen Gefieder, braunschwarzen Flügeln und typisch rotem Schnabel und roten Beinen.

Im **Thornveld** dagegen, einer Landschaft mit kleinwüchsigen Akazien und meist sandigem Boden, ist die Auswahl der Avifauna schon geringer. **Kalahariheckensänger,** Weißkehlrötel, **Rostkehleremonelas,** oft in Gruppen bis zu fünf Exemplaren, Rotbauchwürger, die ihrem Namen Ehre machen und rotgefiederte **Amarante** haben hier ihren Lebensraum. Einige dieser Arten findet man auch im **Dickicht,** neben Buntfinken und Senegaltschagras.

In der **Fynbos-Landschaft** am Kap leben endemische Arten wie Rotbrustbuschsänger, **Kaphonigfresser** (zu erkennen an den langen Schwanzfedern), der gelbe Kapkanarienvogel oder der **Goldbrustnektarvogel,** deren Männchen irisierend in der Sonne schillern.

Im **bergigen Grasland** der Drakensberge gibt es **Frankoline,** Stahlschwalben, **Malachitnektarvögel** und **Erdspechte,** ungewöhnliche kleine, am Bauch schwachrötliche Vögel, die sich nie auf Bäumen aufhalten und von Ameisen ernähren. Besonders sollte man hier nach den Knarr- und den Riesentrappen Ausschau halten.

Im **Bergland** selbst sind **Adler,** Habichte, Bussarde und Geier zuhause. Vom Aussterben bedroht ist der Bart- oder Lämmergeier. Er kann vielfach nur durch Zufütterung überleben. Der **Lämmergeier** hat die Angewohnheit, seine Beute aus luftiger Höhe auf den Boden fallen zu lassen, um dann an das Knochenmark der aufgesplitterten Knochen zu kommen.

Im Grasland und Bushveld unterwegs: Perlhühner

In den steinigen Flächen der **Karoo** leben Trappen, Lerchen und andere Singvögel sowie viele Raubvögel. Auch Südafrikas Symbolvogel, der **Paradieskranich** (Blue Crane), kommt mit dieser Landschaft gut zurecht, obwohl er sich auch in hügeliger Graslandschaft, auf Farmland oder an Seeufern heimisch fühlt. Er ist nomadisch, lebt in Paaren oder Gruppen, die bis zu 500 Vögel umfassen können. Er ist neugierig und nicht besonders schüchtern. Dies kann man an einigen Plätzen erleben, an denen er durchaus Kinder und ängstliche Erwachsene mit aufgestellten Flügeln und zischendem Geräusch in die Flucht schlagen kann.

In der **Halbwüstenlandschaft** der Kalahari gibt es noch eine erstaunliche Bandbreite an Arten, darunter Bülbüle, Krähen, Rennvögel, Würger, **Korhane, Singhabichte** und **Maricoschnäpper.**

AMPHIBIEN UND REPTILIEN

Zu der Gattung der Echsen gehören die kleinen **Geckos,** die überall im Land besonders nach Einbruch der Dämmerung an Zimmer- und Hauswänden anzutreffend sind. Sehr schöne Echsen sind die **Blaukehlagame,** die man auf Baumstämmen deutlich durch ihren blauen Kopf und den gelbblau zulaufenden Schwanz erkennt. Die größten Echsen des Landes sind **Nilwarane** (Nile Monitor), die sich in Wassernähe aufhalten. Sie sind gute Jäger und ernähren sich von Fischen, Schalentieren, Vögeln und ihren Eiern.

Von Südafrikas Schildkröten leben 12 Arten auf dem Land. Zu ihnen gehören die Papageienschnabel-Schildkröte und die kleinste **Landschildkröte** der Erde, die im ausgewachsenen Zustand nur 10 cm groß wird. Alle zählen zu den bedrohten Tierarten. Das gilt auch für die fünf Arten der **Süßwasserschildkröten,** die sogenannten Halswenderschildkröten, die sich fleischfressend ernähren. Mit gleichfalls fünf Arten sind die **Meeresschildkröten** vertreten. Die Lederschildkröte, die ein Gewicht bis zu 700 kg erreichen kann, ist die bekannteste Spezies dieser Art. Sie legt ihre Eier oberhalb der Gezeitenzone in ein Loch, das sie anschließend mit ihrem Urin „zubetoniert", um Eiräuber am Plündern des Geleges zu hindern.

Es gibt 90 verschiedene Arten und Unterarten von Frosch- und etliche Krötenarten in Südafrika. Besonders erwähnenswert: Der „Marmorierte Ferkelfrosch" und der „Schnarchende Pfützenfrosch", der tatsächlich Schnarchtöne von sich gibt. Nicht zu überhören ist der afrikanische Ochsenfrosch, der eher ruft als klassisch quakt. Eine Besonderheit stellen die Lilien- und Riedfrösche dar, die sich farblich ihrer Umgebung anpassen können. Die sogenannten „Rain Frogs", die sich nach Regenfällen zu Wort melden, sind Kurzkopffrösche, deren Leben sich außerhalb des Wassers abspielt. Sie legen unterirdische Legehöhlen an, in denen sich kleine Frösche entwickeln, die dann aus den Eiern schlüpfen. Der Adonis unter den Fröschen ist der **Rotgebänderte Wendehalsfrosch** mit seinem schwarzen Körper und den knallorangenen Steifen an der Seite. Vorsicht ist geboten: Er ist giftig. Kaum zu entdecken ist der „*Capensis microbatrachella*", ein Frosch im Kapland, der gerade einmal 1 cm groß wird. Man erkennt ihn an seinem gelben Rückenstreifen.

Ganz besondere Tiere sind die unverwechselbaren Chamäleons, die Meister der Anpassung, die mit zwei Gattungen vertreten sind: eine Art ist lebendgebärend, die andere eierlegend.

130 Schlangenarten konnten in Südafrika ausfindig gemacht werden, 34 giftige, 14 können durch Bisse den Tod verursachen.

Afrikanische Felsenpythons lieben das Wasser, können aber auch geschickt auf Bäume kriechen. Sie haben unterschiedliche, meist hellbraune Färbungen und dunkelbraune Flecken mit schwarzem Rand. Sie sind mit 3,5–4,5 m Länge die größten Schlangen Afrikas. Man hat schon 6 m lange Exemplare gefunden! Bei einem Gewicht von 60 kg können sie auch mit Impalas fertig werden. Zunächst schlagen sie ihre massiven, spitzen, aber ungiftigen Zähne in das Opfer und umschlingen es dann, bis es tot ist. Felsenphytons greifen im allgemeinen Menschen nicht an – aber wie immer sollte man sich auf so eine Aussage nicht verlassen.

Baumschlangen findet man nur in waldigen Gebieten. Ihre Nahrung besteht aus Baumechsen und Chamäleons, aus Vögeln, Mäusen und Fröschen. Sie haben verschiedene Phasen, in denen sie ihre Farbe wechseln. Mal findet man sie hellbraun gefärbt, dann wieder grün. Ihre Länge beträgt durchschnittlich 1,40–1,50 m. **Das Gift einer Baumschlange ist hochtoxisch!** Es wirkt zunächst blutzerstörend, später nervenzerstörend. Trotzdem sterben relativ wenig Menschen an einem Biß, da diese Schlange sehr friedlich ist und nur im äußersten Notfall zubeißt.

Puffottern sind der Schrecken aller Wanderer in Südafrika, **hochgiftig** und zu allem Unglück die verbreitetsten Schlangen Afrikas. Sie liegen tagsüber gern zusammengerollt auf ausgetretenen Wegen. Viele Menschen werden gebissen, nachdem sie aus Versehen auf eine Puffotter getreten sind! **Deswegen gilt bei allen Wanderungen höchste Vorsicht und die Regel, während des Laufens nie den Blick vom Untergrund zu nehmen und feste, knöchelhohe Schuhe zu tragen!** Über 70 % aller Schlangenbisse im südlichen Afrika gehen auf ihr Konto! Ihr Gift wirkt blutzersetzend, wirkt aber relativ langsam, so daß gute Hoffnung auf Rettung besteht. Ihren Namen verdankt die Puffotter dem Umstand, daß sie sich mit Luft aufpumpt und als Warnsignal laute Atemstöße von sich gibt – oder besser gesagt „auspufft" – wenn sie angegriffen wird. Puffottern sind relativ dicke Schlangen. Sie haben bei einer Länge von 90 cm einen Umfang von etwa 20 cm. Ihr Körper ist gelb-, hell- bis olivbraun mit dunkelbraunen oder schwarzen Streifen oder Bändern und Flecken. Interessant ist das Brutverhalten: Die Eier werden vollständig in der Schlange entwickelt, so daß es zum Ausschlüpfen im Mutterleib oder unmittelbar nach Ablegen der Eier kommt. Kleine Puffottern sind zwischen 15–20 cm groß und von Geburt an giftig. Zu den Feinden der Puffottern zählt vor allem der Mensch. Aber auch Mangusten, Raubvögel und kleinere Fleischfresser können ihnen gefährlich werden.

Schwarze Mambas findet man in Südafrika vor allem in Natal, dem Lowveld und im nördlichen und östlichen Transvaal in einer Höhe zwischen 900–1200 m über dem Meeresspiegel. Schwarze Mambas bevorzugen, im Gegensatz zu den Grünen Mambas, die auf Bäumen des Regenwaldes leben, trockenere Gebiete und offenes Buschland. Sie leben in verlassenen Termitenhügeln oder Bauten von anderen Tieren, in Erdlöchern, unter Felsvorsprüngen oder in alten Baumstümpfen. Sie teilen ihr Zuhause gerne mit anderen ihrer Art. Obwohl diese Schlange vorwiegend auf dem Boden lebt, sollte man sie auch auf Bäumen oder großen Sträuchern suchen. Schwarze Mambas hauen ihre Giftzähne in ihre Opfer, lassen sie aber gleich wieder los. Ihr Gift wirkt nervenzersetzend, was zu Lähmungen führt und Herzstillstand zur Folge haben kann. Wenn ein Biß einer Schwarzen Mamba direkt in eine Vene erfolgt, tritt der Tod oft binnen weniger Minuten ein. Hoffnung auf Rettung besteht, wenn in einen Muskel gebissen wurde. Grundsätzlich suchen Schwarze Mambas keinen Konflikt mit dem Menschen, stellen sich aber prompt der Gefahr, ohne den Versuch zu machen, zu fliehen. Dann stoßen sie ohne Warnung zu. Es sind immens schnelle Schlangen, die nahezu jedes Terrain problemlos überwinden können. Schwarze Mambas sind selten schwarz, eher graugrün oder olivgrün der dunklen Nuance. Ihre Haut weist dunkle Flecken auf. Was wirklich schwarz ist, ist die Innenseite des Mauls, was sehr ungewöhnlich für Schlangen ist. Schwarze Mambas können 1,75–2,40 m lang werden, manchmal über 3,5 m. Frisch geschlüpfte Jungtiere haben bereits eine Länge zwischen 35–70 cm und können kurze Zeit später erfolgreich auf Jagd gehen. Zu den natürlichen Feinden zählen Raubvögel und Mangusten.

Die etwa 1m langen **Speikobras** findet man in der Nähe von Gewässern in Savannenlandschaften. Sie bevorzugen alte Termitenhügel oder Baumstümpfe als Unterkunft und ernähren sich von Vögeln und ihren Eiern, von kleinen Reptilien und Säugetieren. Eine Speikobra identifiziert man an ihrem grünbraunen oder dunkelbraunen Körper mit einem wesentlich helleren Bauch. Richtet sie sich auf, erkennt man, sofern man noch die Nerven dazu hat, schwarze Streifen am Hals. Fälschlicherweise wird oft angenommen, daß die Speikobra ihr hochtoxisches Zellgift nur spucken kann, wenn sie sich aufgerichtet hat. Speikobras können es äußerst akurat auch von einer Bodenlage aus plazieren. Aus zwei Kanälen spritzt das Gift zielgenau aus einer Entfernung von 2–4 m in der Regel in die Augen des Opfers. Dieser Vorgang kann öfters wiederholt werden und wird von einem zischenden Geräusch begleitet. Das Gift in den Augen kann zu dauernder Erblindung führen, wenn es nicht sofort ausgewaschen wird. Wer mit dem Gift einer Speikobra in Berührung gekommen ist muß sich unverzüglich in ärztliche Behandlung begeben, da es zell- und nervenzersetzend ist. Sie sind sehr angriffslustig, die sich sofort zu Wehr setzen, wenn sie sich bedroht fühlen und sie können sich fast zu zwei Drittel ihrer Länge aufrichten und ihren Kopf aufblasen. Als nachtaktive Tiere sind sie nur sehr selten zu sehen.

Auch **Uräusschlangen** zählen zu den hochgiftigen Kobraarten und erreichen eine Länge zwischen 1,20–1,80 m. Das größte Exemplar maß 2,24 m. Die Grundfarbe variiert zwischen gelb- bis grau- und dunkelbraun. Die Haut ist mit breiten schwarzen Bändern verziert. Uräusschlangen können bis zu 60 cm ihrer Länge aufrichten und ihren Kopf fächerartig aufblasen. Ihr Gift wirkt schnell und ist neurotoxisch, das heißt, es wirkt auf die Nervenbahnen. Nach einem Biß ist sofortige medizinische Versorgung notwendig. Uräusschlangen sind zwar vorwiegend nachtaktiv, können aber auch tagsüber beobachtet werden. Man findet sie in trockenen Savannengebieten. Uräusschlangen ernähren sich vorwiegend von Vögeln und ihren Eiern, von kleinen Säugetieren und Fröschen. Die außerordentlich schnellen Tiere gelten als besonders intelligent. Meist gehen sie einer Auseinandersetzung mit einem Menschen aus dem Weg. Zu ihren natürlichen Feinden zählen Raubvögel, Raubkatzen und Mangusten.

KROKODIL, NILE CROCODILE, Crocodylus niloticus

Krokodile leben in vielen tropischen und subtropischen Regionen Südafrikas, in Fluß- und Seengebieten und an Dämmen. Sie ernähren sich von Fischen, Schnecken, Muscheln, Fröschen, Wasservögeln und Säugetieren. Da ein ausgewachsenes Krokodil durchaus Löwen, Zebras und Giraffen angreift, läßt sich daraus die **Lebensgefahr für den Menschen** ableiten. Große Krokodile mit einer Länge von etwa 4 m brauchen alle 2–3 Wochen einen Beutefang, kleinere Exemplare von 1,50 m fressen einmal wöchentlich. Krokodile kauen ihre Nahrung nicht, sondern schlucken sie ganz hinunter. Nur große Beutetiere werden in Stücke gerissen. Krokodile können blitzschnell springen und ihre Beute ins Wasser zerren und ertränken. Obwohl ihre Hauptjagdzeit bei Dämmerung oder in der Nacht liegt, sind sie zu jeder Tageszeit gefährlich. Das größte in Südafrika gesehene Tier war 5,5 m lang und wog 1000 kg.

Die Körpertemperatur der Krokodile ist wetterabhängig. An heißen Tagen liegt sie bei etwa 38 °Celsius, an kalten Tagen bei 5 °Celsius. Um die Körpertemperatur zu regeln, sieht man Krokodile oft mit aufgerissenem Maul daliegen. Eine besondere Membrane im Maul nimmt die Wärme der Sonne auf und verteilt sie über den Blutkreislauf im gesamten Körper. Bei zu starker Sonnenbestrahlung legt das Krokodil sein aufgerissenes Maul in den Schatten und führt so eine Kühlung herbei. Auch das Wasser wirkt als natürliche Wärmeregulierung.

Das Gehirn eines Krokodils ist so groß wie ein Daumen. Trotzdem gelten diese Tiere als die intelligentesten unter den Reptilien. Ihre Stärke liegt in den gut entwickelten Sinnen und vor allem in ihrem Instinkt. Sie können sich veränderten Umständen sehr schnell anpassen. Ein Pluspunkt, der ihnen die letzten 60 Millionen Jahre ein Überleben garantierte. Die Farbe ihrer Haut variiert zwischen gelblich bis hin zu olivfarben und dunkelgrau mit schwarzen Flecken am Rücken. Die gelb-grünen Augen haben senkrechte Pupillen. Im Maul finden sich 70–75 Zähne, die lebenslang ausfallen und wieder ersetzt werden. Krokodile leben gesellig in großen Gruppen. Männchen haben ein fest umrissenes Revier, während Weibchen sich zwischen Paarungsgebieten und Brutstätten hin- und herbewegen. Bis zu 90 Eier werden meist im Oktober in eine Kuhle gelegt, die das Krokodil 30 cm tief mit den Hinterbeinen gegraben hat, bevor wieder Erde oder Sand darüber kommt. Obwohl das Weibchen ihr Gelege bewacht, wird es oft von Hyänen, Pavianen, Ottern und Mangusten ausgeräubert, während es auf Jagd ist. Nach 90 Tagen schlupfen die Kleinen mit schirpenden Geräuschen – ein Zeichen für die Mutter, sie auszugraben. Dann werden die Jungen im Maul der Mutter ins Wasser transportiert. Ein Krokodilbaby ist etwa 30 cm lang und wiegt 100 g. Kleine Krokodile sind beliebte Beute von Marabus, Leguanen, Reihern, Ginsterkatzen, Ottern, Sumpfschildkröten und Wassermangusten. Für die Wissenschaft zählen Krokodile zu den wichtigsten Tieren zur Aufrechterhaltung der natürlichen Balance – nicht nur in den Gewässern: Ihre Eier und Jungtiere selbst stellen eine wichtige Nahrungsgrundlage für viele andere Tiere dar. Ferner säubern sie die Gewässer von Aas und verhindern so Fäulnisbildung. Durch ihren gezielten Fang regulieren sie die Artenvielfalt unter den Fischen, die wiederum wichtig ist, um die Milliarden von abgelegten Moskitoeier zu dezimieren. Begegnen Sie ihnen also mit dem größten Abstand, aber dem gebührenden Respekt.

INSEKTEN UND SPINNEN

Für Freunde des Mikrokosmos lohnt es sich, für die Kamera ein Makroobjektiv oder Nahlinsen mitzunehmen. In Südafrika wurden etwa 50.000 Insekten spezifiziert. Besonders attraktiv sind die **Schmetterlinge,** die allein schon mit 800 Arten vertreten sind. Rosenkäfer gibt es in 200 Varianten. Fotogene Inseken sind die gut getarnten **Gottesanbeterinnen, Heuschrecken,** die in bunten Variationen vorkommen, schillernde **Blatthornkäfer** oder die dungrollenden **Pillendreher.** Echte Raritäten sind die „Velvet Worms", primitive Gliederfüßler, die der Evolution der vergangenen 400 Mio Jahre scheinbar unberücksichtigt entgangen sind, oder die seltenen, flügellosen Colophonkäfer. Ohnehin wird man mit vielen Insekten Bekanntschaft machen, sobald man abends auf der Veranda das Licht anmacht. Unter den zahreichen Spinnenarten ist nur die **Schwarze Witwe** (Button Spider) mit ihrem Nervengift dem Menschen wirklich gefährlich. Zu den größten Vertretern der Spinnen zählen die wirklich erschreckend großen **Pavianspinnen,** die aber harmloser sind als sie aussehen. Viele Spinnen kommen nachts heraus und jagen, andere spinnen wunderschöne Netze, die besonders mit Morgentau wie kleine Kunstwerke aussehen.

Text, Fotos und Herstellung: **Christine Philipp,** München
Weitere Fotos: **Helmut Hermann:** S. 16, 27, 29, 37, 41 (Storch, Ibis), 42 (Nashornvogel), 47
Horst Schade: S. 1 (Elefant), 17, 25, 36, 43, 48 (Spinne)

Gästefarm Bambatsi

Zurück auf der C39 kommt man östlich nach 6 km zum Abzweig zu einer der traditionsreichsten Gästefarmen Namibias, hoch auf einer Granitkuppe über dem Mopanewald gelegen – **Bambatsi** (6 km Farmstraße). Die Farm hat als eine der ersten des Landes ihre Tore für Touristen geöffnet und wurde bis 1995 vom Gründerehepaar Magura geleitet, heute wird sie von dem sympathischen Deutschen Rudi Zahn geführt, der die Farm einem Facelifting unterzogen hat, ohne das ihr Charme gelitten hat. In einem großen Freigehege leben 2 Geparden, die man unter Aufsicht streicheln kann. An einer Tankstelle werden von Sonnenauf- bis -untergang Benzin und Diesel verkauft.

■ Gästefarm Bambatsi

Die Bungalows entsprechen modernem Standard, haben aber auch noch landestypische Versorgungseinrichtungen wie den Donkey. Das ist ein kleiner ans Haus gebauter Ofen, der der Warmwasserbereitung dient und mit Holz geheizt wird. Dienstbare Geister sorgen ständig, daß die Feuer nicht ausgehen und der Reisende heißes Wasser hat. Am Abend wird am Schwimmbad der Sundowner serviert, und man hat von erhöhtem Standort einen phantastischen Blick über den südwestafrikanischen Busch. Anschließend wird ein köstliches Braai zubereitet. Von Bambatsi aus kann man die Farm des Ehepaares Reitz-Omburo besuchen. Eine englischsprachige Führung geht zur ehemaligen Siedlung San mit Malereien (nur nach tel. Voranmeldung unter Tel. 0654-313498).

79 km hinter Bambatsi erreicht man auf der C39 nach Osten schließlich Outjo (s. Route 7, Anschluß Route 7 und 9).

Route 8a: Heiße Pfoten für Dinos – Spuren aus der Vergangenheit

Karibib – Omaruru – Otjiwarongo

Km	Abzweig	Ort	Sehenswert	Übernachtung	GPS
Km 0 C33 Teer		Karibib, T+V	Marmorwerk	Erongoblick Ht. Stroblhof Ht.	21 56 08 15 51 43
Km 42				R&L Gf. Onduruquea Lodge	
Km 64	Immenhof Gf. u. Etendero Gf. Km 0 C36 Piste nach N Km 7 D2344 Piste Km 26 D2337 Piste Km 36 Km 49 ------------------ Erindi Onganga und Boskloof Gästefarm Km 0 C36 Piste nach N Km 7 D2344 Piste Km 32 D2351 Piste Km 59 Km 88 ------------------ Otjandaue Gf. Km 0 D2328 Piste Km 19 ------------------ Omburo Gesundheitsfarm Km 0 D2328 Km 28	Omaruru, T+V	Franketurm	Central Ht. Staebe Ht. Omaruru Rl. Etendero Gf. Immenhof Gf. Erindi Onganga Gästefarm Boskloof Gf. Otjandaue Gf. Omburo Gesundheitsfarm	21 25 59 15 57 35
Km 65	Omaruru Ldg. + Otjikoko Gf. Km 0 D2329 Piste Km 15 Km 45			Omaruru Ldg. Otjikoko Gf.	

Km	Abzweig	Ort	Sehenswert	Übernachtung	GPS
Km 85				Epako Game Ldg.	21 13 55 / 16 01 23
Km 100				Okosongoro Gf.	21 06 07 / 16 03 00
Km 102	Schönfeld Gf. Km 0 D2337 Piste Km 14			Schönfeld Gf.	21 05 13 / 26 03 16
Km 109	Ondombo-West Km 0 D2338 Piste Km 1			Ondombo-West	
Km 129	Dinosaurier-Fußspuren Km 0 D2414 Piste Km 19	Kalkfeld, T			20 53 18 / 16 11 22
				Mount Etjo Ldg. (15 km)	20 58 52 / 16 20 06
	Km 28 Farmstr.				21 01 43 / 16 27 38
	Km 30	Farmgebäude	Dinosaurier Fußspuren	Dinosaur's Tracks Zeltplatz	21 02 24 / 16 24 01
Km 199		Otjiwarongo, T+V	s. Route 7	s. Route 7	20 28 15 / 16 39 40

Karibib (s. Route 8)

Ausfahrt: Verlassen Sie Karibib auf der B2 nach Osten. Nach 2 km mündet die C33 ein, die Sie nach Norden nehmen. Sie fahren auf Teer östlich am Erongo-Gebirge vorbei und erreichen nach 64 km Omaruru.

Omaruru

Omaruru ist ein alter Siedlungsplatz der Herero, er wurde 1870 vom schwedischen Jäger und Händler Eriksson besucht. Als erster Weißer ließ er sich hier nieder und jagte die Tiere der Region. Der Name „Omaruru" bedeutet auf Herero „bittere Dickmilch", da Rinder in dieser Gegend auch eine Pflanze abweiden, die der Milch einen bitteren Geschmack gibt.

1872 errichtete die Rheinische Mission durch ihren Abgesandten Gottlieb Viehe ihr Gebäude (Viehe wurde bekannt, weil er das Neue Testament und andere Kirchenschriften in Herero übersetzte). Das kleine Museum in der Missionsstation liegt auf der anderen Seite des Omaruru-Riviers, schräg gegenüber der Polizeistation in der Main Street. Die Häuser Omarurus stehen locker verteilt unter Kameldorn- und Eukalyptusbäumen. Dadurch gewinnt man den Eindruck, in einer Gartenstadt zu sein. Der Omaruru teilt den Ort auf seinem 300 km langen Weg vom Erongo-Massiv an den Atlantik bei Henties Bay. Wasser führt er aber nur während der Regenzeit.

Omaruru

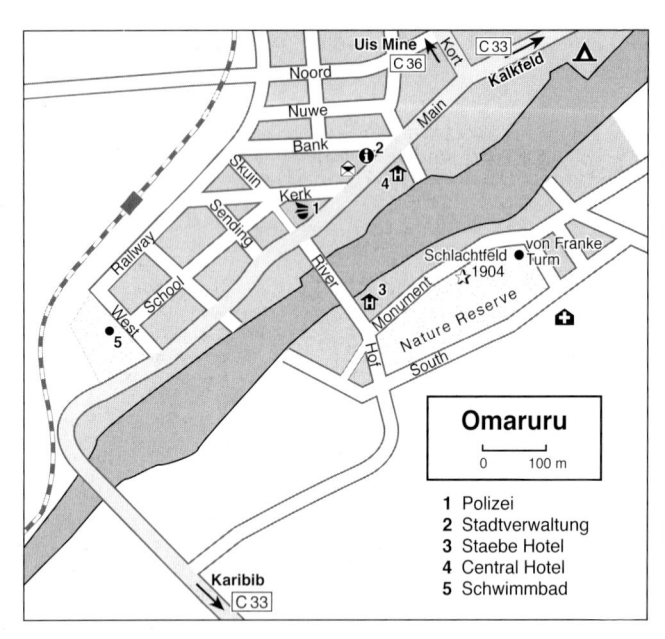

1 Polizei
2 Stadtverwaltung
3 Staebe Hotel
4 Central Hotel
5 Schwimmbad

Jedes Jahr am Wochenende vor dem 10. Oktober findet das **Zeraua-Fest** statt. Die Zeraua-Herero treffen sich gegenüber dem Missionshaus auf dem Friedhof der Kirche, wo einer ihrer bedeutendsten Häuptlinge, Chief Wilhelm Zeraua, begraben liegt. Die Ahnengedenkfeiern ähneln in vielem denen in Okahandja (s.S. 344f), allerdings dürfen Fremde daran nicht teilnehmen.

1907 wurde der **Franke-Turm** errichtet. Er war als Schutz- und Signalgebäude bei etwaigen neuen Aufständen der Herero gedacht (daher die Metallschüssel auf der Spitze, in der ein Feuer angezündet werden sollte, sobald ein Angriff drohte). Benannt wurde er nach dem Offizier der Schutztruppe Franke, der im Januar 1904 während des Herero-Aufstandes seine Kompanie in einem Gewaltmarsch über 900 km in 19 Tagen nach Omaruru hetzte und die Stadt von der Herero-Belagerung befreite. Frankes Name taucht hier im Nordwesten Namibias immer wieder auf. Er war ein klassischer „Durchhalte"-Soldat, der mit seinen Leuten ebenso gnadenlos umging wie mit sich selbst. Seine Gewaltmärsche und blutigen Siege sind Legende. Daß er auch den Gegner nicht schonte, versteht sich von selbst. Das Schlachtfeld liegt westlich unterhalb des Turmes. Der Schlüssel des Turms ist in den Hotels erhältlich (am Wochenende ist er immer zugänglich). Bei einem Spaziergang auf dem Feld aufpassen – es gibt mehr Schlangen als Felsen!

Adressen & Service Omaruru

Unterkunft	TOURISTENKLASSE: Hotel Staebe. Central Hotel. GÜNSTIG: Omaruru Rastl.
Information	Stadtverwaltung, Visitors Information, P.O. Box 55, Omaruru; Tel. 064-570277, Fax 570105
Essen	White House Café, Main Street; Tel. 064-570412
Sonstiges	Schwimmbad: West Street; Tel. 064-570106, Öffnungszeiten 10–18 Uhr, 2 N$. Reiten: Reiterverein, Hof Street; Tel. 064-570374. Gesundheit: State Hospital, South Street; Tel. 064-570037

Exkurs: Der Siegeszug der Kompanie Franke

„Die zweite Kompagnie war gerade in Gibeon, als sie die Nachricht vom Ausbruch des Herero-Aufstandes erreichte. Ihr Führer, Hauptmann Franke, beschloß, sofort nach Windhuk zurückzumarschieren und die etwa 380 km betragende Entfernung in fünf Tagen zu bewältigen. Das war ungeheuer anstrengend für Mensch und Tier. ... Von Windhuk ging die Kompagnie sogleich weiter nach Okahandja, um den Ort zu entsetzen. ... Die Herero hatten den Kaiser-Wilhelm-Berg, das Wahrzeichen des Ortes, stark besetzt. Trotz der vorzüglichen Stellung des Feindes griff Hauptmann Franke sofort an und hatte nach sechsstündigem Gefecht unter ungeheuren Anstrengungen die von dem fliehenden Feind verlassenen Anhöhen in Besitz. Weiter ging's nach kurzer Rast, zunächst nach Karibib, dann nach Omaruru. ... Schon sechs Stunden lag hier die Truppe im Gefecht. ... Die Verluste mehrten sich, und die Kräfte der Soldaten begannen nachzulassen. ... Da schwang sich Hauptmann Franke auf seinen Schimmel, sprengte hoch zu Roß vor die Front und wollte alleine auf den Feind eindringen. Diese hinreißende Tat zündete; wie mit einem Schlag erhob sich die ganze Linie, begeistert, mit lautem Hurra ..."
(aus Bernhard Voigt, Deutsch-Südwestafrika, Stuttgart, 1913)

Omaruru – Otjiwarongo

Verlassen Sie Omaruru vorbei am Rastlager auf der C33 nach Norden. Vereinzelt ragen verwitterte Granitkuppen aus der flachen Savanne, links und rechts des Weges gehen Abzweige zu Gästefarmen und Lodges ab. Einige Farmen haben sich auf Jagd spezialisiert und dürfen „normale" Touristen nicht beherbergen. Jäger finden beste Bedingungen.

Nach 65 km kommen Sie nach **Kalkfeld.** Der Flecken hat seine besten Jahre hinter sich. Er ist als Bergwerksstadt entstanden. Das in der Nähe abgebaute Eisenerz wurde zur Verhüttung nach Tsumeb geschafft. Heute verfällt die Streusiedlung mehr und mehr. Man tankt und fährt weiter, entweder direkt nach Otjiwarongo (70 km, s. Route 7) oder macht noch einen Abstecher zu den Dinosaurier-Fußspuren.

ABSTECHER:

DINO-SAURIER-FUßSPUREN

Nehmen Sie die D2414 im Ort über die Eisenbahnschienen hinweg. Nach 28 km erreichen Sie eine Farmstraße, die Sie 2 km entlangfahren. Sie kommen zu einem Farmgebäude, wo Sie eine kleine Besuchsgebühr entrichten müssen. Unweit davon – der Angestellte zeigt Ihnen die Richtung – befindet sich ein kleiner und sehr einfacher Zeltplatz mit Wasseranschluß. Hier lassen Sie den Wagen stehen und gehen etwa 1 km zu Fuß über Granitplatten durch den Busch (weiße Farbflecken markieren die Richtung). Sie müssen genau schauen – wenn die weißen Markierungen aufhören, gehen Sie ein Stück zurück und sehen dann auf 25 m die Vertiefungen der dreizehigen Klauenfüße. Sie haben sich vor 150 Millionen Jahren in den Schlamm gedrückt und sind erstarrt. Im Lauf der Zeit wurden sie überdeckt, die Sedimente erodierten, und heute sind die Spuren freigelegt. Mit etwas Vorstellungsvermögen sieht man förmlich das zweibeinige Tier im eleganten Lauf, wie ein Strauß, den schrägen Hang herabstürmen ...

Route 8b: Handel und Gefechte – der Pulverturm

Karibib – Bosua Pass

Km	Abzweig	Ort	Sehenswert	Übernachtung	GPS
Km 0 C32 Piste		Karibib, T+V	Marmorwerk	Erongoblick Ht. Stroblhof Ht.	21 56 08 15 51 43
Km 11	Wüstenquell Gf. Km 0 D1952 Piste Km 42 D1914 Piste Km 75 Farmstr. Km 93			Wüstenquell Gf.	
Km 16	Etusis Ldg. Km 0 Farmstr. Km 5			Etusis Ldg.	
Km 45	Otjimbingve Pulverturm Km 0 D1976 Piste Km 30 D1967 Piste Km 32		Otjimbingve Pulverturm		
Km 62				Tsaobis Rl.	
Km 82		Anschluß an die Route 6			

Karibib – Otjimbingve

Verlassen Sie Karibib (s. Route 8) auf der Piste C32 westlich der Stadt Richtung Süden. Sandebenen mit spärlicher Vegetation begleiten Sie bis zum Abzweig nach Otjimbingve nach 45 km. Auf der ausgefahrenen Piste D1976 zum Pulverturm ziehen Sie eine lange Staubfahne hinter sich her. Durch kleinste Ritzen dringt der Sand in den Wagen, alles überzieht sich mit einer Puderschicht.

Nach 30 km erreichen Sie eine Kreuzung und biegen für 2 km in die D1967 (sechs-sieben) ein. Der Pulverturm befindet sich in der Mitte der weit auseinander gezogenen Siedlung rechts der Hauptpiste, eingeklemmt zwischen zwei großen Fabrikgebäuden.

Otjimbingve

Man mag gar nicht glauben, daß dieser Ort hier, gelegen am früheren Baiweg zwischen Walvis Bay und dem Landesinneren, während der deutschen Kolonialzeit als Handelsplatz, Zentrale der Rheinischen Missionsgesellschaft und der Sitz der Administration die Hauptstadt des Landes war!

Das Herero-Wort „Otjimbingve" bedeutet „Platz der Erholung", weil in der Nähe eine Quelle entsprang. 1849 erbaute Johannes Rath im Namen der Rheinischen Missionsgesellschaft eine Mission. 1860 erwarb der Schwede Andersson (nach dem ein Tor des Etosha-Nationalparks benannt ist) ein Gebäude einer Minenfirma und machte einen Laden daraus, den Edurard Hälbich später übernahm (das Geschäft steht noch heute).

Die Kirche wurde 1867 errichtet. Herero-Häuptling Wilhelm Zeraua sorgte dafür, daß seine Leute genügend Ziegel für den Bau herstellten; er selbst nahm den christlichen Glauben allerdings jedoch nicht an, ähnlich wie sein Gegenpart bei den Okahandja-Herero, Chief Maharero.

1872 schließlich entstand der **Pulverturm,** der sich nun zwischen zwei großen Fabrikgebäuden versteckt und nicht so eindrucksvoll aussieht, wie es Fotos von ihm vermitteln. Er war Lager und Verteidigungseinrichtung, die im Lauf der Jahre, der Kriege und Aufstände 30 mal bestürmt, aber nie eingenommen wurde. 1890 verlegte die Administration ihren Sitz nach Windhoek, und die Eisenbahn ignorierte auch noch um die Jahrhundertwende den Ort bei ihrer Streckenführung. Otjimbingve lag damit im Abseits und die folgenden Jahre haben daran nichts geändert; auch heute wird es nur selten von Touristen angefahren.

Weiterfahrt

Tsaobis Nature Park

Kehren Sie von Otjimbingve die 34 km zur C32 zurück (Sie können auch der D1967 auf 67 km bis Wilhelmstal folgen und erreichen so die Route 8).

17 km weiter liegt das **Tsaobis Rastlager** mit seinem Wildpark. Es ist eines der ältesten Naturschutzgebiete Namibias in privater Hand. Die Tiere (Geparden, Leoparden, Zebras, Antilopen u.a.) werden in Gehegen gehalten, so daß man frei herumwandern kann.

Südlich die C32 weiterfahrend stoßen Sie nach 32 km auf die C28. Hier haben Sie Anschluß an die Route 6.

Route 8c: Strahlendes Erz – Uran!

Swakopmund – Usakos

Km	Abzweig	Ort	Sehenswert	Übernachtung	GPS
Km 0 B2 Teer		Swakopmund, T+V	s. Route 5	s. Route 5	22 41 13 14 31 45
Km 9	Kamelfarm, El- Jada Rl. und Okakambe Trails Km 0 Km 1 Km 2 Km 3	Nonidas Kamelfarm Okakambe Trails		Nonidas Burgho- tel El-Jada Rl.	22 38 28 14 37 42
Km 45	Rössing/ Arandis Km 0 D1911 Teer Km 4	 Arandis, T+V			22 25 58 14 50 40
Km 111	s. Route 8	Einmündung der D1918	s. Route 8	s. Route 8	21 58 46 15 21 35
Km 134	s. Route 8	Usakos, T+V	s. Route 8	s. Route 8	21 59 49 15 35 19

Swakopmund – Arandis

In Swakopmund (s. Route 5) haben Sie Anschluß an die Routen 5, 6 und 12. Verlassen Sie Swakopmund auf dem Teer der B2. Nach 9 km kommen kurz hintereinander zwei Abzweigungen. Die erste führt zum auf einem Hügel liegenden Gebäude mit burgähnlichem Charakter von 1892. Hier war eine deutsche Zoll- und Polizeistation untergebracht. Bis 1992 konnte man im Hotel Nonidas in der ehemaligen Station nächtigen. Es ist jetzt geschlossen, und eine Wiedereröffnung ist nicht abzusehen.

Kamelfarm Die zweite Kreuzung führt zur Kamelfarm, die neben den Dromedaren einen kunterbunten Kleintierzoo ihr eigen nennt. Kamelritte von etwa einer Stunde Dauer können unternommen werden. Die Swakopmunder feiern hier gerne Kindergeburtstage. 9 km außerhalb Swakopmunds an der D1901 gelegen, Kamelreiten von 14–17 Uhr, Voranmeldung erforderlich; Tel. 064-400363. Hier finden sich auch Okakambe Trails, P.O. Box 1668 Swakopmund, Tel. 064-402799, Fax 402799, die unter deutscher Leitung Auritte in die Wüste unternehmen. Auch Reitkurse sind möglich und Übernachtung.

45 km hinter Swakopmund kommt man zur D1911. Hier geht es nach **Arandis** (4 km) und zur Rössing-Mine. In der Kunststadt mitten in der Wüste leben die Arbeiter der Mine. Schachbrettmuster und konfektionierte Häuser bestimmen das Stadtbild.

Rössing-Mine

In den Jahren Ende 1920 entdeckte der Prospektor Peter Louw mitten in der Wüste Uranlagerstätten. Über 40 Jahre lang versuchten er und seine Partner, Bergbaugesellschaften für den Abbau zu interessieren, aber erst in den 60er Jahren konnten die Schürfrechte vergeben werden. 1973 begann der Abbau des zähen Granits, eine Gesteinssorte, die **Alaskit** genannt wird. 1980 war das Firmenkonsortium der weltgrößte Lieferant von Uran. Eine Besichtigung der Mine kann im Swakopmunder Museum gebucht werden (s.S. 324).

Entstehungsgeschichte, Abbau

Als große Teile Namibias von flachem Wasser überdeckt waren, lagerten sich Sedimente an seinem Grund ab. Der Boden senkte sich, neue Schichten legten sich darüber. Druck und die hohe Temperatur führte zu einer Faltung und der geschmolzene Granit lagerte sich in den oberen Schichten ab. Die in ihm enthaltenen kleinen und gelben Urankristalle sind nun im Tagebau erreichbar.

Der Granit wird aus dem Felsen gesprengt und mit riesigen Schaufelbaggern auf ebenso riesige Lastwagen verladen und zu Zerkleinerungsmaschinen gebracht. In vier Stufen erreicht es eine Korngröße, die es zur Weiterverarbeitung mit Chemikalien verwendbar macht. Diese lösen das Uran heraus, und nach Trennung von den festen Bestandteilen wird die Flüssigkeit einem Ionenaustauschprozeß unterworfen, durch den das Uran angereichert wird, d.h., die Konzentration des Urans in der Lösung wird erhöht. Eine weitere Anreicherung findet durch Lösungsmittelextraktion statt. Die hochkonzentrierte Flüssigkeit wird schließlich mit Ammoniak versetzt, und es entsteht „yellow cake" (Ammoniumdiuranat), dem das Wasser entzogen und der bei 600 °C getrocknet wird. Durch die Hitze spalten sich die Stickstoffanteile ab, das Ergebnis ist Uranoxid, das verpackt und ausgeliefert wird.

Umwelt-Probleme

Mit Erstarken des Umweltbewußtseins wurde der Rössing-Mine verschiedentlich vorgeworfen, daß sie zu wenig zum Schutz der Umwelt täte. Tatsächlich greifen Sicherungsmaßnahmen nur partiell – alleine der Wind verteilt die radioaktiven Partikel großzügig in der Namib, und auch die Arbeiter sind trotz Schutzkleidung beständig dem krebserregenden Staub ausgesetzt. Besonders umweltbelastend ist der hohe Wasserverbrauch – mit Wasserspritzen versucht man, der Staubbildung Herr zu werden. Entnommen wird das kostbare Naß den nahen Rivieren Kuiseb, Khan und Omaruru. Dadurch sinkt aber auch der Grundwasserspiegel in der Region.

Sei es, wie es sei, die Mine hat über tausend Arbeiter und Angestellte, überwiegend Ovambo, und ist damit der größte Arbeitgeber der Region, wenngleich der fallende Uranpreis auch das Unternehmen Rössing gebeutelt und viele Arbeitsplätze vernichtet hat (s.a. „Wirtschaft" S. 135f).

Weiterfahrt

Hinter dem Abzweig nach Arandis ragt im Osten das langgestreckte Massiv der Chousberge aus der Ebene, und bald sind voraus der Hohenstein des Erongo-Massivs und links im Norden die beiden Spitzkoppen zu sehen.

Nach 66 km auf der B2 erreichen Sie die Abzweigung der D1918. Hier haben Sie Anschluß an die Route 8.

Route 9: Auf einsamen Pfaden durchs Damaraland

Khorixas – Palmwag – Kamanjab – Outjo

Km	Abzweig	Ort	Sehenswert	Übernachtung	GPS
Km 0 C39 Piste nach W	Huab Lodge Km 0 C39 Teer nach O Km 8 C35 Piste nach N Km 54 D2670 Piste Km 84	Khorixas, T+V	s. Route 8	s. Route 8 Huab Lodge	20 22 20 14 58 05
Km 2				Khorixas Rastlager	20 22 00 14 57 24
Km 43			Versteinerter Wald		20 26 26 14 36 28
Km 53	Gelukspoort Gf. Km 0 Farmpiste Km 8,5			Gelukspoort Gf.	
Km 73	Twyfelfontein Km 0 D3254 Piste Km 11 Km 14 Km 17 Km 20 Km 23 Km 25	Wondergat (1 km) Einmündung der D2612 Abzweig zum Burnt Mountain Tor	Orgelpfeifen (4 km)/Burnt Mountain (5 km) Twyfelfontein	Abu-Huab Zeltplatz	20 25 22 14 20 31 20 30 52 14 22 19 20 37 17 14 25 10 20 35 43 14 22 21
Km 106	Damaral. Camp Km 0 Farmpiste Km 20			Damaraland Ca.	
Km 116		Kreuzung C39 nach Torra Bay			20 13 57 14 03 54
Km 155 D2620 Piste nach O	Palmwag Km 0 D3706 Piste nach W Km 5 Km 6	Disease Control Tor Palmwag, T		Etendeka Camp Palmwag Rl.	19 54 40 13 59 12 19 52 52 13 56 24
Km 175			Grootberg-Paß		
Km 205		Dorf „Erwee"			19 41 16 14 18 55

Km	Abzweig	Ort	Sehenswert	Übernachtung	GPS
Km 269 C40 Teer		Kamanjab, T+V		Oase Garni Guest House	19 37 17 14 50 33
Km 293	Otjitotongwe L. Km 0 Farmpiste Km 8			Otjitotongwe L.	
Km 299	Hirabis Zeltplatz Km 0 Farmstr. Km 8			Hirabis Zeltplatz	
Km 316	Otjitambi Gf. Km 0 D3246 Km 7			Otjitambi Gf.	
Km 340			Schuldorf Otjikondo		19 50 38 15 27 58
Km 366				Ombundja Wildlife Ldg.	
Km 370	Danubé Gf. Km 0 D 3236 K 50 Farmpiste K 55			Danubé Gf.	
Km 411 C38 Teer nach S					20 02 25 16 05 27
Km 421		Outjo, T+V	s. Route 7	s. Route 7	20 06 49 16 09 18

Khorixas – Versteinerter Wald

In Khorixas (s. Route 8) haben Sie Anschluß an die Route 8. Verlassen Sie Khorixas auf der Piste C39 Richtung Westen. Nach 2 km passieren Sie das Rastlager und der Asphalt endet. Hier können Sie nachfragen, ob Twyfelfontein mit einem Pkw erreichbar ist, da nach starken Regenfällen die quer zur Straße laufenden Riviere Wasser führen, das unter Umständen zu tief ist, und vor Twyfelfontein zusätzlich ein breiteres Rivier mit tiefem Sand zu durchqueren ist. Die hinter Khorixas liegenden Furten sind schlecht zu sehen, und bei schneller Fahrt geht es ganz plötzlich hinunter. Also nur angemessener Geschwindigkeit fahren. Die Riviere sind mit Galeriewald bewachsen. Nach 29 km kommen Sie zum Abzweig der D2628. Kleine Farmen mit Wellblechhütten säumen den Weg. 14 km weiter liegt der Versteinerte Wald (Petrified Forest).

Versteinerter Wald

Nach Eintragung im Besuchsbuch (darauf wird Wert gelegt) können Sie einen Spaziergang über einen Hügel unternehmen, auf dem die teilweise vollständig erhaltenen, versteinerten Stämme eines Urzeitnadelwaldes (Araukarien) verteilt sind. Sie wuchsen vor 300 Millionen Jahren, allerdings nicht hier. Wegen ihrer durcheinandergewürfelten Anordnung nimmt man an, daß sie durch Flüsse angeschwemmt wurden.

Die Versteinerung ist ein Prozeß, der nur unter Luftabschluß stattfinden kann. Die Stämme wurden mit Sand bedeckt, der den Fäulnisprozeß unterband. Dann drang kieselsäurehaltiges Wasser nach und nach in die Zellen des Holzes ein, das Schicht für Schicht zu Stein wurde. Bis ins kleinste Detail lassen sich die Jahresringe erkennen und die Rinde ist so genau gezeichnet, daß man fast erschrickt, wenn die Hand nicht über vermeintlich warmes Holz sondern über kalten Stein streicht.

Zwischen den versteinerten Riesenstämmen wachsen Welwitschias, Köcher- und Balsambäume, es ist ein idyllischer, verwunschener Platz, auf dem es mittags allerdings unangenehm heiß werden kann. Souvenirs mitzunehmen ist streng verboten! Neuerdings muß ein Führer genommen werden, der ofiziell kostenlos ist (Preis Verhandlungssache!).

Weiterfahrt

Nun führt die Piste auf eine Tafelbergkette zu, die, blauschwarz wie Mondgestein, gegen die hügelige Landschaft steht. Auch im Süden überragen diese Gesteinsformationen die sanften Hügel der Vorgebirgsebene. Nach 30 km ist die D3254 erreicht.

ABZWEIG:

TWYFELFONTEIN

Nach 11 km auf der Piste D3254 führt rechts ein Weg zum **Wondergat**. Das kleine, unscheinbare Loch, das aber unglaublich tief (mehrere 100 m) sein soll, ist nach 1 km erreicht. Aufpassen, daß Sie nicht hineinfallen, kein Mensch könnte Sie je wieder herausholen! Es entstand durch Auswaschungen eines unterirdischen Flusses, die eine Höhle schufen, in die das darüberliegende Gestein einbrach. Verwunderlich ist nur, daß dabei ein so schmaler Kamin gebildet wurde.

Nach 3 km mündet in unsere Pad die D2612 ein (s. Route 8). 3 km weiter liegt am Rivier des Abu-Huab ein Zeltplatz. Er ist einfach, hat aber saubere Sanitäranlagen, Braaiplätze und gemauerte Tische und Bänke. Versuchen Sie, Twyfelfontein bei Sonnenuntergang zu besuchen und nächtigen Sie danach hier. Ein kleiner Kiosk verkauft gekühlte Getränke.

Hinter dem Camp überquert die Pad das sandige Rivier des Abu-Huab – die Durchquerung nach Regenfällen mit einem Pkw ist ein fast unmögliches Unterfangen – und erreicht 3 km weiter den Abzweig zum **Verbrannten Berg** (Burnt Mountain, 5 km) und zu den **Orgelpfeifen** (1 km davor, in der Schlucht unterhalb der Straße).

Der schwarze Berg sieht in den rötlichen Strahlen der untergehenden Sonne tatsächlich aus, als hätten seine Flanken eben noch gebrannt. Freigelegtes und danach den Naturgewalten ausgesetztes, schlackenartiges Gestein aus dem Erdmittelalter sorgen für diesen Effekt.

Die Orgelpfeifen sind bis zu 5 m hohe über 100 Millionen Jahre alte Basaltsäulen. In der Karoo-Periode drang Lava in Tonschiefer ein und brach in der Phase der Abkühlung in die jetzigen regelmäßigen Formen. Erosion trug die überlagernden Schichten ab, die Oberfläche wurde mit der Zeit durch den Wind und die festen Bestandteile, die er mit sich führt, poliert.

Nach Twyfelfontein: 8 km hinter dem Abzweig zu den Orgelpfeifen und zum Verbrannten Berg kommt das Tor von Twyfelfontein, 1 km vor der Felsarena mit ihren Gravierungen gelegen. An dem Tor ist Eintritt zu zahlen (15 N$ p.P. und Auto, Führung 10-20 N$).

Twyfelfontein

„Zweifelhafte Quelle" nannte der Farmer sein Stück Land, denn die Quelle im Felsrund sprudelt nur unregelmäßig. Den Jägern war das köstliche Naß aber sicher genug, um hier dem Wild aufzulauern. Wer sich die Felsarena genau betrachtet, sieht sofort, daß sie ideal gelegen ist: Etwas erhöht zwischen den schützenden Bergflanken und mit einem weiten Blick über die Grassavanne, in der Antilopen grasen und Strauße um die Wette rennen. Ob hier San oder Damara – oder gar beide – lebten und ihre Kunstwerke in den Felsen ritzten, ist nicht bekannt. Die San, von denen man weiß, daß sie noch vor hundert Jahren Felswände mit Darstellungen von Tieren und Menschen schmückten, haben heute jeglichen Bezug zu den Felsbildern verloren und berichten, daß diese von Göttern hergestellt worden seien.

Im Abendlicht, wenn die meisten Besucher schon auf der Fahrt zu ihrer Unterkunft sind, erstrahlen die Felsen rot. Nun kann man in aller Ruhe die Steige an den vielen Gravierungen vorbei beklettern (eigentlich darf der Rundweg nicht ohne Führer beschritten werden, aber die meisten haben um diese Zeit schon Feierabend). Nach der etwa eine Stunde dauernden Tour sind unten, bei der überdachten Schautafel mit der Beschreibung des Weges, Getränke erhältlich.

Die Gravierungen Mit Quarzsteinen wurden die Gravierungen in den Sandstein geritzt, und unter Überhängen finden sich gelegentlich auch Malereien – ein seltenes Nebeneinander im südlichen Afrika, wo Maler und Gravierer ihre Kunst normalerweise nie nebeneinander ausgeführt haben (s.S. 118). Alle möglichen Tierarten, Löwen, Elefanten, Giraffen, Nashörner, sind abgebildet. Dazwischen abstrakte Muster und eigenartige Punktreihen – verschlüsselte Botschaften einer fremden Kultur oder nur kindliche Spielereien?

Über den Beweggrund für ein derart reichhaltiges Potpourri weiß die Wissenschaft nichts Exaktes zu sagen. Es könnten Arbeiten von Jägern sein, die damit Erfolg für ihre Jagd heraufbeschwören wollten. Eine Datierung ist auch kaum machbar, da die notwendigen Parameter fehlen: Werkzeuge, die Archäologen in dieser Region gefunden habe, stammen aus der Jungsteinzeit. Sie den Bildern zuzuordnen ist allerdings nicht möglich. Die patinierte Oberfläche des Sandsteins, die normalerweise ebenfalls Aufschluß über das Alter der Bilder geben könnte, ist hier durch unberechenbare Umwelteinflüsse ebenfalls nur ein vager Anhaltspunkt. Da der Platz von vielen Generationen besiedelt war, sind die Felszeichnungen wahrscheinlich zwischen mehreren tausend und einigen hundert Jahren alt.

Wer mit einem Geländewagen unterwegs ist, kann sich vom Eingangstor (s. oben) aus auf die Suche nach weiteren Gravierungen und nach „Adam und Eva" machen, einem der seltenen anthropomorphen (menschenähnlichen) Motive in Twyfelfontein. Es gibt keine Spuren, man muß in weitem Bogen nordwestlich durch tiefen, schweren Sand um den Berg herumfahren und die Augen offenhalten. Die Mühe lohnt nach Aussagen anderer nicht; aber es macht einfach Spaß, selbst auf Forschungsfahrt zu gehen.

Weiterfahrt auf der C39 nach Westen

Fahren Sie nun zurück zur C39 und diese weiter in Richtung Westen. Nach einigen Kilometern sehen Sie im Nordwesten eine Gebirgskette als Silhouette auftauchen, die Gipfel sind gänzlich unterschiedlich geformt.

Sie umfahren dieses Massiv in einem großen Bogen und kommen 30 km nach dem Twyfelfontein-Abzweig über einen Paß mit fantastischer Berglandschaft aus roter Erde. Hier wächst kein Busch, silbernes Gras bedeckt in der Regenzeit die Hügelketten wie eine seidige, weiche Decke.

Immer wieder flüchten Springböcke in eleganten Hopsern, beäugen Kudus wachsam den Eindringling, rasen Warzenschweine mit erhobenem Signal-Schwanz durchs Gras. Sie sind tief in der unberührten Urlandschaft des Damaralandes.

10 km weiter fahren Sie in ein breites Tal und kommen nach 3 km an den Abzweig der D3245 nach Torra Bay. Hier haben Sie Anschluß an die Route 12 zur Skeleton Coast.

Ab dem Torra-Bay-Abzweig heißt die Piste D2620. 1 km hinter dem Abzweig passieren sie eine Furt mit der kleinen Siedlung Wereldsend („Weltende"). Nach 37 km erscheint wieder eine kleine Siedlung (Palm), bei einer Furt gelegen. 1 km danach ist der Abzweig nach Sesfontein erreicht. 5 km in diese Richtung bringen Sie zur Palmwag Lodge mit Zeltplatz. Hier haben Sie Anschluß an die Route 10.

Bleiben Sie jedoch auf der D2620. Sie führt Richtung Kamanjab. Nach 10 km beginnt der Anstieg zum Grootberg Pass, dessen Scheitel (1500 m) man nach etwa 10 km erreicht.

Nach 20 km bleibt das Gebirge zurück, am Wegrand sind Steinhügel aufgetürmt, die Piste hat grobes Wellblech ausgebildet. Sie passieren das Dorf Erwee (mit einem Bottle Store und Restaurant) und erreichen schließlich 114 km nach dem Torra-Bay-Abzweig zur Küste Kamanjab.

Kamanjab

Hier haben Sie Anschluß an die Route 10. Kamanjab ist der letzte Vorposten der Zivilisation auf dem Weg ins Damaraland oder das Kaokoveld. Es ist in winziges Nest mit einem kleinen Hotel und Tankstelle. Bei gesundheitlichen Problemen: Die State Clinic hat die Tel.-Nr. 067-330031.

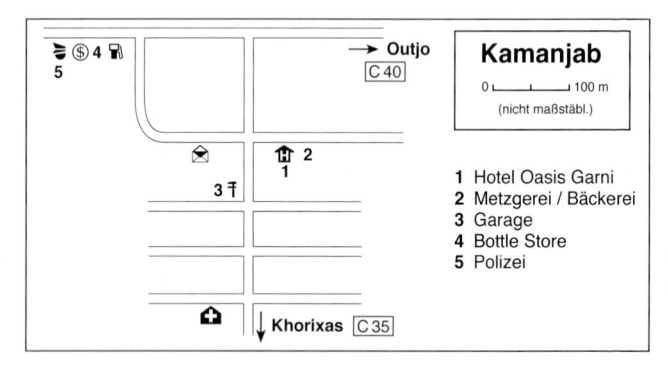

Kamanjab
0 ⊢——⊣ 100 m
(nicht maßstäbl.)

1 Hotel Oasis Garni
2 Metzgerei / Bäckerei
3 Garage
4 Bottle Store
5 Polizei

Kamanjab – Outjo

Verlassen Sie Kamanjab auf dem Teer der C40 nach Osten. Nach etwa 35 km öffnet sich der Blick über eine Ebene. In ihr stehen vereinzelt Granitkuppen. Die Strecke ist ansonsten monoton, entlang der Straße wachsen alle möglichen Baumarten, Mopane, Moringa, Ahnen- und Balsambäume. In ihnen und an den Telegrafendrähten längs der Straße hängen die Nester der Siedlerweber. 71 km hinter Kamanjab und 10 km vor Outjo mündet die C38 in die C40.

Outjo (s. Route 7). In Outjo haben Sie Anschluß an die Routen 7 und 8.

In den Norden

Route 10: Wildnis – durchs Kaokoveld

Palmwag – Sesfontein – Opuwo – Otjiveze – Swartbooisdrift – Ruacana – Kamanjab

Km	Abzweig	Ort	Sehenswert	Übernachtung	GPS
Km 0 D3706 n. N		Palmwag, T		Palmwag Rl.	19 52 52 13 56 24
Km 74	Khowarib Zeltplatz Km 0 Piste nach NO Km 3	Dorf			19 15 53 13 52 06
				Khowarib Zeltplatz	19 15 57 13 53 01
Km 84	Okondjou Zeltplatz Km 0 Piste n. N Km 6	Warmquelle		Okondjou Zeltplatz	19 11 06 13 48 51
				Ongongo Zeltplatz	19 08 20 13 49 05
Km 106 zurück		Sesfontein, T+V		Fort Sesfontein Ldg. + Zeltplatz	19 07 20 13 37 19
Km 118 D3704 Piste n. N					19 08 14 13 43 29
Km 150		Otjomatemba			18 52 18 13 46 36
Km 162		Otjize			18 46 18 13 45 20
Km 181		Omao			18 37 34 13 43 16
Km 229	Durstland-Trekker Ruine Km 0 D3704 Piste nach SW Km 13	Kreuzung mit der D3704			18 14 19 13 46 09
		Kaoko Otavi	Durstland-Trekker Ruine		18 17 53 13 39 48
Km 252 D3703 Piste n. S					18 03 39 13 49 51
Km 253 D3700 Piste n. N		Opuwo, T+V		Ohakane Guest House	18 03 43 13 50 24
Km 310		Dorf			
Km 327 D3701 Piste n. N		Otjiveze			17 37 24 13 28 34
Km 371 Rtg. N halt.					17 24 22 13 48 25

Km	Abzweig	Ort	Sehenswert	Übernachtung	GPS
Km 378 Dorf den Berg hoch n. O verlsn.		Bergbaudorf			17 20 35 13 46 55
Km 383 D3700 Piste n. O		Swartbooisdrift	Durstland-Trekker Monument		17 19 25 13 48 44
Km 386		ehem. Missionsstation			
Km 392				Kunene River Lodge	17 21 15 13 52 50
Km 415			Sicht auf Ruacana Fälle		17 25 11 14 12 41
Km 417 D3700 Teer			Hippo Pools		17 24 26 14 13 10
Km 419	Fälle Km 0 Km 2		Fälle		17 23 40 14 14 22
Km 432	Ruacana Dorf Km 0 Km 4	Ruacana, T+V			17 24 47 14 21 15
Km 437 C35 P. n. S					17 24 45 14 24 09
Km 517		Einmündung d. C41 von Opuwo			18 08 44 14 17 29
Km 641		Disease Control Tor			
Km 650	Hobatere Ldg. Km 0 Km 15			Hobatere Ldg.	19 17 54 14 28 22 19 19 56 14 22 11
Km 682	Kavita Lion Ldg. Km 0 P2684 Piste Km 5			Kavita Lion Ldg.	19 26 08 14 37 24
Km 711	Ermo Gf. Km 0 D2763 Piste Km 45 ------------------ Rustig Gf. Km 0 D2763 Piste Km 13 D2695 Piste Km 19			Ermo Gf. Rustig Gf.	
Km 718		Kamanjab, T+V		Oase Garni Guest House	19 37 17 14 50 33

Hinweis: Ab Sesfontein ist ein Geländewagen notwendig, genügend Vorräte und Treibstoff sind mitzuführen!

West-Namibia

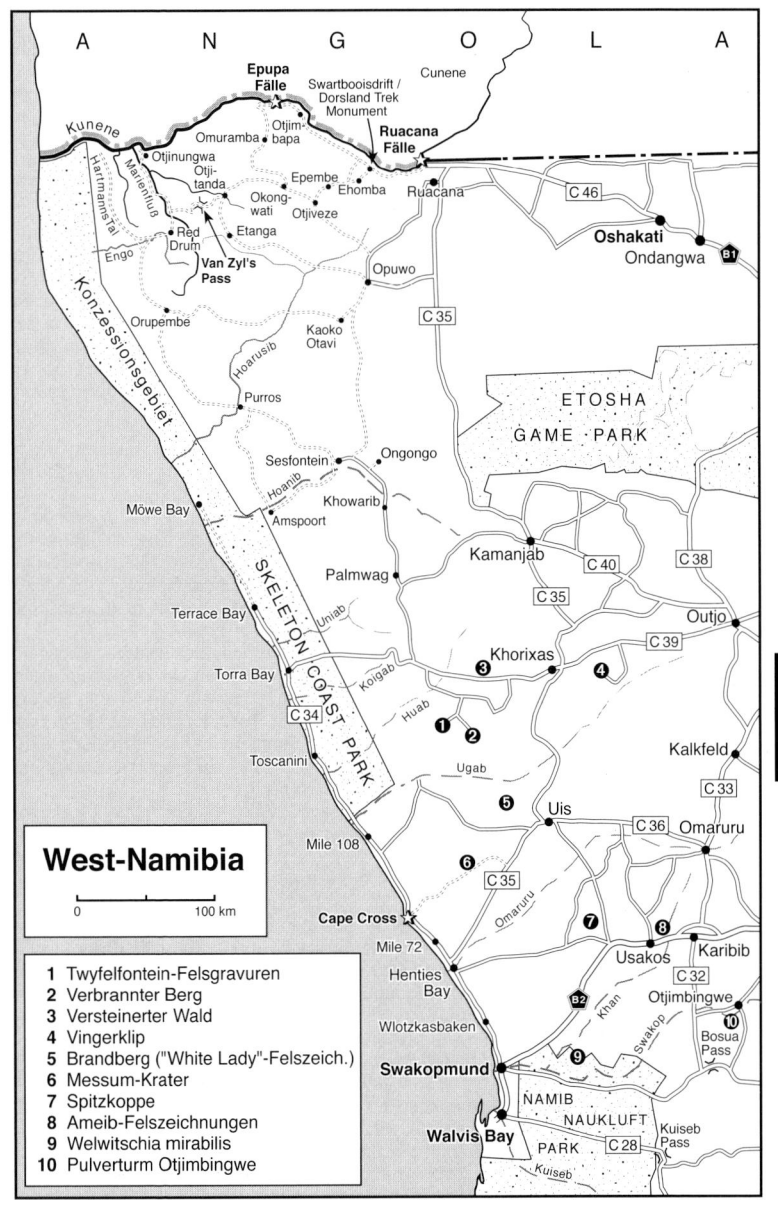

0 — 100 km

1. Twyfelfontein-Felsgravuren
2. Verbrannter Berg
3. Versteinerter Wald
4. Vingerklip
5. Brandberg ("White Lady"-Felszeich.)
6. Messum-Krater
7. Spitzkoppe
8. Ameib-Felszeichnungen
9. Welwitschia mirabilis
10. Pulverturm Otjimbingwe

Palmwag

Hier haben Sie Anschluß an die Routen 9 und 12. Die Palmwag-Lodge liegt auf einem Konzessionsgebiet. Diese Gebiete erfüllen eine Zwitterfunktion. Sie sind einenteils geschützter Naturpark, werden anderenteils gegen strenge Auflagen zur touristischen Nutzung an ein Privatunternehmen abgegeben. Auf Palmwag-Gebiet befinden sich Elefanten, Nashörner, Giraffen und alle Arten von Antilopen. Die von der Lodge organisierten Wildfahrten dauern etwa 3 Stunden (ca. 400 N$ pro Fahrzeug, maximal 6 Personen). Ein kleiner Wanderweg entlang des Uniab Riviers ist für die Gäste markiert (wer ihn benutzt, sollte vorher das Management informieren). Manchmal kommen die Elefanten bis unterhalb des Camps, seien Sie also vorsichtig.

Das Restaurant steht auch den Campern zur Verfügung (vorher anmelden). Mit dem eigenen Geländewagen können nach Anmeldung und Bezahlung die gekennzeichneten Routen links und rechts der Hauptstraße befahren werden (wer diese Touren ohne Anmeldung unternimmt, riskiert eine hohe Geldstrafe). Der Eigner der Lodge, Desert Adventure Safaris (s. u. Swakopmund) unternimmt Fahrten und Fly-In-Safaris ins Kaokoland und zum Camp Serra Cafema am Kunene.

Ins Kaokoveld

Dazu die Piste D3706 nach Norden nehmen. Sie fahren durch die nördlichen Ausläufer des Damaralandes in das Kaokoveld. Die allgegenwärtigen Zäune entlang der Pads sind verschwunden; Sie haben das Farmland verlassen und befinden sich in unberührter Natur.

Auf dem folgenden Streckenabschnitt sind viele Furten zu queren, und nach 45 km ist ein weites Tal erreicht.

30 km nach der Abfahrt ins Tal kommen Sie in die Schlucht des Khowarib mit einem kleinen Dorf. 2 km hinein nach Nordosten stoßen Sie auf einen von Einheimischen unterhaltenen Zeltplatz oberhalb des Hoanib Riviers mit hohen Mopanebäumen. Buschduschen, Toiletten und eine kleine Hütte, in der Souvenirs verkauft werden, flimmern in der Hitze. Eine sehr schlechte Piste führt von hier über 75 km bis zur Hobatere Lodge am westlichen Ende des Etosha National Parks.

Der Hoanib bildet am Atlantik die Grenze zwischen dem für die Allgemeinheit zugänglichen Skeleton Coast Park und dem nördlich davon gelegenen Konzessionsgebiet.

10 km hinter dem Abzweig in die Khowarib-Schlucht erreichen Sie den Ort **Warmquelle.** Vor dem l. Weltkrieg baute ein deutscher Farmer Gemüse an. Die Quelle liegt bei der heutigen Schule. Der Ort ist weit auseinandergezogen und besteht aus Wellblech- und Lehmhütten der Himba und Herero. Hier befindet sich oberhalb des Dorfes der Zeltplatz Okondou. Ein Abzweig von Warmquelle führt rechts weg nach Norden, zum **Ongongo-Wasserfall** (6 km, der letzte Teil nur für Geländewagen). Dort sprudelt eine kleine, warme Quelle an einer Baumwurzel und bildet einen Teich, in dem man baden kann. Der friedvolle Ort ist eingezäunt, und man kann mit seinem Zelt oder in einfachen Hütten auf dem Ongongo Campsite übernachten (keine Duschen, nur Toiletten). 11 km hinter Warmquelle erneut eine Gabelung. Die nördlich verlaufende Piste führt nach Sesfontein (12 km), die östliche (D3704) in ca. 100 km nach Opuwo. Zwischen zwei Bergen hindurch kommen Sie nach Sesfontein.

Palmwag

▲ Unterwegs zum Kaokoveld
▼ Die Sesfontein-Lodge

Sesfontein

Hier ist auch der Endpunkt der Route 10b, die wegen des übersteilen Van Zyl's Passes nur entgegen des Uhrzeigersinnes befahren werden darf!

Das alte deutsche **Fort** wurde 1896 zur Eindämmung der Rinderpest, der Wilderei und des Waffenschmuggels errichtet und mit 25 Mann besetzt. 1914 zogen die Schutztruppler weg und überließen das Fort und den kleinen Friedhof mit drei Gräbern sich selbst. Es verfiel, die gepflanzten Dattelpalmen wurden von den Einheimischen ausgegraben und anderswo eingesetzt.

Erst zu Beginn der 90er Jahre erhielt ein privater Investor die Genehmigung, das Fort zu restaurieren und als Lodge zu nutzen. Die Palmen wurden zurückgekauft und wieder beim Fort gepflanzt, die Einheimischen im Mauern und Tischlern unterwiesen, so daß Arbeitskräfte für die Restaurierung nicht von auswärts kommen mußten, und auch das Servicepersonal stammt aus dem Dorf. Die Gäste wohnen in den ehemaligen Stallungen des Forts und können mit zwei Geländewagen Touren im Kaokoveld und zu nahe gelegenen, sehr eindrucksvollen Felsgravierungen unternehmen.

Wer **Wüstenelefanten** sehen möchte, kann dem Rivier des Hoarib flußabwärts folgen. Dort sind die Chancen, auf diese seltenen Tiere zu treffen, relativ hoch. Zwar ist nicht jeder hier gesichtete Dickhäuter tatsächlich ein „Wüsten"-Elefant (die traditionelle Migrationsroute der Elefantenherden führt von Etosha bis hinunter an die Skelettküste), doch bei den kleineren Exemplaren kann es sich durchaus um diese weltweit einzigartige, wüstenangepaßte Spezies handeln.

Nach der Hitze des Tages räkeln sich die Gäste behaglich am Schwimmbad oder ruhen sich in den großzügigen und luxuriösen Zimmern aus. Das vom Besitzer selbst zubereitete dreigängige Dinner stellt auch anspruchsvolle Genießer zufrieden. Anschließend werden an der Bar die neuesten Informationen über den Zustand der Pisten des Kaokolandes ausgetauscht, dabei kann im Laufe des Abends die Stimmung so ausgelassen werden, daß das Bier keine Zeit mehr hat, kühl zu werden.

Übrigens: Der 150 m entfernte Signalhügel war zur Kolonialzeit mit einem Spiegeltelegraph ausgerüstet, durch den über Relaisstationen Verbindung mit Deutsch-Ostafrika (Tanganjika) aufgenommen werden konnte!

Sesfontein – Opuwo

Fahren Sie dazu die 12 km zur D3704 zurück und biegen Sie in diese ein.
Achtung: Ab hier benötigen Sie endgültig einen Geländewagen. Nur selten wird Ihnen ein Fahrzeug begegnen – und damit sind Sie auch bei Pannen auf sich alleine gestellt! Wer mit nur einem Auto in diese Wildnis fährt, nimmt ein schwer zu kalkulierendes Risiko auf sich! Auch ein Konvoi sollte so ausgerüstet sein, daß er sich selbst helfen kann. Genügend Wasser ist wichtig und ebenso ausreichend Treibstoff. Es ist nicht gewährleistet, daß die angegebenen Tankstellen tatsächlich gerade Treibstoff besitzen! Die Pisten werden zwar unterhalten, bei der Weite der Region kann es aber Wochen und Monate dauern, bis die Zerstörungen der Regenzeit an den Pisten halbwegs behoben sind. Zur Zeit ist die Strecke bis Opuwo in gutem Zustand und kann auch mit Pkw befahren werden.

Auch Wellblechabschnitte erfordern immer wieder die erhöhte Aufmerksamkeit des Fahrers und Robustheit des Fahrzeuges. Passen Sie ihre Geschwindigkeit der Situation an.

Plötzlich quer verlaufende, schwer erkennbare, schmale, aber tiefe Riviere führen leicht zu einem Achsbruch! Wo es möglich ist, nach dem Zustand der Piste vor sich erkundigen! Es ist besser einen (sicheren) Umweg zu unternehmen, statt irgendwo festzuhängen oder eine lange Strecke zurückfahren zu müssen!

Ovahimba und Himba-Land

Nördlich von Sesfontein erreichen Sie jenen Teil des Kaokovelds, in dem Touristen – trotz Fly-in-Safaris – selten vordringen. Die hier lebenden Ovahimba (Himba) führen ein halbseßhaftes Leben als Viehzüchter, das die Zivilisation noch kaum berührt oder verändert hat (s. auch Exkurs S. 151). Sie werden Menschen begegnen, die noch vollständig ihrem traditionellen Leben verhaftet sind. Verhalten Sie sich entsprechend rücksichtsvoll. Wer mit vollen Händen unsinnige Geschenke verteilt, verursacht irreparable Schäden an der Sozialität der Stammesgesellschaft. Auch Geld hat bislang noch kaum Eingang in diese Region gefunden – „bezahlen" Sie deshalb für die Gastfreundschaft oder die Erlaubnis zum Fotografieren lieber mit Naturalien wie Mehl oder Tabak (s.u.). Vermeiden Sie es, den Menschen ihren begehrten Schmuck oder andere „Souvenirs" vom Körper abzukaufen. Die Dinge, die speziell für Touristen hergestellt wurden, sind mindestens ebenso schön und besitzen nicht den rituellen Wert wie alte Familien-Erbstücke. Am wichtigsten aber ist: Betreten Sie kein Dorf oder gar einen Pontok ohne Einladung, fotografieren Sie we erwähnt nicht ohne Erlaubnis, halten Sie respektvoll Abstand!

■ In einem Himba-Kraal

Pistenverlauf nach Opuwo

Die Piste führt weiter nach Norden und steigt allmählich von 600 m bis auf über 1000 m an. Das Tal verengt sich und wird nach 30 km zu einem Canyon.

10 km weiter gelangt man über einen Paß (mit einem sehr steilen Abschnitt, Geländegang einlegen!) in ein grünes Hochtal mit Trockenlaubwald aus Mopane und Blutpflaumen, in dem sich die Pad entlangwindet. 4 km weiter liegt die Siedlung Otjomatemba am Straßenrand. Rechts voraus sind die Joubert-Berge zu sehen.

Vorbei an Otjize und parallel zu einem Galeriewald erreicht die Piste eine karstige Dolomit-Landschaft, in der man Karl-May-Filme drehen könnte, wenn nicht vereinzelt typisch namibische Pflanzen, wie der Buschmann-Tree zu sehen wären.

30 km hinter Otjomatemba, bei Omao, wird das Tal verlassen und Sie befinden sich auf einem Hochplateau. Links sind die Schwarzkuppen zu sehen. Das Dorf 2 km weiter wird von Herero bewohnt (den seßhaften und durch Missionarseinfluß „zivilisierten" Verwandten der Himba). Ihre Hütten sind mit farbenprächtigen Mustern geschmückt.

Ab Kilometer 103 nach Sesfontein schlängelt sich die Piste kurvenreich durch eine fast parkartige und grüne Landschaft. Über dem mit Butterblumen gesprenkelten Rasen stehen Mopane, Akazien, Apfelblatt, Baobab und der Kalahari Christmas Tree.

Nach 12 km wird die Piste gerade und führt Sie auf eine Terrassenlandschaft und auf die Kreuzung mit der D3705 zu (weitere 8 km).

Ein kleiner Abstecher von 13 km nach **Kaoko Otavi** auf der D3705 bringt Sie zu einer Ruine und zu fünf Gräbern von Durstland-Trekker (s.S. 439). Beim Ortseingang, etwa 100 m vor dem ersten Kraal, führt nach rechts eine unscheinbare Piste 200 m zu einer Quelle mit einem kleinen See. Hier sind die Grundmauern einer Kirche zu sehen. Geht man etwa 400 m über Geröll durch den Busch südwestwärts hinunter, kommt man zu einer freien Fläche mit drei größeren Bäumen; unter einem liegen die Gräber in der Form von flachen Steinhaufen.

17 km hinter dem Abzweig nach Kaoko Otavi und nach vielen Querfurten liegt voraus Opuwo. Die weißen Häuschen am Hang sehen aus der Ferne ganz adrett aus. Je näher man aber kommt, desto deutlicher wird die Realität. Fahren Sie an der Kreuzung 1 km südlich um den Berg herum und an Kasernen vorbei und Sie sind in der Hauptstraße.

Opuwo

Opuwo ist der Verwaltungssitz der Region Kunene. Während des Bürgerkrieges war es Garnisons- und Frontstadt. Nach der Unabhängigkeit zogen fast alle Weißen mit dem Militär weg, und damit brach auch der Arbeitsmarkt zusammen. Die Häuser wirken ungepflegt. Eine neue Lodge mitten in Opuwo bietet dem Reisenden alle Annehmlichkeiten (inkl. Schwimmbad) und geführte Touren in die Wildnis. An der Tankstelle vor der Lodge kann Treibstoff aufgefüllt, ein Stückchen weiter im Supermarkt eingekauft werden.

Wer im nun folgenden Verlauf der Route ein Dorf der Ovahimba besuchen will, besorgt sich als Gastgeschenk Maismehl, Zündhölzer und Tabak in großen Plastikbeuteln (keinen Zucker, er zerstört die Zähne!).

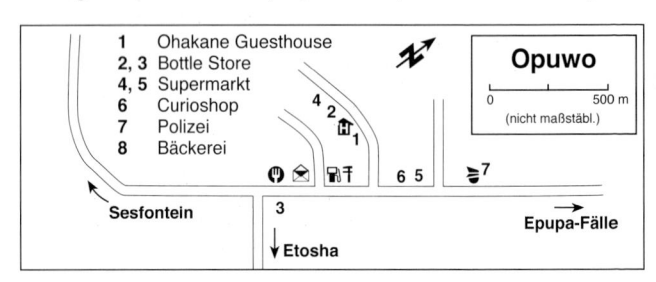

1	Ohakane Guesthouse
2, 3	Bottle Store
4, 5	Supermarkt
6	Curioshop
7	Polizei
8	Bäckerei

Opuwo
0   500 m
(nicht maßstäbl.)

Von Opuwo an den Kunene

Verlassen Sie Opuwo auf der Piste D3700. Der Weg verläuft zuerst über 35 km nach Norden auf die in der Ferne liegenden Ehomba-Berge zu und biegt dann parallel zu den links liegenden Steilrandbergen nach Westen zu den Otjiveze-Bergen ab.

Gute 50 km hinter Opuwo senkt sich die Piste in eine Ebene und geht durch das Dorf **Otjiveze.** Hier führt die D3700 weiter geradeaus nach Okongwati und zu den Epupa-Fällen. Sie haben auch Anschluß an die Route 10a über den Van Zyl's Pass.

Nehmen Sie die Piste 3701 nach Nordosten. Bald sehen Sie in der Ferne im Norden die Zebra-Berge und verstehen auch gleich, warum sie diesen Namen tragen. Der Basalt erodiert und reißt auf seinem Weg nach unten bahnenartig die Bepflanzung mit sich. Streifen wie die eines Zebras entstehen.

Voraus erscheinen die Ehomba-Berge. Nach 28 km ist ein sehr sandiges Flußbett zu durchqueren. 14 km hinter dem Flußbett müssen Sie sich nördlich halten, nach 7 km kommen Sie zu einem Bergbaudorf der Blue Sodalite-Minengesellschaft. An verschiedenen Stellen im Kaokoveld wird nach Bodenschätzen geschürft. Prospektoren sind unterwegs, um neue Lagerstätten aufzuspüren. Die Hoffnung, auf fossile Brennstoffe zu stoßen, hat sich bislang nicht erfüllt. Doch mit ziemlicher Sicherheit gibt es Diamantenvorkommen und anderes wertvolles Gestein. Man kann sich ausmalen, welche Konsequenzen es für das Kaokoveld hätte, wenn man tatsächlich bedeutende Mineralienvorkommen entdecken würde. Die für den Abbau nötige Infrastruktur brächte das Gleichgewicht der Region nachhaltig durcheinander.

Verlassen Sie das Dorf der Minengesellschaft den Berg hinauf in Richtung Osten durch dichten Busch, der eine Orientierung fast unmöglich macht. Nach 3 km erreichen Sie einen Abfall und sehen das grüne Tal des Kunene vor sich. Eine kleine Stichpiste führt zu einem aus Naturstein gemauerten Monument der Durstland-Trekker (Dorsland Trek Monument). Es ist eine Erinnerung an die Treckburen, die auf der Suche nach einer neuen Heimat waren. Ende des 19. Jhs. zogen sie von Transvaal (Südafrika) durch die Kalahari ins Kaokoveld bis Angola und wieder zurück nach Grootfontein und an den Waterberg (s.S. 437).

Am Kunene entlang zu den Ruacana-Fälle

Fahren Sie ins Tal hinab und folgen Sie der D3700 nach Osten. Es geht durch eine herrliche, parkähnliche Landschaft mit vielen hohen und sehr alten Bäumen am Kunene entlang und nach 3 km an einer ehemaligen Missionsstation vorbei, wo man nach Rücksprache mit dem deutschsprechenden Besitzer sein Zelt aufschlagen kann.

6 km hinter der Station ist die Kunene River Lodge erreicht. Sie liegt sehr schön am Ufer, wirkt aber recht verschlafen und ein wenig schmuddelig. Die Angestellten nehmen Sie zu Motorboottouren mit, auf denen man Krokodile sieht.

Nach 50 km auf rauher, felsiger und ausgesprochen unbequemer Piste liegen die Ruacana-Fälle voraus. Im Herbst, nach der Regenzeit, wenn sie viel Wasser führen, sind sie unglaublich eindrucksvoll, auch aus der Entfernung. Doch leider sind es keine Fälle „zum Anfassen" wie die Victoria-Fälle. Ein zum Teil unterirdisch erbautes Kraftwerk und das darum angelegte Sperrgebiet verhindern den Zutritt.

2 km fährt man nun den Berg hinunter, passiert die Hippo-Pools (ein eingezäuntes Campinggelände, dessen Einrichtung lediglich aus Abfalleimern besteht), erreicht den Asphalt und somit hat die Zivilisation Sie wieder!

Ruacana-Fälle Der Kunene entspringt in der Nähe von Huambo in Angola, fließt nach Süden und teilt sich bei Ruacana in mehrere Einzelströme, die in die 120 Meter tiefe und bis zu 700 Meter breite Schlucht hinunterstürzen. Die 1926 festgelegte Grenze zwischen Angola und Namibia verläuft direkt an den Fällen; die Schlucht, in der der Kunene seinen Weg nach Westen zum Atlantik fortsetzt, gehört bereits zu namibischem Territorium.

Etwa 40 km flußaufwärts reguliert der angolanische Calueque-Damm den Wasserstand des Flusses, so daß die Fälle in der Trockenzeit oft einen enttäuschenden Anblick bieten. Das Kraftwerk unterhalb der Fälle wurde in den 70er Jahren erbaut.

In den Jahren des Unabhängigkeitskrieges blieben seine Kapazitäten weitgehend ungenutzt, doch nun wird es mit voller Kraft gefahren und es versorgt Namibia bei gutem Wasserstand mit 240 MW. Damit kann der aktuelle Elektrizitätsbedarf im Lande abgedeckt werden. Angesichts des Mangels fossiler Energiequellen werden Überlegungen angestellt, weitere Elektrizitätskraftwerke am Kunene (Epupa, s.S. 411) bzw. am Kavango (bei den Popa Falls) zu errichten.

2 km führt die Teerstraße nach oben zum Abzweig zur Kopfstation der Kraftwerke (noch einmal 2 km). Fahren Sie weiter steil hoch und blicken Sie ab und zu zurück auf das große Tal mit dem Ruacana-Stausee. Die Hochebene ist wieder mit Busch bewachsen.

13 km hinter dem Kraftwerk geht es auf 4 km nach Ruacana-Dorf, eine neue Siedlung mit Tankstelle, Supermarkt, Bar und Takeaway.

Fahren Sie zur Kreuzung zurück. 5 km weiter zweigt die C35 nach Süden ab. Folgen Sie ihr. An dieser Kreuzung haben Sie Anschluß an die Route 11 (auf der C46 nach Etosha).

Ruacana – Kamanjab

Schnurgerade zieht die C35 am Abbruch des Kaokovelds zum Ovamboland entlang nach Süden. Der weiße Sand der Schnellstrecke blendet im Sonnenlicht, und nichts unterbricht die Eintönigkeit dieses Abschnitts. Nach 80 km passiert man den Abzweig der C41 nach Opuwo. 66 km hinter der Abzweigung reißt die Einmündung der D3709 zu einem weiteren Durstlandtrekker-Monument bei Otjiunduwa den Fahrer wieder aus dem Schlaf. Dann kann man 60 km weiterdösen, bis das Tor der Disease Control den Wagen bremst. Weitere 69 km nach der Kontrollstation und 8 km vor Kamanjab ist der Abzweig der D2763 erreicht. Biegt man in diesen ein, kommt man zur Ermo Gästefarm (45 km). Sie hat Gästezimmer und ein Schwimmbad und einen Zeltplatz auf einem Hügel mit einem außergewöhnlichen Blick nach Etosha hinein. Ausflugsfahrten nach West-Etosha lassen sich organisieren. Außerdem starten von hier Fly-in-Safaris zum Luxuscamp Omarunga an den Epupa-Fällen.

In Kamanjab schließlich haben Sie Anschluß an die Route 9.

▲ Am Kunene-Fluß
▼ Die Ruacana-Fälle

Route 10a: Bedrohte Natur – die Epupa-Fälle

Otjiveze – Okongwati – Omuramba – Epupa

Km	Abzweig	Ort	Sehenswert	Übernachtung	GPS
Km 0 D3701 Piste nach N		Otjiveze			17 37 24 13 28 34
Km 31		Okongwati			17 26 04 13 16 25
Km 42		Omuhonga	Demon- strationsdorf		17 24 17 13 11 13
Km 75		Omuramba			17 13 08 13 14 06
Km 98		Landebahn			17 01 46 13 12 51
Km 104			Epupa-Fälle	Epupa Falls Zelt- platz Omarunga Camp	17 00 06 13 14 38

Otjiveze – Okongwati

In Otjiveze haben Sie Anschluß an die Route 10. Fahren Sie auf der Piste D3700 nach Westen an den Otjiveze-Bergen vorbei. Im Nordwesten erscheint der Berg Omuhonga und 31 km hinter der Kreuzung erreichen Sie Okongwati.

Das Dorf besteht aus Wellblechhütten und im traditionellen Stil erbauten Häuschen. Einige Container der UN erinnern daran, daß auch hier die ersten freien Wahlen zur Unabhängigkeit von der UN überwacht wurden.

In Okongwati haben Sie Anschluß an die Route 10b. Fahren Sie jedoch nicht durch das Tor in den Ort hinein, sondern nehmen Sie die Hauptpiste, die kurz vor dem Tor nach rechts abzweigt. Die Piste wird bald sehr schmal und geht durch Furten mit kleinen Wäldchen.

11 km weiter erreichen Sie eine Himba-Siedlung, ein Demonstrationsdorf, in dem Besucher herumgeführt werden und fotografieren dürfen (Eintritt 5 N$, besser ist es Nahrungsmittel als Gastgeschenk mitzubringen, z.B. Maismehl, auch Tabak). Achten Sie auf die Häuptlingshütte, den Rinderkraal und die Feuerstelle. Sie dürfen nicht zwischen das Heilige Feuer und die beiden sogenannten geraten, dies würde Unglück für die Bewohner bedeuten …

Zum Kunene Es geht weiter auf fester Sandpiste am Flußbett des Omuhonga entlang und nach 9 km ins Gebirge hinein. Nach schweren Regenzeiten folgt auf 2 km ein schwieriger, sehr felsiger Abschnitt, der im Kriechtempo bewältigt werden muß, manchmal ist diese Strecke aber auch gut aufbereitet. Kurz danach befindet man sich plötzlich in einem grünen Tal mit Bäumen. Nach 19 km kommt eine Kreuzung, an der man sich geradeaus Richtung Norden hält. Die Piste verläuft nun teilweise angenehm auf festem Untergrund ohne Wellblech, teilweise in Rivieren und auf rauhem Untergrund, über 25 km zu einer Landebahn.

Es sind nun noch 6 km bis Epupa, und die Luft wird schon merklich feuchter. Plötzlich befindet man sich an einem Abfall, das Tal des Kunene ist erreicht.

Epupa-Fälle

Fahren Sie ein paar Meter zurück. Eine schlechte Piste führt links (westlich) einen Hang hinauf. Nach 200 m befinden Sie sich auf dem Hügel und haben einen atemberaubenden Blick über das Tal: Der Kunene, von Gebirgen umrahmt, breit und mit Inseln durchsetzt, stürzt über Schnellen und einen Wasserfall mit 35 m Höhe in eine 60 m tiefe Schlucht.

Danach den Aussichspunkt verlassen und ganz hinunterfahren. Die feuchte Luft schlägt ins Gesicht, die Gischt sprüht in den Himmel, Palmen säumen die Ufer. Die Kaskaden und Wasserfälle erreichen nicht die Höhe der Ruacana-Fälle oder gar der Victoria-Fälle. Aber wenn man nach Epupa gekommen ist, weiß man, was hinter einem (und noch vor einem) liegt.

Der Zeltplatz ist einfach (Toiletten, Duschen, Feuerplätze) und wird von Leuten aus der Region organisiert. Suchen Sie sich ein Platz am Ufer und stellen Sie das Zelt in Richtung des Flusses auf (der Wächter kommt von selbst und kassiert 20 N$ pro Person, Sie müssen sich in eine Liste eintragen und die Quittung selbst ausfüllen). Ausruhen, bis Sie nicht mehr schwitzen. Schwimmen sollte man nicht, Krokodile sind immer hungrig und wahnsinnig schnell. Doch direkt an den Fällen gibt es kleine, natürliche Wasserbecken, in die man sich bequem legen und das Wasser über den Bauch spülen lassen kann ...

Gleich östlich an den Zeltplatz schließt sich ein hübsch angelegtes Fly-in-Camp (Omarunga) an, das, wenn Platz verfügbar ist, auch Touristen aufnimmt, die nicht gebucht haben. Der Preis ist „all-inclusiv", mit sämtlichen Mahl- und Zwischenmahlzeiten, Getränken und Fahrten zu Himbadörfern. Die Küche ist übrigens vorzüglich, man mag kaum glauben, was am Kunene unter Palmen, fern der Zivilisation und alles aufwendig per Flugzeug herangeschafft, an Köstlichkeiten zubereitet werden kann!

Wasserkraftwerk Epupa

Das Naturschauspiel Epupa soll bald ein Ende finden. Die Regierung plant, trotz heftigen Widerstands von Natur- und Umweltschützern, genau hier den Kunene aufzustauen und ein Wasserkraftwerk zu bauen, das eine Energieleistung von 450 MW erreichen soll (zum Vergleich: die Ruacana-Fälle liefern maximal 240 MW). Die Kosten des Projektes schätzt man auf 800 Mio. US-Dollar, und das Kraftwerk könnte frühestens Ende des Jahrtausends an das Netz gehen. Damit würde Namibia seinen gesamten zukünftigen Strombedarf decken, sogar Elektrizität an den Nachbarn Südafrika exportieren und wäre endgültig die energiepolitische Abhängigkeit vom Großen Bruder los.

Auf der Soll-Seite steht dem aber eine immense Verschuldung des jungen Staates gegenüber (vor allem skandinavische Geldgeber sind beim Epupa-Projekt engagiert). Die Staumauer würde das gesamte Tal absperren, ein riesiger See entstehen. Zur Zeit werden die Gutachten erstellt, die die ökologische Unbedenklichkeit belegen sollen. Gegner des Projektes stellen ebenfalls Gutachten auf, schließlich wird die Politik entscheiden. Zur Realisierung des Stauwehrs müßten geteerte Verbindungsstraßen gebaut werden, der Lebensraum der Ovahimba wäre um vieles leichter erreichbar, die Zivilisation mit all ihren Vor- und Nachteilen hielte endgültig Einzug. Gar nicht abschätzbar sind auch die Einwirkungen auf die Lebensräume der Tiere im Mündungsgebiet des Kunene, der Verlust der idyllischen Landschaft erscheint da eher peripher.

Mit der Entscheidung für oder gegen Epupa steht die gesamte Energiepolitik Namibias auf dem Prüfstand: Deren vorrangiges Ziel ist die Elektrifizierung der ländlichen Gebiete, die zügig vorangetrieben wird. Strom soll abgelegene Regionen wie Ovambo und Caprivi nicht nur „modernisieren", sondern auch den Raubbau an der Natur beenden, deren Gleichgewicht durch Abholzung schon empfindlich gestört ist, weil die einzige Energiequelle der Kleinbauern bislang Feuerholz ist.

Zerstörte Natur um Epupa gegen verkarstete Landschaft in Ovambo und Caprivi – welches ist das geringere Übel?

■ Die Epupa-Fälle an der Grenze zu Angola

Route 10b: Abenteuer – über den Van Zyl's Pass zum Marienfluß

Okongwati – Van Zyl's Pass – Marienfluß – Red Drum – Hartmann's Valley – Orupembe – Purros – Sesfontein

Km	Abzweig	Ort	Sehenswert	Übernachtung	GPS
Km 0, D3703 Piste nach SW		Okongwati			17 26 05 13 16 10
Km 5, nach SW		Quellpfanne			
Km 27		Ongonga			17 36 17 13 09 59
Km 28, nach NNW					17 36 20 13 09 53
Km 37		Kraal			17 35 22 13 05 34
Km 44, links um den Kraal herum		Okarumbu			17 33 49 13 02 18
Km 55, nach SW		Hauptpad			17 30 04 13 00 01
Km 65		Okauwa			17 31 24 12 55 33
Km 77		steiler Paß			
Km 80		Otjitanda			17 37 31 12 51 32
Km 82, Piste nach W					17 37 53 12 51 27
Km 83		Pumpe			
Km 93		Otjihende	Beginn Van-Zyl's Pass		17 38 32 12 44 59
Km 104			Aussichtspunkt		17 39 21 12 41 43
Km 106, nach WNW			Marienfluß		17 40 13 12 41 59
Km 126, nach N					17 33 45 12 33 16
Km 165, links halten			Herero-Gräber		17 16 00 12 26 15
Km 169, zurück zu Km 126			Kunene	Okarohombo Camp Site	17 14 40 12 16 05
Km 213, nach SW					
Km 241, nach W			Red Drum		17 47 46 12 31 22
Km 268, nach N					17 46 22 12 18 09
Km 312, links halten					

Km	Abzweig	Ort	Sehenswert	Übernachtung	GPS
Km 325, links halten					17 17 19 12 13 35
Km 329, links nach N					17 15 07 12 12 35
Km 331, links halten					17 14 30 12 12 05
Km 339, zurück zu Km 268				Camp-Möglichkeit	17 12 35 12 09 17
Km 410, 400 m nach O, dann nach SSO					
Km 418, nach SW					17 49 24 12 21 04
Km 480, nach SW	Orupembe Km 0				18 10 39 12 32 48
	Km 3	Orupembe			18 09 31 12 33 36
Km 544			Chumib-Rivier		18 38 37 12 40 05
Km 580, nach O					18 46 04 12 55 11
Km 587				Purros-Zeltplatz	18 44 04 12 56 34
Km 590, nach O		Purros			18 46 12 12 56 55
Km 632		Tomakas			18 53 51 13 17 18
Km 670			„Die 3 Grimmigen"		
Km 680		Tor			19 06 08 13 33 55
Km 690		Sesfontein, T+V		Fort Sesfontein Ldg + Zeltplatz	19 07 33 13 36 59

Vorbemerkung und wichtige Hinweise!

Die Route führt durch extrem unwegsames Gelände! Bei der Polizei in Okongwati sollten Sie den Zustand der Wege erfragen. Durchschnittsgeschwindigkeiten von 5 bis 10 km/h sind nicht nur keine Seltenheit, sondern durchaus üblich. Es kann Ihnen passieren, daß Sie die nächsten Tage auf kein einziges Fahrzeug treffen. Fahren Sie deshalb keinesfalls mit nur einem Auto. Bei dessen Zusammenbruch wären Sie tagelang zu Fuß im Busch unterwegs, um Hilfe herbeizuholen. Rechnen Sie mit mindestens 50 % höherem Treibstoffverbrauch und nehmen Sie darüber hinaus noch eine ausreichende Sicherheitsreserve mit.
Obwohl in der Karte (Shell-Karte Kaokoland/Kunene Region) Wasserpumpen eingezeichnet sind, sollte man sich nicht auf deren Funktionsfähigkeit verlassen. 20 l Wasser p. Person sollten immer im Fahrzeug sein!

Der Zustand des **Van Zyl's Passes** bewegt sich zwischen schlecht und sehr schlecht! Da er seitens der Administration nicht gewartet wird (nur die Passierenden beheben nach der Regenzeit die allergröbsten Auswaschungen), gehört eine gewisse Nervenstärke dazu, die vier extrem steilen Abfahrten zu bewältigen. Wer den Wagen im Kriechtempo hinunterklettern läßt, sollte aber keine Schwierigkeiten haben. Voraussetzung ist allerdings ein richtiger Geländewagen mit hoher Bodenfreiheit und guten Reifen.

Noch ein Tip: Übernachten Sie nicht an Wasserlöchern, denn damit würden Sie dem Wild den Zugang verwehren, bleiben Sie auf den Spuren (neue Spuren verschwinden über Jahrzehnte nicht) und nehmen Sie Ihren Abfall wieder mit (vergrabener Abfall wird von Tieren ausgebuddelt, Verbrennen könnte den Busch entzünden).

Die Route führt anfangs südlich der direkten Hauptstrecke und stößt erst im weiteren Verlauf wieder auf diese. Sie kommen an mehreren Orten vorbei, die vom Tourismus noch kaum berührt wurden.

Okongwati – Van Zyl's Pass

In Okongwati haben Sie Anschluß an die Route 10a. Verlassen Sie den Ort hinter der Polizeistation nach Südwesten. Die schmale, teils sandige, teils steinige Piste führt durch Mopanewald und Senfbusch.

Nach 5 km erreichen Sie eine Quellpfanne. Verlassen Sie die Pfanne südwestlich. Die Piste windet sich durch Riviere und über Felsabschnitte durch Mopanewald immer weiter hoch. Der hier beschriebene Weg verläuft anfangs etwas südlich der Hauptstrecke.

22 km hinter der Pfanne ist der Kraal Ongonga erreicht. 1 km weiter führt die Piste nach rechts Richtung NNW. Nach 10 km trifft man auf einen weiteren Kraal (Ongeama). 7 km dahinter passieren Sie Okarumbu (die Kraals sind teilweise direkt auf die Piste gebaut, in diesen Fällen müssen Sie außen herumfahren und die Spuren auf der anderen Seite wieder aufnehmen).

11 km hinter Okarumbu stößt die Piste auf die Hauptpad, in die Sie südwestlich einbiegen. Wenngleich diese auch häufiger befahren wird als die Nebenstrecke, besser ist sie nicht! Der Wagen klettert immer wieder über extrem unebene, felsige Abschnitte und quält sich auf 10 km Okauva entgegen.

12 km dahinter und 3 km vor Otjitanda kommt ein steiler Abschnitt. Halten Sie sich 2 km hinter Otjitanda Richtung Westen, 1 km weiter steht eine Pumpe am Wegesrand. 10 km nach der Pumpe ist die Handpumpe von Otjihende erreicht. Der Van Zyl's Pass die Otjihipa-Berge hinab beginnt.

Van Zyl's Pass – Kunene

Kontrollieren Sie noch einmal die Reifen und denken Sie daran, Sie sind allein auf weiter Flur. Belasten Sie nicht die Bremsen des Fahrzeuges, bremsen Sie mit dem Motor im niedrigsten Geländegang und benutzen Sie die Fußbremse nur zusätzlich. Achten Sie auf unter Umständen wegrutschende Klippen auf der Talseite des Fahrzeuges. Bei Auffahrten, die nicht unbedingt weniger steil sind, legen Sie ebenfalls den ersten Geländegang ein. Wenn das Fahrzeug Differentialsperren besitzt, nutzen Sie diese. Wichtig ist, daß die Reifen zu keinem Zeitpunkt durchdrehen, da die Klippen weggedrückt werden und der Wagen seitlich wegrutschen könnte. Bei starken Auswaschungen steigen Sie aus, inspizieren das Gelände und füllen Unebenheiten mit Steinen auf (der einzige Straßenunterhalt, den der Van Zyl's Pass genießt).

Nach 10 km Auf und Ab sehen Sie voraus die Hartmann-Berge hinter dem Tal des Marienflusses, und 1 km weiter führt eine kleine Stichpiste 100 m hoch zu einem Aussichtspunkt über das Tal.

Ruhen Sie sich aus für das letzte steile Stück, eine Direttissima den Hang hinunter. Unten befindet sich ein kleiner Kraal, in dem bei jedem herunterkommenden Fahrzeug Wetten abgeschlossen werden. Enttäuschen Sie diejenigen, die ihre Einlagen gegen Sie gesetzt haben, und nehmen Sie den niedrigsten Geländegang. 2 km hinter dem Aussichtspunkt, 106 km hinter Okongwati und 500 Meter unterhalb Otjihende ist das Tal erreicht.

Auf fester Sandpiste geht es nun zwischen Hartmann-Bergen und dem Gebirgszug der Otjihipa-Berge zum Kunene mit hoher Geschwindigkeit nach Nordwesten in eine verwunschene, unberührte Landschaft. Der Wagen gleitet fast lautlos über die Pad, die Springböcke, Strauße und Oryx-Antilopen laufen durch das silbern-gelbe Springbock-Gras, das sich wie ein Samtteppich über die gesamte Breite des Tales (10–15 km) gelegt hat und im Wind leicht hin- und herwogt (da das Gras sehr trocken ist, sollte man mit dem Fahrzeug unbedingt auf der Piste bleiben, denn die heiße Auspuffanlage könnte es entzünden!).

Immer wieder fallen am Wegesrand kreisrunde, unbewachsene Flächen mit einem Durchmesser von mehreren Metern auf. Die Erklärungen dafür sind vielfältig. Die einen sagen, ein Meteoritenschauer sei niedergegangen, die anderen führen es auf durch Wolfsmilchgewächse (Euphorbien) vergifteten Boden zurück. Die wahrscheinlichste Erklärung ist, daß tropische Winde Termiten herbeiwehten, die während einer Dürreperiode verendet sind, aber den Boden an diesen Stellen so hart hinterlassen haben, daß ihn Wurzeln nicht durchdringen können.

Nach 20 km wird eine Gabelung erreicht, wir fahren nach Norden und kommen 40 km weiter an eine zweite Gabelung, wo wir uns links zum 3 km entfernten Campingplatz halten. An der Gabelung befinden sich mehrere Herero-Gräber, die von skrupellosen Touristen geschändet wurden: Sie rissen den Grabschmuck herunter und nahmen ihn mit.

Schlagen Sie Ihr Lager auf, ein Einheimischer wird kommen und seinen Obolus von 10 N$ pro Person verlangen (in Liste eintragen und die Quittung selbst ausfüllen). Nicht baden, der Kunene fließt hier tief, still und träge dahin, ein Habitat, in dem sich die Krokodile besonders wohl fühlen.

Das Camp gehört der Nacobta und heißt Okarohombo

Bis in die Nacht schallen die Rufe der Ovahimba über den Fluß, die sich mit ihren Freunden und Verwandten auf der anderen Flußseite in Angola unterhalten. Die Gebirgslandschaft ist merklich wüstenhafter, die Skelettküste nicht weit.

▲ Fischer im Kaokoveld
▼ Rast in Orupembe

Kunene – Hartmanntal

Fahren Sie 43 km zur Gabelung zurück und halten Sie sich Richtung Südwest. 28 km weiter markiert eine rote Tonne („Red Drum") eine Kreuzung, Wegpunkt und Wahrzeichen, das wohl einige Übermütige immer wieder als Zielscheibe für ihre mitgeführten Waffen verwenden.
Nun sieht man häufiger Wüstengewächse, die Prä-Namib ist erreicht.
Ignorieren Sie die zwei folgenden Kreuzungen (bei der zweiten ist Richtung Norden ein 26 km langer Abstecher durch Halbwüste, Mopane- und Galeriewald zu einer Wasserstelle und einem Kraal möglich; immer wieder blitzt in der Ferne weißes Quarzgestein aus dem dunklen Boden) und Sie kommen 27 km westlich von Red Drum zu einem Schild, das auf die sensible Ökologie aufmerksam macht.
Hier geht es nach Norden auf Wellblech in das **Hartmanntal** hinein (benannt nach der Frau des Entdeckers des Hartmannschen Bergzebras). Halten Sie sich nach 44 km und weiteren 13 km jeweils links.
14 km hinter der letzten Gabelung geht rechts wieder eine Piste ab. Sie führt über eine extrem steile Sanddüne hinunter zum Kunene und zu zwei Fly-in-Safari-Camps auf privatem Konzessionsgebiet (unangemeldete Gäste werden berechtigterweise ungern gesehen). Diese Piste ist bergauf **unmöglich** zu erklimmen, halten Sie sich also links nach Norden und nach 2 km wieder links (Wagemutige können hinunter fahren und mit einem weiten Bogen die Dünen umgehen, um schließlich weiter südlich wieder auf die Hauptpad zu gelangen). Nach 8 km sind Sie an einem durch Dünen gebildeten Sperrgürtel, Ziel der Fahrt. Hier kann man zelten, Einrichtungen und Wasser gibt es nicht, auch keine Menschen. Wer gut zu Fuß ist, kann die Umgebung erkunden (rechts Richtung Osten ist ein Aussichtspunkt mit einem phantastischen Blick auf die Gebirgslandschaft und den Kunene).

Hartmanntal – Orupembe

Fahren Sie 81 km auf die Hauptpiste zurück und auf dieser 400 m nach Osten. An der Kreuzung halten Sie sich nach SSO. Auf den folgenden 8 km queren Sie zwei Riviere des Engo. Hier kann man relativ gut übernachten (doch in der Regenzeit kann das Rivier abkommen und das Camp wegspülen, also Vorsicht!).
30 km hinter dem Abzweig zum Hartmanntal öffnet sich der Blick zur Skelettküste mit ihrem bedrohlich wirkendem, dunklen Nebelstreifen. Durch schwarze Geröllwüste, Grasflächen und vorbei an Oryx-Antilopen geht es bei 40 Grad im Schatten (wenn es einen gäbe) nach Orupembe. Die rechts abzweigenden Pisten führen an die Skelettküste und zu den Konzessionsgebieten. Sie dürfen nicht befahren werden. 70 km hinter dem Abzweig zum Hartmanntal beginnt eine 3 km lange Stichpiste zum Brunnen von Orupembe.

Besuch bei den Himba Der Kraal liegt hinter einem Hügel verborgen. Wenn Sie ihn besuchen wollen, müssen Sie bestimmte Verhaltensregeln beachten: Fahren Sie mit dem Wagen nicht näher als 150 m heran. Steigen Sie aus, legen Sie Ihre Gastgeschenke auf den Boden (Maismehl, Tabak, Zündhölzer) und warten Sie. Erscheint ein Abgeordneter des Häuptlings, haben Sie gute Karten, ansonsten müssen Sie unverrichteter Dinge wieder abziehen (versuchen Sie nicht, den Besuch eigenmächtig zu erzwingen!).
Dem Abgeordneten legen Sie Ihr Anliegen dar und verweisen auf die Ge-

schenke. Er wird Rücksprache nehmen und Sie dann vielleicht einladen, ins Dorf zu kommen. Tragen Sie Ihre Geschenke selbst und legen Sie diese vor dem Häuptling zu Boden. Großes Aufhebens darum zu machen, schickt sich nicht. Achten Sie darauf, nicht zwischen Feuer und Rinderkraal oder Feuer und Häuptlingshütte zu geraten.

Wenn Ihre Geschenke akzeptiert werden und Sie fotografieren wollen, wird mit den Häuptlingsfrauen beraten. Diese stellen sich dann in einer Reihe auf. Meist wird jeder einzelne Dorfbewohner um die Behandlung seiner Krankheiten bitten. Aspirin und Hustenpastillen können unter Vorbehalt abgegeben werden. Bei schwereren Krankheiten sollte man keinesfalls herumdoktern! Antibiotika oder andere Medikamente zu geben, deren regelmäßige Einnahme nicht überwacht werden kann, ist falsch. Wenn Sie helfen wollen, haben Sie mit dem Desinfizieren und Verbinden kleinerer Wunden genug zu tun.

Orupembe – Sesfontein

Fahren Sie die Stichstraße 3 km zurück und halten Sie sich nach Südwest. Auf Geröllpiste geht es durch die braune Wüste. Nach 64 km erreicht man das Rivier des Chumib, und nach weiteren 36 km das Tal des Hoarusib. Nach Osten führt eine Piste 5 km zum Zeltplatz von Purros, der zwischen den Bäumen versteckt liegt. Jeder Stellplatz hat seine eigene Toilette und eine Dusche mit warmem Wasser. Es gibt Nashörner und Elefanten im Tal. Die Angestellten des Campingplatzes erteilen gerne Auskunft, wie und wo man die Tiere finden kann, wie weit in das Tal flußabwärts hineingefahren werden muß. Es ist unglaublich, welche Idylle hier mitten in der Wüste existiert.

Weiterfahrt Kehren Sie entweder zurück zum Abzweig oder verlassen Sie das Tal Richtung Osten. Am 1 km entfernten Hinweisschild zum Camp fahren Sie nach SSW. Nach 700 m kommt eine Gabelung, hier links nach Süden halten. Man stößt nach etwa 2 km auf die Hauptpiste. 200 m weiter fahren Sie nach Südosten, links am Kraal Purros vorbei und folgen dann der Hauptpad nach Osten. Nach wenigen Kilometern verläuft die Piste im Rivier des Gomadommi in die Etendeka-Berge hinein. Größtenteils bleibt die Pad im Rivier und seinem tiefen Flußsand und führt nur selten über steinige Zwischenabschnitte.

Nach 45 km ist Tomakas erreicht. Die Piste wendet sich nach Süden und verläßt das Flußtal. Die Giribes-Ebene wird durchquert. Der rote, feste Sand erlaubt schnelle Fahrt (Wellblech!).

28 km hinter Tomakas biegt die Piste ins Ganamub-Rivier und führt nach 5 km an einer Siedlung mit Pumpe vorbei. Die Himba laufen bei jedem Wagen aus ihren Pontoks und versuchen, selbst hergestelltes Kunsthandwerk an den Mann zu bringen.

6 km weiter und nach Verlassen des Tales passiert man eine Felsformation, die den Namen „Die drei Grimmigen" hat (links oben).

Die Landschaft wird nun unwirtlicher, die Piste windet sich ins Gebirge. 10 km hinter den „Grimmigen" trägt man sich an einem Tor in eine Liste ein, fährt einen kurzen, aber steilen Paß auf schlechter Piste hoch und erreicht 10 km hinter dem Tor im Tal des Hoanib die ehemalige Festung **Sesfontein**. Hier haben Sie Anschluß an die Route 10.

Route 11: Wo die Apartheid ihr Ende fand – Herzland der Ovambo

Ruacana – Oshakati – Ondangwa – Namutoni

Km	Abzweig	Ort	Sehensw.	Übernachtung	GPS
Km 0, Teer		Ruacana Dorf, T+V			
Km 4 C46 Teer nach O					17 24 47 14 21 15
Km 9		Abzweig C35			17 24 45 14 24 09
Km 73		Dorf			
Km 76		Dorf			
Km 83		Dorf			
Km 110		Dorf			
Km 120		Erster Hilfe Posten			
Km 132		Otshikoto, T+V			
Km 161		Oshakati Ortseinfahrt, T+V		Internation. Guest Hs.; Santorini Inn; Oshandira Lodge	17 46 01 15 41 13
Km 167		Oshakati Ortausfahrt			17 47 11 15 43 29
Km 171		Dorf			
Km 197		Ondangwa Ortseinfahrt, T+V		Punyu International Ht.	17 54 07 15 58 05
Km 203 B1 Teer nach SO		Ondangwa Ortsausfahrt			17 55 21 16 00 06
Km 206		Dorf, T			
Km 281		Dorf, T			
Km 362		Disease Control Tor			
Km 363		Dorf, T			
Km 378	Sachsenheim Gästefarm Km 0 Farmstr. Km 1,5			Sachsenheim G.F.	
Km 384 C38 Teer					18 46 06 17 15 41
Km 398	Etosha Aoba Lodge Km 0 Farmstr. Km 10 zur Mushara Lodge Km 0 Farmpiste Km 1			Etosha Aoba Lodge Mushara Lodge	18 48 21 17 08 28

Km	Abzweig	Ort	Sehensw.	Übernachtung	GPS
Km 408		Von Lindequist Gate (Osttor)/Etosha Nat.-Pk.		Mokuti Lodge	18 48 13 17 02 42
Km 420		Namutoni, T+V		Namutoni Rastl.	

Ruacana – Oshakati

In Ruacana (s. Route 10) haben Sie Anschluß an die Route 10. Verlassen Sie Ruacana-Dorf. Nehmen Sie nach 4 km die C46 nach Osten. 24 km hinter dem Abzweig der C35 passieren Sie einen Stausee. Sie sind im wasserreichen **Ovamboland,** einer der am dichtest besiedelten Regionen Namibias: etwa 700.000 Menschen leben hier – fast die Hälfte der Gesamtbevölkerung!

Die Landschaft ist flach, viele kleine Dörfer drängen sich am Straßenrand oder erhöht auf Hügeln, in den Gärten, die durch geflochtene Holzzäune abgetrennt sind, wird Getreide, Hirse und Mais angebaut.

Die sattgrüne Landschaft durchziehen kleine, wasserführende Kanäle, in denen Fischer bis zum Bauch im Wasser stehen und ihre Netze auswerfen. Am Straßenrand wird der Fang an Stöcken aufgehängt und Durchreisenden zum Kauf angeboten.

Tip: Wenn Sie von der Hauptroute abweichen wollen, sollten Sie das nur machen, wenn Sie eine exakte Wegbeschreibung zu Ihrem Ziel besitzen! Tausende kleiner Kanäle durchziehen die Landschaft, und die Wege sind ebenfalls ungezählt (in der Regenzeit ist ein Geländewagen notwendig, weil dann die Wege zu Wasserläufen werden).

Daß auch das grüne Ovamboland mit seinen Feldern und Gärten Teil der Kalahari sein soll, mag man auf den ersten Blick nicht glauben. Doch die Böden sind sandig, und in den Randgebieten, zu denen die segensreichen Wasser des **Kuvelai** nicht hinreichen, breitet sich Wüste aus.

Der Kuvelai ist ein Fremdlingsfluß, wie alle wasserführenden Flüsse Namibias: Er entspringt in der Sierra Encoco im südlichen Angola, teilt sich in der Kalahari-Senke nördlich der Etosha-Pfanne zu unzähligen Armen und versickert im Sand. Die Region ist sehr eben und die Flußläufe, oshana genannt, nur flach in den Boden eingeschnitten. In der Regenzeit schwillt der Kuvelai, gespeist vom Regen im angolanischen Hochland, an und überschwemmt wenig später das grüne Herz Namibias, verwandelt es in einen riesigen, flachen See (meist zwischen Februar und April). Die Flut des Kuvelai nennt man im Ovamboland efundja.

In zwei von drei Jahren erreichen die Wasser des Kuvelai auch Etosha. So mächtig die Flut auch daherkommt – binnen weniger Wochen ist sie wieder verdunstet und versickert. In guten Efundja-Jahren hielt sich das Wasser in den Oshana und in der Etosha-Pfanne aber auch schon mehrere Monate lang.

150 km hinter dem Abzweig der C35 erreichen Sie die Ortseinfahrt von Oshakati.

Oshakati

Oshakati bildet mit der Stadt Ondangwa eines der Hauptballungsgebiete im ohnehin schon dicht besiedelten Ovamboland. Die Städte ziehen sich als langgestreckte Siedlungen mehrere Kilometer die Straße entlang. Historisches gibt es nicht zu sehen. Ovamboland war über lange Jahre ein Homeland mit weitgehenden Autonomierechten, das zu besuchen verboten war. Auch die deutsche Kolonialpolitik kümmerte sich vorher nicht sonderlich um diese Region nördlich der Etosha-Pfanne. Die Ovambo haben sich in dieser Zeit selbst regiert. Interessiert war man nur – und ist man teilweise bis zur heutigen Zeit –, an den Arbeitskräften, die rekrutierbar waren – den Kontraktarbeitern.

Inzwischen sind neue Hotels eröffnet worden und es ist ins Bewußtsein gerückt, daß das Arbeitskräftepotential nicht immer nur exportiert werden kann, sondern die Arbeitsstellen auch vor Ort geschaffen werden müssen. Bei den Wahlen im Jahr 1995 erreichte die SWAPO mit ihren Politikern, die vornehmlich Ovambo sind, die absolute Mehrheit, sehr zum Leidwesen der Bevölkerungsminderheiten im Land. Das Rückgrat der SWAPO bildet naturgemäß das Ovamboland.

Ein Tourist wird sich sicherlich nicht längere Zeit in Oshakati aufhalten, um aber das Leben derjenigen ein wenig zu verstehen, die die Mehrheit der Bevölkerung bilden und die politische Führungselite stellen, sollte man seine Augen offenhalten und sich der Probleme bewußt werden, die eine infrastrukturell unterentwickelte, aber so dicht besiedelte Region mit sich bringt (zu Ovamboland und seinen Bewohnern s.a. S. 152).

30 km hinter Oshakati wird Ondangwa erreicht.

Ondangwa – Namutoni

Der Besucher von Ondangwa hat das gleiche Straßenbild vor Augen wie in Oshakati. In der Stadt wie auch außerhalb gibt es eine Unzahl an kleinen Läden, Cuca-Shops genannt (nach einer angolanischen Biermarke, die vor der Grenzschließung zu Beginn der 90er Jahre gern getrunken wurde). Die Läden tragen Namen wie „Frisco", „Hollywood" oder auch „Mokuti Lodge", nach der Luxusunterkunft bei Etosha.

Man fährt weiter auf der B1. 78 km hinter Ondangwa passiert man eine Tankstelle mit einem Takeaway. Gleich danach taucht im Süden das weiße Glitzern der Etosha-Pfanne auf. Immer noch zieht sich die Straße schnurgerade in den Horizont. Der Verkehr ist für Namibia enorm. Besonders am Freitagnachmittag und am Sonntagabend rollen die Karawanen der Minibusse mit abenteuerlich hohen Lasten auf ihren Dachträgern gegen Norden und Süden. Die Kontraktarbeiter wollen wenigstens das Wochenende bei ihren Familien verbringen.

Nach weiteren 55 km erreichen Sie wieder eine Tankstelle mit Restaurant und Takeaway. 15 km dahinter kommt das Tor der Disease Control. Sie sind einmal mehr im Farmgebiet, Ovamboland liegt hinter Ihnen.

Nach 16 km kommt der Abzweig zur Sachsenheim Game Ranch (eine kosten- und lagegünstige Alternative für diejenigen, die nicht in den staatlichen Camps, aber auch nicht in den teureren Unterkünften nächst dem Etosha Park übernachten wollen; Zelten ist möglich), und weitere 6 km weiter biegt die C38 nach Namutoni ab. Hier haben Sie Anschluß an die Route 7.

Karte S. 401 Ondangwa – Namutoni **423**

▲ **Im Ovamboland: Landschaft mit Termitenhügel**
▼ **Arme Lebensverhältnisse**

Route 12: Fische und Robben in gleißendem Dunst

Swakopmund – Henties Bay – Torra Bay – Terrace Bay – Torra Bay – Palmwag

Km	Abzweig	Ort	Sehenswert	Übernachtung	GPS
Km 0 C34 Piste		Swakopmund, T+V	s. Route 5	s. Route 5	22 40 02 14 31 52
Km 22				Mile 14 Zeltpl.	22 28 50 14 28 29
Km 31		Wlotzkas Baken			22 24 09 14 27 01
Km 59		Jakkalsputz		Jakkalsputz Zeltplatz	22 11 17 14 19 15
Km 66		Henties Bay, T+V		De Duine Ht. Desert Rose Ht. Eagle Holiday Bungalows Die Oord Rl.	22 07 52 14 17 55
Km 71		Einmündung der C35 von Uis			22 04 02 14 15 25
Km 100		T		Mile 72 Zeltpl.	21 52 04 14 05 18
Km 117	Cape Cross Km 0 Piste Km 4 Km 7			Büro Cape Cross Robbenkolonie	21 45 06 13 59 51
Km 146		Einmündung der D2303 von Uis			21 30 37 13 52 13
Km 156		Tankstelle von 12–15 Uhr geschlossen		Mile 108 Zeltpl.	21 26 30 13 49 16
Km 190		Eingangstor	Skeleton Coast Park		21 10 24 13 40 10
Km 191			Ugab		
Km 206			Schiffswrack		
Km 228			Huab		
Km 241		Toscanini			20 49 17 13 23 43
Km 283			Koigab		
Km 294		Einmündung der D3245			20 22 14 13 18 05
Km 304		Torra Bay		Torra Bay Zeltpl.	20 19 03 13 14 27
Km 319			Uniab		
Km 353 zurück		Terrace Bay, T+V		Terrace Bay Rl.	19 59 36 13 02 12

Km	Abzweig	Ort	Sehenswert	Übernachtung	GPS
Km 387			Uniab		
Km 402		Torra Bay		Torra Bay Zeltpl.	20 19 03 13 14 27
Km 412 D3245 Piste					20 22 14 13 18 05
Km 450		Ausgangstor			20 18 39 13 38 50
Km 503 D2620 Piste n. N					20 13 58 14 03 53
Km 542 D3706 Piste n. W					19 54 40 13 59 12
Km 547		Disease Control Tor		Etendeka Mount. Camp	
Km 548		Palmwag, T		Palmwag Rl. (500 m)	19 52 52 13 56 24

Swakopmund – Henties Bay

In Swakopmund (s. Route 5) haben Sie Anschluß an die Routen 5, 6 und 8c.

Wichtig! Für den Eintritt in den **Skeleton Coast National Park** benötigen Sie eine Genehmigung, die am Eingang erhältlich ist, aber nur für den Transit durch den Park Gültigkeit hat! Wer bis Terrace Bay will, muß eine feste Buchung für die Übernachtung haben (zentrales Reservierungsbüro des Ministeriums für Umwelt und Tourismus in Windhoek; nur mit Vollpension, keine Kochmöglichkeiten). Die **National West Coast Tourist Recreational Area** zwischen Swakopmund und dem Nationalpark unterliegt keinen Zugangsrestriktionen. Die Tankstelle bei Mile 108 ist von 12–15 Uhr geschlossen.

Verlassen Sie Swakopmund auf der C34 am Meer entlang Richtung Norden. Der Asphalt geht irgendwann unmerklich in den Belag einer Piste über, der sehr hart ist. Der gips- und salzhaltige Boden der Namib ergibt eine glatte Oberfläche. Meist wird man diese Strecke im trüben Dämmerlicht des Küstennebels hinter sich bringen, selten nur scheint die Sonne. Der Verkehr beschränkt sich auf Angler, die ihre überlangen Ruten senkrecht nach oben stehend an den Fahrzeugen befestigt haben und möglichst schnell den von ihnen favorisierten Platz erreichen wollen.

Es geht an den Zeltplätzen „Mile 4" und „Mile 14" vorbei. Die Namen sprechen für sich. An die Küste geklebt, im Hinterland unwirtliche Wüste, ohne auffällige Natur, die für einen poetischen Namen gut wäre, hat sich der Mensch mit der Kilometrierung seiner Eroberung beholfen, oder mit dem Namen desjenigen, der dort gewohnt hat.

31 km nach Swakopmund kommt die Hüttensiedlung Wlotzkas Baken, Wochenendhäuschen der Angler, die sich grau in grau aneinanderreihen. Kabeljau, Schwarz- und Weißfisch sind die hauptsächlichen Fischsorten,

die an der Leine zappeln. Immer wieder werfen die Angler ihren Fang zurück, er hat nicht die Mindestgröße, die der Staat fordert.

Das Hinterland gilt in diesem Bereich als besonders empfindlich. Bleiben Sie auf der Piste, wenn Sie sich für den Flechtenbewuchs landeinwärts interessieren, nehmen Sie Schusters Rappen.

Nach 28 km erscheint der Zeltplatz Jakkalsputz. Hier dürfen auch Touristen angeln (bei Wlotzkas Baken nicht). 6 km weiter ist Henties Bay erreicht.

Henties Bay

Oberhalb der Mündung des Omaruru liegt im Halbrund die Stadt. Hotels, Restaurants, Läden, ein Golfplatz und ein Schwimmbad zeugen von der Betriebsamkeit während der namibischen Sommerferien und an den Wochenenden. Das Hotel De Duine ist renoviert worden, die Zimmer sind großzügig und angenehm eingerichtet. Wochentags wirkt Henties Bay verlassen, nur wenige Menschen leben fest hier. Der Name geht auf einen einsamen Camper zurück, der bereits in den 20er Jahren regelmäßig hierher kam. 1965 erhielt der Platz den Status eines Ortes und wächst seitdem kontinuierlich.

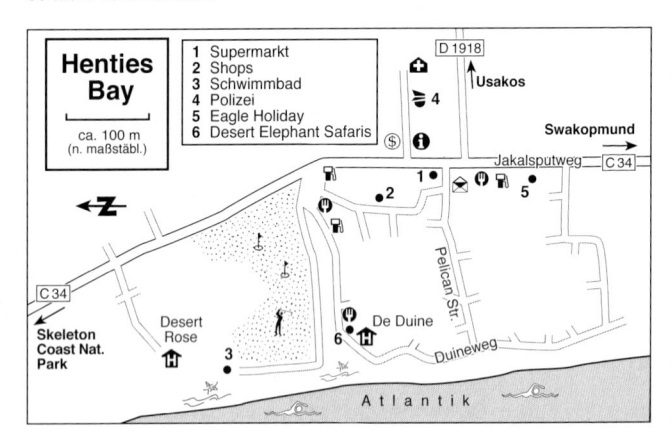

Unterkunft	TOURISTENKLASSE: De Duine Hotel. Desert Rose Hotel. Eagle Holiday Bungalows. GÜNSTIG: Die Oord Rastlager.
Essen	Julia's Coffee Shop; Tel. 064-500008. – Spitzkoppe Restaurant; Tel. 064-500394. – Corbies Kitchen; Tel. 064-500138. – De Duine Hotel, s.o.
Golf	Henties Golf Club, P.O. Box 100, Henties Bay; Tel. 064-500281
Gesundheit	State Clinic; Tel. 064-500020
Reiseunternehmen	Desert Elephant Safaris, Tel. 064-500658
Autovermietung	Rent-a-Landrover, P.O. Box 86, Henties Bay, Tel. 064-500164, Fax 500164

Henties Bay – Cape Cross

31 km hinter Henties Bay und 17 km vor Cape Cross liegt der Zeltplatz „Mile 72". Von hier bis über Cape Cross hinaus ist die Küste und das Hinterland wieder als besonders empfindlich klassifiziert. Hier und an einigen anderen Stellen der Skeleton Coast brütet die Damara Seeschwalbe. Sie ist extrem selten und hoch gefährdet, und diese Küste ist weltweit ihr einziger Brutplatz. Die flache Landschaft erhält einen kleinen Akzent durch Hügel, die rechts der Piste zu sehen sind. 4 km vor Cape Cross steht eine Salzgewinnungsanlage.

Cape Cross Es liegt 7 km abseits der Hauptpiste (nach 4 km kommt das Büro, in dem der Eintritt zu bezahlen ist, 8 N$ p.P. und Fahrzeug, täglich 10–17 Uhr). Der Weg endet auf einem Parkplatz.

Die **Robben** sind nicht gleich zu sehen – aber man riecht und hört sie! Hinter einer kleinen Steinmauer, die den Felsstreifen an der Küste abtrennt, liegen sie dann, Tausende und Abertausende, im bleich-bleiernen Sonnenlicht, in Kämpfe verwickelt, watschelnd, röhrend, dösend, schmusend oder in die Brandungswellen des Atlantik springend – die Kolonie der Zwergpelzrobben (Arctocephalus pusillus pusillus).

Zwischen 60.000 und 100.000 beträgt ihre Zahl, je nach Jahr schwankend. Werden es mehr, wird eingegriffen und – begleitet von lautstarken Protesten meist nicht-namibischer Tierschützer –, ein bestimmter Prozentsatz getötet. Das Culling, wie diese Populationskontrolle genannt wird, gehört in Namibia zum „normalen", ökologisch als notwendig erachteten Umgang mit Wild. Es wird auch bei Elefanten und anderen Großtierarten praktiziert. Die Pforten der Robbenkolonie bleiben an solchen Tagen Besuchern verschlossen – die „Robbenernte" ist ein blutiges Handwerk, und empfindsame Beobachter möchte man nicht dabeihaben. Ein informatives Faltblatt, das versucht, für diese Maßnahme Verständnis zu wecken, ist im Büro erhältlich.

■ Robben am Cape Cross

Geschichte Im Jahr **1486** setzte der erste Europäer seinen Fuß auf den Boden Südwestafrikas, der Portugiese Diogo Cão. Er errichtete ein Steinkreuz. Es wurde 1893 vom Kommandanten des Kriegsschiffes „SM Falke" nach Berlin gebracht (heute steht es dort in einem Museum). Auf Befehl des Kaisers wurde 1894 eine Kopie aufgestellt, die den Zusatz erhielt:

„Errichtet auf Geheiß des Deutschen Kaisers und Königs von Preußen, Wilhelm II., im Jahr 1894 anstelle des Originals, das im Lauf der Zeit verwittert ist."

Die **Original-Inschrift** lautet übersetzt:

„Seit der Erschaffung der Welt sind 6685 und seit Christi Geburt 1485 Jahre verflossen, als der erhabene Don Cão von Portugal befohlen hat, daß durch Jakobus Canus, seinen Ritter, die Säule hier gesetzt wurde."

1980 wurde eine originalgetreuere Nachbildung als das 1894 errichtete Kreuz am ursprünglichen Platz aufgestellt (die aber auch nicht als authentisch gilt) und die Umgebung neu gestaltet. Die erste Kopie steht auf einer Terrasse, deren Pflasterung einen Stern symbolisiert (als Erinnerung an die Bedeutung der Sterne als Navigationshilfe). Die einzelnen Terassen ergeben als Ganzes das Abbild des „Kreuz des Südens".

Neben der Robbenkolonie gibt es ein kleines, privates Museum und einen Kiosk. Im Museum wird die Guanogewinnung beschrieben, die kurz vor der Jahrhundertwende in dieser Region ihren Höhepunkt hatte und 1902 eingestellt wurde.

■ Das Steinkreuz am Cape Cross

> ### Exkurs: Kreuz des Südens
> Das „Kreuz des Südens" ist ein Sternbild des südlichen Himmels, in der Milchstraße gelegen. Seine vier hellsten Sterne bilden ein schiefes Kreuz. Es ist nur südlich des 26. Breitengrades der Nordhalbkugel sichtbar.
> Um die südliche Richtung zu bestimmen, muß ein aufsteigender Vektor durch die längere Achse des Sternbildes gedacht werden. Man verlängert die Achse auf dem Vektor vier- bis fünffach und bildet an diesem Punkt ein Lot. Dort, wo das Lot auf den Horizont trifft, ist Süden.
> Um den Punkt des Lotes auf dem Vektor genauer zu bestimmen, können zwei Hilfssterne unterhalb des Kreuzes des Südens benutzt werden.
>
> Ein weiteres Lot in der Mitte der Verbindungslinie zwischen diesen beiden in Richtung auf den Vektor zeigt ihn am Schnittpunkt genau an.

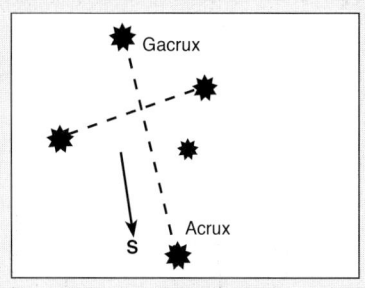

Skeleton Coast National Park

29 km hinter Cape Cross haben Sie über die D2303/D2342 Anschluß an die Route 12a, und 44 km weiter erreichen Sie den Eingang zum Skeleton Coast National Park. Die Öffnungszeiten sind von Sonnenaufgang bis 15 Uhr, so daß entweder Terrace Bay oder im Transit das nördliche Springbok Gate bei Springbokwater Crossing erreicht werden können. Die Ausfahrt ist bis 19 Uhr gestattet. Eintritt 20 N$ p.P. und Fahrzeug.

Am Tor sind zwei riesige Totenköpfe angebracht. Wer in früheren Zeiten an diesem Küstenstrich gestrandet ist, war rettungslos verloren, es gab kein Wasser und das lebensfreundlichere Landesinnere konnte zu Fuß nicht erreicht werden! Schiffwracks entlang der Küste zeugen von den widrigen Wind- und Strömungsverhältnissen.

In Jahren mit viel Regen ist der Park zwar nicht unbedingt geschlossen, eine Zufahrt aber nicht möglich, da dann der Ugab und der Koigab abkommen und nicht passierbar sind.

Am Tor ist auch der Treffpunkt für die geführte Wanderung im Ugab-Rivier. Jeden zweiten und vierten Dienstag im Monat startet um 9 Uhr die zweitägige, 50 km lange Tour (Anmeldung im zentralen Reservierungsbüro des Ministeriums für Umwelt und Tourismus in Windhoek). Sie kostet 120 N$ p.P., die Gruppe besteht aus 6-8 Leuten. Ausrüstung, Verpflegung und eine ärztliche Unbedenklichkeitsbescheinigung müssen mitgebracht werden.

Nordwärts Sie durchfahren das breite Bett des Ugab. Nach 16 km besteht die Möglichkeit, ein kleines, 1976 gestrandetes Schiff bzw. seine Reste zu besichtigen.

Gleich hinter der Querung des Huab steht ein altes, verrostetes Gerüst einer ehemaligen Ölbohrstelle. Heute brüten dort Kormorane und ein Betreten ist deswegen verboten. Das Metall ist weißgrau mit den Exkrementen der Seevögel überzogen (Guano).

12 km weiter ist Toscanini erreicht. Man sieht lediglich die Reste irgendwelcher industrieller Einrichtungen, die in den 60er Jahren beim Versuch, Diamanten zu schürfen, errichtet wurden. Auf der grau-braun-schwarzen Kieswüste wachsen Flechten.

42 km hinter Toscanini durchquert man den Koigab. Links und rechts der Piste erscheinen nun Dünen, und voraus wird der Blick frei auf eine große Dünenkette.
104 km hinter dem Eingangstor ist der Abzweig nach Khorixas (D3245) erreicht. Wer keine Buchung für Terrace Bay besitzt (oder in den Monaten Dezember und Januar für Torra Bay), muß rechts abbiegen.
10 km weiter ist Torra Bay. Nach der Querung des Uniab sind es noch 34 km bis Terrace Bay.

Terrace Bay Die in Leichtbauweise errichteten Bungalows des Anglerparadieses Terrace Bay sind spartanisch lustig eingerichtet. Der schiefe Schrank paßt überhaupt nicht zum Bettgestell mit seinen Holzschnitzereien, und die Sanitäreinrichtungen erinnern daran, daß man an der Skelettküste ist. Der Laden verkauft Kleinigkeiten, das Restaurant bietet eine Küche auf so einfachstem Niveau, daß sich fast jeder Gast binnen kürzester Zeit als satt erklärt ...
Nur passionierte Angler halten es an diesem Ort länger aus. Diese finden aber alles, was das Herz begehrt: Beste Angelmöglichkeiten in sauberstem Wasser und sogar eine Gefrieranlage, so daß der Fang gefroren und isolierverpackt unverderblich mit nach Hause genommen werden kann.
Wer nicht angelt, kann den Nachmittag in den Dünen verbringen. Dazu muß er mit dem Wagen ein Stück zurückfahren und nach Osten abbiegen. Pkw-Fahrer müssen aufpassen, daß sie anhalten, bevor sie rettungslos im Sand steckenbleiben. Schöne Ausblicke über die Küste belohnen den Aufstieg auf die Dünen. Immer wieder sind Kriechspuren von allerlei Kleingetier zu sehen (die Wüste lebt!).
Das Gebiet nördlich von Terrace Bay ist Konzessionsgebiet. Nur über die Konzessionär können Fly-in-Safaris in diesen wahrlich ungastlichen Küstenstreifen unternommen werden (Beschreibung einer Fly-in-Safari siehe S. 68ff).

Weiterfahrt nach Osten Fahren Sie nun über Torra Bay bis zur Abzweigung der D3245 59 km zurück und biegen Sie östlich ein. Über Wellblech und tiefe Querrillen geht es durch kiesbedeckte Dünen nach Osten auf einen Tafelberg zu, den Great Table Mountain. Die Piste steigt allmählich an, und nach 18 km läuft der Veterinärzaun parallel.
Nach einem kleinen Paß geht es weiter durch ein von Tafelbergen begrenztes Tal, in dem grüngelbe Gräser und Flechten den Boden bedecken.
38 km hinter der Gabelung ist das Nordtor (Springbok Gate) des Parks erreicht (Öffnungszeiten von Sonnenaufgang bis 15 Uhr, für die Ausfahrt bis 19 Uhr).
Immer wieder müssen nun Riviere und Querrinnen durchfahren werden, man sieht wieder Antilopen, Warzenschweine und weiße Windrotoren, die zu den wenigen, einsamen Farmhäusern in dieser wunderschönen Landschaft gehören.
40 km nach dem Tor geht es über einen Paß (ca. 1000 m) in ein neues Hochtal und auf ein markantes Gipfelpaar zu (ein Kegel und ein Tafelberg), und nach 13 km sind Sie an der C39. Hier haben Sie Anschluß an die Routen 9 und 10.

Skeleton Coast National Park

▲ Eingangstor zum Skeleton Coast National Park
▼ Im Sandmeer von Terrace Bay

Route 12a: Pflanzen im Nebel

Ugab-Mündung – Uis

Km	Abzweig	Ort	Sehenswert	Übernachtung	GPS
Km 0 C34 Piste nach S			Skeleton Coast Park Eingang		21 10 24 13 40 10
Km 34		T		Mile 108 Zelt- platz	21 26 30 13 49 16
Km 44 D2303 Piste nach NO					21 30 37 13 52 13
Km 77			Welwitschia an d. Strecke		
Km 118 D2342 Piste nach O	Zum Ugab River Camp Km 0 Piste nach N Km 10			Ugab River Camp	21 02 34 14 10 28 20 58 10 14 08 00
Km 201 C35 Piste nach NO					21 19 47 14 47 58
Km 215		Uis Myn		Brandberg Rl.	21 13 13 14 52 14

An der Ugab-Mündung (s. Route 12) haben Sie Anschluß an die Route 12.

Fahren Sie auf der C34-Piste 44 km nach Süden und biegen Sie in die Piste D2303 nach Nordosten ein. Ab hier benötigen Sie einen Geländewagen!

Nach 13 km fährt man über einen kleinen Abfall in ein weites Tal, das kraterartig auf allen Seiten von Bergen begrenzt wird. Unmerklich steigt die Straße mit dem Tal über 20 km Länge auf 500 m an. Immer wieder sind links und rechts Welwitschias auf dem schwärzlichen Boden zu sehen. Man ist mit den urweltlichen Pflanzen allein auf weiter Flur.

61 km hinter dem Abzweig wird die Ebene verlassen und man erreicht nach 3 km die D2342. Biegen Sie rechts ab. Sie durchqueren ungezählte Riviere mit großen Flußsteinen, die Geschwindigkeit wird immer geringer, die Piste windet sich durch Täler und an Hügeln vorbei.

43 km hinter der Einmündung und 40 km bevor Sie auf die C35 stoßen kreuzen Sie das Messum Rivier.

201 km hinter dem Eingangstor zum Skeleton Coast National Park erreichen Sie die Piste C35 nach Uis (s. Route 8). Hier haben Sie Anschluß an die Route 8.

Route 12b: Durch den Messum Krater

Km	Abzweig	Ort	Sehensw.	Übernachtung	GPS
Km 0		Cape Cross			21 45 03 13 59 49
Km 2, Piste n. NNO					21 44 01 13 59 15
Km 10,5 Weiter NO					21 40 48 14 02 30
Km 27			Rivier		21 34 03 14 08 23
Km 34 rechts ONO					21 32 14 14 10 08
Km 43 nach NO			Pass Einft. Mes.		21 28 35 14 12 21
Km 45				Lagerplatz	21 27 37 14 13 11
Km 50			Hügel Mitte Krater		21 26 04 14 14 41
Km 55			Ausfahrt Messum		21 24 10 14 16 13
Km 62		Hauptpiste			21 23 27 14 14 46
Km 68		Messum Rivier			21 20 25 14 14 21
Km 76					21 20 29 14 17 24
Km 79		Grasfläche			21 20 30 14 18 44
Km 84					21 20 06 14 21 15
Km 100		D2342			21 16 14 14 27 51

Die Strecke wird **äußerst selten befahren,** deshalb sollte man sich keinesfalls nur mit einem Fahrzeug auf die Piste begeben. Geländewagen sind Voraussetzung, der Sand ist teilweise sehr tief. Weiter ist ein **GPS-System notwendig,** um sich im Gewirr der Pisten zurechtzufinden. Im April kann die Temperatur schon einmal auf 45° Grad ansteigen. Als reine Fahrzeit für die 100 Kilometer sind etwa 4 Stunden zu veranschlagen.

Man verläßt die Route 12 nahe Cape Cross (2 km) auf breiter Piste nach NNO. Anfangs dienen noch Eisenstangen als Wegmarkierung. Nach 2 km quert man ein Rivier und die Richtung bleibt bei Nordost. Nach 25 km tauchen die ersten Welwitschia mirabilis auf, die schwarze Bergkette im Hintergrund rückt näher. Nach insgesamt 32 km muß man sich an einem Abzweig rechts halten Richtung ONO. Es geht über eine Ebene mit schwarzem Wüstenlack. Die Sonne verbrennt mit ihrer unglaublichen Hitze das Gestein.

Nach 9 km ist bei einem kleinen Pass der Messum Krater erreicht. Wenn der Wind aus Osten kommt, stockt der Atem vor Hitze. Der Krater funktioniert als Brennkessel. Ein Wunder, das hier noch eine leichte Grasnabe existieren kann. Man fährt 12 km durch den Krater und verläßt ihn im Nordosten. Es sind noch 45 km bis zur D2342, weitere 42 km auf hartem Wellblech zur C35 und dann 14 km bis Uis und zum Anschluss an die Routen 8 und 12a.

Route 13: Tausch gegen Sansibar – die Idee eines Kanzlers

Otavi – Grootfontein – Rundu – Nyangana – Bagani – Kongola – Katima Mulilo – Ngoma

Km	Abzweig	Ort	Sehensw.	Übernachtung	GPS
Km 0 B8 Teer		Otavi, T+V		Otavi Ht. Otavi Rl. Zum Potjie Rl.	19 38 38 17 20 55
Km 24				Kupferberg Gf. (1 km)	19 39 45 17 34 15
Km 33	Zum Auros Mountain Camp Km 0 Farmpiste Km 5			Auros Mountain Camp	
Km 41		Kombat, T+V			19 42 59 17 42 48
Km 56		Einmündung der D2612 und D2860			19 43 29 17 51 11
Km 84	Hoba Meteorit Km 0 D2860 Piste Km 11 D2859 Piste nach NW Km 16		Hoba (1 km)		19 35 03 18 03 05 19 35 26 17 56 28
Km 85				Lala Panzi Guest Lodge	19 53 27 18 02 85
Km 90		Grootfontein, T+V	Fort Museum	Meteor Ht., Nord Ht., Grootfontein Rl.	19 33 51 18 06 15
Km 102				Kalkfontein Gf.	19 30 32 18 12 31
Km 105	Dornhügel Gf. Km 0 D2844 Teer Km 4 Piste Km 22			Dornhügel Gf.	19 29 52 18 13 23 19 28 55 18 24 53
Km 146		Einmündung der C44		Roy's Camp	19 14 33 18 30 05
Km 215		Disease Control Tor			
Km 343		Einmündung der C45			17 56 26 19 44 58

Tabelle Route 13

Km	Abzweig	Ort	Sehensw.	Übernachtung	GPS
Km 345		Rundu, T+V		Sarasungu Lg., Rundu Recreation Club, Rundu Service Center Gh, Kavango Lg., Haus Bavaria, Omashare River Lodge, Ngundu Lodge	17 56 00 19 46 12
	-------------------- Am Kavango entlang Km 0 D3402 Piste Km 6			Kaisosi Safari Ldg. (2 km)	17 53 24 19 49 46
	Km 13			Kayengona Ldg. (3 km), Nkwasi Ldg. (4 km)	17 53 15 19 53 45
	Km 0 Teer B8 nach S Km 4 Teer C45 nach W Km 12 Piste Km 14			Hakusembe Lodge	
Km 456		Katere, Einmünd. d. Piste auf d. Kaudom			18 03 07 20 46 06
Km 543	Mahango Wildreservat Km 0 D3403 Piste Km 5	Bagani, T	Popa-Fälle	Divundu Guesthouse Popa-Fälle Rl.	18 05 59 21 32 49 18 07 28 21 34 59
	Km 6			Suclabo Lodge (1km) Ndhovu Ldg. (2 km)	18 09 18 21 40 07
	Km 14			Ngepi Camp (4 Km)	18 07 00 21 40 13
	Km 18		Mahango Wildreservat		
Km 738	Namushasha u. Lianshulu Ldg. Km 0 D3511 Piste Km 17	Kongola, T		Silolo Zeltplatz	17 49 21 23 23 52 17 57 42 23 19 17
	Km 18			Namushasha Lodge (4 km)	17 58 36 23 19 39
	Km 29	Lizauli Traditional Village (1 km)			18 03 43 23 21 40
	Km 31 Km 33, Richtung SW halten Km 37	Mudumu-Nat.P.		Lianshulu Lodge	18 06 49 23 24 06 18 08 01 23 22 44

Km	Abzweig	Ort	Sehensw.	Übernachtung	GPS
Km 838		Einmündung D3511			17 33 37 24 15 07
Km 848		Katima Mulilo, T+V		Zambezi Lodge	17 29 21 24 17 05
Km 851				Caprivi Cabins	17 29 38 24 18 39
Km 852	Hippo Lodge Km 0 Piste				17 29 49 24 18 53
	Km 2			Hippo Lodge	
Km 862 Piste					
Km 867	Kalizo Lodge Km 0 Piste Km 25			Kalizo Ldg.	17 33 36 24 21 25
Km 886		Bukalo			
Km 912		Grenzposten Namibia			17 54 56 24 42 46

Otavi – Grootfontein

In Otavi (s. Route 7) haben Sie Anschluß an die Route 7. Verlassen Sie Otavi auf der Teerstraße B8 an der Hauptkreuzung Richtung Südosten. Sie fahren durch die Ebene um Otavi und zwischen den Hügeln der Otaviberge durch und kommen nach 40 km in die kleine Ortschaft Kombat. Eine Tankstelle, einige Läden und wenige Häuser wurden neben einer Kupfer-, Blei- und Silbermine errichtet, die 1925 geschlossen, in den 60er Jahren aber wiedereröffnet wurde.

Nach 15 km führt linksab eine Piste zum **Hoba-Meteoriten,** rechts geht es an der Wabi Lodge (92 km) vorbei zum Waterberg-Plateau-Park. Zum Meteoriten von Hoba ist die Piste von der Seite Grootfonteins (D2860) allerdings kürzer und in besserem Zustand.

Rechts der Straße erscheinen nun große Weide- und Anbauflächen, die Straße senkt sich unmerklich immer weiter ab. Goldgelbe Maispflanzen auf den Feldern haben dieser Region auch den Namen „Mais-Dreieck" gegeben. Durch die besonderen, wasserspeichernden Gesteinsschichten des Karstes und die etwas häufigeren Regenfälle ist das Land auch für den Ackerbau nutzbar. 6 km vor Grootfontein zweigt die Piste D2860 zum Hoba-Meteoriten ab.

Hoba-Meteorit Folgen Sie der Piste D2860 auf 11 km und biegen Sie dann nach Nordwesten in die Piste D2859 ein. Nach 5 km erreichen Sie eine 1 km lange Stichstraße. Der etwa 3 m x 0,55 bis 1,20 m große Brocken wurde 1920 von dem Jäger Jacobus Brits zufällig entdeckt. Er brach ein Stück heraus und ließ es untersuchen. Sie ergab, daß der Ursprung des Findlings im Weltraum liegt. 80.000 Jahre vor unserer Zeitrechnung soll er niedergegangen sein. Er besteht aus 82 % Eisen, 17 % Nickel und 1 % Kobalt. Nachdem er über lange Zeit für Souvenirjäger frei zugänglich war, hat man ihn mit finanzieller Hilfe der Rössing-Foundation nun eingezäunt und in ein Steinbett gefaßt. Ein Kiosk verkauft Erfrischungen. Eintritt 5 N$.

■ Der Hoba-
Meteorit

Grootfontein

Grootfontein war bei den Herero schon lange vor Ankunft der ersten Siedler unter dem Namen Otjivandatjongue (in Herero: „Leopardenhügel") bekannt. Die Nama nannten den Platz in ihrer Sprache „Große Quelle", wovon sich der jetzige Stadtname ableitet.

Anfänglich nur ein Lager für weiße Großwildjäger wurde der Ort in den 80er Jahren des 19. Jahrhunderts für 24 Monate Hauptstadt der „Republik Upingtonia" der Dorslandtrekker (s.u.).

1893 wurde eine Bergbaulizenz an eine Minengesellschaft vergeben, die sich hier niederließ. 1896 errichtete die Schutztruppe das **Fort**, das in den folgenden Jahren nach und nach erweitert wurde. 1922 brachte man weitere Anbauten an, die militärische Einrichtung wurde einer friedlichen Nutzung als Schule zugeführt. In den 60er Jahren verfiel das Gebäude und stand schon vor dem endgültigen Abriß, schließlich entschied man sich aber für eine Restaurierung, und das Museum konnte einziehen. Heute sind dort viele Fotografien über die Entwicklung von Grootfontein ausgestellt, auch die Mineraliensammlung gilt als vorzüglich. Weitere Ausstellungstücke: eine komplette Wagenbauerei und ein Abdruck des bei Ofavi gefundenen Kiefers eines Hominiden aus der Vorzeit.

An der Durchgangsstraße, schräg gegenüber der Straße zum ehemaligen südafrikanischen Militärflughafen, befindet sich das Café Jakob.

Konfiserie und Sandwiches schmecken dort wie zu Hause, gelegentlich werden auch Brezn verkauft. Die Kaiser Wilhelm Street, heute Sam Nujoma Street, ist die Hauptstraße des Ortes, ohne Müller's Büro, dafür aber mit „Müller's Bottle Store".

Ausflüge

■ **Zur Straußenfarm Unkel** (Ankündigung des Besuches ist sinnvoll, Tel. 067-242277): Verlassen Sie Grootfontein auf der C42 Richtung Tsumeb. Nach 2 km kommt ein Abzweig zum Hoba-Meteoriten (D2859). Nehmen Sie diesen, nach 3 km erreichen Sie das Farmtor. Sie können an einer Führung teilnehmen und speisen (natürlich Strauß). Ein Kürschner aus Deutschland produziert vor Ort herrliche Gegenstände aus Leder, die gekauft werden können. Für den kleinen Hunger gibt es Vanilleeis mit Straußeneilikör.

■ **Zum Palmenmeer:** Nehmen Sie 4 km außerhalb und nordöstlich Grootfonteins (B8) die Straße 71 nach Süden Richtung Otjituuo. Nach und nach ragen immer mehr Makalani-Palmen aus dem Busch, bis sie dicht an dicht stehen. Gegen den blauen Himmel ergeben die Fächer ein durchaus attraktives Bild.

■ **Zum Baobab** bei Tsintsabis (s. Route 13a)

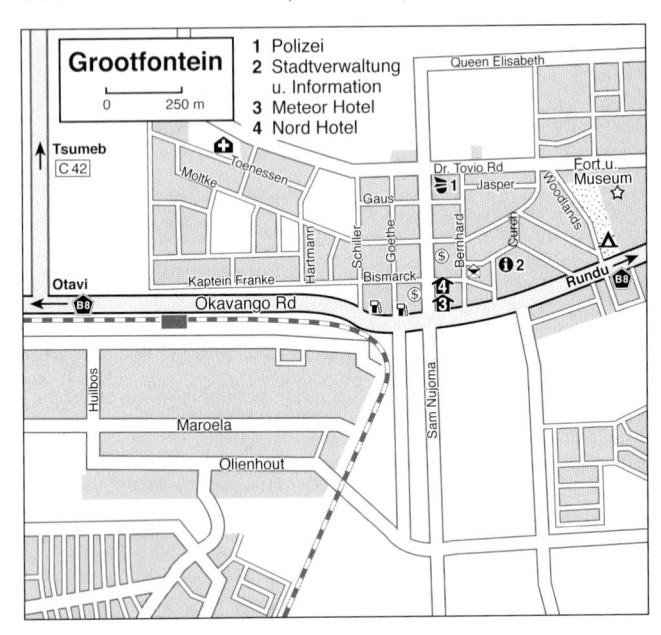

Adressen & Service Grootfontein

Unterkunft	TOURISTENKLASSE: Dornhügel Gästefarm (37 km außerhalb), Kalkfontein Gästefarm (14 Km), Lala Panzi (5 Km nach S), Die Kraal B+B, Le Club B+B, Roy's Camp (56 Km nach N). GÜNSTIG: Meteor Hotel. Nord Hotel. Grootfontein Rastlager.
Essen	Café Jakob, Okavango Road; Tel. 067-242433 Le Club Steakhouse, Berhard Street; Tel. 067-242414 Restaurant Olea, Woodlands Drive beim Rastlager; Tel. 067-243327 Die Kraal, am Ortsausgang Richtung Rundu, Tel. 06738-83003. Straußenfarm Unkel, s.o.
Information	Visitors Information, P.O. Box 23, Grootfontein; Tel. 067-243100
Museum	Alte Feste, Erikson Street; Tel. 067-242456. Di, Fr 16–18 Uhr, Mi 9–11 Uhr. Besuche außerhalb der Öffnungszeiten unter Tel. 067-242457/243584/242351 anfragen

Schwimmbad	Woodlands Drive, im Rastlager, 5 N$ p.P. und Fahrzeug, Öffnungszeiten 7–22 Uhr
Golf	Golf Club, P.O. Box 43, Grootfontein; Tel. 06738-82923
Gesundheit	State Hospital, Upingtonia Road; Tel. 067-242041

Exkurs: Die Durstlandtrekker

Diese südafrikanische Burengemeinschaft hatte es nach dem Vordringen Englands vorgezogen, die alte Heimat Transvaal zu verlassen und begab sich in den 70er und 80er Jahren des 19. Jahrhunderts auf die Suche nach neuen Weidegründen in den Norden. Auf einer abenteuerlichen Odyssee durchwanderten sie Südwestafrika und blieben in der Kalahari hängen, wo viele verdursteten. Die restlichen Familien trekkten durchs Kaokoveld, überquerten den Kunene und ließen sich im heutigen Südangola nieder. Jahrzehnte später kehrte ein Teil der Trekker aber wieder nach Süden zurück.

Auf ihrem Zug hatten sie den Farbigen W. Jordan kennengelernt und sich seiner Führung anvertraut – eine absurde Konstellation angesichts der auf Rassentrennung bedachten Einstellung der Durstlandtrekker. Er brachte die Gruppe schließlich nach mehreren erfolglosen Versuchen, Land zu erwerben (unter anderem bei Rehoboth) in das heutige Mais-Dreieck. Nach Verhandlungen mit Ovambo-Häuptern wurde bei Grootfontein Land für die „Republik Upingtonia" erworben. Dieser Neugründung war aber keine große Zukunft beschieden, sie geriet in den Interessenskonflikt zwischen Deutschen und Herero, die ebenfalls Anspruch auf das Land erhoben. Einige Trekker gaben schließlich entnervt auf und zogen wieder weiter – die meisten zurück nach Transvaal, einige siedelten schließlich am Waterberg. Jordan, der verzweifelt versuchte, seine Republik zu retten, verhandelte zwischen Deutschen, Herero und Ovambo. Schließlich wurde er von einem Ovambo – in wessen Auftrag auch immer – ermordet.

Grootfontein – Rundu

Gästefarm Dornhügel Auf der B8 zweigt 15 km hinter Grootfontein südöstlich die Piste D2844 ab. Wer ihr 22 km folgt, kommt zur **Gästefarm Dornhügel**. Familie Beyer repräsentiert eine „alte Südwester Familie" im besten Sinne.

■ Am Lagerfeuer

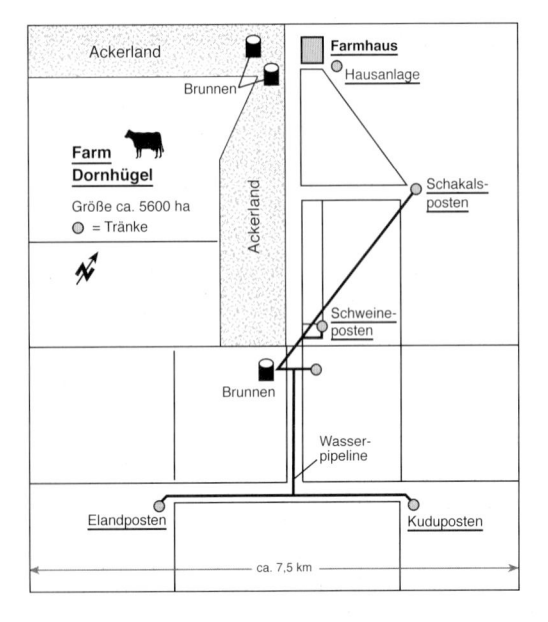

Gastfreundschaft, fundiertes Wissen über die Natur des Landes und aufgeklärtes Problembewußtsein der sozialen Schwierigkeiten, die die Nation meistern muß, erfahren Sie bei den gemeinsamen Mahlzeiten und bei der Besichtigung der bewirtschafteten Farm.

Unter einer mächtigen Ringelblütenakazie wird der Sundowner serviert und abends sitzen die Gäste ums Lagerfeuer und das Ehepaar Beyer beantwortet gern jede Frage.

Den Autoren gilt Dornhügel als eine der sehenswertesten Gästefarmen des Landes.

Weiterfahrt

31 km weiter auf der B8 und 300 Höhenmeter niedriger mündet die C44 ein. Hier haben Sie Anschluß an die Route 13b durch die Wildnis des Kaudom. Die Monotonie der folgenden Strecke wird nur einmal unterbrochen: Man gelangt an das Tor der Disease Control mit einem kleinen Kiosk neben einem ausgedienten Autobus.

Schnurgerade zieht die Straße weiter nach Nordosten auf Rundu zu, die Weidezäune sind verschwunden, die Region Okavango erreicht.

255 km hinter Grootfontein streift die B8 Rundu südlich. Früher fuhr man durch den Ort, um auf die Piste in den Caprivi-Strip hinein zu gelangen. Während des Bürgerkrieges bauten die Südafrikaner aber die neue Piste, um außerhalb der Reichweite der Kanonen zu sein, die die von angolanischem Boden aus operierende SWAPO angeblich besitzen sollte. Rundu wurde Garnisonstadt. Nach der Unabhängigkeit ging es mit der Wirtschaft bergab. Hinzu kam noch die Grenzschließung zu Angola Mitte der 90er Jahre, so daß auch der kleine Grenzverkehr aus Angola wegfiel. Viele Angolaner kauften Dinge des täglichen Lebens in Rundu ein, bis das namibische Militär begann, „illegale" Grenzgänger zu beschießen. Heute hat sich die Situation wieder gebessert, die Grenzen sind offen, der Schießbefehl zurückgenommen, so daß der Tourist auch wieder Bootsfahrten auf dem Okavango unternehmen kann. .

Exkurs über Rinderhaltung im Busch

In Namibia gibt es ca. 4000 Farmen unterschiedlicher Größe. Die durchschnittliche Farm hat 4000 bis 5000 Hektar, in der Landesmitte sind sie normalerweise etwa 3000 ha groß (um Windhoek herum sogar nur 50 ha), im Norden erreichen sie 6000 ha und im trockenen Süden sind 10.000 bis 20.000 ha keine Seltenheit. Etwa 20 % der Farmen gehören Schwarzen und Farbigen, der Rest ist in Händen des weißen Mittelstandes. Er ist ein nicht zu unterschätzender Arbeitgeber im Land, da auf 1000 ha eine Arbeitskraft kommt, die im Schnitt wieder 5 Familienmitglieder ernährt

Über Jahrzehnte hinweg wurde in Namibia Rinderzucht in einer Form betrieben, die die Landschaften durch Überweidung immer mehr verbuschen ließ. Die Farmer stehen nun vor dem Problem, die Bestockungsraten (das Verhältnis von Grund zu Rinderanzahl) immer weiter herunterzufahren, oder der Natur Gelegenheit zu geben, sich zu erholen und dieser Erholung nachzuhelfen, indem die Weideflächen entbuscht werden.

Auf guten Weideflächen im Norden des Landes und in einem guten Regenjahr (400–600 mm) benötigt ein Rind etwa 8 ha, in schlechten Regenjahren (200–300 mm) bis zu 20 ha.

Um diese Zahlen zu erreichen, muß der Farmer investieren. Er hat verschiedene Möglichkeiten, sein Gelände vom Busch zu befreien. Gift, direkt gespritzt, oder per Flugzeug, mechanisch mit einem Kettenfahrzeug, manuell durch Beilung und durch Brandrodung. Der Gifteinsatz und die mechanische Variante kostet pro Hektar etwa 300–400 N$, die manuelle Entbuschung 200–300 N$.

Die Brandrodung ist nur die scheinbar billigste Form. Sie funktioniert nur, wenn ausreichend Gras ein Feuer entwickeln kann, das stark genug ist, die Büsche zu entflammen. Damit wird aber die für die Rinder notwendige Weidefläche abgefackelt, so daß immer nur ein Teil der Farm auf diese Weise aufbereitet werden kann; im übrigen sollte jede Weidefläche alle sieben Jahre einmal brandgerodet werden, damit die Natur sich wieder erneuern kann.

Viele Farmer greifen aus diesen Gründen heute auf die manuelle Entbuschung zurück, die auch noch den angenehmen, volkswirtschaftlichen Nebeneffekt hat, daß sie personalintensiv ist und damit der Arbeitslosigkeit entgegenwirkt.

Bei dieser Situation hat der Farmbesitzer eine Menge Kapital gebunden. Denn schätzt man die Grundkosten – inkl. der Einrichtungen und des Fuhrparkes – im Norden für verbuschtes Land bei 150 N$ pro ha (im Süden gehen die Hektarpreise bis auf 20 N$ hinunter), und rechnet man 250 N$ für die Entbuschung dazu, so wird – noch bevor man überhaupt Rinder hat –, bei einer Farmgröße von 4000 ha ein Kapitaleinsatz von 1,6 Millionen N$ erreicht. Für die Rinder benötigt man noch einmal etwa 400.000 N$, macht zusammen also 2 Mio. N$ als Anfangsinvestition.

Die bevorzugten Rinderrassen sind **Simmenthaler** und **Brahmanen**, erstere sind gute Milch-, letztere gute Fleischkühe. Die erste Kreuzungsgeneration wird für die beste gehalten, und so versucht man immer wieder, durch Einkreuzung diesen Standard zu halten. Die Rinder kommen über Versteigerungen auf den Markt. Sie werden in 3 Hauptklassen unterteilt (Super, Prima und Top), von denen jede wieder in sieben Unterklassen zerfällt. Rinder jünger als zwei Jahre (und mit ca. 400 kg Lebendgewicht) werden „Super" genannt, Rinder jünger als 40 Monate als „Prima" (ca. 450 kg) und ältere als „Top" (ca. 500 Kg). In einem schlechten Jahr wird pro Kilogramm Schlachtgewicht 7 N$ gezahlt, in einem guten 9 N$. Zieht man noch die laufenden Kosten für Mitarbeiter, Transporte etc. ab, bleibt nicht viel als Reinerlös übrig.

Der Großgrundbesitzer mit 4000 ha ist also nicht das, was er scheint. Er muß ums Überleben kämpfen, und oft genug, wenn es mehrere Jahre nicht oder nur sehr wenig regnete, muß er auch seine Farm verkaufen. - (Informationen von Herr Beyer, Farm Dornhügel)

Rundu

Rundu ist eine Flußstadt. Nach der langen Fahrt durch die aride und semiaride Landschaft kaum vorstellbar. Der Okavango (portug. Cubango) bildet auf 400 km die Grenze zwischen Angola und Namibia , so wie der Kunene auf der gleichen Länge im Westen des Landes. Beide Flüsse entspringen im zentral-angolanischen Hochland. Die fruchtbaren Überflutungsgebiete (Hochwasserzeit ist März/April) bieten beste Voraussetzungen für den Anbau von Getreide und Reis, und im Fluß wird Fisch gefangen. Touristen können mit dem Kanu den Fluß entlangfahren und angeln (nur Baden sollte man wegen der Krokodile lieber nicht).

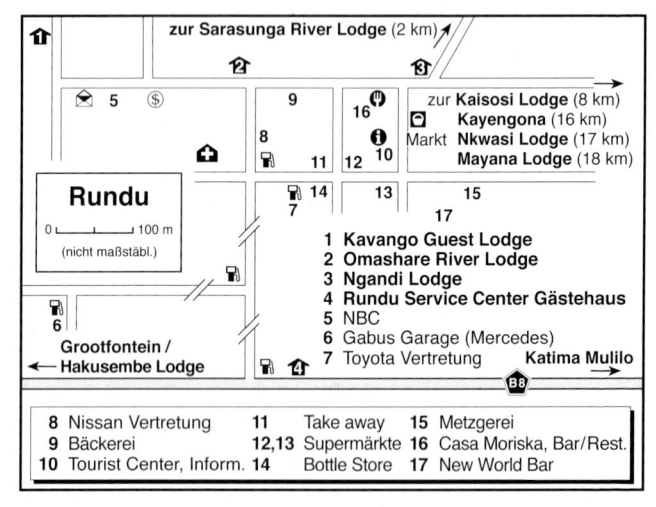

```
                zur Sarasunga River Lodge (2 km)

                                    16      zur Kaisosi Lodge (8 km)
                            9               Kayengona (16 km)
                         8              Markt Nkwasi Lodge (17 km)
                            11  12  10        Mayana Lodge (18 km)
  Rundu                         14   13   15
  0 ⊢——⊣ 100 m                 7              17
  (nicht maßstäbl.)
                                1 Kavango Guest Lodge
                                2 Omashare River Lodge
                                3 Ngandi Lodge
                                4 Rundu Service Center Gästehaus
   6                            5 NBC
                                6 Gabus Garage (Mercedes)
  Grootfontein /                7 Toyota Vertretung    Katima Mulilo
  ← Hakusembe Lodge

   8 Nissan Vertretung      11    Take away     15 Metzgerei
   9 Bäckerei               12,13 Supermärkte   16 Casa Moriska, Bar/Rest.
  10 Tourist Center, Inform. 14   Bottle Store  17 New World Bar
```

Autowerkstätten, Tankstellen und Supermärkte erlauben, die Vorräte aufzustocken. Entlang des Kavango wurden mehrere Lodges eingerichtet, und im Ort selbst gibt es ebenfalls Übernachtungsmöglichkeiten.

Die Nkwasi Lodge ist Treffpunkt der „Kaudom-Fahrer". Wer mit nur einem Fahrzeug unterwegs ist und diesen wirklich jenseits jeglicher Zivilisation gelegenen Park besuchen will, kann hier u.U. Reisepartner finden, denn zum Besuch des Kaudom sind **zwei Geländewagen strikt vorgeschrieben**! Die Omashare River Lodge ist die einzige Möglichkeit am Ort, auch spät nachts noch ein Bett zu finden.

Information Tourism Center Rundu, P.O. Box 519 Rundu, Tel. 0672-55909, Fax 0672-55910.

Exkurs: Caprivi-Strip

1890 wurde Leo Graf von Caprivi deutscher Reichskanzler. Beim Wettlauf mit England um Gebietssicherungen in den Kolonien oder um für Kolonien geeignete Gebiete war eine frostige Situation zwischen den beiden Ländern eingetreten, weil Carl Peters, Gründer des Schutzgebietes Deutsch-Ostafrika, versuchte, seinen Einfluß auf angrenzende Landstriche auszudehnen. Diese wurden aber von England als der eigenen Interessensphäre zugehörig eingestuft. Lösung versprach, die Grenzen und Einflußräume fest zu definieren und damit für die Zukunft Reibereien auszuschließen.

Deutschland bot den Engländern das Deutsch-Ostafrika vorgelagerte Sansibar und einige Nebeninseln gegen das seit 1814 in englischem Besitz stehende Helgoland und eine klare Definition der Grenzen in den afrikanischen Kolonien bzw. Schutzgebieten (Togo, Deutsch-Ostafrika, Deutsch-Südwestafrika) mit einem Zugang zum Zambezi an, der „Caprivi-Strip" war geboren.

Damit war Deutschland einen Schritt weiter gekommen auf dem Weg, die Schutzgebiete im Westen und Osten Afrikas eventuell irgendwanneinmal miteinander verknüpfen zu können.

Trans Caprivi Highway

Verlassen Sie Rundu auf der B8 nach Osten. Jetzt sind Sie auf dem Trans Caprivi Highway. 1996 teerte man das letzte Teilstück Piste. Somit kann man die gesamte Strecke bis zum östlichen Endpunkt Katima Mulilo auf Asphalt zurücklegen.

Links und rechts der Straße sind ab und zu kleine Holzverschläge zu sehen. Einheimische verkaufen Schnitzereien.

■ Markt in Katima Mulilo

111 km hinter Rundu bei Katere, einem Dorf, daß sich unsichtbar im Busch verbirgt, führt eine Piste mit tiefen Sand nach Süden, Anfangs- und Endpunkt der Route 13b durch den Kaudom Park, kein Weg, in den man spontan einbiegen sollte!

87 km weiter, vor der Brücke über den Kavango, bei der Shell-Tankstelle, geht die Piste nach Botswana, vorbei an den Popa-Fällen, ab. Hier steht auch die Einfachst-Herberge Divundu Guesthouse.

Trans Caprivi Highway

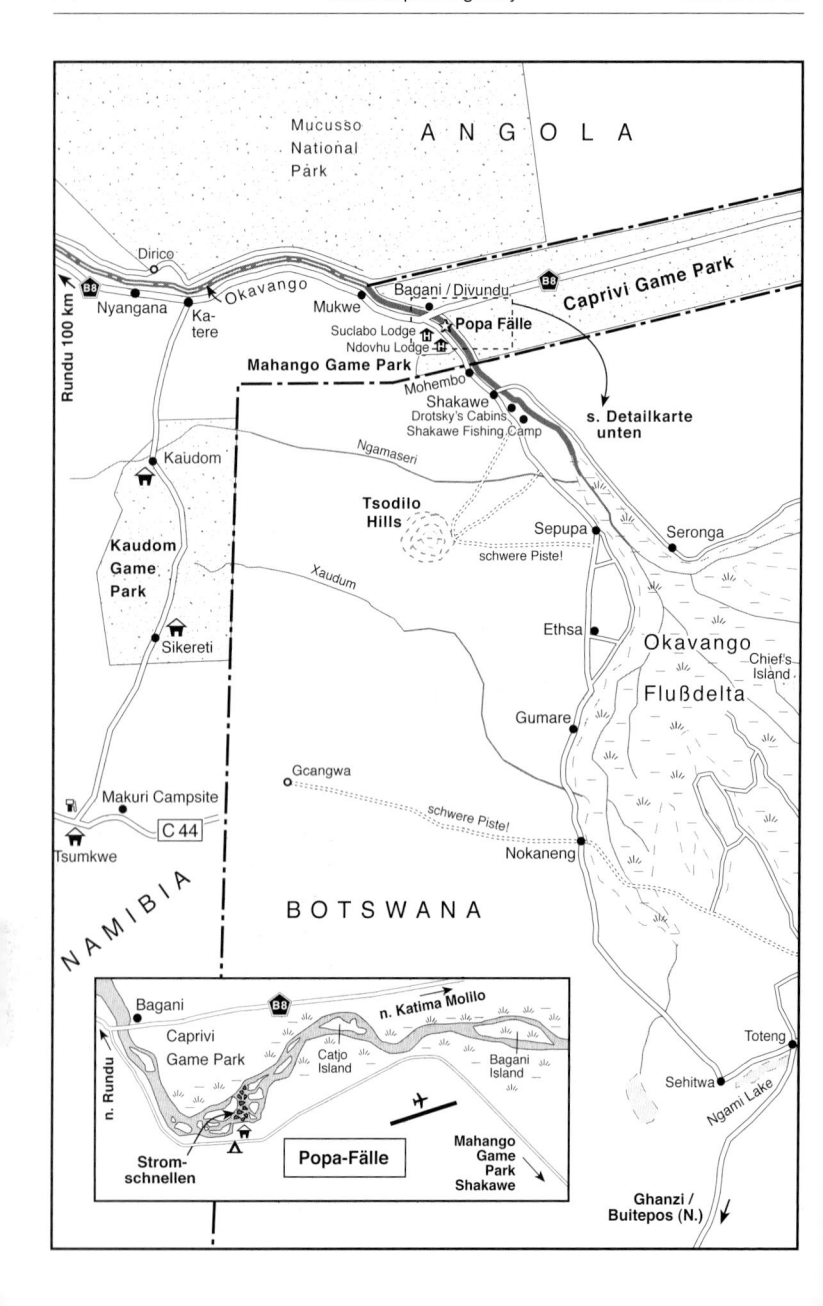

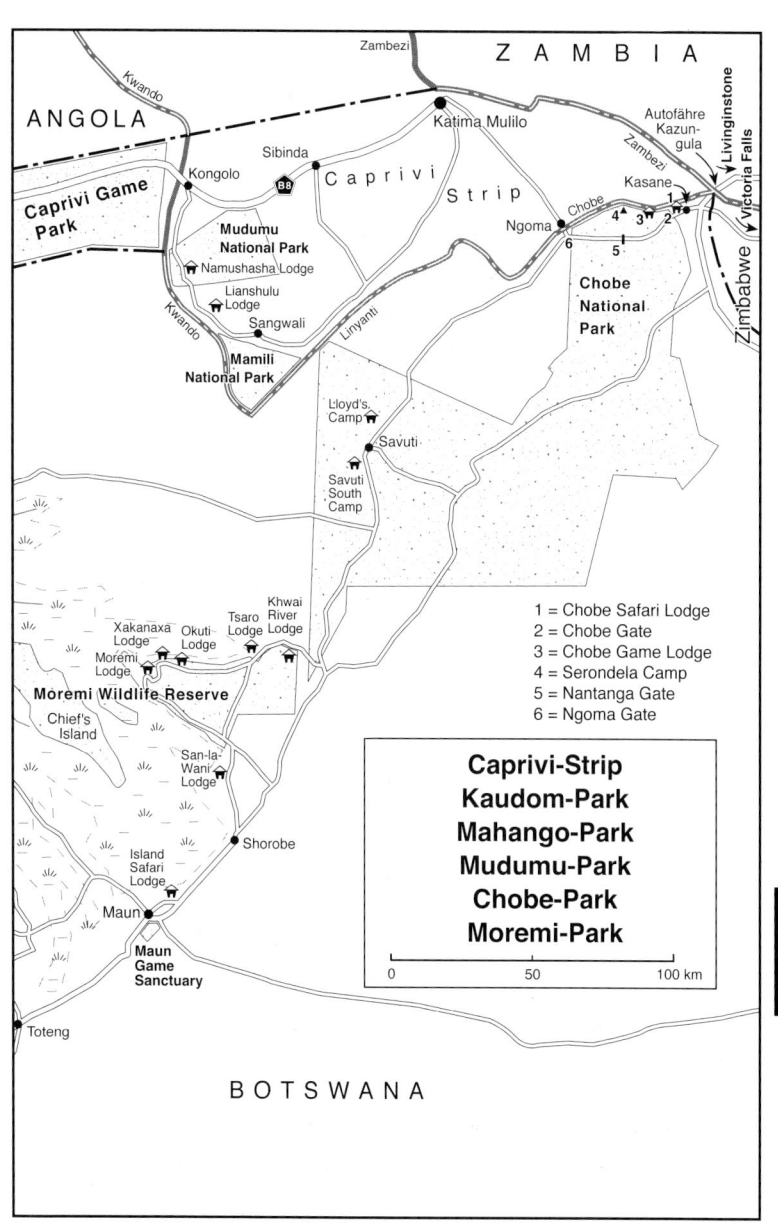

Karte S. 444/45 — Trans Caprivi Highway — **445**

1 = Chobe Safari Lodge
2 = Chobe Gate
3 = Chobe Game Lodge
4 = Serondela Camp
5 = Nantanga Gate
6 = Ngoma Gate

Caprivi-Strip
Kaudom-Park
Mahango-Park
Mudumu-Park
Chobe-Park
Moremi-Park

0 — 50 — 100 km

ROUTE 13

Popa-Fälle, Nhdovu Lodge

5 km am Kavango entlang bringen Sie zum Eingang des Rastlagers, Tagesbesucher der Fälle sind zugelassen (10 N$ p.P., 8 N$ Fahrzeug, von Sonnenauf- bis Sonnenuntergang).
Das großzügig angelegte Lager hat Bungalows und Stellplätze. Nachts kommen die Flußpferde bis an das Camp. Die Spuren am Kavango zeugen von der regen Freßtätigkeit der tagsüber im Wasser dösenden Tiere. Sie können ausgesprochen gefährlich werden, wenn ihnen der Fluchtweg zum Wasser abgeschnitten erscheint, und sie sind wesentlich schneller als ein Mensch.
Gehen Sie über die schmalen Steige bis zu den Stromschnellen, denn mehr sind die „Fälle" nicht („Popel-Fälle", sagte mal jemand), ihre Höhe beträgt hier, über mehrere Felsstufen hinweg, nur insgesamt 2,5 m). Die Besonderheit der Popa-Fälle ist jedoch, daß der Okavango hier klares Wasser führt und nicht, wie die anderen Fälle der Region, braunes Wasser hat (deshalb bezeichnet man die Popa Falls auch als „White Water Falls").
15 km hinter den Fällen liegt die **Nhdovu Lodge,** ein Zeltcamp (die letzten 2 km können während der Regenzeit für Pkw schwierig sein). Jedes Zelt hat seine eigenen Sanitäranlagen und eine kleine Terrasse, die einen herrlichen Blick über den Kavango und seine breiten Ufer bietet. Das nach allen Seiten offene Hauptgebäude dient als Aufenthaltsraum und Restaurant. Die Lodge liegt am Rand des Mahango-Wildparks. Bootsfahrten und Ausflüge mit dem Geländewagen an Elefanten und Büffeln vorbei stehen auf dem Programm.

Caprivi-Tierparks

Die Flüsse, ihre Deltas und Überflutungsebenen im Caprivi sind ein idealer Lebensraum für viele Tiere. Großwild, Vögel, Flußbewohner – alle fänden ein exzellentes Habitat, wäre nicht der Mensch. Die geschaffenen Zonen dienen dem Schutz der Tiere, nicht dem Vergnügen der Touristen. Mit dem **Mahango-Wildpark** wurde die westlichste Schutzzone im Strip eingerichtet. Der **Mudumu-Nationalpark** im Osten bildet die andere Seite. Der zwischen ihnen ausgewiesene **Caprivi-Wildpark** ist nicht mehr als eine schöne Namensgebung. Zu viele Menschen leben dort, als daß sich Tiere wohl fühlten und aufhielten. Deshalb bestehen Überlegungen, östlich und westlich des Caprivi-Wildparks Kernzonen zu bilden und diese mit den beiden dort vorhandenen Parks zu verbinden.
Eine weitere Zone soll am östlichsten Ende des Caprivi an den Ufern des Chobe gegründet werden; diese Flutgegend ist menschenleer. Um das Verständnis der einheimischen Bevölkerung für die Projekte zu wecken, wird versucht, in einigen Gegenden Touristenunterkünfte einzurichten, die von den Anwohnern selbst organisiert werden und von denen sie profitieren. Bislang wurde den Caprivianern immer nur ihr Lebensraum weggenommen – zugunsten der Tiere und der Touristen. Erst wenn die Einheimischen auch vom geplanten Touristenstrom im Caprivi profitieren, sind für sie z.B. die Elefanten, die sehr oft heillose Zerstörungen in ihren Pflanzungen anrichten, nicht nur eine Plage.

▲ Elefanten am Zambezi
▼ Die eleganten Springböcke

Mahango-Wildreservat

Der Mahango Game Park gehört zu den jüngsten und mit etwa 30.000 Hektar (der Fläche einer größeren Farm in Südnamibia) zu den kleinsten Naturschutzgebieten in Namibia. Seinen südlichen Rand bildet der Okavango, der zugleich als Grenzfluß zum benachbarten Botswana dient. Im Einzugsgebiet des Okavango findet man mit Ried- und Papyrus bewachsene Sumpfgebiete und Galeriewälder, weiter gegen Norden dann Gras- und Mopane-Baumsavanne.

Geschaffen wurde der Nationalpark zum Schutz von Tierarten, deren Zahl im Caprivi alarmierend gesunken ist, wie Pferde- und Rappenantilopen, Moorantilopen und Sitatunga (Sumpfantilopen). Darüberhinaus gibt es in der Trockenzeit eine für die Umwelt fast schon bedenklich große Elefantenpopulation. Weiter sind viele Flußpferde, Büffel und die großen und kleinen Raubtiere wie Löwen, Leoparden, Hyänen und Wildhunde zu sehen. In den Sumpfgebieten nisten seltene Vögel, wie der Scherenschnabel und Klunkerkranich.

Die Pisten im Park sind nur mit geländegängigen Fahrzeugen befahrbar und in der Regenzeit häufig überhaupt nicht passierbar! Die Hauptstrecke durch Mahango nach Shakawe (Botswana) sowie ein kurzer Abstecher ans Okavango-Ufer können meist auch mit einem Pkw bewältigt werden.

Reservierung, Unterkunft: Eine Genehmigung zum Besuch des Parks ist nicht notwendig. Eine Übernachtung im Park ist nicht möglich, Sie müssen dazu zurückfahren und sich in einer der Lodges auf der Strecke oder im Rastlager einquartieren.

Bagani – Mudumu National Park

Auf der B8 weiter geht es ab Bagani immer nur geradeaus, 195 langweilige Kilometer, bis zum Abzweig zum Mudumu- und dem Mamili-Nationalpark (die irgendwann einmal zusammengelegt werden sollen), beide südlich an der Grenze zu Botswana.

Auch der **Mudumu National Park** wurde erst 1990 als Naturschutzgebiet ausgewiesen. Der 85.000 Hektar große Park erstreckt sich vom Ufer des Kwando (der in seinem weiteren Verlauf dann Linyanti und in Botswana schließlich Chobe heißt) nach Osten, hinein in dichte Mopane-Baumsavanne. Ähnlich wie im Mahango-Park dominiert auch hier Ried- und Papyrusgras die Uferböschungen, und auch die Tierarten, die in Mudumu beheimatet sind, gleichen denen im West-Caprivi.

Lianshulu Lodge

Im Mudumu-Nationalpark befindet sich die einzige private Lodge Namibias, die eine Genehmigung für den Betrieb in einem solchermaßen geschützten Gebiet besitzt. Die **Lianshulu Lodge** liegt 37 km abseits der Hauptstraße, direkt am Fluß Kwando (der weiter nördlich als Cuando die Grenze zwischen Angola und Zambia zieht). Die Ausflüge im Boot auf dem Kwando, mit Flußpferden und Krokodilen, und im Geländewagen mit den Tieren, die man von dort aus sieht, sind nicht nur schön, sondern auch ausgesprochen informativ, da der Führer über die Tier- und Pflanzenwelt wirklich zu berichten weiß. Man erfährt, welche Pflanzen bei Magenleiden helfen (wer will, darf sie essen), aus welchem Busch Seile hergestellt werden, warum Elefanten nicht an Malaria erkranken, daß die Bäume aus den Termitenhügeln nachträglich wachsen (nicht umgekehrt) und vieles mehr.

Mamili National Park

Der Kwando/Linyanti verläuft entlang der botswanisch-namibischen Grenze zunächst nach Süden, um sich schließlich in einer scharfen Kehre wieder nach Nordosten zu wenden. In diesem Knie hat der Fluß sich in eine Vielzahl einzelner Wasserläufe aufgefächert, die ein einzigartiges Sumpfgebiet hervorgebracht haben. Die Linyanti-Sümpfe bilden den Kern des 35.000 Hektar großen Mamili-Nationalparks.

Die besondere Topographie des Parks macht einen Besuch mit eigenem Fahrzeug unmöglich. Im Mamili werden die Game drives per Motorboot oder Mokoro veranstaltet. Unterkunftsmöglichkeiten gibt es nur im nördlich davon gelegenen Mudumu-Nationalpark (s.o.).

In der Trockenzeit sind die mit Bäumen (wilde Dattelpalmen, Apfelblatt) bewachsenen „Inseln" von weiten, offenen Grasflächen umgeben. In den riedbewachsenen Kanälen und Tümpeln dösen Flußpferde vor sich hin, während Elefantenherden majestätisch das zarte Blattwerk von Büschen und Bäumen äsen. Sobald Regen fällt, verwandeln sich die Sümpfe in riesige Wasserflächen, aus denen nur noch vereinzelte Bauminseln aufragen.

Neben Löwen, Büffeln, Leoparden, Hyänen und wilden Hunden bekommt man mit etwas Glück auch die seltene Sitatunga zu Gesicht, eine Antilopenart, die hervorragend schwimmen kann und mit ihrem zotteligen, langen Fell und den breiten Hufen an das Leben im Sumpf angepaßt ist.

Vogelbeobachter werden im Mamili eine Unmenge seltener Arten beobachten können, darunter den Fischadler, die Afrikanische Zwerggans und den Klunkerkranich.

Reservierung für Mudumu und Mamili: Eine Genehmigung zum Besuch von Mudumu und Mamili ist nicht notwendig.
Unterkunft: Lianshulu Lodge (Mudumu-Nationalpark)

Bei der Rückfahrt von der Lianshulu Lodge kommen Sie nach 8 km bei einem Dorf namens **Lizauli** vorbei. Als Projekt zur Einbindung der hier ansässigen Bafue in den Tourismus genießt es Modellcharakter. Gegen ein geringes Eintrittsentgelt (und vielleicht eine Spende in eine Box) werden Tänze vorgeführt, der Medizinmann erklärt traditionelle Heilungsmethoden und die Gerätschaften des täglichen Gebrauchs werden demonstriert. Die Hütten sind um das zentrale Gebäude angeordnet, das Großküche für die Dorfbewohner und Versammlungsort gleichzeitig war.

110 km hinter dem Abzweig zum Mudumu-Nationalpark gelangt man an den Ortseingang von Katima Mulilo. Der Zambezi ist erreicht, der längste Fluß des südlichen Afrika.

Katima Mulilo

Katima Mulilo ist das wirtschaftliche Zentrum der Ostregion des Caprivi, hier läuft der Verkehr aus Zambia, Botswana und Zimbabwe nach Westen zusammen. Auf dem Marktplatz gibt es einen der wenigen afrikanischen Märkte unter offenen Himmel in Namibia, von der einzeln verkauften Zigarette bis zum Trockenfisch ist alles zu haben. Die Supermärkte sind gut sortiert, Bäckerei, Metzger, Banken – es ist alles da, was das Herz begehrt. Zur Zeit gibt es aber nur eine Übernachtungsmöglichkeit, die **Zambezi Lodge.** Ihre Bungalows gehen Richtung Fluß, der Zeltplatz ist direkt am Ufer (ein Hinweisschild warnt vor Langfingern aus Zambia, die sich nachts mit Booten anschleichen und alles mitnehmen, was nicht niet- und nagelfest ist!). Auf die Tische des Restaurants kommen Steaks, die über den Tellerrand lappen.

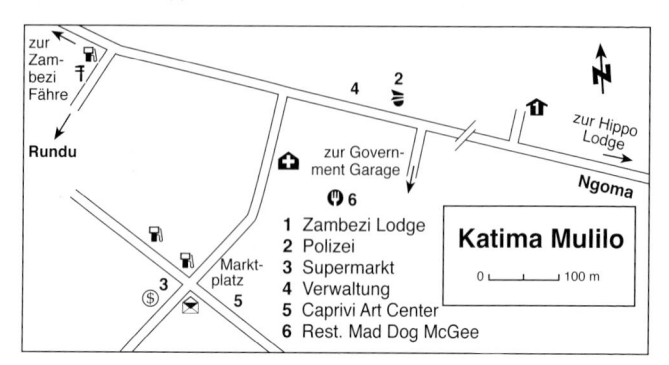

Katima Mulilo

1 Zambezi Lodge
2 Polizei
3 Supermarkt
4 Verwaltung
5 Caprivi Art Center
6 Rest. Mad Dog McGee

Attraktion der Lodge ist die Zambezi Queen, ein großes Flußschiff, das, man glaubt es nicht, sozusagen in Heimarbeit nach eigenen Plänen des Lodge-Besitzers und mit nur acht Angestellten in einem Jahr gebaut wurde. 13 Kabinen, Aufenthaltsräume, Restaurant, alle technischen Finessen einer Yacht – der Standard entspricht 5 Sternen, was natürlich auch seinen Preis hat – ca. 400 US$ pro Person und Tag! Leider können die 4- und 8-Tages-Kreuzfahrten wegen des Wasserstandes nur in den Monaten Februar bis Mai stattfinden.

Unterkunft	Zambezi Lodge. Hippo Lodge, Caprivi Cabins, Kalizo Lodge (25 km außerhalb)
Essen	Zambezi Lodge, Mad Dog McGee
Golf	Golf Club, P.O. Box 163, Katima Mulilo; Tel. 0677-3163
Gesundheit	State Hospital; Tel. 0677-3012
Einkaufen	Caprivi Arts Center (Nacobta Project), Olifant Street, gegenüber dem Marktplatz

Richtung Grenze Botswana

Verlassen Sie Katima Mulilo auf der B8 Richtung Südosten. Nach etwa 10 km hört der Teer auf, Sie fahren auf Piste mit teilweisem Wellblech weiter. Bei Km 15 nach Katima führt links eine Piste zur **Kalizo Lodge** (40 km). Nach 17 km ist ein Ort zu erahnen (Bukalo), und 26 km weiter erreichen Sie den namibisch/botswanischen Grenzposten **Ngoma**. Hier haben Sie Anschluß an die Route 15.

Route 13a: Hinterland ist Farmland

Grootfontein – Tsintsabis – Tsumeb

Km	Abzweig	Ort	Sehenswert	Übernachtung	GPS
Km 0, B8 Teer nach NO		Grootfontein T+V	s. Route 13	s. Route 13	19 33 51 18 06 15
Km 5, Straße 73 Piste nach N					19 31 32 18 08 09
Km 13, D2848 Piste nach O					19 27 11 18 07 39
Km 51, D2855 Piste nach N					19 10 06 18 19 08
Km 83				Koukuas Gästefarm	
Km 84			Baobab (1 km)		18 53 06 18 19 15
Km 86, D3016 Piste nach W					18 51 56 18 19 26
Km 128			Muramba Bushman Trails	Muramba Bushman Trails	18 47 57 18 01 03
Km 134, Straße 75 Piste		Tsintsabis			
Km 158	La Rochelle Gf. Km 0 Farmstr. Km 6			La Rochelle Gf.	
Km 188 Teer					
Km 196		Tsumeb, T+V	s. Route 7	s. Route 7	19 13 52 17 42 31

Grootfontein – Tsumeb

In Grootfontein (s. Route 13) haben Sie Anschluß an die Route 13. Verlassen Sie Grootfontein auf der B8 nach Nordosten. Nach 5 km erreichen Sie die Piste Straße 73, der Sie nach Norden folgen. 8 km weiter biegen Sie in die Piste D2848 nach Osten ein und nach 38 km in die Piste D2855 nach Norden.

33 km hinter der letzten Abbiegung kommen Sie an einen kleinen Parkplatz mit Hinweisschildern auf das Nationale Monument Baobab. Sie gehen etwa 1000 m zu Fuß über privates Farmgelände durch den Busch und sehen den Baum vor sich.

Muramba Bushman Trails

2 km nach der Weiterfahrt biegen Sie in die D3016 nach Westen ab und über **Tsintsabis** erreichen Sie auf der Straße C75 nach 110 km Tsumeb. Wer sich für die Kultur der San interessiert, kann 6 km vor Tsintsabis einen Übernachtungsstopp bei Muramba Bushman Trails auf der Farm von Reinhard und Yvonne Friederich einlegen (nur nach telefonischer Voranmeldung unter 067-220659).

Reinhard Friederichs Familie lebt bereits seit drei Generationen auf dieser Farm, ebensolange beschäftigt man hier auch Heikum-Buschmänner als Farmarbeiter. Friedrich ist unter den San aufgewachsen, hat dabei ihre Sprache gelernt und kennt wohl wie kaum ein anderer das traditionelle Leben der Wildbeuter. Seit einigen Jahren betreibt er nun ein Tourismusunternehmen, in dessen Mittelpunkt die San stehen. Er organisiert ein- oder mehrtägige Wanderungen auf dem Farmgelände unter Führung von Buschmännern. Dabei erfährt man interessante und spannende Details – aus welchen Pflanzen das tödlich Pfeilgift gewonnen wird, wie Fallen gestellt oder Spuren verfolgt werden.

Als Übernachtungsmöglichkeit stehen im Stil der San gebaute Hütten mit Gemeinschaftsdusche und -WC zur Verfügung. Der Preis für eine eintägige Wanderung beträgt inkl. Mittagessen 115 N$ p.P. (bei bis zu 4 Teilnehmern; je größer die Gruppe, desto preiswerter wird's). Die Übernachtung in einer Hütte (Selbstverpflegung) kostet 75 N$ p.P im DZ, Zeltplätze sind ebenfalls vorhanden.

Tsumeb (s. Route 7)
Hier haben Sie Anschluß an die Route 7.

Exkurs: Der Baobab

Um den **Affenbrotbaum** ranken sich viele Legenden, er gilt als die Pflanze, die sich aus der fernen Vergangenheit in die Gegenwart herübergerettet hat. Auf 4000 Jahre und mehr ist das Alter einiger Exemplare mit der Radio-Karbon-Methode bestimmt worden, pro Jahr vergrößert sich der Durchmesser durchschnittlich nur um 2,5 mm Millimeter, bei den gigantischen Ausmaßen der Bäume eine schier unglaublich niedrige Wachstumsrate! In ihrer Jugend – die ersten 270 Jahre – wachsen sie etwas schneller, bis der Stamm 2 m Durchmesser besitzt. Ausgewachsen können sie bis zu 9 m Durchmesser und einen Umfang von 45 m erreichen – ein Dinosaurier der Pflanzenwelt. Mit seinen relativ dünnen Ästen auf dem riesigen Stamm erinnert der Baobab an einen auf dem Kopf stehenden Baum.

Da die jungen Baobabs eine andere Blätterform als die älteren besitzen, glauben die Buschleute, daß die Bäume nicht auf der Erde wachsen, sie fielen kopfüber vom Himmel. David Livingstone, der englische Afrika-Forscher und Entdecker, bezeichnete den Baum als „gigantische, umgedrehte Karotte".

Im Leben der Einheimischen spielt der Baobab auf mehreren Gebieten eine wichtige Rolle, nämlich als Nahrungsmittel, als Medizin und als Objekt der Naturreligionen und Legenden: Das Fruchtfleisch kann als Getreideersatz für Brot verwendet werden und als Basis für ein erfrischendes Getränk (der Gehalt an Vitamin C ist außerordentlich hoch). Die Samen ergeben geröstet einen Kaffee-Ersatz, die Schößlinge werden als Spargel gegessen und sogar die Asche ist nützlich: sie dient als Salz zum Würzen der Speisen. Die Blätter helfen gegen Durchfall und Fieber und die Samen enthalten ein Alkaloid, das den Herzschlag verlangsamt und das auch als Pfeilgift genutzt wird.

Wer die weißen Blüten pflückt, wird von Löwen gefressen, wer die Samen in Wasser gibt und dieses trinkt, wird nicht von Krokodilen angefallen, und als die Götter zu Anbeginn jedem Tier bestimmte Samen gaben, auf daß diese sie pflanzen und gedeihen ließen, erhielt die Hyäne den Samen des Baobab. Sie stand aber als letztes Tier, das bedacht wurde. Darüber war sie so verärgert, daß sie den Baum verkehrt herum wachsen ließ.

Baobab-Blüte

Route 13b: Tiefer Sand und wilde Tiere – das Kaudom-Tierreservat

Grootfontein – Tsumkwe – Kaudom – Katere

Km	Abzweig	Ort	Sehensw.	Übernachtung	GPS
Km 0, B8 Teer nach N		Grootfontein, T+V	s. Route 13	s. Route 13	19 33 51 18 06 15
Km 15	Dornhügel Gf. Km 0 D2844 Teer Km 4 Piste Km 22			 Dornhügel Gf.	19 29 52 18 13 23 19 28 55 18 24 53
Km 56 C44 Piste					19 14 33 18 30 05
Km 131		Disease Control Tor			
Km 142				Omatako Valley Rest Camp	
Km 279	Homasi Baobab Km 0 Piste nach O	Tsumkwe		Tsumkwe Lodge Makuri Camp (33 Km im Osten)	19 35 30 20 30 11
	Km 12,6 nach S				19 35 05 20 37 19
	Km 23,1 nach SO		Hohler Baobab		19 40 40 20 37 05
	Km 24 nach O	Windrad			19 40 59 20 37 23
	Km 25 nach NNO				19 40 38 20 37 52
	Km 29 nach NO		Riesiger Baobab		19 38 56 20 39 25
	Km 33 nach N				19 37 41 20 41 09
	Km 37 nach Tsumkwe nach W				19 35 35 20 40 36
Km 280, Piste nach NO					19 35 25 20 30 13
Km 305	Abzweig nach Xaxoba				19 18 05 20 38 09
Km 315	Zum Durstlandtrekker-Baobab				19 18 05 20 38 09
Km 329, Piste wendet nach N					

Km	Abzweig	Ort	Sehensw.	Übernachtung	GPS
Km 332		Parkeingang			19 10 00 20 42 13
Km 333				Sikereti Rastlager	19 06 16 20 42 17
Km 338		Tsotsana			19 03 20 20 42 57
Km 363	Tarikora Wasserstelle Km 0 Piste nach S Km 7,5 Km 11	Dussi Wasserst. (2 km) Wasserst. Tarikora Wasserst.			18 50 56 20 47 01 18 53 40 20 52 14
Km 385	Leeupan Wasserst. Km 0 Piste nach O Km 2 Km 12,5	 Tsau Wasserst. Leeupan Wasserst.			18 40 44 20 44 04 18 41 00 20 45 19 18 43 18 20 51 42
Km 396	Burkea Wasserst. Km 0 Piste nach W Km 6	 Burkea Wasserst.			18 35 10 20 44 49
Km 406 Piste nach W					
Km 407 Piste nach N					
Km 409 Piste nach rechts Richtung Kaudom					18 30 34 20 43 31
Km 412 zurück		Kaudom		Kaudom Rastlager	18 30 14 20 45 11
Km 415, Piste nach Katere					18 30 17 20 44 22
Km 423, Piste nach W					18 26 25 20 43 59
Km 425, Piste nach N					18 26 26 20 42 49
Km 471		Katere/ Kreuzung mit der B8			18 03 16 20 46 35

Achtung: Strecke nur für Allrad-Fahrzeuge!

Grootfontein – Kaudom Game Park

In Grootfontein (s. Route 13) hat man Anschluß an die Routen 13 u. 13 a.
Vorbereitungen: Die Fahrt durch das **Kaudom-Tierreservat** unterliegt strengen Restriktionen, die dem Schutz der Reisenden dienen. Geländewagen sind obligatorisch, Anhänger verboten, mindestens zwei Fahrzeuge sind vorgeschrieben. Eine Buchung im zentralen staatlichen Reservierungsbüro muß in den Camps vorgewiesen werden. Nehmen Sie genügend Vorräte und Wasser für drei Tage mit. In Tsumkwe ist meist **kein** Treibstoff erhältlich!
Von der Einmündung der C44 nördlich von Grootfontein in die B8 sind es 100 km zur nächsten sicheren Tankstelle in Rundu. Mögen die Entfernungen auch gering erscheinen – Sie befinden sich in unberührter Wildnis und sind auf sich alleine gestellt. Die Tiere sind bei weitem nicht so an Menschen gewöhnt, wie z.B. in Etosha, seien Sie also vorsichtig, hier gibt es Löwen und, je nach Jahreszeit, über tausend Elefanten!
Der Sand im Reservat ist tief und schwer. Die Fahrzeuge quälen sich hochtourig und langsam (etwa 10 km/h) über die Pisten, die eher knietief mit Sand aufgefüllten Kanälen gleichen als einem trassierten Weg. Schützen Sie den Kühler mit einem Gaze-ähnlichen Material gegen die Grasspelzen, oder Sie werden die Frontverkleidung abbauen und die Kühlerlamellen von Hand reinigen müssen. Wer feststeckt und ohne Begleitfahrzeug unterwegs ist, muß sich zu Fuß zum nächstgelegenen Camp durchschlagen und von dort versuchen, die Gabus-Garage in Rundu zu informieren; sie besitzt einen Unimog, der in der Lage ist, Fahrzeuge aus dem Kaudom herauszuschleppen (s.u. Abschleppdienste).

Grootfontein – Tsumkwe

Verlassen Sie Grootfontein auf der B8 nach Norden und biegen Sie nach 56 km in die C44 Richtung Tsumkwe ein. Nach 21 km erreichen Sie das Tor der Disease Control. Durch lockere Baumsavanne auf sandigen Böden mit hohem Gras und an einigen kleinen Siedlungen vorbei geht es auf 150 km nach Tsumkwe.

Tsumkwe

Tsumkwe liegt mitten im Buschmannland. Es ist die „Hauptstadt" der San. Einige Gebäude der Administration, Polizei, Hospital und eine Nebenstelle des Ministeriums für Umwelt und Tourismus stehen an der „Hauptstraße".
Ansonsten erstreckt sich die Streusiedlung mit ihren einfachen Hütten in den Busch hinein. Übernachtungsmöglichkeiten gibt es in der Tsumkwe Lodge und in dem östlich gelegenen Makuri Camp Site, ansonsten ist freies Campen angesagt, z.B. beim hohlen Baobab auf dem Weg zu dem gigantischen Baobab Homasi, östlich von Tsumkwe. Gezeltet werden darf außerhalb des Kaudom Tierreservates prinzipiell überall, achten Sie aber auf Tierpfade. Campen an Wasserlöchern versperrt den Tieren den Zugang zum Wasser, also vermeiden. Auch sollte man von Buschmann-Siedlungen gebührend Abstand halten, d.h. die „Höflichkeitsgrenze" nicht unterschreiten.

Zum Baobab Homasi

Der Baum ist relativ schwierig zu finden, da sich viele Pisten kreuzen und gabeln, ein Kompaß ist deshalb hilfreich. Verlassen Sie Tsumkwe auf der C44 nach Osten. Nach 12,6 km führt eine kleine Piste nach Süden. Folgen Sie ihr auf 10,5 km und Sie erreichen den Hohlen Baobab. Flüsterpropaganda hat den Platz zu einem beliebten Übernachtungsziel gemacht (nehmen Sie Abfälle wieder mit, eingebuddelten Müll graben die Tiere aus!). Nach 1 km bei einem Windrad und der Buschmann-Siedlung Tsokwe halten Sie sich für 1 km nach Osten und dann nach Nordnordosten. Nach 4 km sind Sie beim **Baobab Homasi.** Der Gigant hat einen Umfang von 32 m. Die C44 ist 6 km weiter erreicht, und von dort nach Tsumkwe sind es 22 km.

■ Gigantisch: Der Homasi-Baobab

■ Die San – eine Kultur stirbt

Exkurs: San - eine Kultur stirbt

Spätestens in Tsumkwe wird jedem Besucher deutlich, was es mit dem „Sterben" der San-Kultur auf sich hat. Um den Bottle Store lungern apathische Männer und Frauen herum; San in zerschlissenen Klamotten aus europäischen Altkleidersammlungen versuchen, ihre letzten traditionellen Habseligkeiten zu Geld zu machen. Einige Kilometer weiter, in den Busch verstreuten Siedlungen, scheint die Welt zwar noch in Ordnung – aber wie lange noch? Die traditionelle Ernährung von der Jagd – den hier lebenden San wurde sie verboten. Aus dem Naturschutzgebiet des Kaudom mußten die meisten ausziehen, und nur noch knapp zweitausend San der Juwasi haben weiterhin das Recht, mit Pfeil und Bogen und zu Fuß wie ihre Vorväter auf Pirsch zu gehen.

Seit der Einwanderung der anderen namibischen Volksgruppen – der Herero, Nama und Ovambo – sind die San immer tiefer in Regionen zurückgewichen, die ihnen kaum noch genügend Raum und Nahrung bieten. Die weiße Landnahme tat ihr übriges, den Lebensraum der Jäger noch weiter einzuschränken, und seit der Unabhängigkeit Namibias schielt auch die junge Regierung nach dem fruchtbaren Veld im ehemaligen Reservat „Buschmannland", wo man immer wieder versucht, neues Farmland für Herero-Viehzüchter auszuweisen.

Die San selbst scheinen diesem Verdrängungsprozeß weitgehend hilflos gegenüberzustehen, und seitdem sie Bekanntschaft mit dem Alkohol gemacht haben, den fahrende Händler ihnen verkaufen, ist auch die letzte Spur von Widerstandsbereitschaft geschwunden. Eine Lobby haben die kleinen Wildbeuter traditionell bei den weißen Farmern und Jägern gefunden, die von den Überlebensfähigkeiten der Buschmänner fasziniert sind. Deren Engagement, das auch zur Gründung mehrere Stiftungen wie Ombili (s.S. 361) geführt hat, ist zu danken, daß das Thema Buschleute immer wieder an die Öffentlichkeit gelangt.

Seit den 50er Jahren arbeitet auch die Niaye-Niaye-Foundation im Buschmannland. Gegründet wurde sie von dem amerikanischen Dokumentarfilmer John Marshall, dessen Familie zahlreiche grundlegende ethnologische Arbeiten über die San publiziert hat. Ziel von Niaye-Niaye (benannt nach der gleichnamigen Pfanne östlich von Tsumkwe) ist die Einführung der Viehzucht, durch die die Juwasi eine neue Ernährungsbasis erhalten sollen. Einfach ist die Umstellung vom Jäger zum Viehhirten sicher nicht, und von den ersten 400 Rindern, die von der Stiftung angeschafft wurden, verschwand ein guter Teil im Busch und fiel den Raubtieren zum Opfer. Die San hatten ihre Herden nicht sorgfältig genug gehütet, zudem sind namibische Rinder daran gewöhnt, auf den relativ sicheren Farmgeländen tagelang durch die Wildnis zu streifen und nur zum Trinken an die Wasserlöcher zu kommen – im Buschmannland mit seinem großen Wildbestand eine verhängnisvolle Neigung.

Das traditionelle Jäger- und Sammlerleben aufrechtzuerhalten scheint unmöglich – zu klein ist die Territorien und zudem durch Grenzziehung (Botswana, Angola) versperrt. Seßhaftigkeit ist also angesagt, und dies zerstört nicht nur die traditionelle Lebensform, sondern auch die daran gebundene Sozialstruktur. Nicht mehr die Ältesten, sondern junge, engagierte Führer sind gefragt, sich mit den Tücken der parlamentarischen Demokratie zurechtzufinden.

Noch mehr Verantwortung, aber auch die Perspektive auf mehr Autonomie versprechen 1996 verabschiedete Gesetze, mit denen allen Kommunalländern (den ehemaligen Homelands) ein größeres Recht auf Selbstverwaltung ihrer Region eingeräumt wurde. Für die San im Buschmannland heißt dies zum Beispiel, daß sie künftig die Konzessionen zur touristischen Nutzung ihres Landes selbst werden vergeben dürfen und davon auch direkt profitieren werden. Dies setzt allerdings voraus, daß die verschiedenen Gruppen sich auf eine gemeinsame Verwaltung einigen können. Die lockeren Familienverbände der San müssen zu einer neuen, übergreifenden Organisationsform finden, sonst können sie ihre Rechte gegenüber der Zentralregierung nicht geltend machen. Im Augenblick funktioniert dies aber nur mit Unterstützung von „draußen".

Vom alten Leben wird sich wohl nicht vieles hinüberretten lassen in die moderne Welt. Es ist eine große Chance für einen Neuanfang, aber auch das Ende der Traumzeit? Bleibt zu hoffen, daß zumindest die Kinder, die nun regelmäßig eine Schule besuchen können und lesen und schreiben lernen, später als mündige Staatsbürger die Interessen ihrer Väter im modernen Namibia selbst werden vertreten können.

Tsumkwe – Kaudom

Von der Hauptkreuzung in Tsumkwe an der C44 halten Sie sich nach Nordosten. Die Piste ist fest mit einigen Sandstrecken, die aber gut und zügig zu durchfahren sind. Erst später kommt es schlimmer!
Nach 25 km erreichen Sie einen Abzweig zu einem Buschmann-Dorf (Xaxoba), und 10 km weiter den Abzweig zum Dorslandtrekker-Baobab nach Südosten. Die Durstlandtrekker kamen auf ihrem Weg nach Angola hier vorbei (s.a. „Durstlandtrekker" S. 439).
14 km hinter dem Baobab-Abzweig, wendet sich die Piste nach Norden, und 3 km weiter ist der Eintritt in den Kaudom beschildert. Nach 7 km ist Sikereti erreicht.

Der Kaudom-Wildpark

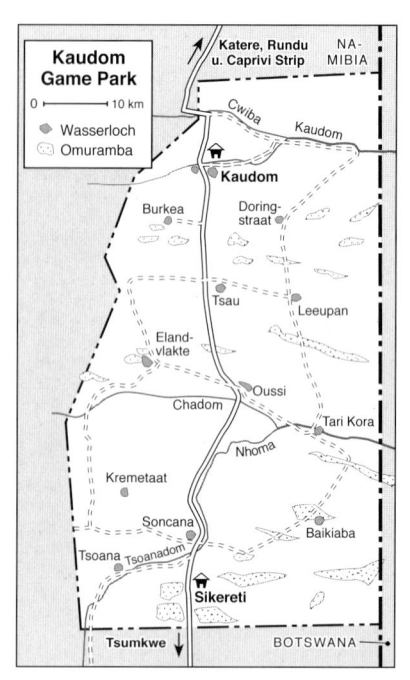

Melden Sie sich im Büro von Sikereti. Die kleinen Hütten stehen in einem Wäldchen und sind mit Metallgestellen mit Matratzen und mit einem Tisch und Stühlen möbliert. Eine Feuerstelle, für die das Holz bereit gelegt wird, und ein Wasserhahn außerhalb komplettieren die zivilisatorischen Errungenschaften. Um an das Wasser zu gelangen, muß erst eine schwere Eisenplatte, die in ein Betonkarree eingelassen ist, hochgewuchtet werden. Die Ranger waren es müde, die von den Elefanten zerstörten Zapfanlagen dauernd reparieren zu müssen und so wurde die elefantensichere Lösung kreiert. Damit ist die erste existenzielle Krise des Touristen programmiert.
Die zweite kommt am nächsten Tag zum Ausbruch, wenn sich das Fahrzeug durch den sandigen Boden des Busches quält. Vierradantrieb, Untersetzungsgetriebe, Differentialsperren, sämtliche Register werden gezogen, trotzdem wankt der vollbeladene Wagen müde und langsam durch das hohe Gras von Wasserstelle zu Wasserstelle und dem Lager Kaudom entgegen.
Wer auf der Fahrt nach Norden auf die Idee kommt, an einem so idyllischen Platz wie der Löwenpfanne (Leupan) seinen Tank aus den mitgeführten Kanistern nachzufüllen, sollte die Mitfahrer bitten, ein Auge auf etwaige interessierte Großkatzen zu haben (besser rechtzeitig nachtanken).
Schließlich ist das Camp Kaudom erreicht. Die inzwischen leicht baufälligen Hütten sind nur äußerst spärlich eingerichtet. Dafür entschädigt der

fantastische Blick über das Rivier des Kaudom im Sonnenuntergang. Das Lagerfeuer lodert und schreckt (hoffentlich!) die wilden Tiere ab, das Abendessen ist gerichtet, die Flasche Wein wird geöffnet, man genießt das Leben, das Reservat ist durchquert, das Schlimmste überstanden – weit gefehlt!

Der ekelhafteste Teil der Strecke kommt erst noch auf den letzten 50 km, bis man die B8 erreicht hat. Vier bis fünf Stunden, ohne Pause, um den Motor abzukühlen, dauert die Fahrt durch den Dornenbaumbusch, der die Sicht nach links und rechts begrenzt, ein Tunnel mit tiefem, schwerem Sand. Ganz plötzlich dann öffnet sich der Busch, man glaubt erst nicht, daß es so etwas Gesegnetes wie Asphalt geben kann!

Katere und die B8 sind erreicht. Hier hat man Anschluß an die Route 13.

Exkurs: Wie man in der Wüste (über)lebt – Buschmänner

Wasser ist rar in der Wüste. Pflanzen speichern es und der Boden. Der Buschmann gräbt sich ein Loch in einem ausgetrockneten Flußbett, bis er an der wasserundurchlässigen Grundschicht ist. Er stellt ein hohles Elefantengras hinein, dessen unteres Ende von einer Kugel aus dünnem Gras umhüllt ist, so daß kein Sand eindringen kann. Das Loch wird zugeschaufelt. Nun schaut nur noch das obere Ende des Elefantengrases heraus. An diesem saugt der Buschmann. Es entsteht ein Vakuum, das Restwasser im Sand wird in der Höhle im Sand gesammelt und durch das Rohr nach oben gezogen. Damit das Vakuum nicht zusammenfällt, muß ohne Unterbrechung gesaugt werden, der Buschmann läßt das Wasser deshalb seitlich aus dem Mund in ein Behältnis rinnen. Bis zu 5 Liter kann er so pro Tag sammeln.

Der Baobab hat in den Astgabeln Hohlräume, aus denen ebenfalls Wasser gesaugt werden kann. Um es zu lagern, wird es in Straußeneier gefüllt und vergraben.

Bevor der Buschmann verdurstet, destilliert er sich seinen Urin zu einem Überlebensgetränk: eine Halbschale einer Melone erhält am Rand aus Blättern eine Auffangrinne und wird dann über eine Kuhle mit dem Urin gestülpt. Durch Verdunstung und Kondensation entsteht ein Getränk. Man kann auch den anverdauten Mageninhalt eines erjagten Tieres durch ein Grasgeflecht pressen; Mangels Wasser zu sterben, ist sicher qualvoller.

Jeder Europäer wäre im Busch rettungslos verloren. Die ihn bewohnen, kennen alle Pflanzen und wissen sie zuzubereiten. Mehl wird gewonnen, so etwas ähnliches wie Kaffee und Schokolade. Wer weiß wo, kann sich seine Bonbons vom Baum pflücken: Insekten lassen sich auf den Blättern des Mopane-Baumes nieder und saugen Flüssigkeit heraus. Aus den winzigen Löchern tritt Pflanzensaft aus und kristallisiert zu Fruchtzucker.

Die Buschleute kennen Kopfschmerzmittel, Pflanzen gegen Entzündungen, Magen- und Darmkrankheiten, sogar gegen Bilharziose soll es etwas geben. Die Schulmedizin muß aber nicht verzweifeln, zusehends wird das Wissen weniger und weniger. Die Buschleute sind mehr an den Segnungen der Zivilisation interessiert, als am Wissen, an der Kunst und den Traditionen ihrer Gesellschaft. Wer mag es verübeln, ein früheres Leben ist karg und entbehrungsreich. Die Idylle des einfachen und glücklichen Überlebens in der Unwirtlichkeit ist die phantasierte Idylle des Weißen Mannes – sie hat für Buschleute nie existiert.

Die Tier- und Pflanzenwelt des Kaudom

Kaudom liegt im nördlichen Teil der Kalahari und besitzt die für diese Region typische Vegetation mit zum Teil außerordentlich hohen Bäumen und weiter Buschsavanne. Das Gelände ist weitgehend eben, modelliert nur durch die nord-südlich verlaufenden Dünenstränge, die mit dichter Vegetation bedeckt sind. Mehrere große Riviere, hier Omuramba (Plur.: Omiramba) genannt, durchschneiden den Wildpark und versorgen Pflanzen und Tiere mit dem feuchten Naß: der Omuramba Nhoma, dessen Lauf die Hauptpiste auf den ersten knapp 20 Kilometern von Sikereti nach Norden folgt, der Chadom (West-Ost-Verlauf) und im nördlichen Teil des Wildparks der Kaudom, an dessen Uferbank das gleichnamige Camp errichtet wurde. Die Riviere sind Teil eines großen Wasseradersystems, das sich im Becken des Okavango (Botswana) sammelt. Steigt nach den Regenfällen der Wasserstand, beginnen auch die Omiramba zu „fließen". Unterirdisch bahnt sich das Wasser seinen Weg und tritt an einigen Stellen zu Tage, bildet Tümpel.

Die Vegetation im Kaudom ist dicht, und nach den Sommerregen steht das Gras hüfthoch – dann ist es nahezu unmöglich, Wild zu beobachten! In der Trockenzeit gibt es dagegen einiges zu sehen: Neben Elefanten, Giraffen und den großen Antilopen wie Kudu und Eland finden sich auch Sumpfantilopen und Riedböcke ein. Löwen, Leoparden, Tüpfelhyänen und die seltenen Wildhunde kann man ebenfalls im Kaudom zu Gesicht bekommen – manchmal näher, als einem lieb ist, denn die Camps sind nicht eingezäunt! Essensabfälle, die verführerischen Wasserleitungen oder einfach nur Neugier locken immer wieder nächtliche Besucher an.

Faszinierend ist die Vielfalt der bis zu 20 m hohen Bäume: Dolfholz (auch „wilder Teak" genannt), Seringa, Manketti und Copalwood, der wegen seiner Ähnlichkeit mit dem schmetterlingsblättrigen Mopane häufig auch „falscher Mopanebaum" genannt wird, bilden ein schattiges Dach. Durch das filigrane Blattwerk zeichnen die Sonnenstrahlen immer neue Muster auf den sandigen Boden. In diesem diffusen Licht eine Giraffe zu erkennen, ist fast unmöglich! Die besten Chancen zur Tierbeobachtung bieten sich daher auch entlang der Omiramba und an den Wasserstellen: Leupan wird, wie der Name schon sagt, häufig von Löwen besucht, bei Elandsvlakte haben Sie vielleicht das Glück, eine dieser mächtigen Antilopen – die größten und zugleich scheuesten Namibias – zu sehen.

■ Kaudom-Camp

Route 14: Der Trans Kalahari Highway

Buitepos – Gobabis – Windhoek

Km	Abzweig	Ort	Sehenswert	Übernachtung	GPS
Km 0, B6 Teer		Buitepos Grenzposten, T		Buitepos Rastlager	22 16 51 19 59 17
Km 80, Teer					
Km 110	Welcome Rl. Km 0 D1670 Piste Km 5			Welcome Rl.	22 23 45 19 06 37
Km 115				XainQuaz Camp	
Km 121	Ohlsenhagen u. Harnas Gf. Km 0 C22 Piste nach N Km 21 Km 40 D1668 Km 85			Ohlsenhagen Gf. Harnas Gf.	22 26 08 19 00 48
Km 125 B6 Teer		Gobabis, T+V		Central Ht. Gobabis Ht.	22 26 49 18 58 01
Km 176	Ehoro Lodge Km 0 D1663 Piste Km 42	Witvlei, T		Doll's House Ht. Ehoro Lodge	22 24 39 18 29 53
Km 185	Hetaku Gästefarm Km 0 D1658 Piste Km 51			Hetaku Gf.	22 23 09 18 25 14
Km 221	Okambara Game Ranch Km 0 D1808 Piste Km 6 Farmstr. Km 14			Okambara G.R.	
Km 234	Steinhausen Gästefarm Km 0 C29 Piste Km 11 Km 60	Omitara		Omitara Ht. Steinhausen Gf.	22 22 39 17 57 02
Km 263	Silversand Gf. Km 0 D1535 Piste Km 18			Silversand Gf.	
Km 272	Karivo + Kamab Gf. Km 0 D1502 Piste Km 13 Str. 53 Piste nach NO Km 32 Km 63			Karivo Gf. Kamab Gf.	

Km	Abzweig	Ort	Sehenswert	Übernachtung	GPS
Km 273	Peperkorell Farm Km 0 D1472 Piste Km 63 Okowiruru Süd Gästefarm Km 0 D1502 Piste nach N Km 16 Straße 53 Piste nach NO Km 83 D2166 Piste nach N Km 104 D2170 Piste nach O Km 117 Farmpiste Km 124	Seeis	Pepperk. Teppich-Weberei	Okowiruru Süd Gästefarm	
Km 284	Arnheim Höhle Eningu Ldg. u. Heimat Gf. Km 0 Straße 51 Piste Km 64 Km 66 D1506 Km 77 D1808 Piste nach S Km 83		Arnheim	Eningu Lodge (1 km a. D1471) Heimat Gf. (19 km auf D1471) Arnheim Rl.	22 29 20 17 29 44
Km 288		Windhoek Intl. Airport			22 28 53 17 27 47
Km 294	Ondekaremba Gf. Km 0 Farmstr. Km 4			Ondekarem. Gf.	
Km 303	Kuzikus Gf. Km 0 C23 Piste Km 126 Str. 51 Km 129 D1423 Piste Km 148, Farmstr. Km 166 Hope Gf. Km 0 C23 Piste Km 126 Str. 51 Km 141, Farmstr. Km 146 Mountain View Game Ldg. Km 0 C23 Piste Km 66 D1482 Piste Km 85 Farmstr. Km 92			Kuzikus Gf. Hope Gf. Mtn. View G.L.g.	22 31 59 17 20 02

Km	Abzweig	Ort	Sehenswert	Übernachtung	GPS
Km 311	Airport und Midgard Ldg. Km 0 Km 0,600 Km 15 D2102 Piste Km 70			Kapps Farm Hotel Airport Lodge Midgard Lodge	22 32 49 17 15 33
Km 310	Leopard Ldg. Km 0 B6 Teer Km 22 Straße 53 Piste Km 35 D2102 Piste Km 70 Farmstr. Km 72			Leopard Ldg.	
Km 314				Finkenstein Gf.	
Km 317	Heja Game Lodge Km 0 Km 2			Heja Game Lodge	
Km 332		Windhoek, T+V	s. Windhoek Route 1	s. Windhoek Route 1	22 34 15 17 07 20

Buitepos (Grenze Botswana)

Hier haben Sie Anschluß an die Route 16. Buitepos besteht aus einer Tankstelle mit Laden und einem Campingplatz. Ansonsten ist man damit beschäftigt, den Trans Kalahari Highway zu asphaltieren.
Mit dem Ausreise von Botswana befindet man sich wieder im namibischen Herz- und Farmland. Zäune rechts und links des Straßenrandes, Ausläufer des Kalahari-Sandes, Busch und die Straße wieder einmal gerade auf den Horizont gerichtet – „Cattle Country".
Nach 125 km ist Gobabis, sein Zentrum, erreicht.

Gobabis

Bereits in den 40er Jahren des 19. Jahrhunderts reklamierte die Wesleyanische Mission die Region am schwarzen Nossob für sich und ihre Arbeit. 1851 wurde ihr das Recht, hier zu missionieren, von der Rheinischen Missionsgesellschaft abgekauft. Unter ihrem Mitarbeiter Eggers errichtet sie eine neue Station an einem Ort, Gobabis, der „Platz des Kampfes" oder „Platz der Elefanten" hieß (bis = Platz, Goba = Kampf oder Goab = Elefant; der Überlieferung nach wurden in einem Wasserloch in der Nähe Stoßzähne von Elefanten gefunden).
1894 erklärte Major Leutwein, gerade Gouverneur geworden, Gobabis zum Militärdistrikt und eine Schutztruppeneinheit wurde hierher verlegt. 1896 kam es im Zuge der Herero- und Nama-Aufstände zu der Schlacht von Gobabis (6. April). Geschlagen zogen sich Herero und Nama zurück, führten aber in den Folgejahren immer wieder Überfälle durch. 1904 eskalierten die Kämpfe und fanden ihren Höhepunkt und die Entscheidung bei der Schlacht am Waterberg.

Die Infrastruktur der Farmer war zerstört, und es dauerte lange, bis die Schäden des Krieges beseitigt waren, da die Lage im Hinterland und die schwierigen Transportverhältnisse viele Siedler davon abhielten, sich in diesem Gebiet niederzulassen.

Traditionell ist Gobabis der Mittelpunkt der östlichsten Herero-Gruppe, der Mbanderu. Ihr Lebensraum erstreckt sich nach Osten nach Botswana hinein, und auch viele Nachkommen der Überlebenden der Waterberg-Tragödie (s.S. 370) haben hier im Grenzgebiet eine neue Heimat gefunden.

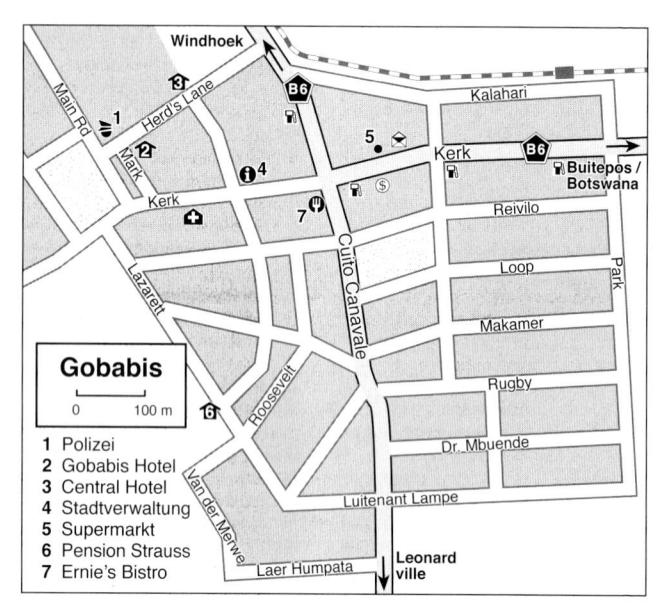

Gobabis

1 Polizei
2 Gobabis Hotel
3 Central Hotel
4 Stadtverwaltung
5 Supermarkt
6 Pension Strauss
7 Ernie's Bistro

Herero-Damen in ihren üppigen Matronenkleidern bestimmen das Stadtbild, das außer dem historischen Lazarett-Gebäude wenig Interessantes zu bieten hat. Daß man sich hier in einer bedeutenden Viehzuchtregion befindet, sieht man am Denkmal, das Gobabis als Zentrum des „Cattle Country" ausweist. Ein neu eröffnetes Museum liegt am Stadtrand. Es besitzt viele Schauobjekte aus dem Farmalltag.

Unterkunft	Central Hotel. Gobabis Hotel. Pension Strauss, Ernie's Bistro
Essen	Gobabis Bakery & Restaurant, Church Street; Tel. 061-562525, Ernie's Bistro
Information	Visitors Information, P.O. Box 33, Gobabis, Church Street; Tel. 061-562551, Fax 563012
Golf	Gobabis Golf Club, P.O. Box 443, Gobabis; Tel. 061-562263
Gesundheit	State Hospital; Tel. 061-562275
Museum	DVG-Museum, Olifant Street, Tel. 061-562489

■ Ein Denkmal für das Rind in Gobabis

Gobabis – Windhoek

Verlassen Sie Gobabis auf der Cuito Canavale nach Nordwesten (B6 nach Westen). Die Straße führt parallel zur 1914 geplanten und 1930 vollendeten Eisenbahnlinie. Nach 50 km erreichen Sie Witvlei, ein Hotel, eine Tankstelle und eine Werkstatt.

Die Landschaft wird hügelig und am Horizont sind die Ausläufer der Ais-Berge zu sehen. Vor Omitara entfernen sich die Eisenbahngleise von der Straße, und wer in den Ort hinein will, muß eine Stichstraße über 11 km nehmen.

40 km hinter dem Abzweig wird Seeis erreicht. Die Piste D1472 führt zu der Teppichweberei auf der **Farm Peperkorell.**

Peperkorell ist in Namibia ein Synonym für das moderne Kunstschaffen. Hier ist nicht nur eine der berühmtesten Karakul-Teppichwebereien („Dorka-Teppiche") untergebracht, die von Volker Berner geleitet wird, auf dem Gelände der Farm liegt auch das Atelier seiner Frau und Bildhauerin Dörte Berner, deren Skulpturen nicht nur in Namibia, sondern auch in Europa Beachtung gefunden haben. Dörte Berners berühmtestes Werk ist wohl der Bronzebrunnen, der Windhoeks Hepworth's Arcade schmückt. Er stellt die in Namibia so beliebten und überall verbreiteten Guinea Fowls, Perlhühner, dar.

Anfang der 90er Jahre hat Berners Tochter Stefanie zusammen mit ihrem Mann auf der Farm eine komfortable Lodge eröffnet (**Eningu Clay Lodge**), die dem Stil indianischer Pueblos nachempfunden ist. Nun kann man auf Peperkorell Game Drives und in den Arnheim Caves Höhlenforschung unternehmen, die Weberei besuchen und nach Voranmeldung auch Dörte Berner bei der Arbeit über die Schulter gucken.

11 km hinter Seeis geht es zur **Arnheim-Höhle** ab und 4 km weiter folgt der Abzweig zum Windhoek International Airport. 44 km hinter dem Flughafen ist dann Windhoek erreicht (s. Route 1). Hier haben Sie Anschluß an die Routen 1, 6 und 7.

Route 15: Zu den größten Wasserfällen der Welt – die Victoria Falls

Ngoma – Kasane – Kazungula – Vic' Falls – Livingstone – Kazungula

Km	Abzweig	Ort	Sehenswert	Übernachtung	GPS
Km 0 Piste		Grenzposten Namibia	Ngoma-Brücke		17 54 56 24 42 46
Km 1,5		Grenzposten Botswana		Zeltplatz Ngoma Bridge	17 55 32 24 43 14
Km 3	Alternativ- strecke am Chobe entlang	Kontrollstelle			17 55 44 25 43 40
Km 53		Kontrollstelle			
Km 55 Teer					
Km 56		Kasane, T+V		Chobe Safari Ldg. Cresta Mowana Safari Lodge	
Km 60		Kreuzung			17 47 24 25 11 02
Km 65				Kubu Ldg.	17 47 57 25 13 39
Km 66			Chobe Reptile Park		
Km 69		Kreuzung, T			17 48 14 25 14 36
Km 72		Kazungula Grenzposten Botswana/ Simbabwe			17 48 56 25 16 02
Km 138		Kreuzung			17 56 04 25 49 30
Km 130		Vic' Falls, T+V	Victoria Falls	s. unten bei Vic' Falls	17 55 48 25 50 01
Km 132		Grenzposten Simbabwe	Victoria Falls Brücke		
Km 133		Grenzposten Sambia			
Km 134			Victoria Falls	s. unten bei Livingstone	
Km 144 Nakatindi Road		Livingstone, T+V	Museum	s. unten bei Livingstone	17 51 14 25 51 18

Km	Abzweig	Ort	Sehenswert	Übernachtung	GPS
Km 158	Tongabezi Ldg. Km 0 Piste				17 48 55 25 43 25
	Km 2			Tongabezi Ldg.	17 49 14 25 42 19
Km 167	Kubu Cabins Km 0 Piste				17 47 37 25 38 52
	Km 7			Kubu Cabins	17 49 46 25 38 52
Km 204 Kreuzung nach S					17 46 11 25 16 51
Km 206		Grenzposten Sambia/Botswana, Fähre			17 47 52 25 15 33
Km 209	Kreuzung	T			17 48 14 25 14 36
Km 212		Kazungula Grenzposten Botswana/ Simbabwe			17 48 56 25 16 02

Ngoma – Kasane

In Ngoma haben Sie Anschluß an die Route 13.
Der Grenzübergang nach Botswana gestaltet sich unproblematisch, da das Land mit Südafrika und Namibia eine Zollunion bildet. Mit dem eigenen Fahrzeug kann das Carnet ohne zusätzliche Eintragung verwendet werden. Leihwagen aus Namibia benötigen eine Freischreibung der Papiere für das Nachbarland (auch für die weiteren Länder Zambia und Zimbabwe, die nicht zur Zollunion gehören). Reisende müssen lediglich einen Personenlaufzettel ausfüllen (siehe auch das Reisehandbuch „Zimbabwe/Botswana" im Verlag Reise Know-How).

Botswana

Grenzöffnungszeiten: 7.30–17 Uhr. Geldkurs: 1 Pula = 0,50 DM
Fahrzeugpapiere: Internationale Zulassung, Carnet de Passage, an der Grenze muß eine Haftpflichtversicherung abgeschlossen werden (8 US$/Jahr - besser und billiger in Rand zahlen 10 Rand). Es dürfen keine Milchprodukte nach Botswana eingeführt werden. **Persönliche Papiere:** Reisepaß, Internationaler Führerschein.
Leihwagen: Freischreibung vom Vermieter für Botswana, entsprechende Papiere. **Telefon-Landesvorwahl:** 00267
Nach 1,5 km treffen Sie auf einen Rangerposten. Hier haben Sie Anschluß an die Route 16. Die Fahrzeugdaten müssen in eine Liste eingetragen werden und beim nächsten Posten, 50 km weiter, nochmals in die Ausreiseliste. Nach 2 km wird die holprige Piste durch eine Teerstraße abgelöst. 2 km weiter führen verschiedene Abzweige nach Kasane (Übernachtung: Chobe Safari Lodge).

ALTERNATIV-STRECKE NACH KASANE	Alternativ kann auch die Strecke am Fluß Chobe entlang gefahren werden (4x4 angeraten). Bei der ersten Kontrollstelle (17°55'47"/24°43'32") muß dazu nördlich abgebogen werden (Kosten pro Person 50 Pula, pro Fahrzeug 10 Pula für den Transit). Die schmale, sandige Piste führt am Fluß entlang, man kann viele Elefanten auf der anderen Flußseite sehen.

Nach 36 km kommt man zum Campingplatz Serondella (17°50'29"/25°00'30"). Dürftig, keine Vorbuchung. Nach weiteren 8,5 km erreicht man die Chobe Game Lodge (P.O. Box 32, Kasane, Tel. 650340, Fax 650280) (17°50'30"/25°04'53").

Etwa 50 km hinter dem Kontrollposten wird das Ausgangstor des Chobe-Parks erreicht (17°49'38"/25°07'55"). 3 km weiter liegt die Chobe Safari Lodge (P.O. Box 10, Kasane, Tel. 650336, Fax 650437) in Kasane. Letztere ist wesentlich billiger als die fast gleichnamige Lodge im Park. Die Cresta Mowana Safari Lodge ist eher ein Großhotel (P.O. Box 266, Kasane, Tel. 650300, Fax 650301). Hier haben Sie wieder Anschluß an die Hauptstrecke. In Kasane beginnt auch der Bootstransfer zur Impalila Island Lodge auf namibischen Gebiet (Buchung über P.O. Box 70378, Bryanston/Südafrika, Tel. 011-7067207, Fax 011-7067207, e-mail: impalila@icon.co.za). In Kasane steht auch die Luxus-Herberge Cresta Mowana Safari Lodge, wegen seiner Größe und Einrichtungen keine Lodge sondern ein Hotel (P.O. Box 266, Kasane, Tel. 650300, Fax 650301).

5 km hinter Kasane ist der Abzweig zur Kubu Lodge (P.O. Box 43, Kasane, Tel. 650312, Fax 650412) erreicht (DZ mit Frühstück 240 Pula; Tel. 09267-650312, Fax 650412) und 1 km weiter führt eine Piste zum Chobe Reptile Park. 3 km hinter dieser Kreuzung geht es nach links und nach 50 m gleich wieder nach rechts Richtung Victoria Falls. Nach 2,5 km wird der Grenzposten Botswana/Zimbabwe passiert.

Zimbabwe

Grenzöffnungszeiten: 6–18 Uhr. Geldkurs: 1 Z$ = 0,20 DM. Devisendeklaration mitführen und bei jedem Wechsel ausfüllen lassen. Übernachtungen müssen in Fremdwährung bezahlt werden, Bewohner des Landes erhalten günstigere Preise (bis zu 50 % Rabatt) als Touristen (dies ist staatlich festgelegt). – **Fahrzeugpapiere:** Internationale Zulassung, Carnet de Passage, an der Grenze muß eine Haftpflichtversicherung abgeschlossen werden (4 US$/Monat - auch hier die Versicherung in Rand zahlen). – **Persönliche Papiere:** Reisepaß, Internationaler Führerschein. – **Leihwagen:** Freischreibung vom Vermieter für Zimbabwe, entsprechende Papiere. – **Telefon-Landesvorwahl:** 00263

Direkt hinter der Grenze führt eine Piste auf 8 km zum Katembora Safari Camp und auf 10 km zum Ngamo Safaris 4WD Camp. Beide sind Jagdcamps und nehmen keine normalen Touristen auf. Auf Asphalt geht es nun 67 km bis Victoria Falls.

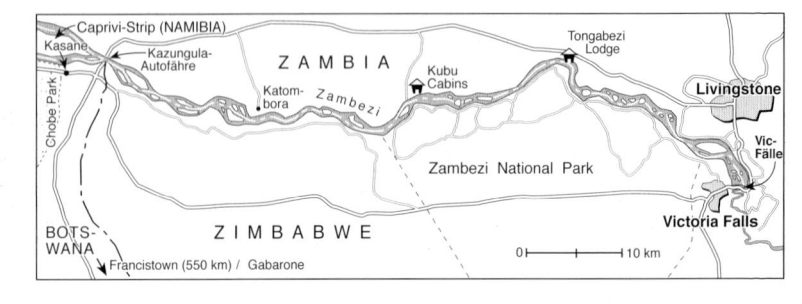

Victoria Falls

Vic' Falls ist ein trubeliger Ort, dessen einziger Lebenssinn die Betreuung und Unterhaltung der Touristen zu sein scheint. Der kleine, moderne Ortskern wird von verschiedenen Hotels umrahmt, das bekannteste und traditionsreichste ist natürlich das Victoria Falls Hotel, eines der „Leading Hotels of the World".

In der Stadt gibt es alles was das Herz begehrt, Unterhaltung (von der Diskothek bis zum Straßencafé), Essen (vom feinen Restaurant bis zum Fast-Food-Schuppen) und sportliche Betätigungen (Rafting, Bungee-Jumping, Fallschirmspringen). Und natürlich die Wasserfälle.

Geschichte

Dr. Livingstone gilt unbestritten als der erste Weiße, der, baff erstaunt, die Fälle zu Gesicht bekam – das war im November 1855. Mosi-o-tunya, donnernden Rauch, nannten die Bewohner der Gegend dieses Naturschauspiel. In den Folgejahren der Entdeckung tat sich nicht viel. Die Fälle blieben jungfräulich, nur Händler und Jäger verirrten sich hierher. Wohl wurden ein Hotel und einige Gebäude westlich der Fälle errichtet, das Schwarzwasserfieber zwang aber die Bewohner, sich von hier wieder zurückzuziehen. Man siedelte auf dem Gebiet des heutigen zambischen Livingstone. Um die Jahrhundertwende entstand der Gedanke, eine Eisenbahn vom Kap durch ganz Afrika bis nach Kairo zu bauen. Die Idee ging nur teilweise in Erfüllung, die Bahnlinie von Süden endet heute in Zaïre. Doch für die Entwicklung der Ortschaft war die Bahn ein Faustpfand. Die Eisenbahnbrücke über den Zambezi entstand bis 1905 (auf Initiative von Cecil Rhodes an der heutigen Stelle, damit die Fahrgäste die Fälle sehen, hören und auch die Gischt spüren konnten). Mit der Bahn kamen dann auch die ersten Besucher, die sich die Fälle ansehen wollten. Sie konnten sich im bereits 1903 gegründeten ersten Andenkenladen mit Souvenirs eindecken.

Im Jahr 1904 wurde das erste Hotel vollendet – das berühmte Victoria Falls Hotel. Nun brauchten die Touristen nicht mehr im Zug essen und schlafen (wenn dies auch einige Fahrgäste wegen der mangelnden Bequemlichkeit des Hotels weiter vorzogen). Das Hotel wurde in den Jahren bis heute immer wieder erneuert, verbessert und erweitert. Es blieb nicht mehr das einzige Luxushotel, aber das einzige, das auf eine lange Tradition zurückschauen kann. In den 60er Jahren kam dann der eigentliche Entwicklungsschub. Die Stadt Victoria Falls wurde zu einem internationalen Touristenzentrum, mit allem, was dazu gehört.

Die Entstehung der Fälle

Der Zambezi entspringt im nördlichen Zambia und fließt zuerst durch Angola. In den Caprivisümpfen wendet sich, nach dem der Chobe hinzugestoßen ist, der Zambezi nach Osten. In Mozambique mündet er, nachdem er 2700 km zurückgelegt hat, in den Indischen Ozean. Es ist der viertlängste Fluß Afrikas.

Vor 150 Millionen Jahren war das gesamte Gebiet um die Victoria-Fälle vulkanisch aktiv. Lava wurde aus dem Erdinneren nach oben gedrückt und lagerte sich in einer dicken Schicht als Basalt ab. Beim Abkühlen entstanden Fissuren, Spalten und Risse, die in Ost-West-Richtung verliefen. In der Folgezeit füllten sich die Risse mit Sedimenten (Kalk und Lehm), die sich am Grund eines großen Sees ablagerten, der die ganze Region bedeckte. Am Schluß waren nicht nur die Spalten gefüllt, der gesamte Basalt war von dem Sediment bedeckt, das sich in Kalkstein verwandelte.

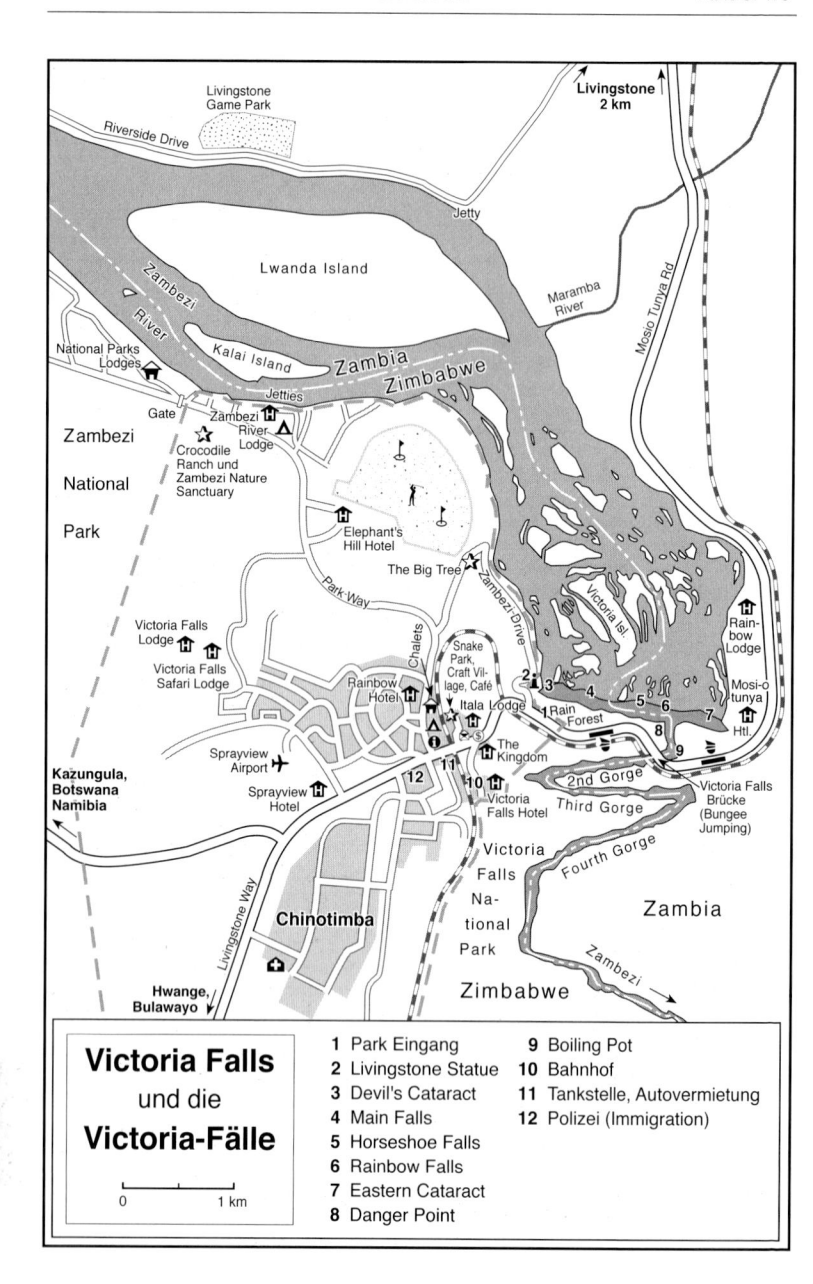

Victoria Falls
und die
Victoria-Fälle

0 — 1 km

1 Park Eingang
2 Livingstone Statue
3 Devil's Cataract
4 Main Falls
5 Horseshoe Falls
6 Rainbow Falls
7 Eastern Cataract
8 Danger Point
9 Boiling Pot
10 Bahnhof
11 Tankstelle, Autovermietung
12 Polizei (Immigration)

»Mosi-o-tunya, donnernder Rauch« – die 100 m hohen Victoria-Wasserfälle

Eine Phase der Trockenheit ließ den See verdunsten, Wind und gelegentlicher Regen erodierte den Kalkstein bis auf das Niveau des Basaltes. Erdbewegungen vergrößerten die Ost-West orientierten Spalten, die nun nicht mehr vollständig gefüllt waren, das Wasser konnte eindringen (die Nord-Süd-Spalten wurden dagegen zusammen gepreßt und das darin enthaltene Gestein wurde kompakter).

Die folgende nasse Periode führte zur Bildung eines Flusses, das Wasser begann nun an der ersten Spalte zu nagen und das Kalkgestein auszuspülen. Nach und nach arbeitete sich das Wasser hindurch, der erste Wasserfall entstand (bei der Schlucht, die heute am weitesten flußabwärts von den Fällen liegt).

Im nächsten Schritt spülte der Fluß ein kurzes Stück Nord-Süd-Spalten aus und konnte nun wieder eine der längeren Ost-West-Spalten in Angriff nehmen. So arbeitete er sich flußaufwärts bis an die Stelle, an der die Fälle heute zu bewundern sind. Vor den Fällen läuft der Zambezi breit und ruhig dahin, da hier eine Fläche aus einheitlich hartem Gestein seinen Untergrund bildet, flußabwärts windet er sich wie eine Schlange in tiefen Schluchten durch das Gestein.

Besuch der Fälle

Wer die Fälle besuchen will, sollte Regenzeug mitnehmen, die Gischt sprüht bis zu den Aussichtsstationen und darüber hinaus (bei Aufenthalten am Abend ist ein Moskitorepellent angeraten). Wer nicht die Straße nimmt, sondern von Süden durch der Park marschiert, ist gut beraten, auf Elefanten zu achten. Das gesamte Areal an den Fällen befindet sich in einem Dauerregen des Zambeziwassers, so daß man teilweise an tropischen Regenwald erinnert wird.

Am Eingang ist ein Obolus zu entrichten, hier findet sich auch ein kleines Museum. In 5 Minuten ist man direkt an den Fällen und kann an ihnen entlang nach Osten gehen. Immer wieder führen kleine Fußwege zu Aussichtsplattformen, auf denen pudelnasse Touristen in der Gischt stehen. Vorsicht mit Kameras, die Elektronik liebt kein Wasser, Objektive sind sofort von den feinen Tropfen blind! Das Beste ist, einen großen Schirm über die Kamera halten zu lassen und sie danach schnell wieder wegzupacken. Genießen Sie das Naturschauspiel aus erster Hand, Beeindruckenderes als diese Fälle gibt es kaum mehr auf der Welt!

Wer die Victoria Falls mit weniger Rummel genießen will, kann für 10 US$ mit einem Tagesvisum nach Zambia einreisen und sie von der dortigen Seite aus in aller Ruhe und praktisch alleine betrachten.

Adressen & Service Victoria Falls

Unterkunft

LUXUSKATEGORIE:

The Victoria Falls Hotel; Tel. 013-4751, Fax 4586; traditionsreichstes Haus, von der Veranda kann man die Gischt sehen, 10 Minuten Fußweg durch den Dschungel hinunter zum Eingang der Fälle (Vorsicht Elefanten und zudringliche Souvenirverkäufer!).

Elephant's Hill; Tel. 013-4793, Fax 4655; außerhalb gelegenes, riesiges, modernes Hotel.

The Rainbow Hotel; Tel. 013-4583, Fax 4654; kleineres Hotel der gehobenen Klasse

The Kingdom (Kasino); Tel. 013-4275, Fax 4275, Fax 04-705133

Ilala Lodge; Tel. 013-4737, Fax 4417; in der Nähe der Fälle

TOURISTENKLASSE:
Sprayview Hotel; Tel. 013-4344, Fax 4713; einfaches Hotel am Ortseingang. Lokuthula Lodge; Tel. 013-4725, Fax 4792; Chalets mit mehreren Schlafzimmern
GÜNSTIG: Victoria Falls Town Council; Tel. 013-4210, Fax 4308. Mitten im Ort gelegener, städtischer Zeltplatz (deshalb ein wenig laut), der auch Hütten und Chalets vermietet. Maura's Backpackers, 345 Gibson Road (2,5 Km vom Zentrum)

Essen Jedes der Hotels hat ein Restaurant, die Preisklassen orientieren sich an der Hotelkategorie. Daneben gibt es noch ein Steakhaus (The Cattleman, Clarke Road), Wimpy (Hamburger, gegenüber der Touristeninformation) und diverse Takeaways und Pizzerien. Ein nettes Kaffee, ist das Pink Baobab, hinter dem Phumula Centre links, gleich an der Ecke.

Unterhaltung Downtime Nachtclub, in der Ilala Lodge; von 20 Uhr an, open end
African Spectacular, beim Elephant's Hill Hotel; 19 Uhr, Aufführung traditioneller Tänze.
Craft Village, nördlich des Postamtes, abends Tanzvorführungen.

Polizei Livingstone Way, Ecke Pioneer Road; Tel. 013-4206

Gesundheit Vic' Falls Surgery, West Drive; Tel. 013-4319

Information Tourist Information, Park Way, Ecke Livingstone Way; Tel. 013-4202

Autoverleih Vic' Falls Car Hire, Phuluma Centre, Parkway; Tel. 013-4357

Fahrradverleih Fahrradverleih beim Pink Baobab Café

Aktivitäten

Flüge Rundflug über den Fällen mit Flugzeugen (United Air, Flughafen; Tel. 013-4220), Helikoptern (Southern Cross Aviation, Flughafen; Tel. 013-4618) und Ultraleicht-Flugzeugen (Batoka Sky, Livingstone/Zambia, Abholung in Victoria Falls; Tel. 00260-3-324119). Kosten zwischen 50 und 90 US$ pro Flug/Person (20–30 Minuten Dauer).

Bungee J. Von Eisenbahnbrücke zwischen Zimbabwe und Zambia (90 US$/Sprung)

Fallschirmspringen African Extreme, Livingstone/Zambia; Tel. 00260-3-324156. Tandemsprung, 150 US$

Rafting Shearwater Adventures, Victoria Falls Centre, Shop 6; Tel. 013-4471. Und: Frontiers White Water Rafting, Parkway, Shop 1; Tel. 013-4772. Tagesausflug ca. 80 US$/Person.

Kanufahrten Kandahar Safaris, Sopers Arcade, Shop 9; Tel. 013-4502.

Kreuzfahrten Mosi-o-tunya Cruises, 299 Rumsey Road; Tel. 013-4780. UTC, Zimbank Building; Tel. 013-4267; verschiedene Angebote (Sundowner, Lunch- und Frühstücksfahrten).

Trekking Backpackers Africa; Tel. 013-4510, Fax 4349; mehrtägige Wanderungen, ca. 195 US$/Tag/Person.

Krokodilbesichtigung Crocodile Ranch and Nature Sanctuary, außerhalb, ca. 3 km hinter dem Hotel Elephant's Hill.

Einkaufen Craft Village and Curio Shops, nördlich des Postamtes.

Verkehrsanbindung

Nach Windhoek / Namibia
Mit dem Intercape Mainliner über Rundu und Grootfontein direkt nach Windhoek (Tel. 00263-13-4471). Vorausbuchung notwendig.

Nach Lusaka/Zambia
Mit dem Taxi oder zu Fuß zum Mosi-o-tunya-Hotel in Zambia (2 km). Von dort geht Sonntags, Dienstags und Donnerstags um 9 Uhr ein Bus nach Lusaka (Red Heart Inter-City); Tel. 00260-1-221461, oder an der Hotelrezeption. 20.000 K einfach, 7 Stunden, Buchung notwendig.

Nach Bulawayo/Zimbabwe
Tägliche Zugabfahrt um 17.30, Ankunft 7 Uhr am nächsten Tag (Bahnhof, ca. 100 Z$/einfachste Klasse, am Abend Weiterfahrt nach Harare möglich).

Grenze nach Zambia

Verlassen Sie Victoria Falls in Richtung der Fälle. Sie landen sofort bei der Grenzstation. Für Besucher der Brücke gibt es einen kleinen Laufzettel. Wer nach Zambia weiterreisen will, muß die Abfertigung über sich ergehen lassen. Hinter der Brücke ist der zambische Grenzposten.
Grenzöffnungszeiten: 6–20 Uhr.
Geldkurs: 100 K = 0,20 DM, Bewohner des Landes erhalten günstigere Preise (bis zu 50 %) als Touristen (dies ist staatlich festgelegt).
Fahrzeugpapiere: Internationale Zulassung, Carnet de Passage wird teilweise anerkannt, wenn der Zöllner Schwierigkeiten macht, um temporäre Einfuhrbewilligung bitten.
Persönliche Papiere: Reisepaß, Internationaler Führerschein, Transitvisum eine Woche für 10 US$ an der Grenzstation.
Leihwagen: Freischreibung vom Vermieter für Zambia, entsprechende Papiere.
Telefon Landesvorwahl: 00260.
1 km hinter der Grenze geht es links zur Rainbow Lodge und dem Hotel Mosi-o-tunya (s. Übernachtung Livingstone), nach weiteren 10 km ist Livingstone erreicht.

Livingstone

Livingstone, die kleine, unbeachtete Schwester der Stadt Victoria Falls, ist ein ruhiger und bedächtiger Ort, kein Trubel und keine großen Hotels stören die Beschaulichkeit der Grenzstadt. Entsprechend ruhig verläuft auch ein Besuch der Fälle, Hauptattraktion des Ortes. Ansonsten gibt es nicht viel zu sehen. Drei kleine Museen (Livingstone, Field und Eisenbahn), ein traditionelles Dorf mit Veranstaltungen und Souvenirverkauf und die Möglichkeit, mit dem Auto zu den Schluchten des Zambezi zu fahren und in diese hinunterzuklettern.

Livingstone

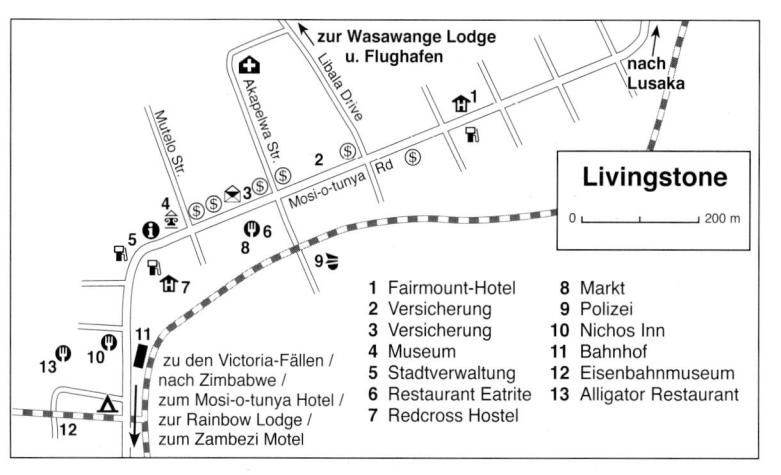

Kartenlegende:
1 Fairmount-Hotel
2 Versicherung
3 Versicherung
4 Museum
5 Stadtverwaltung
6 Restaurant Eatrite
7 Redcross Hostel
8 Markt
9 Polizei
10 Nichos Inn
11 Bahnhof
12 Eisenbahnmuseum
13 Alligator Restaurant

Adressen & Service Livingstone

Unterkunft LUXUSKATEGORIE:
Mosi-o-Tunya Intercontinental Hotel; Tel. 03-321121. Angenehmes Hotel, zu den Fällen geht man 2 Minuten durch den Garten.
TOURISTENKLASSE:
Rainbow Lodge; Tel. 03-321806, in der Nähe der Fälle. Zambezi Motel; Tel. 03-321511, direkt vor den Toren der Stadt. New Fairmount Hotel; Tel. 03-320726.
GÜNSTIG: Campingplatz beim Restaurant Mainstay, einfach. Red Cross Hostel, mehr eine Jugendherberge.

Essen Luanda Restaurant, Alligator's Pub, Mainstay (mit Campingplatz), Eatrite (Treffpunkt der Backpacker).

Unterhaltung Diskothek im Fairmount Hotel. Tanzvorführungen im Maramba Kulturdorf, ca. 1 km nordöstlich der Polizeistation.

Märkte Täglicher Markt in dem Stadtteil Dambwa, westlich des Zentrums.

Polizei in der Ortsmitte, östlich der Eisenbahn.

Gesundheit Livingstone General Hospital, Akapelwa Street

Information Tourist Centre, Mosi-o-tunya Road, beim Rathaus; Tel. 03-321404.

Aktivitäten Siehe unter Victoria Falls oben.

Einkaufen Kingstons (Zambia) Limited, Permanent House, Mosi-o-tunya Road, und Nichie Iljon Limited, Mutele Street

Verkehrsanbindung Siehe unter Victoria Falls oben.

Livingstone – Kazungula (Grenze Botswana)

Verlassen Sie Livingstone auf der Nakatindi Road nach Westen. Nach 14 km kommen Sie zu einem Abzweig, der auf 2 km Piste zur Tongabezi Lodge führt. Sie ist schweineteuer, aber hochexklusiv (Tongabezi; Tel. 03-323235, Fax 323224, Suite ca. 300 US$/Person). Die drei Suiten sind in den Uferhang hineingebaut und zur Flußseite hin offen, auf der Toilette kann man thronen und Elefanten beobachten. Wer alleine sein will, ist alleine, wer etwas wünscht, telefoniert dem Personal, das umgehend zur Verfügung steht. Wer sich auf seine Hochzeitsreise konzentrieren will, ist hier richtig. Man kann einen Lunch auf des „Messers Schneide", einer Insel direkt an der Kante der Victoria-Fälle buchen (65 US$/Person).

Zurück auf der Hauptstraße und 9 km weiter kommt man auf einem anderen Abzweig in 7 km zur Lodge Kubu Cabins (Kubu Cabins; Tel. 03-324093, Fax 324091). Die Übernachtung in den luxuriösen Hütten im traditionellen Stil kostet all-inclusiv 150 US$/Person. Gegenüber dem in den Zambezi hinausgebauten Restaurant ist eine Elefantentränke. Ornithologen kommen nicht nur auf ihre Kosten, sie werden begeistert sein. Wer es billiger will, kann hier auch für 10 US$/Person zelten und ebenfalls die Elefanten sehen. Die Besitzer organisieren alle möglichen Freizeitaktivitäten, die bei und um die Fälle möglich sind.

37 km hinter dem Abzweig zur Kubu Cabins Lodge halten Sie sich an der Kreuzung nach Süden, um zur 2 km entfernten Fähre und Grenzstation **Kazungula** zu gelangen. Die Fahrt geradeaus nach Shesheke ist nicht anzuraten, der Asphalt ist in einem fürchterlichen Zustand.

Die Grenze bei Kazungula ist von 6–18 Uhr geöffnet, die Fähre kostet 25 US$ für einen Geländewagen. Nach der Grenzabfertigung auf botswanischer Seite sind Sie wieder bei Kilometer 72 des ersten Teiles dieser Route (nach Ngoma 72 km).

■ Die Lodge Kubu Cabins

Route 16: Elefantenrüssel im Zelt und Löwen satt – Chobe und Moremi

Kazungula – Chobe – Moremi – Maun – Ghanzi – Buitepos

Km	Abzweig	Ort	Übernachtung	GPS
Km 0 s. bis Km 68 Route 15		Kazungula		
Km 68 nach W auf Teer		Ausgang Chobe-Nationalpark Kontrollstelle		17 55 44 25 43 40
Km 68, n. 200 m n. S nach Kachikau Piste				17 55 47 24 43 32
Km 72	Ngoma Ldg.		Ngoma Ldg.	
Km 79		Mabele		17 58 32 24 39 12
Km 92		Kavimba		18 04 08 24 35 03
Km 105		Kachikau		18 09 01 24 30 37
Km 148		Einfahrt in den Chobe-Nationalpark		18 23 14 24 14 46
Km 175		Tor	Savuti Zeltplatz	18 34 03 24 03 55
			Lloyd's Camp	18 33 52 24 03 38
			South Savuti Camp	18 34 11 24 03 16
Km 180, rechts halten, Richtung Sand Ridge				18 36 42 24 03 40
Km 217		Einmündung		18 55 37 24 00 39
Km 227		Tor		19 00 44 23 59 24
Km 237 Verzweigung rechts nach SW halten				19 05 56 23 59 07
Km 248	Kreuzung			19 09 28 23 55 16
Km 255		Ausfahrt aus dem Chobe-Nationalpark		19 07 42 23 52 55
Km 271	Khwai River Ldg. Km 0 Km 1		Khwai River Ldg.	19 08 44 23 47 21 19 08 52 23 47 57

Km	Abzweig	Ort	Übernachtung	GPS
Km 276		Nordtor Moremi-Nationalpark	Moremi North-gate Zeltplatz	19 10 15 23 45 02
Km 300		Südtor Moremi-Nationalpark	Moremi South-gate Zeltplatz	19 25 30 23 38 44
Km 332	Einmündung			19 38 52 23 48 23
Km 333		Disease Control		19 39 05 23 48 03
Km 351 Teer		Shorobe, T+V		19 45 23 23 40 34
Km 378			Audi Rastlager	19 56 07 23 30 41
Km 388		Maun, T+V	Alexis Sedie Ht. Cresta Rileys Ht.	19 58 33 23 25 56
Km 398			Sitatunga Zeltplatz	20 03 40 23 20 36
Km 460 Piste		Toteng		20 21 24 22 57 12
Km 502		Kreuzung		20 38 51 22 44 16
Km 557		Disease Control		20 59 59 22 25 18
Km 564		Kukwe		21 02 42 22 24 02
Km 636		D'Khar, T+V Craft's Shop		21 31 05 21 56 54
Km 637	Dqae Qare Campsite Km 0 Piste nach S Km 15		Dqae Qare Campsite	21 31 13 21 56 38
Km 674 Asphalt	Asphalt Kanana Game Lodge Km 0 Piste Km 27 Farmpiste Km 39	Ghanzi, T+V	Kalahari Arms Ht. Kanana Game Lodge	21 41 14 21 39 42 21 43 01 21 24 58
Km 721 Asphalt nach W	Abzweigung nach Kang			22 03 43 21 32 01
Km 842		Xanagas	Xanagas Campsite	22 11 34 20 19 06
Km 870		Charles Hill, T+V		22 16 23 20 04 34
Km 876		Grenzposten Botswana		22 16 41 20 01 47
Km 878		Buitepos Grenzposten, T	Buitepos Zeltplatz	22 16 51 19 59 17

Achtung: Strecke nur für Allrad-Fahrzeuge!

Kazungula – Savuti-Camp (Chobe Park)

Bei Ngoma haben Sie Anschluß an die Route 15 zu den Victoria-Fällen. Sie passieren die Kontrollstelle am Ein-/Ausgang des Chobe-Nationalparks und biegen 200 m danach nach Süden auf eine Piste ein, die nach Kachikau führt.

Die folgenden 80 km verläuft die anfangs gute, später dann zunehmend sandige Piste außerhalb der Grenzen des Nationalparks durch relativ dicht besiedeltes Gebiet. Die eleganten Kronen der Schirmakazien verleihen der Landschaft ein typisch afrikanisches Flair. Immer wieder passiert man Streusiedlungen und endlos langgezogene Straßendörfer, kleine Felder und Gärten werden bestellt, in den Dorfläden sind Grundnahrungsmittel, manchmal auch Cooldrinks erhältlich, doch Treibstoff gibt es nicht.

Kachikau ist nach etwa 37 km Fahrt erreicht. Von hier führt eine Piste nach Norden an die Ufer des meist ausgetrockneten Lake Lyambezi. Hinter dem Ort wird die Piste sandiger, die Kalahari-Dünen fordern wieder ihr Recht und verlangsamen das Fahrttempo. Spätestens hier scheitern nicht-allradangetriebene Fahrzeuge.

Bei Km 78 geht's wieder hinein in den Chobe-Nationalpark, der Kontrollposten kassiert die Parkgebühr (50 P/Person, 10 P/Fahrzeug pro Tag) und prüft, ob eine Übernachtung reserviert wurde. Reisende ohne feste Buchung werden fast immer abgewiesen. Kaum hat man den Eingang passiert, belebt sich die Landschaft – Antilopen, Affen und die ersten Dickhäuter können gesichtet werden. Auch topographisch verändert sich die Umgebung: Mehrere Bergkuppen überragen die Dornbuschsavanne, und trockene, zum Teil umgestürzte Baumstümpfe sprechen eine deutliche Sprache von der Zerstörungsgewalt der großen Elefantenherden in der Savuti-Ebene. Bei Km 106 mündet eine Piste, die, von Kasane kommend, den Chobe-Nationalpark durchquert und über Savuti weiter nach Maun führt (diese Strecke ist in ihrem ersten Abschnitt allerdings kaum markiert und in sehr schlechtem Zustand). 200 Meter weiter passieren Sie das Eingangstor zum staatlichen Savuti-Camp (es kam schon vor, das es geschlossen werden mußte, weil es Elefanten verwüstet haben).

Savuti

Das markanteste landschaftliche Merkmal der **Savuti-Ebene** sind die sieben, bis zu 90 m hohen Dolomit-Hügelkuppen der Gubatsa Hills. Es sind die erodierten Überreste einst mächtiger Inselberge, die vor ca. einer Million Jahren als Inseln den riesigen See überragten, der die heutige Savuti-Ebene bedeckte. An ihrem Fuß kann man heute noch Flußkiesel finden, und in den Felswänden und Überhängen des Bushman Hill haben San ihre geheimnisvollen Zeichnungen hinterlassen.

Ihren Namen verdanken die Savuti-Plains dem Savuti-Kanal, einem seit Jahren trockenen Rivier, das vom Kwando (Grenzfluß zwischen Botswana und Namibia) nach Süden verläuft und das sein Wasser – wenn es denn welches gibt – in die Savuti-Sümpfe entläßt. Warum das Rivier seit Jahren keine Wasserzufuhr mehr erhält, ist rätselhaft. Die Forschung tippt auf tektonische Bewegungen, die den Savuti-Kanal in seinem Oberlauf so angehoben hätten, daß der Kwando ihn nicht mehr speisen könnte.

▲ Vorfahrt für Elefanten
▼ Immer wieder aufregend: Begegnung mit Löwen

Allmählich führt das Fehlen des Flußwassers in Savuti zu einer Austrocknung – sichtbar an den abgestorbenen Kameldornbäumen, die seinen Lauf markieren und das Defizit letztendlich auch zu einer Veränderung der Tierpopulation. Das Wild ist heute auf das Regenwasser angewiesen, das sich in mehreren Pfannen sammelt, oder es kommt zu den drei künstlich angelegten Wasserstellen.

Einen spektakulären Anblick bietet die jährliche Zebrawanderung: In riesigen Herden ziehen die Tiere zwischen November und Januar von ihren Weideplätzen am Linyanti durch die Savuti-Ebene nach Süden und kehren zwischen Februar und April dann auf dem gleichen Weg wieder zurück. Herden mit bis zu 30.000 Tieren sind dabei schon gesichtet worden! Berühmt ist Savuti auch für seine Löwen – beim morgendlichen Game drive bekommt man die trägen Katzen mit fast absoluter Sicherheit zu Gesicht!

Unterkunft **Public Campsite,** außerdem besitzen private Reiseunternehmen zwei luxuriöse Zeltcamps am Hochufer des Savuti-Kanals, die Gäste nur nach Vorausbuchung aufnehmen:

Savuti von „Gametrackers" betrieben (Buchung über Gametrackers Botswana, 00267-660 302). Die Gäste werden in luxuriösen Zelten untergebracht. Gespeist wird im Haupthaus mit Blick auf den Kanal. Übernachtung mit Vollpension und Game drive kosten ca. 300 US$/Person. Gametrackers besitzen weitere Camps in Moremi und im Okavangodelta. Fly-in-Safaris mit Aufenthalt in Savuti, Moremi und Okavango kosten je nach Dauer (5, 7 oder 9 Tage) zwischen 1000 und 2500 US$/Person (ab Maun).

Lloyd's Camp, ebenfalls ein komfortables „tented camp", Buchung über Lloyd Wilmot Safaris in Maun, Tel. 00267-660 351, gleiche Preiskategorie. **Achtung:** Der Übernachtungspreis beinhaltet immer auch den Park-Eintritt für den folgenden Tag – deshalb unbedingt die Quittung aufheben und sie an den Gates vorweisen!

Freies Campieren ist in Savuti verboten, und angesichts des Wildreichtums auch nicht angeraten.

Die Camps sind nicht eingezäunt, so daß man immer damit rechen muß, auf „Besucher" zu treffen. Abends und nachts ist Vorsicht geboten, dann finden sich Elefanten und Hyänen ein. Sobald es dunkel ist, werden die Gäste deshalb von bewaffneten Wildhütern zu ihren Zelten begleitet. Der nächtliche Gang zur Toilette gestaltet sich als Mutprobe (Kinder gelten als besonders gefährdet und werden deshalb ungern aufgenommen). Trotz der martialisch erscheinenden Sicherheitsvorkehrungen ist die Übernachtung in den Zeltcamps ein einzigartiges Erlebnis. Nur eine dünne Wand trennt Sie von den vielfältigen Stimmen des Buschs, das dumpfe Röhren kämpfender Springböcke, vielleicht sogar das Gebrüll eines Löwen untermalen den (leichten) Schlaf – nur die Herren der Savanne, die Elefanten, kommen lautlos daher. Das Knacken von Zweigen, ein sanftes Streicheln über das Zeltdach verraten, daß die Dickhäuter schon ganz nahe sind ... Abends werden Wetten abgeschlossen, wessen Zelt Besuch von den Grauen Riesen erhalten wird, am Morgen überbietet man sich mit den spannenden Erlebnissen der Nacht ...

Wichtigste Sicherheitsvorkehrung: Die Zelte immer fest verschlossen halten und keinesfalls Essensreste im oder neben dem Zelt liegenlassen (wegen der Hyänen)!

Savuti – Moremi Game Reserve

Vom Gate folgt man der Piste bis zu einer Verzweigung bei Km 111 und biegt dann nach rechts, in Richtung „Sandwich" ab. 52 km weiter ist der Ausgang des Chobe-Nationalparks erreicht. Weiter geht es auf einer festen Sandpiste mit tiefen Schlaglöchern durch lichte Baumsavanne in Richtung Maun. Die Straße folgt dem Flußlauf des Khwai-River, an dessen Ufern sich Elefanten, Kudus und Warzenschweine zum Trinken einfinden.

Bei Km 207 zweigt nach links (SO) eine Piste zum Gametracker-Camp am Rande des Moremi-Naturschutzgebietes, der Khwai River Lodge, ab (Unterkunft in luxuriösen Hütten mit Blick auf ein Hippo-Wasserloch, gleiche Preiskategorie wie die Camps in Savuti, nur nach vorheriger Reservierung). 5 km weiter, nach Passieren des Dörfchens Khwai, erreicht man wieder ein Park-Gate, diesmal zum Moremi National Park (North Gate). Hier wird der in Chobe bzw. in den Camps bezahlte Eintritt kontrolliert, etwas entfernt liegt eine Public Camp Site unter schattigen Bäumen.

Moremi Game Reserve

Der Nationalpark am östlichen Rand des Okavangodeltas wurde 1963 auf dem Stammesgebiet der Batswana eingerichtet. Benannt ist er nach Chief Moremi III, dessen Frau die Initiative zur Schaffung des Schutzgebietes ergriffen hatte. Die meisten Batswana haben die Region verlassen, nur am Rande des Parks liegen mehrere Dörfer, in denen auch Fluß-San oder Banoka, die ältesten Bewohner des Deltas, leben. Die Wände ihrer Lehmhäuser stabilisieren die Banoka mit Konserven- und Getränkedosen, die ein dekoratives Muster auf den sonst schmucklosen Rundhütten zeichnen.

Moremi gehört wohl zu den schönsten Nationalparks Botswanas! Dank seiner Lage am Ostrand des Okavango-Deltas besitzt er eine erstaunliche landschaftliche Vielfalt: dichte Mopanewälder und lichte Riedgrassümpfe, Flußläufe und Tümpel, sattgrüne Inseln und goldgelbe Grasebenen. Zu den Tieren der Savanne gesellen sich Flußpferde, Sumpfantilopen und unzählige Vogelarten in den Wasserarmen des Deltas.

Nur der östlichste Teil von Moremi kann mit dem Fahrzeug besucht werden! Die Camps weiter nordwestlich werden von Fly-in-Safaris angeflogen; Game drives werden entweder zu Fuß oder mit Booten veranstaltet.

Unterkunft **Public Camp Sites** am North und am South Gate; einfache, aber saubere Anlagen, in der Hochsaison allerdings häufig überfüllt.
Khwai River Lodge, luxuriöses Camp am Khwai River, zu buchen über Gametrackers Botswana (s.o., „Savuti")
San Ta Wani, am South Gate außerhalb des Nationalparks gelegen, ebenfalls eine Gametrackers Lodge.

Moremi – Maun

Hinter dem North Gate wird der Khwai River auf einer zünftigen Holzbohlen-Brücke überquert. Etwa 2 km weiter führt eine Abzweigung zum Hippo-Pool, einem Tümpel, in dem sich die Flußpferde genüßlich suhlen. Gehen Sie nicht zu nahe an die Wasserstelle heran, denn Flußpferde können erstaunliche Geschwindigkeit und Angriffslust entwickeln, wenn sie sich bedroht fühlen!

Durch Mopanewald mäandert die feste Sandpiste (in der Trockenzeit nach Regen verwandeln sich die Pisten in Sumpf!) dann etwa 30 km weiter durch das Naturschutzgebiet bis zum South Gate (Km 245). Unterwegs zweigen immer wieder Stichstraßen oder Rundrouten zu schönen Aussichtspunkten und Beobachtungsposten ab.

Die beste Zeit zur Tierbeobachtung ist der frühe Morgen oder späte Nachmittag, doch planen Sie Ihre Aktivitäten so, daß Sie die nächste Unterkunft noch vor Einbruch der Dunkelheit erreichen.

200 m nach Passieren des südlichen Parktores führt eine Piste nach rechts zur San Ta Wani Lodge, nach links zweigt die Hauptstraße nach Maun ab.

Bei Km 278 hat Sie schließlich das „zivilisierte" Farmland wieder. Am Kontrollposten der Disease Control werden die Fahrzeuge, je nach Laune der Beamten, einfach durchgewunken, oder sie müssen sich einer Reinigungsprozedur unterziehen, bei der der Wagen mit Desinfektionslösung besprüht wird.

Danach ändert sich nicht nur die Landschaft – dichtes, niedriges Buschwerk beidseits der Straße –, auch die Piste wird nun wieder besser und ist breit gespurt.

18 km weiter gibt es im Städtchen Shorobe ein einfaches Restaurant mit Bar und Bottle Store. Die Straße ist nun asphaltiert, die Region dicht besiedelt und allenthalben weiden Rinder das magere Buschwerk ab.

Kurz vor Erreichen der Bezirkshauptstadt Maun geht es erst zum Crocodile Camp (angenehm, dt. Leitung), danach zum Audi Camp (Overlander, sehr laut). 5 km weiter durchfährt man die unattraktiven Vororte von Maun, das Ortszentrum ist bei Km 347 erreicht.

Im Moremi-Park

Maun

Das „Tor zum Okavangodelta" ist ein betriebsames Städtchen, in dem sich fast alles um den Nationalpark-Tourismus dreht. Ungezählt die Schilder der Safari-Veranstalter, die für jedes Interesse und Bedürfnis maßgeschneiderte Rundreisen anbieten.

Völlig verschlafen wirkt dagegen das örtliche Tourismusbüro, das außer Reiseprospekten wenig Hilfreiches beizusteuern hat.

In Maun können Sie die zusammengeschmolzenen Vorräte auffüllen, tanken, Ersatzteile kaufen, in Unterkünften diverser Kategorien übernachten und sich den Bauch mit allen möglichen internationalen Spezialitäten vollschlagen. Die älteste und einzige Sehenswürdigkeit des Orts ist die Matlapaneng Bridge, eine Konstruktion aus Mopane-Bohlen über den Thamalakane River. Sie steht heute unter Denkmalschutz und darf nicht mehr befahren werden.

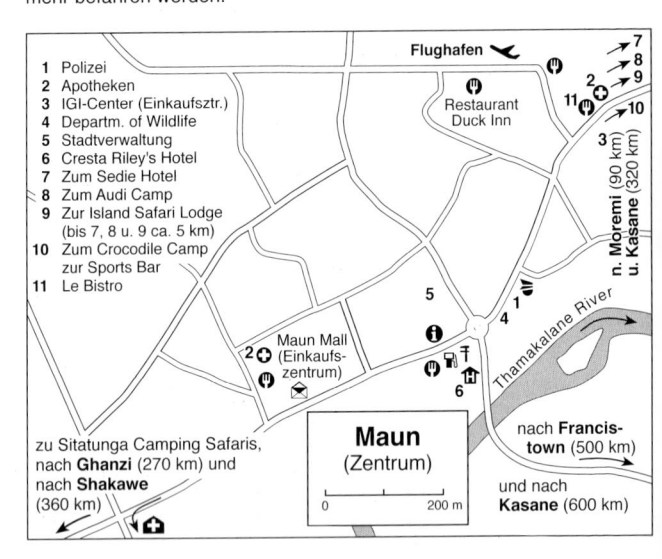

1 Polizei
2 Apotheken
3 IGI-Center (Einkaufsztr.)
4 Departm. of Wildlife
5 Stadtverwaltung
6 Cresta Riley's Hotel
7 Zum Sedie Hotel
8 Zum Audi Camp
9 Zur Island Safari Lodge (bis 7, 8 u. 9 ca. 5 km)
10 Zum Crocodile Camp zur Sports Bar
11 Le Bistro

Maun (Zentrum)

zu Sitatunga Camping Safaris, nach **Ghanzi** (270 km) und nach **Shakawe** (360 km)

nach **Francistown** (500 km)
und nach **Kasane** (600 km)

Unterkunft **Cresta Riley's River Lodge,** einzige Übernachtungsmöglichkeit direkt in Maun am Ufer des Thamalakane, komfortables Hotel mit Pool und hübschem Garten; DZ 280 P mit Frühstück; Tel. 660204, Fax 660580.

Alexis Sedie Hotel, ca. 5,5 km nordöstlich von Maun, Chalets und Zimmer, Pool, Campingmöglichkeit auf dem Hotelgelände, gleiche Preiskategorie wie Cresta Riley's; Tel. 660177, Fax 660 347.

Island Safari Lodge, 12 km nordöstlich von Maun am Thamalakane, luxuriöse Lodge mit Pool, Fahrten ins Delta; Tel. 660300, Fax 660 222.

Audi Camping, Zeltplatz ca. 4 km vor Maun, Pool, Shuttle-Service nach Maun, Overland-Gruppen, sehr laut. Reservierung über 00267-660599 oder Fax 660581; Camping 10 P, 2-Personen-Zelt mit Matratzen 30 P.

Sitatunga Camping, am Ortsende in Richtung Ghanzi, 2 km außerhalb der Stadt in einer Flußschleife des Thamalakane; großzügige Anlage,

Grillplätze, 10 P/Person und Nacht. Übernachtung in eingerichteten 2-Personen-Zelten, 90 P/Zelt, in Chalets (3 Betten) 130 P/Nacht; Reservierung über Tel./Fax 00267-660570.
Crocodile Camp, P.O. Box 46, Maun, Tel. 660265, Fax 660796, angenehm, unter deutscher Leitung, Bungalows ca. 50 US$, Stellplätze, Safaris ins Delta.

Essen Viele Restaurants entlang der Hauptstraße sowie in der Maun Mall, einem modernen Gebäudekomplex mit Läden, Büros und Safari-Veranstaltern.

Polizei An der Hauptstraße im Ortszentrum.

Gesundheit Okavango Pharmacy in der Maun Mall.

Information Touristenbüro gegenüber dem Flughafen.

Verkehrsanbindung Flugverbindungen nach Windhoek, Gabarone, Francistown und Kasane. Zahlreiche Charterfirmen bieten Rundflüge über dem Okavangodelta und Fly-in-Safaris an. Die meisten Firmen haben Niederlassungen in der Nähe des Flughafens.

Maun – Ghanzi

Nach Verlassen von Maun passieren Sie bei Km 353 die Abzweigung zum Sitatunga Camp. Auf der Weiterfahrt erobern immer wieder Rinderherden die Straße – Vorsicht an unübersichtlichen Stellen!
Im Städtchen Toteng (Km 407) geht's geradeaus nach Shakawe in Richtung Caprivi Strip. Diese Strecke am Westrand des Okavangodeltas wurde 1996 durchgängig geteert und ist bis zur namibischen Grenze nun auch mit Pkw befahrbar, über den Straßenzustand auf namibischer Seite (Mududmu-Nationalpark) sollte man vor Befahren Erkundigungen einziehen.
Wir folgen der Abzweigung nach links in Richtung Ghanzi. Hinter einer weiteren Verzweigung, unweit eines Bottle Store, (geradeaus weiter) endet der Asphalt. Auf guter Piste fahren Sie durch zunehmend aride Landschaft gen Südwesten.
Bei Km 504 folgt ein weiterer Posten der Disease Control mit dem üblichen Prozedere. Die Pad durchquert mehrere kleine Ortschaften (Kukwe bei Km 511, D'Khar mit Laden und Werkstatt bei Km 583, wer auf dem Dqae Quare Zeltplatz übernachten will muß hier buchen) und erreicht bei Km 621 schließlich Ghanzi.

Ghanzi

Ghanzi ist eine Grenzsiedlung mit Läden für den Farmerbedarf, Bottle Store, Supermarkt und der Atmosphäre einer staubigen Westernstadt. Die Region besitzt große Grundwasservorkommen, die Viehzucht inmitten der Kalahari möglich machen – etwa 200 Farmen soll es im Bezirk Ghanzi geben. Die meisten Kung-San, die in diesem Teil der Kalahari nomadisierten, arbeiten nun auf den Farmen. Im Gegensatz zu ihren namibischen Vettern haben sie es geschafft, eine Art politisch-kulturelle Interessensvertretung einzurichten, die um größere Autonomierechte in Botswana kämpft. Denn anders als in Namibia, wo die Regierenden den Wert der San-Kultur und deren Bedrohung erkannt haben, wurden die botswanischen Buschmänner bislang verachtet und fast sklavisch ausgebeutet. Wer sich für das Kunsthandwerk der Jäger interessiert, findet im Craft Shop von Ghanzicraft, unweit des Kalahari Arms Hotel, eine große Auswahl sehr schön gearbeiteter Schmuckstücke und Waffen. Der Erlös kommt den San zugute.

Unterkunft **Kalahari Arms Hotel,** einfaches Mittelklassehotel mit Campingmöglichkeit im Innenhof, wegen der lebhaften Bar allerdings recht laut; Tel. 00267-596298, Fax 596311 (rechtzeitig reservieren, da es das einzige Hotel an dieser vielbefahrenen Strecke ist). Das Hotel besitzt auch ein annehmbares Restaurant.

Weitere Übernachtungsmöglichkeiten gibt es an der Strecke zur namibischen Grenze (Beschreibung siehe unten).

Ghanzi – Grenze Namibia

Schnurgerade zieht nun der Asphalt weiter auf die botswanisch-namibische Grenze zu. Bei Km 658 zweigt eine Wellblechpiste zur Kanana Game Lodge ab, einer komfortablen Wildfarm, an deren Wasserloch man das typischen Kalahari-Wild – Antilopen, Schakale, Hyänen – beobachten kann (Reservierung unter Tel./Fax 596166).

17 km weiter passiert man die Farm **Jakkalspot,** früher ein Campground. Charlie Hardbattle, der Besitzer der Farm, inzwischen verstorben, war ein San-Mischling und einer der engagierten Streiter für die Rechte der Buschmänner. Er organisierte den Verkauf von Kunsthandwerk in Ghanzi und nahm 1996 als Vertreter der botswanischen San an einer grenzüberschreitenden Konferenz zum Thema Buschleute im südlichen Afrika teil. Mit den auf seiner Farm lebenden Kung möchte er Wildniswanderungen und Game drives organisieren, um seinen Gästen die Kultur der Wildbeuter näherzubringen (Reservierung über Buitsivango Safaris, Tel. 596101). Ein Beobachtungsturm bei Km 718 markiert das Ende des Farmlandes. In niederem Buschwerk verläuft nun rechts der Grenzzaun zwischen Namibia und Botswana, den die Kung an einigen Stellen mit Hilfe sogenannter „Buschmannleitern" überqueren dürfen.

Einsame Weiler, weitgehend flache Landschaft und ab und zu die ersten Dünenkämme bestimmen die weiteren 80 km bis zum Dörfchen Xanagas, das mitten im Nirgendwo mit einem erstaunlich gut sortierten Laden und Bottle Store, einer schmucken Tankstelle und einem Campingplatz mit unglaublich vielen Moskitos, sauberen Sanitäranlagen, Warmwasser, Braai-Plätzen und nächtlichem Wildbesuch aufwartet (20 P/Person).

Charles Hill, Km 828, bietet schließlich die letzte Versorgungsmöglichkeit vor der Grenze (Laden, Tankstelle, Ambulanz). Hier soll in naher Zukunft eine Lodge entstehen. 6 km weiter erreichen Sie den botswanischen Grenzposten Mamuno, 2 km weiter die namibische Zollstation **Buitepos.** Hier haben Sie Anschluß an die Route 14.

Route 16a

Westlich des Okavango-Deltas

Km	Abzweig	Ort	Übernachtung	GPS
Km 0 D3403 Piste		Divundu/Bagani, T	Divundu Guesthouse	18 05 59 21 32 49
Km 5		Popa Falls	Popa Rastlager	18 07 28 21 34 59
Km 6			Suclabo Lodge (1 km)	
Km 14			Ngepi Camp (4 km)	18 07 00 21 40 13
Km 18			Ndhovu (2 km)	18 09 18 21 40 07
Km 21		Mahango Wildreservat		18 10 44 21 40 51
Km 34		Grenze Botswana		18 15 41 21 45 45
Km 49		Shakawe		18 21 52 21 50 05
Km 58	zu Drotsky's Cabins Km 0 Km 3		 Drotsky's Cabins	18 25 34 21 53 07 18 24 50 21 53 07
Km 62			Shakawe Fishing Lodge (2,5 km)	
Km 67	Zaun nach Tsodilo Hills Km 0 rechts nach W am Zaun entlang Km 8 weiter geradeaus Km 17 links nach S Km 21 nach SO Km 23 nach rechts Km 43		 Tsodilo Hills	18 29 15 21 55 10 18 31 36 21 51 40 18 33 58 21 47 31 18 36 36 21 49 30 18 45 33 21 45 07
Km 72	nach Tsodilo Hills			18 33 49 21 58 17
Km 104	nach Tsodilo Hills			18 45 09 22 10 35

Km	Abzweig	Ort	Übernachtung	GPS
Km 138		Etsha (3 km), T+V		19 06 47 22 17 41
Km 288		Sehitwa		20 27 42 22 42 10
Km 318		Toteng		20 21 24 22 57 12

In Divundu/Bagani folgen Sie der Piste nach Süd. Es geht an den Popa-Fällen, der renovierten Suclabo Lodge und der Ndhovu Lodge vorbei (wenig später kommt noch das Ngepi Camp, das über das Audi Camp bei Maun gebucht wird, s. dort) durch den Mahango Wildpark bis zur Grenze (Grenzformalitäten siehe Route 15). Die Abfertigung geschieht schnell und entspannt und bald ist man in Botswana.

Ab der Grenze fährt man wieder auf Asphalt und quert die Streusiedlung Shakawe mit ihrem bekannten Mokoro-Hafen (Bootsfahrten). Es geht nun durch Baumsavanne mit vielen Dörfern und Hirsefeldern bis zu Drotsky's Cabins. Die Lodge ist schön angelegt, direkt am Wasser, das Restaurant steht als Pfahlbau im Fluß. Herr Drotsky führt die Lodge seit 10 Jahren, seine Familie ist aber schon seit Ende des 19. Jahrhunderts im Land (Drotsky's Cave ist von einem seiner Vorfahren entdeckt worden. Auf dem Okavango werden Bootsfahrten unternommen, ein weiteres zur Lodge gehörendes Camp ist nur mit dem Schiff erreichbar. Die Vogelwelt ist einzigartig, Baden sollte man allerdings nur in Pools, die Krokodile sind aggressiv. Buchungen über Drotsky's Cabins, P.O. Box 115, Shakawe, Tel. 675025, Fax 675043.

■ Mr. Drotsky persönlich

Abzweig Tsodilo Hills

Die einfachste Strecke nach Tsodilo Hills – und die ist immer noch schwer genug – ist oben in der Tabelle angegeben. Die beiden anderen Strecken bestehen aus noch tieferem Sand und ein beladener Geländewagen wird sie kaum schaffen. Fahren Sie mit zwei Wagen im Konvoi, achten Sie auf die Motortemperatur und lassen Sie gegebenenfalls Luft aus den Reifen, wenn Sie Gefahr laufen einzusanden. Für die einfache Strecke benötigen Sie durchschnittlich 3 Stunden.

Fahren Sie vom Abzweig nach Drotsky's Cabins 9 km bis zum Veterinärzaun und biegen Sie dort vor dem Zaun nach rechts ab und folgen diesem auf schmaler sandiger Piste. Sie ist so wellig, daß man nur mit geringer Geschwindigkeit vorankommt. Nach 8 km geht links eine Piste nach Tsodilo ab, die noch sandiger ist, folgen Sie ihr also nicht, sondern fahren Sie weiter geradeaus. Nach 9 km biegen Sie an dem Abzweig nach links und Süden ab. Führen Sie geradeaus, kämen Sie nach 25 km zu einer San-Siedlung. Nach 4 km geht es nach Südost und nach weiteren 2 Kilometern stoßen Sie wieder auf die Hauptpiste. Nun sind es noch 20 km durch tiefen Sand, auf den Dünenkämmen ist es etwas einfacher vorwärtszukommen, da eine spärlich Grasnabe dort Halt gibt, hinauf und hinunter und in den Tälern quält sich das Fahrzeug. Bei Tsodilo Hills hat ein Camp eröffnet, so daß man übernachten kann und Getränke erhält. Außerdem führt Andy die Besucher zu den einzelnen Felsmalereien und Gravuren. Sie sind fantastisch und in der Fachliteratur inzwischen wohl dokumentiert.

Zur Rückfahrt benutzen Sie am besten den gleichen Weg, fahren Sie rechtzeitig los, so daß Sie nicht in die Dunkelheit kommen.

In der Ortschaft Etsha können Sie tanken und einkaufen, eine weitere Versorgungsmöglichkeit bietet sich in Gumare, 32 km nach Ethsa. Langsam gewinnt die Landschaft parkähnlichen Charakter, Schirmakazien erfreuen das Auge und Tokos bevölkern die Szenerie. In Toteng haben Sie die Hauptstraße von Maun nach Buitepos erreicht, hier haben Sie Anschluss an die Route 16.

DANKSAGUNG

Frau Göbel / Frankfurt

Frau Stärk / Windhoek

Familie Beyer / Dornhügel

Familie Hanns / Windhoek

Familie Schoemann / Windhoek

Herr Schäfer / Windhoek

Herr Wimmer / Windhoek

Deugro GmbH / Hamburg

LTU Lufttransportunternehmen

Herr und Frau Schiffer / Windhoek

Umuzi – Afrika-Museum Arthur Benseler / Freiberg/N

DIE AUTOREN

DANIELA SCHETAR FRIEDRICH KÖTHE Freie Journalisten, München und Leipzig. Studium der Ethnologie und Soziologie. Ausgedehnte Reisen führten sie durch Nord-, West- und das südliche Afrika. Verfasser von Reiseführern über Tunesien, Namibia und Sizilien.

FOTOS Alle von Friedrich Köthe, außer:
Helmut Hermann Seite 6/7, 19 ob., 105, 128, 161 (2x), 250, 252, 282 (2x), 290, 295 (2x), 336, 428. Rolf Jost: Seite 149, 264 li., 281, 304 u., 325 (Mi./unt.), 358 u., 360 ob. Dr. Schmolin: S. 287.
Farbteil: H. Hermann Nr. 10, 19, 24; Jörg Vaas 20, 33; R. Jost: 17, 21, 27, 29.
Umschlag: Kinderbild u.a.: Michael Martin, München. Historische Abbildungen aus Privatbesitz

Ausrüstungsliste

Reiseausrüstungs-Hinweis! Fast alle namibischen Autoverleiher vermieten auch Campingausrüstung. Spezialisiert auf den Verleih von Campinggegenständen, vom Schlafsack bis zum Geschirr, von Möbeln bis zum Rucksack ist: Gav's Camping Hire, 49 John Meinert Street, P.O. Box 80157, Windhoek; Tel. 061-238745, Fax 061-239015

Reisedokumente
- ❏ Paß (u.U. Visa der Nachbarländer?)
- ❏ Int. Führerschein
- ❏ Impfpaß
- ❏ Flugschein
- ❏ Buchungsbestätigungen
- ❏ Verkleinerte Kopien der Reisedokumente
- ❏

Allgemeine Ausrüstung
- ❏ Koffer, besser flexible Reisetaschen oder Kofferrucksäcke
- ❏ Tagesrucksack
- ❏ Wasserflasche
- ❏ Paßbilder
- ❏ Geld/Reiseschecks
- ❏ Geldgürtel/Brustbeutel
- ❏ Fernglas
- ❏ Fotoausrüstung
- ❏ Taschenlampe
- ❏ Moskitonetz
- ❏ Moskitospiralen
- ❏ Moskito-Repellent
- ❏ Reiseapotheke
- ❏ Reisewaschmittel (Rei in der Tube)
- ❏ Taschenmesser
- ❏ Nähzeug
- ❏ Reisewecker
- ❏ Landkarten
- ❏ Landesliteratur
- ❏ Schreibzeug
- ❏ Heimatadressen

Anhang – Ausrüstungsliste

Persönliche Ausrüstung
- ❏
- ❏ Leichte Kleidung
- ❏ Warme und feste Kleidung
- ❏ Regencape/-poncho
- ❏ Badesachen
- ❏ Zahnbürste/-pasta
- ❏ Nagelpflegeset
- ❏ Seife
- ❏ Haarwaschmittel
- ❏ Handtuch/Waschlappen
- ❏ Rasierer/Pinsel/Creme/Klingen
- ❏ Tampons/Binden
- ❏ Sonnencreme
- ❏ Sonnenbrille
- ❏ Ersatzbrille
- ❏ Linsenflüssigkeit für Kontaktlinsenträger
- ❏ Schlafsack
- ❏ Liegematte
- ❏ Reiselektüre
- ❏

Reiseapotheke allgemein
- ❏ Pflaster
- ❏ Mullbinden
- ❏ Elastische Binde
- ❏ Verbandspäckchen
- ❏ Brandwundenpäckchen
- ❏ Wunddesinfektionsmittel
- ❏ Talkpuder
- ❏ Schere
- ❏ Pinzette
- ❏ Einmalskalpell
- ❏ Nahtmaterial
- ❏ Spritzenbesteck
- ❏ Fieberthermometer
- ❏ Schlangenbißset
- ❏ Fußdruckpflaster
- ❏ Wasserentkeimung
- ❏ Schmerztabletten
- ❏ Durchfallmittel zum Beispiel Immodium
- ❏ Elektrolyte
- ❏ Wundsalbe
- ❏ Antibiotikum
- ❏ Antimykotikum
- ❏ Halstabletten
- ❏ Insektenrepellent
- ❏ Ohrentropfen
- ❏ Nasenöl (wegen der trockenen Luft)
- ❏ Antiallergikum zum Beispiel Systral
- ❏ Spezielle persönliche Arzneimittel
- ❏
- ❏
- ❏

Öffnungszeiten Museen

Bethanien **Schmelenhaus**
Tagsüber offen, wenn nicht, den Schlüssel besorgen (Name an der Türe).

Grootfontein **Alte Feste**
Erikstraße; Tel. 067-242456. Di, Fr 16–18, Mi 9–11 Uhr. Besuche außerhalb der Öffnungszeiten unter Tel. 067-242457/243584/242351 anfragen.

Helmeringhausen **Helmeringhausen Freilichtmuseum**
Neben Helmeringhausen Hotel. Geöffnet täglich, Schlüssel im Hotel

Katima Mulilo **Lizauli Traditional Village**
Auf dem Weg zur Lianshulu Lodge, täglich von 8–17 Uhr

Keetmanshoop **Keetmanshoop Museum**
Rheinische Missionskirche, Tel. 06-223316, nach 134 verlangen. Mo–Fr 7.30–12.30, 14–17 Uhr, Sa 9–11 Uhr

Kolmanskop **Kolmanskop Museum**
10 km außerhalb von Lüderitz, Buchung über Lüderitzbucht Safaris & Tours, Bismarckstraße, Lüderitz; Tel. 063-202719. Mo–Sa geführte Touren um 9.30 und 10.45 Uhr. **Sperrgebiet:** Der Veranstalter der Kolmanskop-Touren führt auch Ausflüge in das Diamantengebiet durch

Lüderitz **Lüderitz Museum**
Diaz Street; Tel. 063- 202582/202532. Mo–Fr 16.30–18 Uhr (März–September 1 Stunde früher)

Omaruru **Omaruru Museum**
Haus der Rheinischen Mission; Tel. 064-570277. Mo–Fr 8–16 Uhr

Opuwo **Himba Traditional Village**
Ca. 80 km hinter Opuwo Richtung Epupa, täglich.

Outjo **Outjo Museum**
Franke Haus; Tel. 067-313013. Mo–Fr 10–12.30 und 15–17 Uhr

Rehoboth **Rehoboth Museum**
Beim Postamt; Tel. 062-522954. Mo–Fr 10–12 u. 14–16 Uhr, Sa 10–12

Swakopmund **Swakopmund Museum**
Am Strand; Tel. 064-402046. Täglich 10–12.30 und 14.30–17 Uhr

Tsumeb **Tsumeb Museum**
Main Street; Tel. 067-220447. Mo–Fr 9–12 und 15–18 Uhr, Sa 15–18 Uhr

Walvis Bay **Walvis Bay Museum**
Civic Center; Tel. 064-205981. Mo–Fr 9–13 und 14–16 Uhr

Windhoek **Staatsmuseum – Kulturelle Sammlung**
Alte Feste, Robert Mugabe Avenue; Tel. 061-2934362. Mo–Fr 9–18, Sa und So von 10–12.30 und 15–18 Uhr
Staatsmuseum – Naturgeschichte
Owela Museum, Robert Mugabe Avenue; Tel. 061-2934358. Mo–Fr von 9–18 Uhr, Sa und So 10–12.30 und 15–18 Uhr
TransNamib Museum
Bahnhofstraße; Tel. 061-2982186. Mo–Fr 9–12 und 14–16 Uhr

Glossar Südwester-Deutsch

Abkommen eines Riviers	Trockenfluß führt Wasser
Baas	Boss
Baster	Mischling
Beester	Rinder
Bergveld	gebirgige Landschaft
Bockie	Ziege
Boerewors	Bratwurst
Braai	Grill, grillen
Buschveld	Busch
Dam	Stausee, Staumauer
Donkey	Esel, Badeofen
Drift	Furt
Fontein	Quelle
Gemsbock	Oryx-Antilope
Jerry	Deutscher
Klip	Felsen, Stein
Koppie, Kopje	Hügel, auch Tasse
Kost	Essen
Kraal	Dorf der schwarzafrikanischen Bevölkerung
lekker	schön
Lekkers	Süßigkeiten
Lorri	Lkw
Millipapp	Maisbrei, Grundnahrung der schwarzafrikan. Bevölkerung
Morro	Guten Tag
Omuramba	Trockenfluß (Herero). Plural: Omiramba
Oshana	flacher Flußlauf, der saisonal Wasser führt (Ovambo)
Oukie	Südwester-Deutscher
Pad	Straße, Piste, Weg
Padskrapper	Baumaschine zur Straßeneinebnung
Pan	Senke (Pfanne), die saisonal überflutet wird
Permit	Erlaubnisschein
Pieker	Dorn (besonders: Dorn des Morgensterns)
Pontok	Hütte der schwarzafrikanischen Bevölkerung
Potjie	Dreibeintopf aus Gußeisen
Rivier	Trockenfluß
Sandveld	Landschaft mit sandigen Böden, Sandwüste
Store	Laden
Teerpad	Asphaltstraße
trekken	Weiterziehen (auf Suche nach Weide, neuem Lebensraum)
Übersee	Europa (Deutschland)
Veld	Landschaft, Region
Veldkost	Verpflegung aus der Natur
Vlakte	Ebene
Vlei	Senke, in der saisonal Wasser steht
Werft	Hütten der schwarzafrikanischen Arbeiter auf einer Farm
Winkel	Laden

Literaturverzeichnis Namibia

Weiterführende Literatur, mit der Sie sich auf Ihren Namibia-Urlaub gut vorbereiten und mit denen Sie Ihre Vorfreude auf die Reise steigern können.

Seely, Mary **Die Namib**
Windhoek 1987. 104 S. 14 x 21 cm. 20,00 DM (Nr. 301)
Untertitel: Naturgeschichte der ältesten Wüste der Welt. SHELL-Führer mit ausgezeichneten farbigen Fotos und vielen Illustrationen.

Craven, Patricia; Marais, Christine: **Namib Flora**
Windhoek 1992. 128 Seiten. 14 x 22 cm. Hardcover, 20,00 DM (Nr. 303)
Die farbigen Illustrationen dieses Pflanzenführers dienen als botanischer Wegweiser für eine Rundfahrt von Swakopmund über Goanikontes zur "Großen Welwitschia".

Craven, Patricia - Marais, Christine: **Waterberg Flora**
Windhoek 1989. 143 S. Hardcover. 14 x 22 cm. 25,00 DM (Nr. 315)
Beschreibung der Flora an den ausgeschilderten Wanderwegen im Bernabé-de-la-Bat-Camp am Fusse des Waterbergs. Viele farbige u. s/w-Illustrationen.

Craven, Patricia - Marais, Chrisrtine: **Damaraland Flora**
Windhoek 1993. 127 S. Hardcover. 14 x 22 cm. 25,00 DM (Nr. 316)
Anhand von farbigen und s/w-Illustrationen wird ausführlich die Flora im Gebiet Spitzkoppe, Brandberg und Twyfelfontein geschildert. Mit farbig illustrierter Karte des Damaralandes.

du Preez, Jock: **Die Tiere in Etoscha**
Windhoek 1993. 72 S. 32 Farbfotos. 15,00 DM (Nr. 312)
Dreisprachige Beschreibungen der wichtigsten im Nationalpark vorkommenden Tierarten mit Farbfotos. Mit farbiger, gefalteter Karte der Etoscha-Wasserstellen.

Otto von Weber: **Geschichte des Schutzgebietes Deutsch-Südwest-Afrika**
5. Aufl. 1998. 284 S. DIN A5. 1 gef. Karte. DM 34,80 (Nr. 4-501)
Der Autor füllt mit seinem Buch eine Lücke für Leser, die mehr von der Kolonie DSWA erfahren wollen. Es beginnt mit den ersten deutschen Missionaren, die ins Land kamen, und führt bis zur Kolonisierung unter Curt von Francois und Theodor Leutwein. Der wirtschaftliche Aufschwung der Kolonie wird durch die Wirren des Ersten Weltkrieges zerstört. Verständlich werden die Geschehnisse um Sandfontein, der Burenaufstand in der S.A. Union, Naulila und die Frankesche Strafexpedition bis zur Kapitulation beschrieben. Mit einem überarbeiteten Sach-, Orts- und Personenregister sowie Quellennachweisen und einer Zeittafel wird dieses Buch ein nützliches Nachschlagewerk über die deutsche Zeit SWAs.

Jenny, Dr. Hans: **Der heimliche Reichtum Namibias**
Zürich 1990. 192 S. s/w-Fotos. 15x21 cm. Fbg. Hardc. 32,00 DM (Nr. 412)
Eindrücke aus Begegnungen mit Südwester Pionieren. Die Palette der Namen erstreckt sich von den Entdeckern Andersson und Schinz bis zu den schwarzen Kulturpromotern Bischof Auala und Häuptling Riruako. Die Farmersfamilien Voigts, von Schütz und von Hase brachten die Karakulpelze zur Weltgeltung; die Glaubensboten F.H. Rust, Vedder, Noll und Hoeflich festigten das Christentum; die Afrikanisten Dammann, Köhler, M. Fisch und Budack machten sich um die Sprachen verdient. Die Mäzene Lübbert und Levinson ermöglichten die schönen Künste. Die Wasserbautechniker Stengel und der Tierarzt Zschokke eliminierten die Hungersnöte. H. Martin, Ch. Koch, H.J. Rust, A. Viereck und A. Weber waren Pioniere der Wissenschaften.

Massmann, Ursula: **Swakopmund - eine kleine Chronik**
Swakopmund 1994. 60 S. s/w-Fotos. DIN A5. 15,00 DM (Nr. 416)
Fundierte Geschichtsbeschreibung der Stadt Swakopmund.

Vedder, Heinrich: **Das alte Südwestafrika**
Windhoek 1997. 696 S. 15 x 22 cm. Fbg. Hardcover. 70,00 DM (Nr. 429)
Standardwerk zu Südwestafrikas Geschichte bis zum Tode Mahareros 1890

Leutwein, Theodor: Elf Jahre Gouverneur in Deutsch-Südwestafrika
Reprint Windhoek 1997. 600 S. 17 x 24,5 cm. 75,00 DM (Nr. 4-511)
Reprint eines der gesuchtesten Werke aus der deutschen Kolonialzeit. Neben 176 Abbildungen enthält der qualitativ hochwertige Nachdruck 20 Skizzen und 2 Karten.

Korn, Hermann: Zwiegespräche in der Wüste
Göttingen 1996. 158 S. + 25 ganzs. Farbaquarelle. 29,80 DM (Nr. 4-527)
(Briefe und Aquarelle aus dem Exil 1935-1946).
Hermann Korn, ein begabter Geologe, emigriert 1935 zusammen mit Henno Martin nach SWA. Um einer nach Kriegsausbruch gefürchteten Internierung zu entgehen, entschieden sich die Freunde zu ihrem einzigartigen Robinsonleben in der Namib von 1940-1942 (siehe auch Nr. 4-526). Hermann Korn starb 1946. Dieses Buch schildert einfühlsam sein Leben und seine vielseitige Persönlichkeit und dokumnetiert die Zeit in SWA einschließlich der "Wüstenjahre" in einer Anzahl von Briefen. Besonderen Ausdruck findet Korns Afrika-Faszination in seinen hier erstmals farbig wiedergegebenen Aquarellen. Eine Lebensbeschreibung rundet das interessante Buch ab.

Martin, Henno: Wenn es Krieg gibt, gehen wir in die Wüste
Hamburg 1998. 362 S. s/w- u. Farbfotos. SchU. 49,90 DM (Nr. 4-526)
Das unangefochtene Kultbuch über die berühmt gewordene Robinsonade zweier deutscher Geologen in der Namib. Packende Schilderung der Erlebnisse, die Henno Martin und Hermann Korn in den Schluchten des Kuiseb hatten, wo sie sich 2 _ Jahre lang erfolgreich vor den Engländern verstecken konnten, um sich so der Internierung oder Ausbürgerung zu entziehen.

Marsh, John H.: Skelettküste
Windhoek 1997. 180 S. DIN A5. 8 s/w-Fotos. 32,80 DM (Nr. 4-506)
Endlich gibt's diese spannende Reportage über die dramatische Rettungsaktion der "Dunedin Star" aus den Jahren 1942/43 auch in deutscher Übersetzung. Das Passagierschiff "Dunedin Star" lief damals aus ungeklärten Gründen an der Skelettküste auf Grund. Vereinte Aktionen der südafrikanischen Polizei, der Marine und der Luftwaffe führten schließlich nach 19 Tagen und Nächten zum Erfolg. Dabei folgte ein Unglück dem anderen. Ein zur Hilfe gesandter Schlepper lief ebenfalls auf Grund; ein Ventura-Bomber stürzte aus geringer Höhe ins Meer. Ein Konvoi von 8 Polizeifahrzeugen erreichte schließlich die Gestrandeten auf dem Landweg.

Wentenschuh, Walter.G.: Namibia und seine Deutschen
Göttingen 1995. 272 Seiten. 21 x 28 cm. SchU. 72,00 DM (Nr. 526)
Geschichte und Gegenwart der deutschen Sprachgruppe im Südwesten Afrikas. In allen Buchbesprechungen hervorragend beurteilte Dokumentation. 136 s/w- unde 16 Farbbilder.

Schnurr, Michael: Lockruf der Wüste (Ernst Karlowa und sein abenteuerliches Leben an der Skelettküste)
Göttingen 1998. 80 S. 14x21 cm. s/w-Fotos. 19,80 DM (Nr. 503)
Rund 20 Jahre seines Lebens verbrachte Ernst Karlowa an dert abgeschiedenen Skelettküste - als Diamant- und Mineralsucher, zur Untersuchung eines geplanten Hafenbaus, für Wetterbeobachtungen und schließlich als Naturschützer. Deshalb war der Kenner Karlowa immer wieder gefragt, wenn es z.B. um die Rettung Schiffbrüchiger oder um die Bergung eines verzweifelten Flüchtlingskonvois aus Angola ging. Viele Originalfotos -u.a. von Orten, die heute nicht mehr existieren - illustrieren die spannende Lebensgeschichte.

Volkmann, Mary Jane: Augenblicke aus dem Leben in Namibia
Windhoek 1997. 66 S. 30 Farbill. 21 x 25 cm. 36,50 DM (Nr. 502)
Die AZ schrieb u.a.: "Liebe zum namibischen Detail könnte man diesen Bildband mit 30 ganzseitigen Illustrationen und kurzen Bildtexten nennen. Akribisch, aber ohne Pedanterie, führt die Malerin realistische Szenen aus dem Alltagsleben zwischen dem kargen Süden und dem eher üppigen Ost-Caprivi vor. Besonders kennzeichnend ist die charakteristische Wiedergabe der Gesichter der einzelnen Menschen. Auf den ersten Blick scheint es sich bei den Zeichnungen in Wasserfarben um Farbfotos zu handeln. Es ist zu wünschen, daß die Künstlerin weitere Arbeiten veröffentlichen wird.

Hoffmann, Gieselher W.: Die Erstgeborenen
Wuppertal 1991. 438 Seiten. SchU. 13 x 21 cm. 46,00 DM (Nr. 614)
Dieser Roman schildert das Dilemma der Ur-Einwohner Namibias - dem Volk der Buschmänner. "Wir haben den "Erstgeborenen" unsere Zivilisation aufgezwungen. Und nun setzt es uns in Erstaunen, daß sie an unserer so bequemen Welt zerbrechen, wo sie doch in einer viel härteren überlebt haben".

Kunze, Reiner: Steine und Lieder (Namibische Notizen und Fotos)
Frankfurt 1996. 112 Seiten. DIN A4. Farbfotos. 68,00 DM (Nr. 601)
Der bekannte ostdeutsche Lyriker (u.a. "Die wunderbaren Jahre") schildert das Alltagsleben vorwiegend der schwarzen Menschen auf der Farm GRAS (von Wietersheim) am Fischfluß. In eindrucksvollen Fotos und mit kurzen Texten beschreibt Reiner Kunze seine Eindrücke. Wohl das anspruchsvollste Buch, das je über das Farmleben geschrieben wurde.

Asare, Meshack: Die Kinder des Baumes
Göttingen 1990. 46 S. Farbig illustriert. 21 x 27 cm. Hardcover. 24,00 DM (Nr. 816)
Beschreibung der Legende der Hereros nach der die Menschen dem Omumborombonga-Baum entsprungen sind.

Kellner, Wilhelm: Die Buschhexe
Reprint Windhoek 1996. 86 S. 16 x 23 cm. 24,00 DM (Nr. 801)
Bekanntes Südwester Märchenbuch mit folgenden Märchen: Die Durstschlange. Die verzauberte Wasserstelle. Der singende Berg. Die Buschhexe. Peter und die Wolkenfrau. Wildherz und Treumut. Der tapfere Hans. Eine Lügengeschichte. Der treue Bruder. Silwei. Das geheimnisvolle Schiff. Der Häuptling mit dem Regenzauber. Farbig illustriert.

Johan S. Malan: Die Völker Namibias
(Aus dem Englischen übersetzt von Kuno Budack). Windhoek/Göttingen 1998. 21 x 15 cm. 160 Seiten. 27 s/w-Fotos. Kt. DM 24,80 (Nr. 964)
Das Buch beschreibt im kompetenter und gut verständlicher Weise die Herkunft, Traditionen und Gebräuche, religiösen Vorstellungen, Sozialstrukturen und wirtschaftlichen Lebensformen der wesentlichen Bevölkerungsgruppen Namibias: Owambo, Herero, Himba, Nama, Damara, San, Kavango-Stämme, Fwe und Subia (Caprivi) sowie einige weitere wie Rehobother Baster, Tswana und Mischlinge. Damit trägt es ganz wesentlich zum nötigen Verständnis für Land und Leute bei, auch in ihrer Verschiedenheit und machen daraus resultierenden Gegebenheiten (und Problemen). Dieses Buch ist ein „Muß" für jeden, der sich für Namibia u. seine Bevölkerung interessiert.

> Bezugsquelle für alle genannten und viele weitere Titel:
> Namibiana Buchdepot, Kronshausen 18, D-26340 Zetel, Tel. 04453-1264 - Fax 6969
> e-mail: namibiana@t-online.de, homepage: http://www.namibiana.de

Weitere Namibia-Bücher:

Budack, K.F.R.: Übersicht der Völker und Kulturen
In: Namibia, Frankfurter Wirtschafts- u. Sozialgeographische Schriften, Frankfurt, 1989

François, Curt v.: Deutsch Südwest-Afrika
Nachdruck der Originalausgabe von 1899 durch Peter's Antiques, Swakopmund, 1993

Geography of Namibia
Gamsberg Macmillan Publ., Windhoek, 1990

Graudent, Karlheinz/Schindler, Hanns-Michael: Die deutschen Kolonien
Weltbild Vlg., Augsburg, 1989

Herdtfelder, Roland: Der Etoscha-Nationalpark
Verlag der S.W.A. Wissenschaftlichen Gesellschaft, Windhoek, 1984

Leser, Hartmut: Namibia
Klett-Länderprofile, Klett Vlg., Stuttgart, 1982

Marshall Thomas, Elisabeth: The harmless People
Africasouth Paperbacks, Claremont/South Africa, 1959

Martin, Michael u. Maeritz, Kay: **Namibia**
Bildband, 144 Seiten, 129 Farbfotos, Umschau Buchverlag, Frankfurt/M, 1995

Namibia Environment
Vol. 1, Hrsg. Ministry of Environment and Tourism, Windhoek, 1996

Olivier, Willie u. Sandra: **Naturschutzgebiete in Namibia**
Longman Namibia, Windhoek, 1994

Pendleton, Wade C., Katutura: **A Place Where We Stay**
Gamsberg Macmillan Publ., Windhoek, 1994

Peters, W.: **Baukunst in Südwestafrika 1884–1914**
Windhoek, 1981

Rautenberg, Hulda: **Das alte Swakopmund 1892–1919**
Swakopmund, 1967

Rüdiger, Klaus H.: **Die Namibia-Deutschen**
Franz Steiner Vlg. Stuttgart, 1993

The Hendrik Witbooi Papers
Archeia No. 13, Windhoek, 1990

Lektüre

Bjerre, Jens: **Kalahari**
Brockhaus Vlg., Wiesbaden, 1969

Brodersen-Manns, Hertha: **Wie alles anders kam in Afrika**
Kuiseb Vlg., Windhoek, 1991

Davis, Jennifer: **The Stolen Water**
Traditional Tales from Namibia, New Namibia Books, Windhoek, 1993

Eckenbrecher, v. Margarethe: **Was Afrika mir gab und nahm**
Nachdruck der Originalausgabe von 1940 durch Peter's Antiques, Swakopmund, 1994

Garnier, v. Christine: **Ich habe einen der letzten Kolonialherren Afrikas geheiratet**
Rowohlt Vlg., Reinbeck, 1987

Groth, Siegfried: **Namibische Passion**
Hammer Vlg., Wuppertal, 1995

Hoffmann, Giselher u. Attila: **Im Bunde der Dritte**
Selbstverlag, Windhoek, 1983

Kaujeua, Jackson: **Tears over the Desert**
New Namibia Books, Windhoek, 1994

Kenntner, Georg/Kremnitz, Walter: **Kalahari**
Ambro Lacus Vlg., Andechs-Frieding, 1992

Schatz, Ilse: **Unter Buschleuten**
Selbstverlag, Tsumeb, 1993

Schmidt, Sigrid: **Märchen aus Namibia**
Diederichs Vlg., Köln, 1990

Timm, Uwe: **Morenga**
München, 1978

van der Post, Laurens: **Das Herz des kleinen Jägers**
Diogenes Vlg., Zürich, 1994

van der Post, Laurens: **Die verlorene Welt der Kalahari**
Henssel Vlg., Berlin, 1959

Voigt, Bernhard: **Deutsch-Südwestafrika**
Nachdruck der Originalausgabe von 1913 durch Peter's Antiques, Swakopmund, 1994

Register

Sachwortregister

Abschleppdienst 60
Achate 82, 302
Ackerbau 91, 92
Aeolische Sedimente 99
Affenbrotbaum 452
Afrikaner, Jonker 121,122
Afrikaans 87, 130, **157**
Afrikaaner-Nama (Afrikaner) 128
Afrikanische Zwerggans 449
Ahnenbaum 109
Aids 39
Air Namibia 30
Alaskit 392
Alluviale Sedimente 99
Anabaum 103
Andersson, Charles John 121, 123, 355
Angeln 65
Antilopen 94
Apartheid 112, 117
Arbeitslosigkeit 133
Architektur 163
Artenschutz 84
Ausrüstung, Auto 34
Ausrüstung, persönliche 32
Automobilclub 60
Autoverleih 41

Bafue 449
Baiweg 338
Ballonfahren 65
Balsambaum 103
Banken 37, 50, 86
Bantu 146
Baobab 452
Barchane 68, 95
Basalt 99
Baster 156
Benguela-Strom 106, 134
Berner, Dörte 166
Biltong 77
Bismarck 115, 297
Blue Sodalite 407
Blutfruchtbaum 110
Bondelswarts 144
Bootsausflüge 65
Botschaften 36
Botterboom 109
Braai 77
Brahmanen 441
Brandberg-Akazie 381

Brandungsboot 47
Breitmaul-Nashorn 112
Breuil, Abbé 382
Brits, Jacobus 436
Buchung der Unterkünfte 25
Budget 24
Büffel 113
Bungee-Jumping 66
Buren 157
Burnt Mountain 396
Buschleute 120, 457, 459
Buschmannkerze 103
Busse 51

Cão, Diogo 114.428
Cassinga-Tag 85
Caprivi, Leo v. 115
Caprivi-Stämme 154
Caravan Parks 26
Carnet de Passage 31
CDM 294
Charterflugzeug 52
Classic Flights 66
Cloos, Hans 376
Cook, Edward 284
Craven, Patricia 496
Cuca-Shops 422

Dam 97
Damara 146
Damara-Formation 99
Dampfmaschine Martin Luther 335
Desert-Express 75
Deutschstämmige Namibier 158
Diamanten 101, 294
Diaz, Bartolomeu 114, 296, 303
Dokumente 36
Dolerit 99
Dolfholz 113, 460
Dolomit 99
Donkey 385
DTA 127
Dünen, brummende 69
Dünen, Sichel- 95
Dünen, Stern- 95
Durstlandtrekker 439

Ebenholzbaum 104
Eisenbahn 51
Eland 359
Elefant 111
Elephant's Head 377, 378
Erdfrühzeit 94
Erdhörnchen 107
Erdneuzeit 98
Escarpment 91, 96

Essen 77
Estorff, Oberst v. 229

Fahrrad-Reisen 53
Fahrverhalten 58
Fahrzeugverschiffung 32
Fallschirmspringen 71
Farbige 157
Feiertage 85
Felsgravierungen 118
Felsmalereien 118
Ferien 85
Fernsehen 85
Finger Gottes 264, 261
Finnische Mission 122, 153
Fischen 65
Fischerei 134
Flamingo 108
Fluggepäck, unbegleitetes 32
Fluggesellschaften 30
Flußpferd 113
Fly-in-Safaris 66
François, Curt v. 124
Franke, Hauptmann 389
Franke-Haus 352
Franke-Turm 388
Frankolin 112
Fredericks, Joseph 123, 297
Funktelefon 88

Gästefarmen 26
Geingob, Hage 129
Gemsbok (Gemsbock) 107
Geologie 94
Gepard 111
Gesundheitsvorsorge 37
Gesundheitswesen 132
Getränke 78
Giant's Playground 262, 264
Gibeon-Meteorit 226
Gieß, W. 102
Giraffe 110
Gnu 110
Goldmaulwurf 107
Golfen 71
GPS 34
Granit 99
Gravierung 118, 397
Groth, Siegfried 131, 499
Guesthouses 25

Hahn, Carl Hugo 344
Haikom 140, 364
Hälbich, Eduard 375
Hardbattle, Charlie 486
Hardveld 96, 97

Hartmannsches Bergzebra 107
Haustiere 39
Helgoland-Sansibar-Vertrag 115
Herero 148
Hermann, Ernst 247
Himba 151
Hoba-Meteorit 426
Höhlenforschung 71
Homelands 116. 126
Hotels 25
Hottentotten (Nama) 120
Hyäne 107

Impfungen 37
Internet 40
Intrusion 99

Jagdfarmen 26
Jagdsaison 74
Jagdwaffen 74
Jagen 74
Jordan, W. 439

Kamaherero (Chief) 123
Kambrium 98
Kameldorn 103
Kandelaber-Euphorbie 109
Kanutouren 71
Kapuuo, Clemens 345
Karakul 83, 266
Karoo-Formation 99
Karst 99
Kaujeua, Jackson 347
Kavango-Stämme 154
Keetman, Johann 262
Khoi-khoi 143, 144
Khoikhoin 142
Khoisan 143
Khorab-Gedenkzeichen 365
Kimberlit 99
Kinder, Reisen mit 28
Kleinschmidt, Franz-Heinrich 122, 158, 344
Klima 92
Klunkerkranich 113
Knauer, Missionar 260
Knudsen, Hans 267
Köcherbaum 105
Köcherbaumwald 262
Kolbe, Friedrich 344
Konsulate 36
Koppje 97
Korn, Hermann 312, 376
Kraal 144, 147
Kranich 113
Kreditkarten 50
Kreidezeit 98

Kreuz des Südens 429
Kriminalität 87
Krokodil 113
Kruboys 47, 320
Kudu 110
Kung (San) 140, 485
Kunsthandwerk 82, 162
Kutako, Hosea 345. 346
Kwanyama (OvaKwanyama) 143, 152
Kwela 166

Lambert, Tom 352
Landkarten 33
Landreform 135
Leopard 111
Leutwein, Theodor 124
Liebig-Haus 332, 339
Lindequist, Friedrich v. 355
Livingstone, Dr. 469
Lodges 26
Löffelhund 107
Londoner Missionsgesellschaft 267, 284
Löwe 111
Lüderitz, Adolf 123
Luftfracht 32
Lufthansa 30

Madisia, John 166
Magmatit 98
Maharero, Edward 384
Maharero, Samuel 124
Maharero, Traugott 384
Maharero, Wilhelm 345
Maharero-Herero 370, 346
Makalani-Palme 110
Malaria 38
Malerei 165
Mandatsmacht 85, 224
Marais, Christine 496
Marmor 99
Martin Luther 335
Martin, Henno 312
Marulafrucht 79
Mbanderu-Herero 148, 150, 464
Metamorphit 98
Mietfahrzeuge 41
Mietwagenfirmen 42
Mineralien 71, 82
Moorantilopen 448
Mopanebaum 110
Morenga, Jakob 124
Morgenstern 104
Moringabaum 109
Motorradfahren 35, 60
Muafangejo, John Ndevasia 165
Mudge, Dirk 127, 137

Mukorob 127, 261
Musik 166
Mutwa, Credo 382

Nachtigall, Friedrich 267
Nakara 266
Nama 142
Nama-Formation 99
Namib-Wildpferde 292
NAPHA 74
Nara 104
Nashorn 112
Nashorn, weißes 369
Navigation 59
Ndonga (AaNdonga) 152
Niaye-Niaye-Foundation 457
Notfall-Telefonnummern 59
Nujoma, Sam 116, 126ff

Ochsenkarren 22
Odendaal-Plan 116, 126
Öffnungszeiten 86
Ombili-Stiftung 361
OMEG 326, 363
Omuramba 97, 410
Orgelpfeifen 396
Orientierung 59
Orlaam-Nama 121
Oryx-Antilope 107
Oshana 97
Oshivambo 87
Otavi-Bahn 326, 376
Otjiherero 149, 152
Ovahimba 405
Ovambo 152
Owela 226

Pad 97
Papyrus 113
Padrão 114
Pelikan 109
Pensionen 25
Personenbergung 46
Phillip's Cave 377
PLAN 116, 126
Pontok 149, 495
Postlagernde Sendung 85
Präkambrium 97
Pulverturm 390f

Rafting 71
Randstufe, Große 91, 95f
Range, Dr. 260
Rastlager 26
Rath, Johannes 391
Reconciliation 130

Redecker, Gottlieb 164, 229
Rehobother Baster 156
Reiher 113
Reiseapotheke 39
Reiseveranstalter 44
Reiten 71
Restcamps 26
Rheinische Missionsgesellschaft 122
Rhodes, Cecil 469
Riedböcke 460
Riedgras 113
Rinderpest 224
Rinderhaltung 441
Ringintrusion 261
Riviere 57, 97
Roaring Dunes 69
Robben 108
Rosenquarz 82, 102
Rundfunk 85, 138

Salzpfanne (Etoscha) 354
San (Buschleute) 139, 457
Sander, Wilhelm 164, 228
Sandstein 98
Sandveld 96, 97, 495
Schabrackenschakal 107
Scheppmann, Heinrich 316
Schiefer 98
Schirmakazie 113
Schlangen 62
Schmelen, Heinrich 115, 122, 267
Schmelenhaus 267
Schutztruppe 115, 124
Schutzverträge 124, 370
Sedimentit 98
Segelfliegen 72
Sekretär 113
Sicheldüne 317
Simmenthaler 441
Sitatunga 113
Skorpione 65
South African Airways 31
Souvenirs 81
Spinnen 62, 107
Spitzmaul-Nashorn 112, 369
Sprache 87
Springbock 110
Stauch, Adolf 125, 293
Sterndünen 95
Steuern 50
Straßenkategorien 56
Straßenzustand 56
Submarine Sedimente 99
Swakara 83, 266
SWAPO 126
Swartbooi-Nama (Swartboois) 114, 121, 144

Talerbusch 103
Tamariske 104
Taxifahren 51
Telefonieren 87
Tenebrio-Käfer 106
Tented Camps 26
Teufelskralle 113
Toko 112
Topnaar-Nama 104, 144
Trappen 112
Treibstoffversorgung 59
Trekking 72
Trinkgeld 51
Trockenflüsse 94
Trophäenjagd 75
Trotha, General v. 370

Umweltschutz 137
Unterkunftsliste 176
Uranabbau 101
Urdünen 99

Veld 97
Veldkost 141, 495
Verbrannter Berg 396
Verkehrsregeln 57
Versailler Vertrag 115
Versicherung, Auslandskranken- 45
Versicherung, Foto- 46
Versicherung, Kfz- 46
Versicherung, Mietwagen- 46
Versicherung, Reisegepäck- 45
Versicherung, Rückhol- 45
Versicherung, Reiserücktrittskosten- 46
Versicherungen 45
Versteinerung 395
Viehe, Gottlieb 387
Viehzucht 93, 134
VIP-Bungalows 27
Vlei 97
Vogelsang, Heinrich 115, 123, **296**

Wag'n bietjie 113
Währung 50
Wandern 72
Waran 112
Warzenschwein 112
Wassermangel 80
Wasserwirtschaft 93
Webervogel 112
Wein 79
Wellblechpisten 57
Welwitschia Trail 335
Welwitschia mirabilis 104
Wendekreis des Steinbocks 243, 257
Wesleyanische Mission 108, 122

Wheelspider 107
White Lady 382
Wiederauferstehungsbusch 381
Wildhunde 448
Witbooi, Hendrik 124, 256
Witbooi-Nama (Witboois) 256
Woermann-Linie 320
Wolf, Hansheinrich von 268
Wüstenelefanten 108, 354, 404

Zander, Conny 84
Zebra 107
Zeitungen 88
Zeitbedarf 18, 169
Zeitverschiebung 88
Zeltplätze 26
Zeraua, Wilhelm 387, 391
Zeraua-Fest 387
Zeraua-Herero 346, 487
Zoll 46

Ortsregister

Ababis, Farm 257
Ai-Ais 277
Ai-Gams 222
Ameib Ranch 377
Andersson Gate 353
Andoni 361
Angra das Voltas 296
Angra Pequena 114, 129, 297
Arandis 392
Archer's Rock 337
Ariamsvlei 288
Aris 218, 242
Aroab 274
Asab 261
Auas-Berge 91
Audi Camp 483, 488
Augurabis Steenbock Naturpark 281
Auob 271ff
Aus 291

Bagani 448
Bambatsi, Farm 385
Benguela 296
Bérnabé-de-la-Bat-Rastlager 367
Berseba 261
Bethanie 267
Bitterwasser, Farm 72
Blutkuppe 337
Bosua Pass 338
Botswana 467

Brandberg 381
Brukkaros-Krater 261
Buitepos 463, 486
Bukalo 450
Bulawayo 474
Bull's Party 377
Büllsport, Farm 257
Burnt Mountain 396
Buschmannland 455, 457
Bushman's Paradise 379

Calueque-Damm 408
Cape Cross 427
Cape Frio 297
Caprivi-Strip 443
Caprivi-Wildpark 446
Chadom-Rivier 460
Charitsaub 359
Charles Hill 486
Chobe National Park 479
Choub-Rivier 339
Conception Bay 68
Cuando 448
Cubango 442

D'Khar 485
Damaraland 146, 380
Daan Viljoen Wildpark 339
Deadvlei 252
Diamantensperrgebiet 136, 302
Diaz Point 303
Dinosaurier Fußspuren 389
Dolphin Bay 319
Donkerhoek, Farm 271
Dordabis 84
Dornhügel, Farm 439
„Drei Grimmigen" 419
„Drei Schwestern" 281
Düne 45 252
Düne 7 314
Duwisib, Schloß 268

Ehomba-Berge 369, 407
Elandsvlakte 460
Elefantenfluß 92
Eningu Clay Lodge 465
Epupa-Fälle 411
Ermo, Farm 408
Erongo-Massiv 377, 376
Eros-Flughafen 52
Erwee 398
Etendeka-Berge 419
Ethsa 489
Etosha Aoba Lodge 361
Etosha National Park 353
Etosha-Pfanne 353

Anhang – Ortsregister

Felix Unite Camp 285
Fish River 92, 278ff
Fish River Canyon 279
Fisher's Pan 360

Gamsberg Pass 257
Ganab 338
Ganamub-Rivier 419
Garub 292
Gemsbokvlakte 357
Ghanzi 485
Giant's Playground 262, 264
Gibeon 226, 260
Giribes-Ebene 419
Goageb 265
Goanikontes 329, 336
Goas 359
Gobabeb 313
Gobabis 463
Gochas 271
Golfo de Baleia 314
Golfo de São Cristovão 296
Gomadommi-Rivier 419
Goreangab Dam 93
Gorob-Mine 309
Great Table Mountain 430
Groot Tinkas 337
Grootberg Pass 398
Grootfontein 437
Gross Barmen 349
Große Karasberge 276
Große Spitzkoppe 378ff
Großer Waterberg 367
Grootspitskop 378
Grünau 276
Gubatsa Hills 479
Guinas See 361
Gunsbewys, Farm 307

Halali 359
Hardap-Erholungsgebiet 245
Hardveld 96, 97
Hartmann-Berge 416
Hartmanntal 418
Heinrichsberg 338
Helmeringhausen 268
Henties Bay 426
Hiddenvlei 252
Hoanib-Rivier 402, 419
Hoarusib-Rivier 419
Hobas 278
Hobatere Lodge 402
Hohenstein 393
Hohenzollern (Berg) 276
Holoog 281
Homeb 313

Homob 359
Hoornkrans 256
Hope-Mine 313
Hotsas 338
Huab-Rivier 429
Hunsberge 276

Ibenstein, Weberdorf 84
Intu Afrika Game Lodge 245

Jakkalspot 486
Jakkalsputz 426
Joubert-Berge 405

Kachikau 479
Kalahari 95
Kalahari-Gemsbok-Park 272
Kalkfeld 389
Kalkheuvel 359
Kalkrand 243
Kalkweissrandberg 260
Kamanjab 398
Kaoko Otavi 406
Kaokoland 4132ff
Kaokoveld 402
Kap-Kolonie 114
Kapprovinz 121, 144
Karasberg 91
Karasberge, Große 276
Karasberge, Kleine 276
Karasburg 283
Karibib 375
Kasane 467
Katere 443
Katima Mulilo 449
Katutura 165, 223
Kaudom-Wildpark 458
Kavango 154, 442ff
Kazungula 436, 476
Keetmanshoop 262
Khomas-Hochland 339
Khomasdal 165, 223
Khorixas 383
Khowarib-Schlucht 402
Khwai River 482
Khwai River Lodge 482
Klein Tinkas 337
Klein-Namutoni 360
Kleine Spitzkoppe 378
Kochas 278
Köcherbaumwald 262
Koës 271
Koigab-Rivier 429
Kolmanskop 293
Kombat 436
Kongola 435

Königstein 91, 381
Kreuzkap 114
Kriess se Rus 310
Krönlein 157
Kubu Cabins 476
Kubu Lodge 468
Kubub 265
Kudu-Erdgasfeld 102
Kuidas 69
Kuiseb Canyon 310
Kuiseb Pass 310
Kuiseb Rivier 310
Kuisebmond 314
Kukwe 485
Kulala Lodge 248
Kunene 407, 416
Kupferberg Pass 257
Kupferdreieck 136
Kuvelai 152, 421
Kwando 448ff

Lager Aus 288
Lake Guinas 361
Lake Lyambezi 479
Lake Otjikoto 361
Langstrand 73, 319
Leupan 458, 460
Lianshulu Lodge 448
Linyanti 448ff
Livingstone 474
Lizauli 449
Lloyd's Camp 481
Lozi 154
Lüderitz 296
Lusaka 474
Lyambezi-See 479

M'Butu Lodge 341
Mahango-Wildreservat 448
Maisdreieck 101
Malachitberg 362
Maltahöhe 247
Mamili National Park 449
Mamuno 486
Märchenwald 354
Marienfluß 413ff
Mariental 247
Mata Mata 271f
Matlapaneng-Brücke 484
Maun 484
Messum-Rivier 433
Mirabib 313
Mittel Tinkas 337
Mokuti Lodge 3261
Molopo Lodge 273
Mondesa 321

Moon Valley 336
Moremi-Wildreservat 482
Mount Etjo Safari Lodge 350
Mudumu National Park 448
Muramba, Farm 451

Nakop 288
Namib 91
Namib Rand Game Ranch 248, 269
Namib-Teil d. Namib-Naukluft Parks 310
Namutoni 360
Naravlei 252
Narraville 314
Nauaspoortberge 242
Naukluft-Teil d. Namib-Naukluft Pks. 253
Naulila 342, 352
Nautilus 302
Ngoma 467
Nhdovu Lodge 446
Nhoma (Rivier) 460
Nomtsas, Farm 247
Noniams 359
Nonidas 329
Noordoewer 284
Nossob 272
Nossob, Schwarzer 92
Nossob, Weißer 92
Nubib (Berge) 248

Oanob Damm 242
Oanob Rastlager 242
Okahandja 344
Okakarara 366
Okarumbu 415
Okaukuejo 357
Okauva 415
Okavango-Delta 287
Okondeka 357
Okongwati 410, 415
Old Location 126, 223
Olifantsbad 357
Olive Trail 253
Omaheke-Wüste 96, 115, 370
Omao 406
Omarunga Camp 408
Omaruru 387
Ombika 357
Omitara 465
Omuhonga-Dorf 410
Omuhonga-Berg 410
Ondangwa 422
Ongava Game Reserve 353
Ongeama 415
Ongonga 415
Ongongo-Wasserfall 402
Omgulambashe 126

Onjoka 369
Opuwo 406
Oranje 284
Oranjemund 294
Orgelpfeifen 396
Oropoko Lodge 374
Orupembe 418
Oshakati 422
Otavi 365
Otavi-Hochland 91
Otjibamba Lodge 350
Otjihende 415
Otjihipa-Berge 415
Otjikango 122, 344
Otjikoto-See 361
Otjimbingve 390
Otjitanda 415
Otjiunduwa 408
Otjivandatjongue 437
Otjiveze 410
Otjiveze-Berge 407
Otjiwarongo 350
Otjize 405
Otjomatemba 405
Otjomuise 222
Otjozondjupa 366
Outjo 352
Ovamboland 152

Paaltjes 316
Palm Springs 278ff
Palmwag 402
Peperkorell, Farm 465
Popa-Fälle 446
Pulverturm 391
Purros 419

Rehoboth 242
Rietfontein 274
Rooibank 317
Rooirand (Berge) 91
Rosh Pinah 290
Rössing-Berg 393
Rotenfels 276
Ruacana-Fälle 408
Rundu 442

Sachsenheim Game Ranch 422
San Ta Wani Lodge 483
Sandwich Harbour 317
Sarasungu Lodge 435
Savuti 479
Schmelenhaus 267
Schwarzrandberge 91
Seeheim 265
Serondella Camp 468

Sesfontein 404
Sesriem Canyon 249
Shakawe 485, 488
Shark Island 301
Shesheke 476
Shorobe 478
Sierra Encoco 421
Sikereti 458
Sitatunga Camp 484
Skeleton Coast Park 429
Solitaire 257
Sossusport 219
Sossusvlei 249
Sossusvlei Karos Lodge 249
Spitzkoppe 378
Springbokfontein 359
Springbok Gate 429f
Springbokwater Crossing 429
Südafrika 288
Swakop 320
Swakopmund 320
Swartbooisdrift 399f
Swartkop 291

Tamariska 321
Terrace Bay 430
Tomakas 419
Torra Bay 398, 430
Toscanini 429
Toshari Inn 353
Toteng 485, 489
Tsaobis Nature Park 391
Tsarisberge 248
Tses 258
Tsintsabis 251
Tsisab-Rivier 381
Tsodilo Hills 489
Tsumcor 361
Tsumeb 362
Tsumkwe 455
Tumasberg 338
Twee Palms 360
Twee Rivieren 273
Tweerivier 271
Twyfelfontein 396

Ugab 432
Ugab-Formation 69
Ugab-Terrassen 384
Uis Myn 380
Uniab-Rivier 402, 430
Upingtonia 437, 439
Usakos 376

Van Zyl's Pass 415
Verbrannter Berg 396

Versteinerter Wald 395
Victoria Falls 469
Victoria-Fälle 469
Vierfingerfelsen 281
Vineta 321
Vingerklip 384
Vingerklip Lodge 484
Vogelfederberg 314
Von-Bach-Damm 343
Von Lindequist Gate 353

Walvis Bay 314
Warmbad 284
Warmquelle 402
Waterberg 91, 370
Waterberg Plateau-Park 367
Waterkloof Trail 253
Welwitschia Trail 335
Wetterkopf 276
Wilhelmstal 374
Windhoek 222
Windhoek International Airport 241
Witvlei 465
Wlotzkas Baken 425
Wondergat 396

Xanagas 486
Xaxoba 458

Zambezi 469
Zambia 474
Zebra Pan 313
Zebra-Berge 407
Zimbabwe 468

Notizen

RAD-ABENTEUER AUS ALLER WELT

Reise-Know-How-Radbücher berichten von ungewöhnlichen Radabenteuern aus aller Welt und es sind praktische Bike-Führer für Tourenradler durch Länder und Kontinente. So get your wheels turning – mit „Rad & Bike"-Büchern touren und biken wie noch nie!

Fahrrad Weltführer
624 Seiten,
63 SW- und 33 Farbfotos,
13 Karten
ISBN 3-9800975-8-7 •
DM / sFr 44,80 • öS 327

Das Lateinamerika BikeBuch
564 Seiten, 92 SW- und
32 Farbfotos, 12 Karten
ISBN 3-89662-302-8 •
DM / sFr 44,80 • öS 327

Das USA/Canada BikeBuch
640 Seiten, 172 SW- und
40 Farbfotos, 41 Karten
ISBN 3-929920-17-4 •
DM / sFr 46,80 • öS 342

Das Europa BikeBuch
552 Seiten,
134 SW- und 33
Farbfotos, 45 Karten
ISBN 3-89662-300-1 •
DM / sFr 44,80 • öS 327

Das Neuseeland BikeBuch
420 Seiten, 98 SW- und
32 Farbfotos, 25 Karten
ISBN 3-929920-16-6 •
DM / sFr 39,80 • öS 291

Abenteuer Weltumradlung
288 Seiten, 66 SW- und
33 Farbfotos, 8 Karten
ISBN 3-929920-19-0 •
DM / sFr 28,80 • öS 210

Die Äqua-Tour
288 Seiten,
45 SW- und 32 Farbfotos,
6 Karten
ISBN 3-929920-12-3 •
DM / sFr 28,80 • öS 210

Bike Abenteuer Afrika
312 Seiten,
40 SW- und 29 Farbfotos,
5 Karten
ISBN 3-929920-15-8 •
DM / sFr 28,80 • öS 210

Rad-Abenteuer Panamericana
312 Seiten, 47 SW- und
33 Farbfotos, 5 Karten
ISBN 3-929920-13-1 •
DM / sFr 28,80 • öS 210

Auf nach Asien!
312 Seiten,
65 SW- und 33 Farbfotos,
6 Karten
ISBN 3-89662-301-X •
DM / sFr 28,80 • öS 210

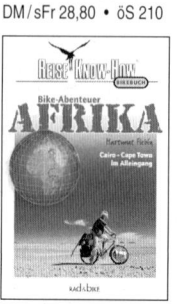

FIRST COMFORT

Relaxen auf höchstem Niveau: LTU bietet Ihnen auf vielen Fernstrecken die Vorzüge einer neuen Klasse: **LTU First Comfort**. Mit noch mehr Service, noch mehr Komfort – und mehr Sitzabstand als bei vielen anderen Ferienfliegern weltweit. Das heißt für Sie: Bei uns an Bord können Sie sich so richtig frei entfalten. Wenn Sie gern mehr erfahren möchten, kommen Sie doch einfach mal vorbei! Ihr Reisebüro freut sich auf Ihren Besuch.

Mit den verstellbaren Kopfstützen können Sie sich's bequem machen, während Sie auf dem Sony Video Walkman Ihren Lieblingsfilm anschauen.

Hier ist Platz für Ihre individuellen Wünsche – vom fünfgängigen Feinschmecker-Menü bis zum Champagner.

Unsere 63,5 cm breiten Komfortsitze werden durch einen einzigen Handgriff zum behaglichen Schlafsessel.

Damit Sie Ihr komfortables Fußpolster auch in voller Länge ausfahren können, gibt's bei LTU ganze 107 cm Sitzabstand.

LTU INTERNATIONAL AIRWAYS
SO FLIEG ICH GERN

KURZFRISTANGEBOTE: Fax&Fly 02 11/9 27 00 00 Videotext SAT.1 S. 433/444 Tel. 01 90/21 17 67 (6 Sek. = 0,12 DM, MPS) **Internet www.ltu.de**

REISE KNOW-HOW

Programmübersicht

REISE KNOW-HOW Bücher werden von Autoren geschrieben, die Freude am Reisen haben und viel persönliche Erfahrung einbringen. Sie helfen dem Leser, die eigene Reise bewußt zu gestalten und zu genießen. Wichtig ist uns, daß der Inhalt nicht nur im reisepraktischen Teil „Hand und Fuß" hat, sondern daß er in angemessener Weise auf Land und Leute eingeht. Die Reihe REISE KNOW-HOW soll dazu beitragen, Menschen anderer Kulturkreise näherzukommen, ihre Eigenarten und ihre Probleme besser zu verstehen. Wir achten darauf, daß jeder einzelne Band gemeinsam gesetzten Qualitätsmerkmalen entspricht. Um in einer Welt rascher Veränderungen laufend aktualisieren zu können, drucken wir bewußt kleine Auflagen.

RAD & BIKE:

REISE KNOW-HOW RAD & BIKE sind Radführer von lohnenswerten Reiseländern bzw. Radreise-Stories von außergewöhnlichen Radtouren durch außereuropäische Länder und Kontinente. Die Autoren sind entweder bekannte Biketouren-Profis oder „Newcomer", die mit ihrem Bike in kaum bekannte Länder und Regionen vorstießen. Wer immer eine Fern-Biketour plant - oder nur davon träumt - kommt an unseren RAD & BIKE-Bänden nicht vorbei!

Welt

Abent. Weltumradlung (RAD & BIKE)
ISBN 3-929920-19-0
Äqua-Tour (RAD & BIKE)
ISBN 3-929920-12-3
Auto(fern)reisen
ISBN 3-921497-17-5
CD-Rom Reise-Infos Internet
ISBN 3-89416-658-4
Erste Hilfe effektiv
ISBN 3-89416-689-4
Fahrrad-Weltführer
ISBN 3-9800975-8-7
Der Kreuzfahrtführer
ISBN 3-89416-663-0
Motorradreisen
ISBN 3-89662-020-7
Outdoor-Praxis
ISBN 3-89416-629-0
Die Welt im Sucher
ISBN 3-9800975-2-8
Wo es keinen Arzt gibt
ISBN 3-89416-035-7

Europa

Amsterdam
ISBN 3-89416-231-7
Andalusien
ISBN 3-89416-679-7
Bretagne
ISBN 3-89416-175-2
Budapest
ISBN 3-89416-660-6
Bulgarien
ISBN 3-89416-220-1
Costa Brava
ISBN 3-89416-646-0
Dänemarks Nordseeküste
ISBN 3-89416-634-7
England, der Süden
ISBN 3-89416-676-2
Europa Bike-Buch (RAD & BIKE)
ISBN 3-89662-300-1
Gran Canaria
ISBN 3-89416-665-7
Großbritannien
ISBN 3-89416-617-7
Hollands Nordseeinseln
ISBN 3-89416-619-3
Irland-Handbuch
ISBN 3-89416-636-3
Island
ISBN 3-89662-035-5

Europa

Kärnten
ISBN 3-89662-105-x
Kreta
ISBN 3-89416-685-1
Litauen & Königsberg
ISBN 3-89416-169-8
Das Tal der Loire
ISBN 3-89416-681-9
London
ISBN 3-89416-673-8
Madrid
ISBN 3-89416-201-5
Mallorca
ISBN 3-89662-156-4
Mallorca für Eltern und Kinder
ISBN 3-89662-158-0
Mallorca, Reif für
ISBN 3-89662-168-8
Mallorca, Wandern auf
ISBN 3-89662-162-9
Malta
ISBN 3-89416-659-2
Nordspanien und der Jakobsweg
ISBN 3-89416-678-9
Nordtirol
ISBN 3-89662-107-6
Oxford
ISBN 3-89416-211-2
Paris
ISBN 3-89416-667-3
Polens Norden
ISBN 3-89416-613-4
Prag
ISBN 3-89416-690-8
Provence
ISBN 3-89416-609-6
Pyrenäen
ISBN 3-89416-692-4
Rom
ISBN 3-89416-670-3
Salzburger Land - Salzkammergut
ISBN 3-89662-109-2
Schottland-Handbuch
ISBN 3-89416-621-5
Sizilien - Liparische Inseln
ISBN 3-89416-627-4
Skandinavien - der Norden
ISBN 3-89416-653-3
Toscana
ISBN 3-89416-664-9
Tschechien
ISBN 3-89416-600-2
Warschau/Krakau
ISBN 3-89416-209-0
Wien
ISBN 3-89416-213-9

Deutschland

Hauptsadt Berlin mit Potsdam
ISBN 3-89416-226-0
Insel Borkum
ISBN 3-89416-632-0
Insel Fehmarn
ISBN 3-89416-683-5
Harz/Ost
ISBN 3-89416-228-7
Harz/West
ISBN 3-89416-227-9
Insel Langeoog
ISBN 3-89614-684-3
Mecklenburg/Brandenburg Wasserwandern
ISBN 3-89416-221-x
Mecklenburg/Vorpommern Binnenland
ISBN 3-89416-615-0
München
ISBN 3-89416-672-x
Norderney
ISBN 3-89416-652-5
Nordfriesische Inseln
ISBN 3-89416-601-0
Nordseeinseln
ISBN 3-89416-197-3
Nordseeküste Niedersachsens
ISBN 3-89416-603-7
Ostdeutschland individuell
ISBN 3-89622-480-6
Ostfriesische Inseln
ISBN 3-89416-602-9
Ostseeküste/Mecklenburg-Vor
ISBN 3-89416-184-1
Ostseeküste Schleswig-Holstein
ISBN 3-89416-631-2
Rügen und Hiddensee
ISBN 3-89416-654-1
Sächsische Schweiz
ISBN 3-89416-630-4
Schwarzwald
ISBN 3-89416-611-8
Schwarzwald/Nord
ISBN 3-89416-649-5
Schwarzwald/Süd
ISBN 3-89416-650-9
Insel Sylt
ISBN 3-89416-682-7
Thüringer Wald
ISBN 3-89416-651-7

Amerika

tinien/Urug./Parag.
3-89662-051-7
a & New Orleans
3-89416-230-9
dos, St. Lucia ...
3-89416-639-8
a Ost/USA Nord-Osten
3-89662-151-3
as Westen
aska
3-89662-157-2
& Osterinseln
3-89662-054-1
Rica
3-89416-641-x
ikanische Republik
3-89416-643-6
or/Galapagos
3-89662-055-x
mala
3-89416-214-7
i
3-89416-860-9
ras
3-89416-666-5
bien
3-89662-058-4
amerika BikeBuch
3-89662-302-8
o
3-89662-310-9
rleans
3-89416-686-x
ork City
3-89416-687-8
na
3-89416-671-1
Bolivien
3-89662-330-3
enteuer Panamericana
BIKE)
3-929920-13-1
rancisco
3-89416-232-5
cia, St. Vincent, Grenada
3-89416-624-8
ad und Tobago
3-89416-638-x
Canada
3-89662-170-x
Canada Bikebuch (RAD & BIKE)
3-929920-17-4

Amerika

USA mit Flugzeug und Mietwagen
ISBN 3-89662-150-5
USA, Gastschüler in den
ISBN 3-89662-163-7
USA für Sportfans
ISBN 3-89416-633-9
USA - Südwest
Natur- und Wanderführer
ISBN 3-89662-169-6
USA-Westen
ISBN 3-89662-165-3
Venezuela
ISBN 3-89662-040-1

Afrika

Agadir, Marrakesch
und der Süden Marokkos
ISBN 3-89662-072-x
Ägypten individuell
ISBN 3-89662-470-9
Äthiopien
ISBN 3-89662-043-6
Bikeabenteuer Afrika (RAD & BIKE)
ISBN 3-929920-15-8
Durch Afrika
ISBN 3-921497-11-6
Kairo, Luxor, Assuan
ISBN 3-89662-460-1
Kamerun
ISBN 3-89662-032-0
Libyen
ISBN 3-89662-005-3
Madagaskar, Seychellen,
Mauritius, Réunion, Komoren
ISBN 3-89662-062-2
Marokko
ISBN 3-89662-081-9
Namibia
ISBN 3-89662-320-6
Simbabwe
ISBN 3-89662-026-2
Tansania Handbuch
ISBN 3-89662-048-7
Tunesien
ISBN 3-921497-74-4
Tunesiens Küste
ISBN 3-89662-076-2
Westafrika – Küstenländer
ISBN 3-89662-002-9
Westafrika – Sahel
ISBN 3-89662-001-0

Asien

Auf nach Asien (RAD & BIKE)
ISBN 3-89662-301-x
Bali & Lombok mit Java
ISBN 3-89416-645-2
Bali: Ein Paradies wird erfunden
ISBN 3-89416-618-5
Bangkok
ISBN 3-89416-655-x
China Manual
ISBN 3-89416-626-6
China, der Norden
ISBN 3-89416-229-5
Chinas Osten mit Bejing
und Shanghai
ISBN 3-89416-680-0
Emirat Dubai
ISBN 3-89662-094-0
Hongkong, Macau
und Kanton
ISBN 3-89416-235-x
Indien, der Norden
ISBN 3-89416-223-6
Israel, palästensische Gebiete,
Ostsinai
ISBN 3-89662-451-2
Jemen
ISBN 3-89622-009-6
Jordanien
ISBN 3-89662-452-0
Kambodscha
ISBN 3-89416-233-3
Komodo/Flores/Sumbawa
ISBN 3-89416-060-8
Ladakh und Zanskar
ISBN 3-89416-176-0
Laos
ISBN 3-89416-637-1
Malaysia mit Singapur
und Brunei
ISBN 3-89416-640-1
Mongolei
ISBN 3-89416-217-1
Myanmar (Burma)
ISBN 3-89662-600-0
Nepal-Handbuch
ISBN 3-89416-668-1
Oman
ISBN 3-89662-100-9
Phuket (Thailand)
ISBN 3-89416-182-5
Rajasthan
ISBN 3-89416-616-9

Asien

Singapur
ISBN 3-89416-656-8
Sri Lanka
ISBN 3-89416-170-1
Sulawesi (Celebes)
ISBN 3-89416-635-5
Taiwan
ISBN 3-89416-693-2
Thailand Handbuch
ISBN 3-89416-675-4
Thailand: Tauch- und Strandführer
ISBN 3-89416-622-3
Thailands Süden mit Bangkok
ISBN 3-89416-662-2
Tokyo
ISBN 3-89416-206-6
Vereinigte Arabische Emirate
ISBN 3-89662-022-3
Vietnam-Handbuch
ISBN 3-89416-661-7

Ozeanien

Neuseeland Campingführer
ISBN 3-921497-92-2
Bikebuch Neuseeland
(RAD & BIKE)
ISBN 3-929920-16-6

Edition RKH

Mallorca, Geschichten aus dem
anderen
ISBN 3-89662-161-0
Mallorquinische Reise
ISBN 3-89662-153-x
Yanomami- Massaker
ISBN 3-89416-624-x

Praxis

Kanu-Handbuch
ISBN 3-89416-725-1
Wildnis-Ausrüstung
ISBN 3-89416-750-5
Wildnis-Küche
ISBN 3-89416-751-3

Handgewebte Schafwollteppiche aus **NAMIBIA**

Wir führen eine schöne Auswahl der kunstvollen, farblich beeindruckenden handgewebten Boden- und Wandteppiche aus Namibia, besonders aus der **Weberei Ibenstein.** Verschönern auch Sie ihr Heim mit einem Stück echter namibischer Qualitätsarbeit! Anfragen, Katalog und Preisliste von

Joachim Kessler, Tannenwaldstr. 8, 73072 Donzdorf
Tel. und Fax 07162-25557

Simbabwe
Botswana, Malawi, Mosambik & Sambia

R. Bornemann, W. Hämel, R. Ahrens

Reise Know-How-Verlag Därr GmbH

83104 Hohenthann
Im Grund 12
Tel. 08065/9172
Fax 9173
e-mail:
rkh.daerr
@t-online.de
im Internet:
http://www.reise-know-how.de

Der Klassiker unter den Simbabwe-Reiseführern! Seit bald zwei Jahrzehnten setzt dieses Buch Maßstäbe! Aktualisiert, erweitert, mit frischem Layout und neuer Umschlaggestaltung erschien es in siebter Auflage im Herbst 1998.
Nichts geändert hat sich an dem bewährten Mix aus praktischen Informationen zur Reise und ihrer Vorbereitung, einer umfassenden Landeskunde und den ausführlichen Beschreibungen aller Landesteile Simbabwes und seiner Nachbarn.

7. Aufl., 604 Seiten, 48 Farbseiten zur Tierwelt Südostafrikas, 200 s/w-Fotos, Farbübersichtskarten in den Umschlagklappen, 30 Karten und Stadtpläne, ISBN 3-89662-026-6, 44,80 DM

REISE KNOW-HOW

Seit vielen Jahren heißt ein Standardwerk für besseres, erfolgreiches Fotografieren auf Reisen

Die Welt im Sucher

Handbuch für perfekte Reisefotos

Ein kompakte Fundgrube unzähliger Tips und Tricks für gelungenere Dias und Bilder. Besonders hilfreich und speziell für fotografierende Rucksack-, Auto-, Rad-, Kanu- und Motorrad-Traveller. Der Autor Helmut Hermann ist Profi-Fotograf und weitgereister Globetrotter. Ein Know-How-Buch, das die nächste Reise mit der Kamera zum kreativen Abenteuer werden läßt.

Aus dem Inhalt:
- Fotografieren in extremem Klima - Tropen, Hitze und Kälte, Wüsten
- Spezielle Aufnahmetips für Menschen, Landschaften, Wetterstimmungen und besondere Aufnahmesituationen
- Wie man seine Ausrüstung optimal zusammenstellt
- Welche Kamera, Objektive und Filme?
- Sensibles Fotografieren in anderen Kulturkreisen
- Reportage und Actionfotografie, Technik und Bildgestaltung
- Unbemerktes Fotografieren, Schnappschüsse
- Erfolgreiche Reise-Diavorträge, Bildvermarktung u.v.a.m.

„... dieses Taschenbuch gehört zum Besten, was ich auf diesem Gebiet kenne!" (OUTDOOR)

225 S., 120 Farb- u. SW-Fotos, ISBN 3-9800975-2-8, DM 24,80

Reise Know-How Verlag Helmut Hermann
D-71706 Markgröningen · Untere Mühle

> Es gibt Menschen, die legen Wert auf **persönliche Erfahrung**, haben **Lust auf Entdeckungen** und freuen sich, **fremde Kulturen kennenzulernen.** REISE KNOW-HOW liefert dafür **Ideen** und ständig aktualisierte praktische Reisetips. **Hintergrundinformationen** machen mit den Bewohnern des Landes, ihren Geschichten und ihrem alltäglichen Leben vertraut.

Südafrika

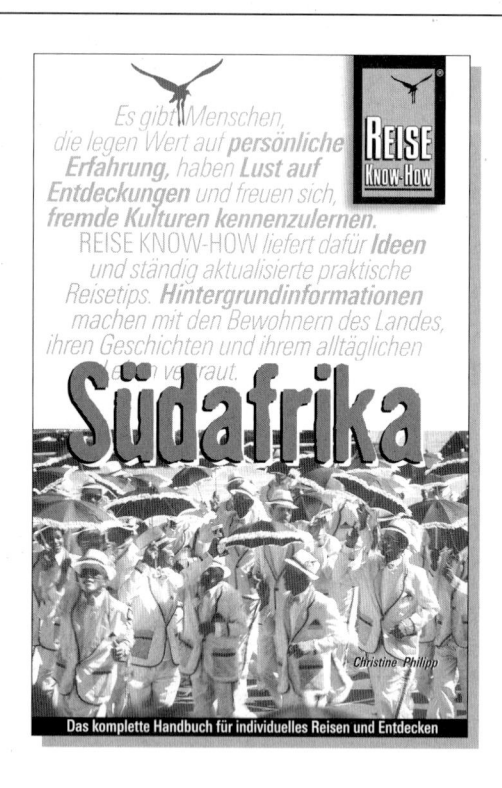

Das komplette Handbuch für individuelles Reisen und Entdecken

Alle Informationen, Routenbeschreibungen und praktische Tips für eine schöne und erfolgreiche Südafrika-Reise durch sämtliche neun Provinzen des Landes.

Konzipiert für Selbstfahrer und Pauschalreisende. Ausführliche Beschreibung der Nationalparks und Naturschutzgebiete, Wanderungen.

48seitiger, farbiger Tierteil, detaillierte Stadtbeschreibungen mit Sehenswürdigkeiten; Ausflüge ins Umland.

Ausgewählte Unterkünfte und Restaurants, Gastonomie-Tips, Camping, Versorung unterwegs. Tips für Abstecher nach Swaziland, Lesotho und ins südliche Namibia.

Ausführliche Kapitel zur Geschichte Südafrikas, zu Land, Leuten und Kultur.

Christine Philipp: **Südafrika**
Ca. 700 Seiten, ca. 120 Fotos, über 70 detaillierte Karten, Register, Griffmarken · ISBN 3-89662-340-0 · Reise Know-How Verlag H. Hermann